Schriftenreihe
der Juristischen Schulung

Band 70/2

Fälle zum Handels- und Gesellschaftsrecht

Band II

von

Dr. Torsten Schöne
o. Professor an der Universität Siegen

9., überarbeitete und aktualisierte Auflage 2019

C.H.BECK

www.beck.de

ISBN 978 3 406 71896 0

Wilhelmstraße 9, 80801 München
Druck und Bindung: Nomos Verlagsgesellschaft
In den Lissen 12, 76547 Sinzheim
Satz: Druckerei C. H. Beck Nördlingen

Gedruckt auf säurefreiem, alterungsbeständigem Papier
(hergestellt aus chlorfrei gebleichtem Zellstoff)

Vorwort

Der Fall und seine Lösung stehen zwar nicht im Mittelpunkt der juristischen Ausbildung, wohl aber bestimmen sie das Ausbildungsziel des angehenden Juristen wesentlich mit. Der angehende Jurist muss zeigen, dass er den konkreten Fall gutachterlich aufbereiten und mit Hilfe des Gesetzestextes und unter Beachtung der juristischen Methodik bei gleichzeitiger Verwendung der rechtswissenschaftlichen Fachsprache eine eigenständige Lösung präsentieren kann. Gleiches gilt für Studierende in Bachelor- und Master-Studiengängen mit überwiegend juristischer Schwerpunktsetzung.

Bei diesem Ausbildungsziel will der vorliegende Band II der Fallsammlung, der Band I ergänzt und auf dessen Kenntnissen aufbaut, Hilfe leisten. Er enthält insgesamt 18 Fälle zum Kapitalgesellschaftsrecht (davon 11 Fälle zum GmbH-Recht, 2 Fälle zum Aktienrecht und 5 Fälle zum Konzern- und Umwandlungsrecht), die in ihrer thematischen Ausrichtung zum Stoff des Schwerpunktbereichs „Wirtschafts- und Unternehmensrecht“ (die genauen Bezeichnungen variieren von Fakultät zu Fakultät) im ersten juristischen Staatsexamen gehören. Für wirtschaftsrechtliche Bachelor- und Masterstudiengänge mit Schwerpunktbildungen im Handels- und Gesellschaftsrecht sowie Konzern- und Umwandlungsrecht können diese 18 Fälle inhaltlich – jedenfalls an der Universität Siegen – ebenfalls als prüfungsrelevant eingeordnet werden.

Die Fallsammlung will nicht in Konkurrenz treten zur herkömmlichen Lehrbuchliteratur. Die materiell-rechtlichen Kenntnisse, soweit sie prüfungsrelevant sind, werden vorausgesetzt. Es ist also – anders als bei einem „Studien-“ oder „Vertiefungskurs“ – nicht das Ziel, auf induktivem Weg in die Rechtsmaterie einführen zu wollen. Letzteres wäre nur mit viel ausführlicheren (und ausufernden) Lösungen möglich gewesen, bei denen ergänzende systematische Erläuterungen die Fallbesprechung gesprengt hätten. Der „klassische“ Klausurenstil sollte in den „Musterlösungen“ jedoch durchgängig erhalten bleiben, wobei allerdings gelegentlich aus didaktischen Gründen die einzelnen in der Rechtsprechung und Literatur vertretenen Ansichten ausführlicher als in einer Klausur dargestellt und diskutiert worden sind, um dem Leser auch insoweit eine Lernhilfe zu bieten. Im Übrigen sind aus der Stofffülle eher prüfungs- oder praxisrelevante Bereiche ausgewählt worden. Vollständigkeit der Stoffdarstellung konnte und sollte jedoch nicht erreicht werden.

Die sinnvolle Arbeit mit der Fallsammlung erfordert in hohem Maße Eigenarbeit. Der Leser ist aufgerufen, jeden Fall zunächst selbst zu erarbeiten und erst im Anschluss seinen Entwurf mit der präsentierten „Musterlösung“ zu vergleichen, vielleicht auch seine Kenntnisse zu Einzelfragen anhand der in den Fußnoten als Beleg angeführten Literatur- und Rechtsprechungshinweise zu vertiefen. Soweit der Leser (das heißt vor allem: der künftige Bearbeiter der Fälle!) dieses Buches in der Methodik der Fallbearbeitung gesellschaftsrechtlicher Fälle noch nicht sicher sein sollte, sei ihm an dieser Stelle eine gründliche Durcharbeitung der in Band I enthaltenen Anleitung zur Anfertigung handels- und gesellschaftsrechtlicher Gutachten (S. 1 bis 21) dringend empfohlen. Nur bei entsprechender Eigenarbeit können die Kenntnisse im Bereich des Kapitalgesellschaftsrechts aufgefrischt und vertieft sowie vor allem das juristische Rüstzeug, die Methodik, geübt werden, und nur dann kann die Fallsammlung mit „Musterlösungen" ihren Zweck erfüllen. Dabei sollte sich der Leser des durchaus beschränkten Wertes der „Musterlösungen" bewusst sein. Andererseits mag sich der Bearbeiter der Fälle durch die „Musterlösungen" auch nicht abschrecken lassen: In einer vierstündigen Klausur können vergleichbare Ausführungen von den Klausurteilnehmerinnen und -teilnehmern schwerlich erwartet werden. Sie zeigen (zum Teil deutlich vertiefend) die wesentlichen Probleme des jeweiligen Falles auf, ohne zugleich Anspruch auf flächendeckende Vollständigkeit der Argumente zu erheben. Die umfangreichen Fundstellennachweise in den Fußnoten sollen Hinweise darauf geben, welche Argumente überwiegend vertreten werden, und an welchen Stellen durchaus auch anders argumentiert werden kann. Über die „richtige" Lösung mancher Detailfragen mag daher mit guten Gründen gestritten werden können.

In dieser Auflage sind alle aus der Vorauflage übernommenen Fälle und Lösungen wieder gründlich überarbeitet und aktualisiert worden. Rechtsprechung und Literatur sind bis zum Stand 1.2.2019 berücksichtigt. Die Fälle 8 und 9 sind neu in diesen Band aufgenommen worden. Die Lösung zu Fall 2 ist gegenüber der Vorauflage sehr deutlich umfangreicher geworden und hat sich zu einem „Kurzkompendium für die Praxis wesentlicher Aspekte des GmbH-Rechts" entwickelt. Er zeigt zudem exemplarisch die sehr anspruchsvolle Aufgabenstellung, wenn es für den Rechtsberater (z. B. Rechtsanwalt, Notar, Justitiar) darum geht, einen Gesellschaftsvertrag rechtlich und wirtschaftlich zu analysieren und geeignete Lösungsvorschläge zu unterbreiten. Der Fall 17 aus der Vorauflage zum internationalen Gesellschaftsrecht wurde hingegen nicht übernommen.

Ganz herzlich danken möchte ich meiner Mitarbeiterin, Frau LL. M. *Katharina Robert* und meinem Mitarbeiter, Herrn LL. M. *Patrick Wunder*, die mich sehr sachkundig und engagiert bei der Überarbeitung der Fallsammlung unterstützt und zahlreiche Verbesserungsvorschläge unterbreitet haben. In gleicher Weise gilt mein Dank meiner mittlerweile ehemaligen wissenschaftlichen Hilfskraft, Frau LL. M. *Stefanie Heinemann*, sowie meinen gegenwärtigen studentischen Hilfskräften, Herrn *Nicolas Schwade* und Herrn *Simon Solbach*, die sämtlich sehr zuverlässig und tatkräftig mit umfangreichen Recherchearbeiten zum Entstehen der vorliegenden Neuauflage beigetragen haben. Nicht zuletzt danke ich Frau Ass. iur. *Ingrid Boumessid* für die sehr gründliche und schnelle Bearbeitung des Manuskripts.

Mein besonderer Dank gilt meinem sehr verehrten Lehrer, Herrn *Prof. Dr. Wolfram Timm*, der mir die weitere Bearbeitung der Fallsammlung vertrauensvoll zur nunmehr alleinigen Verantwortung übertragen hat. Ich hoffe, mich dieses Vertrauens würdig zu erweisen.

Für Verbesserungsvorschläge aller Art an schoene@recht.uni-siegen.de wäre ich dankbar!

Siegen, im Wintersemester 2018/19 *Torsten Schöne*

Inhaltsverzeichnis

Abkürzungsverzeichnis

a. A.	anderer Ansicht
a. a. O.	am angegebenen Ort
Abs.	Absatz
AcP	Archiv für die civilistische Praxis
ADHGB	Allgemeines Deutsches Handelsgesetzbuch
a. E.	am Ende
a. F.	alte Fassung
AG	Die Aktiengesellschaft/Aktiengesellschaft/Ausführungsgesetz
AktG	Aktiengesetz
allg. M.	allgemeine Meinung
Alt.	Alternative
Anh.	Anhang
Anm.	Anmerkung
AR	Aufsichtsrat
arg.	argumentum
Art.	Artikel
ARUG	Gesetz zur Umsetzung der Aktionärsrechterichtlinie
AT	Allgemeiner Teil
Aufl.	Auflage
AV	Anstellungsvertrag
BAG	Bundesarbeitsgericht
BAGE	Sammlung der Entscheidungen des Bundesarbeitsgerichts
BayObLGZ	Bayerisches Oberstes Landesgericht Zeitschrift
BB	Der Betriebs-Berater
Bd.	Band
BeckOK	Beck'scher Online-Kommentar
Begr.	Begründung
BegrRegE	Begründung Regierungsentwurf
BeurkG	Beurkundungsgesetz
BGB	Bürgerliches Gesetzbuch
BGBl.	Bundesgesetzblatt
BGH	Bundesgerichtshof
BGHZ	Entscheidungen des Bundesgerichtshofs in Zivilsachen
BilMoG	Bilanzrechtsmodernisierungsgesetz
BNotO	Bundesnotarordnung
BR-Drs.	Bundesratsdrucksache
BT-Drs.	Bundestagsdrucksache
Buchst.	Buchstabe
BVerfGE	Entscheidungen des Bundesverfassungsgerichts
bzw.	beziehungsweise
c. i. c.	culpa in contrahendo
DAX	Deutscher Aktienindex
DB	Der Betrieb
DCGK	Deutscher Corporate Governance Kodex
ders.	derselbe
d. h.	das heißt
dies.	dieselbe(n)
DNotZ	Deutsche Notar-Zeitschrift

DStR	Deutsches Steuerrecht
DZWiR	Deutsche Zeitschrift für Wirtschafts- und Insolvenzrecht
EGBGB	Einführungsgesetz zum Bürgerlichen Gesetzbuche
einschl.	einschließlich
EUR	Euro
EWiR	Entscheidungen zum Wirtschaftsrecht
f.	folgende /für
ff.	die folgenden
FK	Frankfurter Kommentar
Fn.	Fußnote
FS	Festschrift/Festgabe
GA	Geschäftsanteil
GbR	Gesellschaft bürgerlichen Rechts
gem.	gemäß
GesO	Gesamtvollstreckungsordnung
GesR	Gesellschaftsrecht
GG	Grundgesetz
ggf.	gegebenenfalls
GmbH	Gesellschaft mit beschränkter Haftung
GmbH & Co.	Gesellschaft mit beschränkter Haftung in Compagnie
GmbHG	Gesetz betreffend die Gesellschaften mit beschränkter Haftung
GmbHR	GmbH-Rundschau
GoA	Geschäftsführung ohne Auftrag
GO-AR	Geschäftsordnung des Aufsichtsrats
grds.	grundsätzlich
GroßKomm	Großkommentar
GV	Gesellschaftsvertrag
h. A.	herrschende Auffassung
Halbs.	Halbsatz
Hdb.	Handbuch
HGB	Handelsgesetzbuch
HK	Heidelberger Kommentar/Handkommentar
h. L.	herrschende Lehre
h. M.	herrschende Meinung
i. d. R.	in der Regel
i. E.	im Ergebnis
i. Gr.	in Gründung
i. H. v.	in Höhe von
insb.	insbesondere
InsO	Insolvenzordnung
i. S. d.	im Sinne des/der
i. S. v.	im Sinne von
i. V. m.	in Verbindung mit
JURA	Juristische Ausbildung
JuS	Juristische Schulung
JW	Juristische Wochenschrift
JZ	Juristenzeitung
KG	Kommanditgesellschaft/Kammergericht
KGaA	Kommanditgesellschaft auf Aktien
KK	Kölner Kommentar
KostO	Kostenordnung
krit.	kritisch

KStG	Körperschaftssteuergesetz
KTS	Zeitschrift für Insolvenzrecht Konkurs Treuhand Sanierung
LAG	Landesarbeitsgericht
LG	Landgericht
Lit.	Literatur
ltd.	Limited
Ls.	Leitsatz
Mio.	Millionen
MitbestG	Gesetz über die Mitbestimmung der Arbeitnehmer
MoMiG	Gesetz zur Modernisierung des GmbH-Rechts und zur Bekämpfung von Missbräuchen
MüKo	Münchener Kommentar
MünchHdb.	Münchener Handbuch
m. w. N.	mit weiteren Nachweisen
n. F.	neue Fassung
NJW	Neue Juristische Wochenschrift
NJW-RR	NJW Rechtsprechungsreport
NK	Nomos Kommentar
Nr.	Nummer
Nrn.	Nummern
NZG	Neue Zeitschrift für Gesellschaftsrecht
NZI	Neue Zeitschrift für Insolvenz- und Sanierungsrecht
OHG	offene Handelsgesellschaft
OLG	Oberlandesgericht
PA-AR	Personalausschuss des Aufsichtsrats
PKW	Personenkraftwagen
RegE	Regierungsentwurf
RG	Reichsgericht
RGZ	Entscheidungen des Reichsgerichts in Zivilsachen
Rn.	Randnummer
RNotZ	Rheinische Notar-Zeitschrift
Rspr.	Rechtsprechung
Rz.	Randziffer
S.	Seite/ Satz
sog.	sogenannt(en)/(er)/(es)
SpruchG	Spruchverfahrensgesetz
StGB	Strafgesetzbuch
st. Rspr.	ständige Rechtsprechung
str.	streitig
ThürOLG	Thüringer Oberlandesgericht
u. a.	unter anderem
UG	Unternehmergesellschaft
UmwG	Umwandlungsgesetz
v. a.	vor allem
Var.	Variante
vgl.	vergleiche
Vorb.	Vorbemerkung
VorstAG	Gesetz zur Angemessenheit der Vorstandsvergütung
WM	Wertpapier-Mitteilungen

z. B.	zum Beispiel
ZGR	Zeitschrift für Unternehmens- und Gesellschaftsrecht
ZHR	Zeitschrift für das gesamte Handels- und Wirtschaftsrecht
Ziff.	Ziffer
ZInsO	Zeitschrift für das gesamte Insolvenz- und Sanierungsrecht
ZIP	Zeitschrift für Wirtschafsrecht
zit.	zitiert
ZPO	Zivilprozessordnung
ZRP	Zeitschrift für Rechtspolitik
zust.	zustimmend
zzgl.	zuzüglich

Literaturverzeichnis

Andres/Leithaus/Dahl .... Insolvenzordnung, Kommentar, 4. Aufl. 2018.

Axhausen .... Anfechtbarkeit aktienrechtlicher Aufsichtsratsbeschlüsse, 1986.

Bamberger/Roth/Hau/Poseck (Hrsg.) .... Beck'scher Online-Kommentar BGB, 48. Edition, 2018 (zit.: BeckOK BGB/*Bearbeiter*).

Baumbach/Hopt .... Handelsgesetzbuch, 38. Aufl. 2018.

Baumbach/Hueck .... GmbH-Gesetz, 18. Aufl. 2006 (zit.: Baumbach/Hueck/*Bearbeiter*, 18. Aufl.).

Baumbach/Hueck .... GmbH-Gesetz, 19. Aufl. 2010 (zit.: Baumbach/Hueck/*Bearbeiter*, 19. Aufl.).

Baumbach/Hueck .... GmbH-Gesetz, 21. Aufl. 2017.

Baumbach/Lauterbach/Albers/Hartmann .... Zivilprozessordnung, 75. Aufl. 2017.

Böhm/Burmeister (Hrsg.) .... Münchener Vertragshandbuch, 8. Aufl. 2018 (zit.: MünchVertrHdb I/*Bearbeiter*).

Bork .... Einführung in das Insolvenzrecht, 8. Aufl. 2017 (zit.: *Bork*, InsO).

Bork/Schäfer (Hrsg.) ...... GmbHG, Kommentar, 3. Aufl. 2015.

Böttcher/Habighorst/Schulte .... Umwandlungsrecht, 2015.

Braun (Hrsg.) .... Insolvenzordnung, 7. Aufl. 2017.

Brox/Henssler .... Handelsrecht, 22. Aufl. 2016.

Bürgers/Körber (Hrsg.) ... Aktiengesetz, 4. Aufl. 2017 (zit.: HK-AktG/*Bearbeiter*).

Centrale für GmbH (Hrsg.) .... GmbH-Handbuch, 166. Lieferung Dezember 2018 (zit.: GmbH-Hdb/*Bearbeiter*).

Dauner-Lieb/Langen (Hrsg.) .... Bürgerliches Gesetzbuch – BGB, Band 2/1 und Band 2/2 (§§ 241–853), 3. Aufl. 2016 (zit.: NK-BGB/*Bearbeiter*).

Dauner-Lieb/Simon (Hrsg.) .... Kölner Kommentar zum UmwG, 2009 (zit.: KK-UmwG/*Bearbeiter*).

Drygala/Staake/Szalai .... Kapitalgesellschaftsrecht, 2012.

Ebenroth/Boujong/Joost/Strohn .... Handelsgesetzbuch, 3. Aufl. 2014 (zit.: EBJS/*Bearbeiter*).

Eckhardt/Hermanns (Hrsg.) .... Kölner Handbuch Gesellschaftsrecht, 2. Aufl. 2013 (zit.: KölnerHdbGesR/*Bearbeiter*).

Emmerich .... Das Recht der Leistungsstörungen, 6. Aufl. 2005.

Emmerich/Habersack ..... Konzernrecht, 10. Aufl. 2013 (zit.: *Emmerich/Habersack*).

Emmerich/Habersack (Hrsg.) .... Aktien- und GmbH-Konzernrecht, 8. Aufl. 2016 (zit.: Emmerich/Habersack/*Bearbeiter*)

Erman .... Bürgerliches Gesetzbuch, Band I (§§ 1–811, UKlaG); Band II (§§ 812–2385, EGBGB, ErbbauVO, HausratsVO, LPartG, ProdHaftG, VAHRG, WEG), 15. Aufl. 2017.

Fleischer/Goette (Hrsg.) .. Münchener Kommentar zum Gesetz betreffend die Gesellschaften mit beschränkter Haftung, GmbHG, Band 1 (§§ 1–34), 3. Aufl. 2018; Band 2 (§§ 35–52), 3. Aufl. 2019; Band 3 (§§ 53–85), 3. Aufl. 2019 (zit.: MüKoGmbHG/*Bearbeiter*).

Flume .... Allgemeiner Teil des Bürgerlichen Rechts, Band I/2 (Die juristische Person), 1983 (zit.: *Flume*, BGB AT I/2).

Flume .... Allgemeiner Teil des Bürgerlichen Rechts, Band II (Das Rechtsgeschäft), 1979 (zit.: *Flume*, BGB AT II).

Foerste .... Insolvenzrecht, 7. Aufl. 2018.

Fridgen/Geiwitz/Göpfert (Hrsg.) .... Beck'scher Online-Kommentar InsO, 12. Edition 2018 (zit.: BeckOK InsO/*Bearbeiter*).

Fritzsche/Dreier/Verfürth .... SpruchG, 2. Aufl. 2016.

Fuhrmann/Wälzholz ...... Formularbuch Gesellschaftsrecht, 3. Aufl. 2018.

Ganske .... Umwandlungsrecht, 2. Aufl. 1995.

Gottwald (Hrsg.) .... Insolvenzrechts-Handbuch, 5. Aufl. 2015 (zit.: Gottwald/*Bearbeiter*).

Goette/Habersack .... Das MoMiG in Wissenschaft und Praxis, 2009.

Goette/Habersack (Hrsg.) .... Münchener Kommentar zum Aktiengesetz, Band 1 (§§ 1–75), 4. Aufl. 2016; Band 2 (§§ 76–117), 4. Aufl. 2014; Band 3 (§§ 118–178), 4. Aufl. 2018; Band 4 (§§ 179–277), 4. Aufl. 2016; Band 5 (§§ 278–328, SpruchG, ÖGesAusG, Österreichisches Konzernrecht), 4. Aufl. 2015 (zit.: MüKoAktG/*Bearbeiter*).

Grigoleit .... Aktiengesetz, 2013.

Grunewald .... Gesellschaftsrecht, 10. Aufl. 2017.

Haas/Medicus/Rolland/Schäfer/Wendtland .... Das neue Schuldrecht, 2002.

Habersack/Henssler .... Mitbestimmungsrecht, 4. Aufl. 2018 (zit.: HH/*Bearbeiter*).

Hachenburg .... Gesetz betreffend die Gesellschaft mit beschränkter Haftung, Band 1 (Allgemeine Einleitung, §§ 1–34), Band 2 (§§ 35–52), Band 3 (§§ 53–85), 8. Aufl. 1993 ff.

Häublein/Hoffmann-Theinert (Hrsg.) .... Beck'scher Online-Kommentar HGB, 22. Edition 2018 (zit.: BeckOK HGB/*Bearbeiter*).

Heck .... Haftungsrisiken im Zusammenhang mit der Entsprechenserklärung zum Deutschen Corporate Governance Kodex gem. § 161 AktG, 2006.

Heckschen/Heidinger ..... Die GmbH in der Gestaltungs- und Beratungspraxis, 3. Aufl. 2013.

Heidel (Hrsg.) .... Aktienrecht und Kapitalmarktrecht, 4. Aufl. 2014 (zit.: Heidel/*Bearbeiter*).

Heidel/Schall (Hrsg.) ..... Handelsgesetzbuch, 2. Aufl. 2015 (zit.: Heidel/Schall/*Bearbeiter*).

Henssler/Strohn (Hrsg.) .. Gesellschaftsrecht, 4. Aufl. 2019.

Heymann .... Handelsgesetzbuch, Band 1 (Einleitung; §§ 1–104); Band 2 (§§ 105–237); Band 4 (§§ 343–475h), 2. Aufl. ab 1997.

Hirte .... Kapitalgesellschaftsrecht, 8. Aufl. 2016.

Hoffmann-Becking (Hrsg.) .... Münchener Handbuch des Gesellschaftsrechts, Band 4 (Aktiengesellschaft), 4. Aufl. 2015 (zit.: MünchHdb.GesR IV/*Bearbeiter*).

Hölters (Hrsg.) .... Aktiengesetz, 3. Aufl. 2017.

Hopt/Wiedemann .... Großkommentar AktG, Band 4 (§§ 95–117), 4. Aufl. 2006; Band 6 (§§ 150–220), 4. Aufl. 2006; Band 7 Teil 2 (§§ 241–277), 4. Aufl. 2013 (zit.: Großkomm-AktG/*Bearbeiter*).

Hüffer/Koch .... Aktiengesetz, 13. Aufl. 2018.

Immenga .... Die personalistische Kapitalgesellschaft, 1970.

Jauernig .... Bürgerliches Gesetzbuch, 16. Aufl. 2015.

Kallmeyer .... UmwG, 6. Aufl. 2017.
Kayser/Thole (Hrsg.) ..... Heidelberger Kommentar zur Insolvenzordnung, 9. Aufl. 2018 (zit.: HK-InsO/*Bearbeiter*).
Kirchhof/Eidenmüller/Stürner (Hrsg.) .... Münchener Kommentar zur Insolvenzordnung, Band 1 (§§ 1–79), Band 2 (§§ 80–216), 3. Aufl. 2013 (zit.: MüKoInsO/*Bearbeiter*).
Klöcker/Frowein .... Spruchverfahrensgesetz, 2004.
Koch .... Gesellschaftsrecht, 11. Aufl. 2019.
Koller/Kindler/Roth/Morck .... Handelsgesetzbuch, 8. Aufl. 2015 (zit.: KKRM/*Bearbeiter*).
Krüger/Rauscher (Hrsg.) . Münchener Kommentar zur Zivilprozessordnung, Band 1 (§§ 1–354), 5. Aufl. 2016 (zit.: MüKoZPO/*Bearbeiter*).

Lemke .... Der fehlerhafte Aufsichtsratsbeschluß, 1994.
Lettl .... Handelsrecht, 3. Aufl. 2015.
Lieder/Wilk/Ghassemi-Tabar .... Münchener Handbuch des Gesellschaftsrechts, Band 8 (Umwandlungsrecht), 5. Aufl. 2018 (zit.: MünchHdb.GesR VIII/*Bearbeiter*).
Lutter .... Umwandlungsgesetz, Band 1 (§§ 1–122l), Band 2 (§§ 123–325), 5. Aufl. 2014.
Lutter/Hommelhoff .... GmbH-Gesetz, 16. Aufl. 2004 (zit.: Lutter/Hommelhoff/*Bearbeiter*, 16. Aufl.).
Lutter/Hommelhoff .... GmbH-Gesetz, 19. Aufl. 2016 (zit.: Lutter/Hommelhoff/*Bearbeiter*).
Lutter/Krieger/Verse ...... Rechte und Pflichten des Aufsichtsrats, 6. Aufl. 2014.

Maulbetsch/Klumpp/Rose UmwG, 2. Aufl. 2017 (zit.: HK-UmwG/*Bearbeiter*).
Medicus/Lorenz .... Schuldrecht II, Besonderer Teil, 18. Aufl. 2018.
Medicus/Petersen .... Bürgerliches Recht, 26. Aufl. 2017.
Meyer-Landrut (Hrsg.) ... Formularkommentar GmbH-Recht, 2. Aufl. 2014.
Michalski .... Kommentar zum Gesetz betreffend die Gesellschaften mit beschränkter Haftung (GmbHG), Band 1 (systematische Darstellung, §§ 1–34), 2002 (Michalski/*Bearbeiter*).
Michalski/Heidinger/Leible/Schmidt J. .... Kommentar zum Gesetz betreffend die Gesellschaften mit beschränkter Haftung (GmbH-Gesetz), Band 1 (systematische Darstellung, §§ 1–34), Band 2 (§§ 35–86, §§ 1–4 EGGmbHG), 3. Aufl. 2017 (zit.: MHLS/*Bearbeiter*).
Musielak/Voit .... ZPO, 15. Aufl. 2018.

Nerlich/Römermann (Hrsg.) .... Insolvenzordnung, 36. EL. 2018.

Oetker (Hrsg.) .... Kommentar zum Handelsgesetzbuch, 5. Aufl. 2017 (zit.: Oetker/*Bearbeiter*).

Palandt .... Bürgerliches Gesetzbuch, 78. Aufl. 2019.
Petersen .... Die Firmenbestattung, 2015.
Priester/Mayer/Wicke (Hrsg.) .... Münchener Handbuch des Gesellschaftsrechts, Band 3 (Gesellschaft mit beschränkter Haftung), 5 Aufl. 2018 (zit.: MünchHdb.GesR III/*Bearbeiter*).
Prinz/Winkeljohann ...... Beck'sches Handbuch der GmbH, 5. Aufl. 2014 (zit.: BeckHdb.GmbH/*Bearbeiter*).

Raiser/Veil .... Recht der Kapitalgesellschaften, 5. Aufl. 2010 (zit.: *Raiser/Veil*, 5. Aufl.)

Raiser/Veil .... Recht der Kapitalgesellschaften, 6. Aufl. 2015.

Raiser/Veil/Jacobs .... Mitbestimmungsgesetz und Drittelbeteiligungsgesetz, 6. Aufl. 2015 (zit.: RVJ/*Bearbeiter*).

Reischl .... Insolvenzrecht, 4. Aufl. 2016.

Rettmann .... Die Rechtmäßigkeitskontrolle von Verschmelzungsbeschlüssen: das Unbedenklichkeitsverfahren nach § 16 Abs. 3 UmwG, 1998.

Ringleb/Kremer/Lutter/v. Werder (Hrsg.) .... Deutscher Corporate Governance Kodex, Kommentar, 7. Aufl. 2018.

Roth/Altmeppen .... Gesetz betreffend die Gesellschaften mit beschränkter Haftung, 5. Aufl. 2005 (zit.: Roth/Altmeppen/*Bearbeiter*, 5. Aufl.).

Roth/Altmeppen .... Gesetz betreffend die Gesellschaften mit beschränkter Haftung, 9. Aufl. 2019.

Rowedder/Schmidt-Leithoff .... Gesetz betreffend die Gesellschaften mit beschränkter Haftung, (GmbHG), 4. Aufl. 2002 (zit.: Rowedder/Schmidt-Leithoff/*Bearbeiter*, 4. Aufl.).

Rowedder/Schmidt-Leithoff .... Gesetz betreffend die Gesellschaften mit beschränkter Haftung, (GmbHG), 5. Aufl. 2013 (zit.: Rowedder/Schmidt-Leithoff/*Bearbeiter*, 5. Aufl.).

Rowedder/Schmidt-Leithoff .... Gesetz betreffend die Gesellschaften mit beschränkter Haftung, (GmbHG), 6. Aufl. 2017.

Säcker/Rixecker/Oetker/Limperg (Hrsg.) .... Münchener Kommentar zum Bürgerlichen Gesetzbuch, Band 1 (Allgemeiner Teil, §§ 1–240, ProstG, AGG), 8. Aufl. 2018; Band 2 (Schuldrecht Allgemeiner Teil, §§ 241–432), 7. Aufl. 2016; Band 3 (Schuldrecht Besonderer Teil I, §§ 433–610, Finanzierungsleasing, HeizkostenV, BetriebskostenV, CISG), 7. Aufl. 2016; Band 4 (Schuldrecht Besonderer Teil II, §§ 535–630h, HeizkostenV, BetrkV, WärmeLV, EFZG, TzBfG, KSchG, MiLoG), 7. Aufl. 2016; Band 5/2 (§§ 631–651), 7. Aufl. 2018; Band 6 (Schuldrecht Besonderer Teil IV, §§ 705–853, Partnerschaftsgesellschaftsgesetz, Produkthaftungsgesetz), 7. Aufl. 2017; Band 9 (Familienrecht II, §§ 1589–1921, SGB VIII) 7. Aufl. 2017; Band 10 (Erbrecht, §§ 1922–2385, §§ 27–35 BeurkG), 7. Aufl. 2017 (zit.: MüKoBGB/*Bearbeiter*).

Saenger .... Gesellschaftsrecht, 4. Aufl. 2015.

Saenger/Inhester (Hrsg.) . GmbHG, Handkommentar, 3. Aufl. 2016 (zit.: HK-GmbHG/*Bearbeiter*).

Schmidt, K. .... Gesellschaftsrecht, 4. Aufl. 2002 (zit.: *Schmidt K.*, GesR).

Schmidt, K. .... Handelsrecht, 6. Aufl. 2014 (zit.: *Schmidt K.*, HandelsR).

Schmidt, K. .... Insolvenzordnung, 19. Aufl. 2016 (zit.: Schmidt K./*Bearbeiter*).

Schmidt, K. (Hrsg.) .... Münchener Kommentar zum Handelsgesetzbuch, Band 1 (§§ 1–104a), 4. Aufl. 2016; Band 2 (§§ 105–160), 4 Aufl. 2016; Band 3 (§§ 161–237, Konzernrecht der Personengesellschaften), 3. Aufl. 2012; Band 4 (§§ 238–342e), 3. Aufl. 2013; Band 5 (§§ 343–406, CISG), 4. Aufl. 2018 (zit.: MüKoHGB/*Bearbeiter*).

Schmidt, K./Lutter (Hrsg.) .... Aktiengesetz, Kommentar, Band I (§§ 1–149), 3. Aufl. 2015; Band II (§§ 150–410, SpruchG), 3. Aufl. 2015.

Schmitt/Hörtnagl/Stratz . UmwG, UmwStG, 8. Aufl. 2018.

Schöne .... Die Spaltung unter Beteiligung von GmbH gem. §§ 123 ff. UmwG: Grundlagen, Anteilsgewährung, Beschlußfassung, Informationspflichten, 1998.

Schöne .... Fälle zum Handels- und Gesellschaftsrecht, Band I, 10. Aufl. 2018 (zit.: Bd. I).

Scholz .... GmbH-Gesetz, Band I (§§ 1–34, Anh. § 13 Konzernrecht, Anh. § 34 Austritt und Ausschließung eines Gesellschafters), 10. Aufl. 2007 (zit.: Scholz/*Bearbeiter*, 10. Aufl.).

Scholz .... GmbH-Gesetz, Band I (§§ 1–34, Anh. § 13 Konzernrecht, Anh. § 34 Austritt und Ausschließung eines Gesellschafters), 12. Aufl. 2018; Band II (§§ 35–52), 11. Aufl. 2013; Band III (§§ 53–85) 11. Aufl. 2015.

Schulze u. a. .... Bürgerliches Gesetzbuch, 9. Aufl. 2016 (zit.: HK-BGB/*Bearbeiter*).

Semler/Stengel .... UmwG, 4. Aufl. 2017.

Semler/Volhard .... Arbeitshandbuch für die Hauptversammlung, 4. Aufl. 2018.

Simon .... Spruchverfahrensgesetz, 2007.

Soergel .... Bürgerliches Gesetzbuch mit Einführungsgesetz und Nebengesetzen, Band 1 (§§ 1–103); Band 3/2 (Schuldrecht 1/2: §§ 243–304), 13. Aufl. 2014; Band 11/1 (Schuldrecht 9/1: §§ 705–758), 13. Aufl. 2011; Band 12 (Schuldrecht 10: §§ 823–853, ProdHG, UmweltHG), 13. Aufl. 2005; Band 20 (§§ 1741–1921), 13. Aufl. 2000 (zit.: Soergel/*Bearbeiter*).

Spindler/Stilz (Hrsg.) ..... Kommentar zum Aktiengesetz, Band 1 (§§ 1–149), 3. Aufl. 2015; Band 2 (§§ 150–410, IntGesR, SpruchG, SE-VO); 3. Aufl. 2015.

Staub .... Handelsgesetzbuch, Band 1 (Einleitung, §§ 1–47b); Band 2 (§§ 48–104); Band 3 (§§ 105–160); Band 4 (§§ 161–237); Band 6 (§§ 290–315a, Anhang IFRS); Band 9 (§§ 373–376; 383–406), 5. Aufl. ab 2008 (zit.: Staub/*Bearbeiter*).

Staudinger .... Kommentar zum Bürgerlichen Gesetzbuch, Buch 1 (Allgemeiner Teil) ab 2005; Buch 2 (Recht der Schuldverhältnisse) ab 2003; Buch 4 (Familienrecht), ab 2000; Buch 5 (Erbrecht), 2008.

Thomas/Putzo .... ZPO, 39. Aufl. 2018.

Timm .... Die Aktiengesellschaft als Konzernspitze, 1980.

Timm/Schöne .... Fälle zum Handels- und Gesellschaftsrecht, Band II, 6. Aufl. 2008 (zit.: Bd. II, 6. Aufl.).

Uhlenbruck/Hirte/Vallender (Hrsg.) .... Insolvenzordnung, 15. Aufl. 2018 (zit.: Uhlenbruck/*Bearbeiter*).

Ulmer/Habersack/Winter .... GmbHG Großkommentar, Band 1 (§§ 1–28), 1. Aufl. 2005 (zit.: Großkomm-GmbHG/*Bearbeiter*, 1. Aufl.).

Ulmer/Habersack/Löbbe GmbHG Großkommentar, Band 1 (Einleitung, §§ 1–28); Band 2 (§§ 29–52); Band 3 (§§ 53–88, EGGmbHG), 2. Aufl. 2014 ff. (zit.: Großkomm-GmbHG/*Bearbeiter*).

Vorwerk/Wolf (Hrsg.) .... Beck'scher Online-Kommentar ZPO, 31. Edition 2018 (zit.: BeckOK ZPO/*Bearbeiter*).

Wicke .... Gesetz betreffend die Gesellschaften mit beschränkter Haftung, 3. Aufl. 2016.

Widmann/Mayer .... Umwandlungsrecht, 174. Aktualisierung 2018.

Wiedemann .... Gesellschaftsrecht, Band I (Grundlagen), 1980 (zit.: *Wiedemann*, GesR I).

Wimmer (Hrsg.) .... Frankfurter Kommentar zur Insolvenzordnung, 9. Aufl. 2018 (zit.: FK-InsO/*Bearbeiter*).

Windbichler .... Gesellschaftsrecht, 24. Aufl. 2017.

Ziemons/Jäger (Hrsg.) .... Beck'scher Online-Kommentar GmbHG, 37. Edition 2019 (zit.: BeckOK GmbHG/*Bearbeiter*).

Zöller .... Zivilprozessordnung, 32. Aufl. 2018.

Zöllner .... Die Schranken mitgliedschaftlicher Stimmrechtsmacht bei den privatrechtlichen Personenverbänden, 1963.

Zöllner/Noack (Hrsg.) .... Kölner Kommentar zum Aktiengesetz, Band 1 Teil 2 (§§ 1–53), 3. Aufl. 2009; Band 2 Teil 1(§§ 76–94), 3. Aufl. 2009; Band 2 Teil 2 (§§ 95–117), 3. Aufl. 2012; Band 3/2 Teil 3 (§§ 150–178), 3. Aufl. 2011; Band 4 (§§ 182–191), 3. Aufl. 2014; Band 5 (§§ 241–290), 3. Aufl. 2018; Band 6 (§§ 15–22, §§ 291–328, Meldepflichten nach §§ 21 ff. WpHG, SpruchG), 3. Aufl. 2004; Band 9 (SpruchG), 3. Aufl. 2013 (zit.: KK-AktG/*Bearbeiter*).

Fall 1. Die eilige Vorgesellschaft

Schwerpunkte im „allgemeinen" Gesellschaftsrecht – Recht der Vorgesellschaft (Vor-GmbH):

Rechtsnatur der GmbH in Gründung – Einstandspflicht der GmbH für Verbindlichkeiten aus dem Gründungsstadium – Gründerhaftung in der GmbH – Handelndenhaftung – Persönliche Haftung des GmbH-Gesellschafters nach Rechtsscheingrundsätzen

Sachverhalt[1]

Alexander Abt (A) betreibt als Frachtführer ein Fuhrunternehmen mit 25 Lastkraftwagen und 35 Angestellten; der Jahresumsatz liegt bei 35 Mio. EUR. Zusammen mit seinem finanzkräftigen Bekannten *Bernd Bolte (B)* beschließt er im Februar 2018 die Gründung der „Ferntransport-GmbH Münster" (F-GmbH), in die sein Unternehmen eingebracht werden soll. Dabei wird vereinbart, dass *A* alleiniger Geschäftsführer der Gesellschaft werden, und diese die Geschäfte des Fuhrunternehmens ohne Unterbrechung fortführen soll.

Nachdem der Gesellschaftsvertrag am 18.3.2018 notariell beurkundet worden ist, kauft *A* am 19.4.2018 namens der F-GmbH vom Händler *Hans Heinze (H)* einen für die Reparatur eines LKWs erforderlichen Austauschmotor zum Kaufpreis von 10.000 EUR. Die Eintragung der F-GmbH ins Handelsregister erfolgt am 31.5.2018. Der Kaufpreis für den Austauschmotor ist bislang nicht beglichen worden.

Hat *H* einen Anspruch auf Zahlung des Kaufpreises i. H. v. 10.000 EUR

a) gegen die F-GmbH?
b) gegen *A* und *B* persönlich?

Abwandlung: Wie im Ausgangsfall, jedoch kauft *A* zwei Austauschmotoren für insgesamt 25.000 EUR bei dem Händler *Günter Gause (G)*, der seit langem geschäftliche Beziehungen zu dem Fuhrunternehmen unterhält und von den Vorgängen um die Gründung der GmbH keine Kenntnis hat. *A* bittet um ein Zahlungsziel. Wegen der bisher guten Zahlungsmoral von *A* trägt *G* in die Kaufvertragsurkunde vom 2.4.2018 – also nach der notariellen Beurkundung vom 18.3.2018 – als Fälligkeitstermin den 1.7.2018 sowie als Kaufvertragspartei die Firma „A-Ferntransport" ein. Unter dieser Firma unterschreibt *A* den Kaufvertrag und gibt die Urkunde sodann dem *G* zurück, der diese bereits vorher unterschrieben hatte.

Kann *G* nach dem Eintritt der Fälligkeit – und damit auch nach Eintragung der GmbH am 31.5.2018 – *A* persönlich aus dem Kaufvertrag in Anspruch nehmen?

---

[1] Die Ausführungen in Fn. 1 zu Fall 1 in Bd. I gelten für die Sachverhalte in diesem Band gleichermaßen.

Lösung

Ausgangsfall: Anspruch von H auf Zahlung von 10.000 EUR

A. Anspruch gegen die F-GmbH

H kann gegen die F-GmbH einen Anspruch auf Zahlung von 10.000 EUR gem. § 433 Abs. 2 BGB i. V. m. § 13 Abs. 1 GmbHG haben. Dann muss zwischen *H* und der F-GmbH ein wirksamer Kaufvertrag zustande gekommen sein.

I. Kaufvertragliche Verpflichtung der F-GmbH

1. F-GmbH als ursprüngliche Kaufvertragspartei

Bei dem Kaufvertragsabschluss von *A* mit *H* war die F-GmbH noch nicht im Handelsregister eingetragen, so dass sie gem. § 11 Abs. 1 GmbHG „als solche" nicht verpflichtet werden konnte.

2. Nachfolge in die Verbindlichkeit der Vorgesellschaft

Jedoch kann *A* durch den Kaufvertrag die vom Abschluss des notariellen Gesellschaftsvertrages am 18.3.2018 bis zur Eintragung ins Handelsregister am 31.5.2018 bestehende „Vorgesellschaft"[2] verpflichtet haben, und die so begründete Kaufpreisschuld kann dann auf die F-GmbH übergegangen sein.

a) Kaufvertrag mit der Vorgesellschaft

aa) Entstehung der Vorgesellschaft

Mit der notariellen Beurkundung des Gesellschaftsvertrages nach § 2 Abs. 1 S. 1 GmbHG ist am 18.3.2018 eine Vorgesellschaft (= Vor-GmbH) als Vorstufe zur späteren GmbH entstanden.

bb) Kaufvertrag mit der Vorgesellschaft

Der Kaufvertrag zwischen *H* und der Vorgesellschaft kann durch den Vertragsschluss von *H* mit *A* namens der F-GmbH am 19.4.2018 zustande gekommen sein.

(1) Rechtsfähigkeit der Vorgesellschaft

Die Vor-GmbH muss wirksam Verbindlichkeiten eingehen können. Dies setzt die Rechtsfähigkeit der Vor-GmbH voraus. Die Rechtsfähigkeit der Vor-GmbH hängt von ihrer Rechtsnatur als Vorgesellschaft ab. Möglicherweise ist die Vor-GmbH abhängig von dem ausgeübten Betrieb entweder als OHG oder GbR zu werten.[3]

---

[2] Zur Vor-GmbH und zur Vorgesellschaft allgemein vgl. Baumbach/Hueck/*Fastrich*, § 11 Rn. 6 ff.; BeckOK GmbHG/*Jaeger*, § 11 Rn. 4 ff.; Bork/Schäfer/*Schroeter*, § 11 Rn. 10 ff.; GroßKomm-GmbHG/*Ulmer/Habersack*, § 11 Rn. 31 ff.; Henssler/Strohn/*Schäfer*, § 11 GmbHG Rn. 13 ff.; HK-GmbHG/*Pfisterer*, § 11 Rn. 3 ff.; Lutter/Hommelhoff/*Bayer*, § 11 Rn. 5 f.; MHLS/*Blath*, § 11 Rn. 42 ff.; MüKoGmbHG/*Merkt*, § 11 Rn. 4 ff.; Rowedder/Schmidt-Leithoff/*Schmidt-Leithoff C.*, § 11 Rn. 4 ff.; Scholz/*Schmidt K.*, § 11 Rn. 27 ff.; GmbH-Hdb/*Wälzholz*, Rz. I Rn. 381 ff.; MünchHdb.GesR III/*Gummert*, § 16 Rn. 1 ff.; *Drygala/Staake/Szalai*, § 4 Rn. 7 f., § 6 Rn. 4 ff.; *Grunewald*, § 13 Rn. 38 ff.; *Hirte*, Rn. 2.7 ff.; *Raiser/Veil*, § 35 Rn. 96 ff.; *Saenger*, Rn. 738 ff.; *Schmidt K.*, GesR, § 11 II (S. 290 ff.); *Windbichler*, § 21 Rn. 14 ff.

[3] So die ältere Rechtsprechung und Literatur, vgl. RGZ 58, 55 (56); 105, 228 (229); *Möhring*, GmbHR 1951, 70 ff.

Infolge der Fortführung des kaufmännischen Fuhrunternehmens durch die „F-GmbH i. Gr." auch nach notarieller Beurkundung des Gesellschaftsvertrages wäre sie somit, ebenso wie im Vorgründungsstadium,[4] als OHG einzustufen. Danach ergäbe sich ihre Rechtsfähigkeit ohne weiteres aus § 124 Abs. 1 HGB.

Diese Argumentation vermag indessen nicht zu überzeugen. Mit der notariellen Beurkundung des Gesellschaftsvertrages der GmbH gem. § 2 Abs. 1 S. 1 GmbHG erlischt entweder die Vorgründungsgesellschaft wegen Zweckerreichung gem. § 726 BGB oder sie ist bei vorhandenem Gesamthandsvermögen zu liquidieren,[5] und es entsteht die Vor-GmbH als eine notwendige Zwischenstufe bis zur Entstehung der GmbH durch Eintragung im Handelsregister (Umkehrschluss aus § 11 Abs. 1 GmbHG). Bei der Vor-GmbH handelt es sich vielmehr um eine Personenvereinigung eigener Art, die einem Sonderrecht untersteht, das aus den gesetzlichen und gesellschaftsvertraglichen Gründungsvorschriften sowie dem Recht der rechtsfähigen GmbH besteht, soweit es nicht die Eintragung der Gesellschaft voraussetzt.[6] Die Rechtsfähigkeit der Vor-GmbH wird gesetzlich vorausgesetzt. Die Vor-GmbH ist Gläubigerin der von den Gründern gem. § 3 Abs. 1 Nr. 4 GmbHG im Gesellschaftsvertrag versprochenen Einlagen. Vor der Anmeldung der Gesellschaft zur Eintragung in das Handelsregister sind Bareinlagen gem. § 7 Abs. 2 GmbHG „einzuzahlen" und Sacheinlagen sind gem. § 7 Abs. 3 GmbHG „an die Gesellschaft zu bewirken". Es handelt sich bei der Vor-GmbH mithin um eine selbstständige Gesellschaft, die – obwohl sie noch keine juristische Person ist – dennoch Trägerin von Rechten und Pflichten sein und bereits vor ihrer Eintragung Verbindlichkeiten eingehen kann.[7]

Die Vor-GmbH ist somit unabhängig davon, ob sie ein kaufmännisches Unternehmen betreibt, rechtsfähig. Die „F-GmbH i. Gr." war daher jedenfalls nach notarieller Beurkundung des Gesellschaftsvertrages rechtsfähig.

---

[4] Im Vorgründungsstadium, also vor notarieller Beurkundung des Gesellschaftsvertrages gem. § 2 Abs. 1 GmbHG, findet entweder das Recht der OHG oder der GbR Anwendung, je nachdem, ob ein Handelsgewerbe betrieben wird oder nicht; vgl. BGHZ 91, 148 (151); Baumbach/Hueck/*Fastrich*, § 11 Rn. 36; BeckOK GmbHG/*Jaeger*, § 2 Rn. 35; Bork/Schäfer/*Schroeter*, § 11 Rn. 5; Henssler/Strohn/*Schäfer*, § 11 GmbHG Rn. 6; HK GmbHG/*Pfisterer*, § 11 Rn. 32; Lutter/Hommelhoff/*Bayer*, § 11 Rn. 2; MHLS/*Blath*, § 11 Rn. 14 ff., 20 ff.; MünchHdb.GesR III/*Priester*, § 15 Rn. 29; GmbH-Hdb/*Wälzholz*, Rz. I Rn. 383; *Grunewald*, § 13 Rn. 36; *Hirte*, Rn. 2.6; *Saenger*, Rn. 739; *Schmidt K.*, GesR, § 34 III 2 (S. 1011 ff.); *Windbichler*, § 21 Rn. 17. Zur Haftung bei GbR und OHG siehe insbesondere Bd. I, Fälle 1, 4 und 9.

[5] Vgl. Baumbach/Hueck/*Fastrich*, § 11 Rn. 39; GroßKomm-GmbHG/*Ulmer/Habersack*, § 11 Rn. 30; Henssler/Strohn/*Schäfer*, § 11 GmbHG Rn. 12; MüKoGmbHG/*Merkt*, § 11 Rn. 110; *Grunewald*, § 13 Rn. 36; *Hirte*, Rn. 2.9.

[6] Ganz h. M., vgl. BGHZ 21, 242 (246); 45, 338 (347); 51, 30 (32); sowie Baumbach/Hueck/*Fastrich*, § 11 Rn. 6; BeckOK GmbHG/*Jaeger*, § 11 Rn. 4; Bork/Schäfer/*Schroeter*, § 11 Rn. 10; GroßKomm-GmbHG/*Ulmer/Habersack*, § 11 Rn. 10; Henssler/Strohn/*Schäfer*, § 11 GmbHG Rn. 13; HK-GmbHG/*Pfisterer*, § 11 Rn. 3; Lutter/Hommelhoff/*Bayer*, § 11 Rn. 5 ff.; MHLS/*Blath*, § 11 Rn. 44; MüKoGmbHG/*Merkt*, § 11 Rn. 9; Scholz/*Schmidt K.*, § 11 Rn. 30; MünchHdb.GesR III/*Gummert*, § 16 Rn. 5; *Drygala/Staake/Szalai*, § 4 Rn. 7; *Schmidt K.*, GesR, § 34 III 3a) (S. 1016 f.); *Raiser/Veil*, § 35 Rn. 100; *Windbichler*, § 21 Rn. 18.

[7] Vgl. statt aller Bork/Schäfer/*Schroeter*, § 11 Rn. 23 f.; Henssler/Strohn/*Schäfer*, § 11 GmbHG Rn. 16; HK-GmbHG/*Pfisterer*, § 11 Rn. 8; MHLS/*Blath*, § 11 Rn. 58 ff.; Scholz/*Schmidt K.*, § 11 Rn. 34 f.; GmbH-Hdb/*Wälzholz*, Rz. I Rn. 385 f.; *Drygala/Staake/Szalai*, § 6 Rn. 6; *Grunewald*, § 13 Rn. 39; *Hirte*, Rn. 2.22 f.; *Raiser/Veil*, § 35 Rn. 107; *Schmidt K.*, GesR, § 34 III 3a) (S. 1016 f.); *Saenger*, Rn. 741, 744; *Windbichler*, § 21 Rn. 21.

(2) Wirksame Vertretung der Vor-GmbH

H kann die „F-GmbH i. Gr." aus dem Kaufvertrag in Anspruch nehmen, wenn diese bei Abschluss des Kaufvertrages gem. § 164 Abs. 1 BGB durch *A* wirksam vertreten wurde.

(a) Willenserklärung namens der Vor-GmbH

A muss zunächst namens der „F-GmbH i. Gr." gehandelt haben. Dabei kommt es nach § 164 Abs. 1 S. 2 BGB nicht darauf an, ob er dies ausdrücklich tat oder ob sich sein Wille, für die Vor-GmbH aufzutreten, erst aus den Umständen ergab.

A hat den Kaufvertrag ausdrücklich für die F-GmbH abgeschlossen. Jedoch kann aus den weiteren Umständen folgen, dass er den Kaufvertrag in Wirklichkeit für die Vorgesellschaft abgeschlossen hat. Der Kaufvertragsabschluss stand im Zusammenhang mit dem Betrieb des Fuhrunternehmens. Bei unternehmensbezogenen Geschäften geht der Wille der Beteiligten im Zweifel dahin, dass unabhängig von der Unternehmensbezeichnung der wahre Unternehmensinhaber verpflichtet werden soll.[8] Dies gilt auch, wenn der Geschäftspartner unrichtige Vorstellungen über die Person des Unternehmensinhabers hat.[9] In diesen Fällen ist eine Vertretung der Vorgesellschaft deshalb selbst dann zu bejahen, wenn die Firma der GmbH ohne einen auf das Gründungsstadium hinweisenden Zusatz verwendet wird.[10] Aus dem Umstand, dass *A* den Kaufvertrag im Rahmen des Geschäftsbetriebs abschloss, ergibt sich daher, dass er (zumindest auch) für die „F-GmbH i. Gr." auftrat.

(b) Handeln im Rahmen der Vertretungsmacht

A muss darüber hinaus mit Vertretungsmacht gehandelt haben. Als alleiniger Geschäftsführer der „F-GmbH i. Gr." kann *A* gem. §§ 35 Abs. 1 S. 1, 37 Abs. 2 GmbHG im Verhältnis zu Dritten unbeschränkt vertretungsbefugt gewesen sein. Die Anwendung dieser GmbHG-Vorschriften auf die Vor-GmbH scheitert nicht schon an der fehlenden Eintragung der „F-GmbH" gem. § 11 Abs. 1 GmbHG. Die Vor-GmbH muss notwendigerweise einen Geschäftsführer haben, weil sie ansonsten nicht handlungsfähig wäre und die GmbH nicht gem. §§ 7, 78 GmbHG zur Eintragung in das Handelsregister angemeldet werden könnte.[11] Die bloße Bestellung zum Geschäftsführer setzt keine Publizität und daher keine Eintragung der GmbH voraus.[12]

Indes weckt die daraus resultierende Befugnis, noch vor Eintragung der GmbH in das Handelsregister Verbindlichkeiten in unbegrenzter Höhe begründen zu können,

---

8 Vgl. *BGH* NJW 1990, 2678; 2000, 2984; BeckOK BGB/*Schäfer*, § 164 Rn. 25; Erman/*Maier-Reimer*, § 164 Rn. 7; MüKoBGB/*Schubert*, § 164 Rn. 121.

9 BGHZ 62, 216 (221); 64, 11 (15); 92, 259 (268); BeckOK BGB/*Schäfer*, § 164 Rn. 25; Palandt/*Ellenberger*, § 164 Rn. 2.

10 Baumbach/Hueck/*Fastrich*, § 11 Rn. 18; BeckOK GmbHG/*Jaeger*, § 11 Rn. 18; Henssler/Strohn/*Schäfer*, § 11 GmbHG Rn. 24 i. V. m. Rn. 7; HK-GmbHG/*Pfisterer*, § 11 Rn. 10; MHLS/*Blath*, § 11 Rn. 62; MüKoGmbHG/*Merkt*, § 11 Rn. 68; Scholz/*Schmidt K.*, § 11 Rn. 69; MünchHdb.GesR III/*Gummert*, § 16 Rn. 49; *Drygala/Staake/Szalai*, § 6 Rn. 32.

11 Baumbach/Hueck/*Fastrich*, § 11 Rn. 18 i. V. m. § 6 Rn. 3; Henssler/Strohn/*Schäfer*, § 11 GmbHG Rn. 20; HK-GmbHG/*Pfisterer*, § 11 Rn. 5; MüKoGmbHG/*Merkt*, § 11 Rn. 21; *Drygala/Staake/Szalai*, § 6 Rn. 8.

12 Lutter/Hommelhoff/*Bayer*, § 11 Rn. 15; Rowedder/Schmidt-Leithoff/*Schmidt-Leithoff C.*, § 11 Rn. 84; *Schmidt K.*, GesR, § 34 III 3b) (S. 1018).

im Hinblick auf den bloß vorbereitenden Charakter der Vor-GmbH Bedenken. Es besteht die Gefahr, dass die wirtschaftliche Grundlage der GmbH durch Schulden aus der Tätigkeit der Vor-GmbH ausgehöhlt wird und das im Handelsregister ausgewiesene Stammkapital bei der Eintragung weitgehend verbraucht ist. Dies legt den Gedanken nahe, die Vertretungsmacht entsprechend dem Zweck der Vorgesellschaft auf solche Geschäfte zu beschränken, die die Eintragung, d. h. die Entstehung der GmbH, fördern.[13]

Die Übernahme eines solchen aus dem Aktienrecht abgeleiteten Vorbelastungsverbotes ist indes abzulehnen. Sie bietet schon deshalb keinen wirksamen Schutz gegen eine vorzeitige Aufzehrung des Stammkapitals, weil es den Geschäftsführern nach der Eintragung der GmbH unbenommen bleibt, die für die Vorgesellschaft abgeschlossenen Geschäfte nach § 177 Abs. 1 BGB zu genehmigen.[14] Im Übrigen wird sie der Vielgestaltigkeit der Vorgesellschaften nicht gerecht. Bei einer Vor-GmbH, deren Gegenstand der Betrieb eines schon bestehenden Unternehmens ist, führt die strikte Anwendung des Vorbelastungsverbots zur Handlungsunfähigkeit des Unternehmens und damit zu Verlusten, deren Vermeidung es gerade bezweckt. Wird ein eingebrachtes Unternehmen fortgeführt, sind neben Rechtshandlungen, die die Eintragung der GmbH fördern, auch solche Geschäfte „gründungsnotwendig", die die Fortsetzung des Unternehmens ermöglichen.[15] In Fällen dieser Art umfasst die Vertretungsmacht des Geschäftsführers deshalb auch den Abschluss von Geschäften, die der Erhaltung und Verwaltung des Unternehmens förderlich sind.

Die Reparatur des LKWs diente dazu, den Geschäftsbetrieb des Transportunternehmens in unbeeinträchtigtem Umfang zu erhalten, so dass *A* zum Kauf des Austauschmotors für die Vor-GmbH gem. §§ 35 Abs. 1 S. 1, 37 Abs. 2 GmbHG befugt war. *H* hat daher einen Anspruch auf Kaufpreiszahlung gemäß § 433 Abs. 2 BGB gegen die Vor-GmbH erworben.

b) Übergang der Kaufpreisverbindlichkeit auf die F-GmbH

Für die so begründete Verbindlichkeit kann die F-GmbH mit ihrer Eintragung ins Handelsregister am 31.5.2018 Schuldnerin geworden sein.

---

[13] So die h. A., vgl. BGHZ 65, 378 (383); ebenso Baumbach/Hueck/*Fastrich,* § 11 Rn. 19; Bork/Schäfer/*Schroeter,* § 11 Rn. 19 f.; GroßKomm-GmbHG/*Ulmer/Habersack,* § 11 Rn. 68; Henssler/Strohn/*Schäfer,* § 11 GmbHG Rn. 20; Lutter/Hommelhoff/*Bayer,* § 11 Rn. 17; MüKoGmbHG/*Merkt,* § 11 Rn. 60, 63; GmbH-Hdb/*Walzholz,* Rz. I Rn. 386; *Drygala/Staake/Szalai,* § 6 Rn. 10; *Hirte,* Rn. 2.20; *Raiser/Veil,* § 35 Rn. 108; *Saenger,* Rn. 743; *Windbichler,* § 21 Rn. 22; *Wiegand,* BB 1998, 1071 ff., jeweils für den Fall der Bargründung einer GmbH.

[14] BGHZ 80, 129 (138).

[15] Ganz h. M., vgl. BGHZ 80, 129 (139); 91, 148 (151); 134, 333 (338 f.); zustimmend Baumbach/Hueck/*Fastrich,* § 11 Rn. 20; Henssler/Strohn/*Schäfer,* § 11 GmbHG Rn. 21; Lutter/Hommelhoff/*Bayer,* § 11 Rn. 17; MüKoGmbHG/*Merkt,* § 11 Rn. 61, 65; *Grunewald,* § 13 Rn. 41; *Hirte,* Rn. 2.23; *Windbichler,* § 21 Rn. 22; im Ergebnis ebenso Scholz/*Schmidt K.,* § 11 Rn. 73; *Schmidt K.,* GesR, § 34 III 3b bb (S. 1019 ff.), der aber eine unbeschränkte und unbeschränkbare Vertretungsmacht des Geschäftsführers einer Vor-GmbH unter Hinweis auf die erforderliche strikte Trennung zwischen Geschäftsführung und Vertretung für jede Vor-GmbH annimmt, unabhängig davon, ob eine Sach- oder Bargründung vorliegt; zustimmend HK-GmbHG/*Pfisterer,* § 11 Rn. 12; MHLS/*Blath,* § 11 Rn. 63; MünchHdb.GesR III/*Gummert,* § 16 Rn. 51; ebenso offenbar *Raiser/Veil,* § 35 Rn. 123.

Allerdings kann einer Nachfolge der GmbH in die von der Vor-GmbH begründeten Verbindlichkeiten das Kapitalerhaltungsinteresse der Gläubiger entgegenstehen. Das Einrücken der GmbH in die Schuldnerstellung für die Verbindlichkeiten der Vor-GmbH erhöht – zusammen mit der Vertretungsmacht des Vor-GmbH-Geschäftsführers – die Gefahr, dass die GmbH bei ihrer Eintragung nicht über den im Handelsregister verlautbarten Haftungsfonds verfügt.[16] Zur Wahrung des in den §§ 19, 21 ff. GmbHG zum Ausdruck kommenden Kapitalerhaltungsprinzips kann es somit erforderlich sein, den Übergang der Schulden der Vorgesellschaft auf die GmbH auszuschließen.[17]

Ein solcher Ausschluss hätte aber zur Folge, dass die Gläubiger der Vorgesellschaft mit der Eintragung der GmbH ihren Schuldner verlören. Sie hätten auch keine Möglichkeit, sich nunmehr an die GmbH zu halten, obschon diese aufgrund der sog. Identität von Vorgesellschaft und späterer GmbH ohne irgendwelche Übertragungsakte in die Aktiva der Vorgesellschaft eintritt.[18] Es käme demnach zu einer deutlichen Benachteiligung der Gläubiger der Vor-GmbH gegenüber den Gläubigern der eingetragenen GmbH. Dies ist nicht nur mit den Geboten des Verkehrsschutzes unvereinbar, sondern verstößt zugleich gegen Wertungen des geltenden Rechts. So lässt sich den §§ 20 Abs. 1 Nr. 1, 131 Abs. 1 Nr. 1 UmwG der allgemeine Rechtsgedanke entnehmen, dass dem Gläubiger durch einen Vermögensübergang auf Seiten des Schuldners nicht die Haftungsgrundlage entzogen werden soll. Schließlich führt die aus Verlustdeckungs- und Vorbelastungshaftung bestehende einheitliche Gründerhaftung der GmbH-Gesellschafter, nach der die Gründer gegenüber der GmbH anteilig für die Differenz zwischen dem Stammkapital und dem Wert des Gesellschaftsvermögens im Zeitpunkt der Eintragung haften, zu einer ausreichenden Sicherung der Kapitalgrundlage.[19]

Die GmbH ist demnach mit ihrer Eintragung ohne irgendwelche Übertragungsakte Schuldnerin der Verbindlichkeiten der erloschenen Vorgesellschaft geworden. Die von der „F-GmbH i. Gr." begründete Kaufpreisverbindlichkeit gegenüber *H*

---

[16] BGHZ 80, 129 (136).

[17] So die frühere Rspr., vgl. etwa BGHZ 17, 385 ff. (für die eG); 65, 378 (383).

[18] H. M., vgl. BGHZ 80, 129 (137); Baumbach/Hueck/*Fastrich*, § 11 Rn. 56 f.; Bork/Schäfer/*Schroeter*, § 11 Rn. 55; Henssler/Strohn/*Schäfer*, § 11 GmbHG Rn. 36; HK-GmbHG/*Pfisterer*, § 11 Rn. 43; Lutter/Hommelhoff/*Bayer*, § 11 Rn. 5; MHLS/*Blath*, § 11 Rn. 70; MüKoGmbHG/*Merkt*, § 11 Rn. 150 f.; Scholz/*Schmidt K.*, § 11 Rn. 31; GmbH-Hdb/*Wälzholz*, Rz. I Rn. 381; MünchHdb.GesR III/*Gummert*, § 16 Rn. 112; *Drygala/Staake/Szalai*, § 6 Rn. 14; *Grunewald*, § 13 Rn. 50; *Hirte*, Rn. 2.29; *Raiser/Veil*, § 35 Rn. 112; *Saenger*, Rn. 741; *Schmidt K.*, GesR, § 11 IV 2c) (S. 302 f.) und § 34 III 4a) (S. 1028 f.); *Windbichler*, § 21 Rn. 29 f. Nach a. A. findet mit der Eintragung der GmbH ins Handelsregister ein Formwechsel von der Vor-GmbH zur GmbH statt, vgl. BeckOK GmbHG/*Jaeger*, § 11 Rn. 44; Bork/Schäfer/*Schroeter*, § 11 Rn. 54; GroßKomm-GmbHG/*Ulmer/Habersack*, § 11 Rn. 90; Rowedder/Schmidt-Leithoff/*Schmidt-Leithoff C.*, § 11 Rn. 15.

[19] Dazu grundlegend BGHZ 134, 333 (336) sowie die Nachweise in Bd. II Fall 3 Fn. 6. Die Entscheidung wird in der Literatur insbesondere wegen des Innenhaftungskonzepts lebhaft diskutiert. Während Baumbach/Hueck/*Fastrich*, § 11 Rn. 24 ff.; BeckOK GmbHG/*Jaeger*, § 11 Rn. 23.1 f.; Bork/Schäfer/*Schroeter*, § 11 Rn. 59; GroßKomm-GmbHG/*Ulmer/Habersack*, § 11 Rn. 82; Henssler/Strohn/*Schäfer*, § 11 GmbHG Rn. 30; HK-GmbHG/*Pfisterer*, § 11 Rn. 45; MüKoGmbHG/*Merkt*, § 11 Rn. 79; *Drygala/Staake/Szalai*, § 6 Rn. 23; *Grunewald*, § 13 Rn. 44 ff.; *Hirte*, Rn. 2.30; *Raiser/Veil*, § 35 Rn. 111 f. sich für das Innenhaftungskonzept des BGH aussprechen, befürworten Lutter/Hommelhoff/*Bayer*, § 11 Rn. 22; MHLS/*Blath*, § 11 Rn. 67 ff.; Rowedder/Schmidt-Leithoff/*Schmidt-Leithoff C.*, § 11 Rn. 98 und Scholz/*Schmidt K.*, § 11 Rn. 91 f. eine Außenhaftung der Gesellschafter.

ist folglich mit Eintragung am 31.5.2018 eine Verbindlichkeit der F-GmbH geworden.

II. Ergebnis zu A

H hat gegen die F-GmbH einen Anspruch auf Zahlung des Kaufpreises i. H. v. 10.000 EUR gemäß § 433 Abs. 2 BGB i. V. m. § 13 Abs. 1 GmbHG.

B. Ansprüche gegen A und B

I. Anspruch gem. § 433 Abs. 2 BGB i. V. m. § 128 S. 1 HGB analog

H kann auch *A* und *B* auf Zahlung von 10.000 EUR in Anspruch nehmen, wenn diese für die namens der F-GmbH i. Gr. begründete Kaufpreisverbindlichkeit einstehen müssen.

Ob und in welchem Umfang die Gesellschafter für die Verbindlichkeiten der Vor-GmbH haften müssen, ist umstritten. Die beiden Extrempositionen werden durch eine gleichsam im Vorgriff auf § 13 Abs. 2 GmbHG generell eintretende Haftungsfreistellung der Mitglieder der Vorgesellschaft[20] einerseits und eine auf § 128 HGB analog bzw. §§ 714, 427 BGB analog gestützte unbeschränkte Außenhaftung der Gesellschafter bis zur Eintragung der GmbH[21] andererseits markiert. Eine „mittlere" Lösung gelangt zu einer der Höhe nach auf die noch nicht geleisteten Einlagenteile begrenzten Außenhaftung und macht so den Gedanken des § 171 Abs. 1, 2. Halbs. HGB fruchtbar.[22] Ferner wird eine unbegrenzte Innenhaftung der Gründer vertreten, d. h. die Gesellschafter haften unbegrenzt der Vor-GmbH gegenüber, nicht aber unmittelbar gegenüber den Gläubigern.[23]

Jedoch bedarf es vorliegend angesichts des Erlöschens der Vor-GmbH keiner Entscheidung zwischen den vorstehend skizzierten Ansichten.[24] Selbst wenn die persönliche Außenhaftung der Gründer befürwortet würde – und nur dann käme eine Haftung der Gesellschafter *A* und *B* gegenüber *H* in Betracht – besteht Einigkeit darüber, dass die Einstandspflicht spätestens mit der Eintragung der GmbH erlischt.[25] Aus dem Auftreten namens der Vor-GmbH werde nach außen erkennbar, dass ein Dritter nach Beendigung der Vorgesellschaft allein auf das Vermögen der

---

[20] Vgl. *Huber U.,* FS Fischer (1979), 282 (288); *Priester,* ZIP 1982, 1151 ff.; *Weimar,* GmbHR 1988, 294 ff.

[21] *LAG Köln* ZIP 1997, 1921; *Flume,* BGB AT I/2, § 5 III 3 (S. 160 ff.); *Altmeppen,* NJW 1997, 3272; *Flume,* FS Geßler (1970), 33 f.; *Roth W. H.,* ZGR 1984, 606 ff.; *Schmidt K.,* ZHR 156 (1992), 107 ff.; *ders.,* ZIP 1996, 353 ff.; *Wilhelm,* DStR 1998, 457 ff.

[22] So die frühere Rechtsprechung, vgl. BGHZ 65, 378 (382); 72, 45 (49 f.); 91, 148 (152); ebenso *Meister,* FS Werner (1984), 521 (524); *Ulmer,* ZGR 1981, 608 ff.

[23] Vgl. die Grundsatzentscheidung BGHZ 134, 333 ff., nach der ein Gläubigerdurchgriff auf die Gesellschafter ausnahmsweise im Fall der Vermögenslosigkeit der Vor-GmbH, bei einer Einpersonen-Vor-GmbH und bei der Existenz nur eines Gläubigers zulässig sein soll. Dieser Rechtsprechung haben sich andere Bundesgerichte angeschlossen; vgl. *BAG* NJW 1996, 3165; *BFH* DStR 1998, 1129 (1131), *BSG* KTS 1996, 599. Zum Diskussionstand über diese Entscheidung vgl. die Nachweise in Fn. 18. Beifall hat die Entscheidung insbesondere gefunden durch *Dauner-Lieb,* GmbHR 1996, 91 ff., *Kort,* ZIP 1996, 114 ff., *Ulmer,* ZIP 1996, 733 ff. und *Wilken,* ZIP 1995, 1163 ff.

[24] Zur Auseinandersetzung mit den verschiedenen „Haftungstheorien" bei der Vor-GmbH vgl. *Schmidt K.,* GesR, § 34 III 3c (S. 1021 ff.).

[25] BGHZ 80, 129 (144); Henssler/Strohn/*Schäfer,* § 11 GmbHG Rn. 59; MüKoGmbHG/*Merkt,* § 11 Rn. 152; Rowedder/Schmidt-Leithoff/*Schmidt-Leithoff C.,* § 11 Rn. 104; Scholz/*Schmidt K.,* § 11 Rn. 98; *Drygala/Staake/Szalai,* § 6 Rn. 36. *Schmidt K.,* GesR, § 34 III 4b) (S. 1029).

GmbH zugreifen können solle, dessen Mindestbestand in Höhe des Stammkapitals durch die nach der Eintragung der GmbH ins Handelsregister eingreifenden Vorbelastungshaftung gesichert sei.[26]

Ein Anspruch von *H* gegen *A* und *B* gem. § 433 Abs. 2 BGB i. V. m. § 128 S. 1 HGB analog scheidet mithin aus.

II. Anspruch gegen A gem. § 11 Abs. 2 GmbHG

Ein Zahlungsanspruch von *H* gegen *A* i. H. v. 10.000 EUR kann sich aus der Handelndenhaftung gem. § 11 Abs. 2 GmbHG[27] ergeben.

1. Handelndeneigenschaft

Voraussetzung ist zunächst, dass *A* Handelnder i. S. d. § 11 Abs. 2 GmbHG ist. Unter diesen Begriff fällt nur derjenige, der als Geschäftsführer oder wie ein solcher tätig wird.[28]

A ist bei Abschluss des Kaufvertrages als Geschäftsführer der Vor-GmbH tätig geworden und ist damit „Handelnder“ i. S. v. § 11 Abs. 2 GmbHG.

2. Handeln im Namen der Gesellschaft

A muss auch namens der Gesellschaft gehandelt haben. Dem Begriff des Handelns i. S. d. § 11 Abs. 2 GmbHG unterliegt das rechtsgeschäftliche Auftreten entweder für die Vor-GmbH oder für die künftige GmbH.[29] *A* hat den Kaufvertrag für die spätere F-GmbH, nämlich ohne den Zusatz „in Gründung“, abgeschlossen. Der Abschluss des Kaufvertrages ist auch eine rechtsgeschäftliche Handlung, so dass die Voraussetzungen des § 11 Abs. 2 GmbHG vorliegen.

---

[26] Zur Vorbelastungshaftung vgl. BGHZ 80, 129 ff.; 105, 300 (303); 134, 333 (335); Baumbach/Hueck/*Fastrich,* § 11 Rn. 61 ff.; GroßKomm-GmbHG/*Ulmer/Habersack,* § 11 Rn. 98 ff.; Lutter/Hommelhoff/*Bayer,* § 11 Rn. 40 ff.; MüKoGmbHG/*Merkt,* § 11 Rn. 94; Scholz/*Schmidt K.,* § 11 Rn. 139 ff.; *Hirte,* Rn. 2.30 ff.; *Raiser/Veil,* § 35 Rn. 112 f.; *Schmidt K.*, GesR, § 34 III 3c) (S. 1021 ff.).

[27] Vgl. hierzu instruktiv *Beuthien,* GmbHR 2013, 1 ff.

[28] St. Rspr. seit BGHZ 47, 25 (27); 51, 30 (35); 65, 378 (380); vgl. auch BGHZ 80, 129 (135 – obiter dictum). Zum Handelndenbegriff des § 11 Abs. 2 GmbHG vgl. Baumbach/Hueck/*Fastrich,* § 11 Rn. 47; BeckOK GmbHG/*Jaeger,* § 11 Rn. 69; Bork/Schäfer/*Schroeter,* § 11 Rn. 88 f.; GroßKomm-GmbHG/*Ulmer/Habersack,* § 11 Rn. 133 f.; Henssler/Strohn/*Schäfer,* § 11 GmbHG Rn. 52; HK-GmbHG/*Pfisterer,* § 11 Rn. 25; Lutter/Hommelhoff/*Bayer,* § 11 Rn. 30; MHLS/*Blath,* § 11 Rn. 90 ff.; MüKoGmbHG/*Merkt,* § 11 Rn. 127 ff.; Rowedder/Schmidt-Leithoff/*Schmidt-Leithoff C.,* § 11 Rn. 112 ff.; Scholz/*Schmidt K.,* § 11 Rn. 112 ff.; GmbH-Hdb/*Wälzholz,* Rz. I Rn. 398; MünchHdb.GesR III/*Gummert,* § 16 Rn. 96; *Drygala/Staake/Szalai,* § 6 Rn. 29 f.; *Grunewald,* § 13 Rn. 49; *Hirte,* Rn. 2.32; *Raiser/Veil,* § 35 Rn. 116; *Schmidt K.*, GesR, § 34 III 3d), aa) (S. 1026 f.).

[29] BGHZ 76, 320 (325); Henssler/Strohn/*Schäfer,* § 11 GmbHG Rn. 54 f.; MHLS/*Blath,* § 11 Rn. 98 ff.; Scholz/*Schmidt K.,* § 11 Rn. 117; MünchHdb.GesR III/*Gummert,* § 16 Rn. 95; *Raiser/Veil,* § 35 Rn. 116; *Windbichler,* § 21 Rn. 27. Nach h. M. begründet jedoch auch ein Handeln im Namen der Vor-GmbH eine Haftung; vgl. Henssler/Strohn/*Schäfer,* § 11 GmbHG Rn. 54; Lutter/Hommelhoff/*Bayer,* § 11 Rn. 34; MüKoGmbHG/*Merkt,* § 11 Rn. 132; Scholz/*Schmidt K.,* § 11 Rn. 118; MünchHdb.GesR III/*Gummert,* § 16 Rn. 97.

3. Erlöschen der Handelndenhaftung

Die Handelndenhaftung erlischt jedoch mit der Entstehung der GmbH, weil die mit § 11 Abs. 2 GmbHG bezweckte Sicherung der Gläubiger erreicht ist, wenn die Verbindlichkeiten der Vor-GmbH auf die GmbH übergehen.[30]

Ein Anspruch von *H* gegen *A* aus § 11 Abs. 2 GmbHG besteht daher nicht.

III. Anspruch gegen B auf Zahlung von 10.000 EUR gem. § 11 Abs. 2 GmbHG

B ist weder als Geschäftsführer noch wie ein solcher tätig geworden. Die bloße Zustimmung zur Fortführung des Geschäftsbetriebes reicht zur Begründung der Handelndeneigenschaft nicht aus.[31] *B* ist daher kein „Handelnder" im Sinne von § 11 Abs. 2 GmbHG, sodass ein Anspruch von *H* gegen *B* aus dieser Vorschrift entfällt. Im Übrigen würde auch hier eine Inanspruchnahme von *B* nach § 11 Abs. 2 GmbHG wegen Entstehens der GmbH ausscheiden.

IV. Ergebnis zu B

H kann aus dem Kaufvertrag weder *A* noch *B* persönlich in Anspruch nehmen.

Abwandlung: Anspruch von G gegen A auf Zahlung von 25.000 EUR

A. Anspruch gem. § 433 Abs. 2 BGB i. V. m. § 128 S. 1 HGB analog

Es kann dahinstehen, ob *A* die Vor-GmbH durch die Unterschrift unter der Firma „A-Transport" auf der Kaufvertragsurkunde verpflichtet hat. Eine ggf. im Gründungsstadium der GmbH bestehende Einstandspflicht der Gesellschafter für Verbindlichkeiten der Vor-GmbH entfällt jedenfalls mit der Eintragung der GmbH.[32] *G* kann daher *A* nicht gemäß § 433 Abs. 2 BGB i. V. m. § 128 HGB analog in Anspruch nehmen.

B. Anspruch gem. § 11 Abs. 2 GmbHG

Die Handelndenhaftung erlischt ebenso wie die Gesellschafterhaftung mit der Eintragung der GmbH, sodass auch ein Anspruch von *G* gegen *A* aus § 11 Abs. 2 GmbHG ausscheidet.[33]

---

[30] Ganz h. A., vgl. BGHZ 76, 320 (323); 80, 129 (145); 80, 182 (183 f.); Baumbach/Hueck/*Fastrich,* § 11 Rn. 53; BeckOK GmbHG/*Jaeger*, § 11 Rn. 67; Bork/Schäfer/*Schroeter*, § 11 Rn. 86; GroßKomm-GmbHG/*Ulmer/Habersack,* § 11 Rn. 146; Henssler/Strohn/*Schäfer*, § 11 GmbHG Rn. 59; HK-GmbHG/*Pfisterer*, § 11 Rn. 29; Lutter/Hommelhoff/*Bayer,* § 11 Rn. 36; MHLS/*Blath*, § 11 Rn. 108; MüKoGmbHG/*Merkt,* § 11 Rn. 145; Rowedder/Schmidt-Leithoff/*Schmidt-Leithoff C.,* § 11 Rn. 132; Scholz/*Schmidt K.,* § 11 Rn. 130; GmbH-Hdb/*Wälzholz*, Rz. I Rn. 398; MünchHdb.GesR III/*Gummert* § 16 Rn. 132; *Drygala/Staake/Szalai,* § 6 Rn. 33; *Grunewald*, § 13 Rn. 49; *Hirte,* Rn. 2.33; *Raiser/Veil,* § 35 Rn. 117; *Saenger,* Rn. 745; *Windbichler,* § 21 Rn. 27, 32.

[31] Vgl. BGHZ 47, 25 (28) und statt aller Baumbach/Hueck/*Fastrich,* § 11 Rn. 47; BeckOK GmbHG/*Jaeger*, § 11 Rn. 70; Bork/Schäfer/*Schroeter*, § 11 Rn. 88; GroßKomm-GmbHG/*Ulmer/Habersack*, § 11 Rn. 135; MüKoGmbHG/*Merkt,* § 11 Rn. 131.

[32] Vgl. die Nachweise in Fn. 25.

[33] Vgl. die Nachweise in Fn. 30.

C. Anspruch gem. § 433 Abs. 2 BGB

G kann gegen *A* einen Anspruch auf Zahlung von 25.000 EUR gemäß § 433 Abs. 2 BGB haben, wenn *A* persönlich Partei des Kaufvertrages geworden ist, die Willenserklärung also in eigenem Namen abgegeben hat.

Es muss sich mithin um ein Eigengeschäft des *A* handeln. Indes hat *A* mit der Unterschrift unter der Firma „A-Ferntransport" zum Ausdruck gebracht, dass der tatsächliche Unternehmensinhaber verpflichtet werden sollte. Das war zum Zeitpunkt der Unterschrift aber bereits die Vor-GmbH. *A* hat damit eine Willenserklärung im fremden Namen abgegeben. Insofern greifen hier die Grundsätze des unternehmensbezogenen Geschäfts gem. § 164 Abs. 1 S. 2 BGB.

Dabei ist es unbeachtlich, dass aus Sicht von *G* (§§ 133, 157 BGB) der Wille von *A*, im fremden Namen zu handeln, nicht erkennbar geworden ist, weil *G* den *A* als Einzelkaufmann für den Unternehmensinhaber hielt und damit von einem Eigengeschäft des *A* ausging (vgl. § 164 Abs. 2 BGB). Nach den Grundsätzen des unternehmensbezogenen Geschäfts wird der tatsächliche Unternehmensinhaber (hier die Vor-GmbH) auch dann verpflichtet, wenn die andere Partei den Vertreter für den Unternehmensinhaber hält.[34] Das Geschäft wirkt also auch dann für und gegen den tatsächlichen Unternehmensinhaber, wenn der Vertreterwille nicht erkennbar gemacht worden ist. § 164 Abs. 2 BGB ist insoweit nicht anwendbar.[35]

G hat demnach gegen *A* keinen Anspruch auf Zahlung von 25.000 EUR gemäß § 433 Abs. 2 BGB.

D. Anspruch gem. § 433 Abs. 2 BGB i. V. m. Rechtsscheingrundsätzen

Jedoch kann *A* dem *G* unter Rechtsscheingesichtspunkten unmittelbar aus dem von ihm selbst unter der Firma „A-Ferntransport" unterschriebenen Kaufvertrag verpflichtet sein. Damit hat er die Firma des Unternehmens ohne Hinweis auf die geänderte Rechtsform und ohne einen auf die noch eintretende Haftungsbeschränkung hinweisenden Zusatz verwandt. Hierdurch musste für Außenstehende der Eindruck entstehen, dass er als einzelkaufmännischer Inhaber des Unternehmens jederzeit persönlich, und zwar in unbeschränkter Höhe, für die Verpflichtungen aus dem Kaufvertrag einstehen wollte.

Eine dahingehende Rechtsscheinhaftung setzt voraus, dass den Rechtsscheinträger eine Aufklärungsobliegenheit trifft, weil der Rechtsverkehr andernfalls nicht auf die vorherige Offenlegung der betreffenden Umstände vertrauen darf. Eine solche Aufklärungsobliegenheit folgt aus dem Offenkundigkeitsgrundsatz gem. § 164 Abs. 1 S. 1 BGB. Der Geschäftsführer einer GmbH muss somit wie jeder Stellvertreter im Namen der GmbH auftreten, wenn er für diese die Vertretungswirkung auslösen will. Bei einer schriftlichen Erklärung muss er daher unter der Firma der Gesellschaft mit dem Firmenzusatz „Gesellschaft mit beschränkter Haftung" oder „GmbH" zeichnen (§ 4 GmbHG).

Diese Vorschrift kann auch für den Geschäftsführer einer Vor-GmbH entsprechend anzuwenden sein. Sinn des § 4 GmbHG ist es, den Geschäftspartnern Klarheit über das Fehlen einer unbeschränkten persönlichen Haftung und die hiermit verbundenen Risiken zu verschaffen.[36] Solchen Risiken ist indes auch der Geschäftspartner einer

---

[34] BeckOK BGB/*Schäfer,* § 164 Rn. 25; Palandt/*Ellenberger,* § 164 Rn. 2; *Drygala/Staake/Szalai,* § 6 Rn. 32.

[35] MüKoBGB/*Schramm,* § 164 Rn. 117; Palandt/*Ellenberger,* § 164 Rn. 16.

[36] *BGH* NJW 1991, 2627 mit Anm. *Canaris; OLG Celle* GmbHR 1990, 398.

Vor-GmbH ausgesetzt. Mit der Eintragung der GmbH erlischt nicht nur die Haftung der Vorgesellschaft, sondern auch die Handelndenhaftung des § 11 Abs. 2 GmbHG[37] sowie die teilweise vertretene unbeschränkte Außenhaftung der Gründungsgesellschafter.[38] Es besteht mithin eine vergleichbare Interessenlage, die eine entsprechende Anwendung des § 4 GmbHG auf die Vor-GmbH bzw. ihre Geschäftsführer geboten erscheinen lässt.[39] Zur Vermeidung eines falschen Rechtsscheins obliegt es daher dem Geschäftsführer einer Vorgesellschaft, auf die zu erwartende Haftungsbeschränkung bei Eintragung, wenngleich mit einem das Gründungsstadium klarstellenden Zusatz („i. Gr."), hinzuweisen.[40] Diese Obliegenheit hat *A* verletzt, indem er den ohne einen entsprechenden Vermerk versehenen Kaufvertrag unterschrieb.

Der Zurechnung des so veranlassten Rechtsscheins einer persönlichen und unbeschränkten Haftung steht nicht entgegen, dass nicht *A*, sondern *G* selbst die Kaufvertragsurkunde mit der Firma „A-Ferntransport" ausgefüllt hat. Der die Zahlungsverpflichtung auslösende Kaufvertrag kam erst mit der Rückgabe der Kaufvertragsurkunde zustande. *A* besaß somit hinreichend Gelegenheit, den Kaufvertragstext vor Rückgabe an *G* zu prüfen und gegebenenfalls zu ändern, um auf diese Weise den Rechtsschein einer persönlichen Verpflichtung zu vermeiden.

Weiterhin muss *G* den Kaufvertrag im Vertrauen auf die persönliche Haftung des *A* geschlossen haben. *G* war die Existenz der Vor-GmbH nicht bekannt. Zur Einräumung eines Zahlungsziels und der darin liegenden Stundung der Kaufpreisforderung war er nur bereit, weil er *A* aus der langjährigen Geschäftsbeziehung als zuverlässigen Schuldner kannte. *G* hat daher den Kaufvertrag im Vertrauen darauf geschlossen, *A* als persönlichen Schuldner in Anspruch nehmen zu können. *A* ist ihm somit nach Rechtsscheingrundsätzen aus dem Kaufvertrag verpflichtet.

E. Ergebnis zu Frage 2

G kann von *A* Zahlung von 25.000 EUR aus § 433 Abs. 2 BGB i. V. m. Rechtsscheingrundsätzen verlangen.

---

[37] Vgl. die Nachweise in Fn. 30.

[38] Vgl. die Nachweise in Fn. 21.

[39] *OLG Celle* GmbHR 1990, 398 (399); Baumbach/Hueck/*Fastrich,* § 4 Rn. 18, § 11 Rn. 13; Bork/Schäfer/*Schäfer*, § 4 Rn. 27; GroßKomm-GmbHG/*Heinrich*, § 4 Rn. 83; Rowedder/Schmidt-Leithoff/*Schmidt-Leithoff C,* § 4 Rn. 77.

[40] *BGH* NJW 1985, 736 (737); *OLG Celle* GmbHR 1990, 398 (399); Baumbach/Hueck/*Fastrich,* § 4 Rn. 18; Bork/Schäfer/*Schäfer*, § 4 Rn. 27; GroßKomm-GmbHG/*Heinrich*, § 4 Rn. 83; Henssler/Strohn/*Wamser*, § 4 GmbHG Rn. 9; HK-GmbHG/*Pfisterer*, § 4 Rn. 19; Lutter/Hommelhoff/*Bayer*, § 4 Rn. 42; MüKoGmbHG/*Mayer J.*, § 4 Rn. 124; siehe zur gleich gelagerten Frage der Rechtsscheinhaftung wegen Fortlassung des Formzusatzes „GmbH" auch *BGH* NJW 1991, 2627 f. mit Anm. *Canaris,* wo auf eine entsprechende Anwendung des § 179 BGB abgestellt wird.

Fall 2. GmbH-Gründung mit Tücken – I

Schwerpunkt im Kapitalgesellschaftsrecht:

Prüfung der Wirksamkeit und Zweckmäßigkeit gesellschaftsvertraglicher Regelungen (insb. der Firma, des Stammkapitals und der Geschäftsanteile, Geschäftsführung und Vertretung, Gesellschafterversammlung und Gesellschafterbeschlüsse, Veräußerung von Geschäftsanteilen, Vererblichkeit der Gesellschafterstellung, Voraussetzungen und Rechtsfolgen der Einziehung von Geschäftsanteilen) – Entwurf einer Kündigungsklausel

Sachverhalt[1]

Die im Handelsregister eingetragene „Marks & Doller International Car Import OHG", deren alleinige Gesellschafter *Michael Marks (M)* und *Detlef Doller (D)* zu gleichen Teilen sind, betreibt seit einigen Jahren Handel mit aus den USA importierten Sportwagen. Die letzte Jahresbilanz zum 31.12.2018 weist ein Gesellschaftsvermögen i. H. v. 80.000 EUR aus. Durch geschäftliche Verluste Anfang Januar 2019 hat sich das Gesellschaftsvermögen aber auf 60.000 EUR verringert. Die beiden Gesellschafter beschließen nunmehr, den Autohandel durch Umwandlung oder im Wege der Einbringung des Unternehmens in Form einer GmbH fortzuführen. Neben ihnen soll auch *Johannes Jung (J),* welcher in der Vergangenheit sämtliche anfallenden Büroarbeiten zuverlässig erledigt hat, Gesellschafter der GmbH werden. Da *J* noch unentschlossen ist, ob er sich gänzlich dem Autohandel widmen will, soll ihm, ebenso wie den anderen Gesellschaftern, die Möglichkeit eingeräumt werden, unter Einhaltung einer bestimmten Frist aus der Gesellschaft auszuscheiden. In diesem Fall sollen die übrigen Gesellschafter die Möglichkeit haben zu bestimmen, was mit dem Gesellschaftsanteil des ausscheidenden Gesellschafters geschieht.

Der von den Beteiligten hiermit beauftragte Steuerberater legt am 11.2.2019 den folgenden Entwurf vor, den er weitgehend aus einem „Formularbuch" abgeschrieben hat:

Gesellschaftsvertrag

§ 1 Firma, Sitz

(1) [1]Michael Marks, Detlef Doller und Johannes Jung errichten eine Gesellschaft mit beschränkter Haftung. [2]Die Firma der Gesellschaft lautet „Marks & Doller International Car Import GmbH".

(2) Sitz der Gesellschaft ist Münster.

---

[1] Dieser Fall ist vom Umfang und Schwierigkeitsgrad keinesfalls als Klausur geeignet, sondern bietet sich eher als Hausarbeit an. In einer Klausur könnten allenfalls Teilaspekte abgeprüft werden. Zur Herangehensweise bei der Lösung eines kautelarjuristischen Falles vgl. die in Bd. I enthaltenen Ausführungen unter B. I. 3. in der „Anleitung zur Anfertigung handels- und gesellschaftsrechtlicher Falllösungen".

§ 2 Gegenstand

[1]Gegenstand des Unternehmens sind der Import von PKW aus den USA und deren Verkauf in Deutschland sowie sämtliche damit zusammenhängende und den Gesellschaftszweck fördernde Geschäfte.

§ 3 Stammkapital, Geschäftsanteile

(1) Das Stammkapital der Gesellschaft beträgt 150.000 EUR (in Worten: Euro einhundertfünfzigtausend).

(2) Auf das Stammkapital übernimmt

a) Michael Marks einen Geschäftsanteil zu einem Nennbetrag von 100.000 EUR (in Worten: Euro einhunderttausend).
b) Detlef Doller einen Geschäftsanteil zu einem Nennbetrag von 40.000 EUR (in Worten: Euro vierzigtausend).
c) Johannes Jung einen Geschäftsanteil zu einem Nennbetrag von 10.000 EUR (in Worten: Euro zehntausend).

(3) [1]Detlef Doller und Michael Marks leisten ihre Einlage, indem sie das unter der Firma „Marks & Doller International Car Import" betriebene Handelsgeschäft, eingetragen im Handelsregister des Amtsgerichts Münster (HRA Nr. 42), mit allen Aktiven und Passiven einbringen. [2]Hierfür wird jedem der Gesellschafter ein Betrag von 40.000 EUR auf seine Einlageverpflichtung angerechnet. [3]Den darüber hinausgehenden Betrag seiner Einlageverpflichtung hat der Gesellschafter Michael Marks vor Eintragung der Gesellschaft in bar zu erbringen.

(4) a) Die Einbringung erfolgt aufgrund der diesem Vertrag als Anlage beigefügten Bilanz der Marks & Doller International Car Import OHG zum 31.12.2018 als Einbringungsbilanz mit der Maßgabe, dass die OHG von diesem Tag an als für Rechnung der Gesellschaft geführt gilt.

b) Der Vollzug der Einbringung erfolgt aufgrund des zwischen der Marks & Doller International Car Import OHG und der Gesellschaft am Gründungstag abzuschließenden Einbringungsvertrages, der dem GV als Anlage beigefügt ist.

(5) [1]Johannes Jung hat 25 % seiner Einlage vor Anmeldung der Gesellschaft zum Handelsregister zu leisten. [2]Der Rest wird aufgrund eines entsprechenden Gesellschafterbeschlusses fällig.

§ 4 Geschäftsführung, Vertretung

(1) [1]Die Gesellschaft hat einen oder mehrere Geschäftsführer. [2]Sind mehrere Geschäftsführer bestellt, wird die Gesellschaft durch jeweils zwei von ihnen vertreten.

(2) Durch Gesellschafterbeschluss kann allen oder einzelnen Geschäftsführern Alleinvertretungsbefugnis und Befreiung von den Beschränkungen des § 181 BGB erteilt werden.

(3) [1]Die Vertretungsbefugnis der Geschäftsführer ist unbeschränkt. [2]Die Aufnahme von Krediten und die Belastung oder der Verkauf von Grundstücken bedürfen grundsätzlich der vorherigen Zustimmung aller Gesellschafter. [3]Weiterhin erforderlich ist deren vorherige Zustimmung bei An- oder Verkauf einzelner PKW zu einem höheren Preis als 20.000 EUR.

§ 5 Geschäftsführer

[1]Der Gesellschafter Michael Marks wird zum Geschäftsführer bestellt. [2]Er ist allein zur Vertretung der Gesellschaft berechtigt. [3]Sollten andere Geschäftsführer bestellt werden,

ändert dies nichts an der Alleinvertretungsberechtigung von Michael Marks. [4]Der Geschäftsführer Michael Marks ist von den Beschränkungen des § 181 BGB befreit.

§ 6 Ergebnisverwendung

(1) Die Gesellschafterversammlung beschließt über die Verwendung des Jahresergebnisses.

(2) Der ausgeschüttete Gewinn steht den Gesellschaftern entsprechend ihren Geschäftsanteilen zu.

§ 7 Gesellschafterbeschlüsse

(1) Gesellschafterbeschlüsse werden mit einfacher Mehrheit der abgegebenen Stimmen gefasst, soweit nicht das Gesetz oder dieser Vertrag zwingend eine andere Mehrheit vorsehen.

(2) [1]Abgestimmt wird nach Geschäftsanteilen. [2]Je 1.000 EUR des Geschäftsanteils gewähren eine Stimme.

§ 8 Veräußerung von Geschäftsanteilen

(1) Zur Veräußerung von Geschäftsanteilen ist die schriftliche Zustimmung aller übrigen Gesellschafter erforderlich.

(2) Die Zustimmung ist nicht erforderlich, wenn an andere Gesellschafter abgetreten wird.

(3) [1]Im Falle der zustimmungspflichtigen Veräußerung eines Geschäftsanteils steht den übrigen Gesellschaftern ein Vorkaufsrecht im Verhältnis ihrer Beteiligung zu. [2]Wird dieses Recht nicht ausgeübt, geht es anteilig auf die übrigen Gesellschafter über.

§ 9 Übergang im Todesfall

Im Falle des Todes eines Gesellschafters geht der Geschäftsanteil des Verstorbenen anteilig auf die übrigen Gesellschafter über.

§ 10 Einziehung von Geschäftsanteilen

(1) Die Einziehung von Geschäftsanteilen ist mit Zustimmung des betroffenen Gesellschafters zulässig.

(2) Die Einziehung findet ohne die Zustimmung des betroffenen Gesellschafters nur statt, wenn ein wichtiger Grund in der Person des Gesellschafters eintritt, z. B. sein Geschäftsanteil gepfändet bzw. das Insolvenzverfahren über sein Vermögen eröffnet wird.

(3) [1]Die Einziehung erfolgt grundsätzlich gegen Entgelt, das dem tatsächlichen Wert des Geschäftsanteils entspricht. [2]Bei einer Einziehung wegen Anteilspfändung oder Insolvenzeröffnung über das Privatvermögen eines Gesellschafters steht dem betroffenen Gesellschafter dagegen kein Anspruch auf Entgelt zu.

§ 11 Salvatorische Klausel

[1]Sollte eine Bestimmung dieses Vertrages sich teilweise oder vollständig als unwirksam erweisen, so bleibt die Wirksamkeit des gesamten Vertrages hiervon unberührt. [2]Die Gesellschafter sind verpflichtet, die unwirksame Bestimmung durch eine solche zu ersetzen, die den wirtschaftlichen und rechtlichen Zweck der unwirksamen Bestimmung soweit wie möglich erreicht.

Aufgabe 1: Die Beteiligten sind sich nicht sicher, ob bei allen Vertragsbestimmungen die gesetzlichen Vorschriften hinreichend beachtet wurden und einzelne Klauseln aus praktischer und wirtschaftlicher Sicht ihren Interessen entsprechen. Sie bitten daher um eine erläuternde Kommentierung des Vertragsentwurfs einschließlich begründeter Vorschläge für erforderliche Änderungen und sinnvolle Ergänzungen.

Aufgabe 2: Schließlich stellten die Gesellschaftsgründer fest, dass der Vertragsentwurf keine Bestimmungen über eine Kündigungsmöglichkeit enthält. Sie wünschen daher einen begründeten Formulierungsvorschlag für eine zweckmäßige Kündigungsklausel.

Lösung

A. Aufgabe 1 – Rechtliche Würdigung des Vertragsentwurfs

I. Zulässigkeit der Firma

Bei der in § 1 Abs. 1 GV festgelegten Firma „Marks & Doller International Car Import GmbH" handelt es sich um eine sog. gemischte Firma. Sie enthält sowohl den Namen zweier Gesellschafter als auch den Gegenstand des Unternehmens. Die Firma ist gem. § 3 Abs. 1 Nr. 1 GmbHG notwendiger Bestandteil des GVs. Wie die Firma zu bilden ist, d. h. welche Möglichkeiten der Firmenbildung offen stehen, richtet sich nach § 4 GmbHG sowie nach den §§ 17 bis 37 HGB, soweit sich nicht aus dem Gesetz etwas anderes ergibt.[2] § 4 GmbHG schreibt für die Firmenbildung einer GmbH nur vor, dass die Firma die Bezeichnung Gesellschaft mit beschränkter Haftung oder eine allgemein verständliche Abkürzung dieser Bezeichnung enthalten muss. Die neu gebildete Firma einer GmbH kann daher entweder als Sachfirma, als Personenfirma, als gemischte Firma oder als Phantasiefirma ausgestaltet werden. Bei der Sachfirma geht aus der Firma der Gegenstand des Unternehmens hervor,[3] während bei der Personenfirma der Name mindestens eines Gesellschafters in die Firma aufzunehmen ist.[4] Da das GmbHG keine anders lautende Aussage enthält, folgt die Zulässigkeit der Bildung einer gemischten Firma schon aus § 18 Abs. 1 HGB.

Die Verwendung des Zusatzes „International" kann jedoch eine gem. § 18 Abs. 2 HGB unzulässige Täuschung über die Art oder den Umfang des Geschäfts darstellen.[5] Die GmbH soll zwar die Geschäftstätigkeit des eingebrachten Unternehmens fortführen und einen Handel mit aus den USA importierten Sportwagen betreiben. Die Importtätigkeit allein rechtfertigt indessen nicht die Verwendung des Firmenzusatzes „International". Der Firmenzusatz „International" deutet auf aus-

---

[2] Vgl. die Darstellungen zum Firmenrecht der GmbH bei Bork/Schäfer/*Schäfer*, § 4 Rn. 7 ff.; GroßKomm-GmbHG/*Heinrich*, § 4 Rn. 11 ff.; HK-GmbHG/*Pfisterer*, § 4 Rn. 4 ff.; Lutter/Hommelhoff/*Bayer*, § 4 Rn. 1 ff.; MHLS/*Mock*, § 4 Rn. 17 ff.; MüKoGmbHG/*Mayer J.*, § 4 Rn. 6 f., 20 ff.; Scholz/*Cziupka*, § 4 Rn. 17 ff.; GmbH-Hdb/*Wälzholz*, Rz. I Rn. 131 ff.; MünchHdb.GesR III/*Heidinger*, § 19 Rn. 4 ff.

[3] Vgl. statt aller *Lettl*, § 4 Rn. 13.

[4] Vgl. statt aller *Lettl*, § 4 Rn. 14.

[5] Zur Bedeutung des Irreführungsverbots bei der Firmenbildung allgemein vgl. *Lettl*, § 4 Rn. 35 ff.; *Oetker*, § 4 Rn. 44 ff.; *Schmidt K.*, HandelsR, § 12 Rn. 97 ff.; *Jung*, ZIP 1998, 677 (678 f.); *Kögel*, BB 1998, 1645 (1647 f.); vgl. auch Bork/Schäfer/*Schäfer*, § 4 Rn. 13 ff.; GroßKomm-GmbHG/*Heinrich*, § 4 Rn. 29 ff.; HK-GmbHG/*Pfisterer*, § 4 Rn. 11 ff.; Lutter/Hommelhoff/*Bayer*, § 4 Rn. 28 ff.; MHLS/*Mock*, § 4 Rn. 37 ff.; MüKoGmbHG/*Mayer J.*, § 4 Rn. 50 ff.; Scholz/*Cziupka*, § 4 Rn. 51 ff.; GmbH-Hdb/*Wälzholz*, Rz. I Rn. 140 ff.; MünchHdb.GesR III/*Heidinger*, § 19 Rn. 29 ff.

gedehnte Auslandstätigkeit sowie eine entsprechende Größe und internationale Bedeutung hin.[6] Ein solcher Geschäftsumfang ist von den Gesellschaftern der GmbH weder geplant noch mit dem zur Verfügung stehenden Stammkapital zunächst zu erreichen. Da somit der durch den Zusatz „International" erzeugte Anschein einer entsprechenden Größe und die tatsächliche wirtschaftliche Bedeutung der Gesellschaft auseinander fallen, ist der Zusatz „International" mit den Grundsätzen der Firmenwahrheit gem. § 18 Abs. 2 HGB nicht vereinbar.[7]

Gleichwohl kann erwogen werden, die GmbH mit der beabsichtigten Firma „Marks & Doller International Car Import GmbH" zum Handelsregister anzumelden, denn gem. § 18 Abs. 2 S. 2 HGB wird die Eintragung der angemeldeten Firma vom Registergericht wegen Verstoßes gegen das Irreführungsverbot nur abgewiesen, wenn die Irreführung ersichtlich ist. Ersichtlich ist die Irreführung, wenn das Registergericht die Täuschung aus den Anmeldeakten und den üblichen Informationsquellen ohne weiteres erkennen kann.[8] Möglicherweise kann das Registergericht die Irreführungsgefahr bereits deshalb ablehnen, weil das eingebrachte Unternehmen seine Geschäftstätigkeit bereits unter der Firma „Marks & Doller International Car Import OHG" betrieben hat. Trotz der bisherigen Eintragung der OHG im Handelsregister lassen sich aber verlässliche Aussagen über das Ergebnis der registerrechtlichen Prüfung der Zulässigkeit des Firmenzusatzes nicht treffen. In Anbetracht ihres geringen Gesellschaftsvermögens i. H. v. 60.000 EUR steht zu erwarten, dass das Registergericht Amtsermittlungen über die Zulässigkeit des Firmenzusatzes „International" aufnimmt. Hierdurch kann sich die Eintragung der GmbH erheblich verzögern. Mit Rücksicht auf die Verlustdeckungs- und Vorbelastungshaftung der Gesellschafter der Vor-GmbH[9] sollten bei der Anmeldung aber keine Angaben gemacht werden, die einer zügigen Eintragung der GmbH entgegenstehen.

Es empfiehlt sich deshalb, den Firmenzusatz „International" zu streichen. Zu einem späteren Zeitpunkt kann erwogen werden, diesen Zusatz (wieder) in die Firma aufzunehmen.

II. Sitz der Gesellschaft

Den Gesellschaftern steht grundsätzlich die Wahl des Sitzes der Gesellschaft frei. § 4a GmbHG setzt lediglich einen Sitz im Inland voraus. Es bestehen daher keine Bedenken gegen die in § 1 Abs. 2 GV erfolgte Festsetzung von Münster als Gesellschaftssitz.

III. Unternehmensgegenstand

Gegenstand des Unternehmens[10] ist gem. § 2 GV der Handel mit importierten PKW. Der Unternehmensgegenstand gehört nach § 3 Abs. 1 Nr. 2 GmbHG zu den not-

---

[6] *BayObLG* BB 1966, 1246; 1973, 371.

[7] *Bokelmann* (GmbHR 1998, 57 [63]) und *Müther* (GmbHR 1998, 1058 [1060]) wollen hingegen bei Größentäuschungen großzügig sein und sie nur ausnahmsweise als Verstoß gegen das Irreführungsverbot gem. § 18 Abs. 2 HGB einstufen.

[8] Vgl. Bork/Schäfer/*Schäfer*, § 4 Rn. 16 ff.; MHLS/*Mock*, § 4 Rn. 49; MüKoGmbHG/*Mayer J.*, § 4 Rn. 58 ff.; HK-GmbHG/*Pfisterer*, § 4 Rn. 23; GmbH-Hdb/*Wälzholz*, Rz. I Rn. 176; *Jung*, ZIP 1998, 677 (678); *Kögel*, BB 1998, 1645 (1649).

[9] Vgl. die Nachweise in Bd. II Fall 1 Fn. 19.

[10] Zur Unterscheidung des Unternehmensgegenstandes vom Gesellschaftszweck vgl. Bork/Schäfer/*Schäfer*, § 1 Rn. 4 ff.; GroßKomm-GmbHG/*Ulmer/Löbbe*, § 1 Rn. 5 ff.; Henssler/Strohn/*Schäfer*, § 1 GmbHG Rn. 4 ff.; HK-GmbHG/*Pfisterer*, § 3 Rn. 9 ff.; MHLS/*Schmidt J.*, § 1 Rn. 3 f.; Scholz/*Cramer*, § 1 Rn. 3 ff.; GmbH-Hdb/*Wälzholz*, Rz. I

wendigen GVs-Bestandteilen. Gem. § 1 GmbHG kann die GmbH zu jedem gesetzlich zulässigen Zweck errichtet werden. Bei dem Verkauf von PKW handelt es sich um eine wirtschaftlich erlaubte Tätigkeit. Gegen die Zulässigkeit des Autohandels als Unternehmensgegenstand bestehen somit keine Bedenken.

Der Zusatz zur Gegenstandsbestimmung, wonach die Gesellschaft auch „sämtliche damit zusammenhängende und den Gesellschaftszweck fördernde Geschäfte" betreiben kann, ist ebenfalls zulässig. Zwar darf eine inhaltsleere, nicht individualisierte und individualisierbare Floskel in das Handelsregister nicht eingetragen werden.[11] Durch die Verbindung weiterer „den Gesellschaftszweck fördernder Geschäfte" mit dem Wort „zusammenhängender" zum Gegenstand „Import und Verkauf von PKW" ist jedoch sichergestellt, dass die gewählte Bezeichnung nicht so abstrakt, von konkreten Beziehungen losgelöst und sachlich unbestimmt ist, dass ein Dritter sich kein Bild davon machen kann, welche Arten von Geschäften die Gesellschaft eigentlich betreiben soll.[12] Dem Gebot der Individualisierung des Unternehmensgegenstandes ist mithin hinreichend Rechnung getragen worden.

IV. Stammkapital, Geschäftsanteile

Gem. § 3 Abs. 1 Nr. 3 GmbHG ist die Festsetzung des Stammkapitals notwendiger Bestandteil des GVs. Das Stammkapital ist der gesellschaftsvertraglich bestimmte Betrag über die Gesamthöhe der mindestens aufzubringenden Gesellschaftereinlagen.[13] In § 3 Abs. 1 GV ist die Festsetzung des Stammkapitals als zwingender Bestandteil des GVs geregelt.

1. Höhe des Stammkapitals und der Geschäftsanteile

a) Höhe des Stammkapitals

Das in § 3 Abs. 1 GV festgesetzte Stammkapital i. H. v. 150.000 EUR überschreitet den in § 5 Abs. 1 GmbHG geforderten Mindestbetrag i. H. v. 25.000 EUR deutlich.

b) Höhe der Geschäftsanteile

In § 3 Abs. 2 GV werden die Zahl und die Nennbeträge der Geschäftsanteile der einzelnen Gesellschafter bestimmt. Diese Regelung ist gem. § 3 Abs. 1 Nr. 4 GmbHG notwendiger Inhalt des GVs. Die in § 3 Abs. 2 GV vorgenommene Festsetzung der Geschäftsanteile erfüllt die gesetzlichen Anforderungen gem. § 5 Abs. 2 S. 1 und Abs. 3 S. 1 und 2 GmbHG.

Allerdings orientiert sich der Wortlaut von § 5 Abs. 2 GV noch an § 5 Abs. 2 GmbHG a. F., wonach jeder Gesellschafter nur einen Geschäftsanteil übernehmen konnte. Nach § 5 Abs. 2 S. 2 GmbHG kann jeder Gesellschafter nunmehr mehrere Geschäftsanteile übernehmen, die gem. § 40 Abs. 1 S. 1 GmbHG mit einer fort-

---

Rn. 216 ff.; HK-AktG/*Körber*, § 23 Rn. 29; *Drygala/Staake/Szalai*, § 4 Rn. 30 f.; *Saenger*, Rn. 729; *Windbichler*, § 21 Rn. 4.

11 Vgl. *OLG Köln* WM 1981, 805; Henssler/Strohn/*Schäfer*, § 3 GmbHG Rn. 7; HK-GmbHG/*Pfisterer*, § 4 Rn. 10; MHLS/*Schmidt J.*, § 3 Rn. 13, 15 ff.; MüKoGmbHG/*Mayer J.*, § 2 Rn. 13, 18; Scholz/*Cziupka*, § 3 Rn. 12; GmbH-Hdb/*Wälzholz*, Rz. I Rn. 227; *Saenger*, Rn. 729.

12 Vgl. hierzu auch GroßKomm-GmbHG/*Ulmer*/*Löbbe*, § 4 Rn. 19; HK-GmbHG/*Pfisterer*, § 4 Rn. 10; Scholz/*Cziupka*, § 3 Rn. 13; GmbH-Hdb/*Wälzholz*, Rz. I Rn. 224.

13 HK-GmbHG/*Pfisterer*, § 5 Rn. 6; MHLS/*Leitzen.*, § 5 Rn. 8; MüKoGmbHG/*Schwandtner*, § 5 Rn. 27 f.; Scholz/*Veil*, § 5 Rn. 7.

laufenden Nummer in der Gesellschafterliste[14] zu versehen sind. Gleichwohl ist den Gesellschaftern anzuraten es dabei zu belassen, dass jeder Gesellschafter nur je einen Geschäftsanteil übernimmt. Dadurch bleibt insbesondere die vom Geschäftsführer zu erstellende und grds. von ihm[15] stets auf dem aktuellen Stand zu haltende Gesellschafterliste gem. § 40 Abs. 1 GmbHG übersichtlich. Sollte ein Gesellschafter zu einem späteren Zeitpunkt seinen Geschäftsanteil teilweise an einen Dritten veräußern wollen, kann der Geschäftsanteil durch Beschluss der Gesellschafterversammlung – bei dem der betreffende Gesellschafter stimmberechtigt ist[16] – mit einfacher Mehrheit geteilt werden (§ 46 Nr. 4 GmbHG).

2. Leistung der Einlagen

a) Durch Einbringung der OHG

§ 3 Abs. 3 S. 1 GV eröffnet den Gesellschaftern *M* und *D* die Möglichkeit, ihre Einlagen durch Übertragung der Vermögenswerte der bisher von ihnen betriebenen OHG auf die GmbH zu erbringen. Dagegen ist nichts einzuwenden. Das Gesetz sieht zwar grundsätzlich die Leistung in Geld vor. Unter den Voraussetzungen des § 5 Abs. 4 GmbHG ist jedoch auch die Erfüllung der Einlageverpflichtung durch Übertragung von Sachen oder sonstigen Vermögensgegenständen auf die Gesellschaft möglich.[17] Zwar regelt das Gesetz nicht umfassend, welche Vermögensgegenstände zur Sacheinlagenerbringung geeignet und zulässig sind.[18] Die Einlagefähigkeit des von einer OHG betriebenen Handelsgeschäfts ergibt sich aber aus § 5 Abs. 4 S. 2 GmbHG. Dort ist das Unternehmen als Sacheinlage ausdrücklich erwähnt. Grundsätzlich ist es *M* und *D* somit möglich, ihre Einlage durch Übertragung des Gesellschaftsvermögens der OHG zu erbringen.

Das von *M* und *D* einzubringende Unternehmen ist auch hinreichend genau bestimmt.[19] Hierzu genügt die Angabe der Firma und der Handelsregisternummer des

---

[14] Zur Gesellschafterliste als allgemeine Legitimations- und Rechtsscheingrundlage vgl. Baumbach/Hueck/*Zöllner/Noack*, § 40 Rn. 1; Bork/Schäfer/*Wachter*, § 40 Rn. 1 ff.; Groß-Komm-GmbHG/*Paefgen*, § 40 Rn. 9 ff.; HK-GmbHG/*Lücke/Simon*, § 40 Rn. 1; Lutter/Hommelhoff/*Bayer*, § 40 Rn. 1 ff., MHLS/*Terlau*, § 40 Rn. 1; Scholz/*Seibt*, § 40 Rn. 2 ff.; GmbH-Hdb/*Rodewald*, Rz. I Rn. 899 ff.; *Drygala/Staake/Szalai*, § 12 Rn. 12 ff., Rn. 31 ff.; *Hirte*, Rn. 4.74; *Raiser/Veil*, § 40 Rn. 21.

[15] Zu den Fällen, in denen gem. § 40 Abs. 2 GmbHG ein Notar anstelle des Geschäftsführers zur Führung der Gesellschafterliste verpflichtet ist, vgl. Bork/Schäfer/*Wachter*, § 40 Rn. 30 ff.; GroßKomm-GmbHG/*Paefgen*, § 40 Rn. 107 f., 112 ff.; HK-GmbHG/*Lücke/Simon*, § 40 Rn. 19 ff.; Lutter/Hommelhoff/*Bayer*, § 40 Rn. 23 ff.; MHLS/*Terlau*, § 40 Rn. 27 ff.; MüKoGmbHG/*Heidinger*, § 40 Rn. 200 ff.; GmbH-Hdb/*Rodewald*, Rz. I Rn. 902 ff.; *Drygala/Staake/Szalai*, § 12 Rn. 7; *Hirte*, Rn. 4.74.

[16] Bork/Schäfer/*Masuch*, § 46 Rn. 14; Henssler/Strohn/*Hillmann*, § 47 GmbHG Rn. 73; HK-GmbHG/*Bergjan*, § 40 Rn. 22; Lutter/Hommelhoff/*Bayer*, § 46 Rn. 18; MHLS/*Römermann*, § 47 Rn. 256; MüKoGmbHG/*Drescher*, § 47 Rn. 69 ff.

[17] Vgl. hierzu Baumbach/Hueck/*Fastrich*, § 5 Rn. 14 ff.; BeckOK GmbHG/*Ziemons*, § 5 Rn. 141; GroßKomm-GmbHG/*Ulmer/Casper*, § 5 Rn. 135 ff.; Lutter/Hommelhoff/*Bayer*, § 5 Rn. 12 ff.; MüKoGmbHG/*Schwandtner*, § 5 Rn. 60 ff.; Scholz/*Veil*, § 5 Rn. 34 ff.; *Drygala/Staake/Szalai*, § 4 Rn. 58 ff.; *Grunewald*, § 13 Rn. 24; *Hirte*, Rn. 5.52; *Raiser/Veil*, § 35 Rn. 56 ff.

[18] Vgl. hierzu ausführlich Henssler/Strohn/*Schäfer*, § 5 GmbHG Rn. 19; HK-GmbHG/*Pfisterer*, § 5 Rn. 23 ff.; Lutter/Hommelhoff/*Bayer*, § 5 Rn. 14 ff.; MHLS/*Leitzen*, § 5 Rn. 63 ff.; MüKoGmbHG/*Schwandtner*, § 5 Rn. 68 ff.; Scholz/*Veil*, § 5 Rn. 37 ff.; GmbH-Hdb/*Rodewald*, Rz. I Rn. 501 ff.; MünchHdb.GesR III/*Freitag/Riemenschneider*, § 9 Rn. 13 ff.

[19] Zu diesem Erfordernis vgl. ausführlich GroßKomm-GmbHG/*Ulmer/Casper*, § 5 Rn. 142 ff.; MüKoGmbHG/*Schwandtner*, § 5 Rn. 222; Scholz/*Veil*, § 5 Rn. 88;

einzubringenden Unternehmens.[20] Diese Angaben sind in § 3 Abs. 3 S. 1 GV enthalten. Soweit darüber hinaus auch die Formulierung „alle Aktiva und Passiva“ und die Beifügung der letzten Bilanz gefordert wird,[21] wird der GV auch diesen Anforderungen gerecht: Die genannte Formulierung findet sich ebenfalls in § 3 Abs. 3 S. 1 GV, und gem. § 3 Abs. 4 Buchst. a) GV soll dem GV eine auf den 31.12.2018 datierte Einbringungsbilanz beigefügt werden. Damit ist der Gegenstand der Sachgründung zweifelsfrei hinreichend konkretisiert.

Bei der Einbringung einer Sacheinlage ist ferner zu unterscheiden, ob der GV sich auf die obligatorische Einbringungsverpflichtung beschränkt oder zusätzlich das dingliche Erfüllungsgeschäft regelt. Beides ist möglich.[22] Das Verpflichtungsgeschäft ist in § 3 Abs. 3 S. 1 GV zu sehen. Der neben dem GV erforderliche besondere Einbringungsvertrag ist gem. § 3 Abs. 4 Buchst. b) GV als Anlage beigefügt. Nach § 7 Abs. 3 GmbHG müssen die Sacheinlagen vor der Anmeldung geleistet, also an die Vor-GmbH übereignet werden.

Die Möglichkeit der Einbringung eines Unternehmens als Sacheinlage wirft regelmäßig Probleme bei der Bewertung auf. In der Praxis wird deshalb entweder eine sog. Einbringungsbilanz (bezogen auf den Tag der Einbringung) erstellt oder es wird die letzte Jahresbilanz zugrunde gelegt. Bei der zweiten Methode wird die Einbringung auf den letzten Bilanzstichtag vorgenommen mit der Maßgabe, dass das Geschäft zwischenzeitlich als für Rechnung der Vor-Gesellschaft geführt gilt. Der Entwurf legt in § 3 Abs. 4 GV diese zweite Möglichkeit zulässigerweise zugrunde.[23]

b) Verbot der Unterpari-Emission

Bei der GmbH-Gründung unter Einbringung des von der OHG betriebenen Unternehmens sollten die in § 3 Abs. 2 und Abs. 3 S. 2 GV enthaltenen Bestimmungen über die Geschäftsanteile aber abgeändert werden. Die in § 3 Abs. 3 S. 2 GV vorgesehene Anrechnung von 40.000 EUR je Gesellschafter für die Übertragung der Vermögenswerte der OHG kann einen Verstoß gegen das Verbot der Unterpari-Emission darstellen und die in § 9 Abs. 1 GmbHG festgelegte Differenzhaftung[24] auslösen. Außerdem kann der Registerrichter[25] die Eintragung der Gesellschaft gem. § 9c Abs. 1 S. 2 GmbHG wegen nicht unwesentlicher Überbewertung der Sacheinlage ablehnen.

MünchHdb.GesR III/*Freitag/Riemenschneider,* § 9 Rn. 20 ff.; jeweils mit zahlreichen weiteren Nachweisen.

[20] H. A., vgl. nur Baumbach/Hueck/*Fastrich,* § 5 Rn. 45; GroßKomm-GmbHG/*Ulmer/Casper,* § 5 Rn. 149; Henssler/Strohn/*Schäfer,* § 5 GmbHG Rn. 16; MHLS/*Leitzen,* § 5 Rn. 186; MüKoGmbHG/*Schwandtner,* § 5 Rn. 224; MünchHdb.GesR III/*Freitag/Riemenschneider,* § 9 Rn. 24; Scholz/*Veil,* § 5 Rn. 88.

[21] Lutter/Hommelhoff/*Bayer,* § 5 Rn. 31; a. A. Baumbach/Hueck/*Fastrich,* § 5 Rn. 45; GroßKomm-GmbHG/*Ulmer/Casper,* § 5 Rn. 149; Scholz/*Veil,* § 5 Rn. 88; *Priester,* BB 1980, 19 (20 ff.).

[22] BGHZ 45, 338 (342).

[23] Zu den Vor- und Nachteilen der jeweiligen Bewertungsmethoden siehe GroßKomm-GmbHG/*Ulmer/Casper,* § 5 Rn. 89 ff., 99.

[24] Vgl. ausführlich GroßKomm-GmbHG/*Ulmer/Habersack,* § 9 Rn. 4 ff.; Henssler/Strohn/*Schäfer,* § 9 GmbHG Rn. 3 ff.; HK-GmbHG/*Pfisterer,* § 9 Rn. 3 ff.; Lutter/Hommelhoff/*Bayer,* § 9 Rn. 1 ff.; MHLS/*Tebben,* § 9 Rn. 5 ff.; MüKoGmbHG/*Schwandtner,* § 5 Rn. 137, § 9 Rn. 5 ff.; Scholz/*Veil,* § 9 Rn. 17 ff.; *Drygala/Staake/Szalai,* § 4 Rn. 76 ff.; *Grunewald,* § 13 Rn. 25; *Hirte,* Rn. 5.59; *Raiser/Veil,* § 35 Rn. 66, § 49 18; *Saenger,* Rn. 734.

[25] Nach § 17 Nr. 1 RPflG ist dies nicht der Rechtspfleger, sondern der Richter.

Das Vermögen der OHG war zum Zeitpunkt des Vertragsentwurfs bereits auf 60.000 EUR herabgesunken und erreichte damit nicht die Höhe der gesellschaftsvertraglich festgelegten Bewertung des OHG-Gesellschaftsvermögens i. H. v. 80.000 EUR. Eine solche Überbewertung verstößt gegen die GmbH-rechtlichen Bewertungsgrundsätze für Sacheinlagen. Die Bewertung der Sacheinlagen im GV unterliegt einer Höchstwertbegrenzung. Der zu erbringenden Einlage darf danach kein höherer Wert zugemessen werden, der ihr zum Zeitpunkt der Einbringung zukommt. Der in § 3 Abs. 3 S. 2 GV festgesetzte Betrag i. H. v. 40.000 EUR je Gesellschafter führt demnach zu einer unzulässigen Überbewertung der Sacheinlage und kann in dieser Form nicht bestehen bleiben. Vielmehr ist der derzeitige Vermögenswert der Gesellschaft i. H. v. 60.000 EUR in Ansatz zu bringen. Jedem Gesellschafter können daher lediglich 30.000 EUR auf die Einlageverpflichtung angerechnet werden.

Es wird daher empfohlen, in § 3 Abs. 3 S. 2 GV den Betrag von 40.000 EUR durch den Betrag von 30.000 EUR zu ersetzen.

c) Konsequenzen der Änderung von § 3 Abs. 3 S. 2 GV

aa) Für den Geschäftsanteil von D

Da *D* danach seine Einlageverpflichtung nicht allein durch die Einbringung seines OHG-Anteils erbringen kann, muss er – sofern die Höhe seiner Einlageverpflichtung in § 3 Abs. 2 Buchst. b) GV unverändert bleiben soll – den restlichen Betrag in bar leisten. Für diesen Fall sollte § 3 Abs. 3 S. 3 GV aus Gründen der Gleichbehandlung der Gesellschafter dahingehend geändert werden, dass *M* und *D* ihre jeweilige Bareinlage vor Eintragung der Gesellschaft zu erbringen haben. Will *D* seine Beitragsleistung aber nur in der Form der Sacheinlage erfüllen, muss die Höhe seines Geschäftsanteils in § 3 Abs. 2 Buchst. c) GV auf 30.000 EUR herabgesetzt werden.

§ 3 Abs. 3 S. 3 GV kann dann unverändert bleiben. Die Vorschrift beschränkt sich im Übrigen darauf, die vollständige Erbringung der Bareinlageleistung vor Eintragung zu verlangen. Damit kann es auch im GV sein Bewenden haben. Der GV muss insoweit nicht noch zusätzlich die gesetzliche Verpflichtung nach § 7 Abs. 2 S. 1 GmbHG wiederholen, wonach 25 % der Bareinlage vor Anmeldung zu leisten sind.

bb) Für den Geschäftsanteil von M

Wird in § 3 Abs. 3 S. 2 GV der Betrag von 40.000 EUR durch den Betrag von 30.000 EUR ersetzt, muss *M* bei Beibehaltung des Nennbetrages seines Geschäftsanteils i. H. v. 100.000 EUR gem. § 3 Abs. 2 Buchst. a) GV nunmehr 70.000 EUR als Bareinlage leisten. Will *M* aber weiterhin nur 60.000 EUR als Bareinlage leisten, muss sein Geschäftsanteil in § 3 Abs. 2 Buchst. a) auf 90.000 EUR reduziert werden.

cc) Für das Stammkapital

Gem. § 5 Abs. 2 S. 2 GmbHG muss die Summe der Nennbeträge aller Geschäftsanteile mit dem Stammkapital übereinstimmen. Das Stammkapital i. H. v. 150.000 EUR gem. § 3 Abs. 1 GV kann bestehen bleiben, wenn *M* neben seiner Sacheinlage noch eine Bareinlage i. H. v. 70.000 EUR und *D* neben seiner Sacheinlage noch eine Bareinlage i. H. v. 10.000 EUR übernehmen. Soll es bei dem Nennbetrag des Geschäftsanteils von *M* gem. § 3 Abs. 2 Buchst. a) GV i. H. v. 100.000 EUR verbleiben, während *D* seine Einlageverpflichtung nur durch Leistung der Sacheinlage erbringen will, muss das Stammkapital in § 3 Abs. 1 GV auf

140.000 EUR reduziert werden. Wird darüber hinaus auch der Geschäftsanteil von *M* gem. § 3 Abs. 2 Buchst. a) GV auf 90.000 EUR festgesetzt, ist das Stammkapital in § 3 Abs. 1 GV mit 130.000 EUR zu beziffern.

d) Geschäftsanteil von J

J übernimmt mit seinem Geschäftsanteil i. H. v. 10.000 EUR gem. § 3 Abs. 2 Buchst. c) GV eine Bareinlage, deren Leistung sich nach § 3 Abs. 5 S. 1 GV richtet. § 3 Abs. 5 S. 1 GV entspricht § 7 Abs. 2 S. 1 GmbHG und ist als lediglich deklaratorische Bestimmung unbedenklich, als „Erinnerungsposten" für die Gesellschafter jedoch durchaus sinnvoll. *J* hat somit vor Anmeldung der GmbH zur Eintragung in das Handelsregister 2.500 EUR an die Vor-GmbH zu zahlen.

Bei § 3 Abs. 5 S. 2 GV handelt es sich um die deklaratorische Wiedergabe von § 46 Nr. 2 GmbHG. Die „restlichen" 7.500 EUR hat *J* somit an die GmbH zu leisten, wenn ein entsprechender Gesellschafterbeschluss, bei dem er stimmberechtigt ist,[26] gefasst worden ist.

Gem. § 19 Abs. 6 GmbHG verjährt der Anspruch der GmbH auf Leistung der Einlagen in 10 Jahren von seiner Entstehung an. Entgegen des Gesetzeswortlauts beginnt die Verjährungsfrist erst mit Fälligkeit der Einlageforderung, also erst mit der Fassung des Gesellschafterbeschlusses, mit dem die Einlage von *J* eingefordert wird.[27]

3. Wirtschaftliche Betrachtung

Durch die in § 3 Abs. 2 GV festgelegten Nennbeträge der Geschäftsanteile der drei Gesellschafter verändern sich die Beteiligungsquoten am eingebrachten Autohandel zwischen *M* und *D* zugunsten von *M*. Während *M* und *D* an der OHG zu gleichen Teilen beteiligt sind, wäre *M* nach den bisherigen gesellschaftsvertraglichen Festsetzungen mit 66,66 %[28] und *D* nur noch mit 26,66 % an der GmbH beteiligt (Variante 1). Mit seiner „zusätzlichen" Bareinlage würde *M* künftig an den Erträgen und der Wertentwicklung des von der GmbH betriebenen Autohandels deutlich stärker profitieren als *D*. Würde das Stammkapital auf 140.000 EUR festgesetzt, während sich die Geschäftsanteile von *M* und *D* auf je 100.000 EUR bzw. 30.000 EUR belaufen (Variante 2), würde sich dieser Effekt noch verstärken, denn dann wäre *M* mit 71,42 % und *D* nur noch mit 21,42 % an der GmbH beteiligt. Bei Festsetzung des Stammkapitals mit 130.000 EUR und einem Geschäftsanteil von *M* mit 90.000 EUR und von *D* mit 30.000 EUR sowie von *J* mit 10.000 EUR (Variante 3) beliefe sich die Beteiligungsquote von *M* auf 69,23 % und von *D* auf 23,08 %.

---

26 Vgl. *BGH* GmbHR 1990, 452 f.; BeckOK GmbHG/*Ziemons*, § 19 Rn. 20; HK-GmbHG/*Saenger*, § 19 Rn. 10; Lutter/Hommelhoff/*Bayer*, § 19 Rn. 9; MHLS/*Ebbing*, § 19 Rn. 11; MüKoGmbHG/*Schwandtner*, § 19 Rn. 16; Scholz/*Veil*, § 19 Rn. 13; GmbH-Hdb/*Rodewald*, Rz. I Rn. 468.

27 Vgl. GroßKomm-GmbHG/*Ulmer/Casper*, § 19 Rn. 18; Henssler/Strohn/*Verse*, § 19 GmbHG Rn. 95 i. V. m. § 14 GmbHG Rn. 10; Lutter/Hommelhoff/*Bayer*, § 19 Rn. 16; MHLS/*Ebbing*, § 19 Rn. 190; Scholz/*Veil*, § 19 Rn. 196; GmbH-Hdb/*Rodewald*, Rz. I Rn. 467.

28 Gem. § 40 Abs. 1 S. 1 GmbHG ist in die Liste der Gesellschafter u. a. auch „die durch den jeweiligen Nennbetrag eines Geschäftsanteils vermittelte prozentuale Beteiligung am Stammkapital" aufzunehmen, vgl. dazu und zu den gesetzgeberischen „Merkwürdigkeiten" bei der Einführung der Änderungen zur Gesellschafterliste anlässlich der Umsetzung der vierten EU-Geldwäscherichtlinie *Wachter*, GmbHR 2017, 1177 ff.

Den Parteien ist daher dringend anzuraten, über die in § 3 Abs. 2 GV vorgesehenen Nennbeträge der Geschäftsanteile von *M* und *D* noch einmal nachzudenken, ob sie tatsächlich so bleiben sollen. Dies gilt auch für die Höhe des Geschäftsanteils von *J*. Bei einem Stammkapital von 150.000 EUR beliefe sich seine Beteiligungsquote auf 6,66 %, während sie bei einem Stammkapital von 140.000 EUR 7,1 % und bei einem Stammkapital von 130.000 EUR 7,69 % betragen würde. Hierbei handelt es sich keineswegs um marginale Änderungen. Nach den derzeitigen Festsetzungen der Nennbeträge der Geschäftsanteile in § 3 Abs. 2 GV (Variante 1) könnten *M* und *J* mit zusammen 73,32 % keine Satzungsänderungen[29] und Grundlagenbeschlüsse gegen die Stimmen von *D* beschließen. Anders wäre es aber bei Vorliegen von Variante 2 bzw. 3, denn dann würden *M* und *J* über 78,52 % bzw. 76,23 % der Stimmanteile verfügen.

V. Geschäftsführung und Vertretung gem. §§ 4, 5 GV

1. Zu § 4 Abs. 1 GV

§ 4 Abs. 1 S. 1 GV entspricht § 6 Abs. 1 GmbHG. Mit dieser Bestimmung wird dem Erfordernis Rechnung getragen, dass die GmbH neben der Gesellschafterversammlung ein weiteres obligatorisches Organ haben muss, nämlich den Geschäftsführer,[30] der die Geschäfte der Gesellschaft führt, ihr Unternehmen nach Vorgaben der Gesellschafter leitet (vgl. § 37 Abs. 1 a. E. GmbHG) und die Gesellschaft im Rechts- und Geschäftsverkehr vertritt (vgl. § 35 Abs. 1 GmbHG).

In § 4 Abs. 1 S. 2 GV vereinbaren die Gesellschafter eine sog. unechte Gesamtvertretung durch zwei Geschäftsführer. Gem. § 35 Abs. 1 S. 1 GmbHG wird die Gesellschaft durch die Geschäftsführer vertreten. Dabei handelt es sich nach § 35 Abs. 2 S. 1 GmbHG um eine Gesamtvertretung durch alle Geschäftsführer. Diese gesetzliche Anordnung ist jedoch dispositiv.[31] Es ist daher rechtlich zulässig, bei mehr als zwei Geschäftsführern das sog. „Vier-Augen-Prinzip“ zu regeln,[32] wonach die Vertretung der GmbH durch zwei von mehreren Geschäftsführern zu erfolgen hat. Bei echter oder unechter Gesamtvertretungsbefugnis ist jeder Geschäftsführer gem. § 35 Abs. 2 S. 2 GmbHG jedoch allein zur Entgegennahme von Willenserklärungen befugt.

Die Benennung von *M* als Geschäftsführer in § 5 S. 1 GV ist gem. § 6 Abs. 3 S. 2 GmbHG möglich. Es liegen keine Anhaltspunkte dafür vor, dass *M* tatbestandlich ein Bestellungshindernis gem. § 6 Abs. 2 S. 2 und S. 3 GmbHG erfüllt. Es ist weiterhin zulässig, ihm im GV Alleinvertretungsbefugnis einzuräumen, wie dies in § 4 Abs. 1 S. 1 i. V. m. § 5 Abs. 1 GV geschehen ist. § 5 S. 3 GV stellt schließlich klar, dass es bei der Alleinvertretungsbefugnis von *M* bleibt, wenn weitere Personen zum Geschäftsführer bestellt werden.

---

[29] Vgl. hierzu unten A. VII. 1.

[30] Beachte: Zwischen dem Organ „Geschäftsführer“ und den zum Geschäftsführer bestellten Personen als Mitglied des Organs Geschäftsführer ist strikt zu unterscheiden. Es handelt sich somit um dieselbe Differenzierung, wie sie im Aktienrecht zwischen dem Vorstand als Leitungsorgan und den Mitgliedern des Vorstandes als den Personen dieses Leitungsorgans zutage tritt (vgl. u. a. §§ 76 Abs. 1, Abs. 2 S. 1, Abs. 3 S. 1, 77 Abs. 1 S. 1, 84 Abs. 1 S. 1, Abs. 3 S. 1 AktG).

[31] Vgl. statt aller Lutter/Hommelhoff/*Kleindiek*, § 35 Rn. 26, 36 ff.; MüKoGmbHG/*Stephan/Tieves/Jaeger/Steinbrück*, § 35 Rn. 122 ff.; MünchHdb.GesR III/*Marsch-Barner/Diekmann*, § 44 Rn. 18 ff.

[32] Vgl. statt aller BeckOK GmbHG/*Wisskirchen/Kuhn*, § 35 Rn. 54; MHLS/*Lenz*, § 35 Rn. 58; MüKoGmbHG/*Stephan/Tieves/Jaeger/Steinbrück*, § 35 Rn. 122; *Saenger*, Rn. 774.

2. Zu § 4 Abs. 2 GV

§ 4 Abs. 2, 1. Fall GV räumt den Gesellschaftern die Möglichkeit ein, allen oder einzelnen Geschäftsführern durch Gesellschafterbeschluss Alleinvertretungsbefugnis zu erteilen. Relevant wird diese Regelung, wenn zu einem späteren Zeitpunkt außer *M* noch weitere Personen zum Geschäftsführer bestellt werden sollen. Diese haben dann grundsätzlich gem. § 4 Abs. 1 S. 2 GV „nur" unechte Gesamtvertretungsbefugnis. Davon kann die Gesellschafterversammlung somit entweder schon bei der Bestellung der Person zum Geschäftsführer oder zu einem späteren Zeitpunkt abweichen. Handelt es sich bei der weiteren zum Geschäftsführer bestellten Person um einen Gesellschafter der GmbH – derzeit also *D* oder *J* – hat diese bei der Beschlussfassung über die Einräumung von Alleinvertretungsbefugnis das Stimmrecht und unterliegt nicht dem Stimmverbot des § 47 Abs. 4 S. 2, 1. Fall GmbHG.[33]

§ 4 Abs. 2, 2. Fall GV räumt den Gesellschaftern die weitere Möglichkeit ein, alle oder einzelne Geschäftsführer von dem Verbot des Selbstkontrahierens gem. § 181 BGB zu befreien.[34] Dies ist durch Vereinbarung im Gesellschaftsvertrag selbst zulässig.[35] Soll die generelle Befreiung vom Verbot des Selbstkontrahierens auch durch nachträglichen Gesellschafterbeschluss möglich sein, ist dies – wie in § 4 Abs. 2 GV vorgesehen – im GV festzuhalten.[36] Es erscheint auch sinnvoll, den Geschäftsführer *M* bereits im GV von den Beschränkungen des § 181 BGB zu befreien (§ 5 S. 3 GV).

3. Zu § 4 Abs. 3 GV

a) Rechtliche Überlegungen

Gegen § 4 Abs. 3 GV sind ebenfalls keine rechtlichen Bedenken ersichtlich. § 4 Abs. 3 S. 1 GV entspricht der zwingenden Regelung in § 37 Abs. 2 S. 1 GmbHG,[37] wonach der Geschäftsführer verpflichtet ist, Beschlüsse der Gesellschafterversammlung zu beachten. Dies gilt auch für § 4 Abs. 3 S. 2 und 3 GV, der eine Beschränkung der Geschäftsführungsbefugnis im Innenverhältnis für bestimmte Geschäfte beinhaltet. Durch diese gesellschaftsinterne Bindung bleibt die Vertretungsmacht des Geschäftsführers gem. § 37 Abs. 2 S. 1 und S. 2 GmbHG im Außenverhältnis unberührt. Sollte der Geschäftsführer also eines der die § 4 Abs. 3 S. 2 und 3 GV

---

[33] Vgl. hierzu näher Bd. II Fall 6 unter B. III. 2. f) sowie Fall 8 mit den Nachweisen in Fn. 10 bis 12 zur dortigen Parallelproblematik der Abberufung des Geschäftsführers.

[34] Gem. § 35 Abs. 3 GmbHG findet § 181 BGB grundsätzlich auch im Falle des Gesellschafter-Geschäftsführers einer Ein-Personen-GmbH Anwendung; vgl. hierzu BeckOK GmbHG/*Wisskirchen/Kuhn*, § 35 Rn. 86; MüKoGmbHG/*Stephan/Tieves/Jaeger/Steinbrück*, § 35 Rn. 180 f.; HK-GmbHG/*Lücke/Simon*, § 35 Rn. 39.

[35] Lutter/Hommelhoff/*Kleindiek*, § 35 Rn. 52; MHLS/*Lenz*, § 35 Rn. 92; MüKoGmbHG/*Stephan/Tieves/Jaeger/Steinbrück*, § 35 Rn. 182; Scholz/*Schneider U. H./Schneider S. H.*, § 35 Rn. 162; MünchHdb.GesR III/*Marsch-Barner/Diekmann*, § 44 Rn. 39.

[36] *BayObLG* DB 1980, 2029; *OLG Frankfurt* NJW 1983, 945; Bork/Schäfer/*Jacoby*, § 35 Rn. 38; Henssler/Strohn/*Oetker*, § 35 GmbHG Rn. 73; HK-GmbHG/*Lücke/Simon*, § 35 Rn. 35; Lutter/Hommelhoff/*Kleindiek*, § 35 Rn. 52; MHLS/*Lenz*, § 35 Rn. 92; MüKoGmbHG/*Stephan/Tieves/Jaeger/Steinbrück*, § 35 Rn. 183 f.; GmbH-Hdb/*Fuhrmann*, Rz. I Rn. 2151; *Tiedtke*, GmbHR 1993, 385 (387); a. A. Roth/Altmeppen/*Altmeppen*, § 35 Rn. 90 ff.; Scholz/*Schneider U. H./Schneider S. H.*, § 35 Rn. 145 – Gestattung auch allein durch Beschluss der Gesellschafterversammlung. Die Befreiung vom Verbot des Selbstkontrahierens im Einzelfall ist jedenfalls durch Beschluss des Organs möglich, das für die Bestellung und Abberufung des Geschäftsführers zuständig ist; vgl. BGHZ 33, 189 (192); 87, 59 (60); Scholz/*Schneider U. H./Schneider S. H.*, § 35 Rn. 144; *Raiser/Veil*, § 42 Rn. 35.

[37] Vgl. hierzu ausführlich MüKoGmbHG/*Stephan/Tieves*, § 37 Rn. 156 ff.

aufgeführten Geschäfte ohne Zustimmung der Gesellschafterversammlung vornehmen, wäre dieses Geschäft für die GmbH wirksam, der Geschäftsführer würde sich aber ggf. gegenüber der GmbH gem. § 43 Abs. 1, Abs. 2 GmbHG schadensersatzpflichtig machen.

Allerdings gibt es Aufgabenbereiche, die den Geschäftsführern zwingend zugeordnet sind.[38] Darunter fallen z. B. folgende Pflichten: die Erhaltung der Kapitalgrundlage der Gesellschaft (§§ 30, 31 GmbHG), die Erstellung und fortlaufende Aktualisierung einer Gesellschafterliste und deren Einreichung zum Handelsregister (§ 40 Abs. 1 GmbHG), die Verantwortung für die ordnungsgemäße Buchführung der GmbH (§ 41 GmbHG); die Einberufung der Gesellschafterversammlung gem. § 49 Abs. 1 GmbHG, die Insolvenzantragspflicht gem. § 15a Abs. 1 InsO, die Aufstellung des Jahresabschlusses und des Lageberichts gem. § 264 Abs. 1 HGB und die Erfüllung der steuerlichen Pflichten gem. § 34 AO. Die Vertretung der Gesellschaft nach außen und die Möglichkeit zur Erfüllung der Handelsregisterpflichten (vgl. § 78 GmbHG) muss den Geschäftsführern ebenfalls belassen werden.[39] Die durch den Gesellschaftsvertrag an den Vorbehalt der Zustimmung der Gesellschafter gebundenen Geschäfte gehören aber nicht zu den zwingend dem Geschäftsführer zugewiesenen Aufgaben.

§ 4 Abs. 3 S. 2 und S. 3 GV bestimmt sogenannte außergewöhnliche Geschäfte. Außergewöhnliche Geschäfte sind solche, die nach Art oder Inhalt bzw. Umfang oder Risiko unter Beachtung der besonderen Verhältnisse der Gesellschaft und der Zeitumstände Ausnahmecharakter besitzen.[40] Ihre Abgrenzung zu den gewöhnlichen Geschäften gestaltet sich im Einzelfall schwierig, so dass es für die Gesellschafter sinnvoll ist, solche Geschäfte zu benennen, die sie typischerweise mit einem rechtlichen oder wirtschaftlichen Risiko assoziieren. Die in § 4 Abs. 3 S. 2 GV genannte Aufnahme von Krediten und die Belastung oder der Verkauf von Grundstücken können den außergewöhnlichen Geschäften zugeordnet werden. Dagegen stellt der An- und Verkauf einzelner PKW für einen Autohandel eher ein gewöhnliches Geschäft dar. Es steht den Gesellschaftern indessen grundsätzlich frei, auch solche Geschäfte, wenn sie eine bestimmte Größenordnung überschreiten, den außergewöhnlichen Geschäften zuzuordnen.

Rechtliche Zweifel können aber an der Zulässigkeit des Umfangs der in § 4 Abs. 3 S. 3 GV genannten Beschränkung bestehen. Für den An- und Verkauf von PKW mit einem höheren Wert als 20.000 EUR sollen die Geschäftsführer nach § 4 Abs. 3 S. 3 GV die vorherige Zustimmung der übrigen Gesellschafter einzuholen verpflichtet sein. Eine solche Regelung kann unzulässig sein, wenn sie den Geschäftsführern im Ergebnis jegliche Kompetenz zu selbstständigen Geschäftsführungsentscheidungen versagt.[41] Bei dem verbleibenden Geschäftsvolumen von bis zu 20.000 EUR je Auto

---

[38] Vgl. Bork/Schäfer/*Jacoby*, § 37 Rn. 12; Lutter/Hommelhoff/*Kleindiek*, § 37 Rn. 12; MHLS/*Lenz*, GmbHG, § 37 Rn. 10; MüKoGmbHG/*Stephan/Tieves*, § 37 Rn. 4 ff.; Rowedder/Schmidt-Leithoff/*Baukelmann*, § 37 Rn. 6, 18; GmbH-Hdb/*Fuhrmann*, Rz. I Rn. 2192 ff.; *Drygala/Staake/Szalai*, § 11 Rn. 8; *Windbichler*, § 22 Rn. 11; a. A. Scholz/*Schneider U. H./Schneider S. H.*, § 37 Rn. 46.

[39] Vgl. statt aller Baumbach/Hueck/*Zöllner/Noack*, § 37 Rn. 18; *Drygala/Staake/Szalai*, § 11 Rn. 8.

[40] RGZ 158, 308; BGHZ 76, 160 (162 f.), jeweils zur Parallelproblematik gem. § 116 Abs. 2 HGB. Zu außergewöhnlichen Geschäftsführungsmaßnahmen bei der GmbH vgl. Rowedder/Schmidt Leithoff/*Baukelmann*, § 37 Rn. 10 f.

[41] Baumbach/Hueck/*Zöllner/Noack*, § 37 Rn. 18; Hachenburg/*Mertens*, § 37 Rn. 16; *Immenga*, S. 93; a. A. und für die Zulässigkeit eines sog. „Zölibatsgeschäftsführers" oder „Frühstücksdirektors" Bork/Schäfer/*Jacoby*, § 37 Rn. 15; GroßKomm-GmbHG/*Paefgen*, § 37

kauf kann jedoch nicht von einem völligen Entzug der Möglichkeit, eigene Geschäftsführungsentscheidungen zu treffen, ausgegangen werden. Auch die Beschränkung über das Geschäftsvolumen einzelner Autokäufe bzw. -verkäufe ist somit zulässig.

Andererseits erscheint der Katalog der zustimmungsbedürftigen Geschäfte gem. § 5 Abs. 3 S. 2 und 3 GV bei weitem nicht ausreichend, um die Gesellschaft vor Gefahren aus rechtsgeschäftlichem Verhalten des Geschäftsführers zu schützen.[42] Nicht erfasst sind z. B. der Erwerb von Grundstücken, die Übernahme von Bürgschaften oder Garantien durch die GmbH, die Gründung oder der Erwerb von Tochtergesellschaften im In- und Ausland, die Einstellung von Personal mit einem Jahresgehalt einschließlich aller Nebenleistungen von beispielsweise mehr als 50.000 EUR, die Zusage betrieblicher Altersversorgungsansprüche an die Geschäftsführer und Mitarbeiter des Unternehmens, Geschäfte zwischen der GmbH und ihren Gesellschaftern, um nur einige Geschäfte mit weit reichenden wirtschaftlichen Konsequenzen für die Gesellschaft zu nennen. Darüber hinaus dürfte es sich empfehlen, sämtliche Insich-Geschäfte des Geschäftsführers i. S. v. § 4 Abs. 2 GV bzw. § 5 S. 3 GV einer vorherigen Zustimmung durch die Gesellschafterversammlung zu unterwerfen. Auf diese Weise kann erreicht werden, dass der Geschäftsführer bei Insich-Geschäften nicht ohne Zustimmung der Gesellschafterversammlung handelt.

Den Gesellschaftern ist somit dringend anzuraten, den Katalog der zustimmungsbedürftigen Geschäfte in § 5 Abs. 3 gründlich zu überdenken und um weitere risikobehaftete Geschäfte zu ergänzen. Bei einer Neuformulierung von § 5 Abs. 3 S. 2 und S. 3 GV sollte in jedem Fall davon Abstand genommen werden, einen abschließenden Katalog von zustimmungsbedürftigen Geschäften zu regeln, so wie das bislang der Fall ist. Jeder Katalog mit zustimmungsbedürftigen Rechtsgeschäften birgt die Gefahr in sich, dass bei Vertragsschluss ein Regelungsgegenstand vergessen wird. Dieser Gefahr kann begegnet werden, indem der Katalog durch die Voranstellung des Wortes „insbesondere" ausdrücklich als nicht abschließend gekennzeichnet wird. Dann lässt sich in einem späteren nicht ausdrücklich geregelten Fall durch Auslegung der Klausel[43] ermitteln, ob es sich hierbei ebenfalls um ein zustimmungsbedürftiges Rechtsgeschäft handelt oder nicht.

Bei der Neuformulierung des Katalogs der zustimmungsbedürftigen Geschäfte sollte auch darauf geachtet werden, dass sie zwingend der vorherigen Zustimmung (= Einwilligung gem. § 183 S. 1, 1. Halbs. BGB) durch die Gesellschafterversammlung bedürfen. Gem. § 4 Abs. 3 S. 2 GV in seiner jetzigen Entwurfsfassung bedürfen die

---

Rn. 46; MüKoGmbHG/*Stephan/Tieves,* § 37 Rn. 117, 128; Rowedder/Schmidt-Leithoff/*Baukelmann,* § 37 Rn. 22; GmbH-Hdb/*Fuhrmann*, Rz. I Rn. 2025; *Grunewald*, § 13 Rn. 37 in Fn. 4; *Saenger*, Rn. 776; differenzierend Lutter/Hommelhoff/*Kleindiek*, § 37 Rn. 18a; Scholz/*Schneider U. H./Schneider S. H.*, § 37 Rn. 45.

42 Vgl. die Beispiele für im Regelfall zustimmungsbedürftige und nicht zustimmungsbedürftige Geschäfte bei MüKoGmbHG/*Stephan/Tieves*, § 37 Rn. 143 f.

43 Zur Auslegung des GVs einer GmbH vgl. Baumbach/Hueck/*Fastrich*, § 2 Rn. 29 ff.; Beck-OK GmbHG/*Jaeger*, § 2 Rn. 67 ff.; GroßKomm-GmbHG/*Ulmer/Löbbe*, § 2 Rn. 191 ff.; Henssler/Strohn/*Schäfer*, § 2 Rn. 27; HK-GmbHG/*Pfisterer*, § 2 Rn. 10 ff.; Lutter/Hommelhoff/*Bayer*, § 2 Rn. 19 f.; MHLS/*Schmidt J.*, § 2 Rn. 81 ff.; MüKoGmbHG/*Mayer*, § 2 Rn. 150 ff.; Rowedder/Schmidt-Leithoff/*Schmidt-Leithoff C.*, § 2 Rn. 81 ff.; Scholz/*Wicke*, § 2 Rn. 39 ff.; *Schmidt K.*, GesR § 5 I 4 (S. 87 ff.); *Wiedemann*, GesR I, § 3 II 2 (S. 165 ff.); *Fleischer*, DB 2013, 1466 (1471 ff.); *Grunewald*, ZGR 1995, 68 (86 ff.); *Schockenhoff*, ZGR 2013, 76 ff.

dort genannten Rechtsgeschäfte „grundsätzlich" der vorherigen Zustimmung, während diese Einschränkung in § 4 Abs. 3 S. 3 GV nicht enthalten ist. Dies provoziert mögliche Streitigkeiten zwischen den Gesellschaftern, und eröffnet dem Geschäftsführer Möglichkeiten zur „Eigenmächtigkeit". Wann ist ein Rechtsgeschäft so eilbedürftig, dass es ausnahmsweise auch ohne vorherige Zustimmung durchgeführt werden kann? Bis wann muss die Zustimmung im Sinne einer Genehmigung (vgl. § 184 Abs. 1 BGB) „nachgeholt" werden? In Anbetracht der recht kurzen gesetzlichen Einberufungsfrist von einer Woche für eine Gesellschafterversammlung und der in § 48 Abs. 2 GmbHG eröffneten Möglichkeit zur Beschlussfassung im Wege der „schriftlichen Rundfrage"[44] erscheint das Bedürfnis für die Anerkennung solcher „Eilfälle" als gering. Selbst wenn einmal ein solcher „Eilfall" auftreten sollte, kann das Rechtsgeschäft immer noch unter der aufschiebenden Bedingung (§ 158 Abs. 1 BGB) der Zustimmung durch die Gesellschafterversammlung abgeschlossen werden. In jedem Fall sollte dafür Sorge getragen werden, dass die GmbH bei einem zustimmungsbedürftigen Geschäft rechtlich bindend erst dann verpflichtet wird, wenn die Zustimmung der Gesellschafterversammlung vorliegt.

b) Wirtschaftliche Überlegungen

Eine andere Frage ist, ob die in § 4 Abs. 3 S. 3 GV vorgenommene betragsmäßige Beschränkung aus wirtschaftlichen Überlegungen sinnvoll ist. An- und Verkäufe von Neuwagen zu einem Preis von unter 20.000 EUR je PKW beschränken sich bei einem Autohändler typischerweise auf Produkte des sog. Kleinwagensegments und der „unteren Mittelklasse". Ein Geschäftsführer könnte somit im Ergebnis einen nicht unerheblichen Teil des Neuwagengeschäfts nicht ohne Mitwirkung aller Gesellschafter abschließen. Dies wäre den Vertragspartnern der GmbH nur schwer verständlich zu machen. Diese Wertgrenze sollte deshalb von den Beteiligten noch einmal überdacht werden. Sie erscheint unzweckmäßig und sollte deutlich angehoben werden.

Gleiches gilt für die Regelung in § 4 Abs. 3 S. 2 GV, wonach die Aufnahme von Krediten gleich welcher Höhe der vorherigen Zustimmung aller Gesellschafter bedarf. Dann müsste der Geschäftsführer schon die Inanspruchnahme oder jede Erhöhung eines Überziehungskredits vorher durch alle Gesellschafter billigen lassen. Dies erscheint ebenfalls wenig zweckmäßig. Auch für die Inanspruchnahme von Krediten sollte daher sowohl für den Einzelfall als auch für die Gesamtheit aller Kredite eine Mindestsumme festgelegt werden, ab der die vorherige Zustimmung aller Gesellschafter einzuholen ist.

Wirtschaftliche Bedenken, die Belastung und den Verkauf von Grundstücken an die Zustimmung der Gesellschafterversammlung zu binden, bestehen nicht.

Wenig sinnvoll erscheint es aber, den internen Zustimmungsvorbehalt an die „Zustimmung aller Gesellschafter" zu knüpfen. In diesem Falle könnte *J* mit seiner nur geringen Beteiligungsquote jedes zustimmungsbedürftige Geschäft verhindern. Ratsamer kann es sein, einen Zustimmungsbeschluss der Gesellschafterversammlung zu fordern. Mit Rücksicht auf die Mehrheitsbeteiligung von *M* sollte dann aber auch vorgesehen werden, dass der Zustimmungsbeschluss einer Mehrheit von 3/4 des bei der Beschlussfassung vertretenen Stammkapitals bedarf.

---

[44] Vgl. hierzu statt aller GroßKomm-GmbHG/*Hüffer/Schürnbrand*, § 48 Rn. 46 ff.; MüKoGmbHG/*Liebscher*, § 48 Rn. 161 ff.

c) Empfehlung

Es wird daher angeraten, § 4 Abs. 3 S. 2 und S. 3 GV durch folgende Regelung zu ersetzen:

„²*Der Geschäftsführer bedarf zur Vornahme außergewöhnlicher Geschäfte der vorherigen Zustimmung der Gesellschafterversammlung, die mit 3/4-Mehrheit des bei der Beschlussfassung vorhandenen Stammkapitals entscheidet.* ³*Außergewöhnliche Geschäfte sind insbesondere …* “[45]

VI. Ergebnisverwendung

Die Kompetenzzuweisung in § 6 Abs. 1 GV, wonach die Gesellschafterversammlung über die Verwendung des Jahresergebnisses beschließt, entspricht der Regelung in § 46 Nr. 1 GmbHG.

§ 6 Abs. 2 GV wiederholt im Wesentlichen die dispositive Regelung des § 29 Abs. 3 GmbHG. Danach haben die Gesellschafter Anspruch auf den Jahresüberschuss zuzüglich eines Gewinnvortrages und abzüglich eines Verlustvortrages.

Obwohl rechtliche Bedenken gegen § 6 Abs. 1 und Abs. 2 GV nicht bestehen, ist gleichwohl anzuraten darüber nachzudenken, ob diese Regelungen nicht einer Ergänzung bedürfen. Während *M* und *D* in der M & D-OHG nur gemeinsam über die Ergebnisverwendung entscheiden konnten, ist *M* nunmehr Mehrheitsgesellschafter in der M & D-GmbH. Er verfügt daher über die Stimmkraft, in der für die Beschlussfassung über die Verwendung des Jahresergebnisses zuständigen Gesellschafterversammlung (vgl. § 46 Nr. 1 GmbHG) mit seinen Stimmen das Zustandekommen eines mit einfacher Mehrheit gefassten Gesellschafterbeschlusses (vgl. § 47 Abs. 1 GmbHG) zu erwirken, in dem der Jahresüberschuss gem. § 29 Abs. 2 GmbHG ganz oder teilweise thesauriert wird.[46] Es besteht daher die abstrakte Gefahr, dass *M* als Mehrheitsgesellschafter *D* und *J* als Minderheitsgesellschafter „aushungert“, indem er die erzielten Gewinne über Jahre hinweg durch Beschluss in die Rücklagen einstellt. Zwar ist es allgemein anerkannt, dass die Interessen der Gesellschafterminderheit an der Ausschüttung eines angemessenen Gewinnanteils durch die Treuepflicht der Gesellschaftermehrheit geschützt werden.[47] Wo die Grenzen der Mehrheitsherrschaft im konkreten Fall aber zu ziehen sind, ist aber bislang ungeklärt.[48] Es kann sich daher empfehlen, diesen potentiellen Mehrheits-/Minderheitskonflikt durch eine kombinierte Ausschüttungs- und Thesaurierungsklausel im GV zu entschärfen, die einerseits dem Interesse der GmbH an einer Stärkung ihrer Finanzkraft durch Rücklagenbildung und andererseits den Interessen der Minderheitsgesellschafter an einer angemessenen jährlichen Gewinnausschüttung Rechnung trägt.

---

[45] Vgl. hierzu den – allerdings abschließend formulierten – Katalog zustimmungsbedürftiger Geschäfte in Fuhrmann/Wälzholz/*Wälzholz*, Kap. 13, M 13.2, § 5 Abs. 6.

[46] Vgl. zur Thesaurierung des Jahresergebnisses HK-GmbHG/*Klingsch*, § 29 Rn. 1 f.; Lutter/Hommelhoff/*Hommelhoff,* § 29 Rn. 1; MüKoGmbHG/*Ekkenga,* § 29 Rn. 1 ff.; *Drygala/Staake/Szalai,* § 11 Rn. 120, § 14 Rn. 20 ff.; *Hirte,* Rn. 4.12. Zu den Grenzen des Beschlusses vgl. MünchHdb.GesR III/*Priester,* § 57 Rn. 32 ff.

[47] Bork/Schäfer/*Witt*, § 29 Rn. 23 ff.; GroßKomm-GmbHG/*Müller W.*, § 29 Rn. 82a, 85, 87; Henssler/Strohn/*Strohn*, § 29 GmbHG Rn. 16, 44; HK-GmbHG/*Klingsch*, § 29 Rn. 32 ff; Lutter/Hommelhoff/*Hommelhoff*, § 29 Rn. 22 ff.; MHLS/*Mock*, § 29 Rn. 182 ff.; *Drygala/Staake/Szalai,* § 14 Rn. 26; *Grunewald*, § 13 Rn. 128.

[48] Vgl. auch den Lösungsansatz von HK-GmbHG/*Klingsch*, § 29 Rn. 33 ff. – Einzelfallentscheidung nach den Grundsätzen der Erforderlichkeit und Verhältnismäßigkeit; ebenso BGHZ 132, 263 (274) – für KG; Baumbach/Hueck/*Fastrich*, § 29 Rn. 30 ff.; MüKoGmbHG/*Ekkenga*, § 29 Rn. 168.

Es wird daher vorgeschlagen, in § 6 GV folgenden Absatz 3 aufzunehmen:

(3) [1]Vom Jahresergebnis i. S. v. § 29 Abs. 1 S. 1 GmbHG sind x % zu thesaurieren und weitere y % an die Gesellschafter auszuschütten. [2]Über die Verwendung des danach verbleibenden Restes des Jahresergebnisses entscheiden die Gesellschafter mit einfacher Mehrheit.[49]

VII. Gesellschafterbeschlüsse

1. Beschlussmehrheiten

Nach § 7 Abs. 1, 1. Halbs. GV erfolgt die Beschlussfassung grundsätzlich durch einfache Mehrheit. Dieses Mehrheitserfordernis entspricht dem in § 47 Abs. 1 GmbHG gesetzlich Vorgesehenen.

§ 7 Abs. 1, 2. Halbs. GV trägt dem Umstand Rechnung, dass das Gesetz bei bestimmten Beschlüssen eine qualifizierte Mehrheit oder gar Einstimmigkeit verlangt. Eine qualifizierte Mehrheit ist insbesondere im Fall der Satzungsänderung (§ 53 Abs. 2 GmbHG) beachtlich. Auch bei der Beschlussfassung über die Verschmelzung (§§ 13 Abs. 1, 50 Abs. 1 S. 1 UmwG) und Spaltung (§§ 125 S. 1, 13 Abs. 1, 50 Abs. 1 S. 1 UmwG) der GmbH ist eine 3/4-Mehrheit erforderlich. Gleiches gilt gem. §§ 193, 240 Abs. 1 S. 1 UmwG für den Formwechsel der GmbH in eine andere Kapitalgesellschaft (AG, KGaA). Die nachträgliche Einführung von Beschränkungen der Übertragbarkeit des Geschäftsanteils ist als Satzungsänderung ebenfalls mit 3/4-Mehrheit zu beschließen, wobei der Beschluss aber nur dann wirksam ist, wenn ihm alle betroffenen Gesellschafter zugestimmt haben, weil es sich hierbei um eine Leistungsvermehrung i. S. v. § 53 Abs. 3 GmbHG handelt.[50] Schließlich wird für einige Beschlüsse Einstimmigkeit gefordert. Dies gilt insbesondere gem. §§ 193, 217 Abs. 1 S. 1 UmwG für den Formwechsel der GmbH in eine Personengesellschaft. Auch die Änderung des Gesellschaftszwecks bedarf der Einstimmigkeit.[51] Ob dies auch für den Beschluss über den Abschluss eines Unternehmensvertrages als abhängige Gesellschaft gilt, ist streitig, dürfte aber mit den besseren Argumenten zugunsten einer 3/4-Mehrheit zu verneinen sein.[52]

---

[49] Vgl. die ähnlichen Formulierungsbeispiele von *Heckschen/Heidinger*, § 7 Rn. 12; KölnerHdbGesR/*Eckardt*, Kap. 2 Rn. 375 M, Fuhrmann/Wälzholz/*Wälzholz*, Kap. 13, M.13.2, § 10 Abs. 3.

[50] Baumbach/Hueck/*Fastrich*, § 15 Rn. 40; Baumbach/Hueck/*Zöllner/Noack*, § 53 Rn. 34; BeckOK GmbHG/*Trölitzsch*, § 53 Rn. 24; Bork/Schäfer/*Arnold*, § 53 Rn. 18; GroßKomm GmbHG/*Löbbe*, § 15 Rn. 277; Henssler/Strohn/*Gummert*, § 53 GmbHG Rn. 32; MHLS/*Hoffmann J.*, § 53 Rn. 126; MüKoGmbHG/*Harbarth*, § 53 Rn. 201; Roth/Altmeppen/*Altmeppen*, § 15 Rn. 98; Rowedder/Schmidt-Leithoff/*Schnorbus*, § 53 Rn. 34; Scholz/*Seibt*, § 15 Rn. 108; Scholz/*Priester*, § 53 Rn. 161; *Raiser/Veil*, § 40 Rn. 12.

[51] Baumbach/Hueck/*Zöllner/Noack*, § 53 Rn. 29; BeckOK GmbHG/*Trölitzsch*, § 53 Rn. 25; Bork/Schäfer/*Arnold*, § 53 Rn. 18; GroßKomm-GmbHG/*Ulmer/Casper*, § 53 Rn. 118; Henssler/Strohn/*Gummert*, § 53 GmbHG Rn. 33; Lutter/Hommelhoff/*Bayer*, § 53 Rn. 23; MüKoGmbHG/*Harbarth*, § 53 Rn. 79; Rowedder/Schmidt-Leithoff/*Schnorbus*, § 53 Rn. 27; Scholz/*Priester*, § 53 Rn. 181; MünchHdb.GesR III/*Marquardt*, § 22 Rn. 42; a. A. *Wiedemann*, GesR I, § 3 I 1 (S. 156 f.).

[52] Für Einstimmigkeit etwa Baumbach/Hueck/*Beurskens*; SchlAnhKonzernR Rn. 106; BeckOK GmbHG/*Trölitzsch*, § 53 Rn. 34; GroßKomm-GmbHG/*Casper*, Anh. § 77 Rn. 204; MHLS/*Hoffmann*, § 53 Rn. 157; Scholz/*Emmerich*, Anh. § 13, Rn. 144, 146; Scholz/*Priester*, § 53 Rn. 171; Roth/Altmeppen/*Altmeppen*, Anh. § 13 Rn. 36 ff.; § 53 Rn. 43; MünchHdb.GesR III/*Decher/Kiefner*, § 70 Rn. 6 f.; *Raiser/Veil*, § 62 Rn. 25; für 3/4-Mehrheit dagegen Lutter/Hommelhoff/*Lutter/Hommelhoff*, Anh. § 13 Rn. 49 f.; MüKoGmbHG/*Harbarth*, § 53 Rn. 151; Rowedder/Schmidt-Leithoff/*Schnorbus*, Anh. nach § 52 Rn. 95; *Drygala/Staake/Szalai*, § 11 Rn. 146; *Hirte*, Rn. 8.117; *Raiser/Veil*, § 43

Der Grundsatz der einfachen Stimmmehrheit wird auch dort durchbrochen, wo der GV Abweichendes regelt. Das ist lediglich gem. § 4 Abs. 3 S. 2 und 3 GV der Fall. Nach der obigen Empfehlung[53] sollte mit Rücksicht auf die konkreten Beteiligungsverhältnisse insoweit das 3/4-Mehrheitserfordernis vorgesehen werden.

2. Stimmkraft

a) § 7 Abs. 2 S. 1 GV

§ 7 Abs. 2 S. 1 GV regelt, dass sich die Stimmkraft eines jeden Gesellschafters nach der Höhe des Nennbetrages seines Geschäftsanteils richtet. Damit wird die in § 47 Abs. 2 GmbHG enthaltene Grundwertung übernommen, wonach sich die Stimmkraft eines jeden Gesellschafters nach der Höhe seines Geschäftsanteils bzw. der Summe seiner Geschäftsanteile richtet. Gleichzeitig ist damit im Umkehrschluss bestimmt, dass kein Gesellschafter weder allgemein noch für einzelne Beschlussgegenstände einen stimmrechtslosen Geschäftsanteil hat noch dass ein Gesellschafter über Mehrstimmrechte verfügt.[54] Auch von der zulässigen Möglichkeit der Vereinbarung eines Höchststimmrechtes[55] – insbesondere für *M* – wurde keinen Gebrauch gemacht.

Des Weiteren ist mit § 7 Abs. 2 S. 1 GV klargestellt, dass das Stimmrecht eines Gesellschafters nicht davon abhängt, dass er seine Einlage vollständig geleistet hat. Gesellschaftsvertraglich zulässig wäre es, das Ruhen des Stimmrechts eines Gesellschafters so lange anzuordnen, bis er seine Einlageverpflichtung vollständig geleistet hat.[56] Von einer solchen Klausel ist hier indessen abzuraten. Während *M* und ggf. auch *D* nach § 3 Abs. 3 GV ihre jeweilige Bareinlageverpflichtung vor der Eintragung der GmbH zu erbringen haben[57], wird die restliche Bareinlageverpflichtung von *J* erst gem. § 3 Abs. 5 GV aufgrund eines entsprechenden Gesellschafterbeschlusses gem. § 46 Nr. 2 GmbHG fällig.[58] Leistet *J* seine restliche Einlage nicht vor einem solchen Einforderungsbeschluss, wozu er gem. § 271 Abs. 1 BGB berechtigt ist, würde *M* bei der Festsetzung des Stammkapitals sowohl mit 140.000 EUR (Variante 2) als auch mit 130.000 EUR (Variante 3)[59] jeweils über eine satzungsändernde Mehrheit verfügen. Mit den Interessen von *D* erscheint es schwerlich vereinbar, dass *M* von vorneherein eine solche „Machtfülle" erhält, zumal *D* keine Möglichkeit hat, einen Einforderungsbeschluss nach § 46 Nr. 2 GmbHG zu erwirken.

Rn. 34, 46; *Timm,* GmbHR 1987, 8 (11); *ders.*, GmbHR 1989, 11 ff. sowie Bd. II Fall 16 (B. I. 2. b), aa)); offen gelassen in BGHZ 105, 324 ff.

[53] Vgl. oben unter A. V. 3. b).

[54] Zur Zulässigkeit von Mehrstimmrechten und stimmlosen Geschäftsanteilen vgl. Baumbach/Hueck/*Zöllner*, § 47 Rn. 68 ff.; Bork/Schäfer/*Casper*, § 47 Rn. 21, 32; Henssler/Strohn/*Hillmann*, § 47 GmbHG Rn. 47; MüKoGmbHG/*Drescher*, § 47 Rn. 124; GmbH-Hdb/*Bochmann/Cziupka*, Rz. I Rn. 1600; *Saenger*, Rn. 782.

[55] Vgl. hierzu Baumbach/Hueck/*Zöllner*, § 47 Rn. 67; *Immenga/Werner*, GmbHR 1976, 53 f.

[56] Vgl. Baumbach/Hueck/*Zöllner/Noack*, § 47 Rn. 67; Bork/Schäfer/*Casper*, § 47 Rn. 17; Lutter/Hommelhoff/*Bayer*, § 47 Rn. 5; MHLS/*Römermann*, § 47 Rn. 58; MüKoGmbHG/*Drescher*, § 47 Rn. 69.

[57] Ihre Sacheinlageverpflichtung ist gem. § 7 Abs. 3 GmbHG zwingend vor der Anmeldung der GmbH zum Handelsregister zu bewirken.

[58] Vgl. oben unter A. IV. 2. d).

[59] Vgl. oben unter A. IV. 3.

Die Stimmkraft von *M*, *D* und *J* richtet sich somit danach, welchen Nennbetrag sie für ihren jeweiligen Geschäftsanteil festsetzen, ohne dass es darauf ankommt, ob sie ihre Einlagen vollständig geleistet haben.[60]

b) § 7 Abs. 2 S. 2 GV

§ 7 Abs. 2 S. 2 GV, der die Gewährung von Stimmanteilen regelt, weicht von der in § 47 Abs. 2 GmbHG gesetzlich vorgesehenen Regelung ab. § 47 Abs. 2 GmbHG ist jedoch nicht zwingend (vgl. § 45 Abs. 2 GmbHG),[61] so dass diese Vereinbarung von Rechts wegen bestehen bleiben kann.

Allerdings stellt sich die Frage der Zweckmäßigkeit dieser Regelung. Sie schränkt faktisch die mögliche Teilbarkeit der Geschäftsanteile zwecks anschließender Veräußerung der dadurch neu entstehenden Geschäftsanteile unnötig ein. Ein Gesellschafter mit einem Geschäftsanteil mit einem niedrigeren Nennbetrag als 1.000 EUR hätte kein Stimmrecht. Des Weiteren würden bei Geschäftsanteilen, die nicht auf einen runden Tausenderbetrag enden, gemessen am Gesamtnennbetrag der von einem Gesellschafter gehaltenen Geschäftsanteile Stimmrechte „verloren gehen".[62] Das Entstehen von nicht auf einen Tausenderbetrag endenden Geschäftsanteilen kann geschehen, wenn ein verstorbener Gesellschafter mehrere Erben hinterlässt, und die Erbengemeinschaft den gem. § 18 GmbHG gemeinschaftlich gehaltenen Geschäftsanteil exakt nach den Erbquoten aufteilt.[63] Da § 7 Abs. 2 S. 2 GV lediglich der Vereinfachung zur Ermittlung des Beschlussergebnisses in der Gesellschafterversammlung dient, sollte eine andere gleichermaßen einfache Berechnungsmethode gewählt werden. Die einfachste und flexibelste Berechnungsmethode sieht § 47 Abs. 2 GmbHG vor, wonach jeder Euro eines Geschäftsanteils eine Stimme gewährt.

Es wird daher angeraten, in § 7 Abs. 2 S. 2 GV den Betrag „1.000 EUR" durch „1 EUR" zu ersetzen.

3. Stimmrechtsausübung

Gem. § 7 Abs. 1, 1. Halbs. GV werden Gesellschafterbeschlüsse mit der Mehrheit der „abgegebenen" Stimmen gefasst.[64]

a) Stimmrechtsvertretung

Da der GV keine weiteren Regelungen enthält, greift § 47 Abs. 3 GmbHG ein, wonach sich ein Gesellschafter in der Gesellschafterversammlung bei der Stimmabgabe vertreten lassen kann, sofern der Vertreter nur seine Vertretungsmacht in Textform gem. § 126b BGB nachweist. Bei der Auswahl des Stimmrechtsvertreters

---

[60] Vgl. oben unter A. IV. 2. c) aa), bb), d).

[61] GroßKomm-GmbHG/*Hüffer/Schürnbrand,* § 47 Rn. 97; MüKoGmbHG/*Drescher,* § 47 Rn. 124.

[62] Beispiel: Ein Gesellschafter hält drei Geschäftsanteile mit einem Nennwert von 4.500 EUR, 5.200 EUR und 300 EUR. Obwohl er damit insgesamt Geschäftsanteile i. H. v. 10.000 EUR hält, hätte er bei Anwendung von § 7 Abs. 2 S. 2 GV in der Gesellschafterversammlung nur 9 Stimmen.

[63] Vgl. dazu unten A. IX. 2.

[64] Zur Ermittlung des Abstimmungsergebnisses vgl. Baumbach/Hueck/*Zöllner*, § 47 Rn. 23; BeckOK GmbHG/*Schindler*, § 47 Rn. 25 ff.; HK-GmbHG/*Bergjan*, § 47 Rn. 13; MHLS/*Römermann*, § 47 Rn. 554 ff.; MüKoGmbHG/*Drescher*, § 47 Rn. 45; Rowedder/Schmidt-Leithoff/*Ganzer*, § 47 Rn. 8.

wäre der Gesellschafter dann in den Grenzen seiner ihm obliegenden Treuepflicht frei.[65] Dabei können es die Gesellschafter belassen.

Sie können aber auch ein Interesse daran haben, den Kreis der vertretungsberechtigten Personen zu beschränken oder eine Bevollmächtigung zur Stimmabgabe gänzlich auszuschließen. Dieses Interesse kann sich insbesondere daraus ergeben, dass in der Gesellschafterversammlung häufig wirtschaftlich vertrauliche Informationen als Grundlage für die Beschlussfassung erörtert werden müssen, von denen die Gesellschafter im Regelfall nicht wollen, dass Dritte hiervon Kenntnis erlangen.[66] Es kann sich daher empfehlen, zumindest den Kreis der zur Stimmrechtsvertretung zulässigen Personen zu begrenzen.

Eine Beschränkung auf die Mitgesellschafter[67] ist bei nur drei vorhandenen Gesellschaftern nicht empfehlenswert. Zwischen den Gesellschaftern können Meinungsverschiedenheiten über den Beschlussgegenstand bestehen, so dass ein an der Beschlussfassung verhinderter Gesellschafter dann keinen Mitgesellschafter mit der Wahrnehmung seiner Interessen betrauen will. Weit verbreitet ist eine Beschränkung der Stimmrechtsvertreter auf Angehörige der rechts- und steuerberatenden Berufe[68] sowie Notare, weil diese kraft Gesetzes einer berufsrechtlichen Verschwiegenheitsverpflichtung (vgl. § 43a Abs. 2 BRAO i. V. m. § 2 BORA [Rechtsanwalt], § 57 Abs. 1 StBerG i. V. m. § 9 BOStB [Steuerberater], § 43 Abs. 1 WPO i. V. m. § 9 BOWP [Wirtschaftsprüfer], § 18 Abs. 1 BNotO [Notar]) unterliegen. In Erwägung gezogen werden sollte auch, ob Familienangehörige als Stimmrechtsvertreter in Betracht kommen sollen.[69]

Des Weiteren sollte auch das Formerfordernis[70] für die Vollmachtserteilung geregelt werden. Nach § 47 Abs. 3 GmbHG ist Textform gem. § 126b BGB ausreichend. Aus Gründen der Rechtssicherheit empfiehlt sich aber die Vereinbarung der Schriftform gem. § 126 BGB.

Es wird daher empfohlen, in § 7 GV folgendes zu regeln:

„*[1]Jeder Gesellschafter kann sich bei Gesellschafterversammlungen vertreten lassen. [2]Zur Vertretung zugelassen sind Mitgesellschafter, Angehörige der rechts- und steuerberatenden Berufe (Rechtsanwalt, Steuerberater, Wirtschaftsprüfer) sowie Notare sowie Ehegatten bzw. Lebenspartner und volljährige Abkömmlinge des Gesellschafters. [3]Die Vertretungsbefugnis ist durch schriftliche Vollmacht nachzuweisen.*“[71]

---

65 Vgl. statt aller Baumbach/Hueck/*Zöllner*, § 47 Rn. 45; Bork/Schäfer/*Casper*, § 47 Rn. 38; GroßKomm-GmbHG/*Hüffer/Schürnbrand*, § 47 Rn. 108; Henssler/Strohn/*Hillmann*, § 47 GmbHG Rn. 40; Lutter/Hommelhoff/*Bayer*, § 47 Rn. 26; Rowedder/Schmidt-Leithoff/*Ganzer*, § 47 Rn. 49.

66 Vgl. MüKoGmbHG/*Drescher*, § 47 Rn. 94; Rowedder/Schmidt-Leithoff/*Ganzer*, § 47 Rn. 8.

67 Zur Zulässigkeit einer solchen Regelung vgl. RGZ 80, 385 (388); Bork/Schäfer/*Casper*, § 47 Rn. 38; Henssler/Strohn/*Hillmann*, § 47 GmbHG Rn. 40.

68 Baumbach/Hueck/*Zöllner*, § 47 Rn. 45; Bork/Schäfer/*Casper*, § 47 Rn. 38; GroßKomm-GmbHG/*Hüffer/Schürnbrand*, § 47 Rn. 108; HK-GmbHG/*Bergjan*, § 47 Rn. 18; MHLS/*Römermann*, § 47 Rn. 389; MüKoGmbHG/*Drescher*, § 47 Rn. 96; Rowedder/Schmidt-Leithoff/*Ganzer*, § 47 Rn. 61; Scholz/*Schmidt K.*, § 47 Rn. 97.

69 Vgl. MHLS/*Römermann*, § 47 Rn. 389; Rowedder/Schmidt-Leithoff/*Ganzer*, § 47 Rn. 8; Scholz/*Schmidt K.*, § 47 Rn. 97.

70 Zur streitigen Frage, ob das Formerfordernis Wirksamkeitsvoraussetzung für die Vollmacht ist, vgl. eingehend MHLS/*Römermann*, § 47 Rn. 408 ff.

71 Vgl. die ähnlichen Formulierungsvorschläge bei Fuhrmann/Wälzholz/*Wälzholz*, Kap. 13, M.13.2, § 8 Abs. 3; MünchVertrHdb I/*Burmeister/Schmidt-Hern*, IV. 28 zu § 13 Abs. 2; Meyer-Landrut/*Peter/Wenz*, A. IV. 21 zu § 9 Abs. 7.

b) Beistand

Zur Teilnahme an den Gesellschafterversammlungen ist grundsätzlich[72] jeder Gesellschafter[73] berechtigt, unabhängig davon, ob er stimmberechtigt ist oder einem Stimmverbot unterliegt.[74] Sachverständige Dritte, die den Gesellschafter in der Gesellschafterversammlung beraten sollen, haben somit grundsätzlich kein Teilnahmerecht,[75] können aber durch Gesellschafterbeschluss mit einfacher Mehrheit – ggfs. beschränkt auf einzelne Tagesordnungspunkte – zugelassen werden.[76] Bei den gegebenen Mehrheitsverhältnissen könnte daher *M* jeweils entscheiden, ob er für sich selbst oder einen Mitgesellschafter einen Beistand zur Teilnahme an der Gesellschafterversammlung zulässt. Rein vorsorglich sollte daher im GV bereits geregelt werden, ob Dritte zur Teilnahme an der Gesellschafterversammlung zugelassen werden sollen oder nicht.

c) Regelungsvorschlag

Es wird daher empfohlen, in § 7 GV an die vorstehende Vertretungsregelung folgenden S. 4 anzufügen:

„[4]Jeder Gesellschafter ist berechtigt, einen Angehörigen der rechts- und steuerberatenden Berufe zu der Gesellschafterversammlung als Beistand beizuziehen."[77]

---

[72] Zur ausnahmsweisen Zulässigkeit der Versagung des Teilnahmerechts vgl. Baumbach/Hueck/*Zöllner*, § 48 Rn. 7; Bork/Schäfer/*Masuch*, § 48 Rn. 3; GroßKomm-GmbHG/*Hüffer/Schürnbrand*, § 48 Rn. 23; MüKoGmbHG/*Liebscher*, § 48 Rn. 12.

[73] Ist für einen Gesellschafter ein Amtswalter (Pfleger, Testamentsvollstrecker, Insolvenzverwalter, Nachlassverwalter) gerichtlich bestellt, steht ihm das Teilnahmerecht anstelle des Gesellschafters zu; vgl. statt aller Baumbach/Hueck/*Zöllner*, § 48 Rn. 8; Henssler/Strohn/*Hillmann*, § 48 GmbHG Rn. 6. Handelt es sich bei dem Gesellschafter um eine juristische Person oder eine Personengesellschaft, besteht das Teilnahmerecht für ein Mitglied des Vertretungsorgans bzw. einen vertretungsberechtigten Gesellschafter; vgl. Baumbach/Hueck/*Zöllner*, § 48 Rn. 10; Henssler/Strohn/*Hillmann*, § 48 GmbHG Rn. 7; Scholz/*Schmidt K./Seibt*, § 48 Rn. 23. Streitig ist, ob dies auch gilt, wenn das Organmitglied oder der vertretungsberechtigte Gesellschafter nur Gesamtvertretungsbefugnis besitzt; vgl. hierzu näher Baumbach/Hueck/*Zöllner*, a. a. O.; Bork/Schäfer/*Casper*, § 47 Rn. 34; Scholz/*Schmidt K./Seibt*, a. a. O.; Großkomm-GmbHG/*Hüffer/Schürnbrand*, § 47 Rn. 118; § 48 Rn. 16; MHLS/*Römermann*, § 48 Rn. 46; MüKoGmbHG/*Drescher*, § 47 Rn. 83.

[74] *BGH* NJW 1971, 2225; *BGH* GmbHR 2006, 538 (539); Baumbach/Hueck/*Zöllner*, § 48 Rn. 6; Bork/Schäfer/*Masuch*, § 48 Rn. 3; GroßKomm-GmbHG/*Hüffer/Schürnbrand*, § 48 Rn. 12; Henssler/Strohn/*Hillmann*, § 48 GmbHG Rn. 5; Lutter/Hommelhoff/*Bayer*, § 48 Rn. 2; MHLS/*Römermann*, § 48 Rn. 34 ff.; MüKoGmbHG/*Liebscher*, § 48 Rn. 9; GmbH-Hdb/*Bochmann/Cziupka*, Rz. I Rn. 1577; *Grunewald*, § 13 Rn. 94.

[75] Unstreitig, vgl. statt aller GroßKomm-GmbHG/*Hüffer/Schürnbrand*, § 48 Rn. 20; Henssler/Strohn/*Hillmann*, § 48 GmbHG Rn. 10; MHLS/*Römermann*, § 48 Rn. 72; GmbH-Hdb/*Bochmann/Cziupka*, Rz. I Rn. 1580; *Drygala/Staake/Szalai*, § 11 Rn. 139; *Grunewald*, § 13 Rn. 94; *Raiser/Veil*, § 43 Rn. 31.

[76] Baumbach/Hueck/*Zöllner*, § 48 Rn. 13; Bork/Schäfer/*Masuch*, § 48 Rn. 5; GroßKomm-GmbHG/*Hüffer/Schürnbrand*, § 48 Rn. 20; Henssler/Strohn/*Hillmann*, § 48 GmbHG Rn. 10; MHLS/*Römermann*, § 48 Rn. 118 ff.; MüKoGmbHG/*Liebscher*, § 48 Rn. 38; *Drygala/Staake/Szalai*, § 11 Rn. 139; *Grunewald*, § 13 Rn. 94.

[77] Vgl. den ähnlichen Formulierungsvorschlag bei MünchVertrHdb I/*Burmeister/Schmidt-Hern*, IV. 28 zu § 13 Abs. 2.

4. Einberufung und Ablauf einer Gesellschafterversammlung

§ 7 Abs. 1 und Abs. 2 GV enthalten nur Regelungen, unter welchen Voraussetzungen ein Gesellschafterbeschluss zustande kommt. Nicht enthalten sind aber Regelungen, wie dies geschieht. Für die Einberufung und den Ablauf einer Gesellschafterversammlung gelten daher die gesetzlichen Regelungen gem. §§ 48 bis 51 GmbHG. Ein zwingender unmittelbarer Regelungsbedarf besteht somit nicht.

Gleichwohl kann es sich aus drei Gründen empfehlen, den Entwurf des GVs insoweit „nachzubessern". Zum einen müssen die Gesellschafter dann bei Zweifelsfragen nur in den GV schauen und müssen nicht noch ergänzend das Gesetz zu Rate ziehen. Zum anderen sind die §§ 48 bis 51 GmbHG gem. § 45 Abs. 2 GmbHG im Grundsatz[78] dispositives Recht, so dass schon vor der notariellen Beurkundung des GVs überlegt werden sollte, ob diese gesetzlichen Regelungen den konkreten Bedürfnissen der Gesellschafter in hinreichender Weise Rechnung tragen. Schließlich dienen detaillierte Regelungen im GV zu den formalen Anforderungen über das Zustandekommen von Gesellschafterbeschlüssen der Rechtssicherheit unter den Gesellschaftern, denn Verfahrensfehler bei der Beschlussfassung führen zur Anfechtbarkeit des jeweiligen Gesellschafterbeschlusses analog §§ 241, 243 AktG.[79] Es wird daher empfohlen, sowohl die Einberufung der Gesellschafterversammlung als auch deren Ablauf im GV detailliert zu regeln.

a) Einberufung einer Gesellschafterversammlung

aa) Einberufungsberechtigung

Der GV sollte in Übereinstimmung mit der Regelung in § 49 Abs. 1 GmbHG bestimmen, dass die Gesellschafterversammlung durch den Geschäftsführer einberufen wird. Danach hätte nach dem bisherigen GV-Entwurf nur *M* die Befugnis zur Einberufung der Gesellschafterversammlung. Machen die Gesellschafter aber von § 4 Abs. 1 S. 2 GV Gebrauch, ist jeder Geschäftsführer einzeln zur Einberufung der Gesellschafterversammlung berechtigt, unabhängig davon, dass er im Verhältnis zu Dritten nur eine unechte Gesamtvertretungsbefugnis hat.[80] Damit wird zugleich im Umkehrschluss klargestellt, dass die Gesellschafter grundsätzlich kein Einberufungsrecht haben, es sei denn, es liegt ein Fall von § 50 Abs. 3 GmbHG vor.[81] § 50 Abs. 3 GmbHG würde über § 50 Abs. 1 GmbHG nur für *D* relevant werden, während die Beteiligung von *J* unter dem in § 50 Abs. 1 GmbHG geforderten

---

[78] So ist die Beseitigung und Einschränkung von Stimmverboten gem. § 47 Abs. 4 GmbHG nur begrenzt zulässig. Zwingend ist jedenfalls der Stimmrechtsausschluss bei Entlastung und bei Befreiung von einer Verbindlichkeit sowie bei allen Maßnahmen, die aus wichtigem Grund gegen einen Gesellschafter ergriffen werden; vgl. BGHZ 108, 21 (26); *OLG Hamm* GmbHR 1993, 815; Baumbach/Hueck/*Zöllner*, § 47 Rn. 106; Bork/Schäfer/*Casper*, § 47 Rn. 45; Lutter/Hommelhoff/*Bayer*, § 47 Rn. 33; weitergehend MHLS/*Römermann*, § 47 Rn. 342 – generell zwingender Charakter; im Grundsatz ebenso GroßKomm-GmbHG/*Hüffer/Schürnbrand*, § 47 Rn. 202, allerdings mit der Einschränkung, dass der GV § 47 Abs. 4 S. 2, 1. Fall GmbHG abbedingen könne.

[79] Vgl. hierzu näher Bd. II Fall 6 unter B. III. m. w. N.

[80] Baumbach/Hueck/*Zöllner*, § 49 Rn. 3; GroßKomm-GmbHG/*Hüffer/Schürnbrand*, § 49 Rn. 5; HK-GmbHG/*Bergjan*, § 49 Rn. 6; Rowedder/Schmidt-Leithoff/*Ganzer*, § 49 Rn. 2; GmbH-Hdb/*Bochmann/Cziupka*, Rz. I Rn. 1528; *Drygala/Staake/Szalai*, § 11 Rn. 126.

[81] Dieses Minderheitsrecht kann nach h. A. durch den GV nicht eingeschränkt werden, vgl. BeckOK GmbHG/*Schindler*, § 50 Rn. 3 f.; MHLS/*Römermann*, § 50 Rn. 192 ff.; *Drygala/Staake/Szalai*, § 11 Rn. 127; *Raiser/Veil*, § 43 Rn. 15.

Quorum[82] bleiben würde. Es sollte erwogen werden, das Quorum für das Einberufungsverlangen i. S. v. § 50 Abs. 1 GmbHG gesellschaftsvertraglich auf 5 % herabzusetzen,[83] so dass auch *J* dieses Minderheitenrecht ausüben kann.

Des Weiteren sollte zur Vermeidung von Unklarheiten im GV geregelt werden, ab welchem Zeitpunkt einem Minderheitsgesellschafter selbst das Einberufungsrecht i. S. v. § 50 Abs. 3 GmbHG zusteht. § 50 Abs. 3 GmbHG stellt auf den unbestimmten Rechtsbegriff „Nichtentsprechen des Verlangens" ab, ohne den maßgeblichen Zeitpunkt konkret zu benennen,[84] wann dem Verlangen nicht entsprochen worden ist. Empfehlenswert kann insoweit eine Frist von zwei Wochen ab Zugang des Einberufungsverlangens beim Geschäftsführer sein. Die unverzüglich einzuberufende Gesellschafterversammlung muss auch in angemessener Zeit stattfinden. Insoweit kann sich wegen der Dringlichkeit eine gesellschaftsvertragliche Bezugnahme auf § 51 Abs. 1 S. 2 GmbHG empfehlen.

Zur Regelung der Einberufungsberechtigung kann sich daher folgende Regelung empfehlen:

„*¹Die Gesellschafterversammlung wird von dem Geschäftsführer einberufen. ²Sind mehrere Geschäftsführer bestellt, hat jeder von ihnen die Befugnis zur Einberufung der Gesellschafterversammlung. ³Ein Gesellschafter, dessen Geschäftsanteile mindestens dem zwanzigsten Teil des Stammkapitals entsprechen, ist zur Einberufung der Gesellschafterversammlung berechtigt, wenn er zuvor unter Angabe des Zwecks und der Gründe von dem Geschäftsführer die Einberufung der Gesellschafterversammlung verlangt hat und seit dem Zugang dieses Verlangens ein Zeitraum von zwei Wochen verstrichen ist, ohne dass den Gesellschaftern eine entsprechende Einberufung durch den Geschäftsführer unter Beachtung der Frist gem. § 51 Abs. 1 S. 2 GmbHG zugegangen ist.*"

bb) Einberufungsanforderungen

(1) Formerfordernis

§ 51 Abs. 1 S. 1 GmbHG fordert für die Einberufung die Einladung mittels eingeschriebenen Briefes. Dadurch wird zweierlei verlangt. Erstens muss die Einladung per Brief erfolgen, mithin durch schriftliche Erklärung. Dieser Brief ist von dem einladenden Geschäftsführer zu unterschreiben.[85] Zweitens muss der Brief per Einschreiben aufgegeben werden. Das klassische Übergabe-Einschreiben genügt den

---

[82] Zur Berechnung vgl. Bork/Schäfer/*Casper*, § 50 Rn. 3; GroßKomm-GmbHG/*Hüffer/Schürnbrand*, § 50 Rn. 7; Lutter/Hommelhoff/*Bayer*, § 50 Rn. 5; MüKoGmbHG/*Liebscher*, § 50 Rn. 15 f.; Rowedder/Schmidt-Leithoff/*Ganzer*, § 50 Rn. 5; GmbH-Hdb/*Bochmann/Cziupka*, Rz. I Rn. 1536.

[83] Zur Zulässigkeit einer solchen Regelung vgl. *OLG Stuttgart* NJW 1974, 1566; GroßKomm-GmbHG/*Hüffer/Schürnbrand*, § 50 Rn. 37; MHLS/*Römermann*, § 50 Rn. 189 ff.; Rowedder/Schmidt-Leithoff/*Ganzer*, § 50 Rn. 2.

[84] Überwiegend wird eine Frist von einem Monat als maßgeblich erachtet; vgl. BGHZ 87, 1; *OLG München* GmbHR 2013, 535 (537) oder 355 (357); Bork/Schäfer/*Casper*, § 50 Rn. 9; GroßKomm-GmbHG/*Hüffer/Schürnbrand*, § 50 Rn. 14; Lutter/Hommelhoff/*Bayer*, § 50 Rn. 11; GmbH-Hdb/*Bochmann/Cziupka*, Rz. I Rn. 1539. Dies wird von Rowedder/Schmidt-Leithoff/*Ganzer*, § 50 Rn. 14 als im Regelfall zu großzügig gewürdigt; tendenziell ebenso Bork/Schäfer/*Casper*, § 50 Rn. 9 und MHLS/*Römermann*, § 47 Rn. 72 – Monatsfrist eher als Obergrenze. Vgl. hierzu auch Bd. II, Fall 8, Abwandlung C. II. 2. a) bb).

[85] Vgl. *BGH* NZG 2006, 349 (350). In der Literatur ist das Erfordernis der eigenhändigen Unterschrift streitig; befürwortend Baumbach/Hueck/*Zöllner*, § 51 Rn. 11; GmbH-Hdb/*Bochmann/Cziupka*, Rz. I Rn. 1547; ablehnend MHLS/*Römermann*, § 51 Rn. 38; MüKoGmbHG/*Liebscher*, § 51 Rn. 20; Rowedder/Schmidt-Leithoff/*Gruber*, § 51 Rn. 7;

Anforderungen des Gesetzes. Ausreichend ist aber auch ein Einwurf-Einschreiben, denn auch damit wird der Zeitpunkt der Abgabe des Briefes dokumentiert, der Zugang beim Empfänger sichergestellt und der Empfänger auf die besondere Bedeutung des Briefes aufmerksam gemacht.[86] Die persönliche Übergabe durch den Einberufenden oder durch einen Kurier genügt indessen nicht,[87] es sei denn, der Empfänger bestätigt dem Empfang des Briefes.[88]

Es kann überlegt werden, von dem strengen Formerfordernis gem. § 51 Abs. 1 S. 1 GmbHG im GV abzuweichen und eine Einberufung durch „normalen" Brief zu gestatten. Ob noch weitergehend eine Einberufung per Mail oder über soziale Netzwerke (z. B. „WhatsApp-Gruppe") empfehlenswert ist, müssen die Gesellschafter selbst entscheiden. Gerade bei einer Einberufung per Mail kann es der Gesellschaft im Streitfall schwer fallen, den Zugang der Mail gem. § 130 Abs. 1 S. 1 BGB zu beweisen.[89] Ein Online-Sendeprotokoll reicht wegen seiner leichten Verfälschbarkeit nicht aus.[90] Auch eine Lesebestätigung bringt keinen Beweis, zumal nicht sicher ist, ob der Empfangsserver eine solche Lesebestätigung nicht aufgrund von Voreinstellungen automatisch ablehnt oder ignoriert.[91]

Alle diese Formerleichterungen haben den Nachteil, dass die GmbH im Zweifelsfall die Beweislast für den Zugang der Einberufung beim Gesellschafter trägt. Ein in einer Gesellschafterversammlung gefasster Beschluss ist jedenfalls analog § 241 Nr. 1 AktG nichtig, wenn nicht alle Gesellschafter ordnungsgemäß eingeladen worden sind. Es kann daher nur angeraten werden, an der gesetzlichen Anforderung für die Einladung mittels eingeschriebenen Briefes festzuhalten. Das stellt auch keine übermäßige Erschwerung der internen Willensbildung mittels Gesellschafterbeschluss dar. In einer GmbH mit nur drei Gesellschaftern ist es ohne weiteres möglich, dass die Gesellschafter in einer Vollversammlung[92] zusammenkommen und in dieser gem. § 51 Abs. 3 GmbHG unter Verzicht auf alle Form- und Fristerfordernisse wirksam Beschlüsse fassen.

(2) Frist

Die in § 51 Abs. 1 S. 2 GmbHG vorgesehenen Einberufungsfrist von mindestens einer Woche kann im GV nicht verkürzt werden. Hierbei handelt es sich um eine gesetzliche Mindestfrist.[93] Zu erwägen ist aber, ob eine längere Einberufungsfrist von z. B. zwei Wochen vorgesehen werden soll. Zu beachten ist, dass die Frist gem.

Scholz/*Schmidt K./Seibt*, § 51 Rn. 9. Zur Sicherheit ist die Ansicht der Rspr. zugrunde zu legen; vgl. GroßKomm-GmbHG/*Hüffer/Schürnbrand*, § 51 Rn. 4.

86 Vgl. *LG Mannheim* NZG 2008, 111 (112); Baumbach/Hueck/*Zöllner*, § 51 Rn. 12; Bork/Schäfer/*Masuch*, § 51 Rn. 3; GroßKomm-GmbHG/*Hüffer/Schürnbrand*, § 51 Rn. 5; Lutter/Hommelhoff/*Bayer*, § 51 Rn. 12; MHLS/*Römermann*, § 51 Rn. 36; MüKoGmbHG/*Liebscher*, § 51 Rn. 19a; Scholz/*Schmidt K./Seibt*, § 51 Rn. 10; a. A. HK-GmbHG/*Bergjan*, § 51 Rn. 8.

87 MHLS/*Römermann*, § 51 Rn. 36; *Emde*, GmbHR 2002, 8 (9 ff.).

88 Zutreffend *Leuering/Stein*, NJW-Spezial 2013, 591 f.

89 HK-GmbHG/*Bergjan*, § 51 Rn. 9a.

90 HK-GmbHG/*Bergjan*, § 51 Rn. 9a.

91 HK-GmbHG/*Bergjan*, § 51 Rn. 9a.

92 Vgl. hierzu die Nachweise in Fn. 105.

93 Baumbach/Hueck/*Zöllner*, § 51 Rn. 39; BeckOK GmbHG/*Schindler*, § 51 Rn. 6; Bork/Schäfer/*Masuch*, § 51 Rn. 2; GroßKomm-GmbHG/*Hüffer/Schürnbrand*, § 51 Rn. 15; MHLS/*Römermann*, § 51 Rn. 122; MüKoGmbHG/*Liebscher*, § 51 Rn. 67; GmbH-Hdb/*Bochmann/Cziupka*, Rz. I Rn. 1553; *Drygala/Staake/Szalai*, § 11 Rn. 130.

§ 51 Abs. 1 S. 1 GmbHG „zu bewirken" ist. Die Frist beginnt daher mit dem Tag zu laufen, an dem die Einberufung unter normalen Umständen dem letzten Gesellschafter zugeht.[94] Bei einer Einladung mittels einfachen Briefes ist daher bei einer Inlandszustellung eine zweitägige Postlaufzeit nach Aufgabe des Briefes bei der Post maßgeblich für den fiktiven Zeitpunkt des regelmäßig zu erwartenden Zugangs.[95]

(3) Zweck

Gem. § 51 Abs. 2 GmbHG soll der Zweck der Versammlung jederzeit bei der Berufung angekündigt werden. Diese Norm dient dem Interesse eines jeden Gesellschafters an einer sachgemäßen Vorbereitung auf die in der Gesellschafterversammlung zu beratenden und zu beschließenden Gegenstände.[96] Daher ist in der Einberufung zur Gesellschafterversammlung die Ankündigung der Tagesordnung erforderlich. Der jeweilige Beratungs- und Beschlussgegenstand ist somit so hinreichend deutlich zu umschreiben, dass sich ein Gesellschafter auf die Erörterung und Beschlussfassung ausreichend vorbereiten kann, und er dadurch vor einer Überrumpelung geschützt wird.[97] Zwar müssen Beschlussvorschläge im Regelfall nicht unterbreitet werden.[98] Bei zur Beschlussfassung gestellten Satzungsänderungen oder Grundlagengeschäften kann es sich aber empfehlen, die Beschlussvorschläge mit der Tagesordnung analog § 124 Abs. 3 S. 1 AktG zu unterbreiten, um eine Anfechtbarkeit des Beschlusses wegen Verstoßes gegen § 51 Abs. 2 GmbHG zu vermeiden.[99] Bei einer zu beschließenden Kapitalerhöhung sind jedenfalls die Art der Kapitalerhöhung, die beabsichtigte Größenordnung und die jeweils Bezugsberechtigten anzukündigen.[100] Um Zweifelsfragen zu vermeiden, wird empfohlen im GV vorzusehen, dass zu satzungsändernden Beschlussgegenständen der genaue Wortlaut des zur Beschlussfassung vorgeschlagenen Gegenstandes im Zusammenhang mit dem jeweiligen Tagesordnungspunkt mitgeteilt wird.

(4) Ort der Gesellschafterversammlung

Das Gesetz enthält keine Regelung, wo die Gesellschafterversammlung durchzuführen ist. In der Einberufung ist daher nicht nur die Zeit, sondern auch der Ort der Gesellschafterversammlung anzugeben. Üblicherweise findet die Gesellschafterver-

---

[94] Baumbach/Hueck/*Zöllner*, § 51 Rn. 19; BeckOK GmbHG/*Schindler*, § 51 Rn. 24; GroßKomm-GmbHG/*Hüffer/Schürnbrand*, § 51 Rn. 15; HK-GmbHG/*Bergjan*, § 51 Rn. 10; MHLS/*Römermann*, § 51 Rn. 44; *Drygala/Staake/Szalai*, § 11 Rn. 130

[95] Baumbach/Hueck/*Zöllner*, § 51 Rn. 19; BeckOK GmbHG/*Schindler*, § 51 Rn. 24; HK-GmbHG/*Bergjan*, § 51 Rn. 10; Lutter/Hommelhoff/*Bayer*, § 51 Rn. 14; Rowedder/Schmidt-Leithoff/*Ganzer*, § 51 Rn. 10; GmbH-Hdb/*Bochmann/Cziupka*, Rz. I Rn. 1550.

[96] Baumbach/Hueck/*Zöllner*, § 51 Rn. 24; GroßKomm-GmbHG/*Hüffer/Schürnbrand*, § 51 Rn. 16; HK-GmbHG/*Bergjan*, § 51 Rn. 13; Rowedder/Schmidt-Leithoff/*Ganzer*, § 51 Rn. 15.

[97] Baumbach/Hueck/*Zöllner*, § 51 Rn. 24; GroßKomm-GmbHG/*Hüffer/Schürnbrand*, § 51 Rn. 22; Lutter/Hommelhoff/*Bayer*, § 51 Rn. 21; Rowedder/Schmidt-Leithoff/*Ganzer*, § 51 Rn. 15; GmbH-Hdb/*Bochmann/Cziupka*, Rz. I Rn. 1561.

[98] Baumbach/Hueck/*Zöllner*, § 51 Rn. 24; BeckOK GmbHG/*Schindler*, § 51 Rn. 36; Lutter/Hommelhoff/*Bayer*, § 51 Rn. 21; Rowedder/Schmidt-Leithoff/*Ganzer*, § 51 Rn. 15.

[99] Vgl. Bd. II Fall 6 unter B. III. 2. a) sowie Lutter/Hommelhoff/*Bayer*, § 51 Rn. 26; Rowedder/Schmidt-Leithoff/*Ganzer*, § 51 Rn. 17.

[100] BeckOK GmbHG/*Schindler*, § 51 Rn. 39; GroßKomm-GmbHG/*Hüffer/Schürnbrand*, § 51 Rn. 25; HK-GmbHG/*Bergjan*, § 51 Rn. 13; MHLS/*Römermann*, § 51 Rn. 83 f.; Rowedder/Schmidt-Leithoff/*Ganzer*, § 51 Rn. 17; vgl. auch Bd. II, Fall 6 unter B. III. 2. a), aa).

sammlung analog § 121 Abs. 5 S. 1 AktG am Sitz der Gesellschaft statt.[101] Fehlt es jedoch an einer gesellschaftsvertraglichen Regelung, kann der Einberufende auch einen anderen Ort bestimmen, sofern dies für sämtliche Gesellschafter günstiger ist.[102] Vom Ort der Versammlung zu unterscheiden ist das Versammlungslokal.[103] Seine Bestimmung ist Sache des Einladenden, der auch andere Lokalitäten bestimmen kann, wenn die Gesellschaft über geeignete Versammlungsräume verfügt.[104] Um die mit der Durchführung der Gesellschafterversammlung in fremden Räumen regelmäßig verbundenen und von der Gesellschaft zu tragenden Kosten zu vermeiden, wird es empfohlen im GV vorzusehen, dass die Gesellschafterversammlung in den Geschäftsräumen der Gesellschaft an deren Sitz stattfindet.[105]

(5) Vollversammlung

Die Regelungen gem. § 51 Abs. 3 und Abs. 4 GmbHG sollten klarstellend in den GV aufgenommen werden. Wegen § 51 Abs. 3 GmbHG können dann in einer Vollversammlung[106] auch Beschlüsse gefasst werden, wenn die Gesellschafterversammlung z. B. an einem anderen Ort als in den Geschäftsräumen der GmbH stattfindet.

(6) Regelungsvorschlag

Es wird daher empfohlen, im GV folgendes zu regeln:

„[1]*Die Gesellschafterversammlung findet am Sitz der Gesellschaft in deren Geschäftsräumen statt.* [2]*Die Einberufung zur Gesellschafterversammlung erfolgt mittels eingeschriebenen Briefes, in dem die Zeit und der Ort der Gesellschafterversammlung, der Einberufende und die Tagesordnung anzugeben sind.* [3]*Satzungsändernde Beschlüsse müssen in der Tagesordnung so hinreichend genau angekündigt werden, dass die Gesellschafter den beabsichtigten Wortlaut der Satzungsänderung erkennen können.* [4]*Entsprechendes gilt für die Beschlussfassung über sonstige Grundlagengeschäfte.* [5]*Die Einberufungsfrist beträgt mindestens zwei Wochen.*

[6]*Ist die Gesellschafterversammlung nicht ordnungsmäßig berufen, können Beschlüsse nur gefasst werden, wenn sämtliche Gesellschafter anwesend sind.* [7]*Das gleiche gilt in Bezug auf Beschlüsse über Gegenstände, welche nicht wenigstens drei Tage vor der*

---

[101] *BGH* WM 1985, 567 (568); *BayObLG* NJW 1959, 485 (zur eG); BeckOK GmbHG/*Schindler*, § 48 Rn. 12 und § 51 Rn. 31; Bork/Schäfer/*Casper*, § 51 Rn. 9; GroßKomm-GmbHG/*Hüffer/Schürnbrand*, § 48 Rn. 4; MHLS/*Römermann*, § 48 Rn. 18; Rowedder/Schmidt-Leithoff/*Ganzer*, § 47 Rn. 2; Scholz/*Schmidt K.*, § 48 Rn. 7; GmbH-Hdb/*Bochmann/Cziupka*, Rz. I Rn. 1555.

[102] BeckOK GmbHG/*Schindler*, § 48 Rn. 12 und § 51 Rn. 31; GroßKomm-GmbHG/*Hüffer/Schürnbrand*, § 48 Rn. 4; MHLS/*Römermann*, § 48 Rn. 21; Rowedder/Schmidt-Leithoff/*Ganzer*, § 48 Rn. 2.

[103] Unstreitig, vgl. statt aller BeckOK GmbHG/*Schindler*, § 48 Rn. 13; GroßKomm-GmbHG/*Hüffer/Schürnbrand*, § 48 Rn. 5; MHLS/*Römermann*, § 48 Rn. 22.

[104] Vgl. GroßKomm-GmbHG/*Hüffer/Schürnbrand*, § 48 Rn. 5.

[105] Die Einberufung in die Privatwohnung eines Gesellschafters, wenn zwischen ihm und den Mitgesellschaftern ein Zerwürfnis besteht, ist unzumutbar, vgl. *BGH* NZG 2016, 552 (554); *OLG Celle* GmbHR 1997, 748; BeckOK GmbHG/*Schindler*, § 51 Rn. 31; GroßKomm-GmbHG/*Hüffer/Schürnbrand*, § 48 Rn. 5; GmbH-Hdb/*Bochmann/Cziupka*, Rz. I Rn. 1555.

[106] Vgl. hierzu Baumbach/Hueck/*Zöllner*, § 51 Rn. 31; BeckOK GmbHG/*Schindler*, § 51 Rn. 48 ff.; Bork/Schäfer/*Casper*, § 51 Rn. 15 f.; HK-GmbHG/*Bergjan*, § 51 Rn. 17 ff.; Lutter/Hommelhoff/*Bayer*, § 51 Rn. 31 ff.; MHLS/*Römermann*, § 51 Rn. 91 ff.; GmbH-Hdb/*Bochmann/Cziupka*, Rz. I Rn. 1682 ff.

Versammlung in der für die Berufung vorgeschriebenen Weise angekündigt worden sind.“

b) Ablauf einer Gesellschafterversammlung

§ 7 GV enthält ebenso wenig wie das GmbHG Regelungen über den Ablauf einer Gesellschafterversammlung. Es bleibt somit zunächst ungeklärt, wer die Gesellschafterversammlung leitet, welche Befugnisse dem Versammlungsleiter zustehen, unter welchen Voraussetzungen die Gesellschafterversammlung beschlussfähig ist und ob und in welchem Zeitraum die gefassten Beschlüsse protokolliert und den Gesellschaftern zur Kenntnis gebracht werden müssen. Insbesondere für die Frage der gerichtlichen Überprüfung von Gesellschafterbeschlüssen auf ihre Wirksamkeit mittels Anfechtungsklage gem. §§ 241, 243 AktG analog erscheint es ratsam, diese Aspekte im GV zu regeln.

aa) Versammlungsleitung

Bei der GmbH mit ihrem sehr kleinen Gesellschafterkreis aus *M*, *D* und *J* erscheint die Regelung einer Versammlungsleitung nicht zwingend geboten. Sollte eine Versammlungsleitung im Einzelfall erforderlich werden, kann die Gesellschafterversammlung durch einfachen Mehrheitsbeschluss eine Person ad hoc zum Versammlungsleiter wählen.[107] Bei den derzeitigen Mehrheitsverhältnissen liefe das im Regelfall darauf hinaus, dass *M* mit seinen Stimmen den Versammlungsleiter bestimmt, er sich also mit seinen Stimmen selbst zum Versammlungsleiter wählen lassen kann.

Mit Blick auf die mögliche künftige Erweiterung des Gesellschafterkreises insbesondere durch Vererbung der Geschäftsanteile kann es aber ratsam sein, eine abstrakte Benennung des Versammlungsleiters im GV vorzunehmen. Sehr häufig finden sich Regelungen, die an die Größe des gehaltenen Geschäftsanteils (z. B. „... der Gesellschafter mit dem größten Geschäftsanteil“)[108] oder an das Alter der Gesellschafter (z. B. „... der Gesellschafter mit dem höchsten Lebensalter“)[109] oder an sonstige Kriterien[110] anknüpfen. Welche dieser Varianten im GV vorgesehen werden soll, müssen die Gesellschafter nach ihren Befindlichkeiten entscheiden.

Soll die Versammlungsleitung im GV geregelt werden, empfiehlt es sich auch die damit verbundenen Kompetenzen festzuhalten. Während sich die Eröffnung der Gesellschafterversammlung, der Aufruf der Tagesordnungspunkte, die Leitung und Beendigung der Diskussion zu den einzelnen Tagesordnungspunkten und die Beendigung der Gesellschafterversammlung „aus der Natur der Sache“ ergeben und nicht explizit erwähnt werden müssen,[111] sollte aber jedenfalls die Kompetenz

[107] Ganz h. M., vgl. BGH NZG 2009, 1309; Baumbach/Hueck/*Zöllner*, § 48 Rn. 16; Bork/Schäfer/*Masuch*, § 48 Rn. 8; HK-GmbHG/*Bergjan*, § 48 Rn. 10; Lutter/Hommelhoff/*Bayer*, § 48 Rn. 14; MHLS/*Römermann*, § 48 Rn. 91 ff.; Rowedder/Schmidt-Leithoff/*Ganzer*, § 48 Rn. 13; *Drygala/Staake/Szalai*, § 11 Rn. 141.

[108] Vgl. Heckschen/Heidinger/*Heckschen*, § 4 Rn. 138.

[109] Vgl. Heckschen/Heidinger/*Heckschen*, § 4 Rn. 138; MünchVertrHdb I/*Burmeister/Schmidt-Hern*, IV. 28 in § 13 Abs. 4.

[110] Z. B. mehrheitlich gewählter Vorsitzender mit einer Amtsdauer von vier Jahren (GmbH-Hdb/*Fuhrmann*, M 43 in § 12 Abs. 8) oder „Vorsitzender der Geschäftsführung“ (GmbH-Hdb/*Fuhrmann*, M 41 in § 9 Abs. 4).

[111] Zu den Kompetenzen des Versammlungsleiters aus der „Natur seiner Aufgaben“ vgl. Baumbach/Hueck/*Zöllner*, § 48 Rn. 17; HK-GmbHG/*Bergjan*, § 48 Rn. 10; Lutter/Hommelhoff/*Bayer*, § 48 Rn. 16; MHLS/*Römermann*, § 48 Rn. 108 ff.; Rowedder/Schmidt-Leithoff/*Ganzer*, § 48 Rn. 15 f.

zur Beschlussfeststellung positiv festgehalten werden. Die Kompetenz zur Beschlussfeststellung beinhaltet die förmliche Ermittlung des Abstimmungsergebnisses und die Fixierung des genauen Wortlautes des Beschlusses.[112] Beides ist von maßgeblicher Bedeutung. Die Befugnis eines Gesellschafters, einen Gesellschafterbeschluss auf seine Wirksamkeit gerichtlich durch Erhebung einer Anfechtungsklage gem. §§ 241, 243 AktG analog überprüfen zu lassen, ist nur dann gegeben, wenn der Beschluss festgestellt worden ist.[113] Andernfalls ist hierfür die allgemeine Nichtigkeitsfeststellungsklage gem. § 256 ZPO eröffnet, für deren Geltendmachung nicht die an § 246 Abs. 1 AktG angelehnte Leitbildfrist[114] gilt.[115] Es ist daher im Interesse der Gesellschaft und der dem Beschluss zustimmenden Gesellschafter, dass der Beschluss festgestellt wird, denn nur dann besteht nach Ablauf der Anfechtungsfrist Rechtssicherheit, dass der gefasste Beschluss rechtlichen Bestand hat.

Es wird daher empfohlen, in den GV folgende Regelung aufzunehmen:

„[1]Die Versammlungsleitung obliegt .... [2]Der Versammlungsleiter hat die Kompetenz zur Beschlussfeststellung."

bb) Beschlussfähigkeit

§ 7 GV enthält wie auch das GmbHG keine ausdrückliche Regelung über die Beschlussfähigkeit der Gesellschafterversammlung. Aus § 47 Abs. 1 GmbHG i. V. m. § 7 Abs. 1 S. 1, 1. Halbs. GV kann aber im Umkehrschluss gefolgert werden, dass jede Gesellschafterversammlung beschlussfähig ist, und zwar auch dann, wenn an ihr allein *J* als Gesellschafter mit der kleinsten Beteiligungsquote teilnimmt.[116] Diese Konstellation wird allerdings eher theoretischer Natur sein. *M* als für die Einladung der Gesellschafterversammlung zuständiger Geschäftsführer und zugleich Gesellschafter mit dem größten Geschäftsanteil wird schon im eigenen Interesse darauf achten, eine Gesellschafterversammlung nur auf einen solchen Tag zu terminieren, an dem er auch an der Gesellschafterversammlung teilnehmen kann.

Es erscheint daher entbehrlich, eine Regelung über die Beschlussfähigkeit der Gesellschafterversammlung vorzusehen.

cc) Protokollierung

§ 48 Abs. 3 GmbHG schreibt aus Gründen der Rechtssicherheit das Erfordernis der Protokollierung von Gesellschafterbeschlüssen nur für die Ein-Personen-GmbH

---

[112] Vgl. Baumbach/Hueck/*Zöllner*, § 47 Rn. 120; MHLS/*Römermann*, § 47 Rn. 585; MüKoGmbHG/*Drescher*, § 47 Rn. 55; MüKoGmbHG/*Wertenbruch*, Anh. § 47 Rn. 229 f.; *Drygala/Staake/Szalai*, § 11 Rn. 147.

[113] BGHZ 97, 28 (30); 104, 66 (69); *BGH* NZG 2008, 317 (318); *OLG Jena* GmbHR 2013, 149 f.; *OLG München* GmbHR 2015, 84 (88); MüKoGmbHG/*Wertenbruch*, Anh. § 47 Rn. 227 f.; *Drygala/Staake/Szalai*, § 11 Rn. 148; *Grunewald*, § 13 Rn. 115.

[114] Vgl. hierzu Bd. II Fall 6 unter B. I.

[115] *BGH* NZG 2008, 317 (318); *OLG Jena* GmbHR 2013, 149 f.; BeckOK GmbHG/*Schindler*, § 47 Rn. 33; GroßKomm-GmbHG/*Raiser*, Anh. § 47 Rn. 97; MHLS/*Römermann*, Anh. § 47 Rn. 590 ff.; MüKoGmbHG/*Wertenbruch*, Anh. § 47 Rn. 227; *Hirte*, Rn. 3.301.

[116] Vgl. HK-GmbHG/*Bergjan*, § 47 Rn. 11; MHLS/*Römermann*, § 47 Rn. 13; Rowedder/Schmidt-Leithoff/*Ganzer*, § 47 Rn. 8; *Saenger*, Rn. 782. Zur Bedeutung eines im GV festgeschriebenen Beschlussquorums vgl. instruktiv GmbH-Hdb/*Bochmann/Cziupka*, Rz. I Rn. 1642 ff.

vor.[117] § 48 Abs. 3 GmbHG gilt somit nicht für die GmbH, an der *M*, *D* und *J* beteiligt sind. Gleichwohl kann es sich empfehlen, die Protokollierung der Gesellschafterbeschlüsse gesellschaftsvertraglich vorzusehen.[118] Damit wird zugleich dokumentiert, ob[119] der Versammlungsleiter den jeweiligen Beschluss festgestellt hat.[120] Außerdem wird damit einem möglichen Streit zwischen den Gesellschaftern über den Inhalt des gefassten Beschlusses vorgebeugt.[121]

Ergänzend sollte auch geregelt werden, dass das Protokoll über die Gesellschafterversammlung den Gesellschaftern binnen einer bestimmten Frist zugänglich gemacht werden muss. Damit erhält jeder Gesellschafter einen Anspruch auf Zusendung des Protokolls und ist nicht auf sein Recht zur Einsichtnahme gem. § 51a GmbHG verwiesen.[122] Diese Regelung ist weiterhin bedeutsam für den Beginn der Anfechtungsfrist nach dem Leitbild des § 246 Abs. 1 AktG. Diese Frist beginnt richtigerweise mit der Kenntnis des jeweiligen Gesellschafters von dem Beschluss.[123] Ein nicht in der Gesellschafterversammlung erschienener Gesellschafter erhält auf diese Weise Kenntnis von der Beschlussfassung und muss nun innerhalb der Anfechtungsfrist Klage gegen die Wirksamkeit des Beschlusses erheben, will er ihn nicht gegen sich gelten lassen.

Es wird daher empfohlen im GV zu regeln:

„*[1]Über den Ablauf der Gesellschafterversammlung und die gefassten Beschlüsse ist ein Protokoll anzufertigen. [2]Das Protokoll ist vom Versammlungsleiter zu unterzeichnen. [3]Es ist innerhalb einer Frist von einer Woche zu erstellen, in den Geschäftsräumen der Gesellschaft zur Einsichtnahme durch die Gesellschafter auszulegen und jedem Gesellschafter unverzüglich nach seiner Erstellung zu übersenden.*“

5. § 7 im Gesamtkontext

Wegen der zahlreichen vorgeschlagenen Ergänzungen zu § 7 GV empfiehlt es sich zunächst, die Überschrift in „Gesellschafterversammlung und Gesellschafterbeschlüsse“ abzuändern und die Absätze systematisch in der zeitlichen Abfolge nach den folgenden Gesichtspunkten zu strukturieren: Einberufung der Gesellschafterversammlung, Ablauf der Gesellschafterversammlung, Beschlussfassung, Protokollierung.[124]

---

[117] Vgl. hierzu statt aller Baumbach/Hueck/*Zöllner*, § 48 Rn. 46 ff.; BeckOK GmbHG/*Schindler*, § 48 Rn. 107; Bork/Schäfer/*Masuch*, § 48 Rn. 18 ff.; HK-GmbHG/*Bergjan*, § 48 Rn. 15 ff.

[118] Vgl. Rowedder/Schmidt-Leithoff/*Ganzer*, § 48 Rn. 18. *Drygala/Staake/Szalai,* § 11 Rn. 152.

[119] Allein die Protokollierung der abgegebenen Stimmen reicht für eine Beschlussfeststellung nicht aus, vgl. Lutter/Hommelhoff/*Bayer*, Anh. § 47 Rn. 43; MHLS/*Römermann*, § 47 Rn. 585.

[120] Vgl. *BGH* NZG 2008, 317 (318); *OLG Stuttgart* GmbHR 2013, 472 (476); MHLS/*Römermann*, § 48 Rn. 193; MüKoGmbHG/*Wertenbruch*, Anh. § 47 Rn. 231.

[121] Baumbach/Hueck/*Zöllner*, § 48 Rn. 22; HK-GmbHG/*Bergjan*, § 48 Rn. 11; Lutter/Hommelhoff/*Bayer*, § 48 Rn. 19.

[122] MHLS/*Römermann*, § 48 Rn. 196.

[123] Vgl. hierzu die Nachweise in Bd. II Fall 6 Fn. 13.

[124] Vgl. unten unter C.

VIII. Veräußerung von Geschäftsanteilen, Vorkaufsrecht

§ 8 Abs. 1 Fall GV statuiert – wie es in der Praxis sehr häufig vorkommt – eine sog. Vinkulierungsklausel.[125] Sie knüpft an die „Veräußerung" von Geschäftsanteilen an, betrifft also die Abtretung des Geschäftsanteils gem. §§ 413, 398 BGB und erstreckt sich nicht auf das zugrundeliegende Verpflichtungsgeschäft.[126] Sie macht die Wirksamkeit der Abtretung des einzelnen Gesellschafters über seinen gem. § 15 Abs. 1 GmbHG grundsätzlich frei veräußerlichen Geschäftsanteil von der Zustimmung aller übrigen Gesellschafter abhängig.[127]

Obwohl § 8 Abs. 1 GV vom Wortlaut nur die „Veräußerung" des Geschäftsanteils erfasst, erstreckt sich diese Regelung auch auf die Begründung eines Treuhandverhältnisses über den Geschäftsanteil[128] sowie Rechtsgeschäfte, mit denen ein Recht an dem Geschäftsanteil begründet wird, also die Verpfändung des Geschäftsanteils[129] gem. § 1274 Abs. 2 BGB oder die Bestellung eines Nießbrauchs an dem Geschäftsanteil[130] gem. § 1069 Abs. 2 BGB.[131] Die nachfolgenden Ausführungen gelten daher für solche der Abtretung des Geschäftsanteils gleich gestellten Rechtsgeschäfte gleichermaßen.

1. Vinkulierungsabrede

Mit § 8 Abs. 1 GV haben die Gesellschafter von der in § 15 Abs. 5 GmbHG verankerten Möglichkeit Gebrauch gemacht, die Abtretung von Geschäftsanteilen von der Zustimmung aller übrigen Gesellschafter abhängig zu machen. Mit einer solchen Vinkulierungsklausel wollen sich die Gesellschafter die Möglichkeit der Einfluss-

---

[125] Zu Vinkulierungsklauseln mit anderen Zustimmungserfordernissen vgl. Bork/Schäfer/*Brandes*, § 15 Rn. 10ff.; GroßKomm-GmbHG/*Löbbe*, § 15 Rn. 231ff.; Lutter/Hommelhoff/*Bayer*, § 15 Rn. 71f., 77ff.; MüKoGmbHG/*Reichert/Weller*, § 15 Rn. 358ff.; Roth/Altmeppen/*Altmeppen*, § 15 Rn. 97ff.; Rowedder/Schmidt-Leithoff/*Görner*, § 15 Rn. 174ff.; Scholz/*Seibt*, § 15 Rn. 106ff.; GmbH-Hdb/*Rodewald*, Rz. I Rn. 996ff.; MünchHdb.GesR III/*Jasper U.*, § 24 Rn. 168ff.

[126] Vgl. hierzu näher GmbH-Hdb/*Rodewald*, Rz. I Rn. 992f.; *Grunewald*, § 13 Rn. 181; *Hirte*, Rn. 4.64.

[127] Sowohl Verpflichtung als auch Verfügung bedürfen der notariellen Form (§ 15 Abs. 3, Abs. 4 S. 1 GmbHG).

[128] Zu Treuhandverträgen über einen GmbH-Geschäftsanteil vgl. statt aller BeckOK GmbHG/*Wilhelmi*, § 15 Rn. 181ff.; GroßKomm-GmbHG/*Löbbe*, § 15 Rn. 196ff.; MHLS/*Ebbing*, § 15 Rn. 206ff.; MüKoGmbHG/*Reichert/Weller*, § 15 Rn. 192ff.; Rowedder/Schmidt-Leithoff/*Görner*, § 15 Rn. 66ff.

[129] Zur Verpfändung eines GmbH-Geschäftsanteils vgl. statt aller BeckOK GmbHG/*Wilhelmi*, § 15 Rn. 193ff.; GroßKomm-GmbHG/*Löbbe*, § 15 Rn. 161ff.; MHLS/*Ebbing*, § 15 Rn. 220ff.; MüKoGmbHG/*Reichert/Weller*, § 15 Rn. 274ff.; Rowedder/Schmidt-Leithoff/*Görner*, § 15 Rn. 98ff.

[130] Zum Nießbrauch an einem GmbH-Geschäftsanteil vgl. statt aller BeckOK GmbHG/*Wilhelmi*, § 15 Rn. 201ff.; GroßKomm-GmbHG/*Löbbe*, § 15 Rn. 179ff.; MHLS/*Ebbing*, § 15 Rn. 192ff.; MüKoGmbHG/*Reichert/Weller*, § 15 Rn. 323ff.; Rowedder/Schmidt-Leithoff/*Görner*, § 15 Rn. 85ff.

[131] Zur Erstreckung der allgemein gehaltenen Vinkulierungsabrede auf Treuhandverhältnisse vgl. Baumbach/Hueck/*Fastrich*, § 15 Rn. 58; GroßKomm-GmbHG/*Löbbe*, § 15 Rn. 208; Lutter/Hommelhoff/*Bayer*, § 15 Rn. 92; MüKoGmbHG/*Reichert/Weller*, § 15 Rn. 217f.; MHLS/*Ebbing*, § 15 Rn. 164; Rowedder/Schmidt-Leithoff/*Görner*, § 15 Rn. 193. Zur Erstreckung der allgemein gehaltenen Vinkulierungsabrede auf die Verpfändung des Geschäftsanteils und die Bestellung eines Nießbrauchs vgl. BeckOK GmbHG/*Wilhelmi*, § 15 Rn. 141, 194, 201; GroßKomm-GmbHG/*Löbbe*, § 15 Rn. 165, 180; MHLS/*Ebbing*, § 15 Rn. 193, 220; MüKoGmbHG/*Reichert/Weller*, § 15 Rn. 362; Rowedder/Schmidt-Leithoff/*Görner*, § 15 Rn. 195.

nahme auf die Auswahl neuer Gesellschafter sichern.[132] Das in § 8 Abs. 1 GV genannte Tatbestandsmerkmal „Zustimmung aller übrigen Gesellschafter" weicht von dem in § 15 Abs. 5 GmbHG genannten Regelfall der „Genehmigung der Gesellschaft" ab. Für die „Genehmigung der Gesellschaft" gem. § 15 Abs. 5 GmbHG ist ein Gesellschafterbeschluss mit einfacher Mehrheit gem. § 47 Abs. 1 GmbHG erforderlich, aufgrund dessen der Geschäftsführer als Vertretungsorgan der GmbH die Genehmigung der Abtretung erklärt.[133] In Abweichung zu diesem gesetzlichen Regelfall der Vinkulierung kann die in § 8 Abs. 1 GV normierte „Zustimmung aller übrigen Gesellschafter" dahingehend ausgelegt werden, dass der Geschäftsführer die Abtretung des Geschäftsanteils nur genehmigen darf, wenn ein Gesellschafterbeschluss vorliegt, den alle an der GmbH beteiligten Gesellschafter gefasst haben.[134] Bei dieser Auslegung würde aber nicht berücksichtigt, dass die übrigen Gesellschafter der Abtretung „schriftlich" zustimmen müssen. Daher statuiert § 8 Abs. 1 GV kein Beschlusserfordernis i. S. v. § 7 Abs. 1, 2. Halbs., 2. Fall GV, sondern ein von dem Vorliegen eines Gesellschafterbeschlusses unabhängiges individuelles Zustimmungserfordernis. Will ein Gesellschafter seinen Geschäftsanteil an einen Dritten abtreten, ist diese Abtretung somit erst dann wirksam, wenn jeder der übrigen Gesellschafter die Abtretung schriftlich genehmigt, wobei jede einzelne Genehmigung so lange schwebend unwirksam ist, bis alle Gesellschafter ihre Genehmigung formgültig erklärt haben.

Da bei Abtretung des Geschäftsanteils von einem Gesellschafter an einen Mitgesellschafter ein Eindringen unerwünschter Dritter in die Gesellschaft ausgeschlossen ist, hebt § 8 Abs. 2 GV das Zustimmungserfordernis für diese Abtretungsfälle auf.

Nach der Systematik von § 8 Abs. 1 GV und § 8 Abs. 2 GV bedürfte auch die vollständige oder teilweise Abtretung eines Geschäftsanteils eines Gesellschafters an den Ehegatten bzw. Lebenspartner oder einen nahen Familienangehörigen zum Zwecke der vorweggenommenen Erbfolge der Zustimmung aller übrigen Gesellschafter. Damit hängt die Möglichkeit eines Gesellschafters, seine Gesellschafternachfolge schon zu Lebzeiten ganz oder teilweise zu regeln, von der Zustimmung seiner Mitgesellschafter ab. Unter Berücksichtigung von § 9 GV[135] erscheint dies konsequent. Den Gesellschaftern ist jedoch anzuraten, diese Regelung noch einmal zu überdenken. Gerade die teilweise Übertragung eines Geschäftsanteils an einen Abkömmling des Gesellschafters schon zu Lebzeiten des Gesellschafters ist ein geeignetes Mittel zur Heranführung der jüngeren Generation an das Unternehmen und dient der Kontinuität bei der Unternehmensfortführung über mehrere Generationen hinweg.

---

[132] Vgl. statt aller Bork/Schäfer/*Brandes*, § 15 Rn. 9; Lutter/Hommelhoff/*Bayer*, § 15 Rn. 69; GroßKomm-GmbHG/*Löbbe*, § 15 Rn. 221; MHLS/*Ebbing*, § 15 Rn. 130; MüKoGmbHG/*Reichert/Weller*, § 15 Rn. 359. *Drygala/Staake/Szalai*, § 12 Rn. 26; *Grunewald*, § 13 Rn. 181; *Hirte*, Rn. 4.65; *Saenger*, Rn. 759.

[133] Vgl. hierzu Baumbach/Hueck/*Fastrich*, § 15 Rn. 42; BeckOK GmbHG/*Wilhelmi*, § 15 Rn. 161; GroßKomm-GmbHG/*Löbbe*, § 15 Rn. 242; Lutter/Hommelhoff/*Bayer*, § 15 Rn. 77; MHLS/*Ebbing*, § 15 Rn. 143; MüKoGmbHG/*Reichert/Weller*, § 15 Rn. 420; Scholz/*Seibt*, § 15 Rn. 129; a. A. HK-GmbHG/*Pfisterer*, § 15 Rn. 80; Rowedder/Schmidt-Leithoff/*Görner*, § 15 Rn. 183.

[134] Vgl. RGZ 159, 272 (278); *Saenger*, Rn. 759. Bei einer Vinkulierungsklausel, die die „Zustimmung aller Gesellschafter" fordert, ist noch eine weitere Auslegungsvariante möglich, nämlich die Zustimmung derjenigen Gesellschafter, die sich an der Abstimmung in der beschlussfähigen Gesellschafterversammlung beteiligen; vgl. GmbH-Hdb/*Rodewald*, Rz. I Rn. 997.

[135] Zur Unwirksamkeit von § 9 GV vgl. unten unter A. IX. 1.

Es wird daher empfohlen, § 8 Abs. 2 GV um folgenden Satz 2 zu ergänzen:

„²Gleiches gilt, wenn ein Gesellschafter seinen Geschäftsanteil zu Lebzeiten ganz oder teilweise entgeltlich oder unentgeltlich an einen oder mehrere seiner Abkömmlinge[136] *überträgt."*

2. Vorkaufsrecht

§ 8 Abs. 3 S. 1 GV räumt den übrigen Gesellschaftern im Falle der Veräußerung des Geschäftsanteils an einen Dritten ein Vorkaufsrecht[137] im Verhältnis ihrer Beteiligung ein. Hierdurch wird den Gesellschaftern die Möglichkeit eingeräumt, das Eindringen unerwünschter Gesellschafter zu vermeiden, ohne ein Ausscheiden des Veräußerungswilligen zu verhindern. Mit der Regelung, wonach jeder Gesellschafter das Vorkaufsrecht im Verhältnis seiner Beteiligung ausüben kann, soll gewährleistet werden, dass sich die Beteiligungsverhältnisse der verbleibenden Gesellschafter in Relation zueinander nach dem Ausscheiden des Veräußerungswilligen nicht verändern, sofern nicht ein Gesellschafter von der Ausübung seines Vorkaufsrechts absieht; dann gilt § 8 Abs. 3 S. 2 GV.

Im Grundsatz ist gegen diese Regelungen weder rechtlich noch wirtschaftlich etwas einzuwenden. Den Gesellschaftern *M*, *D* und *J* sollte aber klar sein, welche Auswirkungen § 8 Abs. 3 S. 1 GV im konkreten Fall hat, wenn zwei von ihnen das Vorkaufsrecht zum Erwerb des Geschäftsanteils des dritten Gesellschafters ausüben. Dies gilt insbesondere dann, wenn *D* seinen Geschäftsanteil an einen Dritten veräußern will und *M* und *J* erwägen das Vorkaufsrecht auszuüben. Die Beteiligungsverhältnisse von *M* und *J* an der GmbH stehen bei einem Geschäftsanteil von *M* i.H. v. 100.000 EUR und bei einem Geschäftsanteil von *J* i.H.v. 10.000 EUR im Verhältnis 10: 1 zueinander. An dem Geschäftsanteil von *D* i.H.v. 30.000 EUR würde *M* gem. § 8 Abs. 3 S. 1 GV im Wege des Vorkaufsrechts einen Anteil von 27.272 EUR und *J* einen Anteil i.H.v. 2.728 EUR erwerben. *M* hätte anschließend einen Geschäftsanteil i.H. v. 127.272 EUR und *J* einen Geschäftsanteil i.H.v. 9.728 EUR. *M* wäre dann mit einer Beteiligungshöhe von 90,9 % an der GmbH beteiligt und würde damit deutlich über der satzungsändernden Mehrheit gem. § 53 Abs. 2 S. 1, 2. Halbs. GmbHG liegen. *J* bliebe hingegen trotz Ausübung seines Vorkaufsrechts immer noch unter der gesetzlichen Mindestquote für die Einberufung einer Gesellschafterversammlung gem. § 50 Abs. 1 GmbHG, sofern diese Quote nicht – wie oben[138] vorgeschlagen – auf 5 % herabgesetzt würde. Für *J* würde die Ausübung seines Vorkaufsrechts daher nur dann wirtschaftlich Sinn machen, wenn er seinen Anteil an der Ausschüttung des Gewinns erhöhen wollte.[139]

Im Gesellschaftsvertrag nicht geregelt ist das für die Ausübung des Vorkaufsrechts zu beachtende Verfahren, und zwar weder für den Fall des § 8 Abs. 3 S. 1 noch den Fall des § 8 Abs. 3 S. 2 GV. Der Vorkaufsverpflichtete muss den Abschluss des formgültigen Kaufvertrages mit dessen Inhalt unverzüglich allen vorkaufs-

---

[136] Mit dem Abstellen allein auf die Eigenschaft als „Abkömmling" erfolgt keine Differenzierung zwischen männlichen und weiblichen Abkömmlingen, zwischen ehelichen und unehelichen Abkömmlingen und zwischen leiblichen und adoptierten Abkömmlingen.

[137] Vgl. hierzu ausführlich BeckOK GmbHG/*Wilhelmi*, § 15 Rn. 153; Bork/Schäfer/*Brandes*, § 15 Rn. 21; GroßKomm-GmbHG/*Löbbe*, § 15 Rn. 62 f., 286 ff.; MüKoGmbHG/*Reichert/Weller*, § 15 Rn. 393 f.; Scholz/*Seibt*, § 15 Rn. 117 f.; MünchHdb.GesR III/*Jasper*, § 24 Rn. 203 ff.

[138] Vgl. A. VII. 4. a), aa).

[139] Vgl. oben A. VI.

berechtigten Gesellschaftern mitteilen (§ 469 Abs. 1 S. 1 BGB). Diese müssen ihr Vorkaufsrecht sodann gem. § 469 Abs. 2 S. 1 BGB binnen einer Woche ausüben, wozu gem. § 464 Abs. 1 S. 2 BGB die Beachtung der notariellen Form nicht erforderlich ist. Es dürfte sich empfehlen, diese gesetzliche Ausübungsfrist im Gesellschaftsvertrag zu verlängern und auf vier Wochen festzusetzen. Eine solche Bestimmung wäre gem. § 469 Abs. 2 S. 2 BGB zulässig. Des Weiteren dürfte es sich empfehlen, diese Ausübungsfrist auch für den Fall des § 8 Abs. 3 S. 2 GV anzuordnen.

Es wird empfohlen, § 8 Abs. 3 GV um folgende Sätze 3 und 4 zu ergänzen:

„[3]Das Vorkaufsrecht nach S. 1 kann nur innerhalb einer Frist von vier Wochen seit dem Zugang der Mitteilung über den formgültigen Kaufvertrag bei dem jeweiligen Gesellschafter durch diesen ausgeübt werden. [4]Im Falle des S. 2 beginnt diese Frist mit dem Zugang der Mitteilung der Nichtausübung des Vorkaufsrechts durch einen Gesellschafter an jeden der übrigen Gesellschafter zu laufen.“

IX. Übergang im Todesfall

1. Wirksamkeit der Vertragsklausel

§ 9 GV sieht einen automatischen Übergang des Geschäftsanteils des verstorbenen Gesellschafters auf die überlebenden Gesellschafter vor. Gem. § 15 Abs. 1, 2. Fall GmbHG ist der Geschäftsanteil vererblich. Eine Beschränkung der Übertragbarkeit des Geschäftsanteils ist in § 15 Abs. 5 GmbHG zwar für seine Abtretung, nicht aber für seine Vererblichkeit vorgesehen. § 15 Abs. 1, 2. Fall GmbHG ist zwingend.[140] § 9 GV soll im Ergebnis aber eine Anwachsung des Geschäftsanteils des verstorbenen Gesellschafters auf die überlebenden Gesellschafter wie in § 738 Abs. 1 S. 1 BGB bewirken und den Übergang des Geschäftsanteils gem. § 1922 Abs. 1 BGB auf den oder die Erben des verstorbenen Gesellschafters verhindern. § 9 GV kommt somit dem Ausschluss der Vererblichkeit des Geschäftsanteils gleich. § 9 GV verstößt daher gegen zwingendes Recht,[141] ist demnach gem. § 134 BGB nichtig und durch eine andere Regelung zu ersetzen.

2. Mögliche Gestaltung

Bei dem Entwurf einer zulässigen gesellschaftsvertraglichen Regelung für den Fall des Todes eines Gesellschafters ist zu berücksichtigen, dass den Gesellschaftern daran gelegen ist, „unter sich“ zu bleiben. Es stellt sich daher die Frage, ob es möglich ist, das mit § 9 GV beabsichtigte Ergebnis auf anderem Wege zu erreichen.

[140] Ganz. h. A., vgl. Baumbach/Hueck/*Fastrich*, § 15 Rn. 9; BeckOK GmbHG/*Wilhelmi*, § 15 Rn. 47; Bork/Schäfer/*Brandes*, § 15 Rn. 63; GroßKomm-GmbHG/*Löbbe*, § 15 Rn. 6, 11; Henssler/Strohn/*Verse*, § 15 GmbHG Rn. 26; HK-GmbHG/*Pfisterer*, § 15 Rn. 9; Lutter/Hommelhoff/*Bayer*, § 15 Rn. 12; MHLS/*Ebbing*, § 15 Rn. 6f.; MüKoGmbHG/*Reichert/Weller*, § 15 Rn. 438; Roth/Altmeppen/*Altmeppen*, § 15 Rn. 28; Rowedder/Schmidt-Leithoff/*Görner*, § 15 Rn. 8; Scholz/*Seibt*, § 15 Rn. 26ff.;

[141] Vgl. Baumbach/Hueck/*Fastrich*, § 15 Rn. 9, 12; Bork/Schäfer/*Brandes*, § 15 Rn. 63; GroßKomm-GmbHG/*Löbbe*, § 15 Rn. 11; HK-GmbHG/*Pfisterer*, § 15 Rn. 9, 16; Lutter/Hommelhoff/*Bayer*, § 15 Rn. 12; MHLS/*Ebbing*, § 15 Rn. 7; MüKoGmbHG/*Reichert/Weller*, § 15 Rn. 438ff.; Roth/Altmeppen/*Altmeppen*, § 15 Rn. 28; Rowedder/Schmidt-Leithoff/*Görner*, § 15 Rn. 130; Scholz/*Seibt*, § 15 Rn. 27; GmbH-Hdb/*Rodewald*, Rz. I Rn. 1081; *Drygala/Staake/Szalai*, § 12 Rn. 43; *Grunewald*, § 13 Rn. 188; *Raiser/Veil*, § 40 Rn. 46; *Saenger*, Rn. 761; ausführlich zur Vererblichkeit von GmbH-Anteilen *Priester*, GmbHR 1991, 206ff.

Wegen § 15 Abs. 1, 2. Fall GmbHG lässt es sich zunächst nicht verhindern, dass der Geschäftsanteil des verstorbenen Gesellschafters in den Nachlass fällt und gem. § 1922 Abs. 1 BGB auf den oder die gesetzlichen oder testamentarisch bestimmten Erben übergeht. Hinterlässt der Erblasser mehrere Erben, erben diese den Geschäftsanteil in Erbengemeinschaft gem. §§ 2032 ff. BGB. Es entsteht dann für den geerbten Geschäftsanteil eine Mitberechtigung gem. § 18 GmbHG. Die Miterben können die Rechte aus dem gemeinschaftlich gehaltenen Geschäftsanteil gem. § 18 Abs. 1 GmbHG nur gemeinsam ausüben. Erst mit der Auseinandersetzung der Erbengemeinschaft gem. § 2042 Abs. 2 i. V. m. §§ 750 bis 758 BGB können die Miterben die Mitberechtigung an dem Geschäftsanteil aufheben und den Geschäftsanteil einem oder mehreren von ihnen zuweisen. Wie sich die Erbengemeinschaft auseinandersetzt, bestimmen die Erben selbst.

Um ein dauerhaftes Verbleiben des oder der Erben des verstorbenen Gesellschafters in der GmbH zu verhindern, bietet es sich an, den Tod eines Gesellschafters als Voraussetzung zur Einziehung des Geschäftsanteils festzulegen.[142] Die gesellschaftsvertragliche Bestimmung des Todes eines Gesellschafters als Grund für die Einziehung des von ihm übernommenen und auf den oder die Erben übergegangenen Geschäftsanteils ist von der in § 34 Abs. 2 GmbHG eröffneten privatautonomen Gestaltungsfreiheit gedeckt.[143] Zu beachten ist dabei, dass die Einziehung des Geschäftsanteils nicht als automatische Folge des Todes eines Gesellschafters vorgesehen werden kann.[144] Diese Gestaltungsmöglichkeit scheidet aus, weil nicht klar ist, ob zum Zeitpunkt des Bedingungseintritts die gesetzlichen Einziehungsvoraussetzungen (Vollleistung der Einlage, Erhaltung des Stammkapitals) vorliegen.[145] Zulässig ist es hingegen, die bloße Möglichkeit der Einziehung vorzusehen.[146] Bei einer derartigen Einziehungsklausel entscheidet sodann die Gesellschafterversammlung, ob die Gesellschaft mit dem oder den Erben fortgesetzt wird oder nicht, wobei die von der Einziehung betroffenen Erben vom Stimmrecht ausgeschlossen sind.[147] Dieser Stimmrechtsausschluss folgt schon daraus, dass es sich bei der gesellschaftsvertraglich zugelassenen Einziehung anlässlich des Todes eines Gesellschafters um eine solche nach § 34 Abs. 2 GmbHG handelt, die per definitionem „ohne die Zustimmung des Anteilsberechtigten" stattfindet. Der Stimmrechtsausschluss des oder der Erben bei der Beschlussfassung über die Einziehung ihres Geschäftsanteils sollte aber klarstellend gesellschaftsvertraglich festgehalten werden.

---

[142] Vgl. *Grunewald*, § 13 Rn. 188; *Raiser/Veil*, § 40 Rn. 51; *Saenger*, Rn. 761;

[143] Im Ergebnis unstreitig, vgl. Baumbach/Hueck/*Fastrich*, § 15 Rn. 13; Bork/Schäfer/*Brandes*, § 15 Rn. 66; GroßKomm-GmbHG/*Löbbe*, § 15 Rn. 17; HK-GmbHG/*Pfisterer*, § 15 Rn. 17; HK-GmbHG/*Klingsch*, § 34 Rn. 34; MüKoGmbHG/*Reichert/Weller*, § 15 Rn. 457; Rowedder/Schmidt-Leithoff/*Görner*, § 15 Rn. 135.

[144] Dafür etwa *LG Frankfurt* GmbHR 1962, 118; vgl. auch die ausführliche Diskussion bei *Priester*, GmbHR 1981, 206 (208 f.).

[145] Vgl. Baumbach/Hueck/*Fastrich*, § 15 Rn. 12; Bork/Schäfer/*Brandes*, § 15 Rn. 65; GroßKomm-GmbHG/*Löbbe*, § 15 Rn. 12; HK-GmbHG/*Pfisterer*, § 15 Rn. 16; Lutter/Hommelhoff/*Bayer*, § 15 Rn. 12; MüKoGmbHG/*Reichert/Weller*, § 15 Rn. 441; Scholz/*Seibt*, § 15 Rn. 27; GmbH-Hdb/*Rodewald*, Rz. I Rn. 1098; *Drygala/Staake/Szalai*, § 12 Rn. 43; *Raiser/Veil*, § 40 Rn. 66;

[146] Statt aller *BGH* BB 1977, 563; Baumbach/Hueck/*Fastrich*, § 15 Rn. 13; Lutter/Hommelhoff/*Bayer*, § 15 Rn. 12; Lutter/Hommelhoff/*Lutter/Kleindiek*, § 34 Rn. 31; MüKoGmbHG/*Strohn*, § 34 Rn. 55; HK-GmbHG/*Pfisterer*, § 15 Rn. 17; Scholz/*Seibt*, § 15 Rn. 30.

[147] Im Ergebnis ebenso MüKoGmbHG/Strohn, § 34 Rn. 19, jedoch unter Rückgriff auf § 47 Abs. 4 S. 2, 1. Fall GmbHG.

Wird die Einziehung sodann beschlossen, steht dem oder den weichenden Erben grundsätzlich[148] ein Abfindungsanspruch gem. § 10 Abs. 3 S. 1 GV zu.

Bei der Abänderung von § 9 GV empfiehlt es sich schon aus Sicherheitsgründen, von der Vereinbarung einer nichtigen „automatischen Einziehungsklausel" Abstand zu nehmen. Stattdessen sollte die Einziehungsklausel den verbleibenden Gesellschaftern ein Recht gewähren, über die Einziehung durch Gesellschafterbeschluss zu entscheiden. Es bietet sich an, die Einziehung des Geschäftsanteils wegen des Todes eines Gesellschafters als wichtigen Grund im Zusammenhang mit § 10 Abs. 2 GV zu regeln.[149]

3. Alternative Gestaltung: Abtretungsklausel

Wegen der mit der Zwangseinziehung zwingend verbundenen Rechtsfolge der Vernichtung des Geschäftsanteils[150] kann es sich empfehlen, im Gesellschaftsvertrag andere Lösungen vorzusehen, mit denen verhindert werden kann, dass die Erben eines Gesellschafters dauerhaft in der Gesellschaft verbleiben. In Betracht kommt z. B. die Vereinbarung einer Abtretungsverpflichtung, wonach die Erben des Gesellschafters als Nebenpflicht i. S. v. § 3 Abs. 2 GmbHG verpflichtet sind, ihren Geschäftsanteil an Mitgesellschafter, die Gesellschaft, bestimmte Miterben oder außenstehende Dritte abzutreten.[151] Für diesen Fall sollte der Gesellschaftsvertrag auch regeln, innerhalb welcher Frist[152] der Begünstigte vom Gesellschaftererben die Abtretung verlangen muss.

Es wird empfohlen, in § 9 GV eine Abtretungsverpflichtung der Erben des Gesellschafters aufzunehmen, die wie folgt lauten kann.[153]

§ 9 Abtretungsverpflichtung

[1]Geht der Geschäftsanteil eines Gesellschafters von Todes wegen über, können die Gesellschafter anstatt der Einziehung nach § 10 Abs. 2 GV auch beschließen, dass der betroffene Gesellschafter den Geschäftsanteil an die Gesellschaft oder an in dem Beschluss bestimmte Gesellschafter oder Dritte abzutreten hat. [2]Für das Abtretungsentgelt gilt § 10 Abs. 3 S. 1 GV entsprechend.

---

148 Zulässig ist es, den Abfindungsanspruch der weichenden Erben gesellschaftsvertraglich auszuschließen, also insoweit eine unentgeltliche Einziehung vorzusehen; vgl. *BGH* GmbHR 1977, 81 (82); Baumbach/Hueck/*Fastrich*, § 34 Rn. 34; Bork/Schäfer/*Thiessen*, § 34 Rn. 82; GroßKomm-GmbHG/*Ulmer/Habersack*, § 34 Rn. 101; HK-GmbHG/*Klingsch*, § 34 Rn. 44; Lutter/Hommelhoff/*Lutter/Kleindiek*, § 34 Rn. 98; MüKoGmbHG/*Strohn*, § 34 Rn. 246; Rowedder/Schmidt-Leithoff/*Görner*, § 34 Rn. 56; *Grunewald*, § 13 Rn. 188; *Raiser/Veil*, § 40 Rn. 52. Damit wird im Ergebnis dieselbe Rechtslage hergestellt, wie es bei der Erbfolge in einen Gesellschaftsanteil in einer Personengesellschaft geregelt werden kann; vgl. hierzu BeckOK BGB/*Schöne*, § 738 Rn. 31.

149 Vgl. unten A. X. 1. b).

150 Vgl. die Nachweise in Fn. 187.

151 Vgl. hierzu näher GroßKomm-GmbHG/*Löbbe*, § 15 Rn. 16; Lutter/Hommelhoff/*Bayer*, § 15 Rn. 16; MüKoGmbHG/*Reichert/Weller*, § 15 Rn. 452 ff.; GmbH-Hdb/*Rodewald*, Rz. I Rn. 1094 f.; *Raiser/Veil*, § 40 Rn. 54.

152 Zur Bestimmung dieser Frist vgl. A. X. 1. b), dd). Da die Abtretungsverpflichtung „anstatt" der Einziehung beschlossen werden kann, ist damit klargestellt, dass für beide Beschlüsse dieselbe Frist gelten soll. Eine gesonderte Regelung für die Frist zur Beschlussfassung über die Abtretungsverpflichtung ist somit entbehrlich.

153 Vgl. das ähnliche Formulierungsbeispiel in Heckschen/Heidinger/*Heckschen*, § 4 Rn. 262. Anstelle einer Abtretungsverpflichtung kann auch eine Andienungsverpflichtung geregelt werden, vgl. hierzu MünchVertrHdb I/*Burmeister/Schmidt-Hern*, IV. 28 § 25.

X. Einziehung von Geschäftsanteilen

1. Voraussetzungen der Einziehung

a) Allgemeine Voraussetzungen

§ 10 Abs. 1 GV eröffnet den Gesellschaftern die Möglichkeit der Einziehung eines Geschäftsanteils. Mit dieser Klausel wird dem Erfordernis des § 34 Abs. 1 GmbHG entsprochen, wonach die Einziehung eines Geschäftsanteils nur erfolgen darf, wenn sie im Gesellschaftsvertrag zugelassen ist.[154]

Die Einziehung darf allerdings nur erfolgen, wenn die auf den Geschäftsanteil zu leistende Einlage vollständig erbracht worden ist, andernfalls handelte es sich um eine nach § 19 Abs. 2 S. 1 GmbHG verbotene Befreiung von der Einlageleistung.[155] Es kann sich empfehlen, in § 10 Abs. 1 GV klarstellend folgenden Satz 2 einzufügen:

„[2]Die Einziehung setzt voraus, dass die auf den Geschäftsanteil zu leistende Einlage vollständig erbracht worden ist.“

b) Zwangseinziehung

aa) Bestimmtheitsgebot des § 34 Abs. 2 GmbHG

§ 10 Abs. 2 GV gibt den Gesellschaftern das Recht, in bestimmten Fällen die Einziehung auch ohne Zustimmung des Betroffenen vorzunehmen.[156] Die Zwangseinziehungsklausel muss dem Bestimmtheitsgebot des § 34 Abs. 2 GmbHG Rechnung tragen.

Die Vorschrift des § 34 Abs. 2 GmbHG dient dem besonderen Schutz des von der Zwangseinziehung betroffenen Gesellschafters. Er soll davor bewahrt werden, seine Beteiligung ungewollt auf eine Weise zu verlieren, mit der er vor seinem Eintritt nicht zu rechnen brauchte.[157] Als Mindestanforderung ist zu verlangen, dass eine etwaige gerichtliche Überprüfung des Vorliegens der Voraussetzung möglich ist.[158] Den Anforderungen an die Bestimmtheit des Einziehungsgrundes wird Genüge getan, wenn Generalklauseln[159] verwandt werden, die vom Gesetz auch an anderer

---

[154] Lutter/Hommelhoff/*Lutter/Kleindiek,* § 34 Rn. 13 ff.; MüKoGmbHG/*Strohn,* § 34 Rn. 8 ff.; Scholz/*Westermann H. P.,* § 34 Rn. 7; MünchHdb.GesR III/*Kort,* § 28 Rn. 5; *Drygala/Staake/Szalai,* § 12 Rn. 58.

[155] Vgl. statt aller GroßKomm-GmbHG/*Ulmer/Habersack,* § 34 Rn. 19; HK-GmbHG/*Klingsch,* § 34 Rn. 18.

[156] Enthält der Gesellschaftsvertrag weder eine Regelung über die Zwangseinziehung noch über eine Abtretungsverpflichtung noch über eine Ermächtigung zur Abtretung des Gesellschaftsanteils, ist gleichwohl bei Vorliegen eines wichtigen Grundes in der Person des Gesellschafters dessen Ausschließung aus der Gesellschaft zulässig; vgl. BGHZ 9, 157 ff.; 16, 317 ff.; 80, 346 ff.; Baumbach/Hueck/*Fastrich,* Anh. § 34 Rn. 1; Bork/Schäfer/*Thiessen,* § 34 Rn. 56 ff.; HK-GmbHG/*Klingsch,* Anh. § 34 Rn. 1; Lutter/Hommelhoff/*Lutter/Kleindiek,* § 34 Rn. 52; MüKoGmbHG/*Strohn,* § 34 Rn. 103; *Hirte,* Rn. 4.88.

[157] *BGH* NJW 1977, 2316; BeckOK GmbHG/*Schindler,* § 34 Rn. 24; Bork/Schäfer/*Thiessen,* § 34 Rn. 10; GroßKomm-GmbHG/*Ulmer/Habersack,* § 34 Rn. 3; HK-GmbHG/*Klingsch,* § 34 Rn. 27; Lutter/Hommelhoff/*Lutter/Kleindiek,* § 34 Rn. 29 ff.; MHLS/*Soznitza,* § 34 Rn. 30; MüKoGmbHG/*Strohn,* § 34 Rn. 41; MünchHdb.GesR III/*Kort,* § 28 Rn. 8 f.

[158] *BGH* NJW 1977, 2316; GroßKomm-GmbHG/*Ulmer/Habersack,* § 34 Rn. 38; Lutter/Hommelhoff/*Lutter/Kleindiek,* § 34 Rn. 31; MüKoGmbHG/*Strohn,* § 34 Rn. 83; Roth/Altmeppen/*Altmeppen,* § 34 Rn. 41; Rowedder/Schmidt-Leithoff/*Görner,* § 34 Rn. 29; Scholz/*Westermann H. P.,* § 34 Rn. 13.

[159] Das Gleiche gilt für unbestimmte Rechtsbegriffe wie z. B. schwerwiegende Pflichtverletzung, Unzumutbarkeit weiterer Zusammenarbeit oder Vermögensverfall; vgl. Bork/Schä-

Stelle gebraucht werden. Die als Einziehungsvoraussetzung genannte Generalklausel des wichtigen Grundes ist hinreichend bestimmt.[160] Der wichtige Grund findet sich z. B. auch in §§ 737, 723 Abs. 1 S. 2 BGB, §§ 140, 133 Abs. 1 HGB als Voraussetzung für die Ausschließung eines Gesellschafters.

bb) Einziehung wegen Pfändung oder Insolvenzeröffnung

§ 10 Abs. 2, 2. Halbs. GV nennt beispielhaft als wichtige Einziehungsgründe die Anteilspfändung und die Insolvenz eines Gesellschafters. Gegen diese Bestimmung sind grds. keine Bedenken ersichtlich.[161] Die Verhinderung des Zugriffs des Privatgläubigers des Gesellschafters auf dessen Geschäftsanteil ist nicht als unzulässige Gläubigerbenachteiligung zu werten. Vollstreckungsgläubiger und Insolvenzverwalter können auf den Geschäftsanteil als Verwertungsobjekt nur in dem Umfang zugreifen, wie sie ihn im Zeitpunkt der Pfändung oder des Insolvenzbeschlags vorfinden.[162] Das Pfandrecht bzw. die Verwertungs- und Verteilungsbefugnis des Insolvenzverwalters setzt sich am Einziehungsentgelt fort, aus dem die Befriedigung erfolgen kann.[163] Der Einziehungstatbestand in § 10 Abs. 2 GV dient, isoliert ohne die Entgeltregelung in § 10 Abs. 3 S. 2 GV[164] betrachtet, somit legitimen Interessen der Gesellschaft.

cc) Einziehung wegen Tod eines Gesellschafters

Oben[165] wurde empfohlen, auch die Einziehung des Geschäftsanteils im Fall des Todes eines Gesellschafters anstelle der im Entwurf nichtigen Regelung des § 9 GV vorzusehen. § 10 Abs. 2 GV sollte daher um folgenden Satz 2 ergänzt werden:

„*²Dasselbe gilt, wenn ein Gesellschafter seinen Geschäftsanteil kraft Erbfolge erworben hat.*"

dd) Einziehungsfrist

§ 10 Abs. 2 GV enthält keine Frist, binnen derer die Einziehung des Geschäftsanteils zu erfolgen hat. Dies gilt sowohl für die Einziehung aus wichtigem Grund wegen der bislang vorgesehenen Regelbeispiele „Pfändung des Geschäftsanteils" und „Insolvenz des Gesellschafters" als auch für den vorgeschlagenen weiteren Einziehungsgrund „Erbfall". Das sollte schon aus Gründen der Rechtssicherheit

---

fer/*Thiessen*, § 34 Rn. 12; HK GmbHG/*Klingsch*, § 34 Rn. 30; Lutter/Hommelhoff/*Lutter/Kleindiek*, § 34 Rn. 31; MHLS/*Sosnitza*, § 34 Rn. 37; MüKoGmbHG/*Strohn*, § 34 Rn. 42; Roth/Altmeppen/*Altmeppen*, § 34 Rn. 43, Scholz/*Westermann H. P.*, § 34 Rn. 16; MünchHdb.GesR III/*Kort*, § 28 Rn. 9.

160 Siehe *Schmidt K.*, GesR, § 35 III 1c) (S. 1056 f.).

161 Vgl. BGHZ 65, 22 (24); Bork/Schäfer/*Thiessen*, § 34 Rn. 13; Lutter/Hommelhoff/*Lutter/Kleindiek*, § 34 Rn. 31; MüKoGmbHG/*Strohn*, § 34 Rn. 126 ff.; Scholz/*Westermann H. P.*, § 34 Rn. 14. MünchHdb.GesR III/*Kort*, § 28 Rn. 9. Allerdings müssen die Pfändungsmaßnahmen noch im Zeitpunkt der Beschlussfassung über die Einziehung fortbestehen, andernfalls wäre die beschlossene Einziehung unangemessen; vgl. *OLG Hamburg* ZIP 1996, 962 (963); HK-GmbHG/*Klingsch*, § 34 Rn. 34; Roth/Altmeppen/*Altmeppen*, § 34 Rn. 47; *Lutter*, GmbHR 1997, 1134 f.

162 BGHZ 65, 22 (24 f.); GroßKomm-GmbHG/*Ulmer/Habersack*, § 34 Rn. 45.

163 *Fischer*, GmbHR 1961, 21 (23).

164 Vgl. dazu unten A. X. 3. d), bb).

165 Vgl. A. X. 2.

geändert werden, wie nachfolgend für den Einziehungsgrund „Erbfall" erläutert werden soll.[166]

(1) Erforderlichkeit der Regelung einer Einziehungsfrist

Sieht der GV keine Regelung für die Frist vor, binnen der die Einziehung wegen des eingetretenen Erbfalls erfolgen soll, steht der Gesellschafterversammlung die Einziehungsbefugnis gleichwohl nicht zeitlich unbegrenzt zu. Die Entscheidung der Gesellschafterversammlung über die Einziehung des Geschäftsanteils des verstorbenen Gesellschafters muss vielmehr in einer zeitlichen Nähe zu dem Todesfall bzw. dem Erwerb des Geschäftsanteils durch den oder die Erben des verstorbenen Gesellschafters stehen. Für diese gebotene zeitliche Begrenzung der Einziehungsbefugnis lassen sich zwei Argumente anführen.

Zum einen nähert sich die Einziehungsregelung ohne die Bestimmung eines Zeitraumes, in dem die übrigen Gesellschafter über die Einziehung des Geschäftsanteils der im Erbgang eingetretenen Gesellschafter entscheiden müssen, der Wirkung einer gegen das Bestimmtheitsgebot des § 34 Abs. 2 GmbHG[167] verstoßenden grundsätzlich sittenwidrigen Hinauskündigungsklausel,[168] weil für die betroffenen Gesellschafter nicht mehr nachprüfbar ist, ob die Einziehung aus Anlass des Todesfalls des verstorbenen Gesellschafters oder aus einem anderen Anlass erfolgt. Diese nichtige Einziehungsregelung kann jedoch gem. § 139 BGB geltungserhaltend als zeitlich begrenztes Einziehungsrecht aufrechterhalten werden.[169]

Zum anderen unterliegt die Einziehungsbefugnis wie jedes andere Recht auch der Verwirkung gem. § 242 BGB,[170] kann daher dann nicht mehr ausgeübt werden, wenn die Erben des verstorbenen Gesellschafters darauf vertrauen können, dass ihre Geschäftsanteile nicht mehr eingezogen werden sollen. Die Erben des verstorbenen Gesellschafters haben daher einen Anspruch auf zeitnahe Entscheidung über die Einziehung.[171] Eine unangemessen lange Schwebelage ist ihnen nicht zumutbar.[172] Der Einziehungsbeschluss muss daher innerhalb einer „angemessenen Zeit" nach dem Tod des Gesellschafters erfolgen.[173] So kann die Einziehung nicht mehr auf den Erbfall gestützt werden, wenn seit dem Erbfall zwei Jahre verstrichen sind und die Gesellschafter seitdem problemlos zusammengearbeitet haben.[174]

---

[166] Für die Einziehungsgründe „Pfändung des Geschäftsanteils" und „Insolvenz des Gesellschafters" gelten diese Überlegungen gleichermaßen, soweit nicht ausdrücklich etwas anderes ausgeführt wird.

[167] Vgl. oben A. X. 1. a).

[168] Vgl. hierzu BeckOK GmbHG/*Schindler*, § 34 Rn. 31 ff.; Bork/Schäfer/*Thiessen*, § 34 Rn. 11, 16 ff.; GroßKomm-GmbHG/*Ulmer/Habersack*, § 34 Rn. 41 ff.; HK-GmbHG/*Klingsch*, § 34 Rn. 35 ff.; Lutter/Hommelhoff/*Lutter/Kleindiek*, § 34 Rn. 33 ff.; MHLS/*Sosnitza*, § 34 Rn. 57 f.; MüKoGmbHG/*Strohn*, § 34 Rn. 57 f.; Rowedder/Schmidt-Leithoff/*Görner*, § 34 Rn. 31 ff.; Scholz/*Westermann H. P.*, § 34 Rn. 17 ff.; a. A. Roth/Altmeppen/*Altmeppen*, § 34 Rn. 51 ff.

[169] Vgl. *BGH* DB 2004, 1092 (1093); Rowedder/Schmidt-Leithoff/*Görner*, § 34 Rn. 34.

[170] Zur Verwirkung der Einziehung vgl. allgemein Baumbach/Hueck/*Fastrich*, § 34 Rn. 10; MüKoGmbHG/*Strohn*, § 34 Rn. 23.

[171] Vgl. OLG Brandenburg NZG 2000, 485 (486).

[172] Vgl. Baumbach/Hueck/*Fastrich*, § 34 Rn. 10.

[173] *BGH* BB 1977, 563; *OLG München* ZIP 1984, 1349 (1350); Baumbach/Hueck/*Fastrich*, § 34 Rn. 10; Bork/Schäfer/*Thiessen*, § 34 Rn. 19; GroßKomm-GmbHG/*Löbbe*, § 15 Rn. 17; HK-GmbHG/*Pfisterer*, § 15 Rn. 17; MHLS/*Ebbing*, § 15 Rn. 31; MüKoGmbHG/*Reichert/Weller*, § 15 Rn. 458; Scholz/*Seibt*, § 15 Rn. 30.

[174] Vgl. HK-GmbHG/*Klingsch*, § 34 Rn. 30; Scholz/*Westermann H. P.*, § 34 Rn. 16.

Auf welchen Zeitraum ein Gericht die Zeitdauer für die Einziehungsbefugnis im konkreten Fall entweder in geltungserhaltender Reduktion der „Hinauskündigungsklausel" gem. § 139 BGB festsetzt oder wann es die Einziehungsentscheidung für verwirkt hält, lässt sich zuverlässig nicht prognostizieren. Die Gesellschafter haben daher ein Interesse daran, vorab zu wissen, innerhalb welches Zeitraumes sie von der Einziehung wegen Vorliegen eines gesellschaftsvertraglichen Regelbeispiels Gebrauch machen können bzw. wann dieser Zeitraum verstrichen ist und ein Verlust der Gesellschafterstellung wegen Vorliegens dieses Regelbeispiels nicht mehr droht.

(2) Gesellschaftsvertragliche Bestimmung der „angemessenen Frist"

Bei der Bemessung der „angemessenen Frist" sind sowohl die Interessen der übrigen Gesellschafter als auch die der von der Einziehung bedrohten Gesellschafter zu berücksichtigen.

Die übrigen Gesellschafter müssen sich zunächst Klarheit darüber verschaffen können, ob sie die Gesellschaft mit den Erben des verstorbenen Gesellschafters fortsetzen wollen. Zum „Testen der Erben" wird teilweise ein Zeitraum von einem Jahr als angemessen gewertet.[175] Bestimmt werden muss ferner der Fristbeginn. Der Beginn der „Probezeit" der Nachfolger des Erblassers kann nicht bereits auf den Todeszeitpunkt des verstorbenen Gesellschafters terminiert werden. Gegenüber der GmbH gelten die Nachfolger des Erblassers – abweichend von der materiell-rechtlichen Lage gem. § 1922 Abs. 1 BGB – gem. § 16 Abs. 1 S. 1 GmbHG erst dann als Gesellschafter, wenn sie in die Gesellschafterliste gem. § 40 GmbHG eingetragen sind.[176] Erst ab diesem Zeitpunkt sind sie zur Ausübung der aus ihrer Gesellschafterstellung folgenden Verwaltungsrechte (u. a. Stimmrecht, Teilnahmerecht an der Gesellschafterversammlung, Informationsrecht gem. § 51a GmbHG) berechtigt. Erst ab diesem Zeitpunkt können sie somit „erprobt" werden. Bei einer derart bemessenen Einziehungsfrist sind auch die Interessen der Nachfolger des Erblassers gewahrt. Sie können klar erkennen, wann sie wegen des Erbfalls in die Geschäftsanteile des verstorbenen Gesellschafters nicht mehr mit einer Einziehung ihrer Geschäftsanteile rechnen müssen.

Rein vorsorglich sollte noch der Fall geregelt werden, dass sich innerhalb eines bestimmten Zeitraumes nach dem Tod eines Gesellschafters keine Erben melden und die Eintragung in die Gesellschafterliste verlangen. Dann besteht für die übrigen Gesellschafter ein Schwebezustand, an dessen Beendigung sie ebenfalls ein Interesse

---

[175] Vgl. BGHZ 105, 213 (222); *OLG Düsseldorf* ZIP 2007, 2418 (2420) – 1 bis 1,5 Jahre nach Eröffnung des Insolvenzverfahrens über das Vermögen des Gesellschafters; MüKoGmbHG/*Strohn*, § 34 Rn. 22; Rowedder-Schmidt-Leithoff/*Görner*, § 15 Rn. 135; MünchHdb.GesR III/*Mayer/Weiler*, § 20 Rn. 93; *Langner/Heydel*, GmbHR 2005, 377 (382). Nach *OLG München* ZIP 1984, 1349 (1350) ist ein Zeitraum von zwei Gesellschafterversammlungen angemessen, weil den übrigen Gesellschaftern ausreichend Gelegenheit gegeben werden müsse, die Kooperationsfähigkeit der Nachfolger des Erblassers zu testen. Diese Entscheidung vermag nicht zu überzeugen. Zwischen dem Erbfall und dem Einziehungsbeschluss waren mehr als zwei Jahre verstrichen; die Entscheidung im Ergebnis ebenfalls ablehnend Henssler/Strohn/*Fleischer*, § 34 GmbHG Rn. 9. Zu großzügig auch Lutter/Hommelhoff/*Lutter/Kleindiek*, § 34 Rn. 34, die unter Berufung auf die Entscheidung des BGH im sog. Laborärztefall (*BGH* ZIP 2004, 1309 ff.) eine dreijährige „Probezeit" für angemessen erachten.

[176] Vgl. hierzu GroßKomm-GmbHG/*Löbbe*, § 15 Rn. 6, § 16 Rn. 30; HK-GmbHG/*Pfisterer*, § 15 Rn. 10, § 16 Rn. 15; Lutter/Hommelhoff/*Bayer*, § 15 Rn. 13; Rowedder/Schmidt-Leithoff/*Görner*, § 15 Rn. 131, Scholz/*Seibt*, § 15 Rn. 24, § 16 Rn. 41.

haben können.[177] Insoweit erscheint es geboten, ebenfalls eine Frist festzusetzen (z. B. zwei Jahre nach dem Todesfall), ab der die Einziehung jederzeit beschlossen werden kann.[178]

Es wird daher vorgeschlagen, § 10 Abs. 2 GV um folgende Sätze zu ergänzen:

„*²Dasselbe gilt, wenn ein Gesellschafter seinen Geschäftsanteil kraft Erbfolge erworben hat. ³Die Einziehung erfolgt innerhalb einer Frist von einem Jahr nach Verwirklichung des in Satz 1 genannten wichtigen Grundes. ⁴Bei einer Einziehung wegen des in Satz 2 genannten Grundes beginnt die Frist nach Satz 3 mit der Eintragung des Erben in die Gesellschafterliste. ⁵Sind seit dem Tod eines Gesellschafters zwei Jahre verstrichen, ohne dass ein Erbe in die Gesellschafterliste eingetragen wurde, kann die Einziehung jederzeit erfolgen.*“

2. Verfahren der Einziehung

Enthält der Gesellschaftsvertrag – wie hier – keine Bestimmungen über das Einziehungsverfahren, gelten die gesetzlichen Regelungen.

a) Gesellschafterbeschluss

Danach ist sowohl bei der freiwilligen Einziehung als auch bei der Zwangseinziehung ein Beschluss der Gesellschafterversammlung erforderlich[179] (§ 46 Nr. 4 GmbHG), der mit einfacher Mehrheit gefasst werden kann (§ 7 Abs. 1 GV i. V. m. § 47 Abs. 1 GmbHG). Der Einziehungsbeschluss muss dem betroffenen Gesellschafter formlos – i. d. R. durch den Geschäftsführer[180] – mitgeteilt werden.[181] Es kann sich empfehlen, als „Handlungsanleitung für die Gesellschafter“ für die Durchführung der Einziehung folgende Regelung im Gesellschaftsvertrag vorzusehen:

„*¹Die Gesellschafterversammlung beschließt über die Einziehung mit einfacher Mehrheit. ²Der Einziehungsbeschluss wird dem betroffenen Gesellschafter durch den Geschäftsführer mitgeteilt.*“

---

[177] So ist z. B. der Verstorbene unabhängig von der Kenntnis der Gesellschaft vom Todesfall zu einer Gesellschafterversammlung unter seiner letzten bekannten Adresse zu laden, vgl. *OLG Frankfurt* GmbHR 2017, 868 (870); GroßKomm-GmbHG/*Hüffer/Schürnbrand*, § 51 Rn. 10; MünchHdb.GesR III/*Wolf*, § 39 Rn. 39.

[178] Da die Einziehung gegenüber dem betroffenen Gesellschafter zu erklären ist (vgl. unten A. X. 2. a), muss in diesem Fall die Bestellung eines Nachlasspflegers gem. §§ 1960 ff. BGB beantragt werden.

[179] Eine vertraglich vorgesehene automatische Einziehung ist unwirksam, vgl. Baumbach/Hueck/*Fastrich*, § 34 Rn. 17; MüKoGmbHG/*Strohn*, § 34 Rn. 18; Roth/Altmeppen/*Altmeppen*, § 34 Rn. 69; Rowedder/Schmidt-Leithoff/*Görner*, § 34 Rn. 13; einschränkend MünchHdb.GesR III/*Kort*, § 28 Rn. 14.

[180] Nach h. A. liegt die Entscheidungsbefugnis über die Durchführung des Einziehungsbeschlusses und die damit beauftragten Personen bei der Gesellschafterversammlung. Trifft sie keine besondere Regelung, ist damit im Zweifel der Geschäftsführer konkludent als ermächtigt anzusehen, vgl. GroßKomm-GmbHG/*Ulmer/Habersack*, § 34 Rn. 55; HK-GmbHG/*Klingsch*, § 34 Rn. 17; MHLS/*Sosnitza*, § 34 Rn. 118; MüKoGmbHG/*Strohn*, § 34 Rn. 34; Scholz/*Westermann H. P.*, § 34 Rn. 46; a. A. Bork/Schäfer/*Thiessen*, § 34 Rn. 43; Lutter/Hommelhoff/*Lutter/Kleindiek*, § 34 Rn. 24 – Kompetenz des Geschäftsführers.

[181] Lutter/Hommelhoff/*Lutter/Kleindiek*, § 34 Rn. 24, 47; GroßKomm-GmbHG/*Ulmer/Habersack*, § 34 Rn. 54; MüKoGmbHG/*Strohn*, § 34 Rn. 33; Rowedder/Schmidt-Leithoff/*Görner*, § 34 Rn. 15 f.; Scholz/*Westermann H. P.*, § 34 Rn. 46; Roth/Altmeppen/*Altmeppen*, § 34 Rn. 78; MünchHdb.GesR III/*Kort*, § 28 Rn. 16. War der betroffene Gesellschafter bei der Beschlussfassung anwesend, genügt die Bekanntgabe des Beschlusses; eine gesonderte Mitteilung ist dann entbehrlich; vgl. Scholz/*Westermann H. P.*, § 34 Rn. 46 m. w. N.

b) Stimmverbot

aa) Zwangseinziehung

Im Falle der Zwangseinziehung unterliegt der betroffene Gesellschafter bei der Beschlussfassung einem Stimmverbot. Das Stimmverbot kann bereits aus dem Wortlaut von § 34 Abs. 2 GmbHG abgeleitet werden („ohne die Zustimmung des Anteilsberechtigten"). Es kann in gleicher Weise auf eine teleologische Extension des § 47 Abs. 4 S. 1, 1. Fall GmbHG gestützt werden, weil niemand Richter in eigener Sache sein kann.[182] Von diesem Erfordernis kann trotz § 45 Abs. 2 GmbHG im Gesellschaftsvertrag nicht abgewichen werden.[183]

bb) Freiwillige Einziehung

Im Falle der freiwilligen Einziehung unterliegt der von der Einziehung betroffene Gesellschafter von Gesetzes wegen bei der Beschlussfassung hingegen keinem Stimmverbot gem. § 47 Abs. 4 S. 2, 1. Fall GmbHG.[184] Diese Maßnahme ist zwar als Rechtsgeschäft zwischen Gesellschaft und Anteilsinhaber zu qualifizieren. Bei der Einziehung handelt es sich aber um einen innergesellschaftlichen Vorgang („Sozialakt", korporatives Geschäft), bei dem § 47 Abs. 4 S. 2 GmbHG der Stimmabgabe nicht entgegensteht.[185] *M* als Mehrheitsgesellschafter könnte daher mit seinen Stimmen den Beschluss fassen, dass sein Geschäftsanteil eingezogen werden soll. Das ist vor allem wegen der mit der Einziehung verbundenen Haftungsfolgen für die Mitgesellschafter[186] bedenklich. Gesellschaftsvertraglich kann aber Abweichendes angeordnet werden. § 47 Abs. 4 GmbHG ist wegen § 45 Abs. 1, Abs. 2 GmbHG jedenfalls im Bereich der Insichgeschäfte (Vornahme eines Rechtsgeschäfts gem. Abs. 4 S. 2, 1. Fall) dispositives Recht.[187] Es kann sich daher empfehlen, die „Handlungsempfehlung" zur Durchführung der Einziehung um folgenden Satz 3 zu ergänzen:

„³Bei der Beschlussfassung über die Einziehung hat der von ihr betroffene Gesellschafter kein Stimmrecht."

---

[182] Vgl. Baumbach/Hueck/*Zöllner/Noack*, § 47 Rn. 88; Bork/Schäfer/*Thiessen*, § 34 Rn. 30; Bork/Schäfer/*Casper*, § 47 Rn. 50; GroßKomm-GmbHG/*Ulmer/Habersack*, § 34 Rn. 52; GroßKomm-GmbHG/*Hüffer/Schürnbrand*, § 47 Rn. 175; HK-GmbHG/*Klingsch*, § 34 Rn. 12; Lutter/Hommelhoff/*Bayer*, § 47 Rn. 45; MHLS/*Sosnitza*, § 34 Rn. 104; MüKoGmbHG/*Strohn*, § 34 Rn. 20; MüKoGmbHG/*Drescher*, § 47 Rn. 168; Rowedder/Schmidt-Leithoff/*Görner*, § 34 Rn. 12 f.; Scholz/*Westermann H. P.*, § 34 Rn. 43; für analoge Anwendung Roth/Altmeppen/*Altmeppen*, § 34 Rn. 71; einschränkend MünchHdb.GesR III/*Kort*, § 28 Rn. 12.

[183] Vgl. Bork/Schäfer/*Casper*, § 47 Rn. 45; GroßKomm-GmbHG/*Hüffer/Schürnbrand*, § 47 Rn. 200 ff.; Lutter/Hommelhoff/*Bayer*, § 47 Rn. 37; MüKoGmbHG/*Drescher*, § 47 Rn. 209 ff.; Scholz/*Schmidt K.*, § 47 Rn. 173.

[184] H. A., vgl. Baumbach/Hueck/*Fastrich*, § 34 Rn. 14, § 47 Rn. 88; HK-GmbHG/*Klingsch*, § 34 Rn. 12; MüKoGmbHG/Strohn, § 34 Rn. 19; Roth/Altmeppen/*Altmeppen*, § 34 Rn. 71; Rowedder/Schmidt-Leithoff/*Görner*, § 34 Rn. 12; Scholz/*Westermann H. P.*, § 34 Rn. 44; MünchHdb.GesR III/*Kort*, § 28 Rn. 12; a. A. Henssler/Strohn/*Fleischer*, § 34 GmbHG Rn. 8; GroßKomm-GmbHG/*Ulmer/Habersack*, § 34 Rn. 51; GroßKomm-GmbHG/*Hüffer/Schürnbrand*, § 47 Rn. 175; MHLS/*Sosnitza*, § 34 Rn. 101 ff.; *Niemeier*, S. 242 ff., 253 f.

[185] Vgl. statt aller MüKoGmbHG/*Strohn*, § 34 Rn. 19.

[186] Vgl. hierzu unten A. X. 3. d), dd).

[187] Vgl. statt aller Baumbach/Hueck/*Zöllner*, § 47 Rn. 106; Bork/Schäfer/*Casper*, § 47 Rn. 45; GroßKomm-GmbHG/*Hüffer/Schürnbrand*, § 47 Rn. 207; Lutter/Hommelhoff/*Bayer*, § 47 Rn. 37; MüKoGmbHG/*Drescher*, § 47 Rn. 207; Scholz/*Schmidt K.*, § 47 Rn. 173.

3. Rechtsfolgen der Einziehung

a) Vernichtung des Geschäftsanteils

Mit Wirksamwerden der Einziehung wird der eingezogene Geschäftsanteil vernichtet.[188] Die mit der Einziehung erfolgende Vernichtung des Geschäftsanteils führt zum Erlöschen sämtlicher mit dem Geschäftsanteil verbundener Mitgliedschaftsrechte und -pflichten.[189]

b) Wirksamkeit der Einziehung

Weder der GV noch das GmbHG enthalten indes eine Regelung, wann die Einziehung wirksam wird. Nach der früher h. A. wurde die Einziehung erst aufschiebend bedingt wirksam, wenn dem ausgeschiedenen Gesellschafter das ihm zustehende Einziehungsentgelt[190] vollständig ausgezahlt worden ist, ohne dass damit gegen das Kapitalerhaltungsgebot des § 30 Abs. 1 GmbHG vorstoßen wurde.[191] Diese sog. Bedingungslösung, die – falls entsprechende gesellschaftsvertragliche Regelungen nicht vorhanden waren – mit schwierigen Folgefragen über die Rechtsstellung des von der Zwangseinziehung betroffenen Gesellschafters während der Schwebezeit zwischen der Mitteilung des Einziehungsbeschlusses und der vollständigen Auszahlung des Einziehungsentgelts verbunden war,[192] ist jedoch mittlerweile höchstrichterlich aufgegeben worden.[193] Danach wird die Einziehung mit Zugang der Mitteilung des Einziehungsbeschlusses beim betroffenen Gesellschafter wirksam,[194] sofern im GV nichts Abweichendes geregelt ist.[195]

c) Kein Konvergenzgebot

Nach Wirksamwerden der Einziehung stimmt die Höhe der von den übrigen Gesellschaftern gehaltenen Geschäftsanteile nicht mehr mit der Höhe des Stammkapitals überein, wie dies durch § 5 Abs. 3 S. 2 GmbHG gefordert wird. Dieses Auseinan-

---

188 Ganz h. A., vgl. nur RGZ 9, 157 (168); BGHZ 139, 299 (302); Bork/Schäfer/*Thiessen*, § 34 Rn. 48; GroßKomm-GmbHG/*Ulmer/Habersack*, § 34 Rn. 57; HK-GmbHG/*Klingsch*, § 34 Rn. 55; Lutter/Hommelhoff/*Lutter/Kleindiek*, § 34 Rn. 2; MüKoGmbHG/Strohn, § 34 Rn. 59; *Drygala/Staake/Szalai*, § 12 Rn. 59; *Raiser/Veil*, § 40 Rn. 71; a. A. *Hirte*, Rn. 4.85 – Vernichtung des Mitgliedschaftsrechts.

189 *BGH* GmbHR 1978, 131; Lutter/Hommelhoff/*Lutter/Kleindiek*, § 34 Rn. 2; MüKoGmbHG/*Strohn*, § 34 Rn. 59; MünchHdb.GesR III/*Kort*, § 28 Rn. 41. Vgl. auch ausführlich Scholz/*Westermann H. P.*, § 34 Rn. 62 ff.

190 Vgl. unten A. X. 3. d).

191 RGZ 9, 157 (161 ff.); 142, 286 (290 f.); Lutter/Hommelhoff/*Lutter*, 17. Aufl., § 34 Rn. 48; Scholz/*Westermann H. P.*, 11. Aufl., § 34 Rn. 57 ff.

192 Vgl. hierzu instruktiv Rowedder/Schmidt-Leithoff/*Görner*, 5. Aufl., § 34 Rn. 66; Scholz/*Westermann H. P.*, 10. Aufl., § 34 Rn. 57 ff.; MünchHdb.GesR III/*Kort*, 3. Aufl., § 28 Rn. 40.

193 Vgl. BGHZ 192, 236 Rn. 13; bestätigt in BGHZ 210, 186 Rn. 22; zustimmend Baumbach/Hueck/*Fastrich*, § 34 Rn. 48; Bork/Schäfer/*Thiessen*, § 34 Rn. 34; GroßKomm-GmbHG/*Ulmer/Habersack*, § 34 Rn. 63; Lutter/Hommelhoff/*Lutter/Kleindiek*, § 34 Rn. 7; MHLS/*Sosnitza*, § 34 Rn. 83; MüKoGmbHG/*Strohn*, § 34 Rn. 76; *Blath*, GmbHR 2012, 657 (662); *Grunewald*, GmbHR 2012, 769 (770); *Priester*, ZIP 2012, 658; *Schneider/Hoger*, NJW 2013, 502 (503); *Schockenhoff*, NZG 2012, 449 (450); *Ulmer*, FS Hoffmann-Becking (2013), 1261 (1262); *Wachter*, NZG 2016, 961 (963); ablehnend BeckOK GmbHG/*Schindler*, § 34 Rn. 57; Rowedder/Schmidt-Leithoff/*Görner*, § 34 Rn. 64; Scholz/*Westermann H. P.*, § 34 Rn. 60.

194 Vgl. die Nachweise in Fn. 192.

195 Vgl. unten A. X. 3. d), ee).

derfallen ist aber hinzunehmen.[196] § 5 Abs. 3 S. 2 GmbHG gilt nur für die Gründung der GmbH. In § 34 GmbHG wird nicht auf § 5 Abs. 3 S. 2 GmbHG verwiesen, anders als dies in §§ 55 Abs. 4, 58a Abs. 3 S. 1 GmbHG der Fall ist. Allerdings entsteht durch das Auseinanderfallen zwischen der Summe der Geschäftsanteile und der Höhe des Stammkapitals eine faktische Registersperre, wonach die Bearbeitung eines späteren Antrags auf Eintragung zum Handelsregister so lange verweigert werden kann, bis diese Diskrepanz beseitigt ist.[197] Die Gesellschafter können diese Diskrepanz entweder durch eine nominelle Kapitalherabsetzung gem. § 58a GmbHG oder durch die Bildung eines neuen Geschäftsanteils beseitigen, wozu es jeweils eines Gesellschafterbeschlusses mit 3/4-Mehrheit bedarf.[198] Ihnen steht auch die mit einfacher Mehrheit zu beschließende verhältniswahrende Aufstockung der übrigen Geschäftsanteile als Korrekturmöglichkeit zur Verfügung.[199]

d) Einziehungsentgelt

§ 10 Abs. 3 GV regelt das Einziehungsentgelt als zwingende Rechtsfolge der Einziehung.

aa) Schuldner des Einziehungsentgelts

Ohne gesellschaftsvertragliche Regelung ist die GmbH Schuldner des Einziehungsentgelts, § 13 Abs. 2 GmbHG.[200] Im GV kann aber geregelt werden, dass allein die in der Gesellschaft verbleibenden Gesellschafter Schuldner des Einziehungsentgelts sind.[201] Dann muss es erst recht möglich sein zu regeln, dass im Beschluss über die Einziehung gleichzeitig mit qualifizierter Mehrheit gem. § 53 Abs. 2, 2. Halbs. GmbHG darüber entschieden werden kann, ob die GmbH oder die in der Gesellschaft verbleibenden Gesellschafter Schuldner des Einziehungsentgelts sein sollen. Bei diesem Beschlussgegenstand ist jedenfalls das Stimmrecht des von der Einziehung betroffenen Gesellschafters auszuschließen, denn ob die Mitgesellschafter Schuldner des Einziehungsentgeltes sein wollen, müssen sie allein entscheiden können. Es empfiehlt sich daher eine entsprechende Regelung im GV.

bb) Höhe des Einziehungsentgelts

Grundsätzlich hat der ausscheidende Gesellschafter ausweislich des in § 738 Abs. 1 S. 2, 3. Fall BGB zum Ausdruck kommenden allgemeinen Rechtsgedankens[202] einen

---

[196] Vgl. *BGH* GmbHR 2015, 416; zustimmend Bork/Schäfer/*Thiessen*, § 34 Rn. 55; HK-GmbHG/*Klingsch*, § 34 Rn. 58; Lutter/Hommelhoff/*Lutter/Kleindiek*, § 34 Rn. 5; MüKoGmbHG/*Strohn*, § 34 Rn. 65; Roth/Altmeppen/*Altmeppen*; § 34 Rn. 89 ff.; a. A. *Drygala/Staake/Szalai*, § 12 Rn. 60;

[197] *BGH* GmbHR 2015, 416. Krit. dazu HK-GmbHG/*Klingsch*, § 34 Rn. 58; Lutter/Hommelhoff/*Lutter/Kleindiek*, § 34 Rn. 5; *Vossius*, NotBZ 2015, 228 (229); *Wachter*, BB 2015, 785.

[198] Bork/Schäfer/*Thiessen*, § 34 Rn. 53 f.; GroßKomm-GmbHG/*Ulmer/Habersack*, § 34 Rn. 70; HK-GmbHG/*Klingsch*, § 34 Rn. 59; MHLS/*Soznitza*, § 34 Rn. 125; MüKoGmbHG/*Strohn*, § 34 Rn. 67, 69.

[199] GroßKomm-GmbHG/*Ulmer/Habersack*, § 34 Rn. 68 f.; HK-GmbHG/*Klingsch*, § 34 Rn. 59; Lutter/Hommelhoff/*Lutter/Kleindiek*, § 34 Rn. 6; MHLS/*Soznitza*, § 34 Rn. 124; MüKoGmbHG/*Strohn*, § 34 Rn. 68.

[200] Ganz h. A., vgl. GroßKomm-GmbHG/*Ulmer/Habersack*, § 34 Rn. 74; Lutter/Hommelhoff/*Lutter/Kleindiek*, § 34 Rn. 48a; MüKoGmbHG/*Strohn*, § 34 Rn. 206; Scholz/*Westermann H. P.*, § 34 Rn. 65.

[201] Vgl. Lutter/Hommelhoff/*Lutter/Kleindiek*, § 34 Rn. 48a.

[202] Vgl. MHLS/*Soznitza*, § 34 Rn. 47; a. A. GroßKomm-GmbHG/*Ulmer/Habersack*, § 34 Rn. 72 – Analogie zu § 738 Abs. 1 S. 2, 3. Fall BGB.

Anspruch auf eine (vollwertige) Abfindung in Höhe des Verkehrswertes seines Geschäftsanteils.[203] Diesem Prinzip trägt § 10 Abs. 3 S. 1 GV Rechnung.[204]

Gem. § 10 Abs. 3 S. 2 GV soll das Einziehungsentgelt für die Fälle der Pfändung des Anteils oder der Insolvenzeröffnung über das Privatvermögen eines Gesellschafters ausgeschlossen sein. Von dem Grundsatz einer vollwertigen Abfindung kann zwar im GV abgewichen werden.[205] Streitig ist aber, wie weit eine Abfindungsbeschränkung zulässig ist[206] und ob es möglich ist, eine Einziehung ausnahmsweise auch ohne Entgelt zuzulassen.[207] Diese Frage kann jedoch offen bleiben. Es besteht Einigkeit, dass es nicht möglich ist, einen Ausschluss der Abfindung ausschließlich für den Fall des Ausscheidens eines Gesellschafters infolge der Einziehung wegen Zwangsvollstreckung in den Geschäftsanteil oder der Eröffnung des Insolvenzverfahrens über das Privatvermögen des Gesellschafters vorzusehen.[208] Das wäre eine einseitige und sittenwidrige Gläubigerbenachteiligung, weil der gepfändete Geschäftsanteil in der Hand des Gläubigers praktisch wertlos wäre, wenn die Gesellschafter die Einziehung beschließen. Eine derartige Gestaltung ist somit unzulässig. Die Regelung in § 10 Abs. 3 S. 2 GV sollte daher gestrichen werden.

cc) Fälligkeit des Einziehungsentgelts

Der Anspruch auf das Einziehungsentgelt ist mit Wirksamwerden der Einziehung gem. § 271 BGB grundsätzlich sofort fällig.[209] Die Fälligkeit tritt folglich vorbehaltlich abweichender gesellschaftsvertraglicher Regelungen im Zeitpunkt der Mitteilung der Einziehung an den betroffenen Gesellschafter ein. Beachtlich ist indes, dass die Zahlung des Einziehungsentgelts gem. § 34 Abs. 3 GmbHG nicht gegen das Kapitalerhaltungsgebot des § 30 Abs. 1 GmbHG verstoßen darf. Das Einziehungsentgelt ist somit aus dem ungebundenen Gesellschaftsvermögen zu leisten. Steht bereits bei der Beschlussfassung über die Einziehung fest, dass die Zahlung des Einziehungsentgelts zulasten des gebundenen Vermögens geht, ist der Einziehungsbeschluss analog § 241

---

[203] HK-GmbHG/*Klingsch*, § 34 Rn. 38. Zur Abfindung des ausgeschiedenen Gesellschafters nach der gesetzlichen Regelung vgl. GroßKomm-GmbHG/*Ulmer/Habersack*, § 34 Rn. 72 ff.; Lutter/Hommelhoff/*Lutter/Kleindiek*, § 34 Rn. 78 ff.; MHLS/*Sosnitza*, § 34 Rn. 45 ff.; MüKoGmbHG/*Strohn*, § 34 Rn. 46; *Hirte*, Rn. 4.86; *Schmidt K.*, GesR, § 50 IV 1 (S. 1462 ff. m. w. N.). Zur Parallelsituation bei Personengesellschaften vgl. BeckOK BGB/*Schöne*, § 738 Rn. 13 ff.

[204] Zur Abfindung und § 30 Abs. 1 GmbHG vgl. BGHZ 192, 236 ff. und hierzu *Altmeppen*, ZIP 2012, 1685 ff.; *Grunewald*, GmbHR 2012, 769 ff.; *Priester*, ZIP 2012, 658 ff.; *Schockenhoff*, NZG 2012, 449 ff.

[205] Zu § 738 BGB als dispositives Recht vgl. statt aller BeckOK BGB/*Schöne*, § 738 Rn. 26 m. w. N.

[206] Vgl. hierzu eingehend BeckOK GmbHG/*Schindler*, § 34 Rn. 101 ff.; Lutter/Hommelhoff/*Lutter/Kleindiek*, § 34 Rn. 81 ff.; MüKoGmbHG/*Strohn*, § 34 Rn. 205 ff.; Roth/Altmeppen/*Altmeppen*, § 34 Rn. 57 ff.; Scholz/*Westermann H. P.*, § 34 Rn. 29 ff.; MHLS/*Sosnitza*, § 34 Rn. 55 ff.; *Hirte*, Rn. 4.94 ff. Zur Parallelsituation bei Personengesellschaften vgl. BeckOK BGB/*Schöne*, § 738 Rn. 29 ff. und Bd. I Fall 24.

[207] Dazu Rowedder/Schmidt-Leithoff/*Görner*, § 34 Rn. 55 ff. und ausführlich MHLS/*Sosnitza*, § 34 Rn. 61 ff.; in Ausnahmefällen befürwortend auch Roth/Altmeppen/*Altmeppen*, § 34 Rn. 58.

[208] Ganz h. A., vgl. BGHZ 65, 22 (26); Baumbach/Hueck/*Fastrich*, § 34 Rn. 30; GroßKomm-GmbHG/*Ulmer/Habersack*, § 34 Rn. 94 f.; HK-GmbHG/*Klingsch*, § 34 Rn. 50, 53; Lutter/Hommelhoff/*Lutter/Kleindiek*, § 34 Rn. 96; MHLS/*Soznitza*, § 34 Rn. 62; MüKoGmbHG/*Strohn*, § 34 Rn. 234 f.; Rowedder/Schmidt-Leithoff/*Görner*, § 34 Rn. 49; MünchHdb.GesR III/*Kort*, § 28 Rn. 25. Zur Parallelsituation bei Personengesellschaften vgl. BeckOK BGB/*Schöne*, § 738 Rn. 34.

[209] Vgl. statt aller Bork/Schäfer/*Thiessen*, § 34 Rn. 94; MHLS/*Soznitza*, § 34 Rn. 52.

Nr. 3 AktG nichtig, sofern er nicht klarstellt, dass die Auszahlung erst erfolgen darf, wenn genügend ungebundenes Vermögen vorhanden ist.[210] Diese Rechtslage kann es erschweren bzw. unmöglich machen, den Geschäftsanteil von *M* als Mehrheitsgesellschafter einzuziehen, selbst wenn er einen wichtigen Grund zur Zwangseinziehung verwirklicht hat. Es kann sich daher zur temporären Begrenzung des Mittelabflusses empfehlen, eine Ratenzahlung für die Zahlung des Einziehungsentgelts vorzusehen.[211]

dd) Haftung der übrigen Gesellschafter für das Einziehungsentgelt

Der von der Zwangseinziehung betroffene Gesellschafter bedarf eines Schutzes dahingehend, dass er das ihm zustehende Einziehungsentgelt erhält. Stellt sich nach der Beschlussfassung über die Zwangseinziehung heraus, dass das ungebundene Vermögen nicht ausreicht, ihm das Einziehungsentgelt vollständig zu zahlen, ohne dass gegen das Kapitalerhaltungsgebot des § 30 Abs. 1 GmbHG verstoßen würde, greift nach der Grundsatzentscheidung des BGH vom 24.1.2012 daher eine proratarische Haftung der in der Gesellschaft verbleibenden Gesellschafter ein,[212] und zwar unabhängig davon, ob der Gesellschafter für oder gegen den Einziehungsbeschluss gestimmt hat.[213] Demnach haften die in der Gesellschaft verbleibenden Gesellschafter, wenn sie nicht dafür Sorge tragen, dass das Einziehungsentgelt aus ungebundenem Vermögen erfolgen kann oder die Gesellschaft fortsetzen, anstatt sie aufzulösen.[214]

Auf welcher Rechtsgrundlage diese Haftung fußt, ist jedoch völlig unklar.[215] Mithin sind auch die Voraussetzungen der Haftung nicht mit hinreichender Sicherheit

---

[210] Vgl. BGHZ 9, 157 (173 f.); 144, 365 (369 f.); 192, 236 Rn. 7; *BGH* DStR 2001, 1898; 2006, 1900 (1901); Bork/Schäfer/*Thiessen*, § 34 Rn. 36; GroßKomm-GmbHG/*Ulmer/Habersack*, § 34 Rn. 20; Henssler/Strohn/*Fleischer*, § 34 GmbHG Rn. 13; MHLS/*Soznitza*, § 34 Rn. 17; MüKoGmbHG/*Strohn*, § 34 Rn. 31, 72; a. A. Baumbach/Hueck/*Fastrich*, § 34 Rn. 40a, 47; HK-GmbHG/*Klingsch*, § 34 Rn. 20 Lutter/Hommelhoff/*Lutter/Kleindiek*, § 34 Rn. 49a – Wirksamkeit des Einziehungsbeschlusses bei gleichzeitiger pro ratarischer Ausfallhaftung der Mitgesellschafter.

[211] Zu Ratenzahlungsvereinbarungen und ihren rechtlichen Grenzen vgl. Baumbach/Hueck/*Fastrich*, § 34 Rn. 38; Bork/Schäfer/*Thiessen*, § 34 Rn. 88; GroßKomm-GmbHG/*Ulmer/Habersack*, § 34 Rn. 92; Lutter/Hommelhoff/*Lutter/Kleindiek*, § 34 Rn. 82; MüKoGmbHG/*Strohn*, § 34 Rn. 229.

[212] BGHZ 192, 236 Rn. 15; bestätigt in BGHZ 210, 186 Rn. 22; *BGH* ZIP 2018, 1540 (1541); zustimmend Baumbach/Hueck/*Fastrich*, § 34 Rn. 48; Lutter/Hommelhoff/*Lutter/Kleindiek*, § 34 Rn. 49; MHLS/*Sosnitza*,§ 34 Rn. 83; MüKoGmbHG/*Strohn*, § 34 Rn. 77; Roth/Altmeppen/*Altmeppen*, § 34 Rn. 20; *Altmeppen*, ZIP 2013, 1685 (1687 ff.); *Priester*, ZIP 2012, 658 (659); *Schneider/Hoger*, NJW 2013, 502 (505); *Schockenhoff*, NZG 2012, 449 (450); ablehnend BeckOK GmbHG/*Jaeger*, § 34 Rn. 57; Bork/Schäfer/*Thiessen*, § 34 Rn. 38; GroßKomm-GmbHG/*Ulmer/Habersack*, § 34 Rn. 63.

[213] Ebenso Baumbach/Hueck/*Fastrich*, § 34 Rn. 46; BeckOK GmbHG/*Schindler*, § 34 Rn. 56.1; GroßKomm-GmbHG/*Ulmer/Habersack*, § 34 Rn. 64a; Henssler/Strohn/*Fleischer*, § 34 GmbHG Rn. 22; Lutter/Hommelhoff/*Lutter/Kleindiek*, § 34 Rn. 49; MHLS/*Sosnitza*, § 34 Rn. 84; MüKoGmbHG/*Strohn*, § 34 Rn. 77; Rowedder/Schmidt-Leithoff/*Görner*, § 34 Rn. 64; *Altmeppen*, ZIP 2012, 1685 (1691); *Schmidt J.*, GmbHR 2013, 953 (958); *Schneider St.*, ZIP 2016, 2141 (2145); *Schneider/Hoger*, NJW 2013, 502 (506); *Ulmer*, FS Hoffmann-Becking (2013), 1261 (1269); a. A. noch *Schockenhoff*, NZG 2012, 449 (451 f.).

[214] BGHZ 192, 236 Rn. 21; 210, 186 Rn. 23.

[215] Die Haftung wird aus Billigkeitserwägungen auf ein treuwidriges Verhalten zurückgeführt, vgl. BGHZ 192, 236 Rn. 21; BGHZ 210, 186 Rn. 23; BeckOK GmbHG/*Schindler*, § 34 Rn. 56.1; MüKoGmbHG/*Strohn*, § 34 Rn. 75; *Gubitz/Nikoleyczik*, NZG 2013, 727 (731); *Schäfer F.*, DStR 2016, 2116 (2117); *Schockenhoff*, NZG 2012, 449 (450 f.). Dies ist indes

bestimmbar.[216] Auch diese sog. Haftungslösung ist daher mit schwierigen Folgefragen für die in der Gesellschaft verbleibenden Gesellschafter einerseits und dem von der Zwangseinziehung betroffenen Gesellschafter andererseits verbunden.[217] Einer mit derartigen Unsicherheiten belasteten Haftungsgefahr werden sich die Gesellschafter nicht aussetzen wollen. Daher empfiehlt sich eine von diesen Grundsätzen abweichende Regelung im GV.[218]

Ob die proratarische Haftung im GV gänzlich abbedungen werden kann, ist bisher nicht abschließend geklärt,[219] sodass sich eine derartige Regelung im GV nicht empfiehlt. Die Gesellschafter können jedoch das Wirksamwerden der Einziehung an weitere Voraussetzungen knüpfen. Wenngleich die sog. Bedingungslösung aufgrund schwieriger Folgefragen nach der Rechtsprechung des BGH der sog. Haftungslösung weichen musste, ist den Gesellschaftern die Aufnahme dieser Bedingungslösung in den GV anzuraten.[220] Den mit der Bedingungslösung verbundenen Folgefragen über die Rechtsstellung des von der Zwangseinziehung betroffenen Gesellschafters kann ohne weiteres gesellschaftsvertraglich begegnet werden. So kann im GV geregelt werden, dass die mitgliedschaftsrechtlichen Verwaltungsrechte des von der Zwangseinziehung betroffenen Gesellschafters nach Zugang der Mitteilung des Einziehungsbeschlusses ruhen.[221]

---

schwerlich mit der in diesen Entscheidungen anklingenden Haftung der gegen die Zwangseinziehung stimmenden Gesellschafter zu vereinbaren, sodass es sich rechtsdogmatisch wohl um eine offene Rechtsfortbildung handelt, vgl. Baumbach/Hueck/*Fastrich*, § 34 Rn. 46; GroßKomm-GmbHG/*Ulmer/Habersack*, § 34 Rn. 63; MHLS/*Sosnitza*, § 34 Rn. 83; Rowedder/Schmidt-Leithoff/*Görner*, § 34 Rn. 63; Scholz/*Westermann H. P.*, § 34 Rn. 59; *Schmidt J.*, GmbHR 2013, 953 (946 f.); *Ulmer*, FS Hoffmann-Becking (2013), 1261 (1268). Vgl. zu den anderen Ansätzen einer rechtsdogmatischen Begründung statt aller GroßKomm-GmbHG/*Ulmer/Habersack*, § 34 Rn. 63 m. w. N.

216 Bisher lässt sich allenfalls in Einzelfällen bestimmen, wann eine Haftung *nicht* eintreten soll, vgl. mit einer entsprechenden negativen Abgrenzung BGHZ 210, 186 Rn. 23, 25 f.; Baumbach/Hueck/*Fastrich*, § 34 Rn. 44; BeckOK GmbHG/*Schindler*, § 34 Rn. 56.2; MHLS/*Sosnitza*, § 34 Rn. 84; *Altmeppen*, ZIP 2016, 1557 (1557 ff.); *Schäfer F.*, DStR 2016, 2116 (2117); *Schneider St.*, ZIP 2016, 2141 (2143 f.); *Wachter*, NZG 2016, 961 (965 f.).

217 Baumbach/Hueck/*Fastrich*, § 34 Rn. 49 f.; BeckOK GmbHG/*Schindler*, § 34 Rn. 57; GroßKomm-GmbHG/*Ulmer/Habersack*, § 34 Rn. 64a; MHLS/*Sosnitza*, § 34 Rn. 84; Scholz/*Westermann H. P.*, § 34 Rn. 60; *Altmeppen*, ZIP 2012, 1685; *ders.*, ZIP 2016, 1557; *Grunewald*, GmbHR 2012, 769 (770 f.); *Schneider/Hoger*, NJW 2013, 502 (506 f.); *Ulmer*, FS Hoffmann-Becking (2013), 1261 (1270 f.); *Zinger*, ZGR 2017, 196 (201); vgl. zu den mit der Haftung verbundenen Problemen der in der Gesellschaft verbleibenden Gesellschafter überdies MüKoGmbHG/*Strohn*, § 34 Rn. 77a.

218 Zu allgemeinen Regelungsempfehlungen vgl. Lutter/Hommelhoff/*Lutter/Kleindiek*, § 34 Rn. 50; *Klöckner*, GmbHR 2012, 1325, 1327; *Schmidt J.*, GmbHR 2013, 953, 961; *Schäfer F.*, DStR 2016, 2116 (2118); *Schneider St.*, ZIP 2016, 2141 (2147); *Schneider/Hoger*, NJW 2013, 502 (507); *Zinger*, ZGR 2017, 196 (207 f.).

219 Dafür Lutter/Hommelhoff/*Lutter/Kleindiek*, § 34 Rn. 50; Rowedder/Schmidt-Leithoff/*Görner*, § 34 Rn. 67; *Stumpf/Müller*, GWR 2012, 143 (145); dagegen Baumbach/Hueck/*Fastrich*, § 34 Rn. 47; MHLS/*Sosnitza*, § 34 Rn. 84; MüKoGmbHG/*Strohn*, § 34 Rn. 78; *Schmidt J.*, GmbHR 2013, 953 (960); *Zinger*, ZGR 2017, 196 (207 f.); einschränkend *Grunewald*, GmbHR 2012, 769 (771); *Schneider St.*, ZIP 2016, 2141 (2146); *Wachter*, NZG 2016, 961 (967).

220 BeckOK GmbHG/*Schindler*, § 34 Rn. 58; Rowedder/Schmidt-Leithoff/*Görner*, § 34 Rn. 66; *Grunewald*, GmbHR 2012, 769, 771; *Wachter*, NZG 2016, 961 (967); *Zinger*, ZGR 2017, 196 (207); ähnlich MüKoGmbHG/*Strohn*, § 34 Rn. 78.

221 Rowedder/Schmidt-Leithoff/*Görner*, § 34 Rn. 63; Scholz/*Westermann H. P.*, § 34 Rn. 60a; *Zinger*, ZGR 2017, 196 (207); a. A. MüKoGmbHG/*Strohn*, § 34 Rn. 76.

ee) Empfehlung

Mit Blick auf die haftungsrechtliche Bedeutung des Wirksamwerdens der Einziehung empfiehlt sich die Regelung in einem gesonderten Absatz in § 10 GV. Es wird daher empfohlen zunächst folgendes zu regeln:

„*¹Mit Wirksamwerden der Einziehung wird der eingezogene Geschäftsanteil vernichtet. ²Die Einziehung wird erst mit vollständiger Auszahlung des Einziehungsentgelts wirksam. ³Die mitgliedschaftsrechtlichen Verwaltungsrechte des von der Einziehung betroffenen Gesellschafters ruhen im Zeitraum zwischen dem Zugang der Mitteilung der Einziehung beim von der Einziehung betroffenen Gesellschafter und dem Wirksamwerden der Einziehung.*“

Das Einziehungsentgelt sollte sodann unter Berücksichtigung der erforderlichen Streichung des Satzes 2[222] von Abs. 3 des § 10 GV in der Entwurfsfassung wie folgt geregelt werden:

„*¹Die Einziehung erfolgt grundsätzlich gegen Entgelt, das dem tatsächlichen Wert des Geschäftsanteils entspricht. ²Schuldner des Einziehungsentgelts ist die Gesellschaft, sofern die Gesellschafterversammlung nicht im Zusammenhang mit dem Einziehungsbeschluss mit 3/4-Mehrheit unter Ausschluss des von der Einziehung betroffenen Gesellschafters beschließt, dass die in der Gesellschaft verbleibenden Gesellschafter das Einziehungsentgelt pro rata ihrer Geschäftsanteile schulden. ³Das Einziehungsentgelt wird in drei (alternativ: fünf) Jahresraten ausgezahlt. ⁴Der noch nicht ausgezahlte Anteil des Einziehungsentgelts wird mit 4 % p. a. (vgl. § 246 BGB) verzinst.*“

4. § 10 im Gesamtkontext

Wegen der zahlreichen vorgeschlagenen Änderungen und Ergänzungen zu § 10 GV empfiehlt es sich die Absätze systematisch nach den folgenden Gesichtspunkten zu strukturieren: Allgemeine Voraussetzungen der Einziehung eines Geschäftsanteils, Voraussetzungen der Zwangseinziehung, Einziehungsverfahren, Wirksamwerden der Einziehung, Einziehungsentgelt.[223] Dabei sind geringfügige redaktionelle Anpassungen gegenüber den bislang vorgeschlagenen Regelungen erforderlich.

XI. Salvatorische Klausel

Durch die salvatorische Klausel in § 11 GV wollen die Parteien eine Gesamtnichtigkeit nach § 139 BGB bei Nichtigkeit eines Vertragsteiles vermeiden.[224] Satz 2 von § 11 GV hat den Sinn, die Parteien zu einer geltungserhaltenden Reduktion zu verpflichten. Ohne diese Verpflichtung würde die unwirksame Bestimmung durch die gesetzliche Regelung ersetzt, was von den Parteien durch die unwirksame Bestimmung gerade vermieden werden sollte.

XII. Gründungskosten

Der Vertragsentwurf enthält keine Angaben über die Gründungskosten. Unter diesen Kosten sind die Ausgaben zu verstehen, die durch die Errichtung der Gesellschaft und die Erbringung der Einlagen anfallen, d. h. also Notar- und Gerichtsgebühren, Leistungen an Gründer oder Dritte für beratende Tätigkeiten aus Anlass der Gründung. Dazu gehört auch die bei der Gründung entstehende Kapitalver-

---

[222] Vgl. oben A. X. 3. d), bb).
[223] Vgl. unten unter C.
[224] Siehe *Sommer/Weitbrecht*, GmbHR 1991, 449.

kehrssteuer. Nach h.M. ist bei der GmbH § 26 Abs. 2 AktG entsprechend anzuwenden.[225] Danach sind die Gründer die alleinigen Schuldner für den Gründungsaufwand, sofern die Satzung nichts Gegenteiliges anordnet. Hat die Gesellschaft in einem solchen Fall den Gründungsaufwand selbst aufgebracht, sind die Gesellschafter verpflichtet, ihr diesen zu erstatten.[226] Um eine Kostentragungspflicht der Gesellschafter für den Gründungsaufwand zu verhindern, muss dieser daher in der Satzung festgelegt werden, wobei der voraussichtliche Gesamtbetrag anzugeben ist. In den Gesellschaftsvertrag sollte deshalb noch folgende Bestimmung eingefügt werden:

§ X Gründungskosten

„Die Gesellschaft übernimmt die Gründungskosten bis zum Betrag von … Euro."

B. Aufgabe 2. – Entwurf einer Regelung über das Ausscheiden der Gesellschafter

Der GV berücksichtigt bislang nicht den Wunsch der Gesellschafter nach Einräumung einer Möglichkeit, aufgrund einseitiger Erklärung binnen einer bestimmten Frist aus der Gesellschaft auszuscheiden. Eine entsprechende Vertragsbestimmung ist daher noch in den GV aufzunehmen.

Die Befugnis zur ordentlichen Kündigung kann sich gem. § 60 Abs. 2 GmbHG aus einer gesellschaftsvertraglichen Kündigungsklausel ergeben. Die mit einer gesellschaftsvertraglich vorgesehenen *ordentlichen* Kündigungsmöglichkeit durch einen Gesellschafter verbundene Rechtsfolge ist jedoch streitig. Die Ausübung eines gem. § 60 Abs. 2 GmbHG eingeräumten Kündigungsrechts führt nach wohl überwiegender Auffassung zur Auflösung der Gesellschaft.[227] Zum Teil wird aber auch die Ansicht vertreten, die Kündigung führe nur zum Ausscheiden des kündigenden Gesellschafters.[228] Angesichts der Unsicherheit über die Rechtsfolgen eines derartigen Kündigungsrechts empfiehlt es sich daher in jedem Fall, die mit einer Kündigungserklärung verbundene Rechtsfolge im GV eindeutig zu regeln.[229]

Bei der Vereinbarung eines ordentlichen Kündigungsrechts sind nicht nur die Belange des ausscheidenswilligen Gesellschafters, sondern auch diejenigen der verbleibenden Gesellschafter zu berücksichtigen. Ein Kündigungsrecht des ausscheidenswilligen Gesellschafters in Form eines bloßen Austrittsrechtes dient den Interessen der übrigen Gesellschafter in jedem Fall besser als ein Recht zur Auflösung der Gesellschaft. Wird das ordentliche Kündigungsrecht als Austrittsrecht konzipiert, scheidet der betreffende Gesellschafter aus, während die Gesellschaft von den übrigen Gesellschaftern fortgesetzt wird.

Mit dem Ausscheiden eines Gesellschafters aus einer GmbH ist jedoch noch nicht bestimmt, welches Schicksal sein Geschäftsanteil erleidet. Der Geschäftsanteil geht durch einen Austritt nicht automatisch unter. Er bleibt bis zur Entscheidung der

---

[225] BGHZ 107, 1 Rn. 6; Baumbach/Hueck/*Fastrich*, § 5 Rn. 57; Bork/Schäfer/*Schäfer*, § 5 Rn. 35; Lutter/Hommelhoff/*Bayer*, § 3 Rn. 52; MüKoGmbHG/*Schwandtner*, § 5 Rn. 272 ff.; GmbH-Hdb/*Wälzholz*, Rz. I Rn. 276.

[226] BGHZ 107, 1 Rn. 6; MünchHdb.GesR III/*Mayer*, § 20 Rn. 107.

[227] RGZ 93, 326 (327); 95, 39 (40); 113, 147 (149); Baumbach/Hueck/*Haas*, § 60 Rn. 90; Groß-Komm-GmbHG/*Casper*, § 60 Rn. 114, 119; MüKoGmbHG/*Berner*, § 60 Rn. 229; MünchHdb.GesR III/*Weitbrecht*, § 62 Rn. 22; *Meyer-Landrut*, FS Stimpel (1985), 431 (440).

[228] Bork/Schäfer/*Roth M.*, § 60 Rn. 15; Lutter/Hommelhoff/*Kleindiek*, § 60 Rn. 27; Rowedder/Schmidt-Leithoff/*Gesell*, § 60 Rn. 45.

[229] Vgl. ausführlich Lutter/Hommelhoff/*Kleindiek*, § 60 Rn. 27; MüKoGmbHG/*Berner*, § 60 Rn. 223 ff.; ferner MHLS/*Nerlich*, § 60 Rn. 319; Rowedder/Schmidt-Leithoff/*Gesell*, § 60 Rn. 45; Scholz/*Schmidt K./Bitter*, § 60 Rn. 77 f.

Gesellschaft über dessen Verwertung bestehen. Es ist daher wichtig, auch diese Frage zu regeln. Wahlweise ist entweder die Möglichkeit der Einziehung vorzusehen – hierzu sollte vorsorglich in § 10 Abs. 2 GV eine Ergänzung der beispielhaft aufgeführten Tatbestände der Zwangseinziehung um den Fall der ordentlichen Kündigung eines Gesellschafters vorgenommen werden – oder die Übernahme des Geschäftsanteils durch die übrigen Gesellschafter oder die Gesellschaft. Sollten letztlich im konkreten Kündigungsfall alle diese Möglichkeiten scheitern, etwa weil keine Einigung erzielt werden oder kein über den Betrag des Stammkapitals hinausgehendes Vermögen vorhanden ist, dürfte die Auflösung der Gesellschaft als ultima ratio sinnvoll sein.

Die Kündigungsklausel selbst sollte auch eine Bestimmung darüber enthalten, dass der kündigende Gesellschafter zwischen Kündigung und endgültigem Ausscheiden seine Rechte weiterhin wahrnehmen kann. Dies ist zwar ohnehin der Fall,[230] dient aber der Klarstellung. Der Gesellschaftsvertrag kann deshalb durch Einfügung eines § 11 beispielsweise um folgende Kündigungsklausel ergänzt werden:

§ 11 Kündigung der Gesellschaft

(1) „¹Jeder Gesellschafter kann mit einer Frist von sechs Monaten zum Ende eines Geschäftsjahres die Gesellschaft kündigen. ²Die Kündigung ist gegenüber dem Geschäftsführer zu erklären und bedarf der Schriftform.

(2) ¹Die Kündigung bewirkt das Ausscheiden des Gesellschafters aus der Gesellschaft mit Ablauf des Kündigungstermins. ²Sie hat ausnahmsweise die Auflösung der Gesellschaft zur Folge, wenn nicht die Gesellschaft binnen einer Frist von sechs Monaten seit Empfang der Kündigung die Einziehung der Anteile des kündigenden Gesellschafters erklärt oder deren Abtretung an die Gesellschaft oder einen Dritten verlangt.

(3) Dem Gesellschafter stehen bis zu seinem Ausscheiden alle Gesellschafterrechte zu.“

C. Gesamtlösung

Der GV hätte somit unter Berücksichtigung aller Änderungs- und Ergänzungsvorschläge folgenden Wortlaut:

Gesellschaftsvertrag

§ 1 Firma, Sitz

(1) ¹Michael Marks, Detlef Doller und Johannes Jung errichten eine Gesellschaft mit beschränkter Haftung. ²Die Firma der Gesellschaft lautet „Marks & Doller Car Import GmbH“.

(2) Sitz der Gesellschaft ist Münster.

[230] H. A., vgl. BGHZ 88, 320 (325); *BGH* NZG 2010, 270 (271); *OLG Celle* WM 1983, 425 (427); *OLG Düsseldorf* NZG 2010, 1180 (1181); Baumbach/Hueck/*Fastrich,* Anh. § 34 Rn. 26; BeckOK GmbHG/*Schindler*, § 34 Rn. 90; Bork/Schäfer/*Thiessen*, § 34 Rn. 76; HK-GmbHG/*Klingsch*, Anh. § 34 Rn. 31; Lutter/Hommelhoff/*Lutter/Kleindiek*, § 34 Rn. 76; MHLS/*Sosnitza*, Anh. § 34 Rn. 64 f.; MüKoGmbHG/*Strohn*, § 34 Rn. 198; Roth/Altmeppen/*Altmeppen*, § 60 Rn. 114; Scholz/*Seibt*, Anh. § 34 Rn. 17; MünchHdb.GesR III/*Kort*, § 29 Rn. 26; a. A. RGZ 114, 212 (218); 125, 114 (118); GroßKomm-GmbHG/*Ulmer/Habersack*, Anh. § 34 Rn. 60 f.; GmbH-Hdb/*Rodewald*, Rz. I Rn. 1352; *Immenga*, S. 312; *Esch*, GmbHR 1981, 25 (27 f.) – jeweils Ruhen der Mitgliedschaftsrechte.

§ 2 Gegenstand

¹Gegenstand des Unternehmens sind der Import von PKW aus den USA und deren Verkauf in Deutschland sowie sämtliche damit zusammenhängende und den Gesellschaftszweck fördernde Geschäfte.

§ 3 Stammkapital, Geschäftsanteile

(1) Das Stammkapital der Gesellschaft beträgt 150.000 EUR (iin Worten: Euro einhundertfünfzigtausend).

(2) Auf das Stammkapital übernimmt[231]

a) Michael Marks einen Geschäftsanteil zu einem Nennbetrag von 100.000 EUR (in Worten: einhunderttausend Euro).
b) Detlef Doller einen Geschäftsanteil zu einem Nennbetrag von 30.000 EUR (in Worten: vierzigtausend Euro).
c) Johannes Jung einen Geschäftsanteil zu einem Nennbetrag von 10.000 EUR (in Worten: zehntausend Euro).

(3) ¹Detlef Doller und Michael Marks leisten ihre Einlage, indem sie das unter der Firma „Marks & Doller International Car Import" betriebene Handelsgeschäft, eingetragen im Handelsregister des Amtsgerichts Münster (HRA Nr. 42), mit allen Aktiven und Passiven einbringen. ²Hierfür wird jedem der Gesellschafter ein Betrag von 30.000 EUR auf seine Einlageverpflichtung angerechnet. ³Den darüber hinausgehenden Betrag seiner Einlageverpflichtung hat der Gesellschafter Michael Marks vor Eintragung der Gesellschaft in bar zu erbringen.

(4) a) Die Einbringung erfolgt aufgrund der diesem Vertrag als Anlage beigefügten Bilanz der Marks & Doller International Car Import OHG zum 31.12.2018 als Einbringungsbilanz mit der Maßgabe, dass die OHG von diesem Tag an als für Rechnung der Gesellschaft geführt gilt.

b) Der Vollzug der Einbringung erfolgt aufgrund des zwischen der Marks & Doller International Car Import OHG und der Gesellschaft am Gründungstag abzuschließenden Einbringungsvertrages, der dem GV als Anlage beigefügt ist.

(5) ¹Johannes Jung hat 25 % seiner Einlage vor Anmeldung der Gesellschaft zum Handelsregister zu leisten. ²Der Rest wird aufgrund eines entsprechenden Gesellschafterbeschlusses fällig.

§ 4 Geschäftsführung, Vertretung

(1) ¹Die Gesellschaft hat einen oder mehrere Geschäftsführer. ²Sind mehrere Geschäftsführer bestellt, wird die Gesellschaft durch jeweils zwei von ihnen vertreten.

(2) Durch Gesellschafterbeschluss kann allen oder einzelnen Geschäftsführern Alleinvertretungsbefugnis und Befreiung von den Beschränkungen des § 181 BGB erteilt werden.

(3) ¹Die Vertretungsbefugnis der Geschäftsführer ist unbeschränkt. ²Der Geschäftsführer bedarf zur Vornahme außergewöhnlicher Geschäfte der vorherigen Zustimmung der Gesellschafterversammlung, die mit 3/4-Mehrheit des bei der Beschlussfassung vorhandenen Stammkapitals entscheidet. ³Außergewöhnliche Geschäfte sind insbesondere …[232]

[231] Zu den wirtschaftlichen Folgen für diese Festlegung der Höhe der Geschäftsanteile für *M*, *D* und *J* und der möglichen Bestimmung anderer Beteiligungsverhältnisse vgl. A. IV. 2. c), 3.

[232] Zu den rechtlichen und wirtschaftlichen Gründen für die Änderung von Satz 2 und 3 vgl. A. V. 3.

§ 5 Geschäftsführer

¹Der Gesellschafter Michael Marks wird zum Geschäftsführer bestellt. ²Er ist allein zur Vertretung der Gesellschaft berechtigt. ³Sollten andere Geschäftsführer bestellt werden, ändert dies nichts an der Alleinvertretungsberechtigung von Michael Marks. ⁴Der Geschäftsführer Michael Marks ist von den Beschränkungen des § 181 BGB befreit.

§ 6 Ergebnisverwendung

(1) Die Gesellschafterversammlung beschließt über die Verwendung des Jahresergebnisses.

(2) Der ausgeschüttete Gewinn steht den Gesellschaftern entsprechend ihren Geschäftsanteilen zu.

(3) ¹Vom Jahresergebnis i. S. v. § 29 Abs. 1 S. 1 GmbHG sind x % zu thesaurieren und weitere y % an die Gesellschafter auszuschütten. ²Über die Verwendung des danach verbleibenden Restes des Jahresergebnisses entscheiden die Gesellschafter mit einfacher Mehrheit.[233]

§ 7 Gesellschafterversammlung und Gesellschafterbeschlüsse

(1) ¹Die Gesellschafterversammlung wird von dem Geschäftsführer einberufen. ²Sind mehrere Geschäftsführer bestellt, hat jeder von ihnen die Befugnis zur Einberufung der Gesellschafterversammlung. ³Ein Gesellschafter, dessen Geschäftsanteile mindestens dem zwanzigsten Teil des Stammkapitals entspricht, ist zur Einberufung der Gesellschafterversammlung berechtigt, wenn er zuvor unter Angabe des Zwecks und der Gründe von dem Geschäftsführer die Einberufung der Gesellschafterversammlung verlangt hat und seit dem Zugang dieses Verlangens ein Zeitraum von zwei Wochen verstrichen ist, ohne dass den Gesellschaftern eine entsprechende Einberufung durch den Geschäftsführer unter Beachtung der Frist gem. § 51 Abs. 1 S. 2 GmbHG zugegangen ist.«[234]

(2) Die Gesellschafterversammlung findet am Sitz der Gesellschaft in deren Geschäftsräumen statt.[235]

(3) ¹Die Einberufung zur Gesellschafterversammlung erfolgt mittels eingeschriebenen Briefes, in dem die Zeit und der Ort der Gesellschafterversammlung, der Einberufende und die Tagesordnung anzugeben sind. ²Satzungsändernde Beschlüsse müssen in der Tagesordnung so hinreichend genau angekündigt werden, dass die Gesellschafter den beabsichtigten Wortlaut der Satzungsänderung erkennen können. ³Entsprechendes gilt für die Beschlussfassung über sonstige Grundlagengeschäfte.[236]

(4) Die Einberufungsfrist beträgt mindestens zwei Wochen.[237]

(5) ¹Ist die Gesellschafterversammlung nicht ordnungsmäßig berufen, können Beschlüsse nur gefasst werden, wenn sämtliche Gesellschafter anwesend sind. ²Das gleiche gilt in Bezug auf Beschlüsse über Gegenstände, welche nicht wenigstens drei Tage vor der Versammlung in der für die Berufung vorgeschriebenen Weise angekündigt worden sind.«[238]

(6) ¹Die Versammlungsleitung obliegt .... ²Der Versammlungsleiter hat die Kompetenz zur Beschlussfeststellung.[239]

---

[233] Zum Grund für die Einfügung dieses Abs. 3 vgl. A. VI.
[234] Vgl. hierzu die Erwägungen unter A. VII. 4. a), aa).
[235] Vgl. hierzu die Erwägungen unter A. VII. 4. a), bb) (4).
[236] Vgl. hierzu die Erwägungen unter A. VII. 4. a), bb), (1), (3).
[237] Vgl. hierzu A. VII. 4. a), bb), (2).
[238] Vgl. hierzu A. VII. 4. a), bb), (5).
[239] Vgl. hierzu A. VII. 4. b), aa).

(7) [1]Jeder Gesellschafter kann sich bei Gesellschafterversammlungen vertreten lassen. [2]Zur Vertretung zugelassen sind Mitgesellschafter, Angehörige der rechts- und steuerberatenden Berufe (Rechtsanwalt, Steuerberater, Wirtschaftsprüfer) sowie Notare sowie Ehegatten bzw. Lebenspartner und volljährige Abkömmlinge des Gesellschafters. [3]Die Vertretungsbefugnis ist durch schriftliche Vollmacht nachzuweisen. [4]Jeder Gesellschafter ist berechtigt, einen Angehörigen der rechts- und steuerberatenden Berufe zu der Gesellschafterversammlung als Beistand beizuziehen.[240]

(8) Gesellschafterbeschlüsse werden mit einfacher Mehrheit der abgegebenen Stimmen gefasst, soweit nicht das Gesetz oder dieser Vertrag zwingend eine andere Mehrheit vorsehen.

(9) [1]Abgestimmt wird nach Geschäftsanteilen. [2]Je 1 EUR des Geschäftsanteils gewährt eine Stimme.[241]

(10) [1]Über den Ablauf der Gesellschafterversammlung und die gefassten Beschlüsse ist ein Protokoll anzufertigen. [2]Das Protokoll ist vom Versammlungsleiter zu unterzeichnen. [3]Es ist innerhalb einer Frist von einer Woche zu erstellen, in den Geschäftsräumen der Gesellschaft zur Einsichtnahme durch die Gesellschafter auszulegen und jedem Gesellschafter unverzüglich nach seiner Erstellung zu übersenden.[242]

§ 8 Veräußerung von Geschäftsanteilen

(1) Zur Veräußerung von Geschäftsanteilen ist die schriftliche Zustimmung aller übrigen Gesellschafter erforderlich.

(2) [1]Die Zustimmung ist nicht erforderlich, wenn an andere Gesellschafter abgetreten wird. [2]Gleiches gilt, wenn ein Gesellschafter seinen Geschäftsanteil zu Lebzeiten ganz oder teilweise entgeltlich oder unentgeltlich an einen oder mehrere seiner Abkömmlinge überträgt.[243]

(3) [1]Im Falle der zustimmungspflichtigen Veräußerung eines Geschäftsanteils steht den übrigen Gesellschaftern ein Vorkaufsrecht im Verhältnis ihrer Beteiligung zu. [2]Wird dieses Recht nicht ausgeübt, geht es anteilig auf die übrigen Gesellschafter über. [3]Das Vorkaufsrecht nach S. 1 kann nur innerhalb einer Frist von vier Wochen seit dem Zugang der Mitteilung über den formgültigen Kaufvertrag bei dem jeweiligen Gesellschafter durch diesen ausgeübt werden. [4]Im Falle des S. 2 beginnt diese Frist mit dem Zugang der Mitteilung der Nichtausübung des Vorkaufsrechts durch einen Gesellschafter an jeden der übrigen Gesellschafter zu laufen.[244]

§ 9 Abtretungsverpflichtung

[1]Geht der Geschäftsanteil eines Gesellschafters von Todes wegen über, können die Gesellschafter statt der Einziehung nach § 10 Abs. 2 GV auch beschließen, dass der betroffene Gesellschafter den Geschäftsanteil an die Gesellschaft oder an in dem Beschluss bestimmte Gesellschafter oder Dritte abzutreten hat. [2]Für das Abtretungsentgelt gilt § 10 Abs. 3 S. 1 GV entsprechend.[245]

§ 10 Einziehung von Geschäftsanteilen

(1) [1]Die Einziehung von Geschäftsanteilen ist mit Zustimmung des betroffenen Gesellschafters zulässig. [2]Die Einziehung setzt voraus, dass die auf den Geschäftsanteil zu leistende Einlage vollständig erbracht worden ist.[246]

---

240 Vgl. hierzu A. VII. 3. a).
241 Zum Grund für die Änderung von Satz 2 dieses Absatzes vgl. A. VII. 2. b).
242 Vgl. hierzu die Erwägungen unter A. VII. 4. b), cc).
243 Zum Grund für die Einfügung von Satz 2 in diesen Absatz vgl. A. VIII. 1.
244 Zur Begründung für die Einfügung von Satz 3 bis 5 in diesen Absatz vgl. A. VIII. 2.
245 Zur Begründung für die vollständige Neuformulierung von § 9 GV vgl. A. IX. 2., 3.
246 Zur Begründung für die Einfügung von Satz 2 in diesen Absatz vgl. A. X. 1. a).

(2) [1]Die Einziehung findet ohne die Zustimmung des betroffenen Gesellschafters nur statt, wenn ein wichtiger Grund in der Person des Gesellschafters eintritt, z. B. sein Geschäftsanteil gepfändet bzw. das Insolvenzverfahren über sein Vermögen eröffnet wird. [2]Dasselbe gilt, wenn ein Gesellschafter seinen Geschäftsanteil kraft Erbfolge erworben hat. [3]Die Einziehung erfolgt innerhalb einer Frist von einem Jahr nach Verwirklichung des in Satz 1 genannten wichtigen Grundes. [4]Bei einer Einziehung wegen des in Satz 2 genannten Grundes beginnt die Frist nach Satz 3 mit der Eintragung des Erben in die Gesellschafterliste. [5]Sind seit dem Tod eines Gesellschafters zwei Jahre verstrichen, ohne dass ein Erbe in die Gesellschafterliste eingetragen wurde, kann die Einziehung jederzeit erfolgen.[247]

(3) [1]Die Gesellschafterversammlung beschließt über die Einziehung nach Abs. 1 und Abs. 2 mit einfacher Mehrheit. [2]Der Einziehungsbeschluss wird dem betroffenen Gesellschafter durch den Geschäftsführer mitgeteilt. [3]Bei der Beschlussfassung über die Einziehung hat der von ihr betroffene Gesellschafter kein Stimmrecht.[248]

(4) [1]Mit Wirksamwerden der Einziehung gem. Abs. 1 und Abs. 2 wird der eingezogene Geschäftsanteil vernichtet. [2]Die Einziehung wird erst mit vollständiger Auszahlung des Einziehungsentgelts wirksam. [3]Die mitgliedschaftsrechtlichen Verwaltungsrechte des von der Einziehung betroffenen Gesellschafters ruhen im Zeitraum zwischen dem Zugang der Mitteilung der Einziehung beim von der Einziehung betroffenen Gesellschafter und dem Wirksamwerden der Einziehung.«[249]

(5) Bei einer Einziehung gem. Abs. 1 einigen sich der von der Einziehung betroffene Gesellschafter und die GmbH über das zu zahlende Einziehungsentgelt und die Modalitäten seiner Auszahlung.

(6) [1]Die Einziehung gem. Abs. 2 erfolgt grundsätzlich gegen Entgelt, das dem tatsächlichen Wert des Geschäftsanteils entspricht. [2]Schuldner des Einziehungsentgelts ist die Gesellschaft, sofern die Gesellschafterversammlung nicht im Zusammenhang mit dem Einziehungsbeschluss mit 3/4-Mehrheit unter Ausschluss des von der Einziehung betroffenen Gesellschafters beschließt, dass die in der Gesellschaft verbleibenden Gesellschafter das Einziehungsentgelt pro rata ihrer Geschäftsanteile schulden. [3]Das Einziehungsentgelt wird in drei (alternativ: fünf) Jahresraten ausgezahlt. [4]Der noch nicht ausgezahlte Anteil des Einziehungsentgelts wird mit 4 % p. a. (vgl. § 246 BGB) verzinst.[250]

§ 11 Kündigung der Gesellschaft

(1) [1]Jeder Gesellschafter kann mit einer Frist von sechs Monaten zum Ende eines Geschäftsjahres die Gesellschaft kündigen. [2]Die Kündigung ist gegenüber dem Geschäftsführer zu erklären und bedarf der Schriftform.

(2) [1]Die Kündigung bewirkt das Ausscheiden des Gesellschafters aus der Gesellschaft mit Ablauf des Kündigungstermins. [2]Sie hat ausnahmsweise die Auflösung der Gesellschaft zur Folge, wenn nicht die Gesellschaft binnen einer Frist von sechs Monaten seit Empfang der Kündigung die Einziehung der Anteile des kündigenden Gesellschafters erklärt oder deren Abtretung an die Gesellschaft oder einen Dritten verlangt.

(3) Dem Gesellschafter stehen bis zu seinem Ausscheiden alle Gesellschafterrechte zu.

---

247 Zur Begründung für die Einfügung von Satz 2 bis 5 in diesen Absatz vgl. A. X. 1. b) cc), dd).
248 Vgl. hierzu A. X. 2. a), b).
249 Vgl. hierzu A. X. 3. a), b), d), ee).
250 Vgl. hierzu A. X. 3. d).

§ 12 Gründungskosten[251]

Die Gesellschaft übernimmt die Gründungskosten bis zum Betrag von … Euro.

§ 13 Salvatorische Klausel

[1]Sollte eine Bestimmung dieses Vertrages sich teilweise oder vollständig als unwirksam erweisen, so bleibt die Wirksamkeit des gesamten Vertrages hiervon unberührt. [2]Die Gesellschafter sind verpflichtet, die unwirksame Bestimmung durch eine solche zu ersetzen, die den wirtschaftlichen und rechtlichen Zweck der unwirksamen Bestimmung soweit wie möglich erreicht.

---

[251] Zur Notwendigkeit der Aufnahme dieser Regelung in den GV vgl. A. XII.

Fall 3. GmbH-Gründung mit Tücken – II

Schwerpunkt im Kapitalgesellschaftsrecht:

Gründung einer GmbH unter Beteiligung eines Minderjährigen – Einbringung einer OHG in eine GmbH – Gründung einer Unternehmergesellschaft unter Verwendung eines Musterprotokolls

Sachverhalt

Die im Handelsregister eingetragene „Marks & Doller International Car Import OHG", deren alleinige Gesellschafter *Michael Marks (M)* und *Detlef Doller (D)* zu gleichen Teilen sind, betreibt seit einigen Jahren Handel mit aus den USA importierten Sportwagen. Die letzte Jahresbilanz zum 31.12.2018 weist ein Gesellschaftsvermögen i. H. v. 80.000 EUR aus. Die beiden Gesellschafter beschließen nunmehr, den Autohandel durch Umwandlung oder im Wege der Einbringung des Unternehmens in Form einer GmbH fortzuführen. Neben ihnen soll auch der 17-jährige *Johannes Jung (J)*, welcher in der Vergangenheit sämtliche anfallenden Büroarbeiten zuverlässig erledigt hat, Gesellschafter der GmbH werden.

Der Steuerberater, der auch ein zweisemestriges Jurastudium vorweisen kann, legt am 1.2.2019 den Entwurf eines Gesellschaftsvertrags zur Neugründung einer GmbH vor, der u. a. neben Regelungen über die Einberufung einer Gesellschafterversammlung, die Beschlussfassung in der Gesellschafterversammlung, die Vererbung und Vinkulierung von Geschäftsanteilen, über ein Vorkaufsrecht, eine Kündigungsmöglichkeit für einzelne Gesellschafter sowie über die Abfindung ausscheidender Gesellschafter folgende Regelungen enthält:

§ 3 Stammkapital, Geschäftsanteile

(1) Das Stammkapital der Gesellschaft beträgt 90.000 EUR (in Worten: Euro neunzigtausend).

(2) Auf das Stammkapital übernimmt

a) Michael Marks einen Geschäftsanteil zu einem Nennbetrag von 40.000 EUR (in Worten: Euro vierzigtausend).

b) Detlef Doller einen Geschäftsanteil zu einem Nennbetrag von 40.000 EUR (in Worten: Euro vierzigtausend).

c) Johannes Jung einen Geschäftsanteil zu einem Nennbetrag von 10.000 EUR (in Worten: Euro zehntausend).

(3) [1]Detlef Doller und Michael Marks leisten ihre Einlage, indem sie das unter der Firma „Marks & Doller International Car Import" betriebene Handelsgeschäft, eingetragen im Handelsregister des Amtsgerichts Münster (HRA Nr. 42), mit allen Aktiven und Passiven einbringen. [2]Hierfür wird jedem der Gesellschafter ein Betrag von 40.000 EUR auf seine Einlageverpflichtung angerechnet.

(4) a) Die Einbringung erfolgt aufgrund der diesem Vertrag als Anlage beigefügten Bilanz der Marks & Doller International Car Import OHG zum 31.12.2018 als Einbringungsbilanz mit der Maßgabe, dass die OHG von diesem Tag an als für Rechnung der Gesellschaft geführt gilt.

b) Der Vollzug der Einbringung erfolgt aufgrund des zwischen der Marks & Doller International Car Import OHG und der Gesellschaft am Gründungstag abzuschließenden Einbringungsvertrages, der dem Gesellschaftsvertrag als Anlage beigefügt ist.

(5) Johannes Jung hat 25 % seiner Einlage vor Anmeldung der Gesellschaft zum Handelsregister zu leisten. Der Rest wird aufgrund eines entsprechenden Gesellschafterbeschlusses fällig.

Aufgabe 1: Die Eltern von *J* haben seiner Beteiligung an der Gründung der geplanten GmbH am 21.1.2019 in öffentlich beglaubigter Form zugestimmt. Unmittelbar im Anschluss an die für den 18.2.2019 vorgesehene Beurkundung des GmbH-Gesellschaftsvertrags plant die Gesellschaft in jedem Fall – ggf. auch ohne *J* – noch im Februar 2019 ein neues Firmengelände anzumieten. *M* und *D* bitten Sie um ein Rechtsgutachten zu folgenden Fragen:

a) Reicht die Zustimmung der Eltern von *J* für dessen Beteiligung an der Gründung der GmbH aus oder ist zusätzlich eine familiengerichtliche Genehmigung hierfür erforderlich?
b) Welche Konsequenzen treten ein, falls der Gesellschaftsvertrag notariell beurkundet werden sollte, ohne dass die – zumindest unterstellt erforderliche – familiengerichtliche Genehmigung vorliegt?
c) Wie kann die GmbH-Gründung auf rechtlich gesicherter Basis, also auch ohne die ggf. erforderliche familiengerichtliche Genehmigung, erreicht werden?

Aufgabe 2: Die Gesellschaftsgründer bitten um eine gutachterliche Stellungnahme zu der Frage, ob und wie sich ihr Vorhaben unter Verwendung der Unternehmergesellschaft haftungsbeschränkt (UG) sowie unter Verwendung des „Musterprotokolls" verwirklichen ließe. Sie bitten insoweit um einen Entscheidungsvorschlag unter Abwägung der Vor- und Nachteile mit dem vom Steuerberater vorgelegten GmbH-Gründungskonzept.

Lösung

A. Aufgabe 1 – Beteiligung von J an der Gründung der GmbH

I. Erforderlichkeit einer familiengerichtlichen Genehmigung

Das Zustandekommen des GVs der GmbH zwischen *M*, *D* und *J* durch Einigung aller Gesellschafter kann daran scheitern, dass nur die Willenserklärungen von *M* und *D* wirksam sind, während die Willenserklärung des minderjährigen *J* schwebend unwirksam ist.

Für die Wirksamkeit der Erklärung von *J* kann die Einwilligung seines gesetzlichen Vertreters (§ 1629 Abs. 1 BGB) notwendig sein. Das ist gem. §§ 108 Abs. 1, 107 BGB der Fall, wenn die Willenserklärung für ihn nicht lediglich rechtlich vorteilhaft ist. *J* wird durch den Abschluss des GmbH-GVs jedenfalls verpflichtet, seine Einlage gem. § 3 Abs. 2 Buchst. c) GV zu erbringen. Für die Wirksamkeit seiner Erklärung ist bereits deshalb die Einwilligung seines gesetzlichen Vertreters erforderlich. Diese Einwilligung der Eltern von *J* liegt vor.

Die Einwilligung der Eltern kann aber schwebend unwirksam sein, wenn sie ihrerseits gem. § 1643 Abs. 1 BGB der Genehmigung durch das Familiengericht bedarf. Dann muss es sich bei der Beteiligung von *J* an der Gründung der „Marks & Doller GmbH" um ein Rechtsgeschäft handeln, für das ein Vormund nach § 1821 oder § 1822 Nr. 1, 3, 5, 8–11 BGB eine derartige Genehmigung benötigen würde. Die Beteiligung von *J* an der Gründung der GmbH kann dem 3. Fall des § 1822 Nr. 3 BGB unterfallen. Dann muss *J* am Abschluss eines GVs zum Betrieb eines Erwerbsgeschäfts beteiligt sein. Erwerbsgeschäft ist jede berufsmäßig ausgeübte und auf gewisse Dauer angelegte, auf selbständigen Erwerb gerichtete Tätigkeit mit Gewinnerzielungsabsicht.[1] Der Unternehmensgegenstand „Handel mit aus den USA importierten Sportwagen" stellt ein Erwerbsgeschäft i. S. v. § 1822 Nr. 3 BGB dar. Allerdings würde die GmbH als juristische Person (§ 13 Abs. 1 GmbHG), bei der gem. § 13 Abs. 2 GmbHG den Gläubigern nur das Gesellschaftsvermögen haftet, das Erwerbsgeschäft betreiben. Die Mitwirkung von *J* am Abschluss des GVs zur Gründung einer GmbH kann sich daher als einmalige Kapitalanlage ohne Unternehmerrisiko darstellen, die nicht dem Genehmigungsvorbehalt des § 1822 Nr. 3, 3. Fall BGB unterfällt.[2]

Für die auf die Gründung einer GmbH gerichtete Willenserklärung eines Minderjährigen kann eine solche Auslegung des § 1822 Nr. 3 BGB indes nur schwerlich mit dem Sinn und Zweck dieser Vorschrift zu vereinbaren sein. Die §§ 1821, 1822 BGB beschränken die Vertretungsmacht des Vormunds und über § 1643 Abs. 1 BGB auch der Eltern bei besonders wichtigen Rechtsgeschäften zum Schutze des Mündels. Das Mündel soll davor geschützt werden, durch ein Rechtsgeschäft in unübersehbare Verpflichtungen gestürzt zu werden.

Die auf den Abschluss des GmbH-GVs gerichtete Willenserklärung von *J* bedarf daher nur dann nicht der familiengerichtlichen Genehmigung gem. § 1822 Nr. 3 BGB, wenn er lediglich Gefahr liefe, den Wert seines Geschäftsanteils zu verlieren. Dann darf zwischen der Beteiligung des Minderjährigen an einer GmbH-Gründung und etwa dem Kauf von Aktien, für den das Gesetz ersichtlich keine Genehmigungsbedürftigkeit vorsieht,[3] kein Unterschied bestehen. Die Rechtslage ist jedoch anders zu beurteilen, wenn der Minderjährige durch den Abschluss eines (GmbH-)GVs ein für ihn nicht überschaubares Haftungsrisiko eingeht. Das formale Argument, nur die juristische Person betreibe das Erwerbsgeschäft, greift jedenfalls in all den Fällen nicht ein, in denen die GmbH bereits vor Eintragung mit Zustimmung aller Gesellschafter den Geschäftsbetrieb aufnimmt.[4] Das kann nämlich dazu führen, dass die Gesellschafter der Vor-GmbH bis zur Eintragung der Gesellschaft eine unbeschränkte Verlustdeckungshaftung gegenüber der Vor-GmbH für deren Verbind-

1 Vgl. zum Begriff des Erwerbsgeschäfts BeckOK BGB/*Bettin,* § 1822 Rn. 9; Erman/*Saar,* § 1822 Rn. 7; Jauernig/*Budzikiewicz,* § 1822 Rn. 3; MüKoBGB/*Kroll-Ludwigs,* § 1822 Rn. 11; Soergel/*Zimmermann,* § 1822 Rn. 12; Staudinger/*Veit,* § 1822 Rn. 35.

2 *Winkler,* ZGR 1973, 177 (182).

3 Eine Ausnahme wird insoweit nur gemacht, wenn der Minderjährige sämtliche Aktien einer AG erwirbt, weil dies wirtschaftlich dem Erwerb des von der AG betriebenen Erwerbsgeschäfts gleichkommt; vgl. *OLG Hamm,* FamRZ 1984, 1036; BeckOK BGB/*Bettin,* § 1822 Rn. 10; MüKoBGB/*Kroll-Ludwigs,* § 1822 Rn. 17; Staudinger/*Veit,* § 1822 Rn. 42; restriktiver Soergel/*Zimmermann,* § 1822 Rn. 17.

4 BGHZ 107, 23 (29); Baumbach/Hueck/*Fastrich,* § 2 Rn. 26; Bork/Schäfer/*Schäfer,* § 2 Rn. 66; GroßKomm-GmbHG/*Ulmer/Löbbe,* § 2 Rn. 85; Lutter/Hommelhoff/*Bayer,* § 2 Rn. 6; MüKoGmbHG/*Mayer J.,* § 2 Rn. 175; Scholz/*Cramer,* § 2 Rn. 49; *Winkler,* ZGR 1990, 131 (135).

lichkeiten trifft.[5] Des Weiteren kann die Verlustdeckungshaftung bei späterer Eintragung durch die sog. Vorbelastungshaftung gegenüber der GmbH abgelöst werden, wenn das Stammkapital im Zeitpunkt der Eintragung nicht mehr vollständig vorhanden ist oder die GmbH gar überschuldet „ins Leben tritt".[6] Dieser Zustand kann deshalb eintreten, weil die Rechte und Pflichten der Vor-GmbH vollständig auf die GmbH übergehen.[7] Sind diese in der Summe negativ, beeinträchtigen sie das der Gesellschaft zur Verfügung stehende Stammkapital. Ferner kann eine unbeschränkte Haftung der Gesellschafter der Vor-GmbH gegenüber den Gesellschaftsgläubigern in Betracht kommen, wenn die Eintragung der GmbH nicht mehr betrieben wird.[8] Der von § 1822 Nr. 3, 3. Fall BGB beabsichtigte Minderjährigenschutz muss daher auch die Fälle erfassen, in denen sich der Minderjährige einer solchen unüberschaubaren Haftung aussetzen könnte. Im Interesse der Rechtssicherheit, die eine Einzelfallbetrachtung unter umfassender Würdigung aller jeweiligen Umstände des Einzelfalles verbietet, können diese Haftungsgefahren, deren Vorliegen oftmals nur schwer zu prognostizieren ist, deshalb nur zur Folge haben, dass alle zur Gründung einer GmbH geschlossenen GVe von § 1822 Nr. 3, 3. Fall BGB erfasst werden und somit genehmigungsbedürftig sind.[9]

Die Einwilligung der Eltern von *J* bedarf somit gem. §§ 1643 Abs. 1, 1822 Nr. 3, 3. Fall BGB der Genehmigung des Familiengerichts.[10] Solange diese familiengericht-

---

5 Vgl. die Nachweise in Bd. II Fall 1 Fn. 18.

6 BGHZ 80, 129 (136); 134, 333 (334 ff.); 155, 318 (321 ff.). Ausführlich zur Vorbelastungshaftung BeckOK GmbHG/*Jaeger*, § 11 Rn. 46 ff.; GroßKomm-GmbHG/*Ulmer/Habersack*, § 11 Rn. 98 ff.; HK-GmbHG/*Pfisterer*, § 11 Rn. 45 ff.; MüKoGmbHG/*Merkt*, § 11 Rn. 155 ff.; Scholz/*Schmidt K.*, § 11 Rn. 139 ff.; MünchHdb.GesR III/*Gummert*, § 16 Rn. 97 ff.; *Drygala/Staake/Szalai*, § 6 Rn. 16 ff.; *Hirte*, Rn. 2.24 ff.; *Schmidt K.*, GesR, § 34 III 4c) (S. 1029 ff.); *Windbichler*, § 21 Rn. 31.

7 Zur Identität zwischen Vor-GmbH und GmbH vgl. die Nachweise in Bd. II Fall 1 Fn. 18.

8 Vgl. BGHZ 134, 333 (341); 152, 290 (293 ff.); *OLG Dresden* NZG 1998, 311 (312); *OLG Koblenz* ZIP 1998, 1670 (1671); *ThürOLG Jena* NZG 1999, 461; Baumbach/Hueck/*Fastrich*, § 11 Rn. 26; BeckOK GmbHG/*Jaeger*, § 11 Rn. 23 f.; Bork/Schäfer/*Schroeter*, § 11 Rn. 34; GroßKomm-GmbHG/*Ulmer/Habersack*, § 11 Rn. 119 f.; MHLS/*Blath*, § 11 Rn. 66; MüKoGmbHG/*Merkt*, § 11 Rn. 95; Rowedder/Schmidt-Leithoff/*Schmidt-Leithoff C.*, § 11 Rn. 8; Scholz/*Schmidt K.*, § 11 Rn. 98 ff.; GmbH-Hdb/*Wälzholz*, Rz. I Rn. 394 f.; *Drygala/Staake/Szalai*, § 6 Rn. 20 ff.; MünchHdB.GesR III/Gummert, § 16 Rn. 124; sowie ausführlich *Henze*, Rn. 221 ff.

9 So im Ergebnis auch Baumbach/Hueck/*Fastrich*, § 2 Rn. 25 f.; BeckOK GmbHG/*Jaeger*, § 2 Rn. 42; GroßKomm-GmbHG/*Ulmer/Löbbe*, § 2 Rn. 85; Henssler/Strohn/*Schäfer*, § 2 GmbHG Rn. 34; MüKoGmbHG/*Mayer J.*, § 2 Rn. 87; Scholz/*Cramer*, § 2 Rn. 48; MüKoBGB/*Kroll-Ludwigs*, § 1822 Rn. 25; Soergel/*Zimmermann*, § 1822 Rn. 24; Staudinger/*Veit*, § 1822 Rn. 57; GmbH-Hdb/*Wälzholz*, Rz. I Rn. 255; MünchHdb.GesR III/*Riemenschneider/Freitag*, § 5 Rn. 31; *Schmidt K.*, GesR, § 34 II 1 (S. 999); alle m. w. N. Zur abweichenden Rechtslage beim unentgeltlichen nachträglichen Erwerb von GmbH-Anteilen siehe aber BGHZ 107, 23 (24, 28 ff.) und *Winkler*, ZGR 1990, 131 ff.

10 Das Erfordernis einer familiengerichtlichen Genehmigung gem. § 1822 Nr. 10 BGB kommt ebenfalls in Betracht. Nach dieser Bestimmung bedarf der Minderjährige für den Erwerb eines GmbH-Anteils der familiengerichtlichen Genehmigung, wenn er damit eine Verbindlichkeit übernimmt, für die im Innenverhältnis ein anderer (Rechtsvorgänger, Mitgesellschafter) einzustehen hat und dem Minderjährigen gegenüber regresspflichtig ist; vgl. hierzu näher BGHZ 107, 23 ff.; GroßKomm-GmbHG/*Löbbe*, § 15 Rn. 289; Henssler/Strohn/*Schäfer*, § 2 GmbHG Rn. 34. Das wäre der Fall, wenn *M* und *D* ihre Einlageverpflichtung bei Anmeldung der GmbH zur Eintragung in das Handelsregister noch nicht vollständig erbracht hätten und *J* damit Gefahr liefe, für diese Einlageverpflichtung nach §§ 24, 31 GmbHG haften zu müssen. *M* und *D* erbringen ihre Einlageverpflichtung zwar ausschließlich im Wege der Sacheinlage, die gem. § 7 Abs. 3 GmbHG vor der Anmeldung der GmbH zur Eintragung in das Handelsregister vollständig zu erbringen ist. Damit scheidet das

liche Genehmigung nicht vorliegt, ist die Einwilligung der Eltern schwebend unwirksam mit der weiteren Folge, dass die von dem minderjährigen *J* abgegebene Willenserklärung gem. §§ 107, 108 Abs. 1, 1643 Abs. 3, 1829 Abs. 1 BGB ebenfalls schwebend unwirksam ist. Vor der nach § 2 Abs. 1 S. 1 GmbHG erforderlichen notariellen Beurkundung des Vertrages muss somit die Genehmigung des Familiengerichts eingeholt werden.[11]

II. Konsequenzen der notariellen Beurkundung des GVs ohne familiengerichtliche Genehmigung für die Beteiligung von J

Mit der Beurkundung des GVs ist die Gesellschaft errichtet und es entsteht eine sog. Vor-GmbH als Vorstufe zur GmbH.[12] Diese ist bereits voll handlungsfähig und kann Träger von Rechten und Pflichten sein.[13]

Wird das neue Firmengelände von der Vor-GmbH noch im Februar 2019 angemietet, ohne dass bis zu diesem Zeitpunkt die erforderliche familiengerichtliche Genehmigung zur Beteiligung von *J* an der Gründung der GmbH vorliegt, ist fraglich, ob aufgrund der schwebend unwirksamen Gründungserklärung von *J* überhaupt und ggf. in welcher Form eine Gesellschaft besteht. Daran ändert sich auch durch die Invollzugsetzung der Gesellschaft durch Abschluss des Mietvertrages nichts. Zwar finden die Grundsätze über die fehlerhafte Gesellschaft auch auf eine in Vollzug gesetzte Vor-GmbH Anwendung.[14] Die Grundsätze über die fehlerhafte Gesellschaft greifen aber nicht – auch nicht bei der Vor-GmbH – zu Lasten eines Minderjährigen ein.[15]

Ob die Unwirksamkeit der Gründungserklärung eines Gesellschafters die Nichtigkeit des gesamten Vertrages zur Folge hat, bestimmt sich nach § 139 BGB. Entgegen dieser Auslegungsregel kann hier nicht von einer im Zweifel eintretenden Gesamtnichtigkeit ausgegangen werden. Nach dem Willen von *M* und *D* soll die Gesellschaft ggf. auch ohne *J* betrieben werden, sodass eine derartige Annahme ausschei-

---

Genehmigungserfordernis gem. § 1822 Nr. 10 BGB jedoch nicht aus, denn die Ausfallhaftung greift auch bei der Differenzhaftung nach § 9 Abs. 1 S. 1 GmbHG und der Verlustdeckungshaftung sowie Vorbelastungshaftung vgl. *BGH* NZG 2006, 64; *OLG Stuttgart* GmbHR 1980, 102; Baumbach/Hueck/*Fastrich*, § 2 Rn. 27, § 11 Rn. 61; Bork/Schäfer/*Schäfer*, § 2 Rn. 66; GroßKomm-GmbHG/*Ulmer/Löbbe*, § 2 Rn. 86; MHLS/*Ebbing*, § 24 Rn. 12; zu pauschal HK-GmbHG/*Pfisterer*, § 1 Rn. 25.

11 Der Notar wird im Rahmen seiner Amtstätigkeit hoheitlich tätig. Seine oberste Amtspflicht besteht somit darin, nur an der Herstellung materiell-rechtlich wirksamer Urkunden mitzuwirken (BeckOK BGB/*Litzenburger*, § 4 BeurkG Rn. 2). Zwar darf der Notar schwebend unwirksame Rechtsgeschäfte beurkunden, die durch nachträgliche Genehmigung noch wirksam werden können, es sei denn, dass er sichere Kenntnis davon hat, dass die Genehmigung nicht erteilt werden wird (BeckOK BGB/*Litzenburger*, a. a. O.). Der Notar wird daher, um seine Amtspflichten nicht zu verletzen, vor der Beurkundung des GmbH-Gesellschaftsvertrages mit dem zuständigen Familiengericht abklären, ob die familiengerichtliche Genehmigung für die Beteiligung von *J* an der GmbH-Gründung erteilt werden wird.

12 Vgl. die Nachweise in Bd. II Fall 1 Fn. 2.

13 Vgl. die Nachweise in Bd. II Fall 1 Fn. 7.

14 Ganz h. A., vgl. BGHZ 13, 320 (324); Baumbach/Hueck/*Zöllner*, § 2 Rn. 39; BeckOK GmbHG/*Jaeger*, § 2 Rn. 60; Bork/Schäfer/*Schäfer*, § 2 Rn. 111 ff.; Lutter/Hommelhoff/*Bayer*, § 2 Rn. 38; MHLS/*Schmidt J.*, § 2 Rn. 133; Rowedder/Schmidt-Leithoff/*Schmidt-Leithoff C.*, § 2 Rn. 65 ff.; Scholz/*Cramer*, § 2 Rn. 86; *Dörr*, S. 65 ff., 99; *Drygala/Staake/Szalai*, § 4 Rn. 97; MünchHdb.GesR III/*Gummert*, § 16 Rn. 19.

15 BeckOK GmbHG/*Jaeger*, § 2 Rn. 64 f.; MHLS/*Schmidt J.*, § 2 Rn. 143; MüKoGmbHG/*Mayer J.*, § 2 Rn. 186 f.; vgl. Scholz/*Cramer*, § 2 Rn. 94; *Dörr*, S. 89 f.

det. Es würde jedoch an der nach § 3 Abs. 1 Nr. 4 GmbHG erforderlichen Übernahme sämtlicher Geschäftsanteile fehlen,[16] mit der weiteren Folge, dass die Summe der Nennbeträge aller Geschäftsanteile nicht mit der Höhe des Stammkapitals übereinstimmt, wie dies von § 5 Abs. 3 S. 2 GmbHG gefordert wird. Dieser Mangel kann indes nicht mehr rückwirkend geltend gemacht werden, sobald die Gesellschaft im Handelsregister eingetragen ist.[17]

Die Rechtsfolgen der Beteiligung eines Minderjährigen an einer Gesellschaft ohne familiengerichtliche Genehmigung sind im Übrigen streitig. So kann argumentiert werden, er sei an der Gesellschaft beteiligt, und sein Schutz erfolge durch Modifizierung der Rechtsfolgen, insbesondere durch seine Haftungsbefreiung.[18] Dagegen kann eingewendet werden, der Minderjährige sei an der Gesellschaft nicht beteiligt,[19] und es stelle sich nur die Frage, ob zwischen den übrigen Gesellschaftern eine – fehlerhafte – Gesellschaft bestehe.[20] Dieser Argumentation ist zu folgen. Eine Aufspaltung der Gesellschafterstellung in der Weise, wonach dem Minderjährigen nur die Vorteile zufließen, er hingegen keinen Pflichten unterliegt, ist nicht möglich.[21] Eine „partielle" Gesellschafterstellung von *J* ist somit nicht anzuerkennen.

Sofern der Notar wider Erwarten – unter Berücksichtigung der Rechtsprechung wird der Notar seine eigene, möglicherweise abweichende Beurteilung wohl zurückstellen – den Vertrag ohne familiengerichtliche Genehmigung des Beitritts des *J* beurkunden sollte, wäre der Beitritt von *J* zunächst schwebend unwirksam. Das Familiengericht kann dessen Beitritt indes immer noch genehmigen.[22] Dessen ungeachtet ist mit der Beurkundung des GVs eine Vor-GmbH entstanden, an der (mindestens) *M* und *D* als Gesellschafter beteiligt sind. Diese Vor-GmbH wäre aus dem Mietvertrag berechtigt und verpflichtet.

III. Durchführung der GmbH-Gründung ohne familiengerichtliche Genehmigung

1. Sachgründung ohne Beteiligung von J

Verweigert das Familiengericht die Genehmigung zur Beteiligung von *J* an der Gründung der GmbH, haben *M* und *D* zunächst die Möglichkeit, die GmbH bei entsprechend herabgesetztem Stammkapital ohne *J* zu gründen. Beabsichtigen *M* und *D*, die GmbH bei gleich bleibendem Stammkapital ohne *J* zu gründen, sind ihre jeweiligen Geschäftsanteile entsprechend zu erhöhen mit der Folge, dass sie den erhöhten Betrag als Bareinlage zu leisten verpflichtet sind.

Die von *M* und *D* beabsichtigte Einbringung ihres Unternehmens in die GmbH hat gem. § 7 Abs. 3 GmbHG vor der Anmeldung der GmbH zur Eintragung in das

---

16 GroßKomm-GmbHG/*Ulmer/Löbbe*, § 2 Rn. 154.

17 Bork/Schäfer/*Schäfer*, § 5 Rn. 16; GroßKomm-GmbHG/*Ulmer/Löbbe*, § 2 Rn. 155; Henssler/Strohn/*Schäfer*, § 2 GmbHG Rn. 71; MHLS/*Schmidt J.*, § 2 Rn. 133; MüKoGmbHG/*Mayer J.*, § 2 Rn. 185 f.; vgl. Scholz/*Veil*, § 5 Rn. 28; *Drygala/Staake/Szalai*, § 4 Rn. 97.

18 *Schmidt K.*, GesR, § 6 III 3c) cc) (S. 159 ff.).

19 Henssler/Strohn/*Schäfer*, § 2 GmbHG Rn. 36; MHLS/*Schmidt J.*, § 2 Rn. 135; Staub/*Ulmer*, 4. Aufl., § 105 Rn. 348; *Dörr*, S. 90; so wohl auch BGHZ 17, 160 (167 f.).

20 Dies wird überwiegend bejaht, vgl. *BGH* NJW 1983, 748; BeckOK GmbHG/*Jaeger*, § 2 Rn. 65; MüKoBGB/*Schäfer*, § 705 Rn. 339 – für die Personengesellschaft; Scholz/*Cramer* § 2 Rn. 93.

21 Ebenso MüKoBGB/*Schäfer*, § 705 Rn. 337; Staub/*Schäfer*, § 105 Rn. 339.

22 Zur Genehmigung vgl. Scholz/*Cramer*, § 2 Rn. 48 ff.; Staub/*Schäfer*, § 105 Rn. 87 f.

Handelsregister zu erfolgen. Bei einer solchen Einbringung des Unternehmens ist der Vollzug der Einzelübertragung der Aktiva und Passiva oft mit erheblichem Aufwand verbunden. Sämtliche Gegenstände des Aktiv- und Passivvermögens des Unternehmens müssen im Wege der Singularsukzession übertragen werden. So müssen sämtliche bewegliche Gegenstände der OHG einzeln gem. §§ 929 ff. BGB auf die GmbH übertragen werden. Grundstücke müssen unter Beachtung der §§ 873, 925 BGB übertragen werden. Forderungen müssen gem. § 398 BGB abgetreten werden. Ihre Verbindlichkeiten kann die OHG schließlich nur mit Zustimmung der Gläubiger gem. §§ 414, 415 BGB auf die GmbH übertragen. Gleiches gilt für die Überleitung schuldrechtlicher Verträge von der OHG auf die Vor-GmbH mittels Vertragsübernahme gem. § 311 Abs. 1 BGB, die ohne Mitwirkung des Vertragspartners der OHG nicht möglich ist. Außerdem ist die zur Vermeidung der Differenzhaftung gem. § 9 Abs. 1 S. 1 GmbHG zutreffende Bewertung des Unternehmens i. d. R. mit großen Unsicherheiten verbunden.[23]

2. Gründung durch Formwechsel unter Beteiligung von J

Als Möglichkeit für die Beteiligten, die Gründung der GmbH auf rechtlich gesicherter Basis unter Beteiligung von *J* und ohne eine hierfür erforderliche familiengerichtliche Genehmigung zu erreichen, kommt aber ein Formwechsel der OHG in eine GmbH gem. §§ 190 ff., 214 ff. UmwG in Betracht.[24]

a) Zulässigkeit, Vorteile und Durchführung des Formwechsels

Wegen § 202 Abs. 1 Nr. 1 UmwG, wonach mit der Eintragung des Formwechsels im Handelsregister die OHG in der Rechtsform der GmbH weiterbesteht, ohne dass irgendwelche das Aktiv- und Passivvermögen der OHG betreffende Übertragungsakte auf die GmbH als „Zielrechtsträger" des Formwechsels erforderlich wären, wären zugleich die wegen der Singularsukzession bei der Einbringung des Unternehmens im Wege der Sachgründung verbundenen Schwierigkeiten vermieden. Daher kann der Formwechsel der OHG in eine GmbH nach den §§ 190 ff., 214 ff. UmwG für *M*, *D* und *J* zweckmäßiger als die Einbringung des Unternehmens in die GmbH im Wege der Sachgründung sein.

Der Formwechsel einer OHG in eine GmbH ist gem. §§ 1 Abs. 2, 190 Abs. 1 Nr. 1, Abs. 2 Nr. 3, 214 Abs. 1 UmwG zulässig. Das hierfür zu beachtende Verfahren würde sich grob skizziert wie folgt darstellen: Erforderlich wäre ein Umwandlungsbeschluss der Gesellschafter der OHG gem. §§ 193, 194, 217 UmwG. Bestandteil des Umwandlungsbeschlusses ist gem. § 218 Abs. 1 S. 1 UmwG auch der GV der GmbH. Insoweit kann somit der vom Steuerberater vorgelegte Entwurf des GVs übernommen werden, mit der Maßgabe, dass § 3 Abs. 4 GV auf den Formwechselvorgang anzupassen ist. Der zur Vorbereitung dieser Beschlussfassung obligatorische Umwandlungsbericht kann hier gem. § 215 UmwG entbehrlich sein, wenn – wovon ausgegangen werden kann – *M* und *D* beide in der OHG geschäftsführungsbefugt sind. Andernfalls kann auf die Erstattung des Umwandlungsberichts ver-

[23] Zu den verschiedenen Methoden der Unternehmensbewertung vgl. den Überblick bei *Großfeld,* AG 1988, 217 (221 ff.).

[24] Zum Formwechsel einer Personenhandelsgesellschaft in eine Kapitalgesellschaft nach dem UmwG vgl. die ausführlichen Kommentierungen von Lutter/*Decher/Hoger,* §§ 190 bis 213 und Lutter/*Joost,* §§ 214 bis 225, HK-UmwG/*Quass,* §§ 190 bis 199, HK-UmwG/*Kierstein,* § 202, HK-UmwG/*Rebel,* §§ 207 bis 210 und HK-UmwG/*Rose,* §§ 214 bis 225 sowie von *Schmitt/Hörtnagl/Stratz,* §§ 190 bis 225.

zichtet werden, wenn alle Gesellschafter der OHG sich hiermit in notarieller Form einverstanden erklären (§ 192 S. 2 UmwG i. V. m. § 8 Abs. 3 S. 1, 1. Alt., S. 2 UmwG). Da dem Umwandlungsbeschluss sämtliche Gesellschafter der OHG zustimmen müssen, ist ferner ein Angebot auf Barabfindung gem. § 207 UmwG nicht erforderlich. Konsequenterweise entfällt damit auch die Prüfung eines solchen Barabfindungsangebotes auf seine Angemessenheit hin (vgl. § 208 i. V. m. § 30 Abs. 2 S. 1 UmwG).

b) Beteiligung von J an dem Formwechsel

Allerdings soll *J* zusätzlich neben den bisherigen Altgesellschaftern *M* und *D* an der GmbH beteiligt sein, sodass die Möglichkeit des Formwechsels hier ausscheiden kann. Nach § 202 Abs. 1 Nr. 2 UmwG kann eine Personenidentität zwischen den Gesellschaftern der formwechselnden Personenhandelsgesellschaft und den Gesellschaftern der GmbH als Zielrechtsträger zu verlangen sein.[25] Das Eintreten eines neuen Gesellschafters im Zuge der Umwandlung wäre somit nicht möglich mit der Konsequenz, dass zuerst die OHG in eine GmbH, bestehend nur aus *M* und *D*, umgewandelt werden müsste. In diese könnte erst anschließend *J* als Gesellschafter aufgenommen werden, wobei dieser Beitritt keine familiengerichtliche Genehmigung bedürfte.[26] Von dem Grundsatz der Identität der Mitgliedschaften wird jedoch zutreffend eine Ausnahme gemacht, wenn ein Gesellschafter im Zuge des Formwechsels, d. h. nach Fassung des Umwandlungsbeschlusses und bis zur Eintragung des Formwechsels, im Einvernehmen mit allen übrigen Gesellschaftern in die Gesellschaft neuer Rechtsform eintritt.[27] Demnach können *M* und *D* den Formwechsel der OHG in eine GmbH beschließen und *J* kann sogleich seinen Eintritt in die GmbH erklären, und zwar aufschiebend bedingt durch die Eintragung des Formwechsels im Handelsregister (§ 158 Abs. 1 BGB), um nicht mehr Gesellschafter der OHG zu werden, sondern nur Gesellschafter der (künftigen) GmbH. Für diesen Beitritt ist – ebenso wie für den Beitritt zu einer bestehenden GmbH – eine familiengerichtliche Genehmigung nicht erforderlich.

3. Zwischenergebnis

Den Beteiligten ist daher anzuraten, den Formwechsel der OHG in eine GmbH nach den §§ 190 ff., 214 ff. UmwG als ernsthafte Alternative gegenüber der Sachgründung der GmbH unter Einbringung des von der OHG betriebenen Unternehmens in Erwägung zu ziehen.

---

[25] Vgl. *Bärwald/Schabacker,* ZIP 1998, 1293 (1294 f.); *Kallmeyer,* ZIP 1994, 1746 (1751); im Grundsatz auch Semler/Stengel/*Kübler,* § 202 Rn. 19.

[26] GroßKomm-GmbHG/*Löbbe,* § 15 Rn. 288; MüKoBGB/*Kroll-Ludwigs,* § 1822 Rn. 17; ebenso offenbar Staudinger/*Veit,* § 1822 Rn. 50 ff.; restriktiver Soergel/*Zimmermann,* § 1822 Rn. 17.

[27] Vgl. zum Formwechsel in eine GmbH & Co. KG *BGH* NZG 2005, 722 (723); zustimmend Kallmeyer/*Meister/Klöcker,* § 202 Rn. 31 ff.; Lutter/*Decher/Hooger,* § 202 Rn. 12.; HK-UmwG/*Kierstein,* § 202 Rn. 22 f.; *Schmitt/Hörtnagl/Stratz,* § 226 Rn. 3; weiterhin *Schmidt K.,* GmbHR 1995, 693 (694 ff.); *Bayer,* ZIP 1997, 1613 (1616 f.); *Priester,* DB 1997, 560 ff; noch offen gelassen *BayObLG* GmbHR 2000, 89 (90 f.)

B. Aufgabe 2 – Gründung einer Unternehmergesellschaft (UG) unter Verwendung des Musterprotokolls und Abwägung der Vor- und Nachteile gegenüber der Gründung einer „normalen“ GmbH

Die Gründung einer Unternehmergesellschaft[28] (im Folgenden: UG) gem. § 5a GmbHG, bei der das aufzubringende Mindestkapital weniger als 25.000 EUR beträgt, kann eine kostengünstigere Lösung gegenüber der Gründung einer GmbH darstellen. Außerdem kann durch die Verwendung eines Musterprotokolls gem. § 2 Abs. 1a GmbHG eine Beschleunigung des Handelsregisterverfahrens erfolgen, mit der wiederum eine Privilegierung für die Gründungskosten einhergehen kann. Anstatt der Gründung einer GmbH mit einem den individuellen Belangen der Gesellschafter Rechnung tragenden GV kann sich somit auch die Gründung einer UG unter Verwendung eines Musterprotokolls empfehlen, wenn sich damit das Vorhaben der Gesellschafter verwirklichen lässt.

I. Gründung einer Unternehmergesellschaft

1. Gesetzliche Anforderungen

Die Anforderungen an die Gründung einer UG sind in § 5a GmbHG geregelt. Danach ist die UG keine eigenständige Rechtsform.[29] Sie stellt lediglich eine Variante der GmbH dar, so dass die Regelungen des GmbHG anzuwenden sind, sofern § 5a GmbHG keine abweichende Regelung enthält.[30] Dies macht gegenüber dem vorgelegten GV einige Änderungen erforderlich.

Nach § 5a Abs. 1 GmbHG ist zunächst Voraussetzung, dass die Höhe des Stammkapitals unter dem Mindestbetrag nach § 5 Abs. 1 GmbHG von 25.000 EUR liegt, wobei es im Extremfall – bei drei Gesellschaftern – auf den Betrag von 3 EUR (vgl. § 3 Abs. 1 Nr. 4 i. V. m. § 5 Abs. 2 S. 1 GmbHG) festgesetzt werden kann. Das in § 3 Abs. 1 GV festgesetzte Stammkapital und die Einlageverpflichtungen der Gesellschafter in § 3 Abs. 2 GV müssten entsprechend verringert werden. Außerdem ist nach § 5a Abs. 2 S. 2 GmbHG die Einlageleistung durch eine Sacheinlage ausgeschlossen. Die vorgesehene Leistung der Einlagen von *M* und *D* durch Einbringung der Aktiva und Passiva der von ihnen bisher betriebenen OHG ist somit nicht möglich.[31] *M* und *D*

---

[28] Die Bezeichnung dieser Variante der GmbH lautet nach der amtlichen Überschrift zu § 5a GmbHG schlicht Unternehmergesellschaft; der Zusatz „haftungsbeschränkt“ ist lediglich zwingender Bestandteil ihrer Firma (vgl. § 5a Abs. 1 GmbHG).

[29] Zur Auseinandersetzung mit den zur Einführung der UG vom Gesetzgeber beabsichtigten Motiven vgl. eingehend GroßKomm-GmbHG/*Paura*, § 5a Rn. 1 ff.; Henssler/Strohn/*Schäfer*, § 5a GmbHG Rn. 1 ff.; HK GmbHG/*Pfisterer*, § 5a Rn. 1; MüKoGmbHG/*Rieder*, § 5a Rn. 2 ff.; Scholz/*Westermann H. P.*, § 5a Rn. 2.

[30] Baumbach/Hueck/*Fastrich*, § 5a Rn. 3; BeckOK GmbHG/*Miras*, § 5a Rn. 3; Bork/Schäfer/*Schäfer*, § 5a Rn. 4, GroßKomm-GmbHG/*Paura*, § 5a Rn. 19; HK-GmbHG/*Pfisterer*, § 5a Rn. 2; MüKoGmbHG/*Rieder*, § 5a Rn. 1; Scholz/*Westermann H. P.*, § 5a Rn. 7; GmbH-Hdb/*Wälzholz*, Rz. I Rn. 402, 404; MünchHdb.GesR III/*Riemenschneider/Freitag*, § 8a Rn. 2; *Joost*, ZIP 2007, 2242 (2243); *Veil*, GmbHR 2007, 1080 (1081); vgl. auch Begr. RegE MoMiG, BT-Drs. 16/6140, 31.

[31] Vgl. Bork/Schäfer/*Schäfer*, § 5a Rn. 20; GroßKomm-GmbHG/*Paura*, § 5a Rn. 37; Henssler/Strohn/*Schäfer*, § 5a GmbHG Rn. 17; HK-GmbHG/*Pfisterer*, § 5a Rn. 12; Lutter/Hommelhoff/*Lutter/Kleindiek*, § 5a Rn. 20 f.; MüKoGmbHG/*Rieder*, § 5a Rn. 19; MünchHdb.GesR III/*Freitag/Riemenschneider*, § 9 Rn. 11 f.; *Hirte*, Rn. 5.45c. Nach allgemeiner Ansicht kann die UG des Weiteren nicht Zielrechtsträger eines Formwechsels gem. §§ 190 Abs. 1, 191 Abs. 2 Nr. 3 UmwG sein, vgl. u. a. Baumbach/Hueck/*Fastrich*, § 5a Rn. 17 f.; BeckOK GmbHG/*Miras*, § 5a Rn. 12; Bork/Schäfer/*Schäfer*, § 5a Rn. 6; GroßKomm-GmbHG/*Paura*, § 5a Rn. 69; HK-GmbHG/*Pfisterer*, § 5a Rn. 16; Lutter/Hom-

müssten ihre Einlage somit ebenso wie *J* in bar leisten. Des Weiteren ist zu beachten, dass nach § 5a Abs. 2 S. 1 GmbHG die Anmeldung der Gesellschaft zum Handelsregister erst erfolgen darf, wenn das Stammkapital in voller Höhe eingezahlt ist. Im Vergleich zu § 7 Abs. 2 S. 2 GmbHG, wonach für die „normale" Gründung einer GmbH vor der Anmeldung zum Handelsregister mindestens die Hälfte des gesetzlich vorgeschriebenen Mindestkapitals von 25.000 EUR aufzubringen ist, führt die Gründung einer UG nur dann zu einer Reduzierung der insgesamt aufzubringenden Einlageverpflichtungen der Gründer, wenn das Stammkapital der UG auf weniger als 12.500 EUR festgesetzt wird.[32] Sollen die Beteiligungsverhältnisse an der UG von *M*, *D* und *J* in vergleichbarer Weise wie bei der vom Steuerberater vorgeschlagenen „normalen" GmbH beibehalten werden, müsste *J* bei einem Stammkapital von z. B. 3.000 EUR lediglich 330 EUR als Einlage in bar leisten. Die Bareinlage von *M* und D würde jeweils 1.335 EUR betragen. Diese Beträge blieben deutlich unter denjenigen Beträgen, die sie nach § 3 Abs. 2c) i. V. m. § 3 Abs. 5 GV vor der Anmeldung der „normalen" GmbH zum Handelsregister aufzubringen hätten. Die Gründung einer UG mit einem Stammkapital von z. B. 3.000 EUR wäre für *M*, *D* und *J* deutlich vorteilhafter, da sie sich dann mit einer wesentlichen niedrigeren Einlageverpflichtung an der Gesellschaft beteiligen könnten.

2. Gründungsverfahren unter Verwendung eines Musterprotokolls

Die Gründung sowohl einer UG als auch einer „normalen" GmbH im vereinfachten Verfahren nach § 2 Abs. 1a GmbHG setzt voraus, dass höchstens drei Gesellschafter an der Gesellschaft beteiligt sind und nur ein Geschäftsführer bestellt wird (§ 2 Abs. 1a S. 1 GmbHG). Bei der geplanten Gründung mit den drei Gesellschaftern *M*, *D* und *J* sowie mit *M* oder *D* als dem alleinigen Geschäftsführer, der von den Beschränkungen des § 181 BGB befreit ist,[33] bestehen insofern keine Bedenken.[34] Jedoch setzt § 2 Abs. 1a S. 2 GmbHG die Verwendung des in der Anlage zum GmbHG enthaltenen Musterprotokolls für Mehrpersonengesellschaften als GV voraus. Der Vertragsentwurf des Steuerberaters kann daher nicht verwendet werden (vgl. § 2 Abs. 1a S. 3 GmbHG).

Möglicherweise kann das Musterprotokoll aber durch einzelne Regelungen des vom Steuerberater entworfenen GVs ergänzt werden. § 2 Abs. 1a S. 3 GmbHG bestimmt lediglich, dass keine darüber hinausgehenden und vom Gesetz abweichenden Bestimmungen im Vertrag geregelt werden können. Nach dem Wortlaut dieser Norm kann das Musterprotokoll daher um eine die gesetzliche Regelung ergänzende – aber nicht von ihr abweichende – Bestimmung erweitert werden. So erscheint nach dem Wortlaut von § 2 Abs. 1a S. 3 GmbHG z. B. eine detaillierte und die gesetzlichen Regelungen gem. §§ 47–51 GmbHG lediglich ergänzende Bestimmung zur Gesellschafterversammlung[35] möglich; gleiches würde für eine Vinkulierungs-

---

melhoff/*Kleindiek*, § 5a Rn. 70; MüKoGmbHG/*Rieder*, § 5a Rn. 51 ff.; Scholz/*Westermann H. P.*, § 5a Rn. 35; GmbH-Hdb/*Wälzholz*, Rz. I Rn. 406; *Heinemann*, NZG 2008, 820 f.; *Hennrichs*, NZG 2009, 1161 (1163 f.); *Römermann/Passarge*, ZIP 2009, 1497 (1501).

[32] Zutreffend MüKoGmbHG/*Rieder*, § 5a Rn. 18.

[33] Vgl. Musterprotokoll für die Gründung einer Mehrpersonengesellschaft unter 4.

[34] Nach Eintragung der UG können weitere Geschäftsführer bestellt werden, deren Befreiung von § 181 BGB aber nur im Wege einer Satzungsänderung erfolgen kann; vgl. Baumbach/Hueck/*Fastrich*, § 2 Rn. 18; BeckOK GmbHG/*Jaeger*, § 2 Rn. 76; MüKoGmbHG/*Mayer J.*, § 2 Rn. 247; Scholz/*Westermann H. P.*, § 5a Rn. 13; a. A. Henssler/Strohn/*Schäfer*, § 2 GmbHG Rn. 54.

[35] Vgl. § 7 GV in Bd. II Fall 2 in der unter C. empfohlenen Fassung.

abrede[36], ein Vorkaufsrecht[37] und eine Kündigungsmöglichkeit für einzelne Gesellschafter[38] gelten. Eine derartige Auslegung des § 2 Abs. 1a S. 3 GmbHG ist indessen mit dem Gesetzeszweck des vereinfachten Verfahrens nicht vereinbar. Das vereinfachte Verfahren soll eine standardisierte und dadurch schnelle Gründung der Gesellschaft ermöglichen.[39] Dieser Zweck würde bei einer Erweiterung des Musterprotokolls um individuellen Belangen der Gesellschafter dienende Satzungsregelungen verfehlt. Eine standardisierte und rasche Prüfung durch das Registergericht wäre nicht möglich. Daher sind auch Ergänzungen nicht zulässig.[40] Bei Verwendung des Musterprotokolls ist es den Gesellschaftern daher verwehrt, Bestimmungen aus dem GVs-Entwurf des Steuerberaters als zusätzlichen Inhalt zu verwenden.

3. Möglichkeiten zur Umsetzung des Vorhabens der Gesellschafter

Der Verzicht auf die individuelle Vertragsgestaltung ist weder von den Gesellschaftern gewollt noch für die Gesellschafter sinnvoll. Insbesondere Regelungen über die Vinkulierung oder Vererbung von Geschäftsanteilen sowie Kündigungs- und Abfindungsregelungen sind für Mehrpersonengesellschaften unverzichtbar, um mögliche spätere Streitigkeiten zwischen den Gesellschaftern vorausschauend lösen zu können.[41] Auch die von den Gesellschaftern beabsichtigte Fortführung des Unternehmens von *M* und *D* in der neuen Gesellschaft wird durch das Verbot der Einbringung von Sacheinlagen in eine UG (§ 5a Abs. 2 S. 2 GmbHG) erschwert. Sie könnten das Unternehmen erst dann in die UG einbringen, wenn diese ins Handelsregister eingetragen worden ist.

Allerdings kann die „normale" GmbH in einem zweistufigen Gründungsverfahren unter Verwendung der UG als „erster Gründungsstufe" in Betracht kommen.[42] Nach der Gründung der UG im vereinfachten Verfahren kann diese anschließend unverzüglich in eine „normale" GmbH „umgewandelt" werden.[43] Nach der Eintragung der UG im Handelsregister wäre es *M* und *D* möglich, im Wege einer Kapitalerhöhung mit Sacheinlagen nach § 56 Abs. 1 GmbHG die Aktiva und Passiva der OHG in die Gesellschaft einzubringen.[44] Damit würde sich die Gesellschaft kraft

---

36 Vgl. § 8 Abs. 1 und 2 GV von Bd. II Fall 2.

37 Vgl. § 8 Abs. 3 GV von Bd. II Fall 2.

38 Vgl. den neu eingefügten § 11 von Bd. II Fall 2 unter B.

39 Baumbach/Hueck/*Fastrich*, § 2 Rn. 50; BeckOK GmbHG/*Jaeger*, § 2 Rn. 72; Bork/Schäfer/*Schäfer*, § 2 Rn. 105; HK-GmbHG/*Pfisterer*, § 2 Rn. 53; Lutter/Hommelhoff/*Bayer*, § 2 Rn. 51; MüKoGmbHG/*Mayer J.*, § 2 Rn. 223; Scholz/*Wicke*, § 2 Rn. 121.

40 BeckOK GmbHG/*Jaeger*, § 2 Rn. 74; GroßKomm-GmbHG/*Ulmer/Löbbe*, § 2 Rn. 125; Henssler/Strohn/*Schäfer*, § 2 GmbHG Rn. 64; MüKoGmbHG/*Mayer J.*, § 2 Rn. 231 ff.; Scholz/*Westermann H. P.*, § 5a Rn. 12; ausführlich *Römermann*, GmbHR Sonderheft Oktober 2008, 16 (18) – „Gestaltungen" sind nur zulässig, soweit das Musterprotokoll in den amtlichen Hinweisen ausdrücklich Alternativen zulässt; ebenso, aber ohne Begründung Baumbach/Hueck/*Fastrich* § 2 Rn. 17.

41 MünchHdb.GesR III/*Riemenschneider/Freitag*, § 8b Rn. 31; *dies.*, ZIP 2007, 1485 (1487); ferner *Drygala/Staake/Szalai*, § 4 Rn. 22; *Heckschen*, DStR 2007, 1442 (1444); *Katschinski/Rawert*, ZIP 2008, 1993 (1994).

42 Nach Henssler/Strohn/*Schäfer*, § 5a GmbHG Rn. 6 stellt die UG ohnehin ein Übergangsstadium zur ordentlichen GmbH dar.

43 Für diese Nutzungsmöglichkeit der UG vgl. *Römermann*, GmbHR Sonderheft Oktober 2008, 16 (25); wohl auch *Joost*, ZIP 2007, 2242 (2248).

44 Das Sacheinlagenverbot in § 5a Abs. 2 S. 2 GmbHG gilt nicht mehr für eine Kapitalerhöhung gegen Sacheinlagen, wenn dadurch die UG zur GmbH „erstarkt", vgl. BGHZ 189, 254 Rn. 13 ff.; Baumbach/Hueck/*Fastrich*, § 5a Rn. 32 f.; BeckOK GmbHG/*Miras*, § 5a Rn. 36 und 49a ff.; GroßKomm-GmbHG/*Paura*, § 5a Rn. 39; Henssler/Strohn/*Schäfer*,

Gesetzes in eine „normale“ GmbH „umwandeln“ (§ 5a Abs. 5 GmbHG). Des Weiteren wäre nach der Eintragung – und zugleich mit der Einbringung des Unternehmens im Wege der Kapitalerhöhung gegen Sacheinlagen – eine individuelle GVs-Gestaltung entsprechend dem Vertragsentwurf des Steuerberaters durch eine Satzungsänderung gem. § 53 Abs. 1 GmbHG zu erreichen. Auf diese Weise wäre es den Gründern möglich, die Vorteile einer beschleunigten UG-Gründung zu nutzen.

II. Abwägung

1. Kapitalaufwand für die Gründung

Für die Gründung einer UG spricht zunächst, dass von den Gründern bei Festsetzung eines Stammkapitals von weniger als 12.500 EUR ein niedrigerer Kapitalbetrag aufgebracht werden muss als bei Gründung einer GmbH, um die Anmeldung der Gesellschaft zur Eintragung ins Handelsregister betreiben zu können. Andererseits erhöht ein niedriges Stammkapital die Gefahr der Überschuldung der Gesellschaft.[45] Zwar bezweckt das Mindestkapital einer „normalen“ GmbH von 25.000 EUR (§ 5 Abs. 1 GmbHG) weniger eine ausreichende Kapitalausstattung der Gesellschaft als vielmehr eine „Seriositätsschwelle“ für die Gesellschafter.[46] Ein Gesellschafter, der bereit ist, ein höheres Mindestkapital aufzubringen, gibt dem Rechtsverkehr damit zugleich zu verstehen, dass er von seinem unternehmerischen Vorhaben überzeugt ist und sich daher bereit erklärt, sich mit einer „hohen“ Einlage an dem unternehmerischen Risiko zu beteiligen.[47] Das ggf. sehr niedrige Stammkapital einer UG kann aber dazu führen, dass die Gläubiger mit dem Unternehmen nicht zusammenarbeiten wollen, weil sie das Unternehmen als risikoreich und unseriös einstufen.[48] Letztlich können die Vor- und Nachteile einer geringen Kapitalausstattung der UG aber dahinstehen. *M* und *D* wollen ihren in der Rechtsform der OHG betriebenen Autohandel in eine Gesellschaft „umwandeln“, bei denen den Gläubigern nur das Gesellschaftsvermögen haftet. Dieser Weg ist ihnen aber über eine UG-Gründung mit Einbringung des Unternehmens als Sacheinlage versperrt. Sofern sie die UG jedoch nur als „zeitliche Vorstufe“ für die spätere „normale“ GmbH gründen und mit der UG nicht im rechtsgeschäftlichen Verkehr auftreten wollen, spielt die Kapitalausstattung der Gesellschaft aus Gründen der Reputation gegenüber den Gläubigern keine Rolle.

2. Höhe der Gründungskosten

Für die Gründung der UG unter Verwendung des Musterprotokolls können zunächst niedrigere Gründungskosten angeführt werden. So findet für die Beurkundung des GVs und die Handelsregisteranmeldung im vereinfachten Verfahren die

---

§ 5a GmbHG Rn. 17; HK-GmbHG/*Pfisterer*, § 5a Rn. 26; Lutter/Hommelhoff/*Kleindiek*, § 5a Rn. 24; MüKoGmbHG/*Rieder*, § 5a Rn. 42; Scholz/*Westermann H. P.*, § 5a Rn. 18; *Freitag/Riemenschneider*, ZIP 2007, 1485 (1491); *Hennrichs*, NZG 2009, 1161 ff.; *Klose*, GmbHR 2009, 294 ff.; *Priester*, ZIP 2010, 2182 (2184).

[45] Baumbach/Hueck/*Fastrich*, § 5a Rn. 20, 30; BeckOK GmbHG/*Miras*, § 5a Rn. 25; Henssler/Strohn/*Schäfer*, § 5a GmbHG Rn. 11; Lutter/Hommelhoff/*Kleindiek*, § 5a Rn. 18; MüKoGmbHG/*Rieder*, § 5a Rn. 11 ff.; Scholz/*Westermann H. P.*, § 5a Rn. 2; *Drygala*, NZG 2007, 561 (563).

[46] Vgl. *Hirte*, Rn. 5.23; *Schmidt K.*, GesR, § 18 II 4a) (S. 523); eingehend *Drygala*, ZGR 2006, 587 (595 ff.); im Grundsatz auch Begr. RegE MoMiG, BT-Drs. 16/6140, 29.

[47] *Drygala*, ZGR 2006, 587 (596).

[48] Ähnlich *Heckschen*, DStR 2007, 1442 (1445).

Kostenprivilegierung des § 41d KostO Anwendung.[49] Diese Kostenersparnis ist aber nur ein vorläufiges Ergebnis. Wollen die Gesellschafter nach der Eintragung der UG und im Zuge ihrer „Umwandlung" in eine „normale" GmbH eine vom Musterprotokoll abweichende Satzungsänderung beurkunden und eintragen lassen, greift hierfür nicht das Kostenprivileg, sondern es fallen dann die nach dem Gegenstandswert der notariellen Beurkundung maßgeblichen Kosten an (vgl. § 41d, 2. Halbs. KostO).[50] Somit kann jedenfalls bei der beabsichtigten UG-Gründung mit anschließender „Umwandlung" in eine „normale" GmbH nicht mit den niedrigeren Gründungskosten für die UG argumentiert werden.

3. Zeitdauer des Gründungsverfahrens

Für die – zeitlich vorgeschaltete – Gründung einer UG unter Verwendung des Musterprotokolls kann jedoch ein beschleunigtes Gründungsverfahren sprechen. Eine schnelle Beendigung des Gründungsverfahrens durch Eintragung der Gesellschaft im Handelsregister innerhalb weniger Tage[51] ist für die Gesellschafter von wesentlicher Bedeutung, da mit Eintragung der Gesellschaft die unbeschränkte Verlustdeckungshaftung der Gesellschafter endet.[52] Das Risiko einer Verlustdeckungshaftung oder der sich anschließenden Vorbelastungshaftung besteht für die Gesellschafter einer UG zwar im Prinzip gleichermaßen.[53] Allerdings scheidet das Risiko einer Verlustdeckungshaftung wegen Fortführung des von der OHG betriebenen Autohandels von vorneherein aus, weil der Autohandel bei der Gründung der UG nicht im Wege einer Sacheinlage eingebracht werden kann. Das Risiko einer Verlustdeckungshaftung besteht ferner dann nicht, wenn die Gesellschafter vereinbaren, vor der Eintragung der UG keine Geschäfte im Namen der Vorgesellschaft vorzunehmen. Allerdings wäre auch eine solche Abrede als Bestandteil des Musterprotokolls mit § 2 Abs. 1a S. 3 GmbHG nicht vereinbar,[54] sondern könnte allenfalls als schuldrechtliche Nebenabrede vorgesehen werden.[55] Ob in diesem Falle auch die Genehmigung des Familiengerichts für die Beteiligung von *J* (§§ 1643 Abs. 1, 1822 Nr. 3 BGB) an der UG-Gründung entbehrlich wäre, dürfte schon aus Gründen der Rechtssicherheit zweifelhaft sein. Bei Eintragung der UG innerhalb von wenigen Tagen nach ihrer Anmeldung zum Handelsregister dürfte es aber keine Schwierig-

---

49 Nach § 41d KostO wird bei der Gebührenberechnung nach § 32 KostO nicht der Mindestgeschäftswerte der §§ 39 Abs. 5, 41a Abs. 1 Nr. 1 und Abs. 4 Nr. 1 KostO zu Grunde gelegt, sondern der tatsächliche Wert des Stammkapitals; vgl. ausführlich zu den Gründungskosten mit vergleichenden Berechnungsbeispielen *Wachter,* GmbHR Sonderheft Oktober 2008, 25 (26 ff.).

50 *Katschinski/Rawert,* ZIP 2008, 1993 (2001); *Tebben,* RNotZ 2008, 441 (445).

51 In den Gesetzmaterialien findet sich keine konkrete Angabe zu der beabsichtigten Dauer des Gründungsverfahrens. Das Ziel einer Gründung innerhalb von wenigen Tagen wurde jedoch in der Reformdiskussion auch von legislativer Seite genannt; vgl. *Gehb/Drange/Heckelmann,* NZG 2006, 88 (92).

52 Siehe oben A. I.

53 Baumbach/Hueck/*Fastrich,* § 5a Rn. 20; BeckOK GmbHG/*Jaeger,* § 2 Rn. 74; GroßKomm-GmbHG/*Paura,* § 5a Rn. 24; MüKoGmbHG/*Rieder,* § 5a Rn. 47; MünchHdb.GesR III/*Gummert,* § 16 Rn. 151.

54 Zu den Rechtsfolgen einer UG- bzw. GmbH-Gründung unter Verwendung eines fehlerhaften Musterprotokolls vgl. Baumbach/Hueck/*Fastrich,* § 2 Rn. 18; GroßKomm-GmbHG/*Ulmer/Löbbe,* § 2 Rn. 127; Lutter/Hommelhoff/*Bayer,* § 2 Rn. 70 ff.; MüKo-GmbHG/*Mayer J.,* § 2 Rn. 233 f.; Scholz/*Westermann H. P.,* § 5a Rn. 20; MünchHdb. GesR III/*Riemenschneider/Freitag,* § 8b Rn. 9.

55 Vgl. hierzu allgemein Lutter/Hommelhoff/*Bayer,* § 2 Rn. 51; Scholz/*Westermann H. P.,* § 5a Rn. 20; *Heckschen,* DStR 2007, 1442 (1443).

keiten bereiten, die kurze Eintragungsdauer abzuwarten, bevor die UG das neue Firmengelände anmietet und damit Verbindlichkeiten eingeht. Die Anmietung des neuen Firmengeländes könnte unter diesen Umständen wie geplant noch im Februar 2019 erfolgen.

Allerdings ist zweifelhaft, ob das vereinfachte Verfahren nach § 2 Abs. 1a GmbHG auch entsprechend den Vorstellungen des Gesetzgebers in der Praxis zu einer beschleunigten Gründung der Gesellschaft führt.[56] Ein Rechtsanspruch auf eine Eintragung innerhalb von wenigen Tagen besteht nicht.[57]. Ob unter diesen Umständen die UG rechtzeitig ins Handelsregister eingetragen sein wird, um das Grundstück noch im Februar 2019 anmieten zu können, lässt sich mit hinreichender Sicherheit nicht prognostizieren; ggf. wäre eine vorherige Kontaktaufnahme mit dem zuständigen Registerrichter anzuraten.

III. Entscheidungsvorschlag

Für den Vorschlag einer Handlungsempfehlung an *M, D* und *J* ist zunächst zu beachten, dass sich das gemeinsame Ziel, nämlich die Fortführung des in der Rechtsform der OHG betriebenen Autohandels künftig in der Rechtsform der GmbH, nur unter Einschaltung eines Notars verwirklichen lässt. Für den Entscheidungsvorschlag sind daher diejenigen Anforderungen maßgeblich, die an den beurkundenden Notar zu stellen sind. Der Notar ist gem. § 17 Abs. 1 und Abs. 2 BeurkG zur umfassenden Beratung der Gründungsgesellschafter verpflichtet. Er muss die Gründungsgesellschafter somit über alle mit dem beurkundungspflichtigen Rechtsgeschäft verbundenen rechtlichen Folgen belehren. Dabei hat er auch die verschiedenen Möglichkeiten aufzuzeigen, auf welche Weise *M, D* und *J* ihr gemeinsames Ziel, nämlich die Gründung einer GmbH unter Einbeziehung des von der OHG betriebenen Unternehmens erreichen können. Er hat indessen von mehreren Gestaltungsmöglichkeiten die nach der Rechtslage im Zeitpunkt der Beurkundung sicherste aufzuzeigen, und zwar selbst dann, wenn sie höhere Kosten verursacht.[58]

Die Entscheidung beschränkt sich nicht nur auf die Alternativen entweder die Gründung der GmbH im Wege der Einbringung des von der OHG betriebenen Unternehmens unter Verwendung eines individuell ausgehandelten GVs einerseits oder der Gründung einer UG mittels Musterprotokoll als „zeitliche Vorstufe“ vor der anschließenden „Umwandlung“ der UG in eine „normale“ GmbH im Wege der Sachkapitalerhöhung andererseits. Vielmehr sind auch weitere Möglichkeiten wie der Formwechsel der OHG in eine GmbH nach den §§ 191 ff., 214 ff. UmwG[59] oder der Erwerb eines GmbH-Mantels mit anschließender wirtschaftlicher Neugründung der GmbH[60] zu bedenken.

Eine einzig richtige Handlungsempfehlung zwischen diesen vier Möglichkeiten kann auf der Grundlage der gegebenen Informationen nicht gegeben werden. Für die Handlungsempfehlung wird es maßgeblich auf die wirtschaftliche Situation des Unternehmens ankommen, um das Risiko der Verlustdeckungshaftung bzw. Vorbelastungshaftung der Gesellschafter abschätzen und damit verbunden die Eilbe-

---

[56] Zweifelnd auch MüKoGmbHG/*Mayer J.*, § 2 Rn. 255; MünchHdb.GesR III/*Riemenschneider/Freitag*, § 8b Rn. 27.

[57] Vgl. § 25 Abs. 1 S. 2 HRV; der Registerrichter ist lediglich verpflichtet, über die Eintragung „unverzüglich“ zu entscheiden. Eine Pflicht zur Eintragung innerhalb von z. B. 48 Stunden besteht nicht.

[58] BeckOK BGB/*Litzenburger*, § 17 BeurkG Rn. 1.

[59] Vgl. oben unter A. III. 2.

[60] Vgl. hierzu Bd. II Fall 4 unter B. II. 1. a) bb).

dürftigkeit der Eintragung der GmbH einordnen zu können. Die Eilbedürftigkeit des Vollzugs der „Umwandlung" der OHG in die vorgesehene GmbH wird auch vor dem Hintergrund zu sehen sein, dass für *M* und *D* die Frist für die Nachhaftungsbegrenzung für die Verbindlichkeiten der OHG gem. § 159 HGB (im Falle der Gründung der GmbH unter Einbringung des Unternehmens) bzw. gem. § 224 Abs. 2 UmwG (im Falle des Formwechsels der OHG in eine GmbH) erst mit Eintragung der GmbH ins Handelsregister zu laufen beginnen wird. Bei Gründung der UG mit anschließender Sachkapitalerhöhung oder bei Erwerb eines GmbH-Mantels mit anschließender Einbringung des Unternehmens im Wege der Sacheinlage wird für den Beginn der Frist gem. § 159 HGB auf den Zeitpunkt der Eintragung der Kapitalerhöhung ins Handelsregister abzustellen sein. Wie dringend dies ist, kann nicht beurteilt werden, weil keine Informationen über die bestehenden Haftungsrisiken von *M* und *D* für die Verbindlichkeiten der OHG vorliegen. Die ggf. erforderliche familiengerichtliche Genehmigung für die Beteiligung von *J* dürfte demgegenüber weniger entscheidend sein, da *J* immer noch in die eingetragene GmbH als Gesellschafter aufgenommen werden kann. Auch das Ziel der Beteiligten, ihre Belange durch einen individuell ausgehandelten GV zu regeln, hat im Vergleich dazu nur untergeordnete Bedeutung, weil es sich bei allen vorgenannten Möglichkeiten letztlich verwirklichen lässt.

Fall 4. Böses Erwachen

Schwerpunkte im GmbH-Recht:

Gründung einer Unternehmergesellschaft und Erwerb eines GmbH-Mantels als Alternativen gegenüber der Sachgründung einer GmbH durch Einbringung eines Unternehmens – Haftung des Notars für Beratungsfehler bei der notariellen Beurkundung des GmbH-Gesellschaftsvertrages

Sachverhalt

Armin August (A) betrieb seit 1999 ein im Handelsregister eingetragenes Unternehmen zur Herstellung von Solarzellen. Der Jahresumsatz des Unternehmens lag im Jahr 2017 bei 35 Mio. EUR. Mit seinem finanzkräftigen Bekannten *Berthold Bös (B)* vereinbarte er im Dezember 2017 in notariell beurkundeter Form die Gründung der „A & B Solarzellen GmbH" (A-GmbH). In dem Gesellschaftsvertrag (GV) war u. a. bestimmt, dass von dem Stammkapital der GmbH i. H. v. 2 Mio. EUR *A* einen Geschäftsanteil i. H. v. 1,8 Mio. EUR und *B* einen Geschäftsanteil i. H. v. 200.000 EUR erhält. Während sich *B* zu einer Bareinlageleistung verpflichtete, brachte *A* sein Unternehmen, das zutreffend mit 1,8 Mio. EUR bewertet worden war, in die GmbH ein. Außerdem wurde *A* zum alleinigen Geschäftsführer der Gesellschaft bestellt. Die Eintragung der GmbH ins Handelsregister erfolgte erst am 2.3.2018. Die Geschäfte des eingebrachten Unternehmens wurden im Einvernehmen der Gesellschafter seit der notariellen Beurkundung des GmbH-GV ohne Unterbrechung fortgeführt.

Aufgrund unvorhersehbarer Umstände erlitt die Gesellschaft in der Zeit zwischen ihrer Anmeldung zur Eintragung in das Handelsregister und ihrer Eintragung einen dramatischen Auftragseinbruch und große Forderungsausfälle gegenüber insolvent gewordenen früheren Geschäftspartnern. Dadurch entstanden nicht unerhebliche Verluste, die sich in der Folgezeit weiter vergrößerten. Da sich auch die Kreditinstitute weigerten, der A-GmbH weitere Kredite zur Überbrückung der finanziellen Notlage zu gewähren, musste *A* schließlich am 9.6.2018 wegen Zahlungsunfähigkeit Insolvenzantrag stellen. Der gerichtlich bestellte Insolvenzverwalter *V* verlangte im Oktober 2018 von *B* zum Ausgleich einer auf den Stichtag der Handelsregistereintragung festgestellten Unterbilanz i. H. v. 500.000 EUR die Zahlung von 50.000 EUR.

Nachdem *B* von seinem Rechtsanwalt erfahren hat, dass er zur Zahlung dieses Betrages wegen der ihn treffenden sog. Vorbelastungshaftung verpflichtet ist, wendet er sich empört an *Nils Nulpe (N)*, der den GV der A-GmbH notariell beurkundet hat, und verlangt von ihm Schadensersatz i. H. v. 50.000 EUR. Hätte *N* ihnen seinerzeit zur Gründung einer Unternehmergesellschaft oder zum Erwerb eines GmbH-Mantels geraten, wäre die Eintragung schneller vollzogen worden. Außerdem habe er – was zutreffend ist – nicht gewusst, dass eine solche Vorbelastungshaftung auf ihn zukommen könne. Die schlechte Beratung durch *N* bei der Beurkundung des GVs sei daher ursächlich dafür, dass er nochmals Geld in die GmbH stecken müsse. Unter diesen Voraussetzungen hätte er sich nie auf diese Sache eingelassen. *N* verweigert die Zahlung. Er verweist auf den Vermerk im Gründungsprotokoll. Darin heißt es: „Der Notar hat die Gesellschafter über alle Einzelheiten der im GV enthaltenen Regelungen aufgeklärt und beraten."

Ist das Zahlungsbegehren von *B* gegenüber *N* begründet?

Lösung

A. Anspruch aus § 839 Abs. 1 BGB

Das Zahlungsbegehren von *B* gegenüber *N* ist begründet, wenn *B* gegen *N* einen Anspruch auf Schadensersatz hat. *B* kann gegen *N* einen Anspruch auf Schadensersatz i. H. v. 50.000 EUR gem. § 839 Abs. 1 BGB haben. Dazu darf die Anwendbarkeit von § 839 Abs. 1 BGB nicht aufgrund des Anwendungsvorrangs einer Spezialregelung ausgeschlossen sein. Eine derartige Spezialregelung kann § 19 Abs. 1 S. 1 BNotO darstellen.[1] Demnach ist der Notar zum Ersatz des Schadens verpflichtet, der aus der vorsätzlichen oder fahrlässigen Verletzung einer ihm einem anderen gegenüber obliegenden Amtspflicht resultiert. *N* ist bei der Beratung und Beurkundung im Rahmen seiner Aufgabe als Notar tätig geworden. § 19 Abs. 1 S. 1 BNotO kommt daher als Anspruchsgrundlage in Betracht und ist Spezialregelung zu § 839 Abs. 1 BGB.

Ein Schadensersatzanspruch von *B* gegen *N* aus § 839 Abs. 1 BGB besteht somit nicht.

B. Anspruch aus § 19 Abs. 1 BNotO

B kann gegenüber *N* aber einen Anspruch auf Schadensersatz i. H. v. 50.000 EUR gem. § 19 Abs. 1 S. 1 BNotO haben. Dann muss *N* als Notar bei der Beurkundung des GmbH-GVs vorsätzlich oder fahrlässig eine ihm gegenüber *B* obliegende Amtspflicht verletzt haben und diese Amtspflichtverletzung muss zu einem nach § 19 Abs. 1 S. 1 BnotO ersatzfähigen Schaden bei *B* geführt haben.

I. Notar

N war als Notar mit der gem. § 2 Abs. 1 GmbHG erforderlichen notariellen Beurkundung des GVs der GmbH von *A* und *B* befasst.[2]

II. Amtspflichtverletzung

N muss bei der Beurkundung des GmbH-GVs eine *B* gegenüber bestehende Amtspflicht verletzt haben.

---

[1] Für die Amtshaftung des Notars ist § 19 BNotO eine § 839 BGB verdrängende Spezialnorm; vgl. BeckOK BGB/*Reinert,* § 839 Rn. 32; Erman/*Mayen,* § 839 Rn. 142; Jauernig/*Teichmann,* § 839 Rn. 31; Palandt/*Sprau,* § 839 Rn. 130; Staudinger/*Wöstmann,* § 839 Rn. 48. Zwar hatte das *BVerfG* durch Urteil vom 19.10.1982 (BVerfGE 61, 149) das Staatshaftungsgesetz – und damit zugleich auch § 19 BNotO – wegen fehlender Gesetzgebungskompetenz des Bundes für nichtig erklärt. Dieser Mangel wurde aber durch die Grundgesetznovellierung vom 27.10.1994 (BGBl. I S. 3146) behoben; vgl. hierzu BeckOK BGB/*Reinert,* § 839 Rn. 144; HK-BGB/*Staudinger,* § 839 Rn. 4; MüKoBGB/*Papier/Shirvani,* § 839 Rn. 105 f.; Staudinger/*Wöstmann,* § 839 Rn. 12.

[2] Vgl. § 1 BNotO für den Aufgabenbereich und die Stellung des Notars.

1. Verletzung der Beratungspflicht über alternative Gründungsformen

N kann bei der Beurkundung des GmbH-GVs eine gegenüber *B* bestehende Aufklärungs- und Beratungspflicht nach § 17 Abs. 1 S. 1 BeurkG verletzt haben, wenn im konkreten Fall gegenüber der Gründung einer GmbH alternative Möglichkeiten zur Verwirklichung des von *A* und *B* beabsichtigten Vorhabens bestanden haben, nämlich die Einbringung des Unternehmens in eine Gesellschaft, bei der den Gesellschaftern nur das Gesellschaftsvermögen haftet bei gleichzeitiger Minimierung der Haftungsrisiken der Gesellschafter während der Gründungsphase.

a) Alternative Gründungsmöglichkeiten

aa) Gründung einer Unternehmergesellschaft (UG)

Statt der Gründung einer GmbH wäre für *A* und *B* möglicherweise auch die Gründung einer UG gem. § 5a GmbHG in Betracht gekommen.[3] Die UG ist eine Variante der GmbH, für die § 13 Abs. 2 GmbHG ebenfalls gilt.[4]

Die Verringerung der Haftungsrisiken für die Gesellschaftsgründer aus der Vorbelastungshaftung[5] wäre eingetreten, wenn die UG in einer kürzeren Zeitspanne als eine „normale" GmbH ins Handelsregister eingetragen worden wäre. Die Richtigkeit der entsprechenden Behauptung von *B* ist jedoch zweifelhaft. Zwar wurde das Ziel der schnellen Eintragung der UG in der Reformdiskussion zum MoMiG genannt.[6] Auch eine normale GmbH kann indessen binnen 5 bis 8 Arbeitstagen ab Eingang der Anmeldung beim Registergericht im Handelsregister eingetragen sein, wenn der Kostenvorschuss bezahlt ist, keine Eintragungsmängel vorhanden sind und keine weitere Korrespondenz zwischen den Beteiligten erforderlich ist, z.B. weil Bedenken gegen die vorgesehene Firma und die ausreichende Konkretisierung des Unternehmensgegenstandes bestehen. Eine schnellere Eintragung der UG im Vergleich zur „normalen" GmbH kann, wenn überhaupt, nur dann erreicht werden, wenn die UG im Wege des vereinfachten Verfahrens (vgl. § 2 Abs. 1a S. 2 GmbHG) errichtet wird, während die „normale" GmbH unter Verwendung eines individuell ausgehandelten GVs gegründet wird. Bei der Verwendung des Musterprotokolls erstreckt sich die Prüfung des Registergerichts ausschließlich darauf, ob die zwingend vorgeschriebenen Inhalte des Musterprotokolls beachtet wurden. Diese Prüfung kann zwar in sehr kurzer Zeit erfolgen. Sie stellt aber einerseits im Verhältnis zur „normalen" Gründung einer GmbH nur eine geringfügige Zeitersparnis dar. Bei der Gründung einer UG unter Verwendung des Musterprotokolls (§ 2 Abs. 1a S. 2 GmbHG) war andererseits für *A* und *B* das Ziel, das Unternehmen von *A* in eine GmbH einzubringen, jedenfalls auf direktem Wege nicht erreichbar. Die Einbringung eines Unternehmens in eine neu zu gründende GmbH ist gem. § 5 Abs. 4 S. 1 und 2 GmbHG nämlich als Sachgründung anzusehen. Gem. § 5a Abs. 2 S. 2 GmbHG ist für die Gründung einer UG eine Sacheinlage indessen ausgeschlossen.[7]

---

3 Zur UG vgl. ausführlich auch Bd. II Fall 3 B. m. w. N.

4 Die UG wird im Verhältnis zur GmbH auch als „GmbH-light" (so *Veil*, GmbHR 2007, 1080 [1081]), deren „Brüderchen", „Schwesterchen", „Bastard" oder „Wechselbalg" (so *Windbichler*, § 20 Rn. 21 m. w. N.) bezeichnet; vgl. auch *Drygala/Staake/Szalai*, § 5 Rn. 1.

5 Vgl. hierzu die Nachweise in Bd. II Fall 1 Fn. 26.

6 BT-Drs. 16/6140, 31; siehe auch Lutter/Hommelhoff/*Bayer*, § 2 Rn. 51. Es bestehen Zweifel, ob dieses Ziel erreicht werden kann, vgl. MüKoGmbHG/*Mayer J.*, § 2 Rn. 252 ff; MünchHdb.GesR III/*Riemenschneider/Freitag*, § 8b Rn. 27 sowie *Bayer/Hoffmann*, GmbHR 2009, R 225.

7 Vgl. hierzu die Nachweise in Bd. II Fall 3 Fn. 31.

Allerdings ist die Gründung einer UG als sinnvolle Alternative zur „normalen" GmbH für *A* und *B* damit noch nicht ausgeschlossen. Ernsthaft erwägenswert ist die Gründung einer UG mit einem deutlich unter dem Betrag von 25.000 EUR liegenden Stammkapital als „zeitliche Vorstufe" zur „normalen" GmbH.[8] Nach der Eintragung der UG ins Handelsregister kann das Stammkapital der Gesellschaft anschließend durch eine Kapitalerhöhung mit Sacheinlagen gem. § 56 Abs. 1 GmbHG so weit erhöht werden, dass es den gesetzlichen Mindestbetrag von 25.000 EUR übersteigt und die UG damit zur „normalen" GmbH „heranwächst".[9] *A* kann dann sein Unternehmen als Sacheinlage in die UG einbringen und *B* seine versprochene Einlageleistung erbringen, so dass auf diese Weise letztlich dasselbe Ergebnis erzielt würde, wie wenn die Gesellschafter von vorneherein eine „normale" GmbH gründen würden. Während bei dieser Gestaltung das Risiko der Verlustdeckungshaftung für *B* nur eher theoretischer Natur wäre, verbliebe das Risiko der geschäftlichen Verluste bis zum Wirksamwerden der Kapitalerhöhung in der UG allein bei *A*. Sollte nämlich der Wert des als Sacheinlage eingebrachten Unternehmens in der Zeitspanne zwischen der Beurkundung der Kapitalerhöhung und deren Eintragung ins Handelsregister (vgl. § 53 Abs. 1, 54 Abs. 3 GmbHG) unter den für das Unternehmen im Zeitpunkt der Anmeldung festgesetzten Nennbetrages des übernommenen Geschäftsanteils herabsinken, träfe *A* insoweit allein die Differenzhaftung gem. § 9 Abs. 1 S. 1 GmbHG.[10] Ob *A* mit dieser für ihn im Verhältnis zu *B* ungünstigeren Risikoverteilung im Vergleich zur konkret durchgeführten Gründung der F-GmbH einverstanden gewesen wäre, kann mit guten Gründen bezweifelt werden. Solange *A* die Gründung einer UG als „zeitliche Vorstufe" zur „normalen" GmbH mit anschließender Einbringung seines Unternehmens als Sacheinlage auf eine entsprechende Belehrung durch *N* aber nicht definitiv ausgeschlossen hat, stellt diese Vorgehensweise gleichwohl objektiv eine erwägenswerte Alternative gegenüber der Sachgründung der GmbH unter Einbringung des Unternehmens von *A* dar.

bb) Erwerb einer Vorrats-GmbH

Möglicherweise wäre auch der Erwerb einer Vorrats-GmbH (sog. „GmbH-Mantelkauf") für *A* und *B* eine geeignete Gründungsalternative gewesen. Der Erwerb einer Vorrats-GmbH kann nicht nur das Gründungsverfahren und den Zeitraum bis zur Eintragung verkürzen,[11] sondern ebenfalls dem Risiko der Vorbelastungshaftung weitgehend entgegenwirken.

Der Erwerb einer Vorrats-GmbH hat eine fertig gegründete GmbH zum Gegenstand.[12] Er ist zulässig,[13] soweit der vorläufige Unternehmensgegenstand der Vorrats-GmbH wahrheitsgemäß mit „Verwaltung eigenen Vermögens" angegeben

---

[8] Vgl. hierzu näher Bd. II Fall 3 unter B. I. 3., II.

[9] Zu den Anforderungen für diese Anmeldung der Kapitalerhöhung ins Handelsregister vgl. *OLG München* NZG 2010, 35 (35 f.).

[10] Vgl. hierzu Baumbach/Hueck/*Fastrich*, § 9 Rn. 5 ff.; BeckOK GmbHG/*Ziemons*, § 9 Rn. 4 ff.; Lutter/Hommelhoff/*Bayer*, § 9 Rn. 1 ff.; MüKoGmbHG/*Schwandtner*, § 9 Rn. 5; Scholz/*Veil*, § 9 Rn. 5 ff.

[11] *Drygala/Staake/Szalai*, § 4 Rn. 103; *Schmidt K.*, GesR, § 4 III 1b) (S. 68).

[12] Zur Vorrats-AG siehe BGHZ 117, 323 (330); *Hirte*, Rn. 2.46 ff.

[13] BGHZ 117, 323 (330 f.); 153, 158 (160 f.); Baumbach/Hueck/*Fastrich*, § 3 Rn. 11a; BeckOK GmbHG/*Jaeger*, § 3 Rn. 39; GroßKomm-GmbH/*Ulmer/Loebbe*, § 3 Rn. 153; HK-GmbHG/*Pfisterer*, § 3 Rn. 15; MüKoGmbHG/*Wicke*, § 3 Rn. 28; Scholz/*Emmerich*, § 3 Rn. 40 f.; MünchHdb.GesR III/*Heidinger*, § 19 Rn. 92; *Hirte*, Rn. 2.47.

wird.[14] Der Erwerb einer Vorrats-GmbH stellt letztlich eine wirtschaftliche Neugründung dar, so dass die Gründungsvorschriften entsprechend anzuwenden sind.[15] Im GV sind nach dem Erwerb des „GmbH-Mantels“ insbesondere der Unternehmensgegenstand, die Firma sowie der Sitz der Gesellschaft anzupassen.[16] Außerdem ist das gegebenenfalls angegriffene Stammkapital wieder aufzufüllen.[17] Bei der Änderung des GVs des erworbenen „GmbH-Mantels“ kann zugleich das Stammkapital durch Kapitalerhöhung heraufgesetzt und das Unternehmen im Wege der Sacheinlage gem. § 56 GmbHG eingebracht werden. Weil die GmbH bereits im Handelsregister eingetragen und damit als solche wirksam entstanden ist (vgl. § 11 Abs. 1 GmbHG), bestünde in diesem Fall für *B* die Gefahr der Vorbelastungshaftung allenfalls in Höhe der mit dem Erwerb des GmbH-Mantels zusammenhängenden Geschäftsführungs- und Beratungskosten sowie der Kosten für die Anmeldung und Eintragung der beschlossenen Gesellschaftsvertragsänderungen sowie der neuen Geschäftsführer,[18] während *A* wiederum das Risiko der Differenzhaftung gem. § 9 Abs. 1 GmbHG allein zu tragen hätte.[19]

Der Erwerb einer Vorrats-GmbH wäre somit objektiv in gleicher Weise wie die Gründung einer UG für *A* und *B* eine erwägenswerte Alternative zur Neugründung einer GmbH gewesen.[20]

b) Aufklärungspflicht des Notars über alternative Gründungsmöglichkeiten

N kann dazu verpflichtet gewesen sein, *A* und *B* über beide alternativen Gründungsmöglichkeiten aufzuklären. Eine Aufklärungspflicht von *N* kann aber allenfalls angenommen werden, wenn er von der Dringlichkeit der Eintragung der Gesellschaft ins Handelsregister und einer möglichen Gefahr des Eintretens der Vorbelastungshaftung wusste oder wissen musste.

Anhaltspunkte dafür, dass *A* und *B* geäußert haben, dass sie eine schnelle Eintragung der GmbH benötigen, sind nicht erkennbar. Darauf kommt es allerdings nicht an. Nach § 17 Abs. 1 BeurkG hat er „den Willen der Beteiligten zu erforschen“. Nach § 17 Abs. 2 S. 1 BeurkG hat er bei Zweifeln, ob das Geschäft dem wahren Willen der Beteiligten entspricht, die Bedenken mit den Beteiligten zu

---

14 Baumbach/Hueck/*Fastrich*, § 3 Rn. 11 f.; BeckOK GmbHG/*Jaeger*, § 3 Rn. 39; Groß-Komm-GmbH/*Ulmer/Loebbe*, § 3 Rn. 153; HK-GmbHG/*Pfisterer*, § 3 Rn. 16; Lutter/Hommelhoff/*Bayer*, § 3 Rn. 9, 79; MüKoGmbHG/*Wicke*, § 3 Rn. 28; Scholz/*Emmerich*, § 3 Rn. 40 f.; MünchHdb.GesR III/*Heidinger*, § 19 Rn. 92; *Hirte*, Rn. 2.47.

15 BGHZ 117, 323 (333 f.); 153, 158 (161 f.); 155, 318 (321 ff.); Baumbach/Hueck/*Fastrich*, § 3 Rn. 13a; BeckOK GmbHG/*Jaeger*, § 3 Rn. 40, 43; Bork/Schäfer/*Schröter*, § 11 Rn. 68; Lutter/Hommelhoff/*Bayer*, § 3 Rn. 83; MüKoGmbHG/*Wicke*, § 3 Rn. 30; Scholz/*Emmerich*, § 3 Rn. 27 ff. und Rn. 40 ff.; MünchHdb.GesR III/*Heidinger*, § 19 Rn. 92; *Hirte*, Rn. 2.47; *Windbichler*, § 21 Rn. 11 und § 23 Rn. 9.

16 BGHZ 153, 158 (163), GroßKomm-GmbH/*Ulmer/Loebbe*, § 3 Rn. 155 f.; *Hirte*, Rn. 2.47; a. A. BeckOK GmbHG/*Jaeger*, § 3 Rn. 41.

17 Vgl. BeckOK GmbHG/*Jaeger*, § 3 Rn. 42; Lutter/Hommelhoff/*Bayer*, § 3 Rn. 85.

18 Vgl. GroßKomm-GmbH/*Ulmer/Loebbe*, § 3 Rn. 159; Lutter/Hommelhoff/*Bayer*, § 3 Rn. 85 f.; Scholz/*Emmerich*, § 3 Rn. 44 ff.; *Hirte*, Rn. 2.46.

19 Vgl. oben unter B. II. 1. a) aa).

20 Eine weitere Variante zur Vermeidung der Unterbilanz- und Vorbelastungshaftung von *B* wäre es z. B. gewesen, wenn *A* die Gründung der GmbH unter Einbringung seines Unternehmens zunächst alleine betrieben, und er in einem zweiten Schritt *B* als Gesellschafter der eingetragenen GmbH aufgenommen hätte. In Betracht gekommen wäre ebenfalls die Ausgliederung des Unternehmens aus dem Vermögen des Einzelkaufmanns *A* zur Neugründung nach den §§ 152, 158 ff. UmwG mit anschließender Aufnahme von *B* als Gesellschafter der ins Handelsregister eingetragenen GmbH.

erörtern. Aus der Pflicht zur Erforschung des wahren Willens der Beteiligten hat der Notar zur Vorbereitung der Beurkundung auch die verschiedenen Wege aufzuzeigen, die zur Erreichung des von den Beteiligten verfolgten Zwecks geeignet sind und den Beteiligten deren Vor- und Nachteile in verständlicher Sprache zu erklären.[21]

Es ist davon auszugehen, dass *N* im GV der A-GmbH die Einlageleistung von *A* – nämlich die Einbringung seines Unternehmens – als Sacheinlage gem. § 5 Abs. 4 S. 1 GmbHG vorgesehen hat. Allein aus diesem Umstand war für *N* erkennbar, dass mit der notwendigen Fortführung des Unternehmens durch die Vor-GmbH in der Zeitspanne zwischen der notariellen Beurkundung des GVs und der Eintragung der Gesellschaft in das Handelsregister das Risiko der Vorbelastungshaftung für beide Gründungsgesellschafter nicht auszuschließen war, während sich die Haftungsrisiken für *B* im Verhältnis zu *A* sowohl bei der Gründung einer UG als „zeitlicher Vorstufe“ zur GmbH als auch beim Erwerb eines „GmbH-Mantels“ mit anschließender Einbringung des Unternehmens als Sacheinlage günstiger dargestellt hätten. Für *N* hätte es daher nahe gelegen, beide Gründungsgesellschafter, insbesondere *B*, über diese alternativ zur Wahl stehenden Gründungsmodelle zu beraten.

c) Zwischenergebnis

N hat seine Beratungspflicht gegenüber *B* verletzt, als er ihn nicht auf die Gründung einer UG als „zeitliche Vorstufe“ zur GmbH oder den Erwerb einer Vorrats-GmbH als alternative Möglichkeiten zur vorgesehenen Neugründung der F-GmbH hingewiesen hat.

2. Verletzung der Belehrungspflicht über die Vorbelastungshaftung

Eine Amtspflichtverletzung des *N* kann des Weiteren darin bestehen, dass er *A* und *B* nicht über das Risiko der möglichen Vorbelastungshaftung belehrt hat.

a) Bestehen einer entsprechenden Belehrungspflicht

Die Pflicht zum Hinweis auf die Möglichkeit der Vorbelastungshaftung der Gesellschafter kann sich aus § 17 Abs. 1 BeurkG ergeben. Gem. § 17 Abs. 1 BeurkG soll der Notar nicht nur den Willen der Beteiligten erforschen und den Sachverhalt klären, sondern die Beteiligten auch „über die rechtliche Tragweite des Geschäfts belehren“. Dabei soll er darauf achten, dass „(...) unerfahrene und ungewandte Beteiligte nicht benachteiligt werden“ (§ 17 Abs. 1 S. 2 BeurkG). Grundsätzlich erstreckt sich die Belehrungspflicht des Notars somit nur auf die „rechtlichen“ Folgen des beurkundeten Rechtsgeschäfts und nicht auch auf dessen wirtschaftliche Auswirkungen.[22] Ausnahmsweise muss der Notar aber auch über die wirtschaftlichen Auswirkungen des beurkundeten Rechtsgeschäfts belehren, wenn und soweit es nach den besonderen Umständen des Einzelfalls nahe liegt, dass einem Beteiligten ein abwendbarer Schaden droht, ohne dass er sich dessen bewusst ist. Sofern die wirtschaftlichen Risiken aus der Vorbelastungshaftung als wirtschaftliche Auswirkungen des zu beurkundenden GmbH-Gesellschaftsvertrages zu werten sein sollten, bestünde die Pflicht von *N* zur Aufklärung von *A* und *B* über die Vorbelastungs-

[21] Vgl. BeckOK BGB/*Litzenburger,* § 17 BeurkG Rn. 1; Staudinger/*Hertel,* Vor §§ 127a, 128 Rn. 468.

[22] *BGH* NJW-RR 1992, 1178 (1180); BeckOK BGB/*Litzenburger,* § 17 BeurkG Rn. 5; Staudinger/*Hertel,* Vor §§ 127a, 128 Rn. 510.

haftung folglich nur dann, wenn ihm aufgrund besonderer Umstände hierzu Anlass gegeben wird.[23]

Es kann dahinstehen, ob die Pflicht des Notars zur Belehrung über die mit der Vorbelastungshaftung verbundenen Risiken eine rechtliche oder eine wirtschaftliche Folge des zu beurkundenden GmbH-GVs darstellt. *N* wusste, dass die Gesellschafter vor der Eintragung der GmbH ins Handelsregister die Geschäfte des als Sacheinlage eingebrachten Unternehmens fortführen (mussten). Diese Kenntnis ist Anhaltspunkt genug um zu wissen, dass beiden Gründungsgesellschaftern die Vorbelastungshaftung drohen kann.[24] Vor dieser Gefahr hätte er als Notar warnen müssen.[25] *N* war daher zur Aufklärung von *A* und *B* über die Vorbelastungshaftung verpflichtet.

b) Verletzung der Belehrungspflicht

Der Beurkundungsvermerk kann aber als Nachweis dafür dienen, dass *N* seiner Belehrungspflicht nachgekommen ist. Nach dem Beurkundungsvermerk hat *N* die Gesellschafter über alle gesellschaftsvertraglichen Regelungen aufgeklärt und beraten. Die Vorbelastungshaftung der Gesellschafter ist aber nicht im GV geregelt, sondern stellt vielmehr eine in der Rechtsprechung entwickelte Haftung dar.[26] Allein aus dem Umstand, dass *N* die Gesellschafter über die Bedeutung der Regelung des GVs, wonach *A* sein Unternehmen als Sacheinlage in die GmbH einbringt, aufgeklärt und beraten hat, kann nicht zwingend gefolgert werden, dass er in diesem Zusammenhang auch die Rechtsprechung zur Vorbelastungshaftung erläutert hat. Dagegen spricht insbesondere die wahrheitsgemäße Behauptung von *B*, er habe nicht gewusst, dass eine solche Vorbelastungshaftung auf ihn zukommen könne. Im Umkehrschluss aus dem Beurkundungsvermerk und der wahrheitsgemäßen Behauptung von *B* über seine Unkenntnis von der Vorbelastungshaftung ist daher zu folgern, dass *N* die Gesellschafter *A* und *B* nicht über die Vorbelastungshaftung aufgeklärt und belehrt hat.[27]

c) Zwischenergebnis

N hat *A* und *B* nicht über die mit der Vorbelastungshaftung verbundenen Gefahren aufgeklärt und ist somit seiner Belehrungspflicht über die rechtliche Tragweite der Gründung der GmbH (§ 17 Abs. 1 BeurkG) nicht pflichtgemäß nachgekommen.

III. Schaden

B muss ein nach § 19 Abs. 1 S. 1 BNotO zu ersetzender Schaden entstanden sein. Die A-GmbH, im Insolvenzverfahren vertreten durch *V* gem. § 80 Abs. 1 InsO als Vertreter kraft Amtes, konnte von *B* als Gesellschafter die Zahlung von 50.000 EUR verlangen, da das Stammkapital der GmbH im Zeitpunkt ihrer Eintragung ins Handelsregister nicht mehr gedeckt war. *B* musste daher an die GmbH 50.000 EUR

---

[23] So auch *OLG Hamm* DNotZ 1992, 189 (191).
[24] *OLG Hamm* DNotZ 1992, 189 (191 f.).
[25] Vgl. *OLG Hamm* DNotZ 1992, 189 (191 f.).
[26] Vgl. hierzu die Nachweise in Bd. II. Fall 1 Fn. 26.
[27] Im Übrigen träfe *N* nach dem Wortlaut des Belehrungsvermerks die Beweislast, dass er die Gründungsgesellschafter auch über die Verlustdeckungs- und Vorbelastungshaftung belehrt hat; zur Beweislast des Notars bei einem Belehrungsvermerk vgl. Staudinger/*Hertel,* Vor §§ 127a, 128 Rn. 538.

zahlen. Ihm ist somit ein Schaden im Sinne einer unmittelbaren Vermögenseinbuße i. H. v. 50.000 EUR entstanden.

IV. Kausalität

Die Amtspflichtverletzung von *N* muss kausal für den *B* entstandenen Schaden sein. Bei Kenntnis von der Gefahr der privaten Haftung hätte *B* sich nicht auf die Gründung der GmbH eingelassen. Hätte *N* sich pflichtgemäß verhalten, wäre es nicht zu der Gründung der GmbH in der erfolgten Art gekommen. Folglich hätte *B* aus der Vorbelastungshaftung keine 50.000 EUR an die GmbH zahlen müssen. Die Pflichtverletzung des *N* ist somit ursächlich für den *B* entstandenen Schaden i. H. v. 50.000 EUR.

V. Verschulden

N muss die Amtspflichtverletzung zu vertreten haben. *N* hat gem. § 19 Abs. 1 S. 1 BNotO Vorsatz und Fahrlässigkeit zu vertreten. *N* hat bei der Belehrung von *A* und *B* die im Verkehr erforderliche Sorgfalt außer Acht gelassen. Seine Verletzung der Belehrungspflicht zumindest gegenüber *B* war somit fahrlässig nach § 276 Abs. 2 BGB.

VI. Kein Ausschlusstatbestand i. S. v. § 19 Abs. 1 S. 2 BNotO

Gem. § 19 Abs. 1 S. 2 BNotO entfällt der Anspruch von *B* gegenüber *N* allerdings, wenn *B* als Anspruchsteller einen Ersatzanspruch gegenüber einem Dritten hat und dieser in zumutbarer Weise durchgesetzt werden kann.

B kann als Anspruchsteller einen Ersatzanspruch gegen seinen Mitgesellschafter *A* aus § 426 Abs. 1 S. 1 BGB i. V. m. der Vorbelastungshaftung haben. Dann müssen *A* und *B* als Gesamtschuldner für die festgestellte Unterbilanz i. H. v. 500.000 EUR haften (vgl. § 421 BGB). Die Vorbelastungshaftung trifft zwar beide Gesellschafter der GmbH.[28] Im GV verpflichten sich die Gesellschafter aber lediglich dazu, ihre Anteile am Stammkapital zu übernehmen. Die Vorbelastungshaftung hat einen einlageähnlichen Charakter, so dass die Gesellschafter wegen einer entstandenen Unterbilanz konsequenterweise auch nur anteilig im Verhältnis ihrer übernommenen Stammeinlage haften.[29] *A* und *B* sind folglich keine Gesamtschuldner i. S. v. § 421 BGB.[30]

B hat keinen anderweitigen Ersatzanspruch i. S. v. § 19 Abs. 1 S. 2 BNotO. Sein Anspruch gegenüber *N* ist folglich nicht ausgeschlossen.

---

[28] Vgl. hierzu Baumbach/Hueck/*Fastrich,* § 11 Rn. 24; BeckOK GmbHG/*Jaeger,* § 11 Rn. 48; Lutter/Hommelhoff/*Bayer,* § 11 Rn. 19 f.; MüKoGmbHG/*Merkt,* § 11 Rn. 106; MünchHdb.GesR III/*Gummert,* § 16 Rn. 114; *Windbichler,* § 21 Rn. 31.

[29] Baumbach/Hueck/*Fastrich,* § 11 Rn. 24 f.; BeckOK GmbHG/*Jaeger,* § 11 Rn. 46; GroßKomm-GmbH/*Ulmer/Habersack,* § 11 Rn. 112; Scholz/*Schmidt K.,* § 11 Rn. 88; *Windbichler,* § 21 Rn. 31.

[30] Vgl. BGHZ 80, 129 (141); Baumbach/Hueck/*Fastrich,* § 11 Rn. 27; BeckOK GmbHG/*Jaeger,* § 11 Rn. 46; GroßKomm-GmbHG/*Ulmer/Habersack,* § 11 Rn. 112; Lutter/Hommelhoff/*Bayer,* § 11 Rn. 21; Scholz/*Schmidt K.,* § 11 Rn. 143; *Raiser/Veil,* § 35 Rn. 112; offengelassen in BGHZ 134, 333 (341).

VII. Ergebnis zu B

B hat gegenüber *N* einen Anspruch auf Schadensersatz i. H. v. 50.000 EUR gem. § 19 Abs. 1 S. 1 BNotO.

C. Ergebnis

B hat einen Schadensersatzanspruch gegen *N* i. H. v. 50.000 EUR aus § 19 Abs. 1 S. 1 BNotO.

Fall 5. Das verdeckte Kürbisgeschäft

Schwerpunkt im Kapitalgesellschaftsrecht (GmbH):

Verdeckte Sacheinlage bei der GmbH – Anrechnungslösung gem. § 19 Abs. 4 GmbHG n. F. – Sacheinlagenverbot bei der Unternehmergesellschaft nach § 5a Abs. 2 S. 2 GmbHG n. F.

Sachverhalt

Die beiden Landwirte *Anton Apfel (A)* und *Bernhard Birne (B)* wollen in größerem Umfang in das Kürbisgeschäft einsteigen. Um persönliche Haftungsrisiken zu vermeiden, wollen sie die „Kürbis-UG (haftungsbeschränkt)" (K-UG) mit einem Stammkapital von 4.000 EUR gründen. *A* und *B* sollen beide alleinvertretungsberechtigte Geschäftsführer sein und jeweils einen Geschäftsanteil von 2.000 EUR übernehmen, wobei *A* seine Einlagepflicht in bar und *B* durch Einbringung seines alten Traktors erfüllen soll. Als der Jurastudent *Jonas (J)* sie darauf hinweist, die Einbringung des Fahrzeugs sei eine sog. Sacheinlage und mache die Erstellung eines Sachgründungsberichts erforderlich, kommen *A* und *B,* denen dieses Verfahren zu mühsam ist, auf folgende Idee: Auch *B* soll zunächst seine Einlage als Bareinlage durch Zahlung von 2.000 EUR erbringen. Anschließend soll die K-UG ihm den Traktor für 2.000 EUR abkaufen. So geschieht es. *A* und *B* setzen am 2.2.2018 bei dem Notar *Nils Nulpe (N)* einen entsprechenden Gesellschaftsvertrag (GV) auf, der von *N* notariell beurkundet wird. Noch am selben Tag überweisen sie jeweils 2.000 EUR auf ein auf den Namen der K-UG ausgestelltes und bisher nicht belastetes Konto und melden die „Kürbis-UG (haftungsbeschränkt)" zur Eintragung ins Handelsregister an. Am 2.3.2018 wird die K-UG eingetragen und nimmt die Geschäftstätigkeit auf. Am 10.3.2018 schließt *A* namens der K-UG mit *B* einen Kaufvertrag über den Traktor zum Kaufpreis von 2.000 EUR. Einen Tag später fährt *B* das Fahrzeug auf den Betriebshof und schließt die Fahrzeugpapiere im Tresor ein, in dem wichtige Geschäftsunterlagen verwahrt werden.

Schon nach einem halben Jahr gerät die K-UG aufgrund der Geschäftsunerfahrenheit von *A* und *B* in finanzielle Schwierigkeiten. *A* und *B* sind sich schließlich einig, einen Außenstehenden mit der Führung der Geschäfte zu betrauen. Sie berufen am 15.9.2018 eine Gesellschafterversammlung ein, in der sie selbst jeweils ihr Geschäftsführeramt niederlegen und den ihnen als betriebswirtschaftlich kompetent bekannten *Gustav Geizig (G)* zum Alleingeschäftsführer bestellen, damit dieser die K-UG retten möge. *G* wird bereits am 1.10.2018 als Geschäftsführer ins Handelsregister eingetragen. Nach Durchsicht der Geschäftsunterlagen fordert er *B* im Namen der K-UG zur Zahlung von 2.000 EUR auf seinen Geschäftsanteil und zur Rückzahlung des Kaufpreises für den Traktor von 2.000 EUR auf. *B* entgegnet, er habe seine Einlage bereits geleistet; zumindest stehe ihm aber ein Rückzahlungsanspruch wegen der von ihm bereits geleisteten Einlage in Höhe von 2.000 EUR zu, mit dem er aufrechne. Außerdem sei er zur Zahlung nur gegen Rückgabe des Traktors bereit. *G* behauptet, der Traktor habe zum Zeitpunkt der Übereignung an die K-UG nur einen Wert i. H. v. 1.000 EUR gehabt. *B* meint hingegen, der Kaufpreis von 2.000 EUR habe dem Wert entsprochen, den er seinerzeit auf dem Gebrauchtfahrzeugmarkt hätte erzielen können. Eine Klärung könnte nur eine Begutachtung durch einen Sachverständigen herbeiführen, was sowohl *G* als auch *B* jedoch aus Kostengründen ablehnen. Wie ist die Rechtslage?

Lösung

A. Ansprüche der K-UG gegen B

Die K-UG, vertreten durch *G*, kann gegen *B* sowohl einen Anspruch auf Leistung der im GV vereinbarten Einlage (Zahlung von 2.000 EUR) als auch einen Anspruch auf Rückzahlung des Kaufpreises von 2.000 EUR für den Traktor haben.

I. Anspruch auf Leistung der Geldeinlage

Der Anspruch der K-UG gegen *B* auf Zahlung von 2.000 EUR kann entweder aus § 31 Abs. 1 i. V. m. § 30 Abs. 1 S. 1 GmbHG oder aus § 3 Abs. 1 Nr. 4 GmbHG i. V. m. dem GV bestehen.

1. Anspruch aus § 31 Abs. 1 i. V. m. § 30 Abs. 1 S. 1 GmbHG

Die K-UG kann gegen *B* einen Anspruch auf Zahlung von 2.000 EUR aus § 31 Abs. 1 GmbHG wegen Verstoßes gegen das Auszahlungsverbot des § 30 Abs. 1 S. 1 GmbHG haben. Dann müssen diese Vorschriften zunächst anwendbar sein. Wie sich aus § 5a Abs. 1 GmbHG ergibt, handelt es sich bei der UG um eine besondere Form der GmbH, auf die grundsätzlich sämtliche Vorschriften des GmbHG anwendbar sind, soweit nicht in § 5a Abs. 2 bis 5 GmbHG etwas anderes bestimmt ist. Die K-UG durfte also aufgrund des in § 30 Abs. 1 S. 1 GmbHG normierten Verbots das zur Erhaltung des Stammkapitals erforderliche Vermögen nicht an ihren Gesellschafter *B* auszahlen. Das Stammkapital einer GmbH – also auch einer UG – wird jedoch nicht gegenständlich, sondern grundsätzlich nur wertmäßig geschützt. Das Auszahlungsverbot des § 30 Abs. 1 S. 1 GmbHG greift mithin nicht, wenn der Gesellschafter eine vollwertige Gegenleistung erbringt.[1] Diese bilanzielle Betrachtungsweise ist in § 30 Abs. 1 S. 2, 2. Fall GmbHG ausdrücklich normiert. Nach dem Vorbringen von *B* war der Traktor 2.000 EUR wert, und genauso viel hat *B* als Kaufpreis für ihn auch erhalten, so dass das Vermögen der K-UG sich nur in der Zusammensetzung, nicht aber per Saldo geändert hat. Nach dem Vortrag von *G* soll der Traktor hingegen nur einen Wert von 1.000 EUR gehabt haben, wodurch eine Differenz in Höhe von 1.000 EUR zu Lasten der Gesellschaft entstanden wäre. Die Darlegungs- und Beweislast für das Vorliegen eines Verstoßes gegen das Auszahlungsverbot des § 30 Abs. 1 S. 1 GmbHG trägt jedoch grundsätzlich die Gesellschaft.[2] Die bislang nicht erfolgte Wertfeststellung für den Traktor zum Zeitpunkt

---

[1] St. Rspr. und h. M.; RGZ 142, 286 (290); *BGH* LM GmbHG § 30 Nr. 1 und 3; Baumbach/Hueck/*Fastrich,* § 30 Rn. 36; BeckOK GmbHG/*Schmolke,* § 30 Rn. 173 ff.; GroßKomm-GmbHG/*Habersack,* § 30 Rn. 47; HK-GmbHG/*Diers,* § 30 Rn. 95 ff.; Rowedder/Schmidt-Leithoff/*Pentz,* § 30 Rn. 7.

[2] Baumbach/Hueck/*Fastrich,* § 30 Rn. 65; BeckOK GmbHG/*Schmolke,* § 30 Rn. 200; HK-GmbHG/*Diers,* § 30 Rn. 134; MHLS/*Heidinger,* § 30 Rn. 142; Roth/Altmeppen/*Altmeppen,* § 30 Rn. 18; vgl. auch *BGH* NZG 2003, 393 (394) zur Beweislastumkehr bei undurchsichtiger Buchführung.

der Überlassung an die Gesellschaft durch einen Sachverständigen geht zur Begründung der Haftungsvoraussetzungen gem. §§ 30 Abs. 1 S. 1, 31 Abs. 1 GmbHG also zu Lasten der K-UG. Eine Unterbilanz im Vermögen der K-UG kann daher nicht festgestellt werden.

Die K-UG hat somit keinen Anspruch gegen *B* auf Zahlung von 2.000 EUR aus § 31 Abs. 1 i. V. m. § 30 Abs. 1 S. 1 GmbHG.

2. Anspruch aus § 3 Abs. 1 Nr. 4 GmbHG i. V. m. GV

Ein Anspruch der K-UG gegen *B* auf Zahlung von 2.000 EUR kann sich aber aus § 3 Abs. 1 Nr. 4 GmbHG i. V. m. der Bareinlagevereinbarung im GV ergeben.

a) Anspruch entstanden

A und *B* haben im GV vereinbart, an die Gesellschaft je 2.000 EUR als Bareinlage zu zahlen, so dass *B* zur Zahlung von 2.000 EUR an die K-UG verpflichtet war.

b) Anspruch erloschen

Der Anspruch kann aber durch die Überweisung vom 2.2.2018 in Höhe von 2.000 EUR von *B* auf das Konto der K-UG erloschen sein.[3]

aa) Erfüllung gem. § 362 Abs. 1 BGB

In der Überweisung des Geldes von *B* auf das Konto der K-UG kann eine Erfüllung der Einlagepflicht zu sehen sein, die gem. § 362 Abs. 1 BGB grundsätzlich zum Erlöschen der Schuld führt. Der Erfüllungswirkung kann aber entgegenstehen, dass *A* und *B* von vornherein geplant hatten, die Bareinlage durch den Fahrzeugkauf wieder an *B* zurückfließen zu lassen. Aus § 8 Abs. 2 S. 1 i. V. m. § 7 Abs. 2 S. 1 GmbHG ergibt sich, dass Bareinlagen endgültig in das Gesellschaftsvermögen übergehen müssen, bevor die Gesellschaft zur Eintragung in das Handelsregister angemeldet werden darf, und zwar – im Falle der UG – sogar in vollständiger Höhe (§ 5a Abs. 2 S. 1 GmbHG). Daran kann es hier fehlen, weil das von *B* eingezahlte Geld nur zum Erwerb des Traktors eingesetzt werden sollte. Die Einbringung des Traktors als Sacheinlage hätte im GV der UG wegen § 5a Abs. 2 S. 2 GmbHG nicht vereinbart werden können. Bei der Vereinbarung der Geldeinlageverpflichtung von *B* im GV kann es sich somit um eine verdeckte Sacheinlage i. S. v. § 19 Abs. 4 S. 1 GmbHG[4] handeln, bei der die Zahlung des Geldbetrages keine Erfüllungswirkung entfaltet, d. h. der Gesellschafter nach wie vor die Erbringung der Bareinlage schul-

---

[3] Eine Überweisung des Einlagebetrages auf ein Konto der Gesellschaft steht einer Barzahlung gleich, solange der Betrag nach der Überweisung zur freien Verfügung der Gesellschaft steht, das Konto bei Einzahlung also insbesondere noch nicht belastet oder gepfändet ist, vgl. MünchHdb.GesR III/*Gummert,* § 50 Rn. 21 und 25 ff.

[4] Diese durch das Gesetz zur Modernisierung des GmbH-Rechts und zur Bekämpfung von Missbräuchen (MoMiG) vom 23.10.2008, BGBl. I S. 2026 neu eingefügte Vorschrift knüpft an die bis dahin nicht kodifizierte Lehre von der verdeckten Sacheinlage an, deren Intention es war zu verhindern, dass die gesetzlichen Werthaltigkeits- und Publizitätsvorschriften für Sachgründungen (§§ 5 Abs. 4, 9c Abs. 1 S. 2 GmbHG) durch Absprachen der Gesellschafter unterlaufen werden. Einer Bareinlage, die nur zum Schein geleistet wurde, während die Gesellschaft letztlich nur einen Sachwert erhalten sollte, versagte diese Lehre in analoger Anwendung von § 19 Abs. 5 S. 1 GmbHG a. F. die Erfüllungswirkung mit der Folge, dass der Gesellschafter erneut zur Erbringung der Bareinlage verpflichtet war. Zur Rechtslage zur verdeckten Sacheinlage vor Inkrafttreten des MoMiG vgl. statt aller *Raiser/Veil,* 5. Aufl., § 36 Rn. 6 m. w. N.

det (vgl. § 19 Abs. 4 S. 3 GmbHG: „fortbestehende Geldeinlagepflicht").[5] Dann müssen die in der Legaldefinition von § 19 Abs. 4 S. 1 GmbHG genannten Voraussetzungen erfüllt sein: Die Gesellschafter müssen eine Geldeinlage vereinbart haben, die bei wirtschaftlicher Betrachtung aufgrund einer im Zusammenhang mit der Übernahme der Geldeinlage getroffenen Abrede als Sacheinlage zu bewerten ist.

(1) Vereinbarung einer Bareinlage

Gem. § 19 Abs. 4 S. 1 GmbHG muss zunächst im GV für den Gesellschafter eine Bareinlagepflicht vorgesehen sein. *A* und *B* haben im GV der K-UG vereinbart, dass jeder von ihnen eine Bareinlage in Höhe von 2.000 EUR zu erbringen hat. Ob der Gesellschafter diese Einlage schon erbracht hat, spielt für das Vorliegen einer verdeckten Sacheinlage keine Rolle. Dessen ungeachtet hat *B* aber seine Geldeinlage durch die Überweisung vom 2.2.2018 schon erbracht. Im GV wurde also für *B* eine Bareinlagepflicht vorgesehen, welche auch durch *B* erfüllt wurde.

(2) Wirtschaftliche Entsprechung

Diese Bareinlage muss gem. § 19 Abs. 4 S. 1 GmbHG bei wirtschaftlicher Betrachtung als Sacheinlage zu bewerten sein.[6] Wann dies der Fall ist, lässt sich dem Gesetz nicht unmittelbar entnehmen. Vor der Kodifizierung der verdeckten Sacheinlage in § 19 Abs. 4 GmbHG hatten Rechtsprechung und Lehre versucht, dies anhand von Beweisregeln festzustellen und danach gefragt, ob die Bareinlage in einem zeitlichen und sachlichen Zusammenhang mit einem Rechtsgeschäft zwischen der Gesellschaft und dem Gesellschafter steht, der die Bareinlage erbracht hat.[7] Für den zeitlichen Zusammenhang wurde überwiegend ein Zeitraum von sechs Monaten veranschlagt.[8] Für das Vorliegen des sachlichen Zusammenhangs wurde auf eine Wertgleichheit zwischen der Einlageschuld und dem in Rede stehenden Gegenstand abgestellt.[9] Der Gesetzgeber hat bei der Neuregelung des Rechts der verdeckten Sacheinlage zwar bewusst auf die Normierung bestimmter Fristen verzichtet, da diese leicht zu umgehen seien und zu einer zusätzlichen Komplizierung des positiven Rechts führen würden.[10] Gleichzeitig wurde im Gesetzgebungsverfahren aber hervorgehoben, dass

---

[5] Die damit zusammenhängende Streitfrage, ob § 19 Abs. 4 GmbHG auf die UG überhaupt anwendbar ist, soll erst bei der Frage nach der Anrechnung gem. § 19 Abs. 4 S. 3 GmbHG erörtert werden (siehe nachfolgend unter A. I. 2. b) bb) (1)), da eine Erfüllungswirkung verdeckter Sacheinlagen bei der UG auch (bzw. erst recht) nicht von denjenigen in Betracht gezogen wird, die eine Anwendung von § 19 Abs. 4 S. 1 GmbHG ablehnen.

[6] BGHZ 155, 329 (334); 166, 8 Rn. 11 – *Cash Pool I*; 170, 47 Rn. 11; 173, 145 Rn. 14 – *Lurgi I*; 175, 265 Rn. 10 – *Rheinmöwe*; 180 38, Rn. 8 – *Qivive*; 182, 103, Rn. 10 – *Cash Pool II*; 185, 44 Rn. 11; BeckOK GmbHG/*Ziemons*, § 19 Rn. 139 f.; HK-GmbHG/*Saenger*, § 19 Rn. 48; Rowedder/Schmidt-Leithoff/*Pentz*, § 19 Rn. 104.

[7] Vgl. BGHZ 125, 141 (143 f.); 132, 133 (139);152, 37 (44 f.); 166, 8 Rn. 13 f.; Lutter/Hommelhoff/*Lutter/Bayer*, 16. Aufl., § 5 Rn. 43; Michalski/*Hermanns*, 1. Aufl., § 56 Rn. 20; Scholz/*Winter/Westermann H. P.*, 10. Aufl., § 5 Rn. 77; sowie Rowedder/Schmidt-Leithoff/*Pentz*, 5. Aufl., § 19 Rn. 124, der von einer Regelvermutung spricht. Nach Groß-Komm-GmbHG/*Ulmer*, § 5 Rn. 171, begründete das Vorliegen eines solchen Zusammenhangs eine tatsächliche Vermutung für das Eingreifen des § 19 Abs. 5 GmbHG a. F., die eine Beweislastumkehr zur Folge habe; zustimmend *Schmidt K.*, GesR, § 37 II 4a) (S. 1122 ff.).

[8] Vgl. die Erwägungen bei BGHZ 132, 141 (146); des Weiteren *OLG Köln* NZG 1999, 459 (460); Baumbach/Hueck/*Hueck/Fastrich*, 18. Aufl., § 19 Rn. 34; Michalski/*Hermanns*, 1. Aufl., § 56 Rn. 21.

[9] GroßKomm-GmbHG/*Ulmer*, 1. Aufl., § 5 Rn. 171.

[10] Begründung des RegE vom 25.7.2007, BT-Drs. 16/6140, 41.

die Rechtsprechung weiterhin frei sei, Beweisregeln für die Annahme verdeckter Sacheinlagen zu entwickeln und mit Zeitfaktoren zu verbinden.[11] Es bestehen daher keine Bedenken, die zum alten Recht entwickelten Indikatoren für das Vorliegen einer verdeckten Sacheinlage auch nach wie vor heranzuziehen.[12]

Zwischen der Erbringung der Bareinlage durch *B* an die K-UG durch Überweisung am 2.2.2018 und seiner Eigentumsübertragung an dem Traktor an die K-UG durch Übergabe der Fahrzeugpapiere am 10.3.2018 lagen nur fünf Wochen und die Einlage entsprach der Höhe nach exakt dem Kaufpreis i. H. v. 2.000 EUR, den die K-UG ihm für den Traktor bezahlt hat. Demnach spricht alles dafür, einen zeitlichen und sachlichen Zusammenhang zwischen der der Bareinlage und dem Rechtsgeschäft und somit auch die wirtschaftliche Entsprechung zu bejahen.

(3) Umgehungsabrede

Weiteres Tatbestandsmerkmal der Legaldefinition des § 19 Abs. 4 S. 1 GmbHG ist eine vorherige Abrede über die Umgehung der Sacheinlagebestimmungen, wie sie auch schon bisher zum Zwecke der Abgrenzung zu zulässigen Drittgeschäften (= gewöhnliches Umsatzgeschäft[13]) zwischen der GmbH und einem Gesellschafter gefordert wurde.[14] Zur Annahme einer Umgehungsabrede sind die genaue Kenntnis der Sacheinlagevorschriften und eine entsprechende Umgehungsabsicht durch die Gründer nicht erforderlich.[15] Ausreichend ist vielmehr eine Abrede unter den Gesellschaftern, die den wirtschaftlichen Erfolg einer Sacheinlage umfasst.[16] Eine solche Abrede wird durch den nahen zeitlichen und sachlichen Zusammenhang indiziert.[17]

---

[11] Begründung des RegE vom 25.7.2007, a. a. O.

[12] So auch BGHZ 180, 38 Rn. 8 – *Qivive*, BGHZ 182, 103 Rn. 12 – *Cash-Pool II*, 185, 44 Rn. 11, wonach durch die Neufassung von § 19 Abs. 4 GmbHG lediglich die Rechtsfolgen verdeckter Sacheinlagen neu geregelt wurden; wie hier ebenso BeckOK GmbHG/*Ziemons*, § 19 Rn. 153 f.; GroßKomm-GmbHG/*Casper*, § 19 Rn. 126; Lutter/Hommelhoff/*Bayer*, § 19 Rn. 61 ff.; MHLS/*Hermanns*, § 56 Rn. 24 und Rowedder/Schmidt-Leithoff/*Pentz*, § 19 Rn. 115; Scholz/*Veil*, § 19 Rn. 129.

[13] Ein gewöhnliches Umsatzgeschäft ist ein solches Geschäft, welches die GmbH zur Verfolgung ihres Unternehmensgegenstandes mit dem Einlageschuldner zu marktüblichen Bedingungen schließt. Es ist höchst streitig, ob ein gewöhnliches Umsatzgeschäft unter den Anwendungsbereich der verdeckten Sacheinlage fällt; ablehnend GroßKomm-GmbHG/*Casper*, § 19 Rn. 126; Lutter/Hommelhoff/*Bayer*, § 19 Rn. 61; MHLS/*Ebbing*, § 19 Rn. 136; Rowedder/Schmidt-Leithoff/*Pentz*, § 19 Rn. 116; Scholz/*Priester*, § 56 Rn. 69; *Bayer*, ZIP 1998, 1985 (1987 f.); befürwortend *BGH* GmbHR 2008, 483; BeckOK GmbHG/*Ziemons*, § 19 Rn. 146; Baumbach/Hueck/*Fastrich*, § 19 Rn. 29a; HK-GmbHG/*Saenger*, § 19 Rn. 53; MüKoGmbHG/*Schwandtner*, § 19 Rn. 194; Scholz/*Veil*, § 19 Rn. 116, 120, 129.

[14] Vgl. BGHZ 132, 133 (139); 152, 37 (43 f.); 153, 107 (109 f.); *OLG Hamm* DB 1992, 2131 sowie statt aller aus der Literatur vor Inkrafttreten des MoMiG Baumbach/Hueck/*Hueck/Fastrich*, 18. Aufl., § 19 Rn. 38 f.; Lutter/Hommelhoff/*Lutter/Bayer*, 16. Aufl., § 5 Rn. 43.

[15] BGHZ 110, 47 (63 f.); Baumbach/Hueck/*Fastrich*, § 19 Rn. 49a; GroßKomm-GmbHG/*Casper*, § 19 Rn. 104, 125; HK-GmbHG/*Saenger*, § 19 Rn. 52; Lutter/Hommelhoff/*Bayer*, § 19 Rn. 63; Rowedder/Schmidt-Leithoff/*Pentz*, § 19 Rn. 111; Roth/Altmeppen/*Altmeppen*, § 19 Rn. 81; Scholz/*Veil*, § 19 Rn. 128.

[16] Rowedder/Schmidt-Leithoff/*Pentz*, § 19 Rn. 111.

[17] BGHZ 125, 141 (143 f.); 185, 44 Rn. 11; Baumbach/Hueck/*Fastrich*, § 19 Rn. 49a; BeckOK GmbHG/*Ziemons*, § 19 Rn. 153; GroßKomm-GmbHG/*Ulmer/Casper*, § 19 Rn. 126; HK GmbHG/*Saenger*, § 19 Rn. 51; Lutter/Hommelhoff/*Bayer*, § 19 Rn. 61; MHLS/*Ebbing*, § 19 Rn. 144; Roth/Altmeppen/*Altmeppen*, § 19 Rn. 88 ff.; Scholz/*Veil*, § 19 Rn. 128; *Schmidt K.*, GesR, § 37 II 4a) (S. 1122 ff.).

A und *B* hatten mit der Leistung der Bareinlage und der anschließenden Übereignung des Traktors gegen Rückzahlung des Bareinlagebetrages an *B* eine Regelung geplant, deren Ergebnis bei wirtschaftlicher Betrachtungsweise einer Sacheinlage entspricht. Der Kauf des Traktors stellte somit jedenfalls kein gewöhnliches Umsatzgeschäft zwischen der K-UG als Käuferin und *B* als Verkäufer dar. Damit liegt eine Umgehungsabrede vor.

(4) Zwischenergebnis

Der Verkauf des Traktors von *B* an die K-UG stellt eine verdeckte Sacheinlage dar, die der vorher von *B* an die K-UG geleisteten Bareinlage gem. § 19 Abs. 4 S. 1 GmbHG die Erfüllungswirkung nimmt. Die Einlagepflicht von *B* gegenüber der K-UG besteht daher fort.

bb) Anrechnung nach § 19 Abs. 4 S. 3 GmbHG

Der Anspruch der K-UG gegen *B* auf Leistung der Geldeinlage i. H. v. 2.000 EUR kann aber durch Anrechnung gem. § 19 Abs. 4 S. 3 GmbHG erlöschen. Demnach ist der Wert des Vermögensgegenstandes zum Zeitpunkt der Anmeldung der Gesellschaft zur Eintragung in das Handelsregister bzw. seiner Überlassung an die Gesellschaft anzurechnen. Die Rechtsnatur dieser Anrechnung kann entweder als Erfüllungssurrogat[18], als gesetzlich angeordnete Leistung an Erfüllung statt i. S. v. § 364 Abs. 1 BGB[19], als Parallele zur Differenzhaftung bei der offenen Sachübernahme[20], als „verrechnungsähnliches Erfüllungssurrogat eigener Art"[21], als eigenständige Rechtsfigur[22], die auf dem Gedanken der Vorteilsausgleichung beruht und an einigen Stellen des BGB (u. a. in § 326 Abs. 2 S. 2 BGB) geregelt ist oder als dogmatisch nicht einzuordnender Fremdkörper[23] gewertet werden. Unabhängig von ihrer dogmatischen Einordnung führt die Anrechnung zum Erlöschen des Anspruchs auf die Bareinlage in Höhe des Wertes des als Sacheinlage geleisteten Gegenstandes.[24]

(1) Anwendbarkeit auf die Unternehmergesellschaft

Eine Anrechnung des Wertes des von *B* an die K-UG übereigneten Traktors auf die von *B* an die K-UG geleistete Geldzahlung kommt jedoch nur in Betracht, wenn § 19 Abs. 4 GmbHG bei der Gründung einer UG anwendbar ist.

(a) Keine Anwendung von § 19 Abs. 4 GmbHG auf die UG

Es ließe sich argumentieren, dass § 19 Abs. 4 GmbHG auf die UG unanwendbar ist. Die Anwendung von § 19 Abs. 4 GmbHG setze nämlich voraus, dass eine Sacheinlage, die verdeckt vorgenommen werde, überhaupt zulässig sei. Bei Gründung

---

18 Bork/Schäfer/*Bartels*, § 19 Rn. 31.

19 *Maier-Reimer/Wenzel*, ZIP 2008, 1449 (1452); zust. *Fuchs*, BB 2009, 170 (172); *Herrler*, DB 2008, 2347 (2352); krit. *Markwardt*, BB 2008, 2414 (2416).

20 Lutter/Hommelhoff/*Bayer*, § 19 Rn. 83; MHLS/*Ebbing*, § 19 Rn. 152; *Kleindiek*, ZGR 2011, 334 (350).

21 Henssler/Strohn/*Verse*, § 19 GmbHG Rn. 58; Rowedder/Schmidt-Leithoff/*Penz*, § 19 Rn. 140; *Pentz*, FS Schmidt K. (2009), 1265 (1275); *ders.*, GmbHR 2009, 126 (127).

22 BeckOK GmbHG/*Ziemons*, § 19 Rn. 184; GroßKomm-GmbHG/*Ulmer/Casper*, § 19 Rn. 140; Scholz/*Priester*, § 56 Rn. 78; *Ulmer*, ZIP 2009, 293 (296 f.).

23 HK-GmbHG/*Saenger*, § 19 Rn. 74.

24 Nach *Raiser/Veil*, § 35 Rn. 80 i. V. m. § 10 Rn. 47 bewirke die Anrechnung eine Umgestaltung der Rechtsverhältnisse und widme die erbrachten Leistungen um.

einer UG ist gem. § 5a Abs. 2 S. 2 GmbHG aber sowohl die Vereinbarung als auch die Leistung einer Sacheinlage ausgeschlossen. Daher sei es auch nicht möglich, die Publizitätsvorschriften der §§ 5 Abs. 4, 9c Abs. 1 S. 2 GmbHG zu umgehen. Das Sacheinlagenverbot bei der UG stelle aber ein materielles Verbot dar, während § 19 Abs. 4 GmbHG nur die Folgen eines Formverstoßes regele.[25] Die Sacheinlagenabrede sei damit nach § 134 BGB i. V. m. § 5a Abs. 2 S. 2 GmbHG nichtig. Die Nichtanwendung von § 19 Abs. 4 S. 2 bis 4 GmbHG bei der UG folge aus einer teleologischen Reduktion der Vorschrift.[26] Insbesondere eine Anrechnung nach § 19 Abs. 4 S. 2 GmbHG finde demnach nicht statt. Die Rechtsfolgen verdeckter Sacheinlagen bei der UG seien daher nicht nach dem neuen Recht, sondern nach den bisher von der Rechtsprechung entwickelten, ungeschriebenen Grundsätzen zu beurteilen.[27] Die Pflicht zur Bareinzahlung bestehe in voller Höhe fort und das Austauschgeschäft sei nach Bereicherungsrecht rückabzuwickeln.[28]

Danach wäre *B* nach wie vor in voller Höhe zur Zahlung der Einlage verpflichtet, ohne dass es auf den Wert des Traktors ankäme.

(b) Umfassende Geltung der Anrechnungslösung

Diese Argumentation kann jedoch weder mit dem Gesetzeswortlaut und der Entstehungsgeschichte von § 19 Abs. 4 GmbHG noch mit dessen Normzweck vereinbar sein, so dass auch bei der UG die Anrechnungslösung gem. § 19 Abs. 4 S. 2 GmbHG gilt.[29]

Der Wortlaut von § 19 Abs. 4 GmbHG enthält keine Anhaltspunkte dafür, dass er nur für die „normale" GmbH, nicht aber für die UG gelten soll. § 5a Abs. 2 S. 2 GmbHG enthält auch keine Regelung, wonach § 19 Abs. 4 GmbHG unanwendbar sein soll. Aus § 19 Abs. 4 S. 1 GmbHG könne vielmehr hergeleitet werden, dass verdeckte Sacheinlagen generell „verboten" seien, unabhängig von der konkreten Ausgestaltung der Gesellschaft als UG oder „normale" GmbH.[30] Zudem handele es sich rechtstechnisch nicht um ein Verbot, weil sich die Unzulässigkeit der Umgehungsgestaltung häufig erst im Nachhinein feststellen lasse. Daher könne sich das Verbot des § 5a Abs. 2 S. 2 GmbHG nur auf offene Sacheinlagen beziehen.

Die Entstehungsgeschichte von § 19 Abs. 4 GmbHG vermag die Unanwendbarkeit der Anrechnungslösung bei der UG ebenfalls nicht zu rechtfertigen. Der Gesetzgeber hielt die bis zum Inkrafttreten des MoMiG in Rechtsprechung und Lehre entwickelten Sanktionen für nicht sachgerecht, und bezeichnete sie gar als „drastisch".[31] Der Fortbestand der Einlagepflicht und die erforderliche Rückabwicklung nach Bereicherungsrecht führten danach in der Insolvenz der Gesellschaft oft dazu,

---

25 BeckOK GmbHG/*Miras*, § 5a Rn. 43.

26 Vgl. BeckOK GmbHG/Miras, § 5a Rn. 44; *Herrler*, DB 2008, 2347 (2350).

27 Vgl. Baumbach/Hueck/*Fastrich*, § 5a Rn. 12; BeckOK GmbHG/*Miras*, § 5a Rn. 44; Bork/Schäfer/*Schäfer*, § 5a Rn. 23; Henssler/Strohn/*Schäfer*, § 5a GmbHG Rn. 19; Rowedder/Schmidt-Leithoff/*Baukelmann/Schmidt-Leithoff C.*, § 5a Rn. 20; *Heckschen*, Rn. 192.

28 Rowedder/Schmidt-Leithoff/*Baukelmann/Schmidt-Leithoff C.*, § 5a Rn. 20; *Freitag/Riemenscheider*, ZIP 2007, 1485 (1486); *Heckschen*, DStR 2009, 166 (171); *Markwardt*, BB 2008, 2414 (2421); *Wachter*, GmbHR-Sonderheft Oktober 2008, 25 (33).

29 Vgl. GroßKomm-GmbHG/*Paura*, § 5a Rn. 40; Lutter/Hommelhoff/*Kleindiek*, § 5a Rn. 29; MHLS/*Schmidt J.*, § 5a Rn. 11; MüKoGmbHG/*Rieder*, § 5a Rn. 23; MüKoGmbHG/*Schwandtner*, § 19 Rn. 182; Roth/Altmeppen/*Altmeppen*, § 5a Rn. 24; Scholz/*Westermann H. P.*, § 5a Rn. 20.

30 Begründung des RegE vom 25.7.2007, BT-Drs. 16/6140, 40.; HK-GmbHG/*Pfisterer*, § 5a, Rn. 14.

31 Begründung des RegE vom 25.7.2007, a. a. O.

dass der Gesellschafter die Einlage im wirtschaftlichen Ergebnis zweimal erbringen musste. Mit der Neuregelung sollte aber sichergestellt werden, dass der Gesellschafter die Einlage wertmäßig nur einmal leisten muss.[32] Dieser Regelungszweck würde für den praktisch wichtigen Fall der UG unterlaufen, wenn insoweit die alten Regeln weiter Anwendung finden sollten. Nicht zuletzt die Gesellschafter kleiner und mittelständischer Unternehmen, für die die neue Rechtsform der UG konzipiert worden ist, würden von den Folgen besonders hart getroffen, weil sie häufig ohne kompetente Rechtsberatung auskommen müssen. Gerade sie profitieren von der Anwendung der einfachen und pragmatischen Anrechnungslösung, die nunmehr Gesetz geworden ist.[33]

Nach seinem Zweck soll § 19 Abs. 4 GmbHG einen angemessenen Ausgleich zwischen den Interessen der Gesellschafter einerseits und den Gesellschaftsgläubigern andererseits herstellen. Einerseits haben die Gesellschafter ihre Verpflichtung zur Einlageleistung zu erfüllen. Dazu reicht es aus, dass der Gesellschaft Vermögenswerte zugeführt werden, die per Saldo dem Wert der Bareinlagepflicht entsprechen. Das ist bei Anwendung des § 19 Abs. 4 S. 3 GmbHG auch bei der UG gewährleistet. Aus Sicht der Gläubiger reicht es andererseits aus, dass der Gesellschafter der Gesellschaft irgendwann, also nicht notwendig bei der Gründung einen Wert zugeführt hat, der seiner Einlagepflicht entspricht. Leisten die Gründer einer UG unter Verstoß gegen § 5a Abs. 2 S. 2 GmbHG Sacheinlagen, ist eine Besserstellung ihrer Gläubiger gegenüber denjenigen einer GmbH nicht gerechtfertigt. Dass die Gläubiger gerade bei der im Regelfall ohne nennenswertes Mindestkapital ausgestatteten UG einen Anspruch auf eine bestimmte Zusammensetzung des Gesellschaftsvermögens haben sollen, überzeugt nicht. Weder die Volleinzahlungspflicht des § 5a Abs. 2 S. 1 GmbHG noch das Verbot von Sacheinlagen gem. § 5a Abs. 2 S. 2 GmbHG lassen sich dafür ins Feld führen, denn durch diese Bestimmungen sollte lediglich die Gründung vereinfacht und kein Kapitalschutz bezweckt werden.[34]

Das Verbot des § 5a Abs. 2 S. 2 GmbHG steht der Anwendung von § 19 Abs. 4 GmbHG bei der UG daher nicht entgegen.[35]

Danach kann sich *B* auf die Anrechnung des Wertes des an die K-UG übereigneten Traktors gem. § 19 Abs. 4 S. 3 GmbHG berufen.

(2) Voraussetzung der Anrechnung

Einzige Voraussetzung für die Anrechnung nach § 19 Abs. 4 S. 3 GmbHG ist, dass die Gesellschaft ins Handelsregister eingetragen wurde. Das ergibt sich aus § 19 Abs. 4 S. 4 GmbHG, wonach die Anrechnung nicht vor Eintragung der Gesellschaft in das Handelsregister erfolgt. Kommt es nicht zur Eintragung, etwa weil das Registergericht die Anmeldung zurückweist oder die Gründer den Geschäftsführer

[32] Begründung des RegE vom 25.7.2007, a.a.O.; BT-Drs. 16/9737, 17f., 97. Vgl. zusammenfassend zum Gesetzgebungsverfahren *Fuchs,* BB 2009, 170 (171ff.), und zu den straf- und zivilrechtlichen Sanktionen verdeckter Sacheinlagen *Marquard,* BB 2008, 2412 (2418).

[33] Zutreffend *Herrler,* DB 2008, 2347 (2349); *Witt,* ZIP 2009, 1102 (1105).

[34] Vgl. Begründung des RegE vom 25.7.2007, BT-Drs. 16/6140, 32; HK-GmbHG/*Pfisterer,* § 5a Rn. 10, 12; Lutter/Hommelhoff/*Kleindiek,* § 5a Rn. 21; MüKoGmbHG/*Rieder,* § 5a Rn. 23; ähnlich GroßKomm-GmbHG/*Paura,* § 5a Rn. 3, 40; MHLS/*Schmidt J.,* § 5a Rn. 2.

[35] GroßKomm-GmbHG/*Paura,* § 5a Rn. 40; HK-GmbHG/*Pfisterer,* § 5a Rn. 14; *Heckschen/Heidinger,* § 11 Rn. 295ff.; Lutter/Hommelhoff/*Kleindiek,* § 5a Rn. 29; MHLS/*Schmidt J.,* § 5a Rn. 11; MüKoGmbHG/*Rieder,* § 5a Rn. 23; MüKoGmbHG/*Schwandtner,* § 19 Rn. 182; *Gehrlein,* Der Konzern 2007, 771 (779); *Herrler,* DB 2008, 2347 (2349f.); *Witt,* ZIP 2009, 1102 (1104).

zur Rücknahme der Anmeldung veranlassen, kommt eine Anrechnung nach § 19 Abs. 4 S. 3 GmbHG daher nicht in Betracht.[36]

Die K-UG ist am 2.3.2018 in das Handelsregister eingetragen worden. Der Anwendungsbereich der Anrechnung nach § 19 Abs. 4 S. 3, S. 4 GmbHG ist eröffnet.

(3) Höhe der Anrechnung

Die Höhe der Anrechnung richtet sich gem. § 19 Abs. 4 S. 3 GmbHG nach dem Wert des Vermögensgegenstandes, der der Gesellschaft anstelle der Bareinlage zugeflossen ist, also nach dem (Verkehrs-)Wert des Traktors. Maßgeblicher Zeitpunkt für die Wertbestimmung ist nach § 19 Abs. 4 S. 3, 1. HS GmbHG grundsätzlich der Eingang des Eintragungsantrages beim Registergericht. Etwas anderes gilt, wenn der Vermögensgegenstand der Gesellschaft erst später überlassen wird. Dann ist gem. § 19 Abs. 4 S. 3, 2. HS GmbHG auf diesen Zeitpunkt abzustellen. Danach kommt es auf den 10.3.2018 an. Denn der Antrag auf Eintragung der K-UG im Handelsregister wurde bereits am 2.2.2018 gestellt.

Problematisch ist wiederum, dass *G* und *B* unterschiedliche Angaben zum Wert des Traktors machen. Nach § 19 Abs. 4 S. 5 GmbHG trägt der Gesellschafter die Beweislast für die Werthaltigkeit des Vermögensgegenstandes. Diese Beweislastverteilung soll den Gesellschafter dazu anhalten, eine möglichst vollwertige Sacheinlage zu erbringen, um nicht später in Beweisnöte zu geraten.[37]

Folglich geht es im Rahmen der Anrechnung nach § 19 Abs. 4 S. 3 GmbHG zu Lasten des *B*, dass er den Nachweis für den von ihm behaupteten Wert des Traktors bisher nicht erbracht hat. Es ist daher von der Richtigkeit der Behauptung des *G* auszugehen, der den Wert mit maximal 1.000 EUR beziffert. Folglich findet eine Anrechnung auch nur in dieser Höhe statt.

(4) Zwischenergebnis

Die Einlagepflicht von *B* ist durch Anrechnung gem. § 19 Abs. 4 S. 3 GmbHG in Höhe von 1.000 EUR erloschen. Die K-UG hat mithin noch einen Anspruch gegen *B* auf Einzahlung von (weiteren) 1.000 EUR aus § 3 Abs. 1 Nr. 4 GmbHG i. V. m. GV.

---

[36] Rowedder/Schmidt-Leithoff/*Pentz*, § 19 Rn. 129; *Ulmer*, ZIP 2009, 293 (298 f.).

[37] So die Begründung des RegE, BT-Drs. 16/8140, 40. Krit. dazu Goette/Habersack/*Goette*, Rn. 32, der darauf hinweist, die Gesellschafter müssten künftig bei verdeckten Sacheinlagen nur ein Wertgutachten anfertigen lassen, das sie dem Insolvenzverwalter dann „aus dem Panzerschrank präsentieren" könnten. Bei einer solchen Praxis werde „die von den Verfassern des Regierungsentwurfs ins Feld geführte Abschreckungswirkung der Beweislastumkehr kaum bestehen". Krit. auch *Maier-Reimer/Wenzel*, ZIP 2008, 1451, die auf die bewusste Umgehung hinweisen sowie darauf, dass „einem alten, in den Panzerschrank gelegten Wertgutachten nur ein begrenzter Beweiswert" zukomme; zustimmend Baumbach/Hueck/*Fastrich*, § 19 Rn. 65; GroßKomm-GmbHG/*Casper*, § 19 Rn. 167; Lutter/Hommelhoff/*Bayer*, § 19 Rn. 79; MüKoGmbHG/*Schwandtner*, § 19 Rn. 303; großzügiger Rowedder/Schmidt-Leithoff/*Pentz*, § 19 Rn. 165; Scholz/*Veil*, § 19 Rn. 141; Scholz/*Priester*, § 56 Rn. 79 – Bestimmung des Beweiswertes im Einzelfall. Bei § 19 Abs. 4 S. 5 GmbHG handelt es sich indessen nicht um eine Beweislastumkehr. Unter Zugrundelegung der allgemeinen Grundsätze der Beweislastverteilung hat der Gesellschafter die Beweislast für die Werthaltigkeit der Sacheinlage zu tragen. Die Anrechnung in § 19 Abs. 4 S. 3 GmbHG ist – wie die Erfüllung gem. § 362 Abs. 1 BGB – als Einwendung ausgestaltet, die zum Erlöschen des Schuldverhältnisses führt, und deren Voraussetzungen derjenige zu beweisen hat, der sich auf sie beruft.

cc) Aufrechnung gem. § 389 BGB

Der noch in Höhe von 1.000 EUR bestehende Anspruch der K-UG kann durch die von *B* erklärte Aufrechnung nach § 389 BGB erloschen sein.

Unabhängig davon, ob eine Aufrechnungslage i. S. d. § 387 BGB besteht, kann der Aufrechnung durch *B* jedoch § 19 Abs. 2 S. 2 GmbHG entgegenstehen. Danach ist eine Aufrechnung gegen den Anspruch der Gesellschaft auf Leistung der Einlage nur mit einer Forderung aus der Überlassung von Vermögensgegenständen zulässig, deren Anrechnung auf die Einlageverpflichtung nach § 5 Abs. 4 S. 1 GmbHG vereinbart worden ist. Nach dem GV war *B* wie *A* zur Erbringung einer Geldeinlage verpflichtet. Die Befugnis von *B*, diese Geldeinlage nachträglich durch Übereignung des Traktors zu ersetzen, wurde hingegen im GV nicht vereinbart. Es fehlt daher an der Festsetzung einer Sacheinlage i. S. d. § 5 Abs. 4 S. 1 GmbHG, so dass das Aufrechnungsverbot des § 19 Abs. 2 S. 2 GmbHG eingreift.

Somit ist der Anspruch der U-KG gegen *B* nicht durch die von *B* erklärte Aufrechnung gem. § 389 BGB erloschen.

c) Anspruch durchsetzbar

Der Anspruch muss auch durchsetzbar sein.

Das Vorbringen von *B,* er werde die Bareinlage nur gegen Herausgabe des Traktors erbringen, kann als Geltendmachung eines Zurückbehaltungsrechts gem. § 273 Abs. 1 BGB zu werten sein. Allerdings kann nach § 19 Abs. 2 S. 3 GmbHG an dem Gegenstand einer Sacheinlage wegen Forderungen, die sich nicht auf den Gegenstand beziehen, kein Zurückbehaltungsrecht geltend gemacht werden. Zwar ist dieser Ausschlusstatbestand ausdrücklich nur für den Gegenstand einer Sacheinlage normiert. Die Zurückbehaltung von Barleistungen käme aber im Ergebnis einer unzulässigen Aufrechnung gleich. Dem steht der Normzweck des § 19 Abs. 2 S. 2 GmbHG entgegen, so dass auch die Zurückbehaltung von Barleistungen unzulässig ist.[38]

Unabhängig vom Bestehen etwaiger fälliger Gegenansprüche aus demselben Rechtsverhältnis steht *B* somit kein Zurückbehaltungsrecht aus § 273 Abs. 1 BGB zu. Der Anspruch ist daher auch durchsetzbar.

3. Ergebnis

Die K-UG hat gegen *B* einen Anspruch auf Leistung einer Bareinlage in Höhe von 1.000 EUR gem. § 3 Abs. 1 Nr. 4 GmbHG i. V. m. der Bareinlagevereinbarung im GV.

II. Anspruch auf Rückzahlung des Kaufpreises

Der K-UG kann gegen *B* ein Anspruch auf Rückzahlung des für den Traktor gezahlten Kaufpreises in Höhe von 2.000 EUR zustehen.

---

[38] Allg. M., vgl. nur RGZ 83, 268; Baumbach/Hueck/*Fastrich,* § 19 Rn. 41; BeckOK GmbHG/*Ziemons*, § 19 Rn. 134; Bork/Schäfer/*Bartels*, § 19 Rn. 12; GroßKomm-GmbHG/*Ulmer*/*Casper*, § 19 Rn. 96; Henssler/Strohn/*Verse*, § 19 GmbHG Rn. 30; HK-GmbHG/*Saenger*, § 19 Rn. 40; MHLS/*Ebbing*, § 19 Rn. 105; MüKoGmbHG/*Schwandtner*, § 19 Rn. 128; Scholz/*Veil*, § 19 Rn. 97; MünchHdb.GesR III/*Gummert*, § 50 Rn. 107.

1. Anspruch aus §§ 812 Abs. 1 S. 1, 1. Fall, 818 Abs. 2 BGB

Der Anspruch der K-UG gegen *B* auf Rückzahlung des Kaufpreises kann sich aus §§ 812 Abs. 1 S. 1, 1. Fall, 818 Abs. 2 BGB (Leistungskondiktion) ergeben.

a) Etwas erlangt

B hat eine Gutschrift auf seinem Konto i. S. v. § 675t Abs. 1 S. 1 und 2 BGB und damit einen Auszahlungsanspruch gegen seine Bank über 2.000 EUR als „etwas" i. S. v. § 812 Abs. 1 S. 1 BGB erlangt.

b) Durch Leistung

Die K-UG hat den Kaufpreis in Erfüllung des Kaufvertrages an *B* überwiesen und damit dessen Vermögen bewusst und zweckgerichtet gemehrt. Somit liegt eine Leistung der K-UG vor.

c) Ohne Rechtsgrund

Die Leistung muss *B* ferner erlangt haben, ohne dass dafür ein Rechtsgrund gegeben ist. Als Rechtsgrund für die Zuwendung der Kontogutschrift kommt jedoch der zwischen *B* und der K-UG geschlossene Kaufvertrag über den Traktor in Frage. Dazu muss der Kaufvertrag trotz der Regelung in § 5 Abs. 4 S. 1 GmbHG wirksam sein.[39] Gem. § 19 Abs. 4 S. 2 GmbHG soll die Wirksamkeit des Grundgeschäfts gerade nicht an der Umgehung der Sachgründungsvorschriften scheitern.[40] Damit soll sichergestellt sein, dass der Gesellschafter die Einlage wertmäßig nur einmal leisten muss.[41] Dies ist nur gewährleistet, wenn gerade keine Rückabwicklung des Austauschgeschäfts über den Vermögensgegenstand nach Bereicherungsrecht stattfindet und der die Einlage erbringende Gesellschafter nicht das Risiko der Insolvenz der Gesellschaft zu tragen hat.[42]

Der Kaufvertrag über den Traktor ist mithin gem. § 19 Abs. 4 S. 2 GmbHG nicht wegen Umgehung der Vorschriften über die Sacheinlage unwirksam. Andere Gründe für die Unwirksamkeit sind nicht ersichtlich. Der Kaufvertrag zwischen der K-UG und *B* stellt daher den Rechtsgrund für die Zahlung des Kaufpreises von der K-UG an *B* dar. Die Leistung erfolgte somit nicht ohne Rechtsgrund.

d) Ergebnis

Die K-UG kann von *B* die Erstattung des Kaufpreises in Höhe von 2.000 EUR gem. § 812 Abs. 1 S. 1, 1. Fall BGB nicht verlangen.

---

[39] Anders die st. Rspr. und h. L. zur Rechtslage vor dem MoMiG; vgl. seit BGHZ 45, 338 (343); *BGH* NJW 1998, 1951 (1952) sowie Baumbach/Hueck/*Hueck/Fastrich,* 19. Aufl., § 19 Rn. 42; Lutter/Hommelhoff/*Lutter/Bayer,* 16. Auf., § 5 Rn. 51; Michalski/*Hermanns,* 1. Auf., § 56 Rn. 31; MünchHdb.GesR III/*Gummert,* § 50 Rn. 117; ähnlich Roth/Altmeppen/*Roth,* 5. Auf., § 19 Rn. 72 („wegen des Umgehungstatbestandes oder in Analogie zu § 27 Abs. 3 S. 1 AktG").

[40] Die negative Formulierung („nicht unwirksam") soll klarstellen, dass andere Unwirksamkeitsgründe unberührt bleiben, d. h. das Rechtsgeschäft selbstverständlich nichtig sein kann, etwa wegen Sittenwidrigkeit nach § 138 Abs. 1 BGB; vgl. auch *Ulmer,* ZIP 2009, 293 (299 f.) zur Anrechnung bei anfänglichen und nachträglichen Mängeln des Verkehrsgeschäfts.

[41] Siehe bereits oben zur Anrechnung nach § 19 Abs. 4 S. 3 GmbHG unter A. I. 2. b) bb) (1) (c) m. w. N.

[42] Vgl. GroßKomm GmbHG/*Ulmer/Casper,* § 19 Rn. 162; Lutter/Hommelhoff/*Bayer,* § 19 Rn. 80; MHLS/*Ebbing,* § 19 Rn. 154; MüKoGmbHG/*Schwandtner,* § 19 Rn. 269 ff.

2. Anspruch aus §§ 817 S. 1, 1. Fall, 818 Abs. 2 BGB

Die K-UG kann die Rückzahlung des Kaufpreises aber möglicherweise gem. § 817 S. 1, 1. Fall BGB von *B* verlangen.

Unabhängig davon, ob § 817 S. 1 BGB eine spezielle Ausprägung der in § 812 Abs. 1 S. 2, 2. Fall BGB geregelten condictio ob rem für den Fall der Erreichung eines sitten- oder gesetzeswidrigen Leistungszwecks darstellt,[43] oder als selbständiger Bereicherungstatbestand und Unterfall der Leistungskondiktion i. S. d. § 812 Abs. 1 S. 1, 1. Fall BGB anzusehen ist,[44] handelt es sich um eine bereicherungsrechtliche Vorschrift, die tatbestandlich eine rechtsgrundlose Vermögensverschiebung voraussetzt. Daran fehlt es. Der Kaufvertrag zwischen *B* und der K-UG über den Traktor ist– wie soeben gezeigt – wirksam.

Die K-UG kann ihren Rückzahlungsanspruch gegen *B* nicht auf § 817 S. 1 BGB stützen.

3. Ergebnis

Der K-UG steht ein Anspruch gegen *B* auf Rückerstattung des gezahlten Kaufpreises für den Traktor i. H. v. 2.000 EUR nicht zu.

B. Ansprüche von B gegen die K-UG

I. Anspruch auf Erstattung der Bareinlage

B kann ein Anspruch gegen die K-UG auf Rückzahlung der von ihm geleisteten Bareinlage i. H. v. 2.000 EUR aus § 812 Abs. 1 S. 2, 2. Fall BGB (condictio ob rem) zustehen.

1. Etwas erlangt

Die K-UG hat eine Kontogutschrift in Höhe von 2.000 EUR und damit einen Vermögensvorteil i. S. d. § 812 Abs. 1 S. 1, S. 2 BGB erlangt.[45]

2. Durch Leistung

Die Überweisung von *B* an die K-UG diente der Tilgung seiner Einlageforderung und stellt damit eine bewusste und zweckgerichtete Vermögensmehrung dar. *B* hat also an die K-UG geleistet.

3. Zweckverfehlung

Diese Leistung muss gem. § 812 Abs. 1 S. 2, 2. Fall BGB ihren nach dem Inhalt des Rechtsgeschäfts bezweckten Erfolg verfehlt haben. Im Falle einer verdeckten Sacheinlage hat der Gesellschafter die Bareinlage nochmals zu erbringen. Wie § 19 Abs. 4 S. 1 GmbHG ausdrücklich klarstellt, hat die zunächst geleistete Einlage keine Befreiungswirkung und verfehlt somit ihren Zweck.[46] Die logische Folge ist, dass dem

---

[43] Erman/*Buck-Heeb,* § 817 Rn. 6; MüKoBGB/*Schwab,* § 817 Rn. 5; krit. dazu Staudinger/*Lorenz,* Neubearbeitung 2007, § 817 Rn. 6 ff.

[44] *BAG* NJW 1983, 783; BeckOK BGB/*Wendehorst,* § 817 Rn. 3; HK-BGB/*Wiese/Schulze,* § 817 Rn. 1; Palandt/*Sprau,* § 817 Rn. 1, 7; *Medicus/Petersen,* Rn. 694.

[45] Vgl. zum Kondiktionsgegenstand bei der Kontoüberweisung bereits oben unter A. II. 1. a).

[46] So für die Rechtslage vor dem MoMiG *Priester,* ZIP 1996, 1025 (1028 f.); zust. *Schmidt K.,* GesR, § 37 II 4b) (S. 1124), an der sich durch § 19 Abs. 4 S. 1 GmbHG nichts geändert hat. Vertretbar kann auch auf eine Leistungskondiktion gem. § 812 Abs. 1 S. 1, 1. Fall BGB

Gesellschafter, der sie gleichwohl geleistet hat, zunächst ein Bereicherungsanspruch zusteht.[47]

Dieser Bereicherungsanspruch kann aber mit der aufgrund der Eintragung der Gesellschaft in das Handelsregister erfolgenden Anrechnung gem. § 19 Abs. 4 S. 3 GmbHG unvereinbar sein. Diese Anrechnung hat das (teilweise) Erlöschen der Einlagepflicht zur Folge, so dass der zunächst verfehlte (Tilgungs-)Zweck nachträglich mit der Eintragung ins Handelsregister doch noch erreicht wird. Würde dies unberücksichtigt gelassen und dem Gesellschafter gleichwohl ein (ungeminderter) Bereicherungsanspruch gewährt, stünde die Gesellschaft per Saldo ohne die gesetzlich vorausgesetzte Vermögensausstattung da. Sie erhielte zwar den Vermögensgegenstand, verlöre aber zugleich wegen § 19 Abs. 4 S. 3 GmbHG den Anspruch gegen den Gesellschafter auf Erbringung der Einlage und wäre überdies mit der bereicherungsrechtlichen Verbindlichkeit auf Erstattung der Bareinlage an den Gesellschafter belastet.[48] Das gesetzliche Konzept der Wertanrechnung auf die Einlageforderung ist daher im Ergebnis nur dann stimmig, wenn dem Gesellschafter nicht zusätzlich ein Bereicherungsanspruch wegen seiner unwirksamen bzw. zwecklosen Barleistung zusteht, dieser Bereicherungsanspruch also mit der Anrechnung im Zeitpunkt der Eintragung der Gesellschaft ins Handelsregister wegfallen muss.[49]

Ob und wie sich dieses Ergebnis rechtsdogmatisch begründen lässt, ist allerdings umstritten. In § 19 Abs. 4 S. 3 GmbHG kann eine Spezialregelung zu sehen sein, neben der für einen bereicherungsrechtlichen Ausgleich der Transaktionen um die verdeckte Sacheinlage zugunsten des die Bareinlage leistenden Gesellschafters kein Raum bleibe.[50] Dagegen spricht allerdings, dass sich die Erfüllungswirkung der Anrechnung gem. § 19 Abs. 4 S. 3 GmbHG allein auf die Einlageschuld erstreckt und sich daraus für das Schicksal des Anspruchs des Gesellschafters auf Rückgewähr der zuvor gezahlten Bareinlage unmittelbar nichts herleiten lässt. Auch die Annahme, der Bereicherungsanspruch werde durch die Kaufpreiszahlung seitens der Gesellschaft erfüllt, ist Einwänden ausgesetzt. Gegen das Argument, bei der Anrechnung werde der Kaufvertrag als das Kausalgeschäft ausgeblendet und daher sei die Kaufpreiszahlung als Zahlung der Gesellschaft auf den Bereicherungsanspruch zu behandeln,[51] bestehen konstruktive Bedenken. Es ist mit den allgemein anerkannten Grundsätzen der Tilgungsbestimmung nicht zu vereinbaren, eine zunächst auf eine bestimmte Forderung (Kaufvertrag über die „Sacheinlage") geleistete Zahlung nachträglich mit dem Eintritt eines bestimmten Ereignisses (Eintragung der Gesellschaft ins Handelsregister) als eine Leistung auf eine ganz andere Schuld (Bereicherungsanspruch auf Rückgewähr der Bareinlage) umzudeuten. Zudem lässt diese Konstruktion das Schicksal der Kaufpreisforderung außer Acht, die nach § 19 Abs. 4 S. 2 GmbHG wirksam entstanden ist und durch die nachträglich auf den Bereicherungs-

---

abgestellt werden, da die Bareinlage solvendi causa auf den Anspruch der Gesellschaft auf Erbringung der vertraglich geschuldeten Einlage gem. § 3 Abs. 1 Nr. 4 GmbHG i. V. m. der Bareinlagevereinbarung im GV geleistet wurde.

47 *Fuchs,* BB 2009, 171 (172); *Pentz,* GmbHR 2009, 126 (127); *Ulmer,* ZIP 2009, 293 (297 f.), die allerdings nicht die condictio ob rem als Anspruchsgrundlage nennen, sondern generell auf § 812 Abs. 1 BGB verweisen; vgl. dazu für die bisherige Rechtslage Fn. 43.

48 Instruktiv dazu *Pentz,* GmbHR 2009, 126 (128), der dies anhand des Vergleichs der Aktiva und Passiva im Vermögen der GmbH veranschaulicht.

49 *Ulmer,* ZIP 2009, 293 (298).

50 *Ulmer,* ZIP 2009, 293 (298).

51 *Maier-Reimer/Wenzel,* ZIP 2008, 1449 (1452); zust. *Fuchs,* BB 2009, 170 (172).

anspruch angerechnete Zahlung nicht erfüllt wird.[52] Am ehesten überzeugend erscheint noch die Argumentation auf der Rechtsfolgenseite über den Einwand der Entreicherung der Gesellschaft gem. § 818 Abs. 3 BGB. Infolge der Anrechnung sei die Gesellschaft in Höhe des Wertes des Vermögensgegenstandes entreichert, denn sie zahle dafür gleichsam doppelt, nämlich durch den Verlust des Kaufpreises und ihres Anspruchs auf Erbringung der Einlage, der infolge der Anrechnung untergeht.[53] Probleme wirft dieser Lösungsweg allerdings auf, wenn der Kaufpreis mit dem Wert des Vermögensgegenstandes nicht übereinstimmt. Dann ist nämlich fraglich, in welcher Höhe die Gesellschaft entreichert ist. Zudem lässt sich von Entreicherung kaum sprechen, solange die Gesellschaft den Kaufpreis noch nicht bezahlt hat, obwohl sich das Problem dann genauso stellt, da das Gesellschaftsvermögen zusätzlich mit einem wirksam zustande gekommenen Anspruch aus § 433 Abs. 2 BGB belastet ist.

Ungeachtet der Unstimmigkeiten aller Begründungsversuche wird dem Gesellschafter ein Bereicherungsanspruch jedenfalls aus den eingangs genannten Wertungsgründen zu versagen sein, wobei es jedoch wünschenswert gewesen wäre, der Gesetzgeber hätte den Ausschluss des Anspruchs auf Rückgewähr der Bareinlage in die Neuregelung des § 19 Abs. 4 GmbHG aufgenommen.[54]

B steht daher ein Anspruch auf Erstattung der auf das Konto der K-UG überwiesenen Bareinlage i. H. v. 2.000 EUR aus § 812 Abs. 1 S. 2, 2. Fall BGB nicht zu.

4. Ergebnis

B kann von der K-UG nicht die Erstattung der Bareinlage verlangen.

II. Anspruch auf Herausgabe des Traktors

Möglicherweise kann *B* von der K-UG die Rückgabe des Traktors beanspruchen.

1. Anspruch aus § 985 BGB

Gem. § 985 BGB kann *B* von der K-UG die Herausgabe des Traktors nur dann verlangen, wenn er dessen Eigentümer geblieben ist. Dazu muss die Übereignung des Traktors an die K-UG nach § 929 S. 1 BGB unwirksam gewesen sein. Nach § 19 Abs. 4 S. 2 GmbHG sind „die Verträge über die Sacheinlage und die Rechtshandlungen zu ihrer Ausführung“, also auch die dinglichen Erfüllungsgeschäfte, jedoch gerade nicht unwirksam, jedenfalls nicht unter dem Gesichtspunkt der Umgehung der für Sacheinlagen geltenden Sonderregelungen.[55] Der damit bezweckte Ausschluss einer Rückabwicklung der Geschäfte über die verdeckte Sacheinlage[56] erstreckt sich auch auf den Vermögensgegenstand, der der Gesellschaft als verdeckte Sacheinlage anstelle der Bareinlage zugewendet wird. Da eine volle Anrechnung in

---

[52] In diese Richtung auch *Pentz,* GmbHR 2009, 126 (128).

[53] *Pentz,* GmbHR 2009, 126 (128 f.).

[54] Ebenso *Ulmer,* ZIP 2009, 293 (298).

[55] Vgl. zum Verhältnis zu anderen Unwirksamkeitsgründen bereits oben Fn. 40.

[56] So die vor dem MoMiG geltende st. Rspr. und h. L., vgl. BGHZ 155, 329 [338 f.]; 173, 145 [153] – *Lurgi I*; Baumbach/Hueck/*Fastrich,* 18. Aufl., § 19 Rn. 38; Lutter/Hommelhoff/*Bayer,* 16. Aufl., § 19 Rn. 54; *Pentz,* ZIP 2003, 2093 [2100]; *Wertenbruch,* NZG 2003, 1107; *Langenbucher,* DStR 2003, 1838 [1842 f.]; a. A. *OLG Köln* NJW-RR 1995, 552 (553); Hachenburg/*Ulmer,* § 19 Rn. 114; Rowedder/Schmidt-Leithoff/*Pentz,* 5. Aufl., § 19 Rn. 125; Scholz/*Winter/Westermann H. P.,* 10. Aufl., § 5 Rn. 80d, die schon nach altem Recht die Wirksamkeit des Erfüllungsgeschäfts befürworteten).

Höhe von dessen Wert stattfindet, muss der Gesellschafter auch in der Lage sein, diesen Vermögensgegenstand der Gesellschaft dinglich wirksam zuzuwenden.

Das Eigentum an dem Traktor ist also von *B* auf die K-UG übergegangen und *B* steht daher kein Herausgabeanspruch aus § 985 BGB zu.

2. Anspruch aus § 812 Abs. 1 S. 1, 1. Fall BGB

Auch ein von B gegen die K-UG gerichteter Anspruch auf Rückgabe und Rückübereignung des Traktors aus § 812 Abs. 1 S. 1, 1. Fall BGB kommt nicht in Betracht. Der nach § 19 Abs. 4 S. 2 GmbHG wirksame Kaufvertrag bildete nicht nur den Rechtsgrund für die Kaufpreiszahlung, sondern auch für die Übereignung des Traktors.

3. Ergebnis

B hat gegen die K-UG keinen Anspruch auf Rückgabe des Traktors.

C. Gesamtergebnis

Die K-UG kann von *B* noch Zahlung von weiteren 1.000 EUR als Einlage gem. § 3 Abs. 1 Nr. 4 GmbHG i. V. m. der Bareinlagevereinbarung im GV verlangen. Gegenansprüche gegen die K-UG stehen *B* nicht zu.

Fall 6. Der hinterlistige Gesellschafter

Schwerpunkte im Kapitalgesellschaftsrecht (GmbH):

Anfechtung fehlerhafter Gesellschafterbeschlüsse – Verletzung des § 51 Abs. 2 GmbHG – Bezugsrecht der GmbH-Gesellschafter analog § 186 AktG – Gleichbehandlungsgrundsatz – gesellschafterliche Treuepflicht – Stimmverbot nach § 47 Abs. 4 S. 2 GmbHG

Sachverhalt

Die Schnell-GmbH (S-GmbH) betreibt ein Unternehmen auf dem Gebiet des Kraftfahrzeugtunings. Gesellschafter der S-GmbH sind *Turbo (T)* mit 80 % und *Umwelt (U)* mit 20 %; Geschäftsführer ist *Vergaser (V)*, ein Bruder von *T*.

U ist ein fanatischer Naturfreund und den beiden Brüdern *T* und *V* schon seit langem ein Dorn im Auge. Er lässt keine Gelegenheit aus, um in regelmäßig eigens zu diesem Zweck von ihm verlangten außerordentlichen Gesellschafterversammlungen den beiden Brüdern seine Vorstellungen von einem „autoabgasfreien" Europa zu unterbreiten. Darüber hinaus sind *T* und *V* es auch leid, dieses Thema ständig auf den Tagesordnungen der ordentlichen Gesellschafterversammlungen zu finden. Mehrere im Laufe der Jahre 2016 und 2017 unternommene Versuche, den Geschäftsanteil von *U* zu erwerben, schlugen fehl. *U* lehnt einen Verkauf seines Anteils kategorisch ab, weil er glaubt, durch seine Einflussmöglichkeit als Gesellschafter der S-GmbH sein ökologisches Lebensziel besser erreichen zu können. Zudem stellen die jährlichen Gewinnanteile seine einzigen Einkünfte dar.

Als *Diesel (D)*, Inhaber eines Konkurrenzunternehmens der S-GmbH, Anfang 2019 an *T* und *V* herantritt und anfragt, ob die S-GmbH sein Unternehmen, die „D-Automobiltuning", für 100.000 EUR übernehmen wolle, weil er sich selbst aus dem Geschäftsleben zurückziehen wolle, sieht *T* endlich eine Möglichkeit, *U* das Verbleiben in der S-GmbH zu verleiden. Obwohl *V* zu bedenken gibt, dass die Übernahme für die S-GmbH wirtschaftlich ohne Nutzen, ein Kauf zudem zurzeit finanziell nicht möglich sei, stimmt *T* dem Vorschlag von *D* einen Tag später erfreut zu. *T* erläutert dem überraschten *V* seinen Plan: Durch einen Gesellschafterbeschluss soll das bisherige Stammkapital von 100.000 EUR um 150.000 EUR auf 250.000 EUR erhöht werden. Zur Übernahme eines Geschäftsanteils i. H. v. 100.000 EUR soll *D* zugelassen werden. Die von *D* zu übernehmende Einlage soll durch die Einbringung seiner Firma „D-Automobiltuning", bestehend aus einer Werkstatt mit allem Inventar sowie allen Aktiva und Passiva erbracht werden. Als Übernehmer des verbleibenden Geschäftsanteils i. H. v. 50.000 EUR soll allein *V* zugelassen werden. *V*, der nun die wahren Motive des *T* erkennt, ist von der Idee begeistert. Auch *D* ist wegen der steuerlichen Vorteile einer Einbringung gegenüber einem Verkauf seines Unternehmens von *T*'s Plan überzeugt.

V beraumt zur Durchführung seines Plans form- und fristgerecht für den 8.3.2019 eine außerordentliche Gesellschafterversammlung in den Geschäftsräumen der S-GmbH an.

Einziger in der Einladung angekündigter Tagesordnungspunkt ist der „Beschluss über eine Kapitalerhöhung zur Einbringung der D-Automobiltuning in die S-GmbH". In der Gesellschafterversammlung unterbreitet *V* den von *T* ausgearbeiteten Beschlussvorschlag. *U* ist über diesen Vorschlag entsetzt. Dieser Bezugsrechtsausschluss sorge nicht nur dafür, dass er „mundtot" gemacht werde, sondern entziehe ihm auch seine Existenzgrundlage. Da die Übernahme für das Überleben der S-GmbH nicht notwendig sei, sei ein derartiger Eingriff unzulässig. *T* hingegen ist der Ansicht, *U* habe gar kein Bezugsrecht, und der Ausschluss einzelner Gesellschafter von einer Kapitalerhöhung sei eine gesetzlich vorgesehene, nur an bestimmte Formalien gebundene Möglichkeit der Unternehmensführung. Im Übrigen komme es auf die Frage der Notwendigkeit einer Fusion oder einer Kapitalerhöhung nicht an. Außerdem sei er von der Reduzierung der Beteiligungsquote genauso betroffen wie *U*. Dagegen wendet *U* ein, *T* nehme faktisch doch an der Kapitalerhöhung teil, da *V* ohnehin nur die Anweisungen von *T* befolge. Jedenfalls sei aber die Zulassung von *D* nicht rechtens. Dennoch werden die Kapitalerhöhung und die Zulassung von *D* und *V* mit den Stimmen von *T* gegen die Stimmen von *U* beschlossen, und der Beschluss und die entsprechenden Übernahmeerklärungen von *D* und *V* werden notariell beurkundet.

U sucht am nächsten Tag seinen Rechtsanwalt *(R)* mit der Bitte auf, alle möglichen Schritte einzuleiten, um den Beschluss zu beseitigen. *R* rät zur Erhebung einer „Anfechtungsklage". *U*, der von einer „Anfechtungsklage" im GmbH-Recht noch nichts gehört hat, ist skeptisch.

Besteht die Möglichkeit der Erhebung einer Anfechtungsklage und wäre sie begründet?

Lösung

A. Möglichkeit der Erhebung einer Anfechtungsklage analog §§ 243, 246 AktG

Die Erhebung einer Anfechtungsklage gegen den Gesellschafterbeschluss vom 8.3.2019 durch *U* kann gem. §§ 243, 246 AktG analog möglich sein. Die analoge Anwendung der §§ 243, 246 AktG setzt das Vorliegen einer planwidrigen Regelungslücke im GmbH-Beschlussmängelrecht und eine vergleichbare Interessenlage mit dem aktienrechtlichen System zur Geltendmachung von Beschlussmängeln voraus.

I. Regelungslücke

Eine Regelungslücke liegt vor. Das GmbHG enthält über die höchst spärliche Regelung des Beschlussrechts in § 47 GmbHG hinaus unmittelbar keinerlei Regelungen über fehlerhafte Gesellschafterbeschlüsse, deren Folgen und gegebenenfalls deren Beseitigung. Folglich sieht es auch keine besondere Klageart zur Beseitigung von Gesellschafterbeschlüssen vor.

II. Planwidrigkeit der Regelungslücke

Allerdings kann die Planwidrigkeit dieser Regelungslücke zu verneinen sein. Dem GmbH-Gesetzgeber von 1892 waren die mit der Aktienrechtsreform von 1884 in den §§ 190a, 190b, 222 ADHGB eingeführten Regelungen über die Nichtigkeit und Anfechtbarkeit von Hauptversammlungsbeschlüssen bekannt. Gleichwohl glaubte er, auf besondere Vorschriften über die Befugnis eines GmbH-Gesellschafters zur Anfechtung von Beschlüssen durch Klageerhebung verzichten zu können und verwies insoweit auf die „allgemeinen Grundsätze“.[1] Darüber hinaus könnte auch das Scheitern des stark aktienrechtlich orientierten Reformvorhabens von 1971,[2] das die Einführung von Vorschriften für die Anfechtung von fehlerhaften GmbH-Beschlüssen vorsah, als bewusste Entscheidung des Gesetzgebers gegen die entsprechende Anwendung der §§ 241 ff. AktG verstanden werden. Allerdings sollte mit der GmbH-Reform von 1980 keine grundlegende Reform des GmbH-Gesetzes erreicht werden. Es sollten vielmehr lediglich dringend erforderliche Änderungen insbesondere zur Verbesserung des Gläubigerschutzes vorgenommen werden. Letztlich kann nicht angenommen werden, dass der Gesetzgeber sich bewusst gegen die Anfechtbarkeit eines Gesellschafterbeschlusses entschieden hat.[3] Gleiches gilt auch für die Änderungen durch das Gesetz zur Modernisierung des GmbH-Rechts und zur Bekämpfung von Missbräuchen (MoMiG)[4] und das Gesetz zur Umsetzung der Aktionärsrechterichtlinie (ARUG)[5]. Durch die Nichtregelung der Möglichkeit zur Erhebung einer Anfechtungsklage sollte nichts an der bestehenden Rechtslage geändert werden. Es sollte insbesondere keine bewusste Nichtregelung erfolgen, die einer analogen Anwendung der §§ 243, 246 AktG im GmbH-Recht entgegenstehen würde. Von einer Planwidrigkeit der Regelungslücke ist daher auszugehen.

III. Vergleichbare Interessenlage

Zwischen fehlerhaften Hauptversammlungsbeschlüssen einer AG und fehlerhaften Gesellschafterbeschlüssen einer GmbH muss ferner eine vergleichbare Interessenlage bestehen.

Mit den aktienrechtlichen Vorschriften der §§ 241 ff. AktG wird der Zweck verfolgt, Rechtsklarheit und Rechtssicherheit für die in der Regel große Anzahl von Aktionären zu schaffen, ob die in der Hauptversammlung gefassten Beschlüsse wirksam sind.[6] Dieses Bedürfnis gilt für die GmbH „als kleine Schwester der AG“ in gleicher Weise, so dass die §§ 241 ff. AktG analog seit jeher auf fehlerhaft zustande gekommene GmbH-Gesellschafterbeschlüsse angewendet werden, soweit nicht die Besonderheiten der GmbH eine Abweichung notwendig machen.[7] Danach kann ein fehler-

---

[1] Vgl. GroßKomm-GmbHG/*Raiser Th.*, Anh. § 47 Rn. 1 f.; HK-GmbHG/*Puszkajler*, Anh. § 47 Rn. 2; MHLS/*Römermann*, Anh. § 47 Rn. 3; Rowedder/Schmidt-Leithoff/*Ganzer*, Anh. § 47 Rn. 24; *Raiser/Veil*, § 43 Rn. 72; jeweils mit Hinweis auf die Gesetzesmaterialien.

[2] Regierungsentwurf eines neuen GmbHG, BT-Drs. 595/71.

[3] Vgl. aus dem Gesetzgebungsstadium *Deutler*, GmbHR 1977, 73

[4] BGBl. 2008 I S. 2026.

[5] BGBl. 2009 I S. 2479.

[6] Vgl. Heidel/*Heidel*, § 243 AktG Rn. 1; Henssler/Strohn/*Drescher*, § 243 AktG Rn. 1; HK-AktG/*Göz*, § 243 Rn. 1; Hüffer/Koch/*Koch*, § 243 Rn. 1; MüKoAktG/*Hüffer/Schöner*, § 243 Rn. 5; Schmidt K./Lutter/*Schwab*, § 243 Rn. 1; Spindler/Stilz/*Würthwein*, § 243 Rn. 30.

[7] St. Rspr., vgl. RGZ 166, 129 (131); BGHZ 11, 231 (235); 51, 209 (210 f.); 101, 113 (116 f.); *BGH* WM 1989, 63 (65); NJW 2009, 2300 (2301) und h. L., vgl. BeckOK GmbHG/*Schindler*, § 47 Rn. 11; Henssler/Strohn/*Hillmann*, Anh. § 47 GmbHG Rn. 1; HK-GmbHG/*Puszkajler*, Anh. § 47 Rn. 2; Lutter/Hommelhoff/*Bayer*, Anh. § 47 Rn. 1 ff.; MHLS/*Römermann*, Anh. § 47 Rn. 10; MüKoGmbHG/*Wertenbruch*, Anh. § 47 Rn. 1; Scholz/*Schmidt K.*, § 45 Rn. 35 f.; GmbH-Hdb/*Bochmann/Cziupka*, Rz. I Rn. 1710; *Drygala/Staake/Szalai*, § 11 Rn. 167 ff.; *Grunewald*, § 13 Rn. 107 ff.; *Raiser/Veil*, § 43 Rn. 72; *Saenger*, Rn. 787; *Windbichler*, § 22 Rn. 17. Die analoge Anwendung der §§ 241 ff. AktG auf die GmbH wird insbesondere wegen des Erfordernisses der Erhebung einer fristgebundenen Anfechtungsklage zur Beseitigung fehlerhafter, nicht nichtiger Beschlüsse von gewichtigen Stimmen in der Literatur abgelehnt. Bei der regelmäßig personalistisch struktu-

hafter Gesellschafterbeschluss einer GmbH nach §§ 243 Abs. 1, 246 AktG analog durch Anfechtungsklage mit der Folge seiner Nichtigerklärung für und gegen alle Gesellschafter (§§ 241 Nr. 5, 248 Abs. 1 S. 1 AktG analog) angegriffen und „für nichtig erklärt" werden (= Gestaltungsklage).

IV. Ergebnis

Die Ansicht von *R*, *U* könne die Beseitigung des Beschlusses durch Erhebung einer Anfechtungsklage analog § 246 AktG erreichen, ist somit zutreffend. Die Erhebung einer Anfechtungsklage gegen den Gesellschafterbeschluss vom 8.3.2019 durch *U* ist gem. §§ 243, 246 AktG analog möglich.

B. Begründetheit der Anfechtungsklage

Eine durch *U* nach § 246 Abs. 2 S. 1 AktG analog gegen die S-GmbH gerichtete[8] und vor dem gem. § 246 Abs. 3 S. 1 AktG analog örtlich und sachlich zuständigen Gericht erhobene Anfechtungsklage wäre begründet, wenn *U* die Anfechtungsklage fristgerecht erhebt, er klagebefugt ist und der Beschluss der Gesellschafterversammlung gem. § 241 AktG analog nichtig ist bzw. aus anderen Gründen das „Gesetz verletzt" (§ 243 Abs. 1 AktG analog).

I. Anfechtungsfrist

U muss die Anfechtungsklage rechtzeitig erheben. Bei der Anfechtungsfrist handelt es sich um eine materiell-rechtliche Ausschlussfrist, deren Versäumen zur Unbegründetheit der Anfechtungsklage führt.[9] Die Frist zur Erhebung der Anfechtungsklage beträgt einen Monat nach der Beschlussfassung, wenn § 246 Abs. 1 AktG auf fehlerhafte GmbH-Gesellschafterbeschlüsse analog anwendbar ist. Hiergegen spricht jedoch, dass die mit der Monatsfrist im Aktienrecht verfolgten Zwecke der

---

rierten GmbH sei vielmehr eine Analogie zum Personengesellschaftsrecht sachgerecht, wo auch fehlerhafte und nicht nur nichtige Beschlüsse immer unwirksam seien, womit als Klageart die Erhebung einer negativen Feststellungsklage gem. § 256 Abs. 1 ZPO, gerichtet auf die Feststellung der Unwirksamkeit des Beschlusses, in Betracht komme; vgl. hierzu Bork/Schäfer/*Casper*, § 47 Rn. 62 ff.; *Casper*, ZHR 163 (1999), 54 (66 ff., 78 ff.); *Noack*, § 9 (S. 133 ff.), insb. § 9 IV (S. 152); *Raiser Th.*, FS Heinsius (1991), 645 (655 ff.); *Timm*, FS Fleck (1988), 365 (368 f.); *Zöllner/Noack*, ZGR 1989, 525 ff.; sympathisierend auch MünchHdb.GesR III/*Wolf*, § 40 Rn. 6; *Wiedemann*, GesR I, § 3 I 2b) (S. 151), § 8 IV 2b) (S. 466 f.). Für eine uneingeschränkte Analogie der §§ 241 ff. AktG auf GmbH-Beschlüsse hingegen offenbar Rowedder/Schmidt-Leithoff/*Ganzer*, Anh. § 47 Rn. 1, 4.

8 Vgl. zur Bestimmung des Anfechtungsgegners Baumbach/Hueck/*Zöllner/Noack*, Anh. § 47 Rn. 163; BeckOK GmbHG/*Schindler*, § 47 Rn. 11; Bork/Schäfer/*Casper*, § 47 Rn. 81; GroßKomm-GmbHG/*Raiser Th.*, Anh. § 47 Rn. 191; HK-GmbHG/*Puszkajler*, Anh. § 47 Rn. 79; Lutter/Hommelhoff/*Bayer*, Anh. § 47 Rn. 38, 77; MHLS/*Römermann*, Anh. § 47 Rn. 486 ff.; MüKoGmbHG/*Wertenbruch*, Anh. § 47 Rn. 283; Rowedder/Schmidt-Leithoff/*Ganzer*, Anh. § 47 Rn. 49; Scholz/*Schmidt K.*, § 45 Rn. 148; MünchHdb.GesR III/*Wolf*, § 40 Rn. 78; *Drygala/Staake/Szalai*, § 11 Rn. 173; *Raiser/Veil*, § 43 Rn. 81; *Saenger*, Rn. 787; *Windbichler*, § 22 Rn. 17. Dabei wird die S-GmbH im Prozess durch ihren Geschäftsführer *V* vertreten, vgl. statt aller Scholz/*Schmidt K.*, § 45 Rn. 149.

9 Vgl. *BGH* NJW 1998, 1559 (1561); Baumbach/Hueck/*Zöllner/Noack*, Anh. § 47 Rn. 158; BeckOK GmbHG/*Leinekugel*, Beschlussanfechtung Rn. 161; Henssler/Strohn/*Hillmann*, Anh. § 47 GmbHG Rn. 5; HK-GmbHG/*Puszkajler*, Anh. § 47 Rn. 88; Lutter/Hommelhoff/*Bayer*, Anh. § 47 Rn. 68; Rowedder/Schmidt-Leithoff/*Ganzer*, Anh. § 47 Rn. 56; Scholz/*Schmidt K.*, § 45 Rn. 141; *Saenger*, Rn. 622; zweifelnd MünchHdb.GesR III/*Wolf*, § 40 Rn. 71; a. A. *Drygala/Staake/Szalai*, § 21 Rn. 309.

Rechtssicherheit und Rechtsklarheit für die GmbH nicht von so großer Bedeutung sind, als dass sie eine starre und relativ kurze Ausschlussfrist rechtfertigen können.[10] Insbesondere entfalten ihre Beschlüsse regelmäßig keine vergleichbare Breitenwirkung wie die Beschlüsse einer AG. Unter Berücksichtigung der regelmäßig personalistischen Struktur der GmbH ist das Bedürfnis der Gesellschafter an einer flexiblen zeitlichen Regelung zur Beseitigung von Beschlussmängeln höher zu bewerten als das Interesse an Rechtssicherheit.[11] § 246 Abs. 1 AktG ist daher nicht analog auf die GmbH anzuwenden.[12]

Vielmehr ist eine nach den Umständen angemessene Frist maßgebend, die mit der Kenntnis des Gesellschafters von der Beschlussfassung zu laufen beginnt,[13] wobei der Monatsfrist nach § 246 Abs. 1 AktG aber insoweit eine Leitbildfunktion zukommt, als eine erhebliche Überschreitung dieser Frist einer besonderen Rechtfertigung bedarf, weshalb der Gesellschafter wegen zwingender Umstände an einer früheren klageweisen Geltendmachung des Anfechtungsgrundes gehindert war.[14]

Eine demnächst von *U* erhobene Anfechtungsklage wäre aber jedenfalls noch fristgemäß. *R* sollte *U* auf den Lauf und die Dauer dieser Frist hinweisen.

II. Anfechtungsbefugnis des U

U muss des Weiteren anfechtungsbefugt sein. Die Anfechtungsbefugnis ist eine materiell-rechtliche Sachbefugnis und daher ebenfalls Bestandteil der Begründetheit

---

[10] Bork/Schäfer/*Casper*, § 47 Rn. 80; GroßKomm-GmbHG/*Raiser Th.*, Anh. § 47 Rn. 195; *Drygala/Staake/Szalai*, § 11 Rn. 176; *Raiser/Veil*, § 43 Rn. 78; *Windbichler*, § 22 Rn. 17.

[11] Bork/Schäfer/*Casper*, § 47 Rn. 80; GroßKomm-GmbHG/*Raiser Th.*, Anh. § 47 Rn. 195; MünchHdb.GesR III/*Wolf*, § 40 Rn. 72; *Raiser/Veil*, § 43 Rn. 78.

[12] H. A., so ausdrücklich BGHZ 111, 224 (225 f.); *OLG Düsseldorf* NZG 2005, 980 (981); BeckOK GmbHG/*Leinekugel*, Beschlussanfechtung Rn. 162; Bork/Schäfer/*Casper*, § 47 Rn. 80; GroßKomm-GmbHG/*Raiser Th.*, Anh. § 47 Rn. 195; Lutter/Hommelhoff/*Bayer*, Anh. § 47 Rn. 62 ff.; MüKoGmbHG/*Wertenbruch*, Anh. § 47 Rn. 301; Rowedder/Schmidt-Leithoff/*Ganzer*, Anh. § 47 Rn. 55; Scholz/*Schmidt K.*, § 45 Rn. 142; MünchHdb.GesR III/*Wolf*, § 40 Rn. 72; *Drygala/Staake/Szalai*, § 11 Rn. 176; *Raiser/Veil*, § 43 Rn. 78; *Windbichler*, § 22 Rn. 17; a. A. MHLS/*Römermann*, Anh. § 47 Rn. 465 ff.

[13] *BGH* GmbHR 1998, 891 (892); *OLG Schleswig* NZG 2000, 895; *OLG Jena* GmbHR 2002, 115 f.; *OLG Hamm* GmbHR 2003, 843 f.; *OLG Düsseldorf* GmbHR 2005, 1353; Baumbach/Hueck/*Zöllner/Noack*, Anh. § 47 Rn. 153 f.; Bork/Schäfer/*Casper*, § 47 Rn. 80; GroßKomm-GmbHG/*Raiser Th.*, Anh. § 47 Rn. 201; Henssler/Strohn/*Hillmann*, Anh. § 47 GmbHG Rn. 7; Lutter/Hommelhoff/*Bayer*, Anh. § 47 Rn. 62; Rowedder/Schmidt-Leithoff/*Ganzer*, Anh. § 47 Rn. 55; GmbH-Hdb/*Bochmann/Cziupka*, Rz. I Rn. 1730; *Drygala/Staake/Szalai*, § 11 Rn. 176. Auf den Zeitpunkt der Beschlussfassung abstellend hingegen BeckOK GmbHG/*Leinekugel*, Beschlussanfechtung Rn. 168; HK-GmbHG/*Puszkajler*, Anh. § 47 Rn. 97; MHLS/*Römermann*, Anh. § 47 Rn. 468 f.; Scholz/*Schmidt K.*, § 45 Rn. 145; MünchHdb.GesR III/*Wolf*, § 40 Rn. 75.

[14] BGHZ 101, 113 (117); 104, 66 (70 f.); 111, 224 (226); 137, 378 (386); *BGH* NZG 2005, 551 (553); ZIP 2009, 1880; BeckOK GmbHG/*Leinekugel*, Beschlussanfechtung Rn. 165; Henssler/Strohn/*Hillmann*, Anh. § 47 GmbHG Rn. 5; HK-GmbHG/*Puszkajler*, Anh. § 47 Rn. 96; Lutter/Hommelhoff/*Bayer*, Anh. § 47 Rn. 62 f.; MüKoGmbHG/*Wertenbruch*, Anh. § 47 Rn. 302; Rowedder/Schmidt-Leithoff/*Ganzer*, Anh. § 47 Rn. 54; Scholz/*Schmidt K.*, § 45 Rn. 143; MünchHdb.GesR III/*Wolf*, § 40 Rn. 72; *Drygala/Staake/Szalai*, § 11 Rn. 176; *Grunewald*, § 13 Rn. 113; *Raiser/Veil*, § 43 Rn. 78; *Windbichler*, § 22 Rn. 17. Gegen die Leitbildfunktion der Monatsfrist und für eine analoge Anwendung des § 246 Abs. 1 AktG aber Michalski/*Römermann*, Anh. § 47 Rn. 465 ff.; krit. auch Baumbach/Hueck/*Zöllner/Noack*, Anh. § 47 Rn. 146 ff.

der Anfechtungsklage. Die von einer nicht anfechtungsbefugten Person erhobene Anfechtungsklage ist als unbegründet abzuweisen.[15] Die Vorschrift des § 245 AktG findet keine analoge Anwendung.[16] Die in § 245 Nr. 1 AktG geforderte besondere Erklärung eines Widerspruchs gegen den Beschluss zur Niederschrift passt auf GmbH-Gesellschafterbeschlüsse nicht. Die Befugnis, einen Gesellschafterbeschluss anzufechten, steht vielmehr jedem Gesellschafter der GmbH zu,[17] es sei denn, er hat dem Beschluss in Kenntnis des Mangels zugestimmt oder nachträglich auf sein Anfechtungsrecht verzichtet.[18] *U* hat gegen den Beschluss gestimmt und nicht nachträglich auf sein Anfechtungsrecht verzichtet.

U ist somit anfechtungsbefugt.

III. Anfechtungsgründe

Eine von *U* erhobene Anfechtungsklage ist nur dann begründet, wenn Gründe vorliegen, aufgrund derer der Beschluss nichtig oder anfechtbar ist.

1. Nichtigkeitsgründe analog § 241 AktG

Der Gesellschafterbeschluss vom 8.3.2019 kann gem. § 241 Nr. 1 i. V. m. § 121 Abs. 2 bis 4 AktG analog aufgrund eines Einberufungsmangels nichtig sein. Mit der Anfechtungsklage analog § 246 AktG können auch Nichtigkeitsgründe analog § 241 AktG geltend gemacht werden (§ 249 Abs. 1 S. 2 AktG analog).[19] Zudem stellt jeder

---

15 H. A., vgl. BGHZ 176, 204 (210); *BGH* GmbHR 2008, 426; Baumbach/Hueck/*Zöllner/Noack*, Anh. § 47 Rn. 135; BeckOK GmbHG/*Leinekugel*, Beschlussanfechtung Rn. 138; GroßKomm-GmbHG/*Raiser Th.*, Anh. § 47 Rn. 167; HK-GmbHG/*Puszkajler*, Anh. § 47 Rn. 88; Lutter/Hommelhoff/*Bayer*, Anh. § 47 Rn. 75; MüKoGmbHG/*Wertenbruch*, Anh. § 47 Rn. 248; a. A. Scholz/*Schmidt K.*, § 45 Rn. 127; MünchHdb.GesR III/*Wolf*, § 40 Rn. 61; *Drygala/Staake/Szalai*, § 21 Rn. 308.

16 Baumbach/Hueck/*Zöllner/Noack*, Anh. § 47 Rn. 136; BeckOK GmbHG/*Leinekugel*, Beschlussanfechtung Rn. 139; GroßKomm-GmbHG/*Raiser Th.*, Anh. § 47 Rn. 168; MHLS/*Römermann*, Anh. § 47 Rn. 383 ff.; MünchHdb.GesR III/*Wolf*, § 40 Rn. 63; *Drygala/Staake/Szalai*, § 11 Rn. 174; *Grunewald*, § 13 Rn. 112; einschränkend *Raiser/Veil*, § 43 Rn. 77 – analoge Anwendbarkeit von § 245 Nr. 5 AktG; a. A. Bork/Schäfer/*Casper*, § 47 Rn. 78; HK-GmbHG/*Puszkajler*, Anh. § 47 Rn. 89 – jeweils „GmbH-spezifisch modifizierte Anwendung".

17 Vgl. Baumbach/Hueck/*Zöllner/Noack*, Anh. § 47 Rn. 135 f.; BeckOK GmbHG/*Leinekugel*, Beschlussanfechtung Rn. 140; Bork/Schäfer/*Casper*, § 47 Rn. 78; GroßKomm-GmbHG/*Raiser Th.*, Anh. § 47 Rn. 168; Henssler/Strohn/*Drescher*, § 245 AktG Rn. 19; HK-GmbHG/*Puszkajler*, Anh. § 47 Rn. 89; Lutter/Hommelhoff/*Bayer*, Anh. § 47 Rn. 70; MHLS/*Römermann*, Anh. § 47 Rn. 388 ff.; MüKoGmbHG/*Wertenbruch*, Anh. § 47 Rn. 248; Rowedder/Schmidt-Leithoff/*Ganzer*, Anh. § 47 Rn. 44 f.; Scholz/*Schmidt K.*, § 45 Rn. 128 ff.; GmbH-Hdb/*Bochmann/Cziupka*, Rz. I Rn. 1732; MünchHdb.GesR III/*Wolf*, § 40 Rn. 63; *Drygala/Staake/Szalai*, § 11 Rn. 174; *Grunewald*, § 13 Rn. 112; *Raiser/Veil*, § 43 Rn. 77.

18 Baumbach/Hueck/*Zöllner/Noack*, Anh. § 47 Rn. 137; BeckOK GmbHG/*Leinekugel*, Beschlussanfechtung Rn. 141; Bork/Schäfer/*Casper*, § 47 Rn. 77; GroßKomm-GmbHG/*Raiser Th.*, Anh. § 47 Rn. 168; Henssler/Strohn/*Drescher*, § 245 AktG Rn. 19; HK-GmbHG/*Puszkajler*, Anh. § 47 Rn. 89; Lutter/Hommelhoff/*Bayer*, Anh. § 47 Rn. 60; MüKoGmbHG/*Wertenbruch*, Anh. § 47 Rn. 271; Scholz/*Schmidt K.*, § 45 Rn. 138 ff.; GmbH-Hdb/*Bochmann/Cziupka*, Rz. I Rn. 1734; MünchHdb.GesR III/*Wolf*, § 40 Rn. 62; *Drygala/Staake/Szalai*, § 11 Rn. 174; *Raiser/Veil*, § 43 Rn. 77.

19 BGHZ 134, 364 (366 f.); *BGH* NJW 1999, 1638; GroßKomm-GmbHG/*Raiser Th.*, Anh. § 47 Rn. 213 ff.; Lutter/Hommelhoff/*Bayer*, Anh. § 47 Rn. 79; MüKoGmbHG/*Wertenbruch*, Anh. § 47 Rn. 219; Rowedder/Schmidt-Leithoff/*Ganzer*, Anh. § 47 Rn. 43; Scholz/

Nichtigkeitsgrund gem. § 241 Nr. 1 bis 4 AktG analog zugleich eine Gesetzesverletzung gem. § 243 Abs. 1 AktG analog dar. Gem. § 241 Nr. 1 i. V. m. § 121 Abs. 2 bis 4 AktG analog sind Beschlüsse nichtig, wenn die Gesellschafterversammlung von einer hierzu nicht berechtigten Person einberufen wurde, in der Einladung Zeit und Ort der Gesellschafterversammlung nicht angegeben wurden, die Ladung an einem schwerwiegenden Form- und Fristmangel leidet oder nicht alle Gesellschafter zur Gesellschafterversammlung eingeladen worden sind.[20] Die Gesellschafterversammlung vom 8.3.2019 wurde vom hierzu gem. § 49 Abs. 1 GmbHG befugten Geschäftsführer *V* form- und fristgerecht einberufen.

Der Gesellschaftsbeschluss der S-GmbH vom 8.3.2019 leidet folglich nicht an einem Nichtigkeitsmangel.

2. Anfechtungsgründe nach § 243 Abs. 1 AktG analog

Die von *U* erhobene Anfechtungsklage ist jedoch begründet, wenn ein Anfechtungsgrund gem. § 243 Abs. 1 AktG analog vorliegt. Das setzt wiederum voraus, dass der Gesellschafterbeschluss der S-GmbH vom 8.3.2019 gegen ein Gesetz oder die Satzung der S-GmbH verstößt. In Betracht kommt ein Gesetzesverstoß.

a) Verletzung des § 51 Abs. 2 GmbHG

Der Gesellschafterbeschluss der S-GmbH kann unter Verletzung des § 51 Abs. 2 GmbHG, wonach bei der Einberufung einer Gesellschafterversammlung jederzeit der Zweck der Versammlung angekündigt werden soll, zustande gekommen sein. Der „Zweck der Versammlung“ (also die einzelnen Beschluss- oder Beratungsgegenstände) wird durch die Tagesordnung festgelegt. Der Gesellschafterbeschluss ist daher unter Verletzung des § 51 Abs. 2 GmbHG zustande gekommen, wenn die Tagesordnung nicht ordnungsgemäß angekündigt wurde.

aa) Voraussetzungen des § 51 Abs. 2 GmbHG

Um eine sinnvolle Ausübung des Teilnahmerechts der Gesellschafter an der Gesellschafterversammlung zu gewährleisten, müssen in der Tagesordnung die einzelnen Verhandlungs- und Beschlussgegenstände so deutlich umschrieben werden, dass jeder Gesellschafter zum Zwecke der angemessenen Vorbereitung auf die Gesellschafterversammlung erkennen kann, worum es sich bei den einzelnen zu beratenden und beschließenden Punkten handelt.[21]

Schmidt K., § 45 Rn. 152; MünchHdb.GesR III/*Wolf*, § 40 Rn. 54, 56; *Drygala/Staake/Szalai*, § 11 Rn. 168 f.; *Raiser/Veil*, § 43 Rn. 72 f. *Saenger*, Rn. 622.

20 *BGH* NJW-RR 2006, 831 (832); Baumbach/Hueck/*Zöllner/Noack*, Anh. § 47 Rn. 45; BeckOK GmbHG/*Leinekugel*, Beschlussanfechtung Rn. 2 ff.; Bork/Schäfer/*Casper*, § 47 Rn. 68; GroßKomm-GmbHG/*Raiser Th.*, Anh. § 47 Rn. 35 ff.; Henssler/Strohn/*Hillmann*, Anh. § 47 GmbHG Rn. 3; HK-GmbHG/*Puszkajler*, Anh. § 47 Rn. 19 ff.; Lutter/Hommelhoff/*Bayer*, Anh. § 47 Rn. 11 f.; MHLS/*Römermann*, Anh. § 47 Rn. 76 ff., 81 ff., 86 ff.; MüKoGmbHG/*Wertenbruch*, Anh. § 47 Rn. 27 ff.; Rowedder/Schmidt-Leithoff/*Ganzer*, Anh. § 47 Rn. 5; Scholz/*Schmidt K.*, § 45 Rn. 64; MünchHdb.GesR III/*Wolf*, § 40 Rn. 13 ff.; *Raiser/Veil*, § 43 Rn. 73.

21 Baumbach/Hueck/*Zöllner/Noack*, § 51 Rn. 24; BeckOK GmbHG/*Schindler*, § 51 Rn. 36; Bork/Schäfer/*Masuch*, § 51 Rn. 10 f.; GroßKomm-GmbHG/*Hüffer/Schürnbrand*, § 51 Rn. 22; Henssler/Strohn/*Hillmann*, § 51 GmbHG Rn. 15; HK-GmbHG/*Bergjan*, § 51 Rn. 13; Lutter/Hommelhoff/*Bayer*, § 51 Rn. 21; MHLS/*Römermann*, § 51 Rn. 71; MüKoGmbHG/*Liebscher*, § 51 Rn. 40; Rowedder/Schmidt-Leithoff/*Ganzer*, § 51 Rn. 15;

Der in der Einladung zur Gesellschafterversammlung allein angekündigte Tagesordnungspunkt war beschrieben mit „Beschluss über eine Kapitalerhöhung zur Einbringung der D-Automobiltuning in die S-GmbH". Der Kern der Tagesordnung, die Kapitalerhöhung durch Einbringung der D-Automobiltuning, wurde damit angekündigt. Nicht angekündigt wurde hingegen die geplante Größenordnung der Kapitalerhöhung. Eine solche Ankündigung wäre jedoch für eine angemessene Vorbereitung auf die Versammlung notwendig gewesen.[22] Folglich ist § 51 Abs. 2 GmbHG verletzt.

Ein weiterer Verstoß gegen § 51 Abs. 2 GmbHG kann sich zudem daraus ergeben, dass in der Ankündigung der Tagesordnung nicht erwähnt wurde, dass die bisherigen Gesellschafter nicht an der geplanten Kapitalerhöhung teilnehmen sollen. Durch den Ausschluss von der Teilnahme an einer Kapitalerhöhung erleidet ein Gesellschafter immer eine Einbuße seiner Mitgliedschaft. Es verringern sich seine Beteiligungsquote und zugleich die sich daraus ergebenden Rechte (z. B. die prozentuale Stimmquote und der relative Gewinnanteil). Möglicherweise verliert er sogar eine Sperrminorität oder gesetzliche Minderheitsrechte.[23] Mit der Durchführung der geplanten Kapitalerhöhung in der S-GmbH unter Ausschluss einer Beteiligung von *U* würde sich dessen Beteiligungsquote von 20 % auf 8 % verringern. Wegen der insoweit gegebenen Eingriffe in die Mitgliedschaft der vom Bezugsrecht ausgeschlossenen Gesellschafter muss daher bei einer geplanten Kapitalerhöhung auch der Ausschluss des Bezugsrechts in der Tagesordnung ausdrücklich angekündigt werden.[24] Das ist jedoch nicht geschehen.

Die von *V* angekündigte Tagesordnung ist folglich sowohl wegen der fehlenden Angabe der geplanten Größenordnung der Kapitalerhöhung als auch aufgrund der fehlenden Angaben zur Zeichnungsberechtigung der bisherigen Gesellschafter unvollständig, so der Beschluss unter Verletzung von § 51 Abs. 2 GmbHG zustande gekommen ist.

bb) Heilung der Verletzungen

Die genannten Mängel in der Ankündigung der Tagesordnung können jedoch durch die erfolgte Beschlussfassung geheilt sein. Trotz mangelhafter Einberufung der Gesellschafterversammlung können nach § 51 Abs. 4 i. V. m. Abs. 3 GmbHG Beschlüsse wirksam gefasst werden, wenn sämtliche Gesellschafter bei der Versammlung anwesend sind. Diesen Vorschriften liegt der Gedanke zugrunde, dass kein Gesellschafter einen Verfahrensfehler rügen können soll, wenn sich alle Gesellschafter

---

Scholz/*Schmidt K.*, § 45 Rn. 152; Scholz/*Seibt*, § 51 Rn. 21; GmbH-Hdb/*Bochmann/Czupka*, Rz. I Rn. 1561; MünchHdb.GesR III/*Wolf*, § 39 Rn. 47; vgl. auch Bd. II Fall 2 unter A. VII. 4. a), bb) (3).

22 Vgl. RGZ 87, 155 (156); Baumbach/Hueck/*Zöllner/Noack*, § 51 Rn. 26; BeckOK GmbHG/*Schindler*, § 51 Rn. 39; Bork/Schäfer/*Masuch*, § 51 Rn. 11; GroßKomm-GmbHG/*Hüffer/Schürnbrand*, § 51 Rn. 25; Henssler/Strohn/*Hillmann*, § 51 GmbHG Rn. 19; HK-GmbHG/*Bergjan*, § 51 Rn. 13; Lutter/Hommelhoff/*Bayer*, § 51 Rn. 26; MHLS/*Römermann*, § 51 Rn. 83; MüKoGmbHG/*Liebscher*, § 51 Rn. 44; Rowedder/Schmidt-Leithoff/*Ganzer*, § 51 Rn. 17; Scholz/*Seibt*, § 51 Rn. 21.

23 *Drygala/Staake/Szalai*, § 15 Rn. 13 ff.; *Priester*, DB 1980, 1925 (1927).

24 Baumbach/Hueck/*Zöllner/Noack*, § 51 Rn. 26; Bork/Schäfer/*Masuch*, § 51 Rn. 11; GroßKomm-GmbHG/*Hüffer/Schürnbrand*, § 51 Rn. 25; HK-GmbHG/*Bergjan*, § 51 Rn. 13; Lutter/Hommelhoff/*Bayer*, § 51 Rn. 26; MHLS/*Römermann*, § 51 Rn. 84; MüKoGmbHG/*Liebscher*, § 51 Rn. 44; Scholz/*Seibt*, § 51 Rn. 21.

rügelos an der Gesellschafterversammlung beteiligen.[25] „Anwesenheit“ im Sinne dieser Vorschrift setzt deshalb nicht nur eine körperliche Anwesenheit, sondern auch das Einverständnis mit der Abhaltung der Gesellschafterversammlung und der Beschlussfassung voraus.[26]

U war in der Gesellschafterversammlung anwesend und hat an der Diskussion und Beschlussfassung teilgenommen. Dadurch hat er konkludent sein Einverständnis sowohl zur Abhaltung der Gesellschafterversammlung als auch zur Beschlussfassung erklärt. Der Umstand, dass er gegen den Beschlussantrag gestimmt hat, steht einer Heilung der Einberufungsmängel nicht entgegen.[27]

Ein Anfechtungsgrund wegen Verletzung von § 51 Abs. 2 GmbHG liegt demnach nicht vor.

b) Anfechtung wegen Verletzung eines gesetzlichen Bezugsrechts

Der Beschluss, der die bisherigen Gesellschafter der S-GmbH, und damit auch *U*, von der Teilnahme an der Kapitalerhöhung ausschließt, ist gesetzwidrig i. S. d. § 243 Abs. 1 AktG analog und damit anfechtbar, wenn in der GmbH ein gesetzliches Bezugsrecht der Gesellschafter besteht und die Gesellschafter durch ihren Beschluss ein solches Bezugsrecht des *U* verletzt haben.

Das GmbHG enthält im Gegensatz zu § 186 Abs. 1 S. 1 AktG keine Vorschrift, die ein Bezugsrecht der bisherigen Gesellschafter bei der ordentlichen Kapitalerhöhung vorsieht. Es kann aber aufgrund von § 186 Abs. 1 S. 1 AktG analog bestehen mit der Folge, dass auch ein Bezugsrechtsausschluss nur analog § 186 Abs. 3, 4 AktG zulässig ist.

aa) Analoge Anwendung des § 186 AktG im GmbH-Recht?

Die analoge Anwendung von § 186 Abs. 1 S. 1, Abs. 3 AktG auf Kapitalerhöhungsbeschlüsse in Gesellschaften mbH setzt wiederum eine planwidrige Regelungslücke sowie eine vergleichbare Interessenlage voraus.

(1) Planwidrige Regelungslücke

Bereits das Bestehen einer Regelungslücke kann indes zweifelhaft sein. Zwar enthält das GmbHG kein gesetzlich bestimmtes Bezugsrecht. Es bestimmt aber in § 55 Abs. 2 S. 1 GmbHG, dass zur Übernahme eines Geschäftsanteils die bisherigen Gesellschafter sowie auch andere Personen zugelassen werden können. „Können“ die bisherigen Gesellschafter lediglich zugelassen werden, so kann hieraus zu folgern sein, dass ein Bezugsrecht der GmbH-Gesellschafter gerade nicht gewollt ist und folglich

---

[25] BeckOK GmbHG/*Schindler*, § 51 Rn. 49; Bork/Schäfer/*Masuch*, § 51 Rn. 15; Henssler/Strohn/*Hillmann*, § 51 GmbHG Rn. 23; HK-GmbHG/*Bergjan*, § 51 Rn. 17; Scholz/*Seibt*, § 51 Rn. 35.

[26] H. A., vgl. RGZ 92, 409 (411); BGHZ 100, 264 (269 ff.); *BGH* NZG 2009, 385 (386); NJW 2009, 2300 (2302); Baumbach/Hueck/*Zöllner/Noack*, § 51 Rn. 31; BeckOK GmbHG/*Schindler*, § 51 Rn. 49; Bork/Schäfer/*Masuch*, § 51 Rn. 15; GroßKomm-GmbHG/*Hüffer/Schürnbrand*, § 51 Rn. 30; Henssler/Strohn/*Hillmann*, § 51 GmbHG Rn. 24; HK-GmbHG/*Bergjan*, § 51 Rn. 17; Lutter/Hommelhoff/*Bayer*, § 51 Rn. 33; MHLS/*Römermann*, § 51 Rn. 97 f.; MüKoGmbHG/*Liebscher*, § 51 Rn. 56; Rowedder/Schmidt-Leithoff/*Ganzer*, § 51 Rn. 23; Scholz/*Seibt*, § 51 Rn. 36; GmbH-Hdb/*Bochmann/Cziupka*, Rz. I Rn. 1684; MünchHdb.GesR III/*Wolf*, § 39 Rn. 12.

[27] Vgl. hierzu GroßKomm-GmbHG/*Hüffer/Schürnbrand*, § 51 Rn. 30; HK-GmbHG/*Bergjan*, § 51 Rn. 17; Scholz/*Seibt*, § 51 Rn. 36.

eine „negative" Regelung des Bezugsrechts gegeben ist.[28] Allerdings rechtfertigt der Wortlaut der Vorschrift einen solchen Rückschluss nicht zwingend. Die Formulierung des § 55 Abs. 2 S. 1 GmbHG ist vielmehr dahingehend zu verstehen, dass das neue Kapital nicht notwendig von den bisherigen Gesellschaftern übernommen werden muss, sondern auch von Dritten übernommen werden kann.[29] Die Gesetzesmaterialien geben für eine negative Regelung, also einen bewussten Ausschluss des Bezugsrechts, ebenfalls nichts her.[30] Eine Regelungslücke ist somit gegeben.

Diese Regelungslücke muss auch planwidrig sein. Die Aufnahme eines gesetzlichen Bezugsrechts in das GmbHG wurde zuletzt im Regierungsentwurf von 1971/1973[31] vorgesehen, aber niemals verwirklicht. Daraus kann aber kein „beredtes Schweigen" des Gesetzgebers gefolgert werden. Unter Berücksichtigung des Umstandes, dass mit der GmbHG-Novelle im Jahr 1980 keine Reform des GmbH-Gesetzes im Ganzen, sondern lediglich dringende Änderungen und Ergänzungen insbesondere im Gläubigerinteresse vorgenommen wurden,[32] steht dies der Annahme einer planwidrigen Regelungslücke nicht entgegen.[33] Aus dem Umstand, dass ein gesetzliches Bezugsrecht in dem Regierungsentwurf vorgesehen war, lässt sich vielmehr umgekehrt das Vorliegen einer planwidrigen Regelungslücke herleiten. Auch durch das MoMiG und ARUG sollte keine bewusste Nichtregelung vorgenommen werden, die nun eine analoge Anwendung des § 186 AktG im GmbH-Recht ausschließen würde.[34] Daher liegt auch eine Planwidrigkeit der Regelungslücke vor.

(2) Vergleichbarkeit der Interessenlage

Die entsprechende Anwendung des § 186 Abs. 1 S. 1, Abs. 3 AktG setzt ferner voraus, dass eine Vergleichbarkeit der Interessenlage zwischen dem von der Norm erfassten Fall (Kapitalerhöhung in der AG) und dem nicht geregelten Fall (Kapitalerhöhung in der GmbH) zu bejahen ist. Die für die gesetzliche Regelung des Bezugsrechts in der AG ausschlaggebenden Gründe müssen daher auch in der GmbH gegeben sein.

Für eine Analogie zu § 186 Abs. 1 S. 1, Abs. 3 AktG spricht der Umstand, dass die Rechtsstellung des GmbH-Gesellschafters ebenso wie diejenige des Aktionärs – jedenfalls nach der gesetzlichen Regel – durch die Höhe seiner Kapitalbeteiligung bestimmt wird.[35] Ein Absinken der Kapitalbeteiligung infolge eines Bezugsrechts-

---

[28] *Drygala/Staake/Szalai*, § 15 Rn. 14; *Gottschling*, GmbHR 1955, 217; *Immenga*, § 31 I 1 (S. 227 ff.).

[29] Bork/Schäfer/*Arnold/Born*, § 55 Rn. 21; HK-GmbHG/*Inhester*, § 55 Rn. 28; Scholz/*Priester*, § 55 Rn. 47; *Drygala/Staake/Szalai*, § 15 Rn. 15; *Raiser/Veil*, § 49 Rn. 7; *Windbichler*, § 23 Rn. 24.

[30] Entwurf zum GmbHG mit Begründung, Amtliche Ausgabe, Berlin 1891, S. 104; vgl. *Priester*, DB 1980, 1925 (1928). Zur Untauglichkeit des Wortlautarguments vgl. überzeugend MüKoGmbHG/*Lieder*, § 55 Rn. 70.

[31] BT-Drs. 7/253 unter § 157 (S. 47).

[32] Vgl. aus dem Gesetzgebungsstadium *Deutler*, GmbHR 1977, 73.

[33] Anders GroßKomm-GmbHG/*Ulmer/Casper*, § 55 Rn. 52 f.; Rowedder/Schmidt-Leithoff/*Schnorbus*, § 55 Rn. 35, wonach die fehlende Übernahme des gesetzlichen Bezugsrechts durch die GmbHG-Novelle 1980 gegen eine planwidrige Lücke spreche.

[34] GroßKomm-GmbHG/*Ulmer/Casper*, § 55 Rn. 5; MüKoGmbHG/*Lieder*, § 55 Rn. 70; anders bzgl. der Notwendigkeit eines Zulassungsbeschlusses vgl. GroßKomm-GmbHG/*Ulmer/Casper*, § 55 Rn. 5, 46 ff.

[35] *Drygala/Staake/Szalai*, § 12 Rn. 2; *Windbichler*, § 20 Rn. 6 f.; *Priester*, DB 1980, 1925 (1927). Vgl. hierzu § 29 Abs. 3 S. 1 GmbHG (Ergebnisverwendung), § 47 Abs. 2 GmbHG (Stimmrechtsquote) und § 72 S. 1 GmbHG (Vermögensverteilung nach Liquidation).

ausschlusses führt somit in beiden Fällen zur Beeinträchtigung der Rechtsstellung des betreffenden Gesellschafters. Ferner ist für die AG anerkannt, dass ein Bezugsrechtsausschluss trotz Vorliegens der formellen Voraussetzungen des § 186 Abs. 3, 4 AktG nur zulässig ist, wenn er im Einzelfall durch besondere sachliche Gründe im Interesse der Gesellschaft gerechtfertigt ist.[36] Bei einer personalistisch strukturierten AG werden insoweit besonders strenge Maßstäbe angelegt.[37] Unter Berücksichtigung der Tatsache, dass die Struktur der GmbH normalerweise personalistisch geprägt ist, kann das Interesse des Gesellschafters auf Beibehaltung der Beteiligungsquote bei der GmbH nicht geringer sein als das Interesse eines Aktionärs.[38] In der GmbH spielt das Investment in die Gesellschaft für das Vermögen des einzelnen Gesellschafters und seinen Beteiligungsbereich in der GmbH regelmäßig eine wesentlich größere Rolle als in der in erster Linie auf die Vermögensanlage zugeschnittenen AG.[39]

Der Anerkennung des Bezugsrechts eines GmbH-Gesellschafters gem. § 186 Abs. 1 S. 1 AktG analog kann jedoch entgegengehalten werden, dass die einzelnen GmbH-Gesellschafter auch ohne dieses Bezugsrecht nicht schutzlos stünden. Neben dem Gesellschafterbeschluss über die Kapitalerhöhung gem. § 53 Abs. 1 GmbHG sei schließlich ein weiterer Gesellschafterbeschluss zu fassen, nämlich über die Zulassung der Gesellschafter zur Übernahme der neuen Geschäftsanteile gem. § 55 Abs. 2 S. 1 GmbHG. Für diesen Zulassungsbeschluss sei jedoch allgemein anerkannt, dass ein Ausschluss eines GmbH-Gesellschafters von der Teilnahme an der Kapitalerhöhung nur zulässig sei, wenn der Zulassungsbeschluss, in dem die Übernehmer und die Höhe der ihnen anzubietenden Geschäftsanteile festgesetzt werden, dem Gleichbehandlungsgrundsatz und dem Treuepflichtgedanken entspricht.[40] Es fehle daher an einer die analoge Anwendbarkeit von § 186 Abs. 1 S. 1 AktG rechtfertigenden vergleichbaren Interessenlage.

Der Schutz der GmbH-Gesellschafter über eine materielle Beschlusskontrolle des Zulassungsbeschlusses gem. § 55 Abs. 2 S. 1 GmbHG unter Bezugnahme auf die Generalklauseln des Gleichbehandlungsgrundsatzes und der Treuepflicht bleibt jedoch deutlich hinter dem Schutzniveau zurück, welches eine analoge Anwendung von § 186 Abs. 1 S. 1, Abs. 3 AktG leistet. So muss ein Verstoß gegen die Treuepflicht jeweils einzelfallabhängig festgestellt werden. Des Weiteren greift der Gleichbehandlungsgrundsatz grundsätzlich nicht ein, wenn keiner der bisherigen Gesellschafter, sondern nur Dritte zur Übernahme der neuen Geschäftsanteile zugelassen werden. Ferner kann der Zulassungsbeschluss nach § 55 Abs. 2 S. 1

---

36 BGHZ 71, 40 (45 f.); 83, 319 (320 f.); GroßKomm-AktG/*Wiedemann,* § 186 Rn. 137; Heidel/*Rebmann,* § 186 AktG Rn. 40 ff.; Henssler/Strohn/*Hermanns,* § 186 AktG Rn. 12; KK-AktG/*Lutter,* § 186 Rn. 59 ff.; Schmidt K./Lutter/*Veil,* § 186 Rn. 24 ff.; Spindler/Stilz/*Würthwein,* § 243 Rn. 165 ff.; *Drygala/Staake/Szalai,* § 15 Rn. 17 f.; *Raiser/Veil,* § 49 Rn. 47.

37 Vgl. GroßKomm-AktG/*Wiedemann,* § 186 Rn. 147; *Drygala/Staake/Szalai,* § 25 Rn. 19 f.; *Raiser/Veil,* § 20 Rn. 18; *Windbichler,* § 32 Rn. 23.

38 *Priester,* DB 1980, 1925 (1927 f.); sowie Bork/Schäfer/*Arnold/Born,* § 55 Rn. 28; HK-GmbHG/*Inhester,* § 55 Rn. 33; Scholz/*Priester,* § 55 Rn. 45; *Grunewald,* § 13 Rn. 141; *Raiser/Veil,* § 49 Rn. 6; ebenso GroßKomm-GmbHG/*Ulmer/Casper,* § 55 Rn. 52, der ansonsten eine Analogie zu § 186 AktG ablehnt.

39 GroßKomm-GmbHG/*Ulmer/Casper,* § 55 Rn. 52, MüKoGmbHG/*Lieder,* § 55 Rn. 70; *Priester,* DB 1980, 1925 (1928).

40 GroßKomm-GmbHG/*Ulmer/Casper,* § 55 Rn. 58 f.; Henssler/Strohn/*Gummert,* § 55 GmbHG Rn. 16; Rowedder/Schmidt-Leithoff/*Schnorbus,* § 55 Rn. 36 f.; Roth/Altmeppen/*Roth,* § 55 Rn. 23 f.; MünchHdb.GesR III/*Wegmann,* § 53 Rn. 25; *Drygala/Staake/Szalai,* § 15 Rn. 20; *Raiser/Veil,* § 49 Rn. 5.

GmbHG mit einfacher Mehrheit gem. § 47 Abs. 1 GmbHG und damit leichter gefasst werden als der Bezugsrechtsausschluss im Kapitalerhöhungsbeschluss analog § 186 Abs. 3 S. 1 AktG,[41] der gem. § 186 Abs. 3 S. 2 AktG analog grundsätzlich einer Dreiviertelmehrheit bedarf. Schließlich würde eine erfolgreiche Anfechtungsklage gegen den Gesellschafterbeschluss, der das Bezugsrecht der GmbH-Gesellschafter materiell-rechtlich ungerechtfertigt ausschließt, wegen § 186 Abs. 3 S. 1 AktG analog zugleich der Kapitalerhöhung ihre Grundlage entziehen. Dies wäre aber nicht gewährleistet, wenn die Kapitalerhöhung und die Zulassung zur Übernahme der neuen Geschäftsanteile in zwei getrennten Beschlüssen erfolgten. Dann würde sich die Anfechtung des separaten Zulassungsbeschlusses auf diesen beschränken, und die gem. § 54 Abs. 3 GmbHG erforderliche Eintragung des Kapitalerhöhungsbeschlusses ins Handelsregister wäre nur sehr viel schwerer zu verhindern.[42] Wegen der engeren Verbundenheit der Gesellschafter untereinander ist es aber erforderlich, die Mitgliedschaft des einzelnen GmbH-Gesellschafters stärker zu schützen, was nur durch die Anerkennung eines Bezugsrechts gem. § 186 Abs. 1 S. 1 AktG analog erreicht werden kann. Die im Aktienrecht entwickelte Erkenntnis der Notwendigkeit eines Bezugsrechts zugunsten der Aktionäre muss daher erst recht für die GmbH-Gesellschafter gelten. Eine vergleichbare Interessenlage liegt daher vor, so dass eine Analogie zu § 186 Abs. 1 S. 1 AktG zu bejahen ist.[43]

Gem. § 186 Abs. 1 S. 1 AktG analog muss somit jedem GmbH-Gesellschafter auf sein Verlangen ein seinem Anteil an dem bisherigen Stammkapital entsprechender Teil der neuen Geschäftsanteile zugeteilt werden, und ein Ausschluss des Bezugsrechts kann analog § 186 Abs. 3 S. 1 AktG nur im Kapitalerhöhungsbeschluss selbst bestimmt werden.

bb) Voraussetzungen für den Ausschluss des Bezugsrechts

Der mit den Stimmen von *T* gefasste Beschluss der S-GmbH vom 8.3.2019 verletzt das *U* gem. § 186 Abs. 3 AktG analog zustehende Bezugsrecht, wenn die Tatbestandsvoraussetzungen für den Ausschluss des Bezugsrechts gem. § 186 Abs. 3 AktG analog nicht vorliegen. Dies ist der Fall, wenn der Beschluss nicht mit der nach § 186 Abs. 3 S. 2 AktG analog erforderlichen Mehrheit gefasst wurde und sachlich gerechtfertigt ist.

---

[41] Vgl. insgesamt instruktiv zu den „Wechselwirkungen" von GmbH- und Aktienrecht *Hommelhoff/Freytag*, DStR 1996, 1367 (1371).

[42] Baumbach/Hueck/*Zöllner/Fastrich*, § 55 Rn. 20; Scholz/*Priester*, § 55 Rn. 46.

[43] So die wohl h. M., vgl. Baumbach/Hueck/*Zöllner/Fastrich*, § 55 Rn. 20; BeckOK GmbHG/*Ziemons*, § 55 Rn. 71; Bork/Schäfer/*Arnold/Born*, § 55 Rn. 21; Henssler/Strohn/*Gummert*, § 55 GmbHG Rn. 16; HK-GmbHG/*Inhester*, § 55 Rn. 28; MüKoGmbHG/*Lieder*, § 55 Rn. 70; Scholz/*Priester*, § 55 Rn. 42 ff.; GmbH-Hdb/*Rodewald*, Rz. I Rn. 647; *Drygala/Staake/Szalai*, § 15 Rn. 15; *Grunewald*, § 13 Rn. 141; *Raiser/Veil*, § 49 Rn. 6 f.; *Saenger*, Rn. 802; *Schmidt K.*, GesR, § 37 V 1a) ee) (S. 1174 f.); *Windbichler*, § 23 Rn. 24; *Priester*, DB 1980, 1925 (1927 ff.). Im Ergebnis ähnlich MHLS/*Hermanns*, § 55 Rn. 39 – gesetzliches Bezugsrecht in rechtsfortbildender Korrektur von § 55 Abs. 2 GmbHG. Anders Groß-Komm-GmbHG/*Ulmer/Casper*, § 55 Rn. 52 ff.; Lutter/Hommelhoff/*Bayer*, § 55 Rn. 19; MünchHdb.GesR III/*Wegmann*, § 53 Rn. 24, wonach die inhaltlichen Schranken des Zulassungsbeschlusses einen ausreichenden Minderheitenschutz im Wege der materiellen Beschlusskontrolle gewährleisteten; ebenso offenbar Roth/Altmeppen/*Roth*, § 55 Rn. 23. Dezidiert gegen eine Analogie von § 186 AktG Rowedder/Schmidt-Leithoff/*Schnorbus*, § 55 Rn. 35.

(1) Mehrheitserfordernis

Die Kapitalerhöhung und die alleinige Zulassung von *D* und *V* zur Zeichnung der neuen Anteile unter Ausschluss der bisherigen Gesellschafter wurden mit den Stimmen von *T* in einem Beschluss[44] gefasst. Dabei wurde die gem. § 186 Abs. 3 S. 2 AktG analog geforderte Dreiviertelmehrheit beachtet. Der dem Beschluss zustimmende *T* war im Zeitpunkt der Beschlussfassung zu 80 % am Stammkapital beteiligt.

(2) Materielle Rechtfertigung

Neben diesen formellen Voraussetzungen ist der Bezugsrechtsausschluss aber – wie im Aktienrecht – nur dann materiell wirksam, wenn er seine Rechtfertigung im Gesellschaftsinteresse findet.[45] Der Bezugsrechtsausschluss muss daher im Gesellschaftsinteresse erforderlich und unter Berücksichtigung der Belange des vom Bezugsrecht ausgeschlossenen Gesellschafters verhältnismäßig sein.[46] Der mit dem Bezugsrechtsausschluss angestrebte Nutzen der Gesellschaft darf somit nicht durch ein weniger einschneidendes Mittel erreichbar sein.

Die materielle Rechtfertigung des Bezugsrechtsausschlusses kann schon daran scheitern, dass er im Gesellschaftsinteresse nicht erforderlich ist. Mit der beschlossenen Kapitalerhöhung soll die Übernahme des Konkurrenzunternehmens des *D* herbeigeführt werden. Die Übernahme eines Konkurrenten fördert grundsätzlich den Unternehmenszweck und liegt somit im Regelfall im Gesellschaftsinteresse. Erforderlich im Interesse der Gesellschaft ist diese Übernahme jedoch nur dann, wenn die von *D* zu erbringende Sacheinlage für die S-GmbH von besonderer Wichtigkeit ist, der neu aufzunehmende Gesellschafter ein bestimmtes Know-how besitzt oder die Übernahme das Bestehen der Gesellschaft sichert.[47] Hingegen rechtfertigt allein die Zuführung neuer Mittel keinen Bezugsrechtsausschluss, da diese grundsätzlich auch von den bisherigen Gesellschaftern erbracht werden können.[48] Solche besonderen Umstände, die die Übernahme des Unternehmens von *D* bei gleichzeitigem Bezugsrechtsausschluss rechtfertigen können, sind jedoch nicht ersichtlich. Die Übernahme ist für die S-GmbH vielmehr wirtschaftlich ohne Nutzen.

Der Bezugsrechtsausschluss kann aber im Interesse der Gesellschaft eventuell mit dem Argument gerechtfertigt werden, dass er zur Erhaltung der „Position" von *T* als Mehrheitsgesellschafter erforderlich sei. Mit der Beteiligung von *V* an der Kapitalerhöhung verfolgt *T* das Ziel, gemeinsam mit seinem Bruder die Mehrheit in der Gesellschaft zu erhalten bzw. behalten. Nach seinem Plan würden er und *V* gemein-

---

[44] Genau genommen sind zwei Beschlüsse gegeben: ein Kapitalerhöhungsbeschluss und ein Zulassungsbeschluss. Vorliegend fallen jedoch beide Beschlüsse formal zusammen, was in der Praxis nicht selten ist.

[45] Vgl. BGHZ 71, 40 (44); BeckOK GmbHG/*Ziemons*, § 55 Rn. 82; Henssler/Strohn/*Gummert*, § 55 GmbHG Rn. 16; HK-GmbHG/*Inhester*, § 55 Rn. 35 f.; MüKoGmbHG/*Lieder*, § 55 Rn. 87; *Raiser/Veil*, § 49 Rn. 7.

[46] BGHZ 71, 40 (44 ff.); Baumbach/Hueck/*Zöllner/Fastrich*, § 55 Rn. 26; BeckOK GmbHG/*Ziemons*, § 55 Rn. 84, 85; Bork/Schäfer/*Arnold/Born*, § 55 Rn. 28; Henssler/Strohn/*Verse*, § 14 GmbHG Rn. 108; HK-GmbHG/*Inhester*, § 55 Rn. 35; Lutter/Hommelhoff/*Bayer*, § 55 Rn. 24; MHLS/*Hermanns*, § 55 Rn. 50; MüKoGmbHG/*Lieder*, § 55 Rn. 88 f.; Scholz/*Priester*, § 55 Rn. 54. *Drygala/Staake/Szalai*, § 15 Rn. 18.

[47] Vgl. hierzu Baumbach/Hueck/*Zöllner/Fastrich*, § 55 Rn. 26; BeckOK GmbHG/*Ziemons*, § 55 Rn. 83; Bork/Schäfer/*Arnold/Born*, § 55 Rn. 28; HK-GmbHG/*Inhester*, § 55 Rn. 36; Lutter/Hommelhoff/*Bayer*, § 55 Rn. 24; MüKoGmbHG/*Lieder*, § 55 Rn. 98; Scholz/*Priester*, § 55 Rn. 57; *Priester*, DB 1980, 1925 (1929).

[48] MHLS/*Hermanns*, § 55 Rn. 52; Scholz/*Priester*, § 55 Rn. 58; *Priester*, DB 1980, 1925 (1929).

sam mit 52% an dem Stammkapital der S-GmbH beteiligt sein. Umstände, die den Erhalt einer Mehrheitsposition von *T* notwendig erscheinen ließen, sind jedoch nicht gegeben. Der Erhalt der Mehrheitsposition von *T* ist insbesondere nicht zum Schutz vor Unterwanderung durch Konkurrenten geboten. *D* will sich aus dem Geschäftsleben zurückziehen. Das von *T* mit der Kapitalerhöhung unter Ausschluss des Bezugsrechts ausschließlich verfolgte Ziel war vielmehr, *U* den Verbleib in der Gesellschaft zu verleiden, ihn faktisch aus der Gesellschaft hinauszudrängen. Daher ist der Bezugsrechtsausschluss auch nicht unter dem Gesichtspunkt der Positionserhaltung oder -stärkung von *T* gerechtfertigt.

War der Bezugsrechtsausschluss schon nicht im Interesse der GmbH gerechtfertigt, kommt es nicht darauf an, ob im Interesse von *U* ein weniger einschneidendes Mittel zur Verfügung gestanden hätte.

(3) Zwischenergebnis

Die Tatbestandsvoraussetzungen für den Ausschluss des Bezugsrechts gem. § 186 Abs. 3 AktG analog liegen somit nicht vor. Der mit den Stimmen von *T* gefasste Beschluss über den Bezugsrechtsausschluss verletzt folglich das *U* gem. § 186 AktG analog zustehende Bezugsrecht, so dass ein Anfechtungsgrund gem. § 243 Abs. 1 AktG analog vorliegt.

c) Anfechtung wegen Verletzung des § 186 Abs. 4 S. 2 AktG analog

Der Beschluss über den Bezugsrechtsausschluss kann ferner wegen Verletzung von § 186 Abs. 4 S. 2 AktG analog anfechtbar sein. Bei analoger Anwendung dieser Vorschrift wäre ein Bezugsrechtsausschluss formal nur dann zulässig, wenn die Geschäftsführer der GmbH der Gesellschafterversammlung vor der beschließenden Gesellschafterversammlung einen schriftlichen Bericht über den Grund des Bezugsrechtsausschlusses zugänglich machen.

Die analoge Anwendung des § 186 Abs. 4 S. 2 AktG scheitert aber bereits am Vorliegen einer Regelungslücke, wenn die Erstellung eines solchen Berichts aufgrund der GmbH-rechtlichen Regelungen mit gleicher Zweckrichtung nicht erforderlich ist. Sinn und Zweck des Berichts gem. § 186 Abs. 4 S. 2 AktG ist es, eine sachgerechte Meinungsbildung und Entscheidung zu ermöglichen.[49] In der AG erscheint die Notwendigkeit eines solchen Berichtes wegen der regelmäßig großen Anzahl von Aktionären sinnvoll, die zudem ihr Frage- und Auskunftsrecht gem. § 131 Abs. 1 S. 1 AktG nur in der Hauptversammlung ausüben können und durch den schriftlichen Bericht eine Vorabinformation zur Vorbereitung auf die Hauptversammlung erhalten.[50] Bei der in der Regel personalistisch strukturierten GmbH mit ihrem kleinen Gesellschafterkreis besteht eine solche Notwendigkeit jedoch grundsätzlich nicht. Hier ist es vielmehr ausreichend, wenn die Geschäftsführer die Informationen mündlich erteilen, wozu sie gem. § 51a Abs. 1 GmbHG auf jederzeit mögliches Verlangen eines einzelnen Gesellschafters auch außerhalb der Gesellschaf-

---

[49] BGHZ 83, 319 (326); GroßKomm-AktG/*Wiedemann,* § 186 Rn. 116ff.; Heidel/*Rebmann,* § 186 AktG Rn. 36; Henssler/Strohn/*Hermanns,* § 186 AktG Rn. 10; HK-AktG/*Marsch-Barner,* § 186 Rn. 24; KK-AktG/*Lutter,* § 186 Rn. 88; Schmidt K./Lutter/*Veil,* § 186 Rn. 16ff.; Spindler/Stilz/*Servatius,* § 186 Rn. 25; MünchHdb.GesR IV/*Scholz,* § 57 Rn. 132. *Drygala/Staake/Szalai,* § 25 Rn. 18; *Raiser/Veil,* § 20 Rn. 17; *Windbichler,* § 32 Rn. 23.

[50] Zum Erfordernis der vorherigen Zugänglichmachung des Vorstandsberichts vgl. Henssler/Strohn/*Hermanns,* § 186 AktG Rn. 11; HK-AktG/*Marsch-Barner,* § 186 Rn. 25.

terversammlung verpflichtet sind.[51] Dem GmbH-Gesellschafter stehen somit ausreichende Informationsrechte zur Verfügung. Eine analoge Anwendung des § 186 Abs. 4 S. 2 AktG auf die GmbH ist daher mangels Regelungslücke abzulehnen.[52]

Ein Anfechtungsgrund wegen Verletzung des § 186 Abs. 4 S. 2 AktG analog liegt somit nicht vor.

d) Anfechtung wegen Verletzung des Gleichbehandlungsgrundsatzes

Ein weiterer Anfechtungsgrund gem. § 243 Abs. 1 AktG analog kann in der Verletzung des Gleichbehandlungsgrundsatzes liegen. Dann muss es sich bei dem Gleichbehandlungsgrundsatz zunächst um ein Gesetz i. S. d. § 243 Abs. 1 AktG (analog) handeln.

Zu den Gesetzen i. S. d. § 243 Abs. 1 AktG (analog) zählen nicht nur Gesetze im formellen Sinn, sondern auch allgemeine Rechtsgrundsätze und gesellschaftsrechtliche Generalklauseln.[53] Das in § 53a AktG für die AG ausdrücklich statuierte Gleichbehandlungsgebot ist ein im Gesellschaftsrecht allgemein anerkannter Grundsatz.[54] Er ist daher Gesetz i. S. d. § 243 Abs. 1 AktG (analog).

Der Beschluss kann gegen das Gleichbehandlungsgebot verstoßen haben. Dieses markiert die immanenten Grenzen legitimer Mehrheitsherrschaft. Nach ihm sind alle Gesellschafter bei Vorliegen gleicher Voraussetzungen grundsätzlich gleich zu behandeln.[55] Für die Teilnahme an der Kapitalerhöhung bedeutet dies, dass bei der Zulassung bisheriger Gesellschafter zur Kapitalerhöhung grundsätzlich allen bisherigen Gesellschaftern anteilig das Recht zur Beteiligung einzuräumen ist. Der Ausschluss nur einzelner Gesellschafter bei einer Kapitalerhöhung vom Bezugsrecht ist wegen des Gleichbehandlungsgrundsatzes damit grundsätzlich unzulässig.[56] Der Beschluss verstößt daher gegen das Gleichbehandlungsgebot und ist nach § 246 Abs. 1 AktG analog anfechtbar, wenn nur das Bezugsrecht von *U* ausgeschlossen wurde.

Bei der beschlossenen Kapitalerhöhung wurde nicht nur *U*, sondern auch *T* von der Kapitalerhöhung ausgeschlossen. Die bisherigen Gesellschafter der S-GmbH wurden insoweit gleich behandelt, so dass ein Verstoß gegen den Gleichbehandlungsgrundsatz anscheinend nicht vorliegt.

---

[51] Vgl. *OLG München* NJW-RR 1989, 350; GroßKomm-GmbHG/*Hüffer/Schürnbrand*, § 51a Rn. 20; Henssler/Strohn/*Strohn*, § 51a GmbHG Rn. 1; HK-GmbHG/*Bergjan*, § 51a Rn. 11; MHLS/*Römermann*, § 51a Rn. 106; Rowedder/Schmidt-Leithoff/*Ganzer*, § 51a Rn. 9; MüKoGmbHG/*Hillmann*, § 51a Rn. 42.

[52] Ebenso Bork/Schäfer/*Arnold/Born*, § 55 Rn. 27; Scholz/*Priester*, § 55 Rn. 61a; zustimmend MHLS/*Hermanns*, § 55 Rn. 46; a. A. aber die wohl h. L., vgl. Baumbach/Hueck/*Zöllner/Fastrich*, § 55 Rn. 25; BeckOK GmbHG/*Ziemons*, § 55 Rn. 81; Lutter/Hommelhoff/*Bayer*, § 55 Rn. 23; MHLS/*Hermanns*, § 55 Rn. 46; MüKoGmbHG/*Lieder*, § 55 Rn. 84.

[53] BeckOK GmbHG/*Leinekugel*, Beschlussanfechtung Rn. 52; Bork/Schäfer/*Casper*, § 47 Rn. 73; GroßKomm-GmbHG/*Raiser Th.*, Anh. § 47 Rn. 124; HK-GmbHG/*Puszkajler*, Anh. § 47 Rn. 64; Hüffer/Koch/*Koch*, § 243 Rn. 5, 21; Lutter/Hommelhoff/*Bayer*, Anh. § 47 Rn. 43; MüKoGmbHG/*Wertenbruch*, Anh. § 47 Rn. 173; Scholz/*Schmidt K.*, § 45 Rn. 104; GmbH-Hdb/*Bochmann/Cziupka*, Rz. I Rn. 1722; MünchHdb.GesR III/*Wolf*, § 40 Rn. 36, 44.

[54] BGHZ 116, 359 ff.; *Schmidt K.*, GesR, § 16 II 4b) aa) (S. 462).

[55] Vgl. statt aller Baumbach/Hueck/*Fastrich*, § 13 Rn. 32; Lutter/Hommelhoff/*Bayer*, § 14 Rn. 46 ff., *Schmidt K.*, GesR, § 16 II 4b (S. 462); *Wiedemann*, GesR I, § 8 II 2 (S. 427 ff.).

[56] Vgl. Baumbach/Hueck/*Zöllner/Fastrich*, § 55 Rn. 27; Lutter/Hommelhoff/*Bayer*, § 55 Rn. 25; MHLS/*Hermanns*, § 55 Rn. 49; Rowedder/Schmidt-Leithoff/*Schnorbus*, § 55 Rn. 36; Scholz/*Priester*, § 55 Rn. 60.

Etwas anderes kann sich aber aus dem Umstand ergeben, dass neben *D* auch *V*, der Bruder von *T*, mit einem Geschäftsanteil i. H. v. 50.000 EUR zugelassen worden ist, er damit eine 20%ige Beteiligung an der Gesellschaft erhalten soll. Werden die neuen Geschäftsanteile zwar nicht unmittelbar einzelnen Gesellschaftern, wohl aber einer diesen nahestehenden Person[57] oder Gruppe angeboten, so liegt unter Umgehungsgesichtspunkten gleichfalls ein Verstoß gegen den Gleichbehandlungsgrundsatz vor.[58] Eine solche Ungleichbehandlung ist wiederum nur im Falle der Erforderlichkeit und Verhältnismäßigkeit der Kapitalerhöhung unter Ausschluss des Bezugsrechts der übrigen Gesellschafter zulässig.[59]

Besondere Umstände, aufgrund derer das Gesellschaftsinteresse an der Einräumung einer Beteiligung von *V* höher wiegen könnte als das Interesse von *U* am Erhalt seiner Rechtsstellung, sind nicht ersichtlich. Die Beteiligung von *V* an der Kapitalerhöhung diente allein dem Ziel, *T* die Mehrheitsposition in der Gesellschaft zu sichern und zugleich die Beteiligungsquote von *U* auf unter 10 % abzusenken.

Daher verstößt der getroffene Kapitalerhöhungs- und Zulassungsbeschluss gegen den Gleichbehandlungsgrundsatz, so dass auch insoweit ein Anfechtungsgrund gem. § 243 Abs. 1 AktG analog gegeben ist.

e) Anfechtung wegen Verletzung der gesellschaftsrechtlichen Treuepflicht

Ferner kann ein Anfechtungsgrund gem. § 243 Abs. 1 AktG analog wegen Verletzung der gesellschaftsrechtlichen Treuepflicht in Betracht kommen. Die gesellschaftsrechtliche Treuepflicht als Generalklausel unterfällt dem Gesetzesbegriff i. S. v. § 243 Abs. 1 AktG analog.[60] Das Bestehen der gesellschaftsrechtlichen Treuepflicht der Gesellschafter einer GmbH untereinander ist allgemein anerkannt.[61]

T kann als Mehrheitsgesellschafter bei Abgabe seiner Stimmen zum Kapitalerhöhungsbeschluss mit gleichzeitigem Bezugsrechtsausschluss für *U* die ihm gegenüber *U* als Minderheitsgesellschafter obliegende gesellschaftsrechtliche Treuepflicht verletzt haben. Aufgrund der gesellschaftsrechtlichen Treuepflicht ist der einzelne Gesellschafter verpflichtet, sich sowohl gegenüber der Gesellschaft als auch seinen Mitgesellschaftern loyal zu verhalten und deren Interessen nicht zu schädigen.[62] Dabei obliegt insbesondere dem Mehrheitsgesellschafter die Pflicht, besondere Rücksicht auf die gesellschaftsbezogenen Interessen der Minderheitsgesellschafter zu nehmen.[63]

---

[57] Als „Faustregel" zur Bestimmung des Kreises der nahestehenden Personen kann § 138 InsO herangezogen werden.

[58] GroßKomm-GmbHG/*Ulmer/Casper,* § 55 Rn. 58 a. E.

[59] GroßKomm-GmbHG/*Ulmer/Casper,* § 55 Rn. 58.

[60] BGHZ 132, 84 (93 f.); *BGH* NZG 2005, 551 (553); Heidel/*Heidel,* § 243 AktG Rn. 7; Hüffer/Koch/*Koch,* § 243 Rn. 5; MüKoAktG/*Hüffer/Schäfer,* § 243 Rn. 17; Schmidt K./Lutter/*Schwab,* § 243 Rn. 5; Spindler/Stilz/*Würthwein,* § 243 Rn. 58.

[61] BGHZ 65, 15 (18); 98, 276 (279); *BGH* NJW 2007, 917; BeckOK GmbHG/*Wilhelmi,* § 13 Rn. 179; Bork/Schäfer/*Weller/Discher,* § 13 Rn. 7; Henssler/Strohn/*Verse,* § 14 GmbHG Rn. 98; HK-GmbHG/*Saenger,* § 13 Rn. 19 ff.; Lutter/Hommelhoff/*Bayer,* § 14 Rn. 29 f.; MHLS/*Lieder,* § 13 Rn. 131; Roth/Altmeppen/*Altmeppen,* § 13 Rn. 29 ff.; Scholz/*Seibt,* § 14 Rn. 64 ff.; *Drygala/Staake/Szalai,* § 13 Rn. 45; *Grunewald,* § 13 Rn. 13; *Raiser/Veil,* § 38 Rn. 35; *Schmidt K.,* GesR, § 20 IV 2b) (S. 590).

[62] Zu den Grundlagen der Treuepflicht vgl. *Drygala/Staake/Szalai,* § 13 Rn. 45 f.; *Raiser/Veil,* § 38 Rn. 33, 36; *Schmidt K.,* GesR, § 20 IV 1 (S. 587 f.) und zur Treuepflicht in der GmbH insb. § 35 I 2d) (S. 1036 ff.). Dazu auch *Dreher,* DStR 1993, 1632 ff.

[63] BGHZ 65, 15 ff., insb. S. 19; Henssler/Strohn/*Verse,* § 14 GmbHG Rn. 98; *Raiser/Veil,* § 38 Rn. 38.

Infolge des Ausschlusses von *U* von der Kapitalerhöhung vermindert sich nicht nur sein Gewinnanspruch nach § 29 Abs. 3 S. 1 GmbHG sowie seine Stimmquote nach § 47 Abs. 2 GmbHG. Er verliert vielmehr aufgrund des Absinkens seiner Beteiligungsquote auf weniger als 10 % auch seine gesetzlichen Minderheitenrechte nach § 50 Abs. 1, 3 GmbHG. Seine bisherige Rechtsstellung wird daher in erheblicher Weise beeinträchtigt. Eine so weitgehende Beeinträchtigung der Rechtsstellung ist aber nur zulässig, wenn die Kapitalerhöhung unter Ausschluss des Minderheitsgesellschafters nicht nur im Gesellschaftsinteresse erforderlich und verhältnismäßig, sondern zudem auch dringend geboten ist und eine Beteiligung des Minderheitsgesellschafters wegen der verfolgten Zielsetzung nicht in Betracht kommt.[64]

Dies ist jedoch nicht der Fall,[65] so dass der Beschluss auch wegen dieses Verstoßes gem. § 243 Abs. 1 AktG analog anfechtbar ist.

f) Anfechtung wegen Verletzung des Stimmverbots nach § 47 Abs. 4 S. 2, 1. Fall GmbHG

Ein weiterer Anfechtungsgrund gem. § 243 Abs. 1 AktG analog kann darin bestehen, dass der Gesellschafterbeschluss über die Kapitalerhöhung bei gleichzeitigem Bezugsrechtsausschluss von *U* nur durch die Zustimmung von *T* zustande gekommen ist, obwohl für ihn bei der Beschlussfassung ein Stimmverbot gem. § 47 Abs. 4 S. 2, 1. Fall GmbHG galt. Dies ist der Fall, wenn *T* nach dieser Vorschrift von der Mitwirkung an der Beschlussfassung ausgeschlossen war. Voraussetzung hierfür ist, dass der Beschluss ein Rechtsgeschäft gegenüber *T* betraf.

Ein Rechtsgeschäft i. S. d. § 47 Abs. 4 S. 2, 1. Fall GmbHG ist immer dann gegeben, wenn es sich bei diesem um ein sog. Drittgeschäft handelt, also um ein Rechtsgeschäft, bei dem der betreffende Gesellschafter der Gesellschaft wie ein beliebiger Dritter gegenübersteht.[66] Hingegen findet die Vorschrift keine Anwendung, wenn es sich bei dem Rechtsgeschäft um ein rein körperschaftliches, d. h. typischerweise zur Mitgliedschaft gehörendes Rechtsgeschäft handelt.[67]

Mit dem Beschluss einer Kapitalerhöhung und der Zulassung Dritter wird die Höhe des Stammkapitals sowie die Zusammensetzung des Gesellschafterbestandes geändert. Der Beschluss betrifft damit strukturändernde Maßnahmen innerhalb der Gesellschaft, die rein körperschaftlichen Charakter besitzen.[68] Für *T* galt daher kein

---

64 GroßKomm-GmbHG/*Ulmer/Casper,* § 55 Rn. 58.

65 Vgl. die Argumentation unter B. III. 2. b) bb), B. III 2. d).

66 Baumbach/Hueck/*Zöllner/Noack,* § 47 Rn. 81; BeckOK GmbHG/*Schindler,* § 47 Rn. 115; Bork/Schäfer/*Casper,* § 47 Rn. 55; GroßKomm-GmbHG/*Hüffer/Schürnbrand,* § 47 Rn. 167; Henssler/Strohn/*Hillmann,* § 47 GmbHG Rn. 62 f.; Lutter/Hommelhoff/*Bayer,* § 47 Rn. 48; MHLS/*Römermann,* § 47 Rn. 225 ff.; MüKoGmbHG/*Drescher,* § 47 Rn. 158 f.; Rowedder/Schmidt-Leithoff/*Ganzer,* § 47 Rn. 87; Scholz/*Schmidt K.,* § 47 Rn. 110; GmbH-Hdb/*Bochmann/Cziupka,* Rz. I Rn. 1612.

67 Vgl. hierzu aus der st. Rspr. BGHZ 48, 163 (166 f.); 51, 209 (215 f.); *BGH* WM 1974, 372 (374) sowie Baumbach/Hueck/*Zöllner/Noack,* § 47 Rn. 82 ff.; BeckOK GmbHG/*Schindler,* § 47 Rn. 115 f.; Bork/Schäfer/*Casper,* § 47 Rn. 55 f.; GroßKomm-GmbHG/*Hüffer/Schürnbrand,* § 47 Rn. 169, 173 ff.; HK-GmbHG/*Bergjan,* § 47 Rn. 29; Lutter/Hommelhoff/*Bayer,* § 47 Rn. 49; MHLS/*Römermann,* § 47 Rn. 233 ff.; Rowedder/Schmidt-Leithoff/*Ganzer,* § 47 Rn. 86; Scholz/*Schmidt K.,* § 47 Rn. 110; GmbH-Hdb/*Bochmann/Cziupka,* Rz. I Rn. 1613; MünchHdb.GesR III/*Wolf,* § 38 Rn. 44; *Raiser/Veil,* § 43 Rn. 61; *Saenger,* Rn. 785.

68 *BGH* WM 1966, 1262 (1263); Bork/Schäfer/*Casper,* § 47 Rn. 56; GroßKomm-GmbHG/*Hüffer/Schürnbrand,* § 47 Rn. 178 f.; HK-GmbHG/*Bergjan,* § 47 Rn. 29; Rowedder/Schmidt-Leithoff/*Schnorbus,* § 55 Rn. 6; Scholz/*Schmidt K.,* § 47 Rn. 113. Streitig ist, ob

Stimmverbot gem. § 47 Abs. 4 S. 2, 1. Fall GmbHG. Insoweit scheidet somit ein Anfechtungsgrund aus.

IV. Relevanz der Verstöße

Bei den gegebenen Anfechtungsgründen wegen Verletzung des Bezugsrechts analog § 186 AktG sowie der Verletzung des Gleichbehandlungsgrundsatzes und der gesellschafterlichen Treuepflicht handelt es sich jeweils um materielle Rechtsverstöße. Solche Verstöße sind immer relevant für den gefassten Beschluss.[69]

C. Ergebnis

Eine demnächst erhobene Anfechtungsklage gegen den Beschluss, bei der die Klage unter Vortrag des im Kern wesentlichen Sachverhalts mit einem Gesetzesverstoß entweder gegen das gesetzliche Bezugsrecht von *U* gem. § 186 Abs. 1 AktG analog oder gegen den Gleichbehandlungsgrundsatz oder gegen die gesellschaftsrechtliche Treuepflicht gestützt wird,[70] wäre somit begründet. *U* kann folglich im Wege einer Anfechtungsklage gem. §§ 243, 246 AktG analog die Nichtigerklärung des mit den Stimmen von *T* gefassten Beschlusses gem. § 241 Nr. 5 AktG analog erreichen.

---

der privilegierte Gesellschafter von der Mitwirkung ausgeschlossen ist, wenn (wie hier) nicht alle Gesellschafter gleichmäßig an der Kapitalerhöhung partizipieren; befürwortend Roth/Altmeppen/*Roth*, § 55 Rn. 27; ebenso Baumbach/Hueck/*Zöllner/Fastrich*, § 55 Rn. 17; *Zöllner*, S. 248 f.; ablehnend MüKoGmbHG/*Lieder*, § 55 Rn. 31; Rowedder/Schmidt-Leithoff/*Schnorbus*, § 55 Rn. 33.

69 Anders ist es bei Verfahrensverstößen, vgl. hierzu Baumbach/Hueck/*Zöllner/Noack*, Anh. § 47 Rn. 125 f.; BeckOK GmbHG/*Leinekugel*, Beschlussanfechtung Rn. 63 ff.; GroßKomm-GmbHG/*Raiser Th.*, Anh. § 47 Rn. 110 ff.; HK-GmbHG/*Puszkajler*, Anh. § 47 Rn. 63; Lutter/Hommelhoff/*Bayer*, Anh. § 47 Rn. 50 ff.; MüKoGmbHG/*Wertenbruch*, Anh. § 47 Rn. 171 f.; Rowedder/Schmidt-Leithoff/*Ganzer*, Anh. § 47 Rn. 29 ff.; Scholz/*Schmidt K.*, § 45 Rn. 100 ff.; GmbH-Hdb/*Bochmann/Cziupka*, Rz. I Rn. 1724; MünchHdb.GesR III/*Wolf*, § 40 Rn. 40 ff.; *Hirte*, Rn. 3.287; *Raiser/Veil*, § 16 Rn. 138 ff.

70 Beachten Sie bitte: Die Anfechtungsfrist erstreckt sich auch auf die Anfechtungsgründe, d. h. die Mitteilung des für die Beurteilung des Anfechtungsgrundes maßgeblichen Sachverhalts dem Grunde nach und seinem wesentlichen Kern. Ein erst nach Verstreichen der Anfechtungsfrist im Rechtsstreit vorgebrachter neuer Sachvortrag für die behaupteten Anfechtungsgründe ist für die Entscheidungsfindung präkludiert; vgl. BGHZ 15, 177 (180); 120, 141 (157); 152, 1 (5 f.); *BGH* GmbHR 2005, 620 (623); BeckOK GmbHG/*Leinekugel*, Beschlussanfechtung Rn. 176 f.; GroßKomm-GmbHG/*Raiser Th.*, Anh. § 47 Rn. 206; Henssler/Strohn/*Hillmann*, Anh. § 47 GmbHG Rn. 5; Lutter/Hommelhoff/*Bayer*, Anh. § 47 Rn. 68; MHLS/*Römermann*, Anh. § 47 Rn. 472; MüKoGmbHG/*Wertenbruch*, Anh. § 47 Rn. 318; Rowedder/Schmidt-Leithoff/*Ganzer*, Anh. § 47 Rn. 56; Scholz/*Schmidt K.*, § 45 Rn. 145; *Bork*, NZG 2002, 1094; a. A. Baumbach/Hueck/*Zöllner/Noack*, Anh. § 47 Rn. 156 f.

Fall 7. Die Verlängerung des Anstellungsvertrags

Schwerpunkte im Kapitalgesellschaftsrecht (GmbH):

Anstellungsvertrag mit dem Geschäftsführer einer mitbestimmten GmbH – Vertretungsbefugnis für den Abschluss des Anstellungsvertrags – Kündigung des Anstellungsvertrags – Umdeutung

Sachverhalt

Die 1948 gegründete Siegener Armaturenbau GmbH (S-GmbH) beschäftigt seit 1995 durchschnittlich mehr als 2.800 Arbeitnehmer. Geschäftsführer ist seit dem 3.3.2012 *Egon Eisen (E)*, dessen Anstellungsvertrag (im Folgenden: AV) mit der S-GmbH unter anderem folgende Bestimmungen enthält:

§ 1. Dauer des Anstellungsverhältnisses

[1]Das Anstellungsverhältnis von E bei der S-GmbH als Geschäftsführer beginnt am 3.3.2012 und endet mit Ablauf des 2.3.2017. [2]Das Anstellungsverhältnis kann nur aus wichtigem Grund gekündigt werden.

§ 2. Vergütung

E erhält eine Geschäftsführervergütung von 240.000 EUR per anno.

Die Geschäftsordnung des Aufsichtsrats (im Folgenden: GO-AR) der S-GmbH enthält u. a. folgende Bestimmung:

§ 3. Personalausschuss

[1]Der Personalausschuss des Aufsichtsrats besteht aus dem Vorsitzenden des Aufsichtsrats, seinem Stellvertreter und einem weiteren Mitglied des Aufsichtsrats. [2]Der Personalausschuss ist zuständig für die Entscheidung über den Inhalt sowie den Abschluss und die Beendigung (insbesondere durch Kündigung) des Anstellungsvertrags mit dem Geschäftsführer.

Am 3.2.2016 beschließt der Aufsichtsrat, *E* für weitere fünf Jahre vom 3.3.2017 bis einschließlich 2.3.2022 zum Geschäftsführer – unter Beibehaltung der Höhe seiner Vergütung – zu bestellen. Der Personalausschuss des Aufsichtsrates beschließt daraufhin noch an demselben Tag, den Anstellungsvertrag zwischen der S-GmbH und *E* für diese Zeitspanne zu verlängern. Der Anstellungsvertrag wird von der S-GmbH, vertreten durch den Personalausschuss des Aufsichtsrats (im Folgenden: PA-AR), und *E* noch am 3.2.2016 unterzeichnet.

Ab September 2017 verschlechtert sich die wirtschaftliche Situation der S-GmbH aufgrund verschiedener Umstände dramatisch. *E* unternimmt allerdings keinerlei Anstrengungen, ein Sanierungskonzept für die S-GmbH zu erarbeiten und umzusetzen. Im Juni 2018 wird die finanzielle Lage der S-GmbH so schlecht, dass *E* die Lohnbuchhaltung anweist, ab sofort keine Sozialversicherungsabgaben für die Arbeiter und Angestellten der S-GmbH mehr abzuführen. Am 5.8.2018 macht der zuständige Sozialversicherungsträger rückständige Sozialversicherungsabgaben für die Mitarbeiter der S-GmbH für die Monate Juni und Juli 2018 i. H. v. 3,3 Mio. EUR gegen die S-GmbH geltend. In der daraufhin eilends einberufenen Sitzung des Aufsichtsrats am 9.8.2018, an der auch alle Mitglieder des Personalausschusses teilnehmen, wird *E* unter Bezugnahme auf diese Tatsache mit sofortiger Wirkung als Geschäftsführer abberufen und der anerkannte Unternehmenssanierer *Felix Fix (F)* zum Geschäftsführer bestellt. Am 10.9.2018 erklärt der Personalausschuss des Aufsichtsrats in einem Telefonat mit *E* auch die Kündigung des Anstellungsvertrags aus wichtigem Grund und beruft sich hierfür auf den Straftatbestand der Veruntreuung von Arbeitsentgelt.

F gelingt es trotz eines einschneidenden Sanierungsprogramms nicht, die S-GmbH zu retten. Über das Vermögen der seit dem 5.9.2018 zahlungsunfähigen S-GmbH wird am 19.9.2018 durch das Amtsgericht Siegen das Insolvenzverfahren eröffnet.

E meldet am 9.10.2018 gegenüber dem Insolvenzverwalter *Ignaz Isidor (I)* eine Forderung gegenüber der S-GmbH i. H. v. 1,144 Mio. EUR zur Eintragung in die Insolvenztabelle an; *E* macht geltend, hierbei handele es sich um Forderungen gegen die S-GmbH auf Fortzahlung seiner Geschäftsführervergütung vom 1.9.2018 bis einschließlich 2.3.2022. Am 30.10.2018 lehnt *I* die Eintragung der Forderung in die Insolvenztabelle ab; er meint, der Widerruf der Bestellung zum Geschäftsführer führe auch automatisch zur Beendigung des Anstellungsvertrags. Im Übrigen sei die Bestellung von *E* für die zweite Geschäftsführeramtszeit unwirksam gewesen und dies gelte auch für die Verlängerung des Anstellungsvertrags. Des Weiteren habe der Personalausschuss des Aufsichtsrats den Dienstvertrag mit *E* mit Wirkung zum 11.9.2018 gekündigt; hilfsweise lehne er hiermit als Insolvenzverwalter die Erfüllung des Dienstvertrags mit *E* ab.

E klagt daraufhin gegen *I* vor dem Amtsgericht Siegen auf Feststellung, dass seine Forderung gegen die S-GmbH begründet ist. Wie wird das Gericht entscheiden?

Lösung

A. Zulässigkeit der Klage

Das Amtsgericht Siegen wird der Feststellungsklage von *E* gegen *I* stattgeben, wenn sie zulässig und begründet ist.

Die Feststellungsklage von *E* gegen *I* muss gem. § 256 Abs. 1 ZPO zulässig sein.

Die Klage von *E* ist zulässig, wenn sie zunächst vor dem örtlich und sachlich zuständigen Gericht erhoben worden ist.

Das Insolvenzverfahren über das Vermögen der S-GmbH ist vor dem Amtsgericht Siegen anhängig. Das Amtsgericht Siegen ist gem. § 180 Abs. 1 S. 2 InsO sachlich und örtlich zuständig, so dass die Klage vor dem richtigen Gericht erhoben worden ist.

Des Weiteren muss *E* die richtige Klageart gewählt haben. Die Feststellungsklage von *E* ist die richtige Klageart, wenn *E* ein Interesse daran hat, gerichtlich feststellen zu lassen, dass seine Forderungsanmeldung i. H. v. 1,144 Mio. EUR zur Insolvenztabelle berechtigt ist. *E* macht einen schuldrechtlichen Anspruch gegen die S-GmbH geltend, der vor der Eröffnung des Insolvenzverfahrens über das Vermögen der S-GmbH begründet worden ist. Er ist daher Insolvenzgläubiger gem. § 38 InsO. *I* als Insolvenzverwalter der S-GmbH hat die zur Insolvenztabelle gem. § 174 Abs. 1 InsO angemeldete Forderung von *E* bestritten. Es ist nunmehr gem. § 179 Abs. 1 InsO Angelegenheit von *E*, die Feststellung dieser Forderung zu betreiben. Die Feststellungsklage von *E* ist somit die richtige Klageart.

Die Klage muss ferner gegen den richtigen Beklagten gerichtet sein. Gem. § 179 Abs. 1 InsO ist *I* der richtige Beklagte. Die Klage ist somit gegen den richtigen Klagegegner gerichtet.

E muss für seine Feststellungsklage auch das gem. § 256 Abs. 1 ZPO erforderliche Feststellungsinteresse besitzen. Das Feststellungsinteresse des Gläubigers der bestrittenen, nicht titulierten Forderung folgt aus § 189 Abs. 1, Abs. 3 InsO, denn die bestrittene Forderung wird bei der Verteilung nur berücksichtigt, wenn der Gläubiger rechtzeitig nachweist, dass er die Feststellung betreibt.[1] Die Forderung von *E* ist aufgrund des Widerspruchs von *I* bestritten und auch noch nicht tituliert. Das Feststellungsinteresse besteht, solange das Insolvenzverfahren nicht beendet und es nicht offenkundig ausgeschlossen ist, dass mit der Klage noch rechtsschutzwürdige Ziele zu erreichen sind. Rechtsschutzwürdige Ziele scheiden aus, wenn der Gläubiger die Klage erst nach Ablauf der Ausschlussfrist vor der Schlussverteilung erhebt.[2] Für einen Abschluss des Insolvenzverfahrens und den Ablauf der Ausschlussfrist gem. § 189 Abs. 1 InsO ist jedoch nichts ersichtlich. *E* hat demnach für seine Feststellungsklage das gem. § 256 Abs. 1 ZPO erforderliche Feststellungsinteresse.

Die vor dem Amtsgericht Siegen erhobene Feststellungsklage von *E* gegen *I* ist damit zulässig.

B. Begründetheit der Klage

Die Klage muss ferner begründet sein. Dies ist der Fall, wenn *E* zur Anmeldung seiner Forderung i. H. v. 1,144 Mio. EUR zur Insolvenztabelle gem. § 174 InsO berechtigt ist.

E ist zur Anmeldung seiner Forderung i. H. v. 1,144 Mio. EUR zur Insolvenztabelle gem. § 174 InsO berechtigt, wenn zwischen ihm und der S-GmbH ein wirksamer Anstellungsvertrag für die Zeit zwischen dem 3.3.2017 und dem 2.3.2022 besteht, aus dem er für die Zeit vom 1.9.2018 bis zum 2.3.2022 einen Anspruch auf Fortzahlung seiner Geschäftsführervergütung gem. § 2 AV i. V. m. § 611 Abs. 1 BGB hat. Dafür muss ein wirksamer Anstellungsvertrag für diesen Zeitraum bestehen.

I. Begründung des Anstellungsvertrags

Ein wirksamer Anstellungsvertrag zwischen *E* und der S-GmbH für die Zeit vom 3.3.2017 bis zum 2.3.2022 kann am 3.2.2016 durch Unterzeichnung des Anstellungsvertrags durch *E* und den Personalausschuss des Aufsichtsrats der S-GmbH vereinbart worden sein.

Dann muss die S-GmbH bei der Vertragsunterzeichnung von dem PA-AR gem. § 164 Abs. 1 BGB wirksam vertreten worden sein. Dass der PA-AR der S-GmbH bei der Unterzeichnung des Vertrags eine eigene Willenserklärung im Namen der S-GmbH abgegeben hat, ist zu unterstellen. Darüber hinaus muss der PA-AR aber auch mit Vertretungsmacht für die S-GmbH gehandelt haben.

---

1 MüKoInsO/*Schumacher*, § 179 Rn. 9.
2 MüKoInsO/*Schumacher*, § 179 Rn. 10.

1. Vertretungsbefugnis für den Abschluss des Anstellungsvertrags

Der PA-AR hat mit Vertretungsmacht bei der Vertragsunterzeichnung gehandelt, wenn er rechtsgeschäftlich oder kraft Gesetzes zur Vertretung der GmbH bei Abschluss des Anstellungsvertrags befugt ist.

a) Grundsätzliche Vertretungsbefugnis der Gesellschafterversammlung

Bei einer Gesellschaft in der Rechtsform der GmbH ist grundsätzlich die Gesellschafterversammlung für den Abschluss des Anstellungsvertrags mit dem Geschäftsführer zuständig.[3] Diese Befugnis folgt als Annexkompetenz aus der Kompetenz der Gesellschafterversammlung zur Bestellung des Geschäftsführers gem. §§ 45, 46 Nr. 5 GmbHG.

b) Vertretungsbefugnis des Personalausschusses des Aufsichtsrats

Der PA-AR der S-GmbH ist ausnahmsweise dann zur Vertretung der GmbH bei Abschluss des Anstellungsvertrags mit *E* befugt, wenn dem Aufsichtsrat der S-GmbH die Vertretungsbefugnis zum Abschluss des Anstellungsvertrags mit *E* als Geschäftsführer der S-GmbH zusteht, und der Aufsichtsrat seine Vertretungsbefugnis wirksam auf den PA-AR delegiert hat.

Die Vertretungsmacht des Aufsichtsrats zum Abschluss des Anstellungsvertrags mit *E* als Geschäftsführer der S-GmbH kann sich aus § 25 Abs. 2 MitbestG i. V. m. § 112 AktG ergeben. Dann muss es sich bei der S-GmbH um ein mitbestimmtes Unternehmen gem. § 1 Abs. 1 MitbestG handeln.

aa) S-GmbH als mitbestimmtes Unternehmen

Die S-GmbH ist ein Unternehmen i. S. v. § 1 Abs. 1 Nr. 1 MitbestG und beschäftigt seit 1995 durchschnittlich mehr als 2.800 Arbeitnehmer, so dass auch die weitere Voraussetzung gem. § 1 Abs. 1 Nr. 2 MitbestG erfüllt ist. Die S-GmbH ist als Armaturenbauhersteller kein dem Montan-MitbestG unterliegendes Unternehmen. Sie ist weder ein Eisen und Stahl erzeugendes Unternehmen i. S. v. § 1 Abs. 2 MitbestG i. V. m. § 1 Abs. 1 S. 1b) Montan-MitbestG[4] noch ein diesen gleichgestelltes Unternehmen gem. § 1 Abs. 1 S. 2 Montan-MitbestG.[5] Bei der S-GmbH handelt es sich auch nicht um ein Tendenzunternehmen gem. § 1 Abs. 4 MitbestG.[6] Die Ausschlusstatbestände gem. § 1 Abs. 2 und Abs. 4 MitbestG liegen daher jeweils nicht vor.

Bei der S-GmbH handelt es sich somit um ein Unternehmen i. S. v. § 1 Abs. 1 Nr. 1 MitbestG. Damit ist gem. § 6 Abs. 1 MitbestG ein obligatorischer Aufsichtsrat zu bilden.

---

[3] BGHZ 52, 316 (321); *BGH* NJW 1995, 1750 (1751); 2000, 2983; Baumbach/Hueck/*Zöllner/Noack*, § 46 Rn. 34; BeckOK GmbHG/*Schindler*, § 46 Rn. 59; Bork/Schäfer/*Masuch*, § 46 Rn. 20; HK-GmbHG/*Bergjan*, § 46 Rn. 30; GroßKomm-GmbHG/*Hüffer/Schürnbrand*, § 46 Rn. 61; Lutter/Hommelhoff/*Kleindiek*, Anh. zu § 6 Rn. 6; Rowedder/Schmidt-Leithoff/*Ganzer*, § 46 Rn. 31; Scholz/*Schneider U. H./Hohenstatt*, § 35 Rn. 311; Scholz/*Schmidt K.*, § 46 Rn. 80; *Drygala/Staake/Szalai*, § 11 Rn. 41; *Hirte*, Rn. 3.26.

[4] Zum Anwendungsbereich des Montan-MitbestG vgl. HH/*Habersack*, § 1 Rn. 10 ff.; RVJ/*Raiser Th.*, § 1 Rn. 35 ff.

[5] Zur sog. „Walzwerkklausel" vgl. RVJ/*Raiser Th.*, § 1 Rn. 39.

[6] Vgl. hierzu HH/*Habersack*, § 1 Rn. 56 ff.; RVJ/*Raiser Th.*, § 1 Rn. 44 ff.

bb) Vertretungsbefugnis des Aufsichtsrats

Bei einer mitbestimmten GmbH nach dem MitbestG kann sich die Vertretungsbefugnis des Aufsichtsrats zum Abschluss des Anstellungsvertrags mit dem Geschäftsführer aus § 25 Abs. 2 MitbestG i. V. m. § 112 AktG ergeben.

§ 112 AktG regelt im unmittelbaren Anwendungsbereich die Vertretungsbefugnis des Aufsichtsrats für die AG gegenüber den Mitgliedern des Vorstands. Diese Regelung kann entsprechend auf die Vertretungsbefugnis des Aufsichtsrats der mitbestimmten GmbH gegenüber dem Geschäftsführer anzuwenden sein. In § 25 Abs. 1 Nr. 2 MitbestG wird ausdrücklich auf § 112 AktG verwiesen. Des Weiteren folgt die Vertretungsbefugnis des Aufsichtsrats bei Abschluss des Anstellungsvertrags mit dem Geschäftsführer einer mitbestimmten GmbH aus einer Annexkompetenz zur Bestellungs- und Abberufungskompetenz gem. § 31 Abs. 1 S. 1 MitbestG i. V. m. § 84 Abs. 1, Abs. 3 AktG.[7] Aus der Kompetenz zur Bestellung des Geschäftsführers einer mitbestimmten GmbH folgt auch die Kompetenz, den Anstellungsvertrag mit dem Geschäftsführer im Namen der GmbH abzuschließen, soweit der Gesellschaftsvertrag der GmbH nichts anderes ausdrücklich anordnet.[8]

Zur Vertretung der S-GmbH bei Abschluss des Anstellungsvertrags mit *E* ist somit grundsätzlich der Aufsichtsrat als Plenum gem. § 25 Abs. 2 MitbestG i. V. m. § 112 AktG befugt.

cc) Übertragung der Vertretungsbefugnis auf den PA-AR

Der PA-AR ist zur Vertretung der GmbH beim Abschluss des Anstellungsvertrags mit *E* befugt, wenn der Aufsichtsrat der S-GmbH seine Vertretungsbefugnis auf ihn übertragen hat.

(1) Wirksame Bildung des Personalausschusses

Dies setzt zunächst voraus, dass der PA-AR in Übereinstimmung mit den gesetzlichen Vorschriften wirksam gebildet worden ist.

§ 25 Abs. 1 Nr. 2 i. V. m. Abs. 2 MitbestG schreibt für die innere Ordnung des Aufsichtsrats einer mitbestimmten GmbH zwingend u. a. die Geltung von § 107 AktG vor. Gem. § 107 Abs. 3 S. 1 AktG kann der Aufsichtsrat aus seiner Mitte Ausschüsse bilden.[9] Die Bildung des PA-AR durch § 3 GO-AR[10] ist somit grundsätzlich mit den gesetzlichen Vorschriften vereinbar.

---

[7] H. A., vgl. Baumbach/Hueck/*Zöllner/Noack,* § 52 Rn. 302; BeckOK GmbHG/*Jaeger,* § 52 Rn. 36; Bork/Schäfer/*Rieble,* § 52 Rn. 131; HH/*Habersack,* § 31 Rn. 38; HK-GmbHG/*Peres,* § 52 Rn. 91; Rowedder/Schmidt-Leithoff/Schnorbus, § 52 Rn. 85; MünchHdb.GesR III/*Marsch-Barner/Diekmann,* § 48 Rn. 155; *Lutter/Krieger/Verse,* Rn. 386.

[8] BGHZ 89, 48; Baumbach/Hueck/*Zöllner/Noack,* § 52 Rn. 303; HH/*Habersack,* § 31 Rn. 38; HK-GmbHG/*Peres,* § 52 Rn. 91; RVJ/*Raiser Th.,* § 31 Rn. 24.

[9] Vgl. zu den Aufsichtsrats-Ausschüssen allgemein Heidel/*Breuer/Fraune,* § 107 AktG Rn. 28 ff.; HK-AktG/*Israel,* § 107 Rn. 18 ff.; Hüffer/Koch/*Koch,* § 107 Rn. 18 ff.; KK-AktG/*Mertens/Cahn,* § 107 Rn. 95 ff.; Schmidt K./Lutter/*Drygala,* § 107 Rn. 35 ff.; Spindler/Stilz/*Spindler,* § 107 Rn. 81 ff.; MünchHdb.GesR IV/*Hoffmann-Becking,* § 32 Rn. 1 ff.; *Drygala/Staake/Szalai,* § 21 Rn. 165 ff.; *Hirte,* Rn. 3.184 ff.; *Raiser/Veil,* § 15 Rn. 74 ff. sowie zum Aufsichtsrats-Ausschuss bei der GmbH BeckOK GmbHG/*Jaeger,* § 52 Rn. 60 ff.; Rowedder/Schmidt Leithoff/*Schnorbus,* § 52 Rn. 71.

[10] Die Geschäftsordnung des Aufsichtsrats wird vom AktG in § 82 Abs. 2 als zulässig vorausgesetzt; sie ist wesentliches Instrument der Selbstorganisation des Aufsichtsrats; vgl. näher HK-AktG/*Israel,* § 107 Rn. 27 f.; Hüffer/Koch/*Koch,* § 107 Rn. 34 ff.; MünchHdb.GesR IV/*Hoffmann-Becking,* § 31 Rn. 1 ff.

Darüber hinaus müssen aber auch die Tatbestandsvoraussetzungen von § 25 Abs. 1 Nr. 2 MitbestG i. V. m. § 107 Abs. 3 S. 1 AktG erfüllt sein. Die Bildung eines Ausschusses des Aufsichtsrats setzt voraus, dass der Ausschuss aus der Mitte des Aufsichtsrats gebildet wird. Damit ist gemeint, dass Mitglieder des Ausschusses nur Mitglieder des Aufsichtsrats sein können.[11] Diese Voraussetzung ist gem. § 3 S. 1 GO-AR gegeben.

Des Weiteren muss der Ausschuss gem. § 25 Abs. 1 Nr. 2 MitbestG i. V. m. § 107 Abs. 3 S. 1 AktG Aufgaben des Aufsichtsrats wahrnehmen. Dem PA-AR wurde durch § 3 S. 2 GO-AR die Befugnis zur Entscheidung über den Inhalt als auch zum Abschluss des Anstellungsvertrags mit dem Geschäftsführer der S-GmbH übertragen, also Aufgaben, die gem. § 25 Abs. 2 MitbestG i. V. m. § 112 AktG bzw. § 31 Abs. 1 S. 1 MitbestG i. V. m. § 84 Abs. 1 S. 5 AktG originär dem Aufsichtsrat als Plenum zustehen.

Der PA-AR ist in Übereinstimmung mit den gesetzlichen Vorschriften wirksam gebildet worden.

(2) Übertragung der Vertretungsbefugnis auf Personalausschuss

Des Weiteren muss die Übertragung der Vertretungsbefugnis zum Abschluss des Anstellungsvertrags mit dem GmbH-Geschäftsführer vom Aufsichtsrat als Plenum auf einen seiner Ausschüsse, nämlich den PA-AR, mit den gesetzlichen Regelungen vereinbar sein. Die Übertragbarkeit der Vertretungsbefugnis vom Aufsichtsrat als Plenum auf einen Ausschuss ist insoweit zulässig, als der Ausschuss anstelle des Aufsichtsrats beschließen kann.[12]

(a) Beschlussfähigkeit des Ausschusses

Der PA-AR muss daher beschlussfähig gewesen sein. Damit ein Ausschuss anstelle des Aufsichtsrats beschließen kann, muss er die gesetzlichen Regelungen für die Beschlussfähigkeit des Aufsichtsrats erfüllen. Der Aufsichtsrat ist gem. § 25 Abs. 1 Nr. 2 MitbestG i. V. m. § 108 Abs. 2 S. 3 AktG nur beschlussfähig, wenn mindestens drei Mitglieder an der Beschlussfassung teilnehmen. Diese gesetzliche Bestimmung darf nicht durch die Bildung von Ausschüssen umgangen werden.[13]

Der PA-AR besteht gem. § 3 S. 1 GO-AR aus drei Personen und ist damit gem. § 25 Abs. 1 Nr. 2 MitbestG i. V. m. § 108 Abs. 2 S. 3 AktG beschlussfähig.

(b) Zulässigkeit der Kompetenzdelegation

Schließlich muss der PA-AR die Befugnis zum Abschluss des Anstellungsvertrags vom Aufsichtsrat wirksam übertragen bekommen haben. Diejenigen Kompetenzen, die vom Aufsichtsrat als Plenum auf einen seiner Ausschüsse übertragen werden können, ergeben sich im Umkehrschluss aus § 25 Abs. 1 Nr. 1 MitbestG i. V. m. § 107 Abs. 3 S. 3 AktG. Während die Kompetenz zur Berufung und wiederholte

---

[11] Hüffer/Koch/*Koch,* § 107 Rn. 18. Zur Auswahl der Ausschussmitglieder vgl. eingehend MünchHdb.GesR IV/*Hoffmann-Becking,* § 32 Rn. 37.

[12] Heidel/*Breuer/Fraune,* § 112 AktG Rn. 5; Hüffer/Koch/*Koch,* § 112 Rn. 8; KK-AktG/*Mertens/Cahn,* § 112 Rn. 36; Spindler/Stilz/*Spindler,* § 112 Rn. 36; *Drygala/Staake/Szalai,* § 21 Rn. 167.

[13] BGHZ 65, 190; Heidel/*Breuer/Fraune,* § 107 AktG Rn. 44; Hüffer/Koch/*Koch,* § 107 Rn. 29; KK-AktG/*Mertens/Cahn,* § 107 Rn. 117; Schmidt K./Lutter/*Drygala,* § 107 Rn. 46; Spindler/Stilz/*Spindler,* § 107 Rn. 98; MünchHdb.GesR IV/*Hoffmann-Becking,* § 32 Rn. 36.

Berufung des GmbH-Geschäftsführers gem. § 31 Abs. 1 S. 1 MitbestG i. V. m. § 84 Abs. 1 S. 1 und 3 AktG nach § 25 Abs. 1 Nr. 2 MitbestG i. V. m. § 107 Abs. 3 S. 3 AktG zwingend beim Aufsichtsrat als Plenum verbleiben muss, nimmt § 25 Abs. 1 Nr. 2 MitbestG i. V. m. § 107 Abs. 3 S. 3 AktG nicht auf die Regelung über den Anstellungsvertrag in § 84 Abs. 1 S. 5 AktG Bezug. Daraus folgt im Umkehrschluss, dass die Entscheidung über den Abschluss des Anstellungsvertrags mit dem Geschäftsführer der mitbestimmten GmbH einem Ausschuss des Aufsichtsrats übertragen werden kann.[14]

Die Übertragung der Vertretungsbefugnis des Aufsichtsrats der S-GmbH auf den PA-AR ergibt sich aus der in § 3 S. 2 GO-AR enthaltenen Formulierung, wonach der PA-AR „zuständig für den Abschluss des Anstellungsvertrags (...) mit dem Geschäftsführer" sein soll. § 3 S. 2 GO-AR beinhaltet somit die Befugnis des PA-AR zur Vertretung der S-GmbH in allen Fragen des Anstellungsvertrags mit dem Geschäftsführer der S-GmbH.[15]

(3) Zwischenergebnis zu cc)

Die Übertragbarkeit der Vertretungsbefugnis des Aufsichtsrats der S-GmbH zum Abschluss des Anstellungsvertrags mit *E* als Geschäftsführer ist mit § 25 Abs. 2 MitbestG i. V. m. § 112 AktG bzw. § 31 Abs. 1 S. 1 MitbestG i. V. m. § 84 Abs. 1 S. 5 AktG vereinbar.

2. Zwischenergebnis zu I.

Der PA-AR der S-GmbH hat bei Unterzeichnung des Anstellungsvertrags mit *E* als Geschäftsführer somit mit Vertretungsmacht für die S-GmbH gehandelt.

II. Wirksamkeit des Anstellungsvertrags

Der Anstellungsvertrag zwischen der S-GmbH und *E* muss weiterhin wirksam sein, um Gehaltsansprüche von *E* gegenüber der S-GmbH für die Zeit vom 1.9.2018 bis zum 2.3.2022 begründen zu konnen. Zweifel an der Wirksamkeit des Anstellungsvertrages können jedoch bestehen, wenn bei seinem Abschluss gegen ein Verbotsgesetz gem. § 134 BGB verstoßen worden ist.

1. Gesetzesverstoß

Der Anstellungsvertrag von *E* mit der S-GmbH kann gem. § 134 BGB nichtig sein, wenn er entgegen § 31 Abs. 1 S. 1 MitbestG i. V. m. § 84 Abs. 1 S. 5 i. V. m. § 84

---

[14] H. A., vgl. statt aller MünchHdb.GesR IV/*Hoffmann-Becking*, § 32 Rn. 10. Hieran hat sich auch durch das Inkrafttreten des Gesetzes zur Angemessenheit der Vorstandsvergütung (VorstAG), BR-Drs. 592/03, am 4.8.2009 nichts geändert. Es bleibt auch nach der Änderung des § 107 Abs. 3. S. 3 AktG durch das VorstAG dabei, dass der Abschluss des Anstellungsvertrags auf einen Ausschuss des Aufsichtsrats übertragen werden kann. In diesem Falle kann der Ausschuss des Aufsichtsrats aber nicht mehr über die Höhe der Vergütung entscheiden (vgl. § 107 Abs. 3 S. 3 i. V. m. § 87 Abs. 1, 2 AktG). Hierüber muss zuvor der Aufsichtsrat als Plenum entschieden haben. Das hat er getan.

[15] Zur Übertragbarkeit der Vertretungsbefugnis vom Aufsichtsrat auf einen Ausschuss zum Abschluss des Anstellungsvertrags vgl. BGHZ 41, 282 (285); 65, 140 (193); 79, 38 (42); 83, 144 (150); 89, 48 (55); HK-GmbHG/*Peres*, § 52 Rn. 179; KK-AktG/*Mertens/Cahn*, § 112 Rn. 36; Spindler/Stilz/*Spindler*, § 112 Rn. 36; RVJ/*Raiser Th.*, § 31 Rn. 28; *Raiser/Veil*, § 14 Rn. 46.

Abs. 1 S. 3 AktG vorzeitig verlängert worden ist. Dies setzt zunächst einen Verstoß gegen diese Vorschriften voraus.

In seinem unmittelbaren Anwendungsbereich regelt § 84 Abs. 1 S. 3 AktG, dass der Beschluss des Aufsichtsrats über die Wiederbestellung des Vorstandsmitglieds frühestens ein Jahr vor Ablauf der bisherigen Amtszeit gefasst werden kann. Die gem. § 84 Abs. 1 S. 2 AktG zulässige Wiederbestellung ist erst zeitlich nach einem entsprechenden Aufsichtsratsbeschluss möglich.[16] Der Grund für die Regelung in § 84 Abs. 1 S. 3 AktG ist in der gem. § 84 Abs. 1 S. 1 AktG auf maximal fünf Jahre begrenzten Amtszeit als Vorstandsmitglied zu sehen.[17] Wäre es möglich, dass der Aufsichtsrat bereits kurze Zeit nach der Bestellung eines Vorstandsmitglieds für fünf Jahre dessen Wiederbestellung im Anschluss an die Beendigung der Amtszeit vornehmen könnte, wäre damit eine Umgehung der Amtszeitbegrenzung auf fünf Jahre gem. § 84 Abs. 1 S. 1 AktG eröffnet.[18] Die erneute (Wieder-)Bestellung als Vorstandsmitglied soll daher in zeitlicher Nähe zum Ablauf der Amtszeit erfolgen.[19]

Gleiches gilt gem. § 84 Abs. 1 S. 5 AktG für den Anstellungsvertrag des Vorstandsmitglieds. Die AG soll somit sowohl bei der Wiederbestellung als auch bei der Wiederanstellung maximal sechs Jahre an das Vorstandsmitglied gebunden sein.

Durch den Verweis in § 31 Abs. 1 S. 1 MitbestG auf sämtliche Regelungen des § 84 AktG gelten die vorstehenden Überlegungen in gleicher Weise für die Verlängerung des mit dem Geschäftsführer einer mitbestimmten GmbH abzuschließenden Anstellungsvertrags.

Das am 3.3.2012 begründete Anstellungsverhältnis zwischen der S-GmbH und *E* als Geschäftsführer endet gem. § 1 S. 1 AV am 2.3.2017. Die Verlängerung des Anstellungsvertrags erfolgte aber schon am 3.2.2016, also ein Jahr und einen Monat vor Ablauf des ersten Anstellungsverhältnisses.

Eine Verletzung der Jahreshöchstfrist gem. § 31 Abs. 1 S. 1 MitbestG i. V. m. § 84 Abs. 1 S. 5 i. V. m. § 84 Abs. 1 S. 3 AktG liegt jedoch nicht vor, wenn das Anstellungsverhältnis während seiner Vertragsdauer dergestalt erneuert wird, dass das bisherige Anstellungsverhältnis aufgehoben und gleichzeitig um die maximal zulässige Zeit von fünf Jahren verlängert wird.[20] In diesem Falle würde die Gesellschaft nicht für einen unzulässig langen Zeitraum vertraglich an das Vorstandsmitglied bzw. den Geschäftsführer gebunden.

Die Verlängerung des Anstellungsverhältnisses zwischen der S-GmbH und *E* erfolgte jedoch zum zeitlichen Ablauf des vorhergehenden Anstellungsverhältnisses; beide Anstellungsverhältnisse zusammen ergeben eine Gesamtlaufzeit von zehn Jahren.

---

[16] BGHZ 47, 341 (343); KK-AktG/*Mertens/Cahn,* § 84 Rn. 19; MüKoAktG/*Spindler,* § 84 Rn. 47; Schmidt K./Lutter/*Seibt,* § 84 Rn. 15.

[17] MüKoAktG/*Spindler,* § 84 Rn. 50.

[18] Hüffer/Koch/*Koch,* § 84 Rn. 6.

[19] Hüffer/Koch/*Koch,* § 84 Rn. 6; MüKoAktG/*Spindler,* § 84 Rn. 48.

[20] Vgl. *BGH* NZG 2012, 1027 (1028 f.); so auch Heidel/*Oltmanns,* § 84 AktG Rn. 7; Schmidt K./Lutter/*Seibt,* § 84 Rn. 16; MünchHdb.GesR IV/*Wiesner,* § 20 Rn. 26; *Lutter/Krieger/Verse,* Rn. 357; *Drygala/Staake/Szalai,* § 21 Rn. 56; *Hölters/Weber,* AG 2005, 629 (631 ff.); *Willemer,* AG 1977, 130 (132 f.); differenzierend Spindler/Stilz/*Fleischer,* § 84 Rn. 17 ff.; ablehnend aber unter Umgehungsgesichtspunkten KK-AktG/*Mertens/Cahn,* § 84 Rn. 23; MüKoAktG/*Spindler,* § 84 Rn. 50; *Götz,* AG 2002, 305 (306 ff.). Vgl. auch die Empfehlung in Ziff. 5.1.2. II 2 DCGK, die vorzeitige Wiederbestellung nur bei Vorliegen wichtiger Gründe vorzunehmen; daran anknüpfend auch kritisch gegenüber dem BGH *Priester,* ZIP 2012, 1781 (1785).

Damit wurde der zweite Anstellungsvertrag zwischen der S-GmbH und *E* verfrüht und unter Verstoß gegen § 31 Abs. 1 S. 1 MitbestG i. V. m. § 84 Abs. 1 S. 5 i. V. m. § 84 Abs. 1 S. 3 AktG geschlossen.

2. Verbotsgesetz

Ein Verstoß gegen diese Vorschriften führt gem. § 134 BGB zur Nichtigkeit des Anstellungsvertrags, wenn es sich bei diesem um ein Rechtsgeschäft und bei § 31 Abs. 1 S. 1 MitbestG i. V. m. § 84 Abs. 1 S. 5 i. V. m. § 84 Abs. 1 S. 3 AktG um ein Verbotsgesetz handelt. Der rechtsgeschäftliche Charakter des Anstellungsvertrags steht außer Streit.

Verbotsgesetz kann jede Rechtsnorm (vgl. Art. 2 EGBGB) sein.[21] Der Rechtsnormcharakter dieser Regelungen ist gegeben.

§ 134 BGB ist nur bei Verstößen gegen zwingendes Recht anwendbar.[22] Sowohl § 31 MitbestG als auch § 84 AktG (vgl. § 23 Abs. 5 AktG) sind jeweils zwingendes Recht.[23]

Ob es sich bei diesen gesetzlichen Vorschriften indes auch um ein Verbotsgesetz handelt, ist durch Auslegung zu ermitteln.[24] Anhaltspunkte für ein Verbotsgesetz können vorliegen, wenn der Wortlaut der Gesetzesformulierung Wendungen wie z. B. „kann nicht" und „darf nicht" enthält.[25] Diese Formulierungen sind zwar in § 84 Abs. 1 S. 3 AktG nicht enthalten. Allerdings steht die Formulierung „frühestens (…) gefasst werden kann" der Wendung „kann nicht" oder „darf nicht" gleich. Unter Berücksichtigung des Zwecks der Vorschrift, eine Umgehung des § 84 Abs. 1 S. 1 AktG zu verhindern, ließe sich § 84 Abs. 1 S. 5 i. V. m. § 84 Abs. 1 S. 3 AktG auch zwanglos und ohne Änderung seines Regelungsgehalts dahingehend umformulieren, dass eine Verlängerung des Anstellungsvertrags erst innerhalb eines Jahres vor Ablauf des Anstellungsvertrags abgeschlossen werden darf bzw. kann. Bei § 31 Abs. 1 MitbestG i. V. m. § 84 Abs. 1 S. 5 i. V. m. § 84 Abs. 1 S. 3 AktG handelt es sich damit um ein Verbotsgesetz i. S. v. § 134 BGB.[26]

3. Rechtsfolgen

Der Verstoß gegen ein gesetzliches Verbot führt jedoch nicht zwangsläufig zur Nichtigkeit des Rechtsgeschäfts.[27] Die Nichtigkeit tritt vielmehr gem. § 134 BGB

---

[21] BeckOK BGB/*Wendtland,* § 134 Rn. 5; Erman/*Arnold,* § 134 Rn. 8; MüKoBGB/*Armbrüster,* § 134 Rn. 30 ff.; Palandt/*Ellenberger,* § 134 Rn. 2; Soergel/*Hefermehl,* § 134 Rn. 5.

[22] Soergel/*Hefermehl,* § 134 Rn. 2 f.; Staudinger/*Sack/Seibl,* § 134 Rn. 32.

[23] Zum zwingenden Charakter von § 31 MitbestG vgl. HH/*Habersack,* § 31 Rn. 2; RVJ/*Raiser Th.,* § 31 Rn. 6.

[24] BGHZ 85, 39 (43); BeckOK BGB/*Wendtland,* § 134 Rn. 9; Erman/*Arnold,* § 134 Rn. 13; Soergel/*Hefermehl,* § 134 Rn. 14; Staudinger/*Sack/Seibl,* § 134 Rn. 31.

[25] Erman/*Arnold,* § 134 Rn. 13; BeckOK BGB/*Wendtland,* § 134 Rn. 9 i. V. m. Rn. 15, interpretiert die Worte „kann nicht" hingegen ebenso wie die Worte „ist unzulässig" oder „ist nicht übertragbar" dahingehend, dass sie i. d. R. nur eine zur endgültigen oder schwebenden Unwirksamkeit führende Einschränkung der rechtsgeschäftlichen Gestaltungsmacht bedeuten; ablehnend gegenüber der Formulierung „kann nicht" als Anhaltspunkt für ein Verbotsgesetz ebenfalls Soergel/*Hefermehl,* § 134 Rn. 13; Staudinger/*Sack/Seibl,* § 134 Rn. 31; insgesamt zweifelnd an der Indizwirkung der Wortwahl des Gesetzgebers MüKoBGB/*Armbrüster,* § 134 Rn. 43 ff.

[26] So auch *BAG* NZG 2009, 1435 (1436 f.).

[27] Erman/*Arnold,* § 134 Rn. 16; vgl. auch ausführlich Staudinger/*Sack/Seibl,* § 134 Rn. 34.

nur ein, wenn sich nicht aus dem Gesetz ein anderes ergibt.[28] Es muss somit durch Auslegung der Verbotsnorm ermittelt werden, ob das Rechtsgeschäft trotz des Verstoßes gegen das gesetzliche Verbot gültig ist.[29] Hierbei ist entscheidend auf den Sinn und Zweck der Verbotsnorm abzustellen.[30]

§ 31 Abs. 1 S. 1 MitbestG i. V. m. § 84 Abs. 1 S. 5 i. V. m. § 84 Abs. 1 S. 3 AktG ist unmittelbar keine Rechtsfolge zu entnehmen, die bei einem Verstoß gegen diese Vorschriften eingreift. Ob der entgegen diesen Vorschriften verfrüht verlängerte Anstellungsvertrag mit dem Geschäftsführer der mitbestimmten GmbH nichtig oder gültig ist, muss somit durch Auslegung ermittelt werden, wobei entscheidend auf den Sinn und Zweck der Verbotsnorm abzustellen ist. Insoweit kommen zwei Unterscheidungsmöglichkeiten in Betracht. Zum einen kann danach zu differenzieren sein, ob das Rechtsgeschäft einen verbotenen Inhalt hat oder ob sich das Verbotsgesetz nur gegen die Art und Weise des Zustandekommens des Rechtsgeschäfts richtet.[31] Zum anderen kann danach zu differenzieren sein, ob sich die Verbotsnorm an beide Parteien des Rechtsgeschäfts oder nur an eine Vertragspartei richtet.[32]

a) Verbotener Inhalt des Rechtsgeschäfts

Ein Rechtsgeschäft mit verbotenem Inhalt ist nichtig.[33] § 31 Abs. 1 S. 1 MitbestG i. V. m. § 84 Abs. 1 S. 5 i. V. m. § 84 Abs. 1 S. 3 AktG betrifft jedoch nicht den Inhalt des Anstellungsvertrags zwischen der mitbestimmten GmbH und ihrem Geschäftsführer. Diese Normen richten sich vielmehr nur gegen die Art und Weise des Zustandekommens des Anstellungsvertrags für die verlängerte Amtsperiode. Ein solcher Verstoß führt aber im Zweifel nicht zur Nichtigkeit des Rechtsgeschäfts.[34]

b) Adressaten des gesetzlichen Verbots

Richtet sich die Verbotsnorm an beide Parteien des Rechtsgeschäfts, führt ein Gesetzesverstoß grundsätzlich zur Nichtigkeit des Rechtsgeschäfts.[35] Anders ist es jedoch, wenn sich die Verbotsnorm nur an eine Vertragspartei wendet,[36] es sei denn, dass es mit dem Sinn und Zweck des Verbots nicht vereinbar wäre, die durch das Geschäft getroffene Regelung hinzunehmen und bestehen zu lassen.[37] § 31 Abs. 1 S. 1 MitbestG i. V. m. § 84 Abs. 1 S. 5 i. V. m. § 84 Abs. 1 S. 3 AktG wendet sich nur an den Aufsichtsrat der mitbestimmten GmbH, der zeitnah vor dem Ablauf des

---

[28] Zum Streitstand über die Nichtigkeitssanktion des § 134 BGB vgl. eingehend Staudinger/*Sack/Seibl*, § 134 Rn. 57 ff.

[29] Erman/*Arnold*, § 134 Rn. 16.

[30] St. Rspr.; vgl. BGHZ 37, 258 (261); 65, 368 (370); 89, 369 (372); 100, 230 (240); 118, 142 (144); *BGH* NJW 2007, 3637 (3639); zustimmend Staudinger/*Sack/Seibl*, § 134 Rn. 57; *Medicus/Petersen*, Rn. 646.

[31] Erman/*Arnold*, § 134 Rn. 17.

[32] Erman/*Arnold*, § 134 Rn. 17.

[33] Erman/*Arnold*, § 134 Rn. 17; Soergel/*Hefermehl*, § 134 Rn. 16; Staudinger/*Sack/Seibl*, § 134 Rn. 1.

[34] Erman/*Arnold*, § 134 Rn. 17; vgl. ausführlich und differenzierend Soergel/*Hefermehl*, § 134 Rn. 18 ff.; Staudinger/*Sack/Seibl*, § 134 Rn. 2 ff.

[35] BGHZ 37, 258 (262); 78, 263 (265); 85, 39 (44); 115, 123 (125); 118, 142 (145); *BGH* NJW 2007, 3637 (3639); Palandt/*Ellenberger*, § 134 Rn. 8; kritisch zu dieser Regel MüKoBGB/*Armbrüster*, § 134 Rn. 48; Staudinger/*Sack/Seibl*, § 134 Rn. 74 f.

[36] BGHZ 37, 258 (262); 89, 369 (373); 118, 142 (145); Erman/*Arnold*, § 134 Rn. 17.

[37] BGHZ 37, 258 (262); 65, 368 (370); 118, 142 (145); Erman/*Arnold*, § 134 Rn. 17.

bestehenden Anstellungsvertrags über dessen Verlängerung mit dem Geschäftsführer entscheiden soll. Nur so lässt sich eine übermäßige Bindung der Gesellschaft unter Umgehung der Maximalfrist von § 31 Abs. 1 S. 1 MitbestG i. V. m. § 84 Abs. 1 S. 1 AktG verhindern.[38] Rechtliche Gesichtspunkte, warum es dem Geschäftsführer verwehrt sein soll, seinen Anstellungsvertrag mit der mitbestimmten GmbH jederzeit zu verlängern, sind nicht ersichtlich. Das gesetzliche Verbot der verfrühten Verlängerung des Anstellungsvertrags richtet sich somit nur an eine Partei, nämlich die Gesellschaft, vertreten durch den Aufsichtsrat. Daher führt dieser Gesetzesverstoß im Zweifel nicht zur Nichtigkeit des verfrüht verlängerten Anstellungsvertrags.[39]

4. Zwischenergebnis

Der Anstellungsvertrag zwischen der S-GmbH und *E* für den Zeitraum vom 3.3.2017 bis zum 2.3.2022 ist zwar fehlerhaft, weil er unter Verletzung von § 31 Abs. 1 S. 1 MitbestG i. V. m. § 84 Abs. 1 S. 5 i. V. m. § 84 Abs. 1 S. 3 AktG zustande gekommen ist; dieser Gesetzesverstoß führt aber nicht zur Nichtigkeit des Anstellungsvertrags.

III. Beendigung des Anstellungsvertrags

E kann seine Gehaltsforderungen für die Zeit vom 1.9.2018 bis zum 2.3.2022 jedoch nur dann zur Insolvenztabelle anmelden, wenn sein Anstellungsvertrag mit der S-GmbH nicht vorher beendet worden ist.

1. Zeitablauf

Im Zeitpunkt der Anmeldung der Gehaltsforderungen zur Insolvenztabelle durch *E* am 9.10.2018 war sein bis zum 2.3.2022 befristetes Anstellungsverhältnis als Geschäftsführer der S-GmbH noch nicht durch Zeitablauf beendet.

2. Beendigung wegen Abberufung als Geschäftsführer

Der Anstellungsvertrag von *E* als Geschäftsführer der S-GmbH kann jedoch zeitgleich mit seiner Abberufung als Geschäftsführer am 9.8.2018 beendet worden sein. Zwischen der Bestellung zum Geschäftsführer einerseits und dem Anstellungsvertrag mit der GmbH ist jedoch strikt zu unterscheiden.[40] Die Beendigung der Geschäftsführerstellung führt grundsätzlich nicht zur gleichzeitigen Beendigung des Anstellungsvertrags,[41] wie sich aus § 38 Abs. 1 GmbHG entnehmen lässt. Etwas anderes kann sich nur dann ergeben, wenn die Geltungsdauer des Anstellungsver-

---

[38] Vgl. oben Fn. 18.

[39] A. A. *BAG* NZG 2009, 1435 (1437) – kein Anstellungsverhältnis zwischen Vorstandsmitglied und AG über die Befristung gem. § 84 Abs. 1 S. 5 i. V. m. S. 1 AktG hinaus.

[40] Sog. Trennungstheorie, vgl. BGHZ 78, 82 (84); 79, 38 (41); 89, 48 (52); *BGH* NJW 2003, 351; BeckOK GmbHG/*Wisskirchen/Kuhn*, § 6 Rn. 66; Heidel/*Oltmanns*, § 84 AktG Rn. 2; Hüffer/Koch/*Koch*, § 84 Rn. 2; KK-AktG/*Mertens/Cahn*, § 84 Rn. 4; MüKoAktG/*Spindler*, § 84 Rn. 10; Rowedder/Schmidt-Leithoff/*Baukelmann*, § 46 Rn. 34; Schmidt K./Lutter/*Seibt*, § 84 Rn. 5; Spindler/Stilz/*Fleischer*, § 84 Rn. 7; *Drygala/Staake/Szalai*, § 11 Rn. 15; *Hirte*, Rn. 3.10.

[41] *BGH* NJW 2000, 1864 (1865); *BAG* NJW 2003, 2473 (2474); Baumbach/Hueck/*Zöllner/Noack*, § 35 Rn. 209; BeckOK GmbHG/*Schindler*, § 46 Rn. 62; Bork/Schäfer/*Jacoby*, § 35 Rn. 13; HK-GmbHG/*Lücke/Simon*, § 35 Rn. 109; Lutter/Hommelhoff/*Kleindiek*, Anh. zu § 6 Rn. 44; Scholz/*Schneider U. H./Hohenstatt*, § 35 Rn. 510; *Drygala/Staake/Szalai*, § 11 Rn. 46; *Hirte*, Rn. 3.29; *Raiser/Veil*, § 42 Rn. 68.

trags durch eine auflösende Bedingung (§ 158 Abs. 2 BGB) mit der Amtszeit als Organmitglied der Gesellschaft gekoppelt worden ist.[42]

Der Anstellungsvertrag zwischen *E* und der S-GmbH enthält in § 1 S. 1 lediglich eine Befristung und in § 1 S. 2 die Möglichkeit der Kündigung des Anstellungsvertrags aus wichtigem Grund. Eine automatische Beendigung des Anstellungsvertrags im Sinne einer auflösenden Bedingung gem. § 158 Abs. 2 BGB für den Fall der Beendigung der Geschäftsführerstellung ist somit nicht ausdrücklich vereinbart worden. Etwas anderes kann auch nicht aus der Formulierung in § 1 S. 1 AV „als Geschäftsführer" hergeleitet werden. Diese Formulierung bringt nicht mit hinreichender Deutlichkeit zum Ausdruck, dass die Dauer des Anstellungsverhältnisses auflösend bedingt an die Amtszeit als Geschäftsführer gebunden ist.

Durch die Abberufung von *E* als Geschäftsführer der S-GmbH am 9.8.2018 mit sofortiger Wirkung wurde der Anstellungsvertrag von *E* mit der S-GmbH nicht beendet.

3. Kündigung durch die S-GmbH

Der Anstellungsvertrag zwischen *E* und der S-GmbH kann aber durch die am 10.9.2018 erklärte Kündigung des PA-AR aus wichtigem Grund beendet worden sein. Die Befugnis des PA-AR, die S-GmbH bei der Kündigung des Anstellungsvertrags zu vertreten, folgt aus § 3 S. 2 GO-AR i. V. m. § 112 AktG. Die Kündigungserklärung ist *E* während des Telefonats zugegangen. Die mündlich ausgesprochene Kündigung ist auch nicht wegen Verletzung der in § 623 BGB angeordneten Schriftform formnichtig. § 623 BGB bezieht sich nur auf Arbeitsverhältnisse. Der Geschäftsführer einer GmbH übt hingegen eine arbeitgeberähnliche Funktion aus.[43] Der zwischen ihm und der GmbH geschlossene Anstellungsvertrag ist daher als Dienstvertrag gem. §§ 611, 675 BGB zu werten,[44] für den § 623 BGB nicht einschlägig ist.[45]

a) Außerordentliche Kündigung

Weiterhin müssen die Voraussetzungen für eine Kündigung aus wichtigem Grund gem. § 1 S. 2 AV i. V. m. § 626 Abs. 1 BGB vorliegen.[46] Dann müssen Tatsachen

---

[42] H. A., vgl. Baumbach/Hueck/*Zöllner/Noack*, § 35 Rn. 211; BeckOK GmbHG/*Schindler*, § 46 Rn. 62 a. E.; Bork/Schäfer/*Jacoby*, § 38 Rn. 3; HK-GmbHG/*Lücke/Simon*, § 35 Rn. 109, 124; *Drygala/Staake/Szalai*, § 11 Rn. 46; *Raiser/Veil*, § 42 Rn. 68.

[43] BGHZ 12, 1 (8); 36, 142 (143); 49, 30 (31); 79, 38 (41); *BGH* NZG 2002, 46 (47); vgl. auch Bd. II Fall 8 Fn. 26. Zur parallelen Rechtslage für das Vorstandsmitglied vgl. Hüffer/Koch/*Koch*, § 84 Rn. 14; KK-AktG/*Mertens/Cahn*, § 84 Rn. 35; MüKoAktG/*Spindler*, § 84, Rn. 57.

[44] Ganz h. A., vgl. BGHZ 10, 187 (191); *BGH* NJW 2000, 1864; 2010, 2343; Baumbach/Hueck/*Zöllner/Noack*, § 35 Rn. 172; BeckOK GmbHG/*Wisskirchen/Kuhn*, § 6 Rn. 68; GroßKomm-GmbHG/*Paefgen*, § 35 Rn. 230; Henssler/Strohn/*Oetker*, § 35 GmbHG Rn. 93; Lutter/Hommelhoff/*Kleindiek*, Anh. zu § 6 Rn. 3; *Drygala/Staake/Szalai*, § 11 Rn. 37. Zur parallelen Rechtslage für das Vorstandsmitglied vgl. Heidel/*Oltmanns*, § 84 AktG Rn. 10; Hüffer/Koch/*Koch*, § 84 Rn. 14; Schmidt K./Lutter/*Seibt*, § 84 Rn. 23; Spindler/Stilz/*Fleischer*, § 84 Rn. 24; *Hirte*, Rn. 3.21; *Lutter/Krieger/Verse*, Rn. 384; *Raiser/Veil*, § 42 Rn. 43.

[45] BeckOK BGB/*Fuchs*, § 623 Rn. 2; Bork/Schäfer/*Jacoby*, § 35 Rn. 14; HK-GmbHG/*Lücke/Simon*, § 35 Rn. 49 ff. Zur parallelen Rechtslage für das Vorstandsmitglied vgl. Spindler/Stilz/*Fleischer*, § 84 Rn. 162.

[46] Ein wichtiger Grund zur Abberufung gem. § 84 Abs. 3 S. 1 AktG stellt nicht stets zugleich einen wichtigen Grund zur Kündigung des Anstellungsvertrags mit dem Vorstandsmitglied bzw. Geschäftsführer der mitbestimmten GmbH dar; vgl. *BGH* NJW-RR 1996, 156;

vorliegen, die es der S-GmbH unter Berücksichtigung aller Umstände und unter Abwägung der beiderseitigen Interessen unzumutbar machen, das Anstellungsverhältnis mit *E* bis zum 2.3.2022 fortzusetzen.[47] Die Anweisung von *E* an die Lohnbuchhaltung, ab sofort keine Sozialversicherungsabgaben für die Arbeiter und Angestellten der S-GmbH abzuführen, stellt eine Straftat gem. §§ 266a, 14 Abs. 1 Nr. 1 StGB dar. Das Begehen einer Straftat durch den Dienstverpflichteten im Zusammenhang mit seinen dienstvertraglichen Pflichten stellt für den Dienstberechtigten regelmäßig einen wichtigen Grund zur außerordentlichen Kündigung des Anstellungsvertrags dar,[48] ohne dass hierfür zuvor eine Abmahnung erforderlich gewesen wäre.[49] Ein wichtiger Grund zur Kündigung des Anstellungsvertrags durch die S-GmbH liegt somit vor.

Allerdings muss die Kündigung aus wichtigem Grund gem. § 626 Abs. 2 S. 1, 2 BGB innerhalb von zwei Wochen seit der Kenntniserlangung des Kündigungsberechtigten von den für die Kündigung maßgeblichen Tatsachen erklärt worden sein. Diese Ausschlussfrist kann bei der am 10.9.2018 erklärten außerordentlichen Kündigung versäumt worden sein.

Für den Zeitpunkt der Kenntniserlangung kommt es darauf an, wann der Kündigungsberechtigte von den maßgeblichen Tatsachen Kenntnis erlangt hat. Kündigungsberechtigte für den Anstellungsvertrag mit *E* als Geschäftsführer ist die S-GmbH als Vertragspartner von *E.* Die S-GmbH als juristische Person kann jedoch keine Kenntnis haben. Es kommt somit darauf an, wann ihr gem. § 166 Abs. 1 BGB die Kenntnis ihres gesetzlichen Vertreters zuzurechnen ist. Gesetzlicher Vertreter der S-GmbH ist grds. *E* als Geschäftsführer. Auf dessen Kenntnis kann aber vorliegend nicht abgestellt werden. Vielmehr ist auf die Kenntnis desjenigen Organs der S-GmbH abzustellen, welches die S-GmbH in den Angelegenheiten gegenüber *E* vertritt. Dies ist der PA-AR der S-GmbH gem. § 3 S. 2 GO-AR i. V. m. § 112 AktG.

Sämtliche Mitglieder des PA-AR der S-GmbH haben in der Aufsichtsratssitzung am 9.8.2018 Kenntnis von den den wichtigen Kündigungsgrund rechtfertigenden Umständen erlangt.[50] Die Zwei-Wochen-Frist zur außerordentlichen Kündigung des

---

Hüffer/Koch/*Koch*, § 84 Rn. 50, Rowedder/Schmidt-Leithoff/*Baukelmann*, § 38 Rn. 46; *Lutter/Krieger/Verse,* Rn. 428.

47 Zum wichtigen Grund gem. § 626 Abs. 1 BGB vgl. ausführlich BeckOK BGB/*Fuchs,* § 626 Rn. 7 ff.; MüKoBGB/*Henssler,* § 626 Rn. 108 ff.; Staudinger/*Preis,* § 626 Rn. 50 ff.; speziell zum wichtigen Grund zur Kündigung des Anstellungsverhältnisses mit einem GmbH-Geschäftsführer vgl. Baumbach/Hueck/*Zöllner/Noack,* § 35 Rn. 218 ff.; BeckOK GmbHG/*Wisskirchen/Kuhn,* § 6 Rn. 152; HK-GmbHG/*Lücke/Simon,* § 35 Rn. 127 ff.; Scholz/*Schneider U. H./Hohenstatt,* § 35 Rn. 465 ff.; *Drygala/Staake/Szalai,* § 11 Rn. 49; *Hirte,* Rn. 3.29.

48 Vgl. BeckOK BGB/*Fuchs,* § 626 Rn. 29; vgl. ausführlich zu strafbaren Handlungen als wichtigem Kündigungsgrund MüKoBGB/*Henssler,* § 626 Rn. 181 ff.

49 Vgl. Staudinger/*Preis,* § 626 Rn. 193 f.; *Drygala/Staake/Szalai,* § 11 Rn. 50; *Hirte,* Rn. 3.31.

50 Auf den Streit, wann die Zwei-Wochen-Frist des § 626 Abs. 2 BGB zu laufen beginnt, kommt es vorliegend somit nicht an. Insoweit werden mehrere Ansatzpunkte diskutiert. Teilweise wird auf die Kenntnis aller Mitglieder des Aufsichtsrats (vgl. *BGH* AG 1981, 47 [48]; BAGE 29, 158 [164 ff.]; Schmidt K./Lutter/*Seibt,* § 84 Rn. 64; Spindler/Stilz/*Fleischer,* § 84 Rn. 159; *Hirte,* Rn. 3.37) abgestellt. Nach a. A. genügt die Kenntnis eines einzelnen Aufsichtsratsmitglieds (BGHZ 41, 282 [287]) oder die Kenntnis des Aufsichtsrats-Vorsitzenden (KK-AktG/*Mertens/Cahn,* § 84 Rn. 178). Differenzierend Rowedder/Schmidt-Leithoff/*Baukelmann,* § 38 Rn. 44. Nach BGHZ 139, 89 (92 f.) und *BGH* NZG 2002, 46 (47) beginnt die Ausschlussfrist erst zu laufen, wenn der Sachverhalt einer Gesellschafterversammlung bzw. dem Aufsichtsrat unterbreitet wird, deren Einberufung nicht unangemessen verzögert worden ist.

Anstellungsvertrags mit *E* begann somit gem. § 187 Abs. 1 BGB[51] am 10.8.2018 zu laufen. Die am 10.9.2018 ausgesprochene außerordentliche Kündigung war daher verfristet.

Der Anstellungsvertrag zwischen der S-GmbH und *E* ist nicht wirksam aus wichtigem Grund gekündigt worden.

b) Ordentliche Kündigung

Die wegen Verletzung der Zwei-Wochen-Frist des § 626 Abs. 2 BGB nichtige außerordentliche Kündigung kann aber gem. § 140 BGB in eine ordentliche Kündigung des Anstellungsvertrags umzudeuten sein.[52] Dies setzt voraus, dass der Anstellungsvertrag zwischen der S-GmbH und *E* ordentlich gekündigt werden kann.

Eine ordentliche Kündigung des gem. § 1 S. 1 AV befristeten und gem. § 1 S. 2 AV nur aus wichtigem Grund kündbaren Anstellungsvertrags ist jedoch nicht möglich.

Allerdings kann eine Kündigung des Anstellungsvertrags zwischen der S-GmbH und *E* nach den Grundsätzen über fehlerhafte Arbeitsverhältnisse[53] in Betracht kommen. Fehlerhaft zustande gekommene Arbeitsverhältnisse können jederzeit mit Wirkung für die Zukunft durch Kündigung beendet werden, wenn sie in Vollzug gesetzt worden sind.[54] Diese Grundsätze sind auf das fehlerhafte Anstellungsverhältnis zwischen einem Vorstandsmitglied bzw. Geschäftsführer und der Gesellschaft zu übertragen.[55] Der Anstellungsvertrag zwischen der S-GmbH und *E* ist unter Verletzung von § 31 Abs. 1 S. 1 MitbestG i. V. m. § 84 Abs. 1 S. 5 i. V. m. § 84 Abs. 1 S. 3 AktG zustande gekommen, so dass er fehlerhaft ist. *E* ist zudem nach dem 3.3.2017 als Geschäftsführer der S-GmbH tätig geworden. Daher ist der Anstellungsvertrag auch in Vollzug gesetzt worden. Der Anstellungsvertrag ist somit nach den Grundsätzen über fehlerhafte Arbeitsverhältnisse jederzeit mit Wirkung für die Zukunft kündbar.[56]

Die Kündigungserklärung des PA-AR vom 10.9.2018 ist dahingehend umzudeuten, dass der Anstellungsvertrag zwischen der S-GmbH und *E* auf jeden Fall mit Wirkung für die Zukunft beendet werden soll.[57]

---

[51] MüKoBGB/*Henssler*, § 626 Rn. 306.

[52] Zu den Voraussetzungen der Umdeutung vgl. ausführlich BeckOK BGB/*Wendtland*, § 140 Rn. 5 ff.; MüKoBGB/*Busche*, § 140 Rn. 7 ff.; Soergel/*Hefermehl*, § 140 Rn. 2 ff.; Staudinger/*Roth H.*, § 140 Rn. 9 ff.

[53] Vgl. hierzu HK-GmbHG/*Lücke/Simon*, § 35 Rn. 71; MüKoBGB/*Armbrüster*, § 134 Rn. 75 ff.; Staudinger/*Sack/Seibl*, § 134 Rn. 120 ff.; *Löwisch*, Rn. 1257 ff.

[54] Vgl. statt aller Staudinger/*Sack/Seibl*, § 134 Rn. 123.

[55] BGHZ 41, 282 (286); 65, 190 (195); 113, 237 (247 ff.); *BGH* NJW 2000, 2983 f.; BeckOK GmbHG/*Wisskirchen/Kuhn*, § 6 Rn. 147; BeckOK GmbHG/*Schindler*, § 46 Rn. 61; HK-GmbHG/*Lücke/Simon*, § 35 Rn. 71; Heidel/*Oltmanns*, § 84 AktG Rn. 15; Hüffer/Koch/*Koch*, § 84 Rn. 27; KK-AktG/*Mertens/Cahn*, § 84 Rn. 57; MüKoAktG/*Spindler*, § 84 Rn. 246; Schmidt K./Lutter/*Seibt*, § 84 Rn. 38; Spindler/Stilz/*Fleischer*, § 84 Rn. 84; *Lutter/Krieger/Verse*, Rn. 393; MünchHdb.GesR IV/*Wiesner*, § 21 Rn. 32; *Raiser/Veil*, § 42 Rn. 46.

[56] Vgl. im Ergebnis ebenso BGHZ 41, 282 (286); 65, 190 (195); 113, 237 (247 ff.); *BGH* NJW 2000, 2983 f.; HK-GmbHG/*Lücke/Simon*, § 35 Rn. 71; Rowedder/Schmidt-Leithoff/*Baukelmann*, § 35 Rn. 108; *Lutter/Krieger/Verse*, Rn. 393.

[57] Zu demselben Ergebnis gelangt man, wenn man – anders als in der Lösung – den Anstellungsvertrag wegen Verstoßes gegen die zwingende Vorschrift des § 84 Abs. 1 S. 3 AktG für nichtig hält, weil insoweit der Gestaltungsfreiheit der Parteien durch zwingendes Recht Grenzen gesetzt sind; vgl. hierzu Soergel/*Hefermehl*, § 134 Rn. 3.

c) Zwischenergebnis

Der Anstellungsvertrag zwischen der S-GmbH und *E* wurde durch die Kündigungserklärung des PA-AR vom 10.9.2018 mit sofortiger Wirkung beendet.

4. Kündigung durch I

Der Anstellungsvertrag zwischen der S-GmbH und *E* kann auch durch die Kündigungserklärung des *I* vom 30.10.2018 beendet worden sein.

Der Anstellungsvertrag zwischen der GmbH und ihrem Geschäftsführer ist ein Dienstverhältnis i. S. v. § 113 S. 1 InsO.[58] Mit der Eröffnung des Insolvenzverfahrens über das Vermögen der S-GmbH geht die Befugnis zur Kündigung des Anstellungsvertrags mit dem GmbH-Geschäftsführer auf den Insolvenzverwalter über. Die von *I* erklärte Kündigung kann jedoch nur dann Rechtswirkungen entfalten, wenn der Anstellungsvertrag zwischen der S-GmbH und *E* im Zeitpunkt der Kündigungserklärung noch besteht. Dies ist aufgrund der bereits am 10.9.2018 erfolgten Kündigung durch den PA-AR jedoch nicht der Fall; die Kündigung des *I* geht somit „ins Leere“.[59]

Eine Kündigung des Anstellungsvertrags durch *I* gem. § 113 S. 1 InsO scheidet somit aus.

5. Zwischenergebnis

Der Anstellungsvertrag zwischen der S-GmbH und *E* ist durch die Kündigungserklärung des PA-AR vom 10.9.2018 beendet worden. Daher steht *E* für die Zeit vom 11.9.2018 bis zum 2.3.2022 kein Anspruch auf Vergütung zu.

E hat folglich nur einen vertraglichen Vergütungsanspruch gegen die S-GmbH gem. § 2 AV i. V. m. § 611 BGB für die Zeit vom 1.9.2018 bis zum 10.9.2018 i. H. v. ca. 7.000 EUR. In dieser Höhe ist seine Forderungsanmeldung zur Insolvenztabelle begründet; im Übrigen ist seine Forderungsanmeldung unbegründet.

IV. Ergebnis

Das Amtsgericht Siegen wird der zulässigen Feststellungsklage des *E* somit nur teilweise stattgeben und sie im Übrigen abweisen.

---

[58] Andres/Leithaus/*Andres,* § 113 Rn. 2.

[59] Wer die Kündigung des Anstellungsvertrags nach den Grundsätzen über fehlerhafte Dauerschuldverhältnisse ablehnt, muss konsequenterweise die Kündigung durch *I* befürworten. In diesem Falle wäre weiterhin zu beachten, dass *E* dann ein Schadensersatzanspruch gem. § 113 S. 3 InsO zusteht; § 87 Abs. 3 AktG ist nach §§ 25 Abs. 1 Nr. 2, 31 Abs. 1 MitbestG auf den Geschäftsführer einer mitbestimmten GmbH nicht anwendbar.

Fall 8. Rath und Loos

Schwerpunkt im Kapitalgesellschaftsrecht (GmbH):

Abberufung des Geschäftsführers – Stimmverbot nach § 47 Abs. 4 GmbHG – Kündigung des Anstellungsvertrags des Geschäftsführers – Einberufung der Gesellschafterversammlung durch einen Gesellschafter

Sachverhalt

Die „Rath & Loos Consulting GmbH" (GmbH) ist in der Unternehmensberatung tätig. An ihr sind *R* mit 50 %, *L* mit 30 % und *C* mit 20 % beteiligt. *R* und *L* sind zugleich alleingeschäftsführungs- und vertretungsberechtigte Geschäftsführer der GmbH.

R und *L* sind seit einigen Jahren zerstritten. Am 12.9.2018 geht der zuständigen Staatsanwaltschaft ein Schreiben von *L* zu, in dem *L* wahrheitswidrig behauptet, *R* habe schon mehrfach Vermögen der GmbH veruntreut. Dieses Schreiben macht *L* auch gegenüber der Belegschaft der GmbH und dem Arbeitgeberverband bekannt.

R erfährt von dem Schreiben noch am gleichen Tag und beruft ordnungsgemäß für den 22.9.2018 eine Gesellschafterversammlung ein mit dem einzigen Tagesordnungspunkt „Abberufung von *L* vom Amt des Geschäftsführers aus wichtigem Grund". In der Gesellschafterversammlung argumentiert *R*, insbesondere für ihn als „Mehrheitsgesellschafter" sei nach der Verbreitung der ihn betreffenden unwahren und verunglimpfenden Behauptungen durch *L* gegenüber Dritten eine weitere vertrauensvolle Zusammenarbeit mit *L* unzumutbar. Bei der Beschlussfassung stimmt *R* für die Abberufung von *L*, *L* und *C* stimmen dagegen.

Ist *L* wirksam als Geschäftsführer der GmbH abberufen worden?

Abwandlung: *L* ist Alleingeschäftsführer und hält keine Anteile an der GmbH. Stattdessen sind *R* mit 50 % sowie *C* und *D* mit jeweils 25 % beteiligt.

Wiederum geht der zuständigen Staatsanwaltschaft das Schreiben von *L* am 12.9.2018 zu und wiederum erfährt *R* am 13.9.2018 von diesem Schreiben.

R verlangt daraufhin von *L* am 17.9.2018 die Einberufung einer Gesellschafterversammlung mit den Tagesordnungspunkten „Abberufung von *L* als Geschäftsführer", „Fristlose Kündigung des Anstellungsvertrages von *L*" und „Bestellung von *R* als Geschäftsführer". *L* unternimmt jedoch nichts.

Schließlich findet erst am 15.12.2018 eine von *R* selbst ordnungsgemäß mit diesen Tagesordnungspunkten einberufene Gesellschafterversammlung statt. *C* und *D* erlangen erst während der Versammlung von den bisherigen Vorkommnissen Kenntnis. Daraufhin werden die angekündigten Beschlussgegenstände jeweils einstimmig beschlossen. *R* teilt die Beschlussergebnisse dem *L* noch am selben Tag fernmündlich mit. *L* hält die Kündigung für unwirksam. Selbst wenn ihm eine Pflichtverletzung vorzuwerfen sei, sei er zunächst abzumahnen gewesen. Außerdem sei die Kündigung zu spät erklärt worden.

Ist der Anstellungsvertrag mit *L* wirksam fristlos gekündigt worden?

Lösung

Ausgangsfall

L ist wirksam als Geschäftsführer der GmbH abberufen worden, wenn ein wirksamer Abberufungsbeschluss in einer ordnungsgemäß einberufenen Gesellschafterversammlung gefasst wurde.[1]

A. Wirksamkeit des Abberufungsbeschlusses

Der durch die ordnungsgemäß einberufene Gesellschafterversammlung gefasste Beschluss ist wirksam, wenn die Gesellschafterversammlung für die Abberufung des Geschäftsführers zuständig und überdies beschlussfähig ist und der Beschluss mit der erforderlichen Mehrheit gefasst wurde.

I. Zuständigkeit und Beschlussfähigkeit der Gesellschafterversammlung

Die Abberufung des Geschäftsführers gehört nach § 46 Nr. 5 GmbHG zum Aufgabenkreis der Gesellschafter. Diese beschließen gem. § 48 Abs. 1 GmbHG im Rahmen einer Gesellschafterversammlung. Die Gesellschafterversammlung ist folglich für die Abberufung der Geschäftsführer zuständig. Alle Gesellschafter sind in der Gesellschafterversammlung am 22.9.2018 anwesend, sodass diese beschlussfähig ist.[2]

II. Erforderliche Beschlussmehrheit

Überdies muss der Abberufungsbeschluss mit der erforderlichen Mehrheit gefasst worden sein. Mangels entgegenstehender Regelungen im Gesetz (§ 38 Abs. 2 GmbHG) und im Gesellschaftsvertrag der GmbH (§ 45 Abs. 2 GmbHG) kann die Abberufung von *L* als Geschäftsführer gem. § 47 Abs. 1 GmbHG mit einfacher Mehrheit der abgegebenen Stimmen beschlossen werden.[3] In der Gesellschafterversammlung hat *R* mit 50 % der abgegebenen Stimmen für die Abberufung gestimmt, wohingegen *L* und *C* mit insgesamt 50 % der abgegebenen Stimmen gegen die Abberufung gestimmt haben.

1. Stimmverbot von *L*

Allerdings kann *L* bei der Beschlussfassung einem Stimmverbot aus § 47 Abs. 4 GmbHG unterlegen haben mit der Folge, dass seine abgegebenen Stimmen ungültig sind.

---

[1] Mangels entsprechender gesellschaftsvertraglicher Regelung bedarf es gem. § 38 Abs. 1 GmbHG zur Abberufung von *L* als Geschäftsführer keines wichtigen Grundes.

[2] Vgl. zur Beschlussfähigkeit nur Baumbach/Hueck/*Zöllner/Noack*, § 48 Rn. 3; Lutter/Hommelhoff/*Bayer*, § 48 Rn. 20; MüKoGmbHG/*Liebscher*, § 48 Rn. 114.

[3] MHLS/*Römermann*, § 46 Rn. 227; MüKoGmbHG/*Liebscher*, § 46 Rn. 116; Scholz/*Schmidt K.*, § 46 Rn. 73; MünchHdb.GesR III/*Marsch-Barner/Dieckmann*, § 42 Rn. 60; *Drygala/Staake/Szalai*, § 11 Rn. 25; *Pentz*, GmbHR 2017, 801 (802).

a) Stimmverbot nach § 47 Abs. 4 S. 1, 1. Fall GmbHG

Ein Stimmverbot von *L* bei der Abberufung als Geschäftsführer kann sich aus § 47 Abs. 4 S. 1, 1. Fall GmbHG ergeben. Dann muss es sich bei der Beschlussfassung um eine Entlastung handeln.

Entlastung gem. § 46 Nr. 5 GmbHG ist jede Beschlussfassung, mit der die Tätigkeit eines Gesellschaftsorgans inhaltlich gebilligt und dem Entlasteten zugleich für die künftige Amtsführung das Vertrauen ausgesprochen wird.[4] Weder soll mit der Abberufung die Tätigkeit des Geschäftsführers *L* gebilligt, noch soll *L* für die künftige Amtsführung das Vertrauen ausgesprochen werden. Bei der Abberufung von *L* als Geschäftsführer der GmbH handelt es sich demnach nicht um eine vom Wortlaut der Vorschrift erfasste Entlastung i. S. d. § 47 Abs. 4 S. 1, 1. Fall GmbHG.

Der Begriff der Entlastung in § 47 Abs. 4 S. 1, 1. Fall GmbHG kann nach dem Normzweck der Vorschrift allerdings zu eng gefasst sein.[5] Die in § 47 Abs. 4 GmbHG normierten Stimmverbote sollen Interessenkollisionen zwischen den Gesellschaftern und der Gesellschaft vermeiden, um die Richtigkeit der Willensbildung innerhalb der Gesellschaft zu gewährleisten.[6] Eines Stimmverbots bedarf es daher, wenn ein Gesellschafter an dem den Beschlussgegenstand bildenden Geschäft beteiligt ist oder er von der den Beschlussgegenstand bildenden Maßnahme betroffen ist.[7] § 47 Abs. 4 S. 1, 1. Fall GmbHG trägt der zweiten Fallgruppe Rechnung. Er bringt den allgemeinen Rechtsgedanken zum Ausdruck, „niemand könne Richter in eigenen Angelegenheiten sein".[8] § 47 Abs. 4 S. 1, 1. Fall GmbHG muss daher über den Wortlaut hinaus für jegliche Gesellschafterbeschlüsse gelten, welche das Verhalten eines Gesellschafters bzw. seine Funktion in der Gesellschaft billigen bzw. missbilligen.[9]

Bei der Abberufung des Geschäftsführers handelt es sich um ein mitgliedschaftliches Rechtsgeschäft, also einen sog. Sozialakt, der alle Gesellschafter gleichermaßen betrifft.[10] Durch die Abberufung wird das Verhalten des Geschäftsführers nicht zwingend missbilligt; die Abberufung kann vielmehr grundlos erfolgen.[11] Daher unterliegt der Geschäftsführer grundsätzlich keinem Stimmverbot bei der Beschlussfassung über seine Abberufung.[12] Handelt es sich aber um eine Abberufung aus wichtigem Grund, geht es um die Missbilligung des Verhaltens des Geschäftsführers. Daher kann der Geschäftsführer gem. § 47 Abs. 4 S. 1, 1. Fall GmbHG einem Stimmverbot unterliegen, sofern es sich um die Abberufung aus wichtigem Grund

---

[4] BGHZ 94, 324 (326); Baumbach/Hueck/*Zöllner/Noack*, § 46 Rn. 41; Lutter/Hommelhoff/*Bayer*, § 46 Rn. 14; MHLS/*Römermann*, § 46 Rn. 259 f.; Scholz/*Schmidt K.*, § 46 Rn. 89.

[5] Lutter/Hommelhoff/*Bayer*, § 47 Rn. 43; vgl. zur weiten Auslegung der Vorschrift auch Baumbach/Hueck/*Zöllner/Noack*, § 47 Rn. 13; MHLS/*Römermann*, § 47 Rn. 175; MüKoGmbHG/*Drescher*, § 47 Rn. 138.

[6] Baumbach/Hueck/*Zöllner/Noack*, § 47 Rn. 76; Bork/Schäfer/*Casper*, § 47 Rn. 42; Henssler/Strohn/*Hillmann*, § 47 GmbHG Rn. 49; Lutter/Hommelhoff/*Bayer*, § 47 Rn. 32.

[7] Scholz/*Schmidt K.*, § 47 Rn. 102.

[8] Bork/Schäfer/*Casper*, § 47 Rn. 50; HK-GmbHG/*Bergjan*, § 47 Rn. 26; Lutter/Hommelhoff/*Bayer*, § 47 Rn. 43; Scholz/*Schmidt K.*, § 47 Rn. 141.

[9] BGHZ 97, 28 (33); BeckOK GmbHG/*Schindler*, § 47 Rn. 107; Bork/Schäfer/*Casper*, § 47 Rn. 50.

[10] Scholz/*Schmidt K.*, § 46 Rn. 110.

[11] Baumbach/Hueck/*Zöllner/Noack*, § 38 Rn. 3; Henssler/Strohn/*Oetker*, § 38 GmbHG Rn. 4; MHLS/*Terlau*, § 38 Rn. 3; *Drygala/Staake/Szalai*, § 11 Rn. 25.

[12] Vgl. statt aller Scholz/*Schmidt K.*, § 46 Rn. 76 m. w. N.

handelt.[13] Ob ein wichtiger Grund tatsächlich vorliegen muss,[14] oder ob es genügt, dass über eine Abberufung aus wichtigem Grund abgestimmt werden soll,[15] kann dahinstehen, wenn ein wichtiger Grund tatsächlich vorliegt.

aa) Abberufung aus wichtigem Grund

Bei dem zwischen der GmbH und *L* bestehenden Organverhältnis handelt es sich um ein gesetzliches Dauerschuldverhältnis. Ein solches kann nach § 314 Abs. 1 S. 1 BGB jederzeit von beiden Vertragsteilen aus wichtigem Grund beendet werden. Folglich kann die Abberufung von *L* auf einen wichtigen Grund gestützt werden, obwohl der Gesellschaftsvertrag der GmbH die Abberufung des Geschäftsführers nicht gem. § 38 Abs. 2 GmbHG auf einen wichtigen Grund beschränkt.

Ein wichtiger Grund zur Abberufung von *L* als Geschäftsführer liegt nach § 314 Abs. 1 S. 2 BGB vor, wenn der weitere Verbleib von *L* in seinem Amt der Gesellschaft und ihren Gesellschaftern unter Berücksichtigung aller Umstände des Einzelfalls und unter Abwägung der beiderseitigen Interessen bis zum Ablauf einer Kündigungsfrist nicht zugemutet werden kann.

(1) Wichtiger Grund

Ein wichtiger Grund kann nach § 314 Abs. 2 S. 1 BGB in der Verletzung einer Pflicht aus dem Vertrag liegen. Als Pflichtverletzung von *L* kommt eine Verletzung der ihm kraft des Organverhältnisses gem. § 43 Abs. 1 GmbHG obliegenden Loyalitätspflicht gegenüber den Gesellschaftern in Betracht.

Die Geschäftsführerstellung setzt gem. § 43 Abs. 1 GmbHG die Sorgfalt eines ordentlichen Geschäftsmannes voraus. Hierzu gehört auch eine vertrauensvolle und loyale Zusammenarbeit mit den Gesellschaftern als „Herren der Gesellschaft" (§ 242 BGB).[16] Das Schreiben von *L* kann eine Verletzung der Loyalitätspflicht und damit einen wichtigen Grund nach § 314 Abs. 2 S. 1 BGB darstellen. Das Schreiben enthält unwahre Aussagen über *R*. *L* bezichtigt *R* als Gesellschafter und Geschäftsführer krimineller Machenschaften. Mit dem Schreiben handelt *L* nicht im Interesse der GmbH. Vielmehr ist alleiniger Zweck des Schreibens die unberechtigte Beschuldigung von *R* als Mitgeschäftsführer und Mitgesellschafter in zudem unangemessener, persönlich verunglimpfender Weise. Von wesentlicher Bedeutung ist dabei, dass *L* die unwahren Beschuldigungen durch das Schreiben, offenbar in Diffamierungsabsicht,

---

13 Im Ergebnis ebenso, wenngleich nicht zwingend aus § 47 Abs. 4 GmbHG, sondern allgemeinen Prinzipien BGHZ 34, 367 (371); 86, 177 (179); 97, 28 (33); 102, 172 (176); *BGH* NJW 2009, 2300 (2303); Baumbach/Hueck/*Zöllner/Noack*, § 47 Rn. 85; BeckOK GmbHG/*Schindler*, § 47 Rn. 107; Bork/Schäfer/*Casper*, § 47 Rn. 50; HK-GmbHG/*Bergjan*, § 47 Rn. 26; Lutter/Hommelhoff/*Bayer*, § 47 Rn. 45; MHLS/*Römermann*, § 47 Rn. 240; Scholz/*Schmidt K.*, § 47 Rn. 141; BeckHdb.GmbH/*Fischer/Gerber*, § 4 Rn. 106; MünchHdb.GesR III/*Marsch-Barner/Dieckmann*, § 42 Rn. 61; *Drygala/Staake/Szalai*, § 11 Rn. 30; *Trölitzsch*, VGR 2017, 117 (135).

14 So Baumbach/Hueck/*Zöllner/Noack*, § 47 Rn. 85; Bork/Schäfer/*Casper*, § 47 Rn. 50; Henssler/Strohn/*Hillmann*, § 47 GmbHG Rn. 68; Lutter/Hommelhoff/*Bayer*, § 47 Rn. 45; MHLS/*Römermann*, § 47 Rn. 244; dezidiert *Trölitzsch*, VGR 2017, 117 (148).

15 So Lutter/Hommelhoff/*Kleindiek*, § 37 Rn. 17; MüKoGmbHG/*Drescher*, § 47 Rn. 164; Rowedder/Schmidt-Leithoff/*Koppensteiner/Gruber*, § 47 Rn. 77; Scholz/*Schmidt K.*, § 46 Rn. 76; *ders.* GmbHR 2017, 670 (671 f.); einschränkend HK-GmbHG/*Lücke/Simon*, § 38 Rn. 50; MünchHdb.GesR III/*Marsch-Barner/Dieckmann*, § 42 Rn. 62; *Drygala/Staake/Szalai*, § 11 Rn. 30.

16 Lutter/Hommelhoff/*Kleindiek*, § 43 Rn. 17; MHLS/*Haas/Ziemons*, § 43 Rn. 53; Scholz/*Schneider U. H.*, § 43 Rn. 142.

der Staatsanwaltschaft sowie der Belegschaft der GmbH und dem Arbeitgeberverband hat zukommen lassen. Zumindest mit dieser öffentlichen unberechtigten Kritik an dem Mehrheitsgesellschafter hat *L* die Loyalitätspflicht gegenüber *R* verletzt.

Mit dem Schreiben verletzt *L* folglich seine Loyalitätspflicht gegenüber den Gesellschaftern. Dies stellt eine Pflichtverletzung dar.

(2) Unzumutbarkeit

Der Verbleib von *L* im Geschäftsführeramt muss der GmbH aufgrund dieser Pflichtverletzung unzumutbar sein. Dies setzt nach § 314 Abs. 1 S. 2 BGB eine Gesamtabwägung unter Berücksichtigung aller Umstände des Einzelfalles voraus.

Einerseits besteht Interesse von *L* als Gesellschafter-Geschäftsführer am Fortbestand seines Geschäftsführeramtes zur Mitarbeit an der Leitung der Gesellschaft. Andererseits hat die GmbH ein Interesse daran, dass zwischen ihren Geschäftsführern ein vertrauensvolles Verhältnis besteht. So nehmen die Geschäftsführer gem. § 35 Abs. 2 S. 1 GmbHG ihre Aufgaben grundsätzlich gemeinschaftlich, das heißt kollegial, wahr. Dies gilt aber auch, wenn sie alleingeschäftsführungs- und vertretungsbefugt sind. Dieses Interesse der GmbH ist gegen das Interesse von *L* am Fortbestand seines Amtes abzuwägen.

Durch öffentliche Diffamierungen ist nicht nur das Vertrauensverhältnis zwischen *R* und *L* erheblich beschädigt. Die Angabe gegenüber den Strafverfolgungsbehörden sowie die Veröffentlichung der Behauptungen sind zudem auch darauf gerichtet, dass öffentliche Ansehen von *R* dauerhaft zu beschädigen. Insbesondere gegenüber der Belegschaft der GmbH wird seine Autorität „untergraben". Damit ist eine wesentliche Grenze überschritten. Folglich ist eine weitere Zusammenarbeit unmöglich geworden, sodass *L* fortan als Geschäftsführer untragbar ist.

Die sofortige Abberufung von seinem Amt ist mithin gerechtfertigt. Der Verbleib von *L* im Geschäftsführeramt ist der GmbH unzumutbar.

bb) Zwischenergebnis

Demnach handelt es sich bei der Abberufung um eine Abberufung aus wichtigem Grund. Folglich unterliegt *L* bei der Beschlussfassung über die Abberufung aus wichtigem Grund einem Stimmverbot nach § 47 Abs. 4 S. 1, 1. Fall GmbHG.

b) Stimmverbot nach § 47 Abs. 4 S. 2, 1. Fall GmbHG

Ein Stimmverbot von *L* bei der Abberufung als Geschäftsführer kann sich zudem aus § 47 Abs. 4 S. 2, 1. Fall GmbHG ergeben. Dann muss es sich bei der Abberufung als Geschäftsführer um die Vornahme eines Rechtsgeschäfts handeln.

Zwar stellt die Abberufung eine einseitig empfangsbedürftige, auf die Herbeiführung einer Rechtsfolge gerichtete Willenserklärung der GmbH gegenüber dem Gesellschafter-Geschäftsführer *L* und damit die Vornahme eines Rechtsgeschäfts dar, sodass die Abberufung vom Wortlaut der Vorschrift erfasst ist. Unter § 47 Abs. 2 S. 2, 1. Fall GmbHG können nach dem Sinn und Zweck der Vorschrift aber nur „private" Rechtsgeschäfte zwischen Gesellschafter und Gesellschaft, nicht dahingegen mitgliedschaftsrechtliche Rechtsgeschäfte fallen.[17] Von diesen sind alle Gesell-

[17] BGHZ 18, 205 (210); 48, 163 (166 f.); 51, 209 (215 f.); Baumbach/Hueck/*Zöllner/Noack*, § 47 Rn. 81; Bork/Schäfer/*Casper*, § 47 Rn. 55; Henssler/Strohn/*Hillmann*, § 47 GmbHG Rn. 63, 65; HK-GmbHG/*Bergjan*, § 47 Rn. 29; Lutter/Hommelhoff/*Bayer*, § 47 Rn. 49; MHLS/*Römermann*, § 47 Rn. 225; Scholz/*Schmidt K.*, § 47 Rn. 110; *Saenger*, Rn. 785.

schafter gleichermaßen betroffen. Sie sind überdies eng mit der Mitgliedschaft verbunden, sodass das Partizipationsinteresse des Gesellschafters Vorrang vor dem Schutz vor Interessenkonflikten haben muss. Dementsprechend ist die Abberufung des Gesellschafter-Geschäftsführers *L* keine Vornahme eines Rechtsgeschäftes i. S. d. § 47 Abs. 2 S. 2, 1. Fall GmbHG.

L unterliegt folglich keinem Stimmverbot nach § 47 Abs. 2 S. 2, 1. Fall GmbHG.

2. Zwischenergebnis

Die Stimmabgabe von *L* ist gleichwohl aufgrund des Stimmverbotes nach § 47 Abs. 4 S. 1, 1. Fall GmbHG ungültig.[18] Als abgegebene Stimmen sind daher nur die Stimmen von *R* und *C* zu werten. Die Stimmen von *R* für die Abberufung von *L* als Geschäftsführer aus wichtigem Grund genügen daher dem einfachen Mehrheitserfordernis und der Beschluss wurde wirksam gefasst.

B. Ergebnis

L wurde als Geschäftsführer der GmbH wirksam abberufen.

Abwandlung

Der Anstellungsvertrag von *L* ist wirksam fristlos gekündigt, wenn die gesetzlichen Voraussetzungen einer fristlosen Kündigung erfüllt sind. Bei dem Anstellungsvertrag zwischen der GmbH und *L* handelt es sich um einen Dienstvertrag, der eine Geschäftsbesorgung zum Gegenstand hat, § 675 Abs. 1 i. V. m. §§ 611 ff. BGB.[19] Die Wirksamkeit der Kündigung richtet sich daher nach §§ 626, 314 BGB.

A. Wichtiger Grund

Die fristlose Kündigung setzt nach § 626 Abs. 1 BGB zunächst einen wichtigen Grund voraus. Ein wichtiger Grund liegt nach § 626 Abs. 1 BGB vor, wenn Tatsachen vorliegen, auf Grund derer dem Kündigenden unter Berücksichtigung aller Umstände des Einzelfalles und unter Abwägung der Interessen beider Vertragsteile ein weiteres Festhalten am Vertrag nicht zugemutet werden kann.[20] Für die GmbH muss eine weitere Fortsetzung des Anstellungsverhältnisses mit *L* aufgrund des Vorliegens von Tatsachen folglich unzumutbar sein.

I. Vorliegen von Tatsachen

Dass die Geschäftsführerstellung von *L* wirksam widerrufen worden ist, führt gem. § 38 Abs. 1 GmbHG nicht zur automatischen Beendigung des Anstellungsvertrages und stellt auch keinen wichtigen Grund für dessen fristlose Kündigung dar.[21]

---

[18] Vgl. zur Rechtsfolge des Verstoßes gegen das Stimmverbot Baumbach/Hueck/*Zöllner/Noack* § 47 Rn. 104; BeckOK GmbHG/*Schindler*, § 47 Rn. 150; MHLS/*Römermann*, § 47 Rn. 308; MüKoGmbHG/*Drescher*, § 47 Rn. 215.

[19] Vgl. die Nachweise in Fall 7 Fn. 44.

[20] *BGH* NJW 1974, 278; 1993, 463 (464); NJW-RR 1996, 155 (156); Baumbach/Hueck/*Zöllner/Noack*, § 35 Rn. 218; Bork/Schäfer/*Jacoby*, § 38 Rn. 26; Erman/*Belling*, § 626 Rn. 37; Lutter/Hommelhoff/*Kleindiek*, Anh zu § 6 Rn. 57.

[21] *BGH* NJW-RR 1990, 1123 (1124); 1996, 155 (156); Baumbach/Hueck/*Zöllner/Noack*, § 38 Rn. 96; Bork/Schäfer/*Jacoby*, § 38 Rn. 8; Lutter/Hommelhoff/*Kleindiek*, Anh zu § 6 Rn. 44; HK-GmbHG/*Lücke/Simon*, Rn. 60; MüKoGmbHG/*Stephan/Tieves*, § 38 Rn. 175; Roth/Altmeppen/*Altmeppen*, § 38 Rn. 5.

Als Tatsachen i. S. d. § 626 Abs. 1 BGB kommen insbesondere Pflichtverletzungen aus dem Dienstvertrag in Betracht. Dies ist im Falle des Anstellungsvertrages eines Geschäftsführers die Verletzung der Pflicht zur Geschäftsbesorgung, also zur Führung der Geschäfte der GmbH, und zur Einhaltung der Organpflichten. Auch aus dem Anstellungsvertrag ergibt sich die Pflicht zur vertrauensvollen und loyalen Zusammenarbeit mit den Gesellschaftern, § 242 BGB.[22] Diese Loyalitätspflicht hat *L* verletzt.[23]

II. Unzumutbarkeit

Das Festhalten am Vertrag muss der GmbH aufgrund der Loyalitätspflichtverletzung unzumutbar sein.

Einerseits besteht das Interesse von *L* am Bestand des Vertrages bis zum Ende der regulären Vertragslaufzeit. Andererseits hat die GmbH ein, aus dem Interesse ihrer Gesellschafter abgeleitetes, Interesse daran, dass zwischen (Fremd-)Geschäftsführer und Gesellschaftern ein vertrauensvolles Verhältnis besteht. Dieses Interesse der GmbH ist gegen das Interesse von *L* am Fortbestand seines Amtes abzuwägen. Die Gesellschafter nehmen mittelbar an der Geschäftsführung teil (§ 37 Abs. 1 a. E. GmbHG) und müssen darauf vertrauen können, dass ihre Entscheidungen loyal umgesetzt werden. Zudem verwaltet *L* die Vermögensinteressen der Gesellschafter. Auch hier ist eine weitere Zusammenarbeit unmöglich geworden[24], sodass das Interesse der Gesellschaft das Interesse von *L* überwiegt und die sofortige Abberufung sowie auch die fristlose Auflösung des Anstellungsverhältnisses gerechtfertigt sind.

Das Festhalten am Vertrag ist der GmbH folglich unzumutbar.

B. Abhilfefrist und Abmahnung

Der wichtige Grund zur fristlosen Kündigung liegt in der Verletzung einer Pflicht aus dem Vertrag, sodass die GmbH dem *L* eine angemessene Abhilfefrist gem. § 314 Abs. 2 S. 1 BGB gesetzt oder ihn erfolglos abgemahnt haben muss. Weder hat die GmbH dem *L* eine angemessene Abhilfefrist gesetzt, noch ihn erfolglos abgemahnt.

Dies kann jedoch nach § 314 Abs. 2 S. 2 i. V. m. § 323 Abs. 2 Nr. 3 BGB entbehrlich sein. Dazu müssen besondere Umstände vorliegen, die unter Abwägung der beiderseitigen Interessen die sofortige Vertragsbeendigung rechtfertigen. Die Fristsetzung soll dem Schuldner sein vertragswidriges Verhalten vor Augen führen und ihm die Möglichkeit geben, zu einem vertragsgemäßen Verhalten zurückzukehren.[25] Dabei zielen die Abhilfefrist und die Abmahnung insbesondere auf Vertragsparteien mit besonderer Schutzbedürftigkeit, die sich i. d. R. über die Folgen ihrer Pflichtverletzungen nicht im Klaren sind. Diese Gesichtspunkte können auf den GmbH-Geschäftsführer jedoch nicht übertragen werden.[26] Dieser übt die Unternehmensleitung und Arbeitgeberfunktion aus und ist sich regelmäßig über seine Pflichten und über die Tragweite etwaiger Pflichtverletzungen auch ohne besondere Hinweise und Ermahnungen im Klaren. Dies sind besondere Umstände i. S. d. § 323 Abs. 2 Nr. 3

---

22 Vgl. zur Bedeutung des Gesellschaftsvertrages für das Pflichtenprogramm des Geschäftsführers MHLS/*Haas/Ziemons*; § 43 Rn. 144; MüKoGmbHG/*Fleischer*, § 43 Rn. 50.

23 Vgl. oben im Ausgangsfall unter A. II. 1. a) aa) (1).

24 Vgl. oben im Ausgangsfall unter A. II. 1. a) aa) (2).

25 MüKoBGB/*Gaier*, § 314 Rn. 16; Palandt/*Grüneberg*, § 314 Rn. 8.

26 *BGH* NJW 2000, 1864 (1866); 2000, 1638; NJW-RR 2007, 1520; Baumbach/Hueck/*Zöllner/Noack*, § 35 Rn. 221 m. w. N.

BGB, die bei Vorliegen eines wichtigen Grundes nach § 626 Abs. 1 BGB die sofortige Vertragsbeendigung rechtfertigen.

Dementsprechend besteht keine Notwendigkeit einer angemessenen Abhilfefrist oder einer Abmahnung nach § 314 Abs. 2 S. 1 BGB.

C. Fristgerechte Kündigungserklärung

Die GmbH muss *L* die Kündigung fristgerecht erklärt haben.

I. Kündigungserklärung

Die Kündigung kann durch die Gesellschafter mit Wirkung für die GmbH gem. § 164 Abs. 1 S. 1 BGB erklärt worden sein. *R* hat eine eigene Willenserklärung im Namen der GmbH abgegeben. Dabei handelte er gem. § 35 Abs. 1 GmbHG als neu bestellter Geschäftsführer mit Vertretungsmacht. Die GmbH hat *L* folglich die Kündigung erklärt.

Die Kündigungserklärung ist *L* gem. § 130 Abs. 1 S. 1 BGB am 15.12.2018 zugegangen.

Die mündliche Kündigungserklärung kann jedoch nach § 125 BGB formnichtig sein. In Betracht kommt ein Verstoß gegen das Schriftformerfordernis nach § 623 BGB. Dies setzt jedoch ein Arbeitsverhältnis voraus. GmbH-Geschäftsführer sind keine Arbeitnehmer, sondern üben die Unternehmensleitung und Arbeitgeberfunktion aus.[27] Dementsprechend findet § 623 BGB keine Anwendung. Ein anderes Formerfordernis besteht nicht.[28] Die fernmündlich erfolgte Kündigungserklärung ist demnach formwirksam.

II. Kündigungsfrist

Die Kündigung muss gem. § 626 Abs. 2 S. 1 BGB innerhalb von zwei Wochen erklärt worden sein.

1. Kenntniserlangung der Gesellschafterversammlung

Nach dem Wortlaut von § 626 Abs. 2 S. 2 BGB beginnt die Kündigungsfrist mit dem Zeitpunkt, in dem der Kündigungsberechtigte von den für die Kündigung maßgebenden Tatsachen Kenntnis erlangt. Kündigungsberechtigt ist die GmbH. Diese erlangt über das für die Kündigung zuständige Organ Kenntnis.[29] Für die Kündigung sind entsprechend § 46 Nr. 5 GmbHG die Gesellschafter zuständig.[30] Sie bilden ihren Willen gem. §§ 47 Abs. 1, 48 Abs. 1 GmbHG durch Beschluss in der Gesellschafterversammlung. Zuständiges Organ ist folglich die Gesellschafterversammlung. Daher beginnt die Frist nach dem Wortlaut von § 626 Abs. 2 S. 2 BGB erst, wenn die für die Kündigung des Anstellungsvertrages von *L* maßgeben-

---

[27] Vgl. nur BGHZ 10, 187 (191); 49, 30 (31); Baumbach/Hueck/*Zöllner/Noack*, § 35 Rn. 172; Lutter/Hommelhoff/*Kleindiek*, Anh zu § 6 Rn. 5.

[28] MüKoGmbHG/*Stephan/Tieves/Jaeger/Steinbrück*, § 35 Rn. 414.

[29] BGHZ 139, 89 (92); *BGH* NJW 2013, 2425 (2426); Baumbach/Hueck/*Zöllner/Noack*, § 35 Rn. 225; Henssler/Strohn/*Hillmann*, § 35 GmbHG Rn. 162; Lutter/Hommelhoff/*Kleindiek*, Anh zu § 6 Rn. 64; MüKoGmbHG/*Stephan/Tieves/Jaeger/Steinbrück*, § 35 Rn. 432.

[30] Baumbach/Hueck/*Zöllner/Noack*, § 46 Rn. 36; BeckOK GmbHG/*Schindler*, § 46 Rn. 59; Henssler/Strohn/*Mollenkopf*, § 46 GmbHG Rn. 23; MHLS/*Römermann*, § 46 Rn. 246; MüKoGmbHG/*Liebscher*, § 46 Rn. 125; Scholz/*Schmidt K.*, § 46 Rn. 70.

den Tatsachen der Gesellschafterversammlung unterbreitet wurden,[31] die daraus die gebotenen Konsequenzen ziehen kann.[32]

Die Gesellschafter traten am 15.12.2018 als Gesellschafterversammlung zusammen. Die GmbH erlangte daher am 15.12.2018 vom Kündigungssachverhalt Kenntnis. Die Kündigung wurde noch am selben Tag erklärt. Die Kündigungserklärung wäre damit fristgerecht erfolgt.

2. Kenntniserlangung von *R*

Nach dem Normzweck von § 626 Abs. 2 BGB kann es aber erforderlich sein, für die Kenntniserlangung ausnahmsweise auf einen früheren Zeitpunkt abzustellen. Zweck der Frist nach § 626 Abs. 2 BGB ist die Schaffung von Rechtssicherheit. Der Kündigungsgegner soll möglichst schnell darüber Klarheit haben, ob das Dienstverhältnis aufgrund des wichtigen Grundes beendet wird oder fortbesteht.[33] Erlangt ein Gesellschafter, der die Einberufung der Gesellschafterversammlung gem. § 50 Abs. 1 GmbHG verlangen oder die Gesellschafterversammlung gem. § 50 Abs. 3 S. 1 GmbHG selbst einberufen kann, von den für die Kündigung maßgebenden Tatsachen Kenntnis und verzögert die Einberufung unangemessen, muss sich die GmbH daher so behandeln lassen, als wäre die Gesellschafterversammlung mit der billigerweise zumutbaren Beschleunigung einberufen worden.[34]

a) Unangemessene Verzögerung

Die Kündigungserklärung ist nur fristgerecht erfolgt, wenn *R* als hierzu berechtigter Gesellschafter weder sein Verlangen zur Einberufung nach § 50 Abs. 1 GmbHG mit unangemessener Verzögerung erklärt, noch die Einberufung selbst gem. § 50 Abs. 3 GmbHG mit unangemessener Verzögerung vorgenommen hat.

aa) Einberufungsverlangen nach § 50 Abs. 1 GmbHG

Zunächst kann *R* die Einberufung der Gesellschafterversammlung nach § 50 Abs. 1 GmbHG mit unangemessener Verzögerung verlangt haben.

R ist mit 50 %, damit mit mehr als 10 % an der GmbH beteiligt. Bei Verlangen der Einberufung gibt er die Abberufung des Geschäftsführers *L* sowie die Kündigung von dessen Anstellungsvertrag als Beschlussgegenstand i. S. d. § 46 Nr. 5 GmbHG und damit einen zulässigen Versammlungszweck an. Er ist folglich berechtigt, die Einberufung der Gesellschafterversammlung zu verlangen.

R hatte von den für die Kündigung maßgebenden Tatsachen am 12.9.2018 Kenntnis. Sein Einberufungsverlangen am 17.9.2018 äußert er folglich ohne unangemessene Verzögerung.

---

[31] *BGH* NJW 2000, 1864 (1866); Baumbach/Hueck/*Zöllner/Noack*, § 35 Rn. 225; Henssler/Strohn/*Hillmann*, § 35 GmbHG Rn. 162; Lutter/Hommelhoff/*Kleindiek*, Anh zu § 6 Rn. 64; MüKoGmbHG/*Stephan/Tieves/Jaeger/Steinbrück*, § 35 Rn. 433; Roth/Altmeppen/*Altmeppen*, § 6 Rn. 143; Scholz/*Schneider U. H./Hohenstatt*, § 35 Rn. 496.

[32] BGHZ 139, 89 (92); MüKoGmbHG/*Stephan/Tieves/Jaeger/Steinbrück*, § 35 Rn. 432.

[33] MüKoBGB/*Henssler*, § 626 Rn. 28.

[34] BGHZ 139, 89 (93); *BGH* NJW 2013, 2425 (2426); Baumbach/Hueck/*Zöllner/Noack*, § 35 Rn. 226; Henssler/Strohn/*Hillmann*, § 35 GmbHG Rn. 163; Lutter/Hommelhoff/*Kleindiek*, Anh zu § 6 Rn. 65; MüKoGmbHG/*Stephan/Tieves/Jaeger/Steinbrück*, § 35 Rn. 433; Scholz/*Schneider U. H./Hohenstatt*, § 35 Rn. 497.

bb) Einberufung nach § 50 Abs. 3 GmbHG

Allerdings kann *R* die Einberufung selbst nach § 50 Abs. 3 S. 1 GmbHG mit unangemessener Verzögerung vorgenommen haben.

R muss zur Einberufung nach § 50 Abs. 3 S. 1 GmbHG berechtigt gewesen sein. Dazu muss dem berechtigten Einberufungsverlangen von *R* nicht innerhalb eines angemessenen Zeitraums entsprochen worden sein. *R* war nach § 50 Abs. 1 GmbHG zum Verlangen der Einberufung berechtigt.[35] Er verlangte am 17.9.2018 die Einberufung der Gesellschafterversammlung. Der Geschäftsführer ist nach §§ 49 Abs. 1, 50 Abs. 1 GmbHG jedoch nicht zur sofortigen, sondern nur zur zeitnahen Einberufung auf Verlangen eines Gesellschafters verpflichtet.[36] Dabei sind die Einberufungsfrist nach § 51 Abs. 1 S. 2 GmbHG sowie die gegebenenfalls notwendigen Vorbereitungsmaßnahmen bzw. die Dringlichkeit der Maßnahme zu berücksichtigen. Die Einberufungsfrist beträgt nach § 51 Abs. 1 S. 2 GmbHG eine Woche. Die Beschlussgegenstände der Versammlung sind klar umschrieben, sodass *L* selbst bei einem großzügig bemessenen Vorbereitungszeitraum die Versammlung spätestens nach einem Monat am 17.10.2018 hätte stattfinden lassen können.[37] Er hat damit dem Einberufungsverlangen von *R* nicht innerhalb eines angemessenen Zeitraums entsprochen. Dementsprechend war *R* spätestens am 17.10.2018 zur Einberufung der Gesellschafterversammlung berechtigt.

Die Einberufungsberechtigung nach § 50 Abs. 3 S. 1 GmbHG kann *R* mit unangemessener Verzögerung ausgeübt haben. Auch Minderheitsgesellschafter sind nicht zur sofortigen, sondern unter Berücksichtigung der Einberufungsfrist und erforderlichen Vorbereitungsmaßnahmen zur Einberufung ohne unangemessene Verzögerung verpflichtet.[38] Die Möglichkeit zur Einberufung nach § 50 Abs. 3 S. 1 GmbHG bestand somit spätestens am 17.10.2017. Bei Zugrundelegung des gleichen Zeitraums wie für Geschäftsführer *L* hätte die Versammlung spätestens am 16.11.2018 stattfinden können. Die Gesellschafterversammlung tritt indessen erst am 15.12.2018 zusammen.

Die Einberufung durch *R* nach § 50 Abs. 3 S. 1 GmbHG erfolgte folglich mit unangemessener Verzögerung.

b) Zwischenergebnis

Der maßgebliche Zeitpunkt des Fristbeginns nach § 626 Abs. 2 S. 2 BGB war mithin der 17.11.2017. Die Frist endete daher gem. §§ 187 Abs. 1, 188 Abs. 2, 1. Fall, 193 BGB am 3.12.2017. Die Kündigungserklärung ging *L* jedoch erst am 15.12.2018 zu. Die Kündigung wurde folglich nicht fristgerecht erklärt.

D. Ergebnis

Der Anstellungsvertrag von *L* wurde nicht wirksam fristlos gekündigt.

---

[35] Vgl. dazu in der Abwandlung unter C. II. 2. a) aa).

[36] Baumbach/Hueck/*Zöllner/Noack*, § 50 Rn. 8; Henssler/Strohn/*Hillmann*, § 50 GmbHG Rn. 10; Lutter/Hommelhoff/*Bayer*, § 50 Rn. 8; MHLS/*Römermann*, § 50 Rn. 71; MüKoGmbHG/*Liebscher*, § 50 Rn. 32.

[37] Vgl. BGHZ 87, 1 (2 f.); 139, 89 (94); Lutter/Hommelhoff/*Bayer*, § 50 Rn. 11; MüKoGmbHG/*Stephan/Tieves/Jaeger/Steinbrück*, § 35 Rn. 435; vgl. hierzu auch Bd. II Fall 2, A. VII. 4. a) aa).

[38] Baumbach/Hueck/*Zöllner/Noack*, § 35 Rn. 226; MüKoGmbHG/*Stephan/Tieves/Jaeger/Steinbrück*, § 35 Rn. 435.

Fall 9. Der verheimlichte Sohn

Schwerpunkt im Kapitalgesellschaftsrecht (GmbH):

Gutgläubiger Erwerb eines Geschäftsanteils nach § 16 Abs. 3 GmbHG

Sachverhalt[1]

An der S-GmbH sind seit ihrer Gründung in 1990 *Sebastian Scholz (S)* mit 40 % und *Thomas Trichter (T)* mit 60 % beteiligt. In das Handelsregister ist folgende Gesellschafterliste aufgenommen:

Nr. der Geschäftsanteile (GA)	Vor- und Nachname/Firma des Gesellschafters	Geburtsdatum	(Wohn-)Sitz des Gesellschafters	Nennbetrag je GA	prozentuale Beteiligung am Stammkapital
1 bis 10.000	Sebastian Scholz	23.1.1961	Netphen	1,00 EUR	40 %
10.001 bis 25.000	Thomas Trichter	22.7.1959	Siegen	1,00 EUR	60 %

Am 6.10.2017 kommt *S* bei einem Jagdunfall ums Leben. In einem formgültigen Testament aus dem Jahr 2005 benennt *S* seine langjährige Lebensgefährtin *Elisabeth Elsing (E)* als alleinige Erbin. Am 30.10.2017 wird folgende durch den Geschäftsführer *Gerd Groß (G)* der S-GmbH geänderte und eingereichte Gesellschafterliste in das Handelsregister aufgenommen:

Nr. der Geschäftsanteile (GA)	Vor- und Nachname/Firma des Gesellschafters	Geburtsdatum	(Wohn-)Sitz des Gesellschafters	Nennbetrag je GA	prozentuale Beteiligung am Stammkapital
1 bis 10.000	Elisabeth Elsing	20.8.1965	Netphen	1,00 EUR	40 %
10.001 bis 25.000	Thomas Trichter	22.7.1969	Siegen	1,00 EUR	60 %

Ende Dezember 2017 wird ein weiteres formgültiges Testament von *S* aus dem Jahr 2011 aufgefunden, in dem er *Wolfgang Wenig (W)* zum alleinigen Erben bestimmt. *W* ist der uneheliche Sohn von *S* mit *Julia Wenig*. Am 8.1.2018 verlangt *W* von *G*, ihn als Inhaber der Anteile in die Gesellschafterliste einzutragen. Die zutiefst gekränkte *E* hatte bislang noch keine Kenntnis von der Existenz von *W* und weigert sich, das neue Testament anzuerkennen. Sie behauptet, es sei gefälscht. In Absprache mit *T* untersagt sie *G*, die Eintragung in die Gesellschafterliste vorzunehmen. Aus Unsicherheit darüber, welches

[1] Es handelt es sich um den aktualisierten und gründlich überarbeiteten Fall von *Schöne/Arens*, JuS 2015, 813 ff.

Testament gültig ist, teilt *G* dem *W* daraufhin mit, dass er die Eintragung auf Grund von Zweifeln an der Wirksamkeit des Testaments aus dem Jahr 2011 nicht vornehmen könne.

Am 7.2.2018 findet eine Gesellschafterversammlung statt, zu der *G* die Gesellschafter *E* und *T* eingeladen hat. In der Versammlung wird mit den Stimmen von *E* und *T* der Jahresabschluss für das abgelaufene Geschäftsjahr 2017 festgestellt und ein Ergebnisverwendungsbeschluss gefasst. Auf Grund dieses Beschlusses zahlt die S-GmbH am 18.2.2018 an *E* einen Gewinnanteil i. H. v. 20.000 EUR aus.

Ende Februar 2018 verlangt *W* erneut Eintragung in die Gesellschafterliste. Als Nachweis für seine Gesellschafterstellung legt er einen vom zuständigen Nachlassgericht entsprechend erstellten Erbschein vor. Trotz intensiver Gespräche mit *G* sowie *E* und *T* kann *W* diese nicht davon überzeugen, der wahre Erbe der Geschäftsanteile zu sein. Eine Änderung der Gesellschafterliste lehnen diese strikt ab. *W* bleibt in der folgenden Zeit in dieser Angelegenheit untätig.

Im November 2018 fasst *E* nach Rücksprache mit *T* den Entschluss, „ihre" Geschäftsanteile an die A-GmbH zu veräußern. Bei den Vertragsverhandlungen erlangt *A*, der alleinige Geschäftsführer der A-GmbH, von den bisherigen Vorkommnissen keine Kenntnis; er nimmt zwar Einblick in die Gesellschafterliste, führt jedoch keine weiteren Nachforschungen durch. Am 9.12.2018 werden der Kaufvertrag und der Abtretungsvertrag zwischen *S* und der A-GmbH, vertreten durch *A*, über die Anteile Nrn. 1–10.000 an der S-GmbH durch den Notar *N* ordnungsgemäß beurkundet. Als Gegenleistung zahlt die A-GmbH an *E* einen angemessenen Kaufpreis i. H. v. 500.000 EUR. Noch am selben Tag trägt *N* die A-GmbH als Inhaberin der Anteile Nrn. 1–10.000 in die Gesellschafterliste zum Handelsregister ein. Am 6.1.2019 wird die neue Gesellschafterliste in das Handelsregister aufgenommen.

Kurz darauf erlangt *W* hiervon Kenntnis. Er bittet Sie um die Beantwortung folgender Fragen:

1. Ist *W* Inhaber der Geschäftsanteile Nrn. 1–10.000?
2. Hat *W* Ansprüche gegenüber *E*?

Bearbeitervermerk: Bei Frage 2 sind nur Ansprüche aus Geschäftsführung ohne Auftrag und Bereicherungsrecht zu prüfen.

Lösung

A. Frage 1: Ist W Inhaber der Geschäftsanteile Nrn. 1–10.000?

I. Erwerb der Geschäftsanteile durch Erbfolge

W kann die Geschäftsanteile Nrn. 1–10.000 an der S-GmbH gem. § 1922 Abs. 1 BGB mit dem Erbfall von *S* erworben haben. Dann müssen diese Geschäftsanteile Teil der Erbschaft von *S* i. S. d. § 1922 Abs. 1 BGB sein. *S* war ursprünglich Inhaber dieser Geschäftsanteile. Sie waren somit Teil seines Vermögens und gem. § 15 Abs. 1 GmbHG auch vererblich.

Weiterhin muss *W* Erbe der Geschäftsanteile sein. Zunächst hat *S* im Jahr 2005 formgültig testamentarisch *E* als Erbin eingesetzt (vgl. § 1937 BGB). Er kann dieses Testament jedoch nach § 2258 Abs. 1 BGB widerrufen haben. Dann muss *S* ein späteres Testament errichtet haben, das im Widerspruch zu dem Testament aus dem Jahr 2005 steht. In dem von *S* im Jahr 2011 errichteten Testament hat er *W* als Erben eingesetzt.[2] Anzeichen für eine – von *E* lediglich behauptete – Fälschung dieses Testaments sind nicht ersichtlich. *S* hat sein Testament aus dem Jahr 2005 insoweit gem. § 2258 Abs. 1 BGB widerrufen. Damit ist *W* Erbe gem. § 1937 BGB und hat die Geschäftsanteile Nrn. 1–10.000 der S-GmbH mit dem Erbfall von *S* gem. § 1922 Abs. 1 BGB erworben.

II. Verlust durch Abtretung an die A-GmbH

W kann die im Erbwege erworbenen Geschäftsanteile an der S-GmbH jedoch durch deren Veräußerung von *E* an die A-GmbH verloren haben.

1. Abtretungsvertrag

Bei der Veräußerung der Geschäftsanteile handelt es sich um die Übertragung von Rechten. Sie setzt daher gem. §§ 413, 398 S. 1 BGB einen wirksamen Abtretungsvertrag voraus.[3] *E* und die A-GmbH, diese gem. § 35 Abs. 1 S. 1 GmbHG vertreten durch ihren Geschäftsführer *A*, haben am 9.12.2018 vertraglich vereinbart, dass die Geschäftsanteile Nrn. 1–10.000 auf die A-GmbH übertragen werden. Eine hinreichend bestimmte[4] Einigung zwischen *E* und der A-GmbH liegt vor. Der Vertrag wurde notariell beurkundet und damit auch formwirksam geschlossen (vgl. § 15 Abs. 3 GmbHG).

E ist jedoch nicht Inhaberin der Geschäftsanteile Nrn. 1–10.000 und somit zu deren Abtretung nicht berechtigt. Inhaber bzw. Berechtigter ist *W*. Der Abtretungsvertrag bedarf zu seiner Wirksamkeit somit gem. § 185 BGB der Zustimmung von *W*. Eine Einwilligung durch *W* nach § 183 BGB ist nicht ersichtlich. Der Abtretungsvertrag ist daher gem. §§ 185 Abs. 2, 1. Var, 184 Abs. 1 BGB grundsätzlich bis zur Genehmigung durch *W* (schwebend) unwirksam.

2. Gutgläubiger Erwerb gem. § 16 Abs. 3 S. 1 GmbHG

Die A-GmbH kann die Geschäftsanteile an der S-GmbH durch den Abtretungsvertrag mit *E* jedoch auch ohne Zustimmung des verfügungsberechtigten *W* gem. § 16 Abs. 3 S. 1 GmbHG gutgläubig erworben haben.

a) Unrichtigkeit der Gesellschafterliste

Dann muss die Gesellschafterliste unrichtig und *E* Nichtberechtigte i. S. d. § 16 Abs. 3 S. 1 GmbHG sein. Durch die Vorschrift wird der gute Glaube an die Rechtsinhaberschaft des in der Gesellschafterliste (§ 40 GmbHG) Eingetragenen an den Geschäftsanteilen geschützt.[5] Nicht geschützt wird etwa der gute Glaube in die

---

[2] Vgl. hierzu BeckOK BGB/*Litzenburger*, § 2258 Rn. 5; MüKoBGB/*Hagena*, § 2258 Rn. 3.

[3] Zur Übertragung von GmbH-Geschäftsanteilen durch dinglichen Abtretungsvertrag vgl. statt aller Baumbach/Hueck/*Fastrich*, § 15 Rn. 21 ff.; Roth/Altmeppen/*Altmeppen*, § 15 Rn. 16.

[4] Zum Bestimmtheitserfordernis des Abtretungsvertrags vgl. *BGH* NJW-RR 1987, 807 (808); BeckOK GmbHG/*Wilhelmi*, § 15 Rn. 13; Bork/Schäfer/*Brandes*, § 15 Rn. 40; Groß-Komm-GmbHG/*Löbbe*, § 15 Rn. 117; HK-GmbHG/*Pfisterer*, § 15 Rn. 59; Lutter/Hommelhoff/*Bayer*, § 15 Rn. 3; Roth/Altmeppen/*Altmeppen*, § 15 Rn. 17; Scholz/*Seibt*, § 15 Rn. 89.

[5] BGHZ 191, 84 Rn. 17; *Raiser/Veil*, § 40 Rn. 31; Baumbach/Hueck/*Fastrich*,§ 16 Rn. 29; HK-GmbHG/*Pfisterer*, § 16 Rn. 27; Lutter/Hommelhoff/*Bayer*, § 16 Rn. 70; MüKoGmbHG/*Heidinger*, § 16 Rn. 319; Rowedder/Schmidt-Leithoff/*Pentz*, § 16 Rn. 73; *Hirte*, Rn. 4.73a.

Existenz der Geschäftsanteile[6] oder in deren freie Übertragbarkeit (vgl. § 15 Abs. 5 GmbHG).[7] Eine durch § 16 Abs. 3 S. 1 GmbHG überwindbare Unrichtigkeit bzw. Nichtberechtigung ist daher nur gegeben, wenn der Veräußerer im Zeitpunkt der Abtretung zwar als Inhaber der Geschäftsanteile in der Gesellschafterliste eingetragen ist, er jedoch nicht materiell-rechtlicher Inhaber der Anteile und die Gesellschafterliste damit unrichtig ist.[8]

Zu dem Zeitpunkt des Abschlusses des Abtretungsvertrages mit der A-GmbH am 9.12.2018 war *E* in der im Handelsregister aufgenommenen Gesellschafterliste als Inhaberin der Geschäftsanteile Nrn. 1–10.000 eingetragen. Mit dem Tod von *S* hatte jedoch *W* die Geschäftsanteile erworben[9] und war daher am 9.12.2018 deren Inhaber. Die Gesellschafterliste gab im maßgeblichen Zeitpunkt mit der Eintragung von *E* als Inhaberin die materiell-rechtliche Rechtslage nicht wieder und war folglich unrichtig. *E* ist somit Nichtberechtigte i. S. d § 16 Abs. 3 S. 1 GmbHG.

b) Rechtsgeschäftlicher Erwerb

Die S-GmbH muss die Geschäftsanteile gem. § 16 Abs. 3 S. 1 GmbHG ferner durch Rechtsgeschäft erworben haben. Es kommt somit nur ein Erwerb durch rechtsgeschäftliche Verfügung in Betracht, während ein Erwerb kraft Gesetzes (z. B. nach § 1922 Abs. 1 BGB) einen gutgläubigen Erwerb ausschließt.[10] Die A-GmbH hat die Anteile durch einen Abtretungsvertrag mit *E* gem. §§ 413, 398 S. 1 BGB und damit durch rechtsgeschäftliche – im Übrigen wirksame[11] – Verfügung erworben.

Nach allgemeinen Grundsätzen sind aus teleologischen Gründen allerdings solche Rechtsgeschäfte aus dem Anwendungsbereich von Gutglaubensvorschriften herauszunehmen, bei denen Veräußerer und Erwerber rechtlich oder wirtschaftlich identisch sind.[12] Ein gutgläubiger Erwerb ist daher nur bei sog. Verkehrsgeschäften möglich, bei denen auf Erwerberseite mindestens eine Person beteiligt ist, die dem

---

[6] Allg. Ansicht, vgl. Begr. RegE, BT-Drs. 16/6140, 39; Baumbach/Hueck/*Fastrich*, § 16 Rn. 28; BeckOK GmbHG/*Wilhelmi*, § 16 Rn. 84; GroßKomm-GmbHG/*Löbbe*, § 16 Rn. 127; HK-GmbHG/*Pfisterer*, § 16 Rn. 27; Lutter/Hommelhoff/*Bayer*, § 16 Rn. 72; MHLS/*Ebbing*, § 16 Rn. 163; Rowedder/Schmidt-Leithoff/*Pentz*, § 16 Rn. 73; Scholz/*Seibt*, § 16 Rn. 69.

[7] Ganz h. M., vgl. nur BGHZ 191, 84 Rn. 19; Baumbach/Hueck/*Fastrich*,§ 16 Rn. 29a; Bork/Schäfer/*Brandes*, § 16 Rn. 39; GroßKomm-GmbHG/*Löbbe*, § 16 Rn. 134; HK-GmbHG/*Pfisterer*, § 16 Rn. 27; Lutter/Hommelhoff/*Bayer*, § 16 Rn. 76; MüKoGmbHG/*Heidinger*, § 16 Rn. 320; Scholz/*Seibt*, § 16 Rn. 76.

[8] Vgl. nur Baumbach/Hueck/*Fastrich*, § 16 Rn. 29; BeckOK GmbHG/*Wilhelmi*, § 16 Rn. 83.

[9] Vgl. oben A. I.

[10] Baumbach/Hueck/*Fastrich*, § 16 Rn. 30; BeckOK GmbHG/*Wilhelmi*, § 16 Rn. 80 f.; GroßKomm-GmbHG/*Löbbe*, § 16 Rn. 145; Henssler/Strohn/*Verse*, § 16 GmbHG Rn. 60; HK-GmbHG/*Pfisterer*, § 16 Rn. 37; Lutter/Hommelhoff/*Bayer*, § 16 Rn. 85 f.; MHLS/*Ebbing*, § 16 Rn. 171 f.; MüKoGmbHG/*Heidinger*, § 16 Rn. 341; Roth/Altmeppen/*Altmeppen*, § 16 Rn. 77; Rowedder/Schmidt-Leithoff/*Pentz*, § 16 Rn. 78 f.; Scholz/*Seibt*, § 16 Rn. 64; *Drygala/Staake/Szalai*, § 12 Rn. 32; *Raiser/Veil*, § 40 Rn. 32.

[11] Zum Erfordernis der Wirksamkeit des Verfügungsgeschäfts vgl. Baumbach/Hueck/*Fastrich*, § 16 Rn. 31; BeckOK GmbHG/*Wilhelmi*, § 16 Rn. 80; GroßKomm-GmbHG/*Löbbe*, § 16 Rn. 144; Henssler/Strohn/*Verse*, § 16 GmbHG Rn. 63; Lutter/Hommelhoff/*Bayer*, § 16 Rn. 85; MHLS/*Ebbing*, § 16 Rn. 179; MüKoGmbHG/*Heidinger*, § 16 Rn. 341; Roth/Altmeppen/*Altmeppen*, § 16 Rn. 79; Scholz/*Seibt*, § 16 Rn. 64.

[12] H. M., vgl. nur BGHZ 173, 71 (77 f.); BeckOK GmbHG/*Wilhelmi*, § 16 Rn. 82; GroßKomm-GmbHG/*Löbbe*, § 16 Rn. 146; HK-GmbHG/*Pfisterer*, § 16 Rn. 40; Lutter/Hommelhoff/*Bayer*, § 16 Rn. 87; *Drygala/Staake/Szalai*, § 12 Rn. 32.

Veräußerer nicht zuzurechnen ist. Bei der Verfügung muss es sich folglich um ein Verkehrsgeschäft handeln.[13] Die A-GmbH steht weder rechtlich noch wirtschaftlich in irgendeiner Verbindung mit *E*. Bei der Abtretung handelt es sich damit auch um ein Verkehrsgeschäft.

c) Gutgläubigkeit der A-GmbH

Die A-GmbH als Erwerberin muss außerdem gutgläubig sein. Ein gutgläubiger Erwerb ist gem. § 16 Abs. 3 GmbHG nicht möglich, wenn der A-GmbH die mangelnde Berechtigung der *E* bekannt oder infolge grober Fahrlässigkeit unbekannt war. Hierfür ist grundsätzlich auf den Zeitpunkt der Vollendung des Rechtserwerbs, d. h. der Wirksamkeit der Abtretung, abzustellen.[14]

Bei der A-GmbH ist gem. § 166 Abs. 1 BGB die Kenntnis bzw. die grob fahrlässige Unkenntnis von *A* als für sie handelnder organschaftlicher Vertreter maßgeblich. *A* hatte im Zeitpunkt der Wirksamkeit der Abtretung am 9.12.2018 von der fehlenden Berechtigung der *E* keine Kenntnis. Er könnte sich jedoch dieser Kenntnis unter grober Missachtung der im Verkehr erforderlichen Sorgfalt (vgl. § 276 BGB) verschlossen haben, weil er keine weiteren Nachforschungen durchgeführt hat. Zweck von § 16 Abs. 3 GmbHG ist es aber, zum Schutze des Rechtsverkehrs den Erwerber von umfangreichen Nachforschungspflichten (sog. Due Diligence) zu entbinden.[15] Diesem Zweck würde es zuwiderlaufen, wenn zu hohe Anforderungen an die Durchführung von Nachforschungen gestellt würden. Eingehende Nachforschungspflichten können nur bei Vorliegen von Verdachtsmomenten für die Unrichtigkeit der Gesellschafterliste verlangt werden.[16] *A* hatte von sämtlichen Vorkommnissen in der S-GmbH keine Kenntnisse. Über die Einsichtnahme der Gesellschafterliste hinaus konnten daher keine Nachforschungen verlangt werden. Er hatte daher weder Kenntnis von der mangelnden Berechtigung der *E* noch blieb ihm diese

---

[13] H. M., vgl. nur Baumbach/Hueck/*Fastrich*, § 16 Rn. 31; BeckOK GmbHG/*Wilhelmi*, § 16 Rn. 82; Bork/Schäfer/*Brandes*, § 16 Rn. 38; GroßKomm-GmbHG/*Löbbe*, § 16 Rn. 146; HK-GmbHG/*Pfisterer*, § 16 Rn. 39; Lutter/Hommelhoff/*Bayer*, § 16 Rn. 87; MHLS/*Ebbing*, § 16 Rn. 175; MüKoGmbHG/*Heidinger*, § 16 Rn. 342; Rowedder/Schmidt-Leithoff/*Pentz*, § 16 Rn. 80; Scholz/*Seibt*, § 16 Rn. 64 f.; *Drygala/Staake/Szalai*, § 12 Rn. 32.

[14] Zum maßgeblichen Zeitpunkt sowie zum Streitstand über Ausnahmen vgl. Baumbach/Hueck/*Fastrich*, § 16 Rn. 38; BeckOK GmbHG/*Wilhelmi*, § 16 Rn. 103; Bork/Schäfer/*Brandes*, § 16 Rn. 62; GroßKomm-GmbHG/*Löbbe*, § 16 Rn. 173; Henssler/Strohn/*Verse*, § 16 GmbHG Rn. 81 f.; HK-GmbHG/*Pfisterer*, § 16 Rn. 43; MHLS/*Ebbing*, § 16 Rn. 224; MüKoGmbHG/*Heidinger*, § 16 Rn. 278; Lutter/Hommelhoff/*Bayer*, § 16 Rn. 89; Roth/Altmeppen/*Altmeppen*, § 16 Rn. 85; Rowedder/Schmidt-Leithoff/*Pentz*, § 16 Rn. 86; Scholz/*Seibt*, § 16 Rn. 87.

[15] Vgl. Begr. RegE, BT-Drs. 16/6140, 38; Baumbach/Hueck/*Fastrich*, § 16 Rn. 38; BeckOK GmbHG/*Wilhelmi*, § 16 Rn. 70; Bork/Schäfer/*Brandes*, § 16 Rn. 60; GroßKomm-GmbHG/*Löbbe*, § 16 Rn. 10; Henssler/Strohn/*Verse*, § 16 GmbHG Rn. 79; HK-GmbHG/*Pfisterer*, § 16 Rn. 27; Lutter/Hommelhoff/*Bayer*, § 16 Rn. 88; MHLS/*Ebbing*, § 16 Rn. 223; Roth/Altmeppen/*Altmeppen*, § 16 Rn. 84; Rowedder/Schmidt-Leithoff/*Pentz*, § 16 Rn. 85; Scholz/*Seibt*, § 16 Rn. 86; *Drygala/Staake/Szalai*, § 12 Rn. 39; *Hirte*, Rn. 4.73a.

[16] Ganz h. M., vgl. nur Baumbach/Hueck/*Fastrich*, § 16 Rn. 38; BeckOK GmbHG/*Wilhelmi*, § 16 Rn. 105; Bork/Schäfer/*Brandes*, § 16 Rn. 61; GroßKomm-GmbHG/*Löbbe*, § 16 Rn. 169 f.; Henssler/Strohn/*Verse*, § 16 GmbHG Rn. 79; HK-GmbHG/*Pfisterer*, § 16 Rn. 43; Lutter/Hommelhoff/*Bayer*, § 16 Rn. 88; MHLS/*Ebbing*, § 16 Rn. 234; Scholz/*Seibt*, § 16 Rn. 86.

infolge grober Fahrlässigkeit unbekannt. Die A-GmbH war damit im Zeitpunkt der Abtretung gutgläubig.

d) Kein Widerspruch[17]

Ein gutgläubiger Erwerb setzt ferner gem. § 16 Abs. 3, 2. Var. GmbHG voraus, dass der Gesellschafterliste der S-GmbH kein Widerspruch zugeordnet ist. Ein Widerspruch ist nicht ersichtlich. Der gutgläubige Erwerb an den Geschäftsanteilen der S-GmbH durch die A-GmbH ist insofern nicht ausgeschlossen.

e) Ausschluss des gutgläubigen Erwerbs gem. § 16 Abs. 3 S. 2 GmbHG

Der gutgläubige Erwerb der Geschäftsanteile an der S-GmbH durch die A-GmbH kann aber gem. § 16 Abs. 3 S. 2 GmbHG ausgeschlossen sein.[18]

aa) 3-Jahres-Frist

Ein Ausschluss des gutgläubigen Erwerbs nach § 16 Abs. 3 S. 2 GmbHG setzt zunächst voraus, dass die Gesellschafterliste weniger als drei Jahre lang unrichtig war. Für den Fristbeginn ist danach zu unterscheiden, ob die Gesellschafterliste bereits bei Einreichung unrichtig ist oder ob eine im Handelsregister aufgenommene richtige Liste durch spätere Änderung der materiellen Rechtslage unrichtig wird. War die Gesellschafterliste bereits bei Einreichung unrichtig, ist für den Fristbeginn auf den Tag der Aufnahme im Handelsregister abzustellen.[19]

Die von *G* am 30.10.2017 eingereichte Gesellschafterliste nannte bereits bei ihre Einreichung fälschlicherweise *E* als Inhaberin der Geschäftsanteile und war folglich von Anfang an unrichtig. Die 3-Jahres-Frist begann daher mit Aufnahme der Liste im Handelsregister am 30.10.2017. Zum Zeitpunkt der Anteilsabtretung an die A-GmbH am 9.12.2019 war die Gesellschafterliste somit weniger als drei Jahre lang unrichtig.

---

[17] Die hier vorgeschlagene Prüfungsreihenfolge entspricht der Prüfungsökonomie. Ist ein Widerspruch zugeordnet, ist ein gutgläubiger Erwerb stets ausgeschlossen, vgl. Baumbach/Hueck/*Fastrich*, § 16 Rn. 37; Lutter/Hommelhoff/*Bayer*, § 16 Rn. 93. Die Prüfung der Widerspruchszuordnung ist daher der aufwändigeren Prüfung über die Zurechnung der Unrichtigkeit vorzuziehen.

[18] In § 16 Abs. 3 S. 2 GmbHG ist ein Ausschlussgrund enthalten, der zwei Voraussetzungen hat (missverständlich *Gehrlein*, Der Konzern 2007, 771 [792]: „zwei Ausschlussgründe“). Durch die doppelte Verneinung ist § 16 Abs. 3 S. 2 GmbHG kompliziert geraten. Positiv formuliert muss die Unrichtigkeit der Liste entweder dem Berechtigten zuzurechnen sein (sog. Veranlassungsprinzip) *oder* die Unrichtigkeit seit mindestens drei Jahren bestehen (sog. reines Rechtsscheinprinzip); so auch BeckOK GmbHG/*Wilhelmi*, § 16 Rn. 94; Bork/Schäfer/*Brandes*, § 16 Rn. 49 ff.; Henssler/Strohn/*Verse*, § 16 GmbHG Rn. 67; Groß-Komm-GmbHG/*Löbbe*, § 16 Rn. 153; HK-GmbHG/*Pfisterer*, § 16 Rn. 41 f.; Lutter/Hommelhoff/*Bayer*, § 16 Rn. 102; MüKoGmbHG/*Heidinger*, § 16 Rn. 263; Rowedder/Schmidt-Leithoff/*Pentz*, § 16 Rn. 89; Scholz/*Seibt*, § 16 Rn. 99; *Drygala/Staake/Szalai*, § 12 Rn. 38; *Hirte*, Rn. 4.73a.

[19] Baumbach/Hueck/*Fastrich*, § 16 Rn. 36; BeckOK GmbHG/*Wilhelmi*, § 16 Rn. 100; Bork/Schäfer/*Brandes*, § 16 Rn. 50; GroßKomm-GmbHG/*Löbbe*, § 16 Rn. 157; HK-GmbHG/*Pfisterer*, § 16 Rn. 42; Lutter/Hommelhoff/*Bayer*, § 16 Rn. 104; MHLS/*Ebbing*, § 16 Rn. 216; MüKoGmbHG/*Heidinger*, § 16 Rn. 265; Rowedder/Schmidt-Leithoff/*Pentz*, § 16 Rn. 91; Scholz/*Seibt*, § 16 Rn. 101; *Kort*, GmbHR 2009, 169 (175).

bb) Keine Zurechenbarkeit beim Berechtigten

Ferner darf *W* die Unrichtigkeit der Gesellschafterliste nicht zuzurechnen sein. Die Unrichtigkeit ist dem Berechtigten zuzurechnen, wenn er diese (mit-)veranlasst oder (mit) zu verantworten hat.[20] Der Berechtigte muss Kenntnis von der Unrichtigkeit der Gesellschafterliste haben.[21] Erforderlich ist kein Verschulden i. S. d. § 276 Abs. 1 BGB,[22] wohl aber ein dem Berechtigten objektiv vorwerfbarer Verstoß gegen die eigenen Interessen.[23] Der Sache nach handelt es sich um eine Wertungsentscheidung unter Abwägung der Interessen des Berechtigten und des gutgläubigen Erwerbers.[24]

W hat *G* am 8.1.2018 seine Gesellschafterstellung mitgeteilt und die Änderung der Gesellschafterliste verlangt. Er hatte folglich spätestens ab diesem Zeitpunkt auch Kenntnis von der Unrichtigkeit der Liste. Ende Februar hat *W* durch Vorlage des Erbscheins auch einen Nachweis für die von ihm behauptete Gesellschafterstellung erbracht und insofern seine grundsätzlichen Obliegenheiten erfüllt. Es besteht zwar keine Obliegenheit zur ständigen Überprüfung der Gesellschafterliste, da anderenfalls der 3-Jahres-Frist nahezu keine Bedeutung zukäme.[25] Allerdings besteht die Möglichkeit, der Gesellschafterliste einen Widerspruch zuordnen zu lassen, um einen gutgläubigen Erwerb zu verhindern. Unterlässt der Berechtigte dies innerhalb einer zumutbaren Frist, obwohl er Kenntnis von der Unrichtigkeit der Gesellschafterliste hat, so ist ihm dieses Versäumnis zuzurechnen.[26] *W* war aus den Gesprächen mit *G*, *E* und *T* bekannt, dass diese eine Änderung der Gesellschafterliste ablehnen. In diesem Falle hätte für *W* gem. § 16 Abs. 3 S. 4, 1. Var. GmbHG die Möglichkeit eines Widerspruchs mittels einstweiliger Verfügung bestanden. Aufgrund des öffentlichen Glaubens des Erbscheins (vgl. §§ 2365 f. BGB) hätte er seine Gesellschafterstellung auch glaubhaft machen können.[27] *W* blieb jedoch seither über neun Monate lang untätig. Die Unrichtigkeit der Liste war *W* daher im Zeitpunkt der Abtretung am 9.12.2018 zuzurechnen.

Der gutgläubige Erwerb der Geschäftsanteile an der S-GmbH durch die A-GmbH ist gem. § 16 Abs. 3 S. 2 GmbHG nicht ausgeschlossen.

---

[20] Ganz h. M., vgl. nur BeckOK GmbHG/*Wilhelmi*, § 16 Rn. 95; Bork/Schäfer/*Brandes*, § 16 Rn. 55; GroßKomm-GmbHG/*Löbbe*, § 16 Rn. 163; HK-GmbHG/*Pfisterer*, § 16 Rn. 41; Lutter/Hommelhoff/*Bayer*, § 16 Rn. 105; MHLS/*Ebbing*, § 16 Rn. 214; ähnlich Scholz/*Seibt*, § 16 Rn. 104; krit. aber Baumbach/Hueck/*Fastrich*, § 16 Rn. 33; MüKoGmbHG/*Heidinger*, § 16 Rn. 273.

[21] Vgl. statt aller Baumbach/Hueck/*Fastrich*, § 16 Rn. 35; BeckOK GmbHG/*Wilhelmi*, § 16 Rn. 96; GroßKomm-GmbHG/*Löbbe*, § 16 Rn. 163; HK-GmbHG/*Pfisterer*, § 16 Rn. 41; MüKoGmbHG/*Heidinger*, § 16 Rn. 273.

[22] Baumbach/Hueck/*Fastrich*, § 16 Rn. 33; Lutter/Hommelhoff/*Bayer*, § 16 Rn. 105; Rowedder/Schmidt-Leithoff/*Pentz*, § 16 Rn. 93; Scholz/*Seibt*, § 16 Rn. 104 f.

[23] *Kanzleiter*, FS Roth (2011), 355 (360).

[24] Zutreffend Scholz/*Seibt*, § 16 Rn. 104.

[25] Baumbach/Hueck/*Fastrich*, § 16 Rn. 35; Henssler/Strohn/*Verse*, § 16 GmbHG Rn. 70; MüKoGmbHG/*Heidinger*, § 16 Rn. 273; Rowedder/Schmidt-Leithoff/*Pentz*, § 16 Rn. 94.

[26] Vgl. nur Baumbach/Hueck/*Fastrich*, § 16 Rn. 35; BeckOK GmbHG/*Wilhelmi*, § 16 Rn. 96; GroßKomm-GmbHG/*Löbbe*, § 16 Rn. 163; Henssler/Strohn/*Verse*, § 16 GmbHG Rn. 70; HK-GmbHG/*Pfisterer*, § 16 Rn. 41; MHLS/*Ebbing*, § 16 Rn. 214; MüKoGmbHG/*Heidinger*, § 16 Rn. 273; Rowedder/Schmidt-Leithoff/*Pentz*, § 16 Rn. 94; Scholz/*Seibt*, § 16 Rn. 106.

[27] Zu den Voraussetzungen einer einstweiligen Verfügung vgl. nur *KG*, ZIP 2010, 2047 (2050 f.); BeckOK GmbHG/*Wilhelmi*, § 16 Rn. 109; GroßKomm-GmbHG/*Löbbe*, § 16 Rn. 183; HK-GmbHG/*Pfisterer*, § 16 Rn. 44; Lutter/Hommelhoff/*Bayer*, § 16 Rn. 97 ff.; Scholz/*Seibt*, § 16 Rn. 93; zu Unrecht strenger *OLG Nürnberg*, NZG 2014, 1347.

Die Voraussetzungen eines gutgläubigen Erwerbs nach § 16 Abs. 3 S. 1 GmbHG sind erfüllt. Die A-GmbH hat die Geschäftsanteile durch den Abtretungsvertrag mit *E* ohne Zustimmung des *W* erworben. *W* ist daher nicht mehr Inhaber der Geschäftsanteile Nrn. 1–10.000.

B. 2. Frage: Hat W Ansprüche gegenüber E?[28]

I. GoA

W kann gegenüber *E* Ansprüche auf Herausgabe des ausgezahlten Gewinns und des Kaufpreises aus dem Verkauf der Geschäftsanteile gem. §§ 677, 681 S. 2, 667 BGB haben. Als objektiv fremde Geschäftsbesorgungen durch *E* kommen die Entgegennahme des auf die Geschäftsanteile Nrn. 1–10.000 entfallenden Gewinns sowie die Veräußerung der Gesellschaftsanteile am 9.12.2018 in Betracht.

Die Ansprüche sind jedoch nach § 687 Abs. 1 BGB ausgeschlossen, wenn jemand irrtümlich ein fremdes Geschäft in der Meinung besorgt, es sei sein eigenes. Dabei kommt es auf die tatsächliche Kenntnis des Geschäftsführers an (arg. § 687 Abs. 2 BGB).[29] Es ist unerheblich, ob der Geschäftsführer hätte erkennen können, dass objektiv ein fremdes Geschäft gegeben ist.[30]

Im Zeitpunkt der Gewinnauszahlung an *E* bzw. der Veräußerung der Geschäftsanteile durch *E* war diese der Ansicht, die wahre Erbin der Geschäftsanteile und damit Gesellschafterin der S-GmbH zu sein. Sie war jeweils in dem Glauben, ihre eigenen Geschäfte zu besorgen.[31] Mangels Fremdgeschäftsführungswillen sind insoweit Ansprüche von *W* gegenüber *E* gem. § 687 Abs. 1 BGB ausgeschlossen.

II. Bereicherungsrecht

1. Ausgezahlter Gewinn

a) § 816 Abs. 1 S. 1 BGB

W kann gegenüber *E* einen Anspruch auf Herausgabe des ausgezahlten Gewinns i. H. v. 20.000 EUR gem. § 816 Abs. 1 S. 1 BGB haben.

Dann muss die Auszahlung des Gewinns durch die GmbH an einen ihrer Gesellschafter eine Verfügung über den Gegenstand darstellen. Eine Verfügung ist ein Rechtsgeschäft, durch das bestehende Rechte aufgehoben, übertragen, belastet oder inhaltlich verändert werden.[32] Es kann an dieser Stelle offenbleiben, ob der Gewinnanspruch wirksam entstanden ist.[33] Die einseitige Erfüllung dieses Anspruchs i. S. d. § 362 Abs. 1 BGB durch Auszahlung des Gewinns stellt kein Rechtsgeschäft und folglich auch keine Verfügung dar (sog. Theorie der realen Leistungsbewirkung).[34]

---

[28] Über den Bearbeiterhinweis hinaus kommen gegenüber *E* insb. Ansprüche aus §§ 823 ff. BGB in Betracht. Wegen des ausgezahlten Gewinns ist außerdem ein Anspruch aus § 101 Nr. 2 BGB zumindest erwägenswert. Kaum geklärt ist, ob die §§ 987 ff. BGB einschl. der Konkurrenzproblematik zu den übrigen Ansprüchen (vgl. statt aller BeckOK BGB/*Fritzsche*, § 987 Rn. 44 ff.) analog auf GmbH-Gesellschaftsanteile anzuwenden sind, hierzu nur *Wied*, NZG 2012, 725 (729 f.).

[29] BeckOK BGB/*Gehrlein*, § 687 Rn. 3; MüKoBGB/*Schäfer C.*, § 687 Rn. 22; Staudinger/*Bergmann*, § 687 Rn. 37.

[30] Staudinger/*Bergmann*, § 687 Rn. 37.

[31] Vgl. hierzu auch *Wied*, NZG 2012, 725 (728 f.).

[32] Vgl. Erman/*Maier-Reimer*, § 185 Rn. 2; Palandt/*Ellenberger*, § 185 Rn. 2.

[33] Dazu sogleich B. II. 1. b) aa).

[34] H. M., vgl. *BGH* NJW 1991, 1294 (1295); 2007, 3488 (3489); BeckOK BGB/*Dennhardt*, § 362 Rn. 11; MüKoBGB/*Fetzer*, § 362 Rn. 7.

Das zeigt auch ein Umkehrschluss aus anderen Vorschriften, die eine Einigung voraussetzen (§ 364 Abs. 1 BGB) bzw. die bei Gleichsetzung von Verfügung und Erfüllung obsolet wären (§§ 362 Abs. 2, 816 Abs. 2 BGB).[35]

W hat gegenüber *E* keinen Anspruch auf Herausgabe des ausgezahlten Gewinns aus § 816 Abs. 1 S. 1 BGB.

b) § 816 Abs. 2 BGB

W kann gegenüber *E* einen Anspruch auf Herausgabe des ausgezahlten Gewinns i. H. v. 20.000 EUR aus § 816 Abs. 2 BGB haben.

aa) Leistung

Es muss eine Leistung an einen Nichtberechtigten bewirkt worden sein. Leistung ist jede bewusste und zweckgerichtete Mehrung fremden Vermögens.[36] Diese muss im Rahmen von § 816 Abs. 2 BGB auf die Erfüllung einer bestehenden Verbindlichkeit gerichtet sein.[37]

Es muss somit eine Verbindlichkeit der S-GmbH zur Erfüllung eines wirksam begründeten Gewinnanspruchs ihrer Gesellschafter bestehen. Die Begründung des Gewinnanspruches eines GmbH-Gesellschafters gem. § 29 Abs. 1 GmbHG setzt nach Ablauf eines Geschäftsjahres wirksam gefasste Beschlüsse der Gesellschafterversammlung über die Feststellung des Jahresabschlusses und die Ergebnisverwendung voraus.[38] Am 7.2.2018 wurde für das abgelaufene Geschäftsjahr 2017 ein Feststellungs- und Ergebnisverwendungsbeschluss mit den Stimmen von *E* und *T* gefasst. Es kann offenbleiben, ob die Stimmabgabe von *E* wirksam war, weil sie nicht die materiell-rechtliche Inhaberin der Geschäftsanteile Nrn. 1–10.000 war. Die nach §§ 46 Nr. 1, 47 Abs. 1 GmbHG erforderliche Mehrheit wurde bereits mit den Stimmen von *T* erreicht (vgl. § 47 Abs. 2 GmbHG).

Die Beschlüsse können aber gem. § 241 Nr. 1 AktG analog[39] nichtig sein. Das ist u. a. der Fall, wenn entgegen § 51 Abs. 1 S. 1 GmbHG nicht alle Gesellschafter ordnungsgemäß zur Gesellschafterversammlung am 7.2.2018 eingeladen wurden.[40] Materiell-rechtlicher Inhaber der Geschäftsanteile Nrn. 1–10.000 und Gesellschafter war zu diesem Zeitpunkt *W*. Er wurde aber nicht zur Gesellschafterversammlung eingeladen. Ein Einladungsmangel liegt gleichwohl nicht vor, wenn alle gem. § 16 Abs. 1 S. 1 GmbHG gegenüber der S-GmbH als Gesellschafter geltenden Personen eingeladen wurden. Nach § 16 Abs. 1 S. 1 GmbHG gilt im Verhältnis zur Gesellschaft nur als Inhaber eines Geschäftsanteils, wer als solcher in der im Handelsregister aufgenommenen Gesellschafterliste eingetragen ist. Nach dieser gesetzlichen Fiktion darf die Gesellschaft nur die „Listengesellschafter" als Gesellschafter behan-

---

35 Zutr. MüKoBGB/*Fetzer*, § 362 Rn. 8; *Harder*, JuS 1977, 149 (150).

36 Zur Geltung des allgemeinen Leistungsbegriffs des § 816 Abs. 1 S. 1 BGB vgl. BeckOK BGB/*Wendehorst*, § 816 Rn. 27; Palandt/*Sprau*, § 816 Rn. 19.

37 MüKoBGB/*Schwab*, § 816 Rn. 76; Palandt/*Sprau*, § 816 Rn. 19.

38 BGHZ 139, 299 (302 f.); Baumbach/Hueck/*Fastrich*, § 29 Rn. 49; Bork/Schäfer/*Witt*, § 29 Rn. 11; Henssler/Strohn/*Strohn*, § 29 GmbHG Rn. 51; HK-GmbHG/*Klingsch*, § 29 Rn. 7; Scholz/*Verse*, § 29 Rn. 78; *Drygala/Staake/Szalai*, § 14 Rn. 29; *Hirte*, Rn. 4.12; a. A. Lutter/Hommelhoff/*Hommelhoff*, § 29 Rn. 4, 40; MüKoGmbHG/*Ekkenga*, § 29 Rn. 90.

39 Zur analogen Anwendung der §§ 241 ff. AktG auf GmbH-Gesellschafterbeschlüsse vgl. Bd. II Fall 6 unter A. m. w. N.

40 Vgl. MüKoAktG/*Hüffer/Schäfer*, § 241 Rn. 32.

deln, ohne dass es auf die materielle Rechtslage ankäme.[41] Es kommt nicht auf die Kenntnis der Gesellschaft an, dass ggf. ein anderer materiell-rechtlicher Gesellschafter ist.[42] Im Verhältnis zur Gesellschaft bestehen Mitgliedschaftsrechte und –pflichten nur für die „Listengesellschafter".[43] Folglich sind auch nur „Listengesellschafter" zur Ausübung ihres Teilnahmerechts zur Gesellschafterversammlung gem. § 51 Abs. 1 S. 1 GmbHG einzuladen.[44] Im Zeitpunkt der Einladung waren *E* und *T* in die Gesellschafterliste eingetragen. Mit der Einladung von *E* und *T* zur Gesellschafterversammlung am 7.2.2018 hat die S-GmbH die Anforderungen gem. §§ 51 Abs. 1 S. 1, 16 Abs. 1 S. 1 GmbHG beachtet. Ein Einladungsmangel liegt somit nicht vor, so dass der Beschluss nicht analog § 241 Nr. 1 AktG nichtig ist.[45]

Durch den Gewinnverwendungsbeschluss entstand eine Verbindlichkeit der S-GmbH zur Erfüllung des wirksam begründeten Gewinnanspruchs ihrer Gesellschafter. Die Auszahlung des auf die Geschäftsanteile von *E* entfallenden Gewinns der S-GmbH an *E* ist daher eine Leistung i. S. d. § 816 Abs. 2 BGB.

bb) An einen Nichtberechtigten

Die Leistung muss weiterhin an einen Nichtberechtigten erfolgt sein. Nichtberechtigter ist derjenige, der weder Inhaber der Forderung noch zur Einziehung der Forderung berechtigt ist.[46] Leistungsempfängerin war *E*. Sie war materiell-rechtlich nicht Inhaberin des Gewinnanspruchs. Eine Rechtsinhaberschaft des „Listengesellschafters" ergibt sich auch nicht aus § 16 Abs. 1 GmbHG. Diese Vorschrift lässt die materiell-rechtliche Rechtsinhaberschaft des wahren Gesellschafters unberührt und führt nur zu einer Legitimation des „Listengesellschafters" gegenüber der Gesellschaft.[47] *E* war auch nicht z. B. kraft Einwilligung durch *W* (vgl. §§ 362 Abs. 2, 185 BGB) zur Entgegennahme oder Einziehung der Forderung berechtigt. Die Leistung der S-GmbH an *E* erfolgte daher an eine Nichtberechtigte.

cc) Wirksamkeit der Leistung gegenüber W

Die Leistung muss schließlich gegenüber dem Berechtigten *W* wirksam sein. Das ist der Fall, wenn der Leistende durch seine Leistung von der Leistungspflicht frei wird.[48] Die Verbindlichkeit der S-GmbH zur Zahlung des Gewinnanspruchs muss somit durch die Auszahlung an *E* erfüllt worden sein. Eine Leistungserfüllung tritt

---

41 *OLG Bremen* GmbHR 2012, 687 (688 f.); BeckOK GmbHG/*Wilhelmi*, § 16 Rn. 16; Lutter/Hommelhoff/*Bayer*, § 16 Rn. 26; Scholz/*Seibt*, § 16 Rn. 34; zu § 16 I a. F. vgl. auch BGHZ 84, 47 (49); 112, 103 (113); *BGH* NJW 2009, 229.

42 *OLG Bremen* GmbHR 2012, 687 (689); vgl. ferner zutreffend BeckOK GmbHG/*Wilhelmi*, § 16 Rn. 17; HK-GmbHG/*Pfisterer*, § 16 Rn. 6 a. E.; Lutter/Hommelhoff/*Bayer*, § 16 Rn. 27.

43 BeckOK GmbHG/*Wilhelmi*, § 16 Rn. 19; GroßKomm-GmbHG/*Löbbe*, § 16 Rn. 19; Henssler/Strohn/*Verse*, § 16 GmbHG Rn. 13; HK-GmbHG/*Pfisterer*, § 16 Rn. 1; Lutter/Hommelhoff/*Bayer*, § 16 Rn. 36; MHLS/*Ebbing*, § 16 Rn. 53; MüKoGmbHG/*Heidinger*, § 16 Rn. 175; Scholz/*Seibt*, § 16 Rn. 36 f.; *Drygala/Staake/Szalai*, § 12 Rn. 13; *Hirte*, Rn. 4.73.

44 *OLG Zweibrücken* GmbHR 2012, 689 (690); Henssler/Strohn/*Verse*, § 16 GmbHG Rn. 14; MüKoGmbHG/*Heidinger*, § 16 Rn. 175; Scholz/*Seibt*, § 16 Rn. 36; *Herrler*, NZG 2011, 1321 (1323 f.).

45 So auch *Wolff*, BB 2010, 454 (456 f.); *Herrler*, NZG 2011, 1321 (1323 f.).

46 BeckOK BGB/*Wendehorst*, § 816 Rn. 29; Palandt/*Sprau*, § 816 Rn. 19.

47 Zutreffend BeckOK GmbHG/*Wilhelmi*, § 16 Rn. 23; Lutter/Hommelhoff/*Bayer*, § 16 Rn. 26.

48 BeckOK BGB/*Wendehorst*, § 816 Rn. 30; MüKoBGB/*Schwab*, § 816 Rn. 83.

u. a. dann ein, wenn der Nichtberechtigte zur Leistungsannahme etwa auf Grund eines bestimmten Papiers oder einer Eintragung legitimiert ist.[49] Gem. § 16 Abs. 1 GmbHG stehen der Gesellschaft gegenüber nur den in der Gesellschafterliste eingetragenen Gesellschaftern die Mitgliedschaftsrechte[50] und damit auch der Gewinnanspruch zu.[51] Mit der Gewinnauszahlung i. H. v. 20.000 EUR an die „Listengesellschafterin" *E* wurde die S-GmbH daher von ihrer Leistungspflicht frei und die Leistung war wirksam.[52]

W hat somit gegenüber *E* einen Anspruch auf Herausgabe des ausgezahlten Gewinns i. H. v. 20.000 EUR gem. § 816 Abs. 2 BGB.

2. Verlorene Geschäftsanteile

W kann gegenüber *E* einen Anspruch auf Herausgabe des Kaufpreises aus dem Verkauf der Geschäftsanteile i. H. v. 500.000 EUR aus § 816 Abs. 1 S. 1 BGB haben.

Dann muss eine Verfügung durch *E* gegeben sein, also wiederum ein Rechtsgeschäft, durch das bestehende Rechte aufgehoben, übertragen, belastet oder inhaltlich verändert werden.[53] Die Verfügung muss zudem entgeltlich sein (arg. § 816 Abs. 1 S. 2 BGB).[54] *E* hat durch notariellen Abtretungsvertrag vom 9.12.2018 die Geschäftsanteile und damit Rechte an die A-GmbH übertragen.[55] Die A-GmbH hat an *E* hierfür aufgrund des zu Grunde liegenden Kausalgeschäfts einen Kaufpreis i. H. v. 500.000 EUR gezahlt. Eine entgeltliche Verfügung liegt damit vor.

E darf zu der Verfügung nicht berechtigt gewesen sein. Nichtberechtigter i. S. d. § 816 Abs. 1 S. 1 BGB ist, wer weder Inhaber des Rechts noch zur Verfügung berechtigt oder ermächtigt war.[56] *E* war nicht materiell-rechtlicher Inhaber[57] der Geschäftsanteile und war auch nicht zur Verfügung berechtigt.[58]

Die Verfügung muss schließlich gem. § 816 Abs. 1 S. 1 BGB gegenüber dem Berechtigten *W* wirksam gewesen sein. Die Wirksamkeit der Verfügung gegenüber dem Berechtigten kann sich insbesondere ergeben, wenn der Dritte das Recht gutgläubig erworben hat.[59] Die Nichtberechtigte *E* hat die Geschäftsanteile Nrn. 1–10.000 gem. § 16 Abs. 3 S. 1 GmbHG an die gutgläubige A-GmbH übertragen.[60] Diese Verfügung über die Geschäftsanteile führt zu einer gegenüber jedermann geltenden Änderung der sachenrechtlichen Zuordnung der Anteile. Die Verfügung von *E* über die Geschäftsanteile Nrn. 1–10.000 ist gegenüber dem Berechtigten *W* wirksam.

Als Rechtsfolge von § 816 Abs. 1 S. 1 BGB ist *E* zur Herausgabe des durch die Verfügung Erlangten verpflichtet. Der Wortlaut ist jedoch mit Blick auf den Zweck korrigierend auszulegen. Herauszugeben ist die wegen der Verfügung von dem Ver-

---

49 Vgl. hierzu Erman/*Buck-Heeb*, § 816 Rn. 14 f.
50 Vgl. bereits oben B. II. 1. b) aa).
51 So ausdrücklich auch Bork/Schäfer/*Brandes*, § 16 Rn. 9; Henssler/Strohn/*Verse*, § 16 GmbHG Rn. 13; HK-GmbHG/*Pfisterer*, § 16 Rn. 6; MHLS/*Ebbing*, § 16 Rn. 53; MüKoGmbHG/*Heidinger*, § 16 Rn. 176; *Drygala/Staake/Szalai*, § 12 Rn. 14.
52 Vgl. auch Scholz/*Seibt*, § 16 Rn. 36.
53 Vgl. oben B. II. 1. a).
54 BeckOK BGB/*Wendehorst*, § 816 Rn. 9.
55 Vgl. oben A. II.
56 BeckOK BGB/*Wendehorst*, § 816 Rn. 10.
57 Vgl. bereits oben B. II. 1. b) bb).
58 Vgl. oben A. II. 1.
59 Zu den Fallgruppen der Wirksamkeit der Verfügung vgl. eingehend Staudinger/*Lorenz*, § 816 Rn. 8 ff.
60 Vgl. oben A. II. 2.

fügungsempfänger empfangene bzw. zu beanspruchende Gegenleistung aus dem zu Grunde liegenden Kausalgeschäft.[61] *E* hat als Gegenleistung für die Abtretung der Geschäftsanteile den Kaufpreis i. H. v. 500.000 EUR erlangt und hat diesen folglich – hilfsweise als Wertersatz (vgl. § 818 Abs. 2 BGB) – herauszugeben.

W hat gegenüber *E* einen Anspruch auf Zahlung i. H. v. 500.000 EUR gem. § 816 Abs. 1 S. 1 BGB.

61 *BGH* NJW 1997, 190 (191); Erman/*Buck-Heeb*, § 816 Rn. 19; Palandt/*Sprau*, § 816 Rn. 10; a. A. MüKoBGB/*Schwab*, § 816 Rn. 44.

Fall 10. Die Insolvenzverschleppung

Schwerpunkte im Kapitalgesellschaftsrecht (GmbH):

Haftung des Geschäftsführers bei Geschäften nach Insolvenzreife der GmbH – Verschulden bei Vertragsschluss – Eigeninteresse – Inanspruchnahme besonderen Vertrauens – Repräsentantenhaftung – Haftungsumfang – Quotenschaden – Vertretung der GmbH durch den Gesellschafter bei Führungslosigkeit

Sachverhalt[1]

Bernd Butterblum (B) ist seit 2006 Geschäftsführer und Alleingesellschafter der mit einem Stammkapital von 50.000 EUR gegründeten Astalavista-GmbH (A-GmbH). Die Geschäfte der A-GmbH gehen seit 2014 nicht sonderlich gut. Zur Absicherung von Bankverbindlichkeiten der A-GmbH gegenüber der D-Bank hatte *B* im Sommer 2016 schließlich Rechte aus einer privaten Lebensversicherung abgetreten und sich persönlich i. H. v. 150.000 EUR verbürgt. Am 5.8.2016 trat schließlich die Überschuldung der A-GmbH ein, was *B* auch ohne weiteres hätte erkennen können, wäre er zu dieser Zeit nicht zu sehr mit seinem zeitaufwändigen Hobby beschäftigt gewesen. In der Folgezeit verbesserte sich die Vermögenslage der A-GmbH nicht.

Gleichwohl bestellte *B* im Dezember 2016 bzw. Januar 2017 im Namen der A-GmbH bei *Karl Zaster (Z)* Waren im Gesamtwert von 100.000 EUR, die im Januar bzw. Februar 2017 geliefert wurden. Im Frühjahr 2017 gerät die A-GmbH in akute Zahlungsnot. Die Kasse ist endgültig leer. Auch von den Banken ist kein Geld mehr zu erhalten. Darum stellt *B* am 29.3.2017 einen Antrag auf Eröffnung des Insolvenzverfahrens über das Vermögen der A-GmbH. Das Insolvenzverfahren wird am 29.6.2017 durch das Amtsgericht eröffnet. Das Vermögen der A-GmbH wird vom Insolvenzverwalter verwertet und *Z* erhält in der Schlussverteilung im Februar 2019 eine Quote von 5 % auf seine angemeldete Kaufpreisforderung.

Wegen seines Ausfalls i. H. v. 95.000 EUR wendet sich *Z* sodann an *B*. Er ist der Ansicht, *B* hätte ihn bei Abschluss der Verträge über die Warenlieferungen darüber informieren müssen, dass die A-GmbH wirtschaftlich angeschlagen und dadurch die Zahlung des Kaufpreises gefährdet war. Hätte *B* im August 2016 beim zuständigen Amtsgericht

---

[1] Obwohl einer der Schwerpunkte der Klausur bei § 15a Abs. 1 InsO (und § 64 GmbHG) liegt, handelt es sich um keine (reine) Schwerpunktbereichsklausur. Zu behandeln sind zwar auch gesellschaftsrechtliche Fragen (aus dem Bereich des Kapitalgesellschaftsrechts), vor allem aber liegt der Schwerpunkt in der Behandlung allgemeiner zivilrechtlicher Fragen (culpa in contrahendo; Fragen zum Schutzgesetzcharakter bei § 823 Abs. 2 BGB). Die Klausur ist insoweit auch dem Pflichtfachbereich (Schuldrecht) zuzuordnen; zur allgemeinen zivilrechtlichen Einbindung des Problembereiches vgl. die Darstellung bei *Medicus/Petersen,* Bürgerliches Recht, Rn. 622.

einen Antrag auf Eröffnung des Insolvenzverfahrens gestellt, wäre „der ganze Schlamassel nicht eingetreten". Darum verlangt *Z* von *B* Ersatz seines Schadens i. H. v. 95.000 EUR.

Abwandlung 1: Nachdem sich die finanziellen Probleme mit der A-GmbH abzeichneten, entschließt sich *B* im April 2015 dazu, in Münster mit der Vermietung von Autos ein zweites unternehmerisches Standbein aufzubauen. Er gründet zu diesem Zweck die Sunny Cars-Unternehmergesellschaft (haftungsbeschränkt) – (im Folgenden: SC-UG) mit einem Stammkapital von 10.000 EUR. Er selbst möchte die Geschicke der Gesellschaft aber nicht leiten und bestellt den geschäftserfahrenen *C* zum Geschäftsführer der Gesellschaft. Nachdem der Gesellschaftsvertrag notariell beurkundet wurde und *B* die Einlage in voller Höhe erbracht hat, wird die Gesellschaft im Mai 2015 ordnungsgemäß zum Handelsregister in Münster angemeldet und eingetragen.

Anfang Juni 2018 verkauft *C* im Namen der SC-UG einen PKW an den Gebrauchtwagenhändler *T* zu einem Kaufpreis von 6.000 EUR. Das Geschäft wird kurz darauf abgewickelt und *T* überweist den vereinbarten Kaufpreis auf das Geschäftskonto der SC-UG.

Ende August 2018 gerät auch die SC-UG in einen finanziellen Engpass. *B* und *C* suchen daher ab Mitte August 2018 neue Geschäftspartner für zukünftige Vermietungsprojekte im Ausland. Auf einer solchen Geschäftsreise im Ausland verstirbt *C* Anfang September 2018 infolge eines Autounfalls.

Am 26.9.2018 bemerkt *T*, dass er – was zutrifft – von *C* bei dem Kaufvertrag im Juni 2018 arglistig getäuscht worden ist. Er versucht am 27.9.2018 mehrfach telefonisch Kontakt mit *C* aufzunehmen und muss dabei von einer Angestellten der SC-UG erfahren, dass dieser verstorben ist. Am 30.9.2018 verschickt *T* daher an die im Handelsregister angegebene inländische Geschäftsanschrift der SC-UG ein Schreiben, in dem er die Anfechtung des Kaufvertrages wegen arglistiger Täuschung erklärt. Dieser Brief wird zwei Tage später in den Briefkasten der SC-UG eingelegt.

T verlangt von der SC-UG die Rückzahlung des Kaufpreises. *B* verweigert die Rückabwicklung des Kaufvertrages. Er bestreitet, ein Schreiben von *T* erhalten zu haben. Zudem sei er zur Entgegennahme von Willenserklärungen nicht empfangsberechtigt.

Abwandlung 2: *B* reist allein ins Ausland und bemerkt nach seiner Rückkehr drei Wochen später, dass der Geschäftsführer *C* in der Zwischenzeit unbekannt „untergetaucht ist". Nach Durchsicht der eingegangenen Post und einem Blick in die Geschäftsbücher stellt *B* die Überschuldung der SC-UG fest. *B* fragt sich, ob bzw. wie er einen Insolvenzantrag beim zuständigen Amtsgericht stellen kann.

Lösung

Ausgangsfall

A. Anspruch von Z gegen B aus Verschulden bei Vertragsschluss gem. § 280 Abs. 1 i. V. m. §§ 311 Abs. 2, 3, 241 Abs. 2 BGB

Z kann von *B* Ersatz seines Schadens i. H. v. 95.000 EUR verlangen, wenn er gegen *B* einen Anspruch auf Schadensersatz aus Verschulden bei Vertragsschluss (culpa in contrahendo, c. i. c.) gem. § 280 Abs. 1 i. V. m. §§ 311 Abs. 2, 3, 241 Abs. 2 BGB hat. Dies ist der Fall, wenn *B* schuldhaft vorvertragliche Aufklärungspflichten verletzt und *Z* hierdurch zu einem für ihn nachteiligen Vertragsschluss veranlasst hat.[2]

I. Vertragsanbahnung

Bei der Bestellung von Waren im Wert von insgesamt 100.000 EUR bei *Z* hat *B* gem. § 164 Abs. 1 S. 1 BGB i. V. m. § 35 Abs. 1 S. 1 GmbHG als Vertreter der A-GmbH gehandelt. Die Wirkungen dieses Handelns treffen grundsätzlich die GmbH als vertretene Person und nicht auch den Geschäftsführer als Vertreter.[3] Pflichtwidriges und schuldhaftes Handeln des Vertreters bei Vertragsschluss werden daher nicht dem Vertreter, sondern dem Vertretenen gem. §§ 31, 278 BGB zugerechnet.[4] Eine Eigenhaftung des Geschäftsführers als Vertreter kommt aber gem. § 311 Abs. 3 S. 2 BGB ausnahmsweise dann in Betracht, wenn er selbst Träger eines besonderen Vertrauens und damit der vorvertraglichen Schutzpflichten ist und diese schuldhaft verletzt.[5] Der Vertreter kann daher selbst zum Schadensersatz verpflichtet sein, wenn er dem Verhandlungsgegenstand besonders nahe steht, weil er ein eigenes wirtschaftliches Interesse am Vertragsschluss hat und aus dem Geschäft einen eigenen Nutzen zieht, oder wenn er in besonderem Maße persönlich das Vertrauen des Verhandlungspartners in Anspruch genommen hat.[6]

1. Haftung aufgrund Inanspruchnahme besonderen persönlichen Vertrauens

B kann bei den Vertragsverhandlungen mit *Z* über die Warenlieferungen in besonderem Maße persönliches Vertrauen i. S. v. § 311 Abs. 3 S. 2 BGB für sich in Anspruch genommen haben, welches ihn dazu verpflichtet hätte, *Z* über die wirtschaftliche Situation der A-GmbH umfassend zu informieren.

a) Vertragsverhandlungen durch einen Geschäftsführer

Grundsätzlich nimmt der Geschäftsführer einer GmbH, wenn er für diese in Vertragsverhandlungen eintritt, nur das normale Verhandlungsvertrauen in Anspruch, für dessen Verletzung der Vertragspartner – also die A-GmbH – einzustehen hat.[7] Ein besonderes persönliches Vertrauen ist nur dann anzunehmen, wenn der Vertreter beim Vertragspartner ein über das normale Verhandlungsvertrauen hinausgehendes Vertrauen auf die Vollständigkeit und Richtigkeit seiner Erklärungen her-

---

[2] Vgl. allgemein zur Haftung wegen Verschuldens bei Vertragsverhandlungen BeckOK BGB/*Sutschet*, § 311 Rn. 37 ff.; HK-BGB/*Schulze*, § 311 Rn. 12 ff.; NK-BGB/*Krebs*, § 311 Rn. 37 ff.; *Emmerich*, §§ 6–8 (S. 71 ff.); *Medicus/Lorenz*, Rn. 527 ff.; *Haas/Medicus/Rolland/Schäfer/Wendtland*, 3 F Rn. 158 ff.

[3] *BGH* NJW 1990, 389 (389 f.); BeckOK BGB/*Sutschet*, § 311 Rn. 110, 114; Erman/*Kindl*, § 311 Rn. 26; MüKoBGB/*Emmerich*, § 311 Rn. 169, 172; *Medicus*, GmbHR 1993, 533.

[4] BGHZ 88, 67 (68); 126, 181 (183); dazu aus der Lit. insb. BeckOK BGB/*Sutschet*, § 311 Rn. 110, 114; Erman/*Kindl*, § 311 Rn. 26; HK-BGB/*Schulze*, § 311 Rn. 13; NK-BGB/*Krebs*, § 311 Rn. 99; *Flume*, ZIP 1994, 337 (338).

[5] BeckOK BGB/*Sutschet*, § 311 Rn. 115; Erman/*Kindl*, § 311 Rn. 89 f.; HK-BGB/*Schulze*, § 311 Rn. 19; MüKoBGB/*Emmerich*, § 311 Rn. 173; NK-BGB/*Krebs*, § 311 Rn. 103; *Emmerich*, § 7 V (S. 124 ff.); *Haas/Medicus/Rolland/Schäfer/Wendtland*, 3 F Rn. 170 f.; *Schmidt K.*, GesR, § 36 II 5c (S. 1085 ff.); *Lutter*, GmbHR 1997, 329 (330 f.).

[6] St. Rspr., vgl. BGHZ 87, 27 (30); 126, 181 (183). Vgl. auch *Medicus*, GmbHR 1993, 533 (535); krit. *Schmidt K.*, GesR, § 36 II 5c (S. 1088 f.). Zur Haftung aus c. i. c. vgl. auch *Bork*, ZGR 1995, 505 (506 ff.).

[7] Vgl. BGHZ 126, 181 (189); BeckOK BGB/*Sutschet*, § 311 Rn. 120; Erman/*Kindl*, § 311 Rn. 90; Henssler/Strohn/*Verse*, § 13 GmbHG Rn. 14.

vorruft.[8] Er muss dem Vertragspartner eine zusätzliche, von ihm ausgehende Gewähr für den Bestand und die Erfüllung des in Aussicht gestellten Geschäftes geboten haben, die für den Willensentschluss des anderen Teils bedeutsam war.[9] *B* hat gegenüber *Z* indes nicht die persönliche Gewähr für den Bestand und die Erfüllung der Verträge über die Warenlieferungen übernehmen wollen und dies auch nicht zum Ausdruck gebracht.

Eine Eigenhaftung von *B* aus Verschulden bei Vertragsschluss aufgrund der Inanspruchnahme besonderen persönlichen Vertrauens i. S. v. § 280 Abs. 1 i. V. m. § 311 Abs. 3 S. 2 BGB scheidet danach aus.

b) Repräsentantenhaftung

B haftet gegenüber *Z* aber als Repräsentant der A-GmbH, wenn er als Geschäftsführer schlechthin Vertrauensträger i. S. v. § 311 Abs. 3 S. 2 BGB ist und eine die Solvenz der GmbH betreffende Informationspflicht schuldhaft verletzt.[10]

Für eine solche Repräsentantenhaftung spricht, dass die Verletzung der sich auf die Solvenz der Gesellschaft beziehenden Schutzpflicht letztlich sanktionslos bliebe, sofern nur die Gesellschaft dafür einzustehen hätte.[11] Zwar gilt das Geschäft für die vertretene GmbH. Der Vertragspartner würde aber nur den Anspruch auf die Insolvenzquote erlangen oder gar leer ausgehen, wenn – wovon im Regelfall auszugehen ist – für die nicht bevorrechtigten Gläubiger kein Vermögen mehr zu deren Befriedigung vorhanden ist.[12]

Gegen eine solche Repräsentantenhaftung ist jedoch einzuwenden, dass bei ihr kein Bezug mehr zu der Haftung des Vertreters wegen der Inanspruchnahme besonderen Vertrauens gegeben ist. Im Ergebnis würde die Insolvenzreife der Gesellschaft die (alleinige) Haftungsvoraussetzung darstellen und die vorvertragliche Warnpflicht des Geschäftsführers entspräche im Wesentlichen der Insolvenzantragspflicht[13] nach § 15a Abs. 1 S. 1 InsO.[14] Für eine solche Repräsentantenhaftung neben derjenigen wegen Insolvenzverschleppung gem. § 823 Abs. 2 BGB i. V. m. § 15a Abs. 1 S. 1 InsO existiert indessen kein Bedürfnis.[15] Die Haftungsvoraussetzungen sowohl der Repräsentantenhaftung als auch der Insolvenzverschleppungshaftung wären sich derart ähnlich, dass eine richterrechtliche Begründung der Repräsentantenhaftung schwerlich legitimiert werden kann.[16]

---

8 BGHZ 126, 181 (189); vgl. auch BeckOK BGB/*Sutschet*, § 311 Rn. 120; Erman/*Kindl*, § 311 Rn. 90; MHLS/*Nerlich*, Anh. § 64 Rn. 77; MüKoBGB/*Emmerich*, § 311 Rn. 173; *Emmerich*, § 7 V 3 (S. 129 f.).

9 BGHZ 88, 67 (69); BeckOK BGB/*Sutschet*, § 311 Rn. 117; Erman/*Kindl*, § 311 Rn. 90; *Lutter*, DB 1994, 129 (133); *Medicus*, GmbHR 1993, 533 (536); *Müller*, ZIP 1993, 1531 (1534).

10 *Schmidt K.*, GesR, § 36 II 5c (S. 1089); *ders.*, ZIP 1988, 1497 (1503); im Ergebnis ebenso *Flume*, ZIP 1994, 337 (338).

11 *Flume*, ZIP 1994, 337 (338).

12 *Flume*, ZIP 1994, 337 (338).

13 Vgl. hierzu ausführlich Andres/Leithaus/*Leithaus*, § 13 Rn. 1–18; BeckOK InsO/*Wolfer*, § 13 Rn. 1–46; MüKoInsO/*Schmahl/Vuia*, § 13 Rn. 1–171; Nerlich/Römermann/*Mönning*, § 13 Rn. 1–132; Schmidt K./*Gundlach*, § 13 Rn. 1–46; Uhlenbruck/*Wegener*, § 13 Rn. 1–201; *Bork*, InsO, § 9 Rn. 93 ff.; *Foerste*, § 10 Rn. 88–94; *Reischl*, § 2 Rn. 43 ff.

14 BGHZ 126, 181 (189 f.); zustimmend MHLS/*Nerlich*, Anh. § 64 Rn. 79.

15 BGHZ 126, 181 (190); BeckOK GmbHG/*Mätzig*, § 64 Rn. 128; Scholz/*Schmidt K.*, § 64 Rn. 214.

16 *BGH* ZIP 1993, 763 (768); BGHZ 126, 181 (190).

Eine Haftung von *B* gegenüber *Z* für Verschulden bei Vertragsschluss wegen der Inanspruchnahme besonderen Vertrauens allein aufgrund seiner Stellung als „Repräsentant" der A-GmbH besteht folglich nicht.

2. Eigeninteresse von B

B kann allerdings ein besonderes Eigeninteresse an dem Vertragsschluss zwischen der A-GmbH und *Z* gehabt haben. § 311 Abs. 3 S. 2 BGB ist seinem Wortlaut („insbesondere") und seiner Entstehungsgeschichte nach keine abschließende Regelung.[17] Daher finden die von der Rechtsprechung zur c. i. c. vor ihrer gesetzlichen Kodifizierung in 2002 entwickelten Grundsätze weiterhin Anwendung.[18] Nach diesen Grundsätzen kann auch ein unmittelbares eigenes wirtschaftliches Interesse des Vertreters eine Haftung aus Verschulden bei Vertragsschluss begründen.[19]

a) Eigeninteresse aufgrund der Gesellschafterstellung

Ein solches besonderes Eigeninteresse von *B* kann sich aus seiner Stellung als Alleingesellschafter der A-GmbH ergeben. Ist ein Geschäftsführer zugleich Gesellschafter, so kommt ihm der Nutzen der Gesellschaft aus dem angestrebten Geschäft über seine Gesellschafterstellung auch persönlich zugute. Danach kann eine Eigenhaftung des Geschäftsführers in Betracht kommen, wenn er an der Gesellschaft maßgeblich beteiligt ist und ihm persönlich daraus ein entsprechender Gewinn zufließt.[20]

Gegen die Annahme einer Eigenhaftung des Geschäftsführers aus Verschulden bei Vertragsschluss allein wegen seiner Beteiligung als Gesellschafter spricht allerdings der deutliche Wertungswiderspruch zu § 13 Abs. 2 GmbHG,[21] wonach den Gläubigern der Gesellschaft nur das Gesellschaftsvermögen haftet. Würde die Gesellschafterstellung für sich allein betrachtet ausreichen, um die Haftung zu begründen, wäre § 13 Abs. 2 GmbHG insoweit obsolet. Es würde dann eine Durchgriffshaftung ohne das Vorliegen der tatbestandlichen Durchgriffsvoraussetzungen – etwa zu § 826 BGB wegen dolosem Verhalten der Beteiligten – begründet.[22]

Folglich ist die (maßgebliche) Beteiligung des Geschäftsführers an der Gesellschaft allein nicht ausreichend, um eine Eigenhaftung aufgrund besonderen wirtschaftlichen Interesses zu begründen.[23]

b) Eigeninteresse des Geschäftsführers aufgrund zusätzlicher Umstände

Die Eigenhaftung des Gesellschafter-Geschäftsführers kann sich allerdings aus zusätzlich vorliegenden Umständen ergeben, die die Annahme rechtfertigen, der Ver-

---

[17] Vgl. BT-Drs. 14/6040, 161 (163).

[18] BT-Drs. a. a. O.; BeckOK BGB/*Sutschet*, § 311 Rn. 114; Erman/*Kindl*, § 311 Rn. 89; MüKoBGB/*Emmerich*, § 311 Rn. 173; Palandt/*Grüneberg*, § 311 Rn. 60.

[19] BGHZ 56, 81 (83);126, 181 (183 ff.); *BGH* NJW-RR 2005, 1137; MüKoBGB/*Emmerich*, § 311 Rn. 175; im Ergebnis ebenso Erman/*Kindl*, § 311 Rn. 93.

[20] Vgl. aus der älteren Rspr. *BGH* WM 1963, 160 (161); BGHZ 87, 27 (34).

[21] BGHZ 126, 181 (184); *BGH* NJW 1990, 389 (390); BeckOK BGB/*Sutschet*, § 311 Rn. 118; Erman/*Kindl*, § 311 Rn. 93; MüKoBGB/*Emmerich*, § 311 Rn. 177.

[22] BGHZ 126, 181 (184); zustimmend MHLS/*Nerlich*, Anh. § 64 Rn. 73; *Flume*, ZIP 1994, 337 (338).

[23] Vgl. *BGH* NJW 1989, 292 (292); BGHZ 126, 181 (184); ebenso im Ergebnis BeckOK BGB/*Sutschet*, § 311 Rn. 118, 120.

treter habe quasi „in eigener Sache" gehandelt,[24] das Interesse des Vertreters sei also dem typischen Eigeninteresse einer Vertragspartei gleichwertig.[25]

aa) Absicherung von Gesellschaftsverbindlichkeiten

Dies kann dann der Fall sein, wenn der Gesellschafter-Geschäftsführer zusätzlich zu seiner Kapitalbeteiligung der Gesellschaft zur Absicherung von Gesellschaftsverbindlichkeiten Bürgschaften oder dingliche Sicherheiten zur Verfügung gestellt hat.[26] *B* hat sich zur Absicherung von Bankverbindlichkeiten verbürgt und weitere Rechte aus einer privaten Lebensversicherung an die D-Bank abgetreten. Insofern können besondere zusätzliche Umstände vorliegen, die eine Eigenhaftung begründen.

Indes spricht auch in diesem Fall der Wertungswiderspruch zu § 13 Abs. 2 GmbHG gegen die persönliche Haftung des Gesellschafter-Geschäftsführers.[27] Setzt der Gesellschafter-Geschäftsführer neben seiner Kapitalbeteiligung noch teilweise sein Privatvermögen durch Gewährung von Darlehen oder in Form von persönlichen oder dinglichen Sicherheiten für die Gesellschaft ein, so ist ihm zwar daran gelegen, seinen Erstattungsanspruch gegen die Gesellschaft nicht zu gefährden. Jedoch erscheint dies nicht als ausreichend, um ihn persönlich für die sonstigen Verbindlichkeiten der Gesellschaft haften zu lassen.[28] Zudem ist kein hinreichender Grund ersichtlich, die nur zugunsten bestimmter Gläubiger bestellten Sicherheiten nun über den Weg der Außenhaftung aus Verschulden bei Vertragsschluss auch den übrigen Gläubigern zugutekommen zu lassen.[29]

bb) Zweck des Vertragsschlusses

Anhaltspunkte für das Vorliegen eines besonderen Interesses, weil der Erlös aus dem Vertrag, bei dessen Anbahnung der Geschäftsführer den Pflichtverstoß begangen haben soll, der Begleichung der gesicherten Schuld dienen soll,[30] sind nicht ersichtlich.[31]

Eine Haftung von *B* aus Verschulden bei Vertragsschluss aufgrund besonderen Eigeninteresses als Gesellschafter-Geschäftsführer der A-GmbH besteht mithin nicht.

II. Ergebnis

Z hat gegen *B* somit keinen Anspruch auf Schadensersatz i. H. v. 95.000 EUR aus Verschulden bei Vertragsschluss (c. i. c.) gem. § 280 Abs. 1 i. V. m. §§ 311 Abs. 2, 3, 241 Abs. 2 BGB.

---

24 *BGH* NJW-RR 1989, 110 (110 f.); *Ulmer,* ZIP 1993, 769 (770); krit. NK-BGB/*Krebs,* § 311 Rn. 111.

25 *Canaris,* JZ 1993, 649 (650).

26 *BGH* NJW 1968, 586 (588 f.); 1988, 2234 (2234).

27 GroßKomm-GmbHG/*Casper,* § 64 Rn. 199; Roth/Altmeppen/*Altmeppen,* § 43 Rn. 37; Soergel/*Wiedemann,* Vor § 275 Rn. 227; vgl. oben A. I. 1. A).

28 BGHZ 126, 181 (186 f.); BeckOK BGB/*Sutschet,* § 311 Rn. 120; Erman/*Kindl,* § 311 Rn. 93; MüKoBGB/*Emmerich,* § 311 Rn. 177; *Emmerich,* § 7 V 3 (S. 130).

29 BGHZ 126, 181 (187); *Lutter,* DB 1994, 129 (133); *Medicus,* GmbHR 1993, 533 (536).

30 *Canaris,* JZ 1993, 649 (650).

31 Aber auch insoweit wäre eine Anwendung der Regeln des Verschuldens bei Vertragsschluss abzulehnen, da der Geschäftsführer trotzdem keine freie Verfügungsgewalt über den Verhandlungsgegenstand hat (*Müller,* ZIP 1993, 1531 [1534]) und auch in dieser Situation nicht zu erkennen ist, dass Sicherheiten ebenfalls denjenigen Gläubigern nützen sollten, für die sie nicht bestellt sind (BGHZ 126, 181 [187]; *Medicus,* GmbHR 1993, 533 [536]).

B. Deliktische Ansprüche

I. Anspruch aus § 823 Abs. 2 BGB i. V. m. § 263 Abs. 1 StGB

Z kann von *B* jedoch Ersatz seines Schadens verlangen, wenn er gegen *B* einen Anspruch auf Schadensersatz i. H. v. 95.000 EUR aus § 823 Abs. 2 BGB i. V. m. § 263 Abs. 1 StGB hat.[32]

1. § 263 StGB als Schutzgesetz zugunsten von Z

Dann muss es sich bei § 263 StGB um ein Schutzgesetz i. S. d. § 823 Abs. 2 BGB handeln. Ein Schutzgesetz ist eine Rechtsnorm i. S. v. § 2 EGBGB, die den Schutz eines anderen oder eines bestimmbaren Personenkreises bezweckt. Die Rechtsnorm darf nicht lediglich den Schutz der Allgemeinheit zum Zweck haben.[33] § 263 StGB soll das Vermögen Dritter schützen und ist daher ein Schutzgesetz i. S. d. § 823 Abs. 2 BGB.[34]

Für eine Anwendbarkeit des § 823 Abs. 2 BGB ist zudem erforderlich, dass der persönliche Schutzbereich des Schutzgesetzes gerade auch den Geschädigten erfasst.[35] Der persönliche Schutzbereich des § 263 Abs. 1 StGB erfasst das Opfer, dem durch die Tat ein Vermögensnachteil entstanden ist. Der persönliche Schutzbereich erfasst somit Z als den Geschädigten, sodass § 823 Abs. 2 BGB i. V. m. § 263 Abs. 1 StGB anwendbar ist.

2. Verstoß gegen § 263 Abs. 1 StGB

Damit *Z* einen Anspruch auf Schadensersatz i. H. v. 95.000 EUR hat, muss *B* den Tatbestand des § 263 Abs. 1 StGB rechtswidrig und schuldhaft erfüllt haben.

Indem *B* den *Z* nicht über die wahre Finanzlage der A-GmbH aufgeklärt hat, kann *B* diesen durch Unterlassen (§ 13 Abs. 1 StGB) getäuscht haben. *B* muss dann gegenüber *Z* eine Garantenstellung innegehabt haben, die ihn dazu verpflichtete, *Z* über die schlechte Finanzlage der A-GmbH aufzuklären.

Unabhängig davon muss *B* die Absicht gehabt haben, sich oder einem Dritten einen rechtswidrigen Vermögensvorteil zu verschaffen. Eine derartige Absicht von *B* ist nicht zu erkennen, so dass jedenfalls der subjektive Tatbestand des § 263 Abs. 1 StGB nicht erfüllt ist. Ob *B* gegenüber *Z* eine Garantenstellung innehatte, kann daher offen bleiben.

B hat den Straftatbestand des § 263 Abs. 1 StGB nicht erfüllt. *Z* hat somit keinen Anspruch gegen *B* auf Schadensersatz i. H. v. 95.000 EUR aus § 823 Abs. 2 BGB i. V. m. § 263 Abs. 1 StGB.

---

[32] Zur Möglichkeit der deliktischen Eigenhaftung des GmbH-Geschäftsführers vgl. *BGH* NJW 1996, 1535 (1536); BeckOK GmbHG/*Haas/Ziemons*, § 43 Rn. 399 ff.; Lutter/Hommelhoff/*Kleindiek*, § 43 Rn. 79 ff.; MüKoGmbHG/*Fleischer*, § 43 Rn. 347 ff.; Roth/Altmeppen/*Altmeppen*, § 43 Rn. 57 ff.; *Lutter*, GmbHR 1997, 329 (333 ff.).

[33] BeckOK BGB/*Förster*, § 823 Rn. 263; Erman/*Wilhelmi*, § 823 Rn. 157; HK-BGB/*Staudinger A.*, § 823 Rn. 146; Jauernig/*Teichmann*, § 823 Rn. 44; Palandt/*Sprau*, § 823 Rn. 56 f.

[34] BeckOK BGB/*Förster*, § 823 Rn. 286b; Erman/*Wilhelmi*, § 823 Rn. 160; HK-BGB/*Staudinger A.*, § 823 Rn. 156; MüKoBGB/*Wagner*, § 823 Rn. 525; Palandt/*Sprau*, § 823 Rn. 70; Soergel/*Spickhoff*, § 823 Rn. 237.

[35] Vgl. nur BeckOK BGB/*Förster*, § 823 Rn. 278; Palandt/*Sprau*, § 823 Rn. 59; *Medicus/Petersen*, Bürgerliches Recht, Rn. 622.

II. Anspruch aus § 823 Abs. 2 BGB i. V. m. § 15a Abs. 1 S. 1 InsO

Allerdings kann *Z* gegen *B* einen individuellen Schadensersatzanspruch in Höhe seines Vertrauensschadens i. H. v. 95.000 EUR aus § 823 Abs. 2 BGB i. V. m. § 15a Abs. 1 S. 1 InsO haben.[36] Dann muss § 15a Abs. 1 S. 1 InsO ein Schutzgesetz i. S. d. § 823 Abs. 2 BGB sein, welches *B* gegenüber *Z* schuldhaft verletzt hat.

1. § 15a Abs. 1 S. 1 InsO als Schutzgesetz i. S. d. § 823 Abs. 2 BGB

Schutzgesetze sind Rechtsnormen, die (auch) dem Schutz der Interessen eines anderen dienen sollen.[37] Gemäß § 15a Abs. 1 S. 1 InsO hat der Geschäftsführer bei Zahlungsunfähigkeit i. S. v. § 17 Abs. 2 S. 1 InsO[38] oder Überschuldung i. S. v. § 19 Abs. 2 S. 1 InsO[39] der Gesellschaft ohne schuldhaftes Zögern einen Insolvenzantrag zu stellen. Normzweck ist der Schutz der Gläubiger.[40] § 15a Abs. 1 S. 1 InsO als Rechtsnorm i. S. v. § 2 EGBGB schützt somit die Gläubiger der Gesellschaft und demnach einen von der Allgemeinheit abgrenzbaren Personenkreis. Daher ist § 15a Abs. 1 S. 1 InsO ein Schutzgesetz i. S. d. § 823 Abs. 2 BGB.[41]

2. Adressaten des Schutzbereichs

Für eine Anwendbarkeit des § 823 Abs. 2 BGB ist zudem erforderlich, dass der persönliche Schutzbereich des Schutzgesetzes gerade auch den Geschädigten umfasst.[42] *Z* muss also als Gläubiger der A-GmbHG von dem Schutzbereich des § 15a Abs. 1 S. 1 InsO umfasst sein. Grundsätzlich schützt § 15a Abs. 1 S. 1 InsO die Gläubiger der Gesellschaft. Zweifelhaft ist allerdings, welchen Gläubigern gegenüber die Schutzpflicht aus § 15a Abs. 1 S. 1 InsO besteht. § 15a Abs. 1 S. 1 InsO stellt seinem Wortlaut nach auf den Zeitpunkt des Eintritts der Insolvenzreife ab. Die Insolvenzreife der A-GmbH trat am 5.8.2016 ein. *Z* hat seine Forderungen gegen die A-GmbH erst später erworben. Damit *Z* vom persönlichen Schutzbereich des Schutzgesetzes umfasst ist, müssen daher auch diejenigen Gläubiger, die ihre Forderung erst nach dem Zeitpunkt des Eintritts der Insolvenzantragspflicht erworben

---

[36] Diesen Schadensersatzanspruch kann *Z* als Neugläubiger der A-GmbH außerhalb des Insolvenzverfahrens über das Vermögen der A-GmbH geltend machen (Umkehrschluss aus § 92 S. 1 InsO), vgl. BGHZ 138, 211 (214 ff.); Baumbach/Hueck/*Haas*, § 64 Rn. 168; BeckOK GmbHG/*Mätzig*, § 64 Rn. 122; Lutter/Hommelhoff/*Kleindiek*, Anh. zu § 64 Rn. 80; Scholz/*Schmidt K.*, § 64 Rn. 203; *Bork*, ZGR 1995, 505 (523).

[37] Vgl. oben B. I. 1.

[38] Vgl. hierzu Baumbach/Hueck/*Haas*, Vorb. § 64 Rn. 2 ff.; BeckOK GmbHG/*Mätzig*, § 64 Rn. 8, 21; BeckOK InsO/*Wolfer*, § 17 Rn. 3 ff.; FK-InsO/*Schmerbach*, § 17 Rn. 5 ff.; Lutter/Hommelhoff/*Kleindiek*, Anh. zu § 64 Rn. 6 ff., 17 ff.; Roth/Altmeppen/*Altmeppen*, Vor § 64 Rn. 16 ff.; Rowedder/Schmidt-Leithoff/*Schmidt-Leithoff*, *M./Schneider*, Vor § 64 Rn. 88 ff.; Scholz/*Bitter*, Vor § 64 Rn. 6 ff. Gottwald/*Gundlach*, § 6 Rn. 4 ff.

[39] Vgl. hierzu Baumbach/Hueck/*Haas*, Vor § 64 Rn. 25 ff.; BeckOK GmbHG/*Mätzig*, § 64 Rn. 8, 29; BeckOK InsO/*Wolfer*, § 19 Rn. 3 ff.; FK-InsO/*Schmerbach*, § 19 Rn. 7 ff.; Gottwald/*Gundlach*, § 6 Rn. 22 ff.; Lutter/Hommelhoff/*Kleindiek*, Anh. zu § 64 Rn. 17 ff.; Scholz/*Bitter*, Vor § 64 Rn. 20 ff.

[40] Baumbach/Hueck/*Haas*, § 64 Rn. 2 ff.; BeckOK GmbHG/*Mätzig*, § 64 Rn. 99; MüKo-InsO/*Klöhn*, § 15a Rn. 19; Scholz/*Schmidt K.*, § 64 Rn. 6.

[41] BGHZ 126, 181 (190); BeckOK BGB/*Förster*, § 823 Rn. 286b; BeckOK GmbHG/*Mätzig*, § 64 Rn. 96 f.; Erman/*Wilhelmi*, § 823 Rn. 162; Lutter/Hommelhoff/*Kleindiek*, Anh. zu § 64 Rn. 80; MHLS/*Nerlich*, § 64 Rn. 9; Palandt/*Sprau*, § 823 Rn. 67; Scholz/*Schmidt K.*, § 64 Rn. 175; *Schmidt K.*, GesR, § 36 II 5b (S. 1083); a. A. *Altmeppen/Wilhelm*, NJW 1999, 673 (679).

[42] Vgl. oben B. I. 1.

haben (sog. Neugläubiger), in den persönlichen Schutzbereich des § 15a Abs. 1 S. 1 InsO einbezogen sein und nicht nur die sog. Altgläubiger, deren Befriedigungschancen durch eine Insolvenzverschleppung nicht verschlechtert werden sollen.[43]

Der Wortlaut der Norm bietet für eine enge Auslegung keine Anhaltspunkte, sodass eine nur auf die sog. Altgläubiger abstellende Sicht zu eng wäre. Deshalb sind auch die sog. Neugläubiger in den Schutzbereich des § 15a Abs. 1 S. 1 InsO einbezogen.[44] Somit ist auch *Z*, obwohl er die Forderungen gegen die A-GmbH erst nach dem Zeitpunkt des Eintritts der Insolvenzreife erworben hat, in den Schutzbereich des § 15a Abs. 1 S. 1 InsO einbezogen. § 823 Abs. 2 BGB i. V. m. § 15a Abs. 1 S. 1 InsO ist anwendbar.

3. Verstoß gegen § 15a Abs. 1 S. 1 InsO

B muss die Insolvenzantragspflicht gem. § 15a Abs. 1 S. 1 InsO verletzt haben. Er hat seine Insolvenzantragspflicht verletzt, wenn er als Mitglied des Vertretungsorgans der A-GmbH den Antrag auf Eröffnung des Insolvenzverfahrens über das Vermögen der A-GmbH schuldhaft verspätet gestellt hat. Der Insolvenzeröffnungsantrag ist gem. § 15a Abs. 1 S. 1 InsO ohne schuldhaftes Zögern, spätestens aber drei Wochen nach dem Eintritt der Zahlungsunfähigkeit oder Überschuldung zu stellen.

B ist als Geschäftsführer der A-GmbH gem. § 35 GmbHG deren Vertreter. Er hätte spätestens im August 2016 erkennen können, dass die A-GmbH überschuldet ist. Den Antrag auf Eröffnung des Insolvenzverfahrens hat er jedoch erst Ende März 2017 und damit nicht innerhalb der Frist des § 15a Abs. 1 S. 1 InsO gestellt. Damit hat *B* zumindest fahrlässig i. S. d. § 276 Abs. 2 BGB gehandelt. Bereits fahrlässiges Handeln könnte eine Haftung gem. § 823 Abs. 2 BGB i. V. m. § 15a Abs. 1 S. 1 InsO begründen. Dafür spricht, dass die insolvenzrechtlichen Organpflichten und ihre Sanktionen gerade auf einer vom Gesetz vorausgesetzten Selbstprüfungspflicht der Unternehmensleitung beruhen.[45] Insofern kommt es auf die Sorgfalt eines ordentlichen Geschäftsmannes an. Desinteresse oder mangelnde Sorgfalt entschuldigen nicht.[46] Für das Verschulden genügt daher bereits Fahrlässigkeit.[47] Positive Kenntnis der Insolvenzreife ist nicht erforderlich.[48] Somit liegt ein schuldhafter Verstoß von *B* gegen § 15a Abs. 1 S. 1 InsO vor.

4. Schaden und Kausalität

Der Verstoß von *B* gegen § 15a Abs. 1 S. 1 InsO muss ferner kausal für einen bei *Z* entstandenen Schaden sein. *Z* hat aufgrund der nicht bezahlten Warenlieferungen

---

43 BGHZ 126, 181 (190 f.); vgl. hierzu auch *Medicus,* GmbHR 1993, 533 (539) m. w. N.

44 St. Rspr., vgl. BGHZ 29, 100 (102 ff.); 126, 181 (191); *Schmidt K.,* GesR, § 36 II 5b (S. 1083 f.); *Lutter,* DB 1994, 129 (135), jeweils zur Vorläuferregelung gem. § 64 Abs. 1 GmbHG.

45 Baumbach/Hueck/*Haas,* § 64 Rn. 155; BeckOK GmbHG/*Wilhelmi,* § 64 Rn. 107; Scholz/*Schmidt K.,* 9. Aufl., § 64 Rn. 179.

46 Scholz/*Schmidt K.,* § 64 Rn. 179.

47 BeckOK GmbHG/*Wilhelmi,* § 64 Rn. 114; Henssler/Strohn/*Arnold,* § 64 GmbHG Rn. 73; Lutter/Hommelhoff/*Kleindiek,* Anh. zu § 64 Rn. 86; MüKoGmbHG/*Müller H. F.,* § 64 Rn. 204; MHLS/*Nerlich,* § 64 Rn. 49; Scholz/*Schmidt K.,* § 64 Rn. 179; Rowedder/Schmidt-Leithoff/*Schmidt-Leithoff M./Schneider,* § 64 Rn. 45.

48 BGHZ 75, 96 (111); BeckOK GmbHG/*Mätzig,* § 64 Rn. 114; GroßKomm-GmbHG/*Casper,* § 64 Rn. 161; Lutter/Hommelhoff/*Kleindiek,* Anh. § 64 Rn. 86; Rowedder/Schmidt-Leithoff/*Schmidt-Leithoff, M./Schneider,* § 64 Rn. 45; Scholz/*Schmidt K,* § 64 Rn. 179; a. A. Baumbach/Hueck/*Haas,* § 64 Rn. 104 m. w. N.

eine Restforderung i. H. v. 95.000 EUR. Wäre *B* als Geschäftsführer seiner Pflicht nachgekommen, bei Zahlungsunfähigkeit einen Insolvenzantrag zu stellen, hätte *Z* mit der A-GmbH keine Verträge mehr über die Warenlieferungen geschlossen. *Z* wäre damit nicht Gläubiger der A-GmbH geworden und hätte folglich keinen Schaden erlitten.[49] Der Verstoß von *B* gegen die Insolvenzantragspflicht nach § 15a Abs. 1 S. 1 InsO war somit auch kausal für den Schaden von Z.

Z hat damit gegen *B* einen Anspruch auf Schadensersatz aus § 823 Abs. 2 BGB i. V. m. § 15a Abs. 1 S. 1 InsO.

5. Haftungsumfang

Wegen der Höhe des Schadensersatzanspruches von *Z* gegen *B* ist auf § 249 Abs. 1 BGB abzustellen. Danach kann *Z* von *B* verlangen, so gestellt zu werden, als hätte er das Geschäft nicht abgeschlossen. Dann wäre *B* verpflichtet, ihm den vollen Schaden i. H. v. 95.000 EUR zu ersetzen. Dafür muss der sachliche Schutzbereich des § 15a Abs. 1 S. 1 InsO diesen Schaden auch in voller Höhe erfassen. Der Zweck des § 15a Abs. 1 S. 1 InsO als Schutzgesetz i. S. d. § 823 Abs. 2 BGB kann aber darauf beschränkt sein, eine Verschlechterung der möglichen Insolvenzquote bei verzögerter Einleitung eines Insolvenzverfahrens zu verhindern.[50]

a) Quotenschaden

Fest steht jedenfalls der Umfang der Haftung gem. § 823 Abs. 2 BGB i. V. m. § 15a Abs. 1 S. 1 InsO gegenüber den sog. Altgläubigern, die ihre Forderung bereits vor dem Zeitpunkt erworben haben, in dem der Insolvenzantrag hätte gestellt werden müssen. Sie können nur den Betrag geltend machen, um den sich die Insolvenzquote, die sie bei rechtzeitiger Antragstellung erhalten hätten, durch die verzögerte Antragstellung verringert hat.[51] Der Schaden soll dabei nicht für jeden einzelnen Gläubiger ermittelt werden. Vielmehr soll ein Gesamtgläubigerschaden errechnet werden, der von dem Insolvenzverwalter durchzusetzen und an die Insolvenzmasse zu zahlen ist (vgl. § 92 S. 1 InsO), wenn es zur Eröffnung eines Insolvenzverfahrens kommt.[52] Es soll also die durch die verspätete Antragstellung entstandene Verringerung der Insolvenzquote ausgeglichen werden (Ersatz des sog. „Quotenschadens"). Ein weitergehender Schaden ist für die sog. Altgläubiger nicht vom Schutzbereich des § 15a Abs. 1 S. 1 InsO erfasst.[53]

---

[49] Die haftungsbegründende Kausalität kann auch argumentativ anders hergeleitet werden. Hätte *B* rechtzeitig einen Insolvenzeröffnungsantrag gestellt, wäre das Insolvenzverfahren über das Vermögen der A-GmbH zeitlich früher eröffnet worden. Hätte *Z* dann mit dem Insolvenzverwalter der A-GmbH als Vertreter der A-GmbH kraft Amtes kontrahiert, wäre er gem. § 55 Abs. 1 Nr. 1, Abs. 2 InsO Massegläubiger geworden und hätte gem. § 53 InsO einen Anspruch auf vollständige Vorwegbefriedigung aus der Masse erlangt, für den ggf. der Insolvenzverwalter gem. § 60 Abs. 1 S. 1 InsO gehaftet hätte.

[50] Vgl. *BGH* ZIP 1993, 763 (767); GroßKomm-GmbHG/*Casper*, § 64 Rn. 156 f., 159.

[51] BGHZ 29, 100 (102 ff.); 126, 181 (190 f.); BeckOK GmbHG/*Mätzig*, § 64 Rn. 119; Henssler/Strohn/*Arnold*, § 64 GmbHG Rn. 75; Lutter/Hommelhoff/*Kleindiek*, Anh. § 64 Rn. 92; MHLS/*Nerlich*, Anh. § 64 Rn. 52 ff.; MüKoGmbHG/*Müller H.-F.*, § 64 Rn. 206; Roth/Altmeppen/*Altmeppen*, Vor § 64 Rn. 123 ff.; *Schmidt K.*, GesR, § 36 II 5b (S. 1083 f.).

[52] Henssler/Strohn/*Arnold*, § 64 GmbHG Rn. 76; MüKoGmbHG/*Müller H.-F.*, § 64 Rn. 214; Scholz/*Schmidt K.*, § 64 Rn. 198 f.; *Schmidt K.*, GesR, § 36 II 5b (S. 1083 f.); *Medicus*, GmbHR 1993, 533 (538).

[53] Baumbach/Hueck/*Haas*, § 64 Rn. 111; BeckOK GmbHG/*Mätzig*, § 64 Rn. 119; *Ulmer*, ZIP 1993, 769 (771).

Dasselbe kann auch für diejenigen Gläubiger gelten, die ihre Forderung erst nach Eintritt des Zeitpunktes erworben haben, in dem der Antrag auf Eröffnung des Insolvenzverfahrens hätte gestellt werden müssen,[54] also für sog. Neugläubiger. Dafür spreche zum einen § 64 S. 1 GmbHG, nach dem die Geschäftsführer der Gesellschaft zum Ersatz von Zahlungen verpflichtet sind, die nach Eintritt ihrer Zahlungsunfähigkeit bzw. Überschuldung geleistet werden. Auch dabei gehe es um den Schutz der Insolvenzmasse.[55] Dies könne als Indiz dafür gewertet werden, dass § 15a Abs. 1 S. 1 InsO lediglich den Gesamtschutz aller Gläubiger verfolge, nicht aber darüber hinaus einen zusätzlichen Schutz der einzelnen Neugläubiger vor ihren jeweiligen Schäden.[56] Gegen eine Ausdehnung des Schutzes der Neugläubiger spreche zum anderen der Zweck des § 15a Abs. 1 S. 1 InsO. Die Neugläubiger seien erst dadurch, dass sie der GmbH durch ihre Leistungen (unbewusst) Kredit gewährt haben, mit der GmbH in Kontakt getreten und so in den Anwendungsbereich des § 15a Abs. 1 S. 1 InsO gelangt. Wenn sie nun nicht nur den Quotenschaden, sondern ihren individuellen Schaden ersetzt bekämen, so würden § 15a Abs. 1 S. 1 InsO und § 64 GmbHG den Zweck verfolgen, den rechtsgeschäftlichen Kontakt mit einer überschuldeten GmbH grundsätzlich zu verhindern. Dann wäre letztlich jeder, der nach Insolvenzreife mit der GmbH rechtsgeschäftlich in Kontakt tritt, geschützt. Bei dieser Lösung würde der Schutzbereich des § 15a Abs. 1 S. 1 InsO auf die Allgemeinheit ausgedehnt. Ein die Allgemeinheit schützendes Gesetz falle jedoch nicht unter § 823 Abs. 2 BGB.[57] § 15a Abs. 1 S. 1 InsO könne ferner nur in Zusammenhang mit § 15a Abs. 4, 5 InsO zu sehen sein. Dann könne es sich insgesamt um ein Insolvenzdelikt handeln, welches die Verminderung der Haftungsmasse verhindern wolle; eine solche Verminderung führe dann aber nur zu einem Quotenschaden.[58] Wird dieser Argumentation gefolgt, hat *Z* gegen *B* nur einen Anspruch auf Ersatz des Quotenschadens, also den Betrag, um den sich die gedachte Soll-Insolvenzquote durch Verzögerung der Antragstellung im Vergleich zur ermittelten Ist-Insolvenzquote vermindert hat.

b) Ersatz in Höhe des vollen Schadens

Eine Auslegung des § 15a Abs. 1 S. 1 InsO in dem soeben entwickelten Sinn erscheint allerdings nicht zwingend. Mit dem Wortlaut der Norm ohne weiteres vereinbar ist auch die entgegengesetzte Argumentation, dass nämlich den Neugläubigern der ihnen entstandene Schaden über den Quotenschaden hinaus in voller Höhe zu ersetzen ist.[59] Zudem besteht der Normzweck des § 15a Abs. 1 S. 1 InsO nicht

---

[54] BGHZ 29, 100 (104 ff.); GroßKomm-GmbHG/*Casper,* § 64 Rn. 167 ff.; *Schmidt K.,* GesR, § 36 II 5b (S. 1083 f.).
[55] *Canaris,* JZ 1993, 649 (651).
[56] *Schmidt K.,* GesR, § 36 II 5b (S. 1084); *Canaris,* JZ 1993, 649 (651).
[57] *Ulmer,* ZIP 1993, 769 (771); vgl. auch *Altmeppen/Wilhelm,* NJW 2003, 673 (679).
[58] *Schmidt K.,* JZ 1978, 661 (664 f.); *Canaris,* JZ 1993, 649 (650 f.).
[59] BGHZ 126, 181 (192 ff.); *BGH* NJW 1998, 2667; WM 1999, 1107; zust. BeckOK GmbHG/*Mätzig,* § 64 Rn. 120; Henssler/Strohn/*Arnold,* § 64 GmbHG Rn. 77; Lutter/Hommelhoff/*Kleindiek,* Anh. § 64 Rn. 93 ff.; MHLS/*Nerlich,* Anh. § 64 Rn. 54; MüKoGmbHG/*Müller H.-F.,* § 64 Rn. 207, 210; Roth/Altmeppen/*Altmeppen,* Vor § 64 Rn. 129; Rowedder/Schmidt-Leithoff/*Schmidt-Leithoff M./Schneider,* § 64 Rn. 82; Scholz/*Schmidt K.,* § 64 Rn. 180; *Bork,* ZGR 1995, 512 (512 ff.); *Hirte,* NJW 1995, 1202 (1202 ff.); *Kübler,* ZGR 1995, 481 (481 ff.); *Lutter,* DB 1994, 129 (135 ff.); *Medicus,* DStR 1995, 1435 (1435 ff.); krit. Baumbach/Hueck/*Haas,* § 64 Rn. 111; *Schmidt K.,* GesR, § 36 II 5b (S. 1084 f.); *Altmeppen/Wilhelm,* NJW 1999, 673 (673 ff.); *Canaris,* JZ 1993, 650 (650 ff.); *Müller G.,* ZIP 1993, 1531 (1531); *ders.,* GmbHR 1994, 209 (209 ff.); *Ulmer,* ZIP 1993, 769 (771).

nur darin, die im Zeitpunkt der Insolvenzantragspflicht vorhandene Insolvenzmasse zu erhalten. Vielmehr sollen insolvenzreife Gesellschaften mit beschränktem Haftungsfonds durchgängig vom Geschäftsverkehr ferngehalten werden, um eine Gefährdung oder Schädigung des Gläubigervermögens zu verhindern.[60] Das Gebot der rechtzeitigen Insolvenzantragstellung ist jedoch nur dann effektiv, wenn es auch schadensersatzrechtlich so sanktioniert wird, dass die mögliche Durchsetzung der Ansprüche gewährleistet ist.[61] Das ist aber praktisch nie der Fall, wenn die Neugläubiger nur ihren Quotenschaden geltend machen könnten. Da dieser so gut wie nie berechenbar ist, er zudem vielfach so minimal ausfällt, dass er als wirtschaftliche Größe keine Rolle spielt, wäre die potentielle „Drohung" gegenüber dem pflichtwidrig handelnden Geschäftsführer mit der Ersatzpflicht für den Quotenschaden der Neugläubiger ein „stumpfes Schwert".

Zudem ist eine Gleichstellung der Neugläubiger mit den Altgläubigern sachlich nicht gerechtfertigt. Bis zu dem für § 15a Abs. 1 S. 1 InsO maßgeblichen Zeitpunkt ist noch kein Insolvenzdelikt begangen worden. Die Erfüllung der bis dahin entstandenen Forderungen wie auch deren Entwertung fällt aber in den Risikobereich der davon betroffenen Gläubiger. Die Neugläubiger hatten demgegenüber der Gesellschaft zu diesem Zeitpunkt (noch) keinen Kredit gewährt. Wäre der Geschäftsführer seiner Pflicht zur Antragstellung nachgekommen, wären die Neugläubiger überhaupt nicht in die Gläubigerstellung gelangt, da sie mit der GmbH keinen Vertrag geschlossen und folglich keinen Schaden erlitten hätten.[62] Ursächlich für diesen Schaden ist der Verstoß gegen § 15a Abs. 1 S. 1 InsO, was nach allgemeinen Schadensersatzregeln zur Folge hat, dass der dem Vertragspartner auf diese Weise zugefügte Schaden in vollem Umfang zu ersetzen ist.[63] Die Neugläubiger vertrauen nämlich nicht darauf, dass im Zeitpunkt des Vertragsabschlusses eine bestimmte (geringfügige) Insolvenzmasse vorhanden sein wird. Sie vertrauen vielmehr regelmäßig auf das Bestehen einer solventen Gesellschaft. Sie erleiden daher durch die verspätete Antragstellung einen Vertrauensschaden,[64] welcher dem entstandenen Schaden und nicht lediglich dem „Quotenschaden" entspricht. Alt- und Neugläubiger befinden sich also durchaus in unterschiedlichen Positionen.

Die Insolvenzantragspflicht ergänzt darüber hinaus den mit den Kapitalaufbringungs- und -erhaltungsvorschriften bezweckten Gläubigerschutz. Gemeinsam stellen sie die Rechtfertigung für das Haftungsprivileg der Gesellschaft dar. Die auf das Vermögen der Gesellschaft beschränkte Haftung gem. § 13 Abs. 2 GmbHG bedeutet eine zu große Gefährdung des Rechtsverkehrs, wenn dieses Vermögen verwirtschaftet ist.[65] Der Gläubigerschutz in Form der rechtzeitigen Insolvenzantragstellung muss deshalb nicht nur strafrechtlich (vgl. u.a. § 15a Abs. 4 und 5 InsO), sondern auch schadensersatzrechtlich wirksam sein. Genau dies wäre aber bei der Begrenzung der Eigenhaftung des Geschäftsführers auf den „Quotenschaden" auch

---

[60] BGHZ 126, 181 (194); BeckOK GmbHG/*Mätzig*, § 64 Rn. 115; BeckOK InsO/*Wolfer*, § 15a Rn. 30; GroßKomm-GmbHG/*Casper*, § 64 Rn. 5; Henssler/Strohn/*Arnold*, § 64 GmbHG Rn. 77; MüKoGmbHG/*Müller H.-F.*, § 64 Rn. 200; MüKoInsO/*Klöhn*, § 15a Rn. 27; MHLS/*Nerlich*, Anh. § 64 Rn. 61; Schmidt K./*Schmidt K./Herchen*, § 15a InsO Rn. 2; *Bork*, ZGR 1995, 505 (512).

[61] BGHZ 126, 181 (197 f.).

[62] BGHZ 126, 181 (192 ff.); *Lutter*, DB 1994, 129 (135).

[63] BGHZ 126, 181 (193); BeckOK InsO/*Wolfer*, § 15a Rn. 33.

[64] BGHZ 126, 181 (193); BeckOK GmbHG/*Mätzig*, § 64 Rn. 120; MüKoGmbHG/*Müller H.-F.*, § 64 Rn. 207.

[65] BGHZ 126, 181 (196 f.).

bei Neugläubigern und Ausschluss des Ersatzes des ihnen tatsächlich entstandenen Schadens nicht gegeben.

Folglich ist den Neugläubigern gegen den Geschäftsführer bei schuldhaftem Verstoß gegen die Insolvenzantragspflicht ein Schadensersatzanspruch in Höhe des Schadens zuzubilligen, der ihnen dadurch entstanden ist, dass sie in Rechtsbeziehungen zu der überschuldeten GmbH getreten sind.

Z hat daher gegen *B* einen Anspruch auf Ersatz des vollen Schadens i. H. v. 95.000 EUR.

III. Ergebnis

Z hat einen Anspruch gegen *B* auf Ersatz seines Schadens i. H. v. 95.000 EUR gem. § 823 Abs. 2 BGB i. V. m § 15a Abs. 1 S. 1 InsO. *Z* kann von *B* Schadensersatz i. H. v. 95.000 EUR verlangen.

Abwandlung 1

I. Anspruch von T gegen die SC-UG auf Rückzahlung von 6.000 EUR

T kann die Rückzahlung der 6.000 EUR verlangen, wenn er einen entsprechenden Anspruch gegen die SC-UG gem. § 812 Abs. 1 S. 1, 1. Fall BGB hat.[66]

1. Etwas erlangt

Dafür muss die SC-UG gem. § 812 Abs. 1 S. 1, 1. Fall BGB zunächst etwas erlangt haben. „Erlangtes Etwas" i. S. v. § 812 BGB ist jeder Vermögensvorteil.[67] Der SC-UG sind auf dem Geschäftskonto 6.000 EUR gutgeschrieben worden. Damit hat sie aus dem Zahlungsdienstevertrag gem. §§ 675f Abs. 2, 3, 675t Abs. 1 S. 1 BGB einen Auszahlungsanspruch i. H. v. 6.000 EUR gegen die Bank erlangt. Dieser Auszahlungsanspruch stellt einen Vermögensvorteil dar. Die SC-UG hat also gem. § 812 Abs. 1 S. 1, 1. Fall BGB Etwas erlangt.

2. Durch Leistung

Die SC-UG muss diesen Vorteil durch eine Leistung von *T* erlangt haben. Eine Leistung ist die bewusste und zweckgerichtete Mehrung fremden Vermögens.[68] *T* hat Anfang Juni 2018 mit der SC-UG, die dabei durch ihren Geschäftsführer *C* gem. §§ 164 Abs. 1 S. 1 BGB, 35 Abs. 1 S. 1 GmbHG[69] vertreten wurde, einen Kaufvertrag i. S. v. § 433 BGB geschlossen. Die Überweisung der 6.000 EUR auf das Geschäftskonto der SC-UG erfolgte in Erfüllung der Kaufvertragsverbindlichkeit. *T*

---

66 Teilweise wird vertreten, dass nach erfolgreicher Anfechtung ein Anspruch aus § 812 Abs. 1 S. 2, 1. Fall BGB *(condictio ob causam finitam)* besteht, denn der Rechtsgrund für die Leistung habe tatsächlich bis zur Erklärung der Anfechtung bestanden, vgl. Palandt/*Sprau*, § 812 Rn. 26.

67 BeckOK BGB/*Wendehorst*, § 812 Rn. 54; Jauernig/*Stadler*, § 812 Rn. 8; Palandt/*Sprau*, § 812 Rn. 4, 8.

68 BGHZ 40, 272 (277); 72, 246 (248 f.); *BGH* NJW 1994, 2357 (2357); BeckOK BGB/*Wendehorst*, § 812 Rn. 37; Jauernig/*Stadler*, § 812 Rn. 2; a. A. MüKoBGB/*Schwab*, § 812 Rn. 47, der unter Leistung die „zweckgerichtete Hingabe von Vermögensvorteilen" versteht.

69 Bei der UG (haftungsbeschränkt) handelt es sich um keine eigenständige, neue Form einer Kapitalgesellschaft, sondern um eine vereinfachte Form der GmbH. In § 5a GmbHG finden sich besondere Regelungen zur UG (haftungsbeschränkt), i. Ü. gelten die Vorschriften des GmbHG.

mehrte somit bewusst und zweckgerichtet das Vermögen der SC-UG. Eine Leistung von *T* liegt vor.

3. Ohne Rechtsgrund

Die Leistung muss weiterhin ohne Rechtsgrund erfolgt sein (§ 812 Abs. 1 S. 1, 1. Fall BGB). Als Rechtsgrund für das Behaltendürfen der Gutschrift kommt der zwischen *T* und der SC-UG geschlossene Kaufvertrag über den Pkw zu einem Kaufpreis von 6.000 EUR in Betracht.

Der Kaufvertrag kann aber durch die am 30.9.2018 von *T* erklärte Anfechtung der Willenserklärung gem. § 142 Abs. 1 BGB rückwirkend entfallen sein, sodass von Anfang an kein Rechtsgrund bestand und die Leistung ohne Rechtsgrund erfolgt ist.

a) Wirksame Anfechtungserklärung

T hat in seinem an die SC-UG gerichteten Schreiben ausdrücklich die Anfechtung erklärt (§ 143 Abs. 1, 2 BGB). Diese einseitige empfangsbedürftige Willenserklärung ist wirksam geworden, wenn sie gem. § 130 Abs. 1 S. 1 BGB abgegeben worden und zugegangen ist.

Unter Abgabe ist bei einer empfangsbedürftigen Willenserklärung das willentliche Inverkehrbringen zu verstehen.[70] Der Erklärende muss die Willenserklärung in Richtung auf den Empfänger in Bewegung gesetzt haben und bei Zugrundelegung normaler Verhältnisse muss mit dem Zugang beim Empfänger zu rechnen sein.[71] Zugegangen ist eine Willenserklärung, wenn sie derart in den Machtbereich des Erklärungsempfängers gelangt ist, dass dieser unter gewöhnlichen Umständen die Möglichkeit der Kenntnisnahme hat.[72] Einer juristischen Person geht die Willenserklärung zu, wenn sie dem Empfangsvertreter zugeht (§ 164 Abs. 3 BGB).[73] Empfangsvertreter einer UG (haftungsbeschränkt) ist gem. § 35 Abs. 1 S. 1 GmbHG grundsätzlich der Geschäftsführer. Dass *C* verstorben ist, führt dazu, dass die Gesellschaft keinen Geschäftsführer mehr hat und gem. § 35 Abs. 1 S. 2 GmbHG führungslos ist.[74] Gem. § 35 Abs. 1 S. 2 GmbHG ist in diesem Fall der Gesellschafter *B* Empfangsvertreter der SC-UG.

B bestreitet allerdings gegenüber *T*, das Schreiben erhalten zu haben. Sein Bestreiten ist jedoch unerheblich, wenn Abgabe und Zugang der Willenserklärung vermutet werden. Gem. § 35 Abs. 2 S. 3 GmbHG wird unwiderleglich vermutet, dass Willenserklärungen an die Vertreter der Gesellschaft i. S. v. § 35 Abs. 1 GmbHG unter der im Handelsregister eingetragenen Anschrift (vgl. §§ 8 Abs. 4 Nr. 1, 10 Abs. 1 S. 1 GmbHG) abgegeben werden können.[75] Die SC-UG hat, da eine ordnungsgemäße Handelsregisteranmeldung vorliegt, eine entsprechende inländische Ge-

---

70 *BGH* NJW-RR 2003, 384; BeckOK BGB/*Wendtland*, § 130 Rn. 6; Erman/*Arnold*, § 130 Rn. 4; MüKoBGB/*Einsele*, § 130 Rn. 13 f.; Palandt/*Ellenberger*, § 130 Rn. 4.

71 *BGH* NJW 1979, 2032 (2033); Erman/*Arnold*, § 130 Rn. 4; Soergel/*Hefermehl*, § 130 Rn. 6.

72 BGHZ 67, 271 (275); *BGH* NJW 1998, 976 (977); BeckOK BGB/*Wendtland*, § 130 Rn. 9, 12; Erman/*Arnold*, § 130 Rn. 5; MüKoBGB/*Eisele*, § 130 Rn. 16; Palandt/*Ellenberger*, § 130 Rn. 5.

73 BeckOK BGB/*Schäfer*, § 164 Rn. 45; Erman/*Maier-Reimer*, § 164 Rn. 27; MüKoBGB/*Schubert*, § 164 Rn. 244; Palandt/*Ellenberger*, Vor § 164 Rn. 12.

74 Zum Begriff und den Voraussetzungen der Führungslosigkeit vgl. ausführlich in Abwandlung 2.

75 Beweis des Gegenteils ist ausgeschlossen; zur unwiderlegbaren Rechtsvermutung vgl. *Baumbach/Lauterbach/Albers/Hartmann*, § 292 Rn. 4 f.

schäftsanschrift angegeben. Diese gesetzliche Vermutung muss aber auch die Abgabe und den Zugang der Willenserklärung umfassen.

aa) Vermutung der Abgabe

Der Gesetzeswortlaut des § 35 Abs. 2 S. 3 GmbHG spricht lediglich von der „Abgabe“ einer Willenserklärung. Aus der Regierungsbegründung zu § 35 Abs. 2 S. 3 GmbHG ergibt sich, dass unwiderleglich vermutet wird, dass unter der im Handelsregister eingetragenen Geschäftsanschrift ein Vertreter der Gesellschaft erreicht werden kann.[76] Irrelevant ist in diesem Zusammenhang der dem Erklärenden bekannte Umstand, dass die Vertreter der Gesellschaft sich dauerhaft im Ausland aufhalten oder untergetaucht sind.[77] Ob der Vertreter der Gesellschaft zutreffend bezeichnet wurde, ist ebenfalls ohne Bedeutung.

Unter der im Handelsregister eingetragenen Geschäftsanschrift ist unwiderleglich mit der Kenntnisnahme der Willenserklärung zu rechnen, sodass trotz Kenntnis des *T* vom Tod des *C* eine wirksame Abgabe vorliegt.

bb) Vermutung des Zugangs

Auch der Zugang kann gem. § 35 Abs. 2 S. 3 GmbHG vermutet werden. Dann läuft die Regelung im Ergebnis auf eine unwiderlegliche Vermutung des Zugangs von Willenserklärungen an die im Handelsregister eingetragene Anschrift hinaus.

Für eine solche Auslegung spricht, dass Hindernisse in der Sphäre des Empfängers bereits nach allgemeinen Grundsätzen dem Zugang grundsätzlich nicht entgegenstehen und die Rechtsfolge der in § 35 Abs. 2 S. 3 GmbHG geregelten gesetzlichen Vermutung darüber hinausgehen muss. Zusätzlich lässt sich der Sinn und Zweck des MoMiG anführen, wonach ebenfalls Missbrauchsfälle unter Berücksichtigung des Gläubigerschutzes im Zusammenhang mit der Rechtsform der GmbH bekämpft werden sollen.[78] Die Vermutung allein der Abgabe der Willenserklärung würde dem Gläubiger im Falle der Führungslosigkeit keinen ausreichenden Schutz bieten.

Gegen eine solche weite Auslegung als eine Vermutung des Zugangs insgesamt spricht allerdings die Regierungsbegründung. Aus dieser ergibt sich, dass lediglich die Möglichkeit der Kenntnisnahme durch den Erklärungsempfänger unwiderleglich vermutet wird.[79] Die Vorschrift muss insoweit nicht weit sondern erweiternd ausgelegt werden.[80] Dass die Willenserklärung in den Machtbereich des Erklärungsempfängers gelangt ist, wird nicht vermutet.[81] Eine solche weite Auslegung würde § 15a HGB obsolet werden lassen. Denn diese Vorschrift soll dann eingreifen, wenn der Zugang der Willenserklärung unter der eingetragenen Anschrift unmöglich ist.[82]

Die Vorschrift des § 35 Abs. 2 S. 3 GmbHG ist somit erweiternd dahingehend auszulegen, dass nicht nur die Abgabe der Willenserklärung trotz Kenntnis vom

---

76 Begr. RegE MoMiG, BT-Drs. 16/6140, 43.
77 Begr. RegE MoMiG, BT-Drs. 16/6140, 43.
78 Begr. RegE MoMiG, BT-Drs. 16/6140, 25.
79 Begr. RegE MoMiG, BT-Drs. 16/6140, 43.
80 *Steffek,* BB 2007, 2077 (2079 f.).
81 Baumbach/Hueck/*Zöllner/Noack*, § 35 Rn. 104a; BeckOK GmbHG/*Wisskirchen/Kuhn*, § 35 Rn. 73; Henssler/Strohn/*Oetker*, § 35 GmbHG Rn. 67; MüKoGmbHG/*Stephan/Tieves/Jaeger/Steinbrück*, § 35 Rn. 171; *Steffek,* BB 2007, 2077 (2079 f.).
82 Baumbach/Hopt/*Hopt*, § 15a Rn. 2; BeckOK HGB/*Müther*, § 15a Rn. 4; Henssler/Strohn/*Wamser*, § 15a HGB Rn. 2; KKRM/*Roth*, § 15a Rn. 4; MüKoHGB/*Krafka*, § 15a Rn. 1; Oetker/*Preuß*, § 15a Rn. 13; *Steffek,* BB 2007, 2077 (2079).

Untertauchen des Geschäftsführers unwiderleglich vermutetet wird, sondern auch die Möglichkeit zur Kenntnisnahme der Willenserklärung,[83] und zwar unabhängig davon, wer im Einzelfall zur Vertretung berechtigt oder verpflichtet ist.[84] Ob die Willenserklärung in den Machtbereich der Gesellschaft gelangt ist, beurteilt sich dagegen weiterhin nach allgemeinen Grundsätzen.[85] Der Absender trägt damit die Beweislast dafür, dass die Willenserklärung unter der angegebenen inländischen Geschäftsanschrift in den Machtbereich der Gesellschaft gelangt ist.[86]

Das Schreiben von *T* wurde unter der im Handelsregister eingetragenen Anschrift am 2.10.2018 in den Briefkasten der SC-UG eingelegt. Diese zur Entgegennahme von Erklärungen bereit gehaltene Einrichtung gehört zum Machtbereich des Erklärungsempfängers.[87] Zugunsten von *T* greift dann die unwiderlegliche Vermutung, dass *B* als Empfangsvertreter der SC-UG von der Anfechtungserklärung am 2.10.2018, spätestens am 4.10.2018, Kenntnis erlangen konnte. Dass *B* zu diesem Zeitpunkt auf Geschäftsreise war, steht dem Zugang der Willenserklärung nicht entgegen, da es nicht auf die tatsächliche Kenntnisnahme ankommt, sondern darauf, dass bei Annahme gewöhnlicher Umstände mit der Kenntnisnahme zu rechnen ist.[88]

cc) Zwischenergebnis

B kann sich somit nicht darauf berufen, das Schreiben von *T* nicht erhalten zu haben. Die Anfechtungserklärung von *T* ist der SC-UG gem. § 130 Abs. 1 S. 1 i. V. m. § 164 Abs. 3 BGB zugegangen und damit wirksam geworden.

b) Anfechtungsgrund und Anfechtungsfrist

Anfechtungsgrund ist eine arglistige Täuschung gem. § 123 Abs. 1, 1. Fall BGB. *T* hat die Anfechtung darüber hinaus gegenüber der SC-UG innerhalb der Jahresfrist gem. § 124 Abs. 1, Abs. 2 BGB erklärt. Es liegen daher sämtliche Voraussetzungen einer wirksamen Anfechtung vor. *T* hat seine Willenserklärung damit rückwirkend gem. § 142 Abs. 1 BGB vernichtet.

4. Ergebnis

Der Kaufvertrag ist nicht wirksam zustande gekommen, so dass kein Rechtsgrund zum Behaltendürfen der Gutschrift besteht. Die Leistung von *T* erfolgte mithin ohne Rechtsgrund i. S. d. § 812 BGB. Nach §§ 812 Abs. 1 S. 1, 1. Fall, 818 Abs. 1, 2 BGB ist die SC-UG damit zur Herausgabe des Erlangten verpflichtet.

Folglich hat *T* gegen die SC-UG einen Anspruch auf Rückzahlung des Kaufpreises i. H. v. 6.000 EUR aus § 812 Abs. 1 S. 1, 1. Fall BGB.

---

[83] Baumbach/Hueck/*Zöllner/Noack*, § 35 Rn. 104a; BeckOK GmbHG/*Wisskirchen/Kuhn*, § 35 Rn. 73; MüKoGmbHG/*Stephan/Tieves/Jaeger/Steinbrück*, § 35 Rn. 171; Roth/Altmeppen/*Altmeppen,* § 35 Rn. 66; *Wicke*, § 35 Rn. 30; *Steffek,* BB 2007, 2077 (2079); *Gehrlein,* Der Konzern 2007, 771 (777).

[84] Lutter/Hommelhoff/*Kleindiek*, § 35 Rn. 47 f.

[85] Roth/Altmeppen/*Altmeppen*, § 35 Rn. 67; *Steffek,* BB 2007, 2077 (2079); *Gehrlein,* Der Konzern 2007, 771 (777).

[86] Baumbach/Hueck/*Zöllner/Noack*, § 35 Rn. 104a; BeckOK GmbHG/*Wisskirchen/Kuhn*, § 35 Rn. 73; Lutter/Hommelhoff/*Kleindiek*, § 35 Rn. 47; Roth/Altmeppen/*Altmeppen,* § 35 Rn. 67; *Wicke*, § 35 Rn. 30.

[87] BeckOK BGB/*Wendtland*, § 130 Rn. 12; Jauernig/*Mansel*, § 130 Rn. 5; MüKoBGB/*Einsele*, § 130 Rn. 17; Palandt/*Ellenberger,* § 130 Rn. 5.

[88] *BGH* NJW 2004, 1320; MüKoGmbHG/*Stephan/Tieves/Jaeger/Steinbrück*, § 35 Rn. 171.

Abwandlung 2

I. Insolvenzantragsrecht des Gesellschafters B

B kann gem. § 15 Abs. 1 S. 2 InsO zur Stellung des Insolvenzantrags berechtigt sein. Gem. § 15 Abs. 1 S. 2 InsO ist neben den Mitgliedern des Vertretungsorgans auch jeder Gesellschafter einer juristischen Person zur Stellung eines Insolvenzantrages berechtigt, wenn ein Fall der Führungslosigkeit vorliegt. Die Führungslosigkeit wird legal definiert in § 10 Abs. 2 S. 2, 1. Halbs. InsO und in § 35 Abs. 1 S. 2 GmbHG. § 10 Abs. 2 S. 2, 1. Halbs. InsO bestimmt, dass eine juristische Person führungslos ist, wenn sie keinen organschaftlichen Vertreter hat. Eine GmbH ist gem. § 35 Abs. 1 S. 2 GmbHG führungslos, wenn sie keinen Geschäftsführer hat.[89]

1. Wortlautlegung

Unstreitig liegt ein Fall der Führungslosigkeit nach dem Wortlaut von § 10 Abs. 2 S. 2, 1. Halbs. InsO und von § 35 Abs. 1 S. 2 GmbHG vor, wenn die Gesellschaft keinen Geschäftsführer „hat", d. h. die Organstellung beendet ist, sei es durch Amtsniederlegung, durch Tod des Geschäftsführers oder durch Amtsunfähigkeit gem. § 6 Abs. 2 GmbHG.[90] Aus dem Umstand, dass *C* für unbestimmte Zeit an einen unbekannten Ort „untergetaucht" ist, kann mangels Erklärungswertes dieses Verhaltens nicht gefolgert werden, er habe damit konkludent sein Amt als Geschäftsführer niedergelegt.[91]

2. Normzweckauslegung

a) Weite Auslegung

Der Begriff der Führungslosigkeit kann nach dem Normzweck von § 10 Abs. 2 S. 2, 1. Halbs. InsO und § 35 Abs. 1 S. 2 GmbHG aber weit auszulegen sein und auch die Fälle des in keiner Weise handlungswilligen oder nachweisbar nicht erreichbaren Geschäftsführers erfassen.[92] Für eine solche weite Normzweckauslegung können die Bestrebungen des Gesetzgebers sprechen, mit den Änderungen des GmbHG und der InsO durch das MoMiG, den sog. Firmenbestattern das Handwerk zu legen und den Gläubigerschutz zu stärken.[93] Bei der sog. Firmenbestattung wird bei absehbarer Insolvenz durch Abberufung der organschaftlichen Vertreter und Aufgabe der Geschäftsräume planmäßig die Handlungsunfähigkeit und Unerreichbarkeit des schuldnerischen Rechtsträgers herbeigeführt, um sodann unter stiller Liquidation

[89] Für den Fall, dass die GmbH i. L. Liquidatoren hat, ist sie über den Wortlaut hinaus ebenfalls nicht führungslos, Baumbach/Hueck/*Zöllner/Noack*, § 35 Rn. 105a f.; Henssler/Strohn/*Oetker*, § 35 GmbHG Rn. 36; Lutter/Hommelhoff/*Kleindiek*, § 35 Rn. 44; *Wicke*, § 35 Rn. 26.

[90] Baumbach/Hueck/*Zöllner/Noack*, § 35 Rn. 105b; BeckOK InsO/*Madaus*, § 10 Rn. 25; Lutter/Hommelhoff/*Kleindiek*, § 35 Rn. 44; MHLS/*Lenz*, § 35 Rn. 7; MüKoGmbHG/*Stephan/Tieves/Jaeger/Steinbrück*, § 35 Rn. 240; MüKoInsO/*Ganter/Lohmann*, § 10 Rn. 21; Roth/Altmeppen/*Altmeppen*, § 35 Rn. 10; Schmidt K./*Stephan*, § 10 InsO Rn. 14; *Wicke*, § 35 Rn. 26; *Horstkotte*, ZInsO 2009, 209 (210); *Schmahl*, NZI 2008, 6 (7).

[91] *AG Hamburg* ZIP 2009, 333 (333 f.); Baumbach/Hueck/*Haas*, § 64 Rn. 229; Henssler/Strohn/*Oetker*, § 35 GmbHG Rn. 36; Lutter/Hommelhoff/*Kleindiek*, § 35 Rn. 44; Schmidt K./*Stephan*, § 10 InsO Rn. 14; *Römermann*, NZI 2008, 643 (645 f.); a. A. *Gehrlein*, BB 2008, 846 (848).

[92] *Mock*, EWiR 2009, 245 (246); *Wälzholz*, DStR 2007, 1914 (1916) – allerdings sei dafür eine Erweiterung der gesetzlichen Definition erforderlich.

[93] *Mock*, EWiR 2009, 245 (246).

der noch vorhandenen Vermögenswerte ein ordnungsgemäßes Insolvenzverfahren faktisch unmöglich zu machen.[94] Gerade für diese Fälle wurde zum Zwecke des Gläubigerschutzes eine Ersatzzuständigkeit der Gesellschafter geschaffen.[95]

Danach würde im Fall des „Abtauchens“ von *C* ein Fall der Führungslosigkeit vorliegen und *B* wäre berechtigt, einen Insolvenzantrag zu stellen.

b) Enge Auslegung

Andererseits kann es geboten sein, § 10 Abs. 2 S. 2, 1. Halbs. InsO und § 35 Abs. 1 S. 2 GmbHG eng auszulegen, und über die oben genannten Beendigungsgründe der Organstellung hinaus, also insbesondere beim unbekannten Aufenthalt des Geschäftsführers, einen Fall der Führungslosigkeit abzulehnen.[96] Diese enge Normzweckauslegung kann auf die Gesetzesmaterialien gestützt werden. Während der Referentenentwurf zum MoMiG in § 15 Abs. 1 S. 2 InsO noch ein Antragsrecht der Gesellschafter für den Fall des unbekannten Aufenthaltes der Vertreter vorsah,[97] wurde dies im Regierungsentwurf gestrichen. Ausweislich der Begründung zu § 15a Abs. 3 InsO hat der Gesetzgeber diesen Punkt wegen zu vieler Zweifelsfragen fallen gelassen.[98] Nach dem Willen des Gesetzgebers reicht somit ein unbekannter Aufenthalt nicht aus, um Führungslosigkeit annehmen zu können. An diese klare gesetzgeberische Entscheidung, die Ausdruck im Gesetz gefunden hat, ist der Rechtsanwender gebunden.[99] Diese gesetzgeberische Entscheidung überzeugt auch inhaltlich. Denn in tatsächlicher Hinsicht lässt sich nicht genau festlegen, ab wann eine Unerreichbarkeit des Geschäftsführers vorliegt. Es drängt sich zudem die Frage auf, ob auf eine Unerreichbarkeit durch die Behörden oder durch das gesamte Umfeld abzustellen ist.[100] Es wäre für den Gesellschafter nicht eindeutig erkennbar, ob er der Antragspflicht unterliegt oder nicht. Der Gesellschafter und die Gesellschaft würden in einen „Graubereich“ der möglichen Antragspflicht gebracht.[101] Damit einhergehend bestünde auch eine Rechtsunsicherheit bezüglich einer in Frage kommenden Haftung gem. § 823 Abs. 2 BGB i.V.m. § 15a Abs. 3 InsO. Demnach ist aus Gründen der Rechtssicherheit im Fall des unbekannten Aufenthalts des Geschäftsführers eine Führungslosigkeit nicht anzunehmen.[102]

Die SC-UG ist hiernach nicht führungslos und *B* ist nicht berechtigt, einen Insolvenzantrag zu stellen.

II. Ergebnis

Der Insolvenzeröffnungsantrag von *B* wäre mangels Führungslosigkeit der SC-UG unzulässig und das Gericht würde ihn zurückweisen.

---

94 Zur Firmenbestattung vgl. ausführlich *Petersen*, S. 28ff. sowie *Hey/Regel*, GmbHR 2000, 115 (115ff.); *Kleindiek*, ZGR 2007, 276 (276ff.); *Weller*, ZIP 2009, 2029 (2029ff.).

95 BeckOK GmbHG/*Wisskirchen/Kuhn*, § 35 Rn. 40; *Mock*, EWiR 2009, 245 (246).

96 So *AG Hamburg* ZIP 2009, 333 (334); Lutter/Hommelhoff/*Kleindiek*, § 35 Rn. 44; Roth/Altmeppen/*Altmeppen*, § 35 Rn. 10; *Wicke*, § 64 Rn. 7.

97 RegE MoMiG, S. 20; Begr. RefE MoMiG, BT-Drs. 16/6140, 62.

98 Begr. RegE MoMiG, BT-Drs. 16/6140, 55.

99 *Wälzholz*, DStR 2007, 1914 (1916).

100 *AG Hamburg* ZIP 2009, 333 (334).

101 *AG Hamburg* ZIP 2009, 333 (334).

102 Baumbach/Hueck/*Zöllner/Noack*, § 35 Rn. 105d; Henssler/Strohn/*Oetker*, § 35 GmbHG Rn. 36; Lutter/Hommelhoff/*Kleindiek*, § 35 Rn. 44; MHLS/*Lenz*, § 35 Rn. 7; MüKoGmbHG/*Stephan/Tieves/Jaeger/Steinbrück*, § 35 Rn. 240; Schmidt K./*Stephan*, § 10 InsO Rn. 14; Scholz/*Schneider U. H./Scheider S. H./Hohenstatt*, § 35 Rn. 74.

III. Alternativen

1. Abberufung des Geschäftsführers C

Möglicherweise kann *B* aber die Bestellung von *C* zum Geschäftsführer der SC-UG widerrufen, um so die gem. § 15 Abs. 1 S. 2 InsO notwendige Führungslosigkeit selbst herbeizuführen. Als Alleingesellschafter kann *B* den Geschäftsführer *C* gem. §§ 38 Abs. 1, 46 Nr. 5 GmbHG jederzeit und ohne wichtigen Grund durch Gesellschafterbeschluss abberufen, d. h. die Bestellung zum Geschäftsführer widerrufen.[103] Der Geschäftsführer muss vor der Abberufung nicht gehört werden.[104] Allerdings muss die Abberufung dem nicht anwesenden Geschäftsführer *C* gegenüber bekannt gegeben werden.[105] Angesichts der Tatsache, dass *C* „untergetaucht" ist, wird die Bekanntgabe kaum bewirkt werden können.[106] *B* kann die gem. § 15 Abs. 1 S. 2 InsO notwendige Führungslosigkeit daher nicht oder nur unter erheblichem Aufwand durch den Widerruf der Bestellung von *C* zum Geschäftsführer herbeiführen.

2. Eigene Bestellung zum Geschäftsführer

B kann sich aber als Alleingesellschafter der A-GmbHG, ohne vorherige Abberufung von *C* als Geschäftsführer, gem. §§ 38, 46 Nr. 5 GmbHG selbst zum Geschäftsführer berufen.[107] Die Bestellung zum Geschäftsführer wird sofort mit Annahme wirksam und hängt nicht von der Eintragung im Handelsregister ab.[108] Zwar wären in diesem Fall, da *B* den *C* nicht gleichzeitig abberufen hat und *C* somit weiterhin Geschäftsführer bleibt, die beiden Geschäftsführer mangels abweichender Vereinbarung im Gesellschaftsvertrag gem. § 35 Abs. 2 S. 1 GmbHG nur gemeinschaftlich zur Vertretung der SC-UG befugt. Für die Stellung des Insolvenzantrages

---

[103] BeckOK GmbHG/*Heilmeier*, § 38 Rn. 4; Henssler/Strohn/*Oetker*, § 38 GmbHG Rn. 4; MHLS/*Terlau*, § 38 Rn. 3; MüKoGmbHG/*Stephan/Tieves*, § 38 Rn. 6; Roth/Altmeppen/*Altmeppen*, § 38 Rn. 2; *Wicke*, § 38 Rn. 4; beachte strikte Trennung zum Anstellungsvertrag, vgl. dazu Baumbach/Hueck/*Zöllner/Noack*, § 35 Rn. 16; Lutter/Hommelhoff/*Kleindiek*, § 38 Rn. 25 m. w. N.

[104] Baumbach/Hueck/*Zöllner/Noack*, § 35 Rn. 9; BeckOK GmbHG/*Heilmeier*, § 38 Rn. 7; Henssler/Strohn/*Oetker*, § 38 GmbHG Rn. 9; Lutter/Hommelhoff/*Kleindiek*, § 35 Rn. 2; Roth/Altmeppen/*Altmeppen*, § 38 Rn. 4; *Wicke*, § 38 Rn. 4; MünchHdb.GesR III/*Marsch-Barner/Diekmann*, § 42 Rn. 43.

[105] Baumbach/Hueck/*Zöllner/Noack*, § 38 Rn. 28; BeckOK GmbHG/*Heilmeier*, § 38 Rn. 51; Lutter/Hommelhoff/*Kleindiek*, § 38 Rn. 6; Scholz/*Schneider U. H./Schneider S. H.*, § 38 Rn. 29 f.

[106] Zwar kann daran gedacht werden, die Abberufung von *C* als Geschäftsführer durch den Gerichtsvollzieher gem. § 192 ZPO i. V. m. §§ 191, 185 ZPO öffentlich zustellen zu lassen. Diese Möglichkeit setzt aber voraus, dass dem Gericht nachgewiesen worden ist, dass umfangreiche Nachforschungen zur Ermittlung des Aufenthaltsortes von *C* ergebnislos geblieben sind; vgl. BeckOK ZPO/*Dörndorfer*, § 185 Rn. 3; MüKoZPO/*Häublein*, § 185 Rn. 4; Zöller/*Schultzky*, § 185 Rn. 4.

[107] *Mock*, EWiR 2009, 245 (246). In der Praxis wird die Bestellung eines Fremdgeschäftsführers dagegen problematisch sein, denn es müsste jemand gefunden werden, der eine Geschäftsführerposition in einer Gesellschaft übernimmt, die sich höchst wahrscheinlich bald in einem Insolvenzverfahren befindet.

[108] Keine konstitutive Wirkung der Eintragung, vgl. *BGH* NJW 1981, 2125, *OLG Köln* GmbHR 1993, 155; *OLG Hamburg* NZG 2000, 698; Baumbach/Hueck/*Zöllner/Noack*, § 39 Rn. 24; BeckOK GmbHG/*Heilmeier*, § 39 Rn. 62; Henssler/Strohn/*Oetker*, § 6 GmbHG Rn. 38; Lutter/Hommelhoff/*Kleindiek*, § 35 Rn. 1; MHLS/*Terlau*, § 39 Rn. 22; MüKoGmbHG/*Stephan/Tieves*, § 39 Rn. 51; Roth/Altmeppen/*Altmeppen*, § 39 Rn. 6.

gem. § 15 Abs. 1 InsO ist aber auch bei Gesamtvertretung jeder Geschäftsführer für sich allein antragsberechtigt.[109]

Damit kann *B*, wenn er sich selbst zum Geschäftsführer bestellt, einen Insolvenzantrag gem. § 15 Abs. 1 S. 1 InsO beim zuständigen Insolvenzgericht stellen.[110]

---

[109] *KG* NJW 1965, 2157; BeckOK GmbHG/*Mätzig*, § 64 Rn. 108; Lutter/Hommelhoff/*Kleindiek*, Anh. zu § 64 Rn. 51; Scholz/*Bitter*, Vor § 64 Rn. 93.

[110] Zur Glaubhaftmachung vgl. § 15 Abs. 2 S. 2 InsO.

Fall 11. Der visionäre Vorstandsvorsitzende

Schwerpunkt im Kapitalgesellschaftsrecht (AG):

Kontrolle fehlerhafter Aufsichtsratsbeschlüsse – „Business-Judgement-Rule" – Klagezulassungsverfahren nach § 148 AktG

Sachverhalt

Joachim Schempf (S) ist Vorstandsvorsitzender des Automobilherstellers Dimmler-AG (D-AG). Um die Stellung des Unternehmens am Markt zu stärken, entscheidet *S* im Januar 2015, dass die D-AG ein 30%iges Aktienpaket des japanischen Automobilherstellers Mishikuzi-AG (M-AG) übernimmt, und dass beide Gesellschaften in diesem Zusammenhang einen Kooperationsvertrag über die Forschung und Entwicklung für neue verbrauchsarme Motoren sowie den gemeinsamen Vertrieb ihrer Modellpaletten im asiatischen Markt vereinbaren.

Vor der Übernahmeentscheidung hat *S* sowohl intern als auch namens der D-AG bei mehreren renommierten Analysten und Automobilexperten Rat eingeholt. In einer von *S* in Auftrag gegebenen internen Studie über die Auswirkungen der Beteiligung an der M-AG auf die Produktionskosten der D-AG wurde ihm bescheinigt, dass Synergieeffekte die Produktionskosten der D-AG verringern würden. Die beauftragten Analysten und Automobilexperten rieten hingegen einhellig dringend von einer Beteiligung an der M-AG ab; diese habe seit Jahren hohe Verluste verzeichnen müssen und sie werde die Verlustzone mangels zukunftsfähiger Modellpalette auch trotz der infolge einer Beteiligung der D-AG zu erwartenden Synergieeffekte auf lange Sicht wohl nicht verlassen können.

S ist gleichwohl der festen Überzeugung, dass mit der Beteiligung ein Wachstum der D-AG auf dem asiatischen Markt einhergehen und sich dieses zusammen mit den zu erwartenden Synergieeffekten langfristig positiv auf den Bilanzgewinn auswirken werde. Daneben hofft *S* auch auf eine Wertsteigerung der Aktien der D-AG, da seine Vergütung teilweise an den Verlauf des Aktienkurses gekoppelt ist. Insbesondere aber will *S* seine „Vision", die Weltmarktführerschaft der D-AG, endlich in die Realität umsetzen. Diesen großen Triumph will er sich nicht von „Neidern und Skeptikern" vermiesen lassen. Daher schlägt er die Warnungen der Experten „in den Wind". Bei nüchterner Betrachtung hätte sich ihm jedoch die Erfolglosigkeit des Unterfangens geradezu aufdrängen müssen.

Tatsächlich erweist sich der Einstieg der D-AG bei der M-AG als gravierende Fehlinvestition. Obwohl die D-AG zwischen 2015 und 2018 insgesamt vier Milliarden EUR in die M-AG investiert, um im Zusammenhang mit der Kooperationsvereinbarung deren Sanierung voranzutreiben, erscheint eine Amortisation der entstandenen Kosten zunehmend als aussichtslos. Daher trennt sich die D-AG schließlich im Januar 2019 unter hohen Verlusten von ihrer Beteiligung an der M-AG und beendet die Kooperationsvereinbarung.

Das Aufsichtsratsmitglied *Anton Anstand (A)* verlangt daraufhin die Einberufung des Aufsichtsrates. In der Sitzung beantragt *A* zu beschließen, der Aufsichtsrat solle mögliche Schadensersatzansprüche gegen *S* wegen des „M-AG-Engagements" prüfen und sie bei Bestehen gegen *S* geltend machen. Der Aufsichtsrat lehnt den Antrag von *A* jedoch gegen die Stimme von *A* ab. Als Begründung wird angeführt, *S* sei ein langjähriges und verdientes Vorstandsmitglied der D-AG und werde von den Mitgliedern des Aufsichtsrates sehr geschätzt, weshalb man ihm wegen dieser einmaligen Entscheidung „keinen Strick drehen" wolle. Zudem geben einige Aufsichtsratsmitglieder zu bedenken, dass auch sie wegen ihrer bisherigen Untätigkeit in dieser Angelegenheit „Scherereien" zu befürchten hätten. *A* ist hiermit nicht einverstanden und erhebt vor Gericht Klage gegen die D-AG auf Feststellung der Nichtigkeit des ohne Verfahrensfehler zustande gekommenen Aufsichtsratsbeschlusses. Mit Erfolg?

Bearbeitervermerk: Es ist davon auszugehen, dass der Entscheidung von *S* über die Beteiligung der D-AG an der M-AG kein gesetzmäßiger Hauptversammlungsbeschluss zugrunde liegt und ein solcher auch nicht erforderlich ist.

Abwandlung: Im Ausgangsfall hat *S* im Zuge eines Ermittlungsverfahrens gegen seine Person gestanden, Firmengelder veruntreut zu haben, wodurch der D-AG ein Schaden in Höhe von insgesamt 50 Mio. EUR entstanden ist. Der Aufsichtsrat ist bisher untätig geblieben. Hierüber ist der Aktionär *Karl Querulant (Q)* empört. Er sendet daher zusammen mit den Aktionären *Richard Reich (R)* und *Werner Wichtig (W)* ein Schreiben an die Gesellschaft, in welchem sie den Aufsichtsrat der D-AG auffordern, innerhalb von zwei Monaten eine Aufsichtsratssitzung einzuberufen und die Geltendmachung eines Schadensersatzanspruchs der Gesellschaft gegen *S* zu beschließen; *Q*, *R* und *W* halten zusammen an der D-AG einen anteiligen Betrag von 150.000 EUR am Grundkapital, wobei die Anteile bereits vor Bekanntwerden der zum Schadensersatz verpflichtenden Handlung von *S* erworben worden sind. Der Aufsichtsrat bleibt jedoch auch nach Ablauf der zwei Monate untätig mit der Begründung, das Ansehen der D-AG bei ihren Geschäftspartnern würde durch einen mit der Schadensersatzforderung verbundenen Prozess gegen den Vorstandsvorsitzenden sehr großen Schaden nehmen, weil er eine hohe Medienaufmerksamkeit zur Folge hätte.

Q ist damit nicht einverstanden und möchte nun wissen, ob und wie er zusammen mit *R* und *W* die Ersatzansprüche der Gesellschaft im eigenen Namen geltend machen kann.

Lösung

Ausgangsfall

Die Klage von *A* gegen die D-AG auf Feststellung der Nichtigkeit des Aufsichtsratsbeschlusses hat Aussicht auf Erfolg, wenn sie zulässig und begründet ist.

A. Zulässigkeit der Klage

Die Klage muss zunächst zulässig sein.

I. Statthafte Klageart

Für das Begehren von *A*, die Nichtigkeit des Aufsichtsratsbeschlusses festzustellen, kann entweder die Nichtigkeits- bzw. Anfechtungsklage analog §§ 241 ff. AktG oder die allgemeine Nichtigkeitsfeststellungsklage gem. § 256 ZPO die statthafte Klageart sein.

1. Analoge Anwendung der §§ 241 ff. AktG

Das AktG regelt die Folge fehlerhafter Aufsichtsratsbeschlüsse nicht ausdrücklich. Für den Fall der Fehlerhaftigkeit eines Hauptversammlungsbeschlusses sehen die §§ 241 ff. AktG aber je nach Art des Fehlers die Anfechtungs- bzw. die Nichtigkeitsklage vor. Diese Vorschriften können auf fehlerhafte Aufsichtsratsbeschlüsse analoge Anwendung finden, wenn eine planwidrige Regelungslücke besteht und die Interessenlage eines fehlerhaften Aufsichtsratsbeschluss mit derjenigen eines fehlerhaften Hauptversammlungsbeschlusses vergleichbar ist.

Für die analoge Heranziehung der §§ 241 ff. AktG auf Aufsichtsratsbeschlüsse und damit eine Differenzierung zwischen Nichtigkeit und bloßer Anfechtbarkeit des Beschlusses kann sprechen, dass auch für Aufsichtsratsbeschlüsse ein Interesse an größerer Rechtssicherheit gegenüber einer allein möglichen Nichtigkeitsfeststellung besteht.[1] Diese größere Rechtssicherheit kann durch die Anwendung der Klagefrist bei Anfechtungsklagen analog § 246 Abs. 1 AktG und – anders als bei einem gewöhnlichen Feststellungsurteil – die Wirkung des der Anfechtungsklage stattgebenden Urteils für und gegen jedermann[2] bewirkt werden.[3] Ohne diese Einschränkungen könnte die Fehlerhaftigkeit von Aufsichtsratsbeschlüssen von einem großen Personenkreis zeitlich unbegrenzt geltend gemacht werden.

Danach kann – da ein Nichtigkeitsgrund i. S. v. § 241 AktG nicht vorliegt – eine Anfechtungsklage analog § 243 AktG die statthafte Klageart sein.[4]

2. Allgemeine Feststellungsklage gem. § 256 ZPO

Andererseits kann die allgemeine Feststellungsklage gem. § 256 ZPO die statthafte Klageart sein, wenn es an einer planwidrigen Regelungslücke fehlt oder die Interessenlage bei der Fehlerhaftigkeit eines Aufsichtsratsbeschlusses mit derjenigen eines fehlerhaften Hauptversammlungsbeschlusses nicht vergleichbar ist.

Es kann dahinstehen, ob eine planwidrige Regelungslücke vorliegt, wenn es jedenfalls an einer vergleichbaren Interessenlage zwischen fehlerhaften Aufsichtsratsbeschlüssen und fehlerhaften Hauptversammlungsbeschlüssen fehlt. Bei Aufsichtsratsbeschlüssen geht es nicht darum, das Vertrauen der Öffentlichkeit oder breiter Anlegerkreise in den Bestand der für den Gesellschaftsbereich getroffenen Entscheidungen zu gewährleisten. Zwar ist es durchaus denkbar, dass Aufsichtsratsbeschlüsse, die sich im Wesentlichen auf Überwachungs- und Kontrollaufgaben beziehen, nicht nur eine Innen-, sondern auch eine Außenwirkung erzeugen können. Die in den §§ 241, 243 AktG vorgenommene Abgrenzung für Hauptversammlungsbeschlüsse zwischen Nichtigkeit und Anfechtbarkeit wird den Aufsichtsratsbeschlüssen aber nicht gerecht, weil mit den beiden Beschlussarten unterschiedliche Ziele und Wirkungen verfolgt und erreicht werden sollen.[5] Außerdem kann einer von den Befürwortern einer analogen Anwendung der §§ 241 ff. AktG auf Aufsichtsratsbeschlüsse angeführten Verhinderung der Nichtigkeitsfolge bei nicht schwerwiegenden Fehlern im Interesse der Rechtssicherheit auch mit anderen Mit-

---

1 *OLG Hamburg* ZIP 1992, 1310 (1311).

2 Vgl. § 248 AktG.

3 *Baums*, ZGR 1983, 300 (307).

4 *OLG Hamburg* ZIP 1992, 1310 (1310 ff.); des Weiteren *Axhausen*, S. 157 ff.; *Lemke*, S. 94 ff.; *Schmidt K.*, GesR, § 28 III 4 (S. 834) i. V. m. § 15 II 3b) (S. 448); *Baums*, ZGR 1983, 300 (305 ff.).

5 BGHZ 122, 342 (351); 164, 249 (252); Grigoleit/*Tomasic*, § 108 Rn. 38; Hüffer/Koch/*Koch*, § 108 Rn. 28; MüKoAktG/*Habersack*, § 108 Rn. 81; Spindler/Stilz/*Spindler*, § 108 Rn. 77.

teln entsprochen werden. Dies kann z. B. durch eine Begrenzung des zur Geltendmachung bestimmter Beschlussmängel berechtigten Personenkreises mittels Anpassung des erforderlichen Rechtschutzinteresses erreicht werden. Zudem kann der Rechtssicherheit in zeitlicher Hinsicht durch das Rechtsinstitut der Verwirkung Rechnung getragen werden.

Die Interessenlage bei der Fehlerhaftigkeit von Aufsichtsrats- und Hauptversammlungsbeschlüssen ist demnach nicht vergleichbar. Eine analoge Anwendung der §§ 241 ff. AktG auf fehlerhafte Aufsichtsratsbeschlüsse ist daher abzulehnen. Für das Begehren von *A*, gerichtlich die Nichtigkeit des Aufsichtsratsbeschlusses feststellen zu lassen, ist damit die allgemeine Feststellungsklage gem. § 256 ZPO die statthafte Klageart.[6]

II. Feststellungsinteresse gem. § 256 Abs. 1 ZPO

A muss ferner ein rechtliches Interesse an der Feststellung der Nichtigkeit des Aufsichtsratsbeschlusses gem. § 256 Abs. 1 ZPO haben. Dies ist gegeben, wenn dem Recht oder der Rechtslage von *A* eine gegenwärtige Gefahr der Unsicherheit droht und das erstrebte Urteil dazu geeignet ist, diese Gefahr zu beseitigen.[7]

1. Fehlendes Feststellungsinteresse wegen Zuständigkeit der Hauptversammlung gem. § 147 AktG

Einem solchen Feststellungsinteresse von *A* kann die Zuständigkeit der Hauptversammlung für die Geltendmachung von Ersatzansprüchen gem. § 147 AktG entgegenstehen.

Dagegen spricht jedoch, dass die bloße Möglichkeit der Hauptversammlung, nach § 147 Abs. 1 AktG über die Geltendmachung von Schadensersatzansprüchen zu beschließen, den Aufsichtsrat nicht von seiner Pflicht gem. § 111 Abs. 1 AktG, die Geschäftsführung zu überwachen, befreit.[8]

Somit steht § 147 AktG einem Feststellungsinteresse von *A* nicht entgegen.

2. Feststellungsinteresse aufgrund der Organstellung und Pflichten des Aufsichtsrates aus § 111 AktG

Das Feststellungsinteresse von *A* kann sich aus seiner Organstellung als Aufsichtsratsmitglied und den damit einhergehenden Pflichten aus § 111 AktG ergeben.

Aus der Organstellung der Aufsichtsratsmitglieder ergibt sich ihre gemeinsame Verantwortung für die Rechtmäßigkeit der von ihnen gefassten Beschlüsse. Daraus resultiert das Recht des Aufsichtsratsmitglieds, darauf hinzuwirken, dass der Aufsichtsrat seine Entscheidungen nicht in Widerspruch zu Gesetzes- und Satzungsrecht trifft. Gelingt dies nicht in der Aufsichtsratssitzung, kann ein Aufsichtsratsmitglied eine Klärung auf dem Klagewege herbeiführen,[9] um seine Pflicht aus § 111 AktG nicht zu verletzen.

---

[6] So die ganz h. M.; BGHZ 122, 342 (347 ff.); bestätigt durch BGHZ 124, 111 (115); 164, 249 (252); ebenso *OLG Düsseldorf* NJW-RR 1995, 1371 (1373); Heidel/*Breuer/Fraune,* § 108 AktG Rn. 22; Hüffer/Koch/*Koch,* § 108 Rn. 28; MüKoAktG/*Habersack,* § 108 Rn. 81, 85; Schmidt K./Lutter/*Drygala,* § 108 Rn. 42; Spindler/Stilz/*Spindler,* § 108 Rn. 77; *Brandes,* WM 1994, 2177 (2182).

[7] BGHZ 69, 144 (147); BeckOK ZPO/*Bacher*, § 256 Rn. 20; Zöller/*Greger*, § 256 Rn. 7 f.

[8] BGHZ 135, 244 (249 f.); *BGH* NJW 2009, 2454 (2456); Grigoleit/*Herrler*, § 147 Rn. 2.

[9] BGHZ 135, 244 (248) im Anschluss an BGHZ 122, 342 (350); *OLG Düsseldorf* AG 1995, 416 (416 f.); im Ergebnis zustimmend Grigoleit/*Tomasic*, § 108 Rn. 43; Henssler/

Folglich hat *A* ein aus seiner Organstellung als Aufsichtsratsmitglied und den damit verbundenen Pflichten gem. § 111 AktG hergeleitetes Interesse an der Feststellung der Nichtigkeit des Aufsichtsratsbeschlusses.

III. Klagegegner

Klagegegner ist die Gesellschaft, vertreten durch den Vorstand.[10] Somit ist die D-AG richtiger Klagegegner.

IV. Zwischenergebnis

Die Klage von *A* gegen die D-AG auf Feststellung der Nichtigkeit des Aufsichtsratsbeschlusses ist demnach zulässig.

B. Begründetheit der Klage

Die Klage von *A* gegen die D-AG muss außerdem begründet sein. Sie ist begründet, wenn der Aufsichtsratsbeschluss nichtig ist. Ein Aufsichtsratsbeschluss ist nichtig, wenn er wesentliche Verfahrensfehler aufweist oder inhaltlich gegen das Gesetz oder die Satzung verstößt.[11]

Verfahrensfehler liegen nicht vor, sodass die Klage von *A* nur begründet ist, wenn der Beschluss des Aufsichtsrates der D-AG inhaltlich gegen das Gesetz oder die Satzung verstößt.

Der Aufsichtsratsbeschluss, keine Schadensersatzansprüche gegenüber *S* geltend zu machen, verstößt inhaltlich gegen das Gesetz oder die Satzung, wenn eine gesetzliche oder satzungsmäßige Pflicht des Aufsichtsrates zur Prüfung und Durchsetzung eventuell bestehender Schadensersatzansprüche der D-AG gegen *S* besteht und diese Pflicht durch den Aufsichtsrat tatsächlich verletzt wurde.

I. Prüfungs- und Verfolgungspflicht des Aufsichtsrates

Zunächst muss der Aufsichtsrat verpflichtet sein, das Bestehen von Schadensersatzansprüchen der D-AG gegen *S* zu prüfen und bestehende Schadensersatzansprüche gegebenenfalls zu verfolgen.

Die Pflicht des Aufsichtsrates zur eigenverantwortlichen Prüfung des Bestehens von Schadensersatzansprüchen der Gesellschaft gegenüber Vorstandsmitgliedern und der

---

Strohn/*Henssler*, § 108 AktG Rn. 24; Hölters/*Hambloch-Gesinn/Gesinn*, § 108 Rn. 76; Hüffer/Koch/*Koch*, § 108 Rn. 26 f; MüKoAktG/*Habersack*, § 108 Rn. 85; Spindler/Stilz/*Spindler*, § 108 Rn. 79.

10 H. M.; siehe nur BGHZ 83, 144 (146); 122, 342 (344); 164, 249 (254); *OLG Köln* NJW 1981, 1380 (1381); Grigoleit/*Tomasic*, § 108 Rn. 43; Henssler/Strohn/*Henssler*, § 108 AktG Rn. 24; Hölters/*Hambloch-Gesinn/Gesinn*, § 108 Rn. 77; MüKoAktG/*Habersack*, § 108 Rn. 85; Spindler/Stilz/*Spindler*, § 108 Rn. 80.

11 Ganz h. M.; BGHZ 122, 342 (351); 135, 244 (247); BayObLGZ 2003, 89 (95); *LG Düsseldorf* AG 1994, 328 (329); Grigoleit/*Tomasic*, § 108 Rn. 41; Heidel/*Breuer/Fraune*, § 108 AktG Rn. 22; Hölters/*Hambloch-Gesinn/Gesinn*, § 108 Rn. 70; Hüffer/Koch/*Koch*, § 108 Rn. 26; MüKoAktG/*Habersack*, § 108 Rn. 80, 82; Schmidt K./Lutter/*Drygala*, § 108 Rn. 36; Spindler/Stilz/*Spindler*, § 108 Rn. 68. Strenger hingegen *Kindler*, ZHR 162 (1998), 101 (116) – Nichtigkeit nur bei Verstoß gegen Verbotsgesetz i. S. d. § 134 BGB, da der Feststellungsklage gem. § 256 ZPO keine allgemeine Rechtskontrollfunktion der Beschlussmängelklage nach §§ 241, 243 Abs. 1 AktG zukomme; daher keine Nichtigkeit des Beschlusses, wenn der Aufsichtsrat die Verfolgung von Schadensersatzansprüchen gegen Vorstandsmitglieder ablehnt.

Verfolgung dieser Ansprüche unter Beachtung der Vorgaben durch das Gesetz und die Satzung folgt aus der Aufgabe des Aufsichtsrates, die Geschäftsführung zu überwachen (§ 111 Abs. 1 AktG).[12] Auch abgeschlossene Geschäfte werden davon erfasst.[13] Die Pflicht resultiert des Weiteren daraus, dass der Aufsichtsrat die Gesellschaft gegenüber Vorstandsmitgliedern gerichtlich und außergerichtlich vertritt (§ 112 AktG).[14]

Daher ist der Aufsichtsrat der D-AG verpflichtet, eventuell bestehende Schadensersatzansprüche zu prüfen und gegebenenfalls zu verfolgen.

II. Verletzung der Prüfungs- und Verfolgungspflicht durch den Aufsichtsrat

Ein Gesetzesverstoß kommt jedoch nur dann in Betracht, wenn der Aufsichtsrat diese Pflicht zur Prüfung und Geltendmachung des Schadensersatzanspruchs der D-AG gegen *S* verletzt hat.

1. Bestehen eines Schadensersatzanspruchs

Der Aufsichtsrat hat die Pflicht zur Prüfung und Geltendmachung des Schadensersatzanspruchs der D-AG gegen *S* verletzt, wenn er einen zum Schadensersatz verpflichtenden Tatbestand in rechtlicher und tatsächlicher Hinsicht nicht festgestellt und den sich daraus ergebenden Anspruch nicht gegenüber *S* geltend gemacht hat.[15]

Ein Schadensersatzanspruch der D-AG gegen *S* kann sich aus § 93 Abs. 2 S. 1 AktG ergeben. Dazu muss *S* in seiner Funktion als Vorstandsmitglied der D-AG seine Pflichten schuldhaft verletzt und dadurch einen Schaden bei der D-AG verursacht haben.

a) Handeln des S als Vorstandsmitglied

S ist Vorstandsvorsitzender der D-AG und hat in dieser Funktion die Entscheidung über den Einstieg der D-AG bei der M-AG getroffen.

b) Objektive Pflichtverletzung durch S gem. § 93 Abs. 1 AktG

Mit dieser Handlung muss *S* in seiner Funktion als Vorstandsvorsitzender eine objektive Pflichtverletzung gem. § 93 Abs. 1 AktG begangen haben.

Eine Pflichtverletzung von *S* kann darin liegen, dass er trotz der mit dem Geschäft verbundenen Risiken die Beteiligung an der M-AG veranlasst hat.

---

[12] BGHZ 135, 244 (252); *BGH* NJW 2009, 2454 (2456); Henssler/Strohn/*Henssler*, § 111 AktG Rn. 8; MüKoAktG/*Habersack*, § 111 Rn. 35; Spindler/Stilz/*Spindler*, § 111 Rn. 27.

[13] BGHZ 114, 127 (129); Henssler/Strohn/*Henssler*, § 111 AktG Rn. 8; Hüffer/Koch/*Koch*, § 111 Rn. 5; Hölters/*Hambloch-Gesinn*/*Gesinn*, § 111 Rn. 10; MüKoAktG/*Habersack*, § 111 Rn. 29; Spindler/Stilz/*Spindler*, § 111 Rn. 13.

[14] BGHZ 135, 244 (252); *BGH* NJW 2009, 2454 (2456); Grigoleit/*Grigoleit*/*Tomasic*, § 112 Rn. 1; Hölters/*Hambloch-Gesinn*/*Gesinn*, § 112 Rn. 7; MüKoAktG/*Habersack*, § 112 Rn. 4; Spindler/Stilz/*Spindler*, § 112 Rn. 26.

[15] Ein Ermessensspielraum steht dem Aufsichtsrat hierbei nicht zu; vgl. BGHZ 135, 244 (254); MüKoAktG/*Habersack*, § 111 Rn. 35; a. A. *OLG Düsseldorf* AG 1995, 416 (418 ff.) – Entscheidung gerichtlich nicht voll überprüfbar; a. A. Spindler/Stilz/*Spindler*, § 116 Rn. 48, der einen Ermessensspielraum bejaht, wenn in der Rechtsprechung und Literatur verschiedene für sich überzeugende Auffassungen zu der zu treffenden Entscheidung vertreten werden.

aa) Haftungsausschluss aufgrund der „Business-Judgement-Rule“

Eine Pflichtverletzung i. S. d. § 93 Abs. 1 S. 1 AktG liegt allerdings keinesfalls vor, wenn die Voraussetzungen der sog. *Business-Judgement-Rule* des § 93 Abs. 1 S. 2 AktG erfüllt sind. Danach wird ein objektiv pflichtkonformes Verhalten des Vorstandsmitglieds unwiderlegbar vermutet,[16] wenn das Vorstandsmitglied bei einer unternehmerischen Entscheidung vernünftigerweise annehmen durfte, auf der Grundlage angemessener Information zum Wohle der Gesellschaft zu handeln.

(1) Unternehmerische Entscheidung

Der Erwerb des Aktienpakets an der M-AG durch die D-AG muss eine unternehmerische Entscheidung von *S* gewesen sein.

Eine unternehmerische Entscheidung liegt vor bei einem gezielten Handeln für die Gesellschaft, das nicht auf einer gesetzlichen oder satzungsmäßigen Pflicht beruht[17] und das durch Prognosen und nicht justiziable Einschätzungen geprägt ist.[18] Prognoseentscheidungen sind solche, deren ökonomischer Sinn von künftigen Entwicklungen und ihrer Beurteilung abhängt und ex ante somit nicht mit ausreichender Wahrscheinlichkeit vorausgesagt werden kann.[19] Das Ermessen des Geschäftsleiters unterliegt jedoch Grenzen, so dass nur rechtmäßige unternehmerische Entscheidungen potentiell haftungsausschließend sind.[20] Aus der Bindung an die Satzung folgt, dass sich alle Maßnahmen des Vorstandsmitglieds im Rahmen des Unternehmensgegenstandes bewegen müssen.[21]

S hat in seiner Funktion als Vorstandsvorsitzender bei der Entscheidung, wonach sich die D-AG an der M-AG mit einem größeren Aktienpaket beteiligt, gezielt für die D-AG gehandelt, wobei er keine gesetzliche oder satzungsmäßige Pflicht erfüllte. Die Entscheidung beruhte auf einer von *S* persönlich vorgenommenen Einschätzung und Beurteilung der zukünftigen Geschäftsentwicklung beider Gesellschaften, die im Zeitpunkt der Entscheidung allenfalls abschätzbar war. *S* hat die Entscheidung somit auf der Grundlage von Prognosen als Geschäftsleiter getroffen. Ein die Privilegierung des § 93 Abs. 1 S. 2 AktG ausschließender Gesetzesverstoß durch die

---

16 Zum dogmatischen Verständnis der Norm vgl. Hüffer/Koch/*Koch*, § 93 Rn. 14; a. A. Henssler/Strohn/*Dauner-Lieb*, § 93 AktG Rn. 19; Grigoleit/*Tomasic*/*Grigoleit*, § 93 Rn. 27 ff., die einen Tatbestandsausschlussgrund annehmen; wiederum a. A. MüKoAktG/*Spindler*, § 93 Rn. 39 f., der die Regelung als gesetzliche Konkretisierung der dem Vorstand abverlangten objektiven Pflicht ansicht. Die verschiedenen Einordnungen haben jedoch im Ergebnis keine bedeutenden Auswirkungen; vgl. MüKoAktG/*Spindler*, § 93 Rn. 39; Spindler/Stilz/*Fleischer*, § 93 Rn. 65.

17 Henssler/Strohn/*Dauner-Lieb*, § 93 AktG Rn. 20; Hölters/*Hölters*, § 93 Rn. 30; Hüffer/Koch/*Koch*, § 93 Rn. 6, 16; MüKoAktG/*Spindler*, § 93 Rn. 44; Spindler/Stilz/*Fleischer*, § 93 Rn. 67 a. E.

18 RegBegr. BT-Drs. 15/5092, 11; Grigoleit/*Tomasic*/*Grigoleit*, § 93 Rn. 31; Henssler/Strohn/*Dauner-Lieb*, § 93 AktG Rn. 20; Hölters/*Hölters*, § 93 Rn. 30; Hüffer/Koch/*Koch*, § 93 Rn. 16 ff., MüKoAktG/*Spindler*, § 93 Rn. 41 f.; Spindler/Stilz/*Fleischer*, § 93 Rn. 68.

19 *Schneider*, DB 2005, 707 (710); vgl. auch Henssler/Strohn/*Dauner-Lieb*, § 93 AktG Rn. 21; Hüffer/Koch/*Koch*, § 93 Rn. 16 ff.; MüKoAktG/*Spindler*, § 93 Rn. 41; krit. dazu *Gehb*/*Heckelmann*, ZRP 2005, 145 (146) – Gesetzesverstoß ändere nichts an Qualifizierung als unternehmerische Entscheidung; vielmehr laufe eine solche Entscheidung dem Gesellschaftswohl zuwider.

20 RegBegr. BT-Drs. 15/5092, 11; *Fleischer*, ZIP 2004, 685 (690); zustimmend Henssler/Strohn/*Dauner-Lieb*, § 93 AktG Rn. 20; Hüffer/Koch/*Koch*, § 93 Rn. 16 f.

21 BGHZ 119, 305 (332); *BGH* NJW 2013, 1958 (1959 f.); Henssler/Strohn/*Dauner-Lieb*, § 93 AktG Rn. 20; Hüffer/Koch/*Koch*, § 93 Rn. 16; Spindler/Stilz/*Fleischer*, § 93 Rn. 21 f.; *Langenbucher*, DStR 2005, 2083 (2086); *Schäfer*, ZIP 2005, 1253 (1256).

Entscheidung liegt nicht vor. Schließlich bewegte sich der Erwerb der Beteiligung an einem anderen Automobilhersteller auch im Rahmen des Unternehmensgegenstandes der D-AG.

Daher hat *S* eine unternehmerische Entscheidung i. S. d. § 93 Abs. 1 S. 2 AktG getroffen.

(2) Vernünftige Annahme des Handelns auf Grundlage angemessener Information zum Wohle der Gesellschaft

S musste bei dieser Entscheidung vernünftigerweise davon ausgehen dürfen, auf der Grundlage angemessener Information zum Wohle der Gesellschaft zu handeln. Das Tatbestandsmerkmal „annehmen" indiziert zunächst das Erfordernis eines subjektiven Elements.[22] Dieses wird jedoch durch das Erfordernis einer „vernünftigen" Handlung gewissen objektiven Schranken unterworfen.[23] Dabei ist die Beurteilung ex ante vorzunehmen.[24]

(a) Handeln auf der Grundlage angemessener Information

Durch das Kriterium der „vernünftigen Annahme des Handelns auf der Grundlage angemessener Information" soll verhindert werden, dass Maßnahmen mit hohem Risikopotenzial ohne die gebotene Entscheidungsvorbereitung leichtfertig getroffen werden.[25]

S muss angenommen haben, auf der Grundlage angemessener Information gehandelt zu haben, um gutgläubig i. S. d. § 93 Abs. 1 S. 1 AktG gewesen zu sein. Ob auf der Grundlage angemessener Information entschieden wurde, ist aus der ex-ante-Perspektive des Entscheiders – also des Geschäftsleiters – zu sehen. Dies ist dann der Fall, wenn seine Beurteilung, die er aufgrund der Informationen getroffen hat, bei einer nachträglichen Überprüfung nachvollziehbar erscheint.[26] *S* hat vor der Entscheidung sowohl intern als auch bei Analysten und Automobilexperten Rat eingeholt und daher angenommen, auf der Grundlage angemessener Information zu handeln. Somit war *S* gutgläubig i. S. d. § 93 Abs. 1 S. 2 AktG.

S musste aber auch *vernünftigerweise* annehmen dürfen, auf der Grundlage angemessener Information zu handeln. Der Vorstand darf jedenfalls dann vernünftigerweise annehmen, auf der Grundlage angemessener Information zu handeln, wenn er alle ihm zur Verfügung stehenden Erkenntnisquellen ausgeschöpft hat.[27] *S* hat sowohl eine interne Untersuchung in Auftrag gegeben als auch bei mehreren renommierten

---

[22] Grigoleit/*Grigoleit/Tomasic*, § 93 Rn. 34; Hüffer/Koch/*Koch*, § 93 Rn. 21; MüKoAktG/*Spindler*, § 93 Rn. 59.

[23] Henssler/Strohn/*Dauner-Lieb*, § 93 AktG Rn. 22, 23; Hüffer/Koch/*Koch*, § 93 Rn. 21; MüKoAktG/*Spindler*, § 93 Rn. 59.

[24] Henssler/Strohn/*Dauner-Lieb*, § 93 AktG Rn. 22, 23; Hüffer/Koch/*Koch*, § 93 Rn. 21; MüKoAktG/*Spindler*, § 93 Rn. 48; Spindler/Stilz/*Fleischer*, § 93 Rn. 20.

[25] Grigoleit/*Grigoleit/Tomasic*, § 93 Rn. 28; Hüffer/Koch/*Koch*, § 93 Rn. 20; Spindler/Stilz/*Fleischer*, § 93 Rn. 70.

[26] Hüffer/Koch/*Koch*, § 93 Rn. 21; ebenfalls von der Betrachtung aus der ex-ante-Sicht ausgehend Henssler/Strohn/*Dauner-Lieb*, § 93 AktG Rn. 22 und auf die Nachvollziehbarkeit abstellend MüKoAktG/*Spindler*, § 93 Rn. 25.

[27] MüKoAktG/*Spindler*, § 93 Rn. 48; *Gehb/Heckelmann*, ZRP 2005, 145 (146); ähnlich Henssler/Strohn/*Dauner-Lieb*, § 93 AktG Rn. 22; Spindler/Stilz/*Fleischer*, § 93 Rn. 70, die es für ausreichend halten, eine angemessene Tatsachenbasis bzw. eine gründliche Entscheidungsgrundlage zu schaffen, wobei nicht alle denkbaren Erkenntnisquellen ausgeschöpft werden müssen.

Analysten und Automobilexperten Rat eingeholt. Ein Informationszuwachs durch die Auswertung weiterer Quellen war nicht zu erwarten. *S* hatte sich folglich umfassend informiert und durfte somit vernünftigerweise annehmen, die Entscheidung über den Erwerb der Beteiligung der D-AG an der M-AG auf der Grundlage angemessener Information getroffen zu haben.

(b) Handeln zum Wohle der Gesellschaft

S muss die Entscheidung indes auch zum Wohle der Gesellschaft getroffen haben. Das Vorstandsmitglied handelt zum Wohle der Gesellschaft, wenn die langfristige Ertragssteigerung und Wettbewerbsfähigkeit des Unternehmens und seiner Produkte gefördert werden sollen.[28] Dabei muss die Entscheidungsfindung frei von sachfremden Interessen und Sondereinflüssen sein.[29]

S war fest davon überzeugt, dass seine Entscheidung der D-AG langfristige Wettbewerbsvorteile und damit verbundene Umsatzsteigerungen verschaffen werde.

S hat gleichwohl auf eine Wertsteigerung seiner Aktien gehofft und nahm somit an, auch zu seinem eigenen Wohl zu handeln. Unzulässig ist ein (ausschließliches) Handeln zum eigenen Nutzen oder im Interesse einer nahe stehenden Person, wenn diese Interessen mit dem Gesellschaftsinteresse kollidieren.[30] Eigennutz ist jedoch grundsätzlich unschädlich bei Interessenidentität.[31] Liegt diese vor, kann das Eigeninteresse des Vorstands bei der Entscheidung sogar vorrangig gewesen sein und dennoch ein Handeln zum Wohle der Gesellschaft angenommen werden.[32] Entscheidend ist nur, dass die betreffende Maßnahme auch langfristig dem Wohl der Gesellschaft zu dienen bestimmt ist.

Die von *S* verfolgten Ziele langfristiger Ertragssteigerung und Wettbewerbsfähigkeit für die D-AG waren notwendige Bedingung für den von *S* daneben verfolgten eigenen finanziellen Zweck. Es liegt also keine Kollision, sondern ein Gleichlauf der Interessen von *S* und der D-AG vor. Welches Interesse *S* mit seiner Entscheidung primär verfolgt hat, kann somit dahinstehen. *S* nahm folglich an, zum Wohle der Gesellschaft i. S. d. § 93 Abs. 1 S. 2 AktG zu handeln.

Die Einschätzung des Vorstandsmitglieds, welche Entscheidung dem Unternehmenswohl zuträglich ist, wird jedoch durch das Tatbestandsmerkmal „vernünftigerweise“ objektiv begrenzt.[33] Durch das Erfordernis der objektiv vernünftigen Annahme des Handelns zum Wohle der Gesellschaft soll verhindert werden, dass sich der

---

[28] RegBegr. BT-Drs. 15/5092, 11; Henssler/Strohn/*Dauner-Lieb*, § 93 AktG Rn. 23; Hüffer/Koch/*Koch*, § 93 Rn. 23; MüKoAktG/*Spindler*, § 93 Rn. 23; Spindler/Stilz/*Fleischer*, § 93 Rn. 74; krit. dazu *Gehb/Heckelmann*, ZRP 2005, 145 (147), die eine derart pauschalisierte Betrachtung als verfehlt ansehen; in gewissen Situationen – wie z. B. bei Liquiditätsengpässen der Gesellschaft – könne die Verfolgung kurzfristiger Ziele vorrangig sein.

[29] RegBegr. BT-Drs. 15/5092, 11; ebenso Henssler/Strohn/*Dauner-Lieb*, § 93 AktG Rn. 24; Hüffer/Koch/*Koch*, § 93 Rn. 24; MüKoAktG/*Spindler*, § 93 Rn. 60; Spindler/Stilz/*Fleischer*, § 93 Rn. 72; *Kolb*, DZWiR 2006, 50 (53).

[30] Henssler/Strohn/*Dauner-Lieb*, § 93 AktG Rn. 24; MüKoAktG/*Spindler*, § 93 Rn. 60; Spindler/Stilz/*Fleischer*, § 93 Rn. 72; ebenso *Weiss/Buchner*, WM 2005, 162 (164), die eine unternehmerische Entscheidung frei von Interessenkonflikten für „schlechthin nicht denkbar“ halten.

[31] Vgl. hierzu Henssler/Strohn/*Dauner-Lieb*, § 93 AktG Rn. 24; MüKoAktG/*Spindler*, § 93 Rn. 60; Spindler/Stilz/*Fleischer*, § 93 Rn. 72; *Fleischer*, ZIP 2004, 685 (691); zustimmend *Langenbucher*, DStR 2005, 2083 (2087).

[32] *Gehb/Heckelmann*, ZRP 2005, 145 (147).

[33] Henssler/Strohn/*Dauner-Lieb*, § 93 AktG Rn. 22; Hüffer/Koch/*Koch*, § 93 Rn. 25; MüKoAktG/*Spindler*, § 93 Rn. 59; *Schütz*, NZG 2005, 5 (6).

Geschäftsleiter auf seine guten Absichten beruft, obwohl sich ihm die Fehlerhaftigkeit seines Verhaltens hätte aufdrängen müssen.[34] Bereits vor Verabschiedung von § 93 Abs. 1 S. 2 AktG hat der BGH in seiner Entscheidung ARAG/Garmenbeck ausgeführt, dass ein Vorstand (nur dann) unvernünftig handelt, wenn das mit der Entscheidung verbundene Risiko in völlig unverantwortlicher Weise falsch beurteilt wurde.[35]

Es entspricht der gängigen Wirtschaftspraxis, durch Beteiligungserwerbe die eigene Marktposition zu festigen. Des Weiteren ist es betriebswirtschaftlich sinnvoll, durch die mit einer Kooperation verbundenen Synergieeffekte Produktionskosten einzusparen. Eine wirtschaftliche Entscheidung dieses Ausmaßes ist stets risikobehaftet und die genauen Folgen sind schwer prognostizierbar. In diesem Fall waren sich jedoch alle Experten einig, dass sich die Beteiligung an der M-AG auch langfristig nicht rentieren würde. Diese Bedenken hat *S* leichtfertig ignoriert. Er hat vielmehr seine „Vision" vom Weltkonzern über die rationaler Weise anzustellenden Erwägungen gestellt, obwohl sich ihm die Fehlerhaftigkeit seines Verhaltens hätte aufdrängen müssen. *S* hat damit das mit der Entscheidung verbundene Risiko in völlig unverantwortlicher Weise falsch beurteilt und somit unvernünftig gehandelt.

Die Voraussetzungen der sog. *Business-Judgement-Rule* in § 93 Abs. 1 S. 2 AktG sind also nicht erfüllt, so dass eine Pflichtverletzung nicht ausgeschlossen ist.

bb) Pflichtverletzung gem. § 93 Abs. 1 S. 1 AktG

S kann daher mit der Entscheidung, bei der M-AG einzusteigen, gegen seine Pflicht aus § 93 Abs. 1 S. 1 AktG verstoßen haben. Gem. § 93 Abs. 1 S. 1 AktG hat *S* die Pflicht, als Vorstandsmitglied bei seiner Geschäftsführung die Sorgfalt eines ordentlichen und gewissenhaften Geschäftsleiters anzuwenden. Maßgeblich ist die Sorgfalt, welche ein ordentlicher Geschäftsmann in verantwortlich leitender Position bei selbständiger Wahrnehmung fremder Vermögensinteressen zu beachten hat.[36]

Die von *S* im Namen der D-AG beauftragten externen Experten gingen – trotz der zu erwartenden Synergieeffekte – nahezu einhellig von einem Verlustgeschäft für die D-AG aus und hatten infolgedessen dringend vor einer Beteiligung der D-AG an der M-AG gewarnt. Ein ordentlicher und gewissenhafter Geschäftsmann in verantwortlich leitender Position hätte daher bei vorsichtiger Kalkulation aufgrund des hohen Risikos von dem Geschäft Abstand genommen.

S hat das Geschäft trotz dieser gravierenden Bedenken abgeschlossen. Er hat folglich mit seiner Entscheidung für eine Beteiligung an der M-AG nicht die maßgebliche Sorgfalt, welche ein ordentlicher Geschäftsmann in verantwortlich leitender Position bei selbständiger Wahrnehmung fremder Vermögensinteressen zu beachten hat, eingehalten. Demnach hat er seine Pflicht gem. § 93 Abs. 2 S. 1 AktG verletzt.

---

[34] *Gehb/Heckelmann,* ZRP 2005, 145 (148).

[35] BGHZ 135, 244 (253); auf diese Entscheidung ausdrücklich verweisend RegBegr. BT-Drs. 15/5092, 11.

[36] Vgl. BGHZ 129, 30 (34); *OLG Düsseldorf* AG 1997, 231 (235); *OLG Hamm* AG 1995, 512 (514); *OLG Koblenz* ZIP 1991, 870 (871); Heidel/*Schmidt U.* § 93 AktG Rn. 74; Hüffer/Koch/*Koch,* § 93 Rn. 6; KK-AktG/*Mertens/Cahn,* § 93 Rn. 10; MüKoAktG/*Spindler,* § 93 Rn. 25; Schmidt K./Lutter/*Krieger/Sailer-Coceani,* § 93 Rn. 6; Spindler/Stilz/*Fleischer,* § 93 Rn. 41; ebenso bereits *Geßler,* JW 1937, 497 (501).

c) Verschulden

Schließlich muss *S* diese Pflichtverletzung verschuldet haben. Zur Beurteilung des Verschuldens des Vorstandsmitglieds wird ein typisierter Verschuldensmaßstab angelegt, nämlich die Sorgfalt eines ordentlichen und gewissenhaften Geschäftsleiters, so dass individuelle Unfähigkeit nicht exkulpierend wirkt.[37] Im Übrigen findet gem. § 93 Abs. 2 S. 2 AktG eine Beweislastumkehr dahingehend statt, dass das handelnde Vorstandsmitglied im Streitfall beweispflichtig ist.[38]

S hätte bei nüchterner Betrachtung die Erfolglosigkeit der Beteiligung der D-AG an der M-AG erkennen müssen. Im Übrigen ist er gem. § 93 Abs. 2 S. 2 AktG darlegungs- und beweispflichtig für fehlendes Verschulden. Diesen Beweis hat *S* nicht erbracht. Damit hat *S* seine Pflicht auch schuldhaft verletzt.

d) Kausaler Schaden der D-AG

Der D-AG muss zudem ein Schaden durch die Entscheidung von *S* entstanden sein. Ihre Beteiligung an der M-AG konnte die D-AG nur unter hohen Verlusten wieder veräußern. Die pflichtwidrige Entscheidung von *S*, die Beteiligung an der M-AG zu erwerben, war kausal für diese späteren Veräußerungsverluste. Damit ist der D-AG durch das Verhalten von *S* ein Vermögensschaden entstanden.

e) Ergebnis

Ein Schadensersatzanspruch der D-AG gegen *S* ergibt sich aus § 93 Abs. 2 S. 1 AktG. Diesen Schadensersatzanspruch hat der Aufsichtsrat weder in tatsächlicher und rechtlicher Hinsicht festgestellt, noch gegenüber *S* geltend gemacht.

2. Prozessrisikoanalyse

Der Aufsichtsratsbeschluss, keine Schadensersatzansprüche geltend zu machen, verstößt jedoch nur dann gegen §§ 111 Abs. 1, 112 AktG, wenn eine gesetzliche oder satzungsmäßige Pflicht des Aufsichtsrates zur Durchsetzung dieses Schadensersatzanspruches besteht. Dabei ist das Prozessrisiko zu beachten. Daher kann es sein, dass der Aufsichtsrat der D-AG trotz Vorliegens der Voraussetzungen des § 93 Abs. 2 S. 1 AktG von der Geltendmachung des Schadensersatzanspruchs gegen *S* absehen durfte.

Nachdem der Aufsichtsrat das Bestehen eines Schadensersatzanspruchs gegen ein Vorstandsmitglied festgestellt hat, muss er eine sorgfältige Prozessrisikoanalyse vornehmen. Dazu gehört die Untersuchung der Beweisbarkeit des streitigen Sachverhalts und der Beitreibbarkeit der Forderung.[39] Dabei ist im Zweifel von der Durch-

---

[37] RGZ 163, 200 (208); *BGH* WM 1971, 1548 (1549); WM 1981, 440 (442); Heidel/*Schmidt U.*, § 93 AktG Rn. 103; MüKoAktG/*Spindler*, § 93 Rn. 176 f.; Schmidt K./Lutter/*Krieger/Sailer-Coceani*, § 93 Rn. 34 f.; Spindler/Stilz/*Fleischer*, § 93 Rn. 205; MünchHdb.GesR IV/*Wiesner*, § 26 Rn. 15.

[38] Diese Vorschrift erlegt dem Vorstandsmitglied nach ganz h. M. die Beweislast sowohl für fehlendes Verschulden als auch für fehlende Pflichtwidrigkeit auf, vgl. BGHZ 152, 280 (284); *BGH* NJW 2009, 2454 (2456); Heidel/*Schmidt U.*, § 93 AktG Rn. 111; KK-AktG/*Mertens/Cahn*, § 93 Rn. 138; MüKoAktG/*Spindler*, § 93 Rn. 180 f.; Schmidt K./Lutter/*Krieger/Sailer-Coceani*, § 93 Rn. 41; Spindler/Stilz/*Fleischer*, § 93 Rn. 220; *Goette*, ZGR 1995, 648 (649); die Gesellschaft müsse nur darlegen, dass in bestimmter Weise gehandelt worden sei und dies kausal zu einem Schaden geführt habe, vgl. *Lutter* ZIP 2007, 841 (846).

[39] BGHZ 135, 244 (253 ff.); *BGH* NJW 2009, 2454 (2456); Hölters/*Hölters*, § 93 Rn. 167; Spindler/Stilz/*Fleischer*, § 93 Rn. 89.

setzbarkeit des Anspruchs auszugehen.[40] In der Regel gebietet die Bindung des Aufsichtsrates an das Unternehmenswohl zudem die Anspruchsverfolgung.[41]

Es bestehen keine Anhaltspunkte für ein hohes Prozessrisiko oder für die Aussichtslosigkeit einer Vollstreckung bei *S*.[42] Insofern hätte der Aufsichtsrat nicht aufgrund eines zu hohen Prozessrisikos von der Geltendmachung des Schadensersatzanspruchs absehen dürfen.

3. Absehen von der Geltendmachung aus wichtigem Grund

Der Aufsichtsrat der D-AG kann die Durchsetzung des Schadensersatzanspruchs jedoch aus anderen Gründen zu Recht verweigert haben.

Grundsätzlich ist der Aufsichtsrat bei seinen Entscheidungen allein dem Unternehmenswohl verpflichtet und kann daher ausnahmsweise von der Verfolgung des Schadensersatzanspruchs absehen, wenn gewichtige Interessen und Belange der Gesellschaft dafür sprechen, den ihr entstandenen Schaden ersatzlos hinzunehmen. Dafür können zum Beispiel die negativen Auswirkungen auf die Geschäftstätigkeit und das Ansehen der Gesellschaft in der Öffentlichkeit, eine Behinderung der Vorstandsarbeit oder eine Beeinträchtigung des Betriebsklimas bedeutsam sein. Andere Gesichtspunkte, etwa persönliche Gründe, bleiben dagegen außer Betracht.[43] Der Aufsichtsrat kann bei seiner Entscheidung über die Geltendmachung des Anspruchs jedoch kein unternehmerisches Ermessen in Anspruch nehmen; dieses ist lediglich bei der Frage der Sorgfaltswidrigkeit des Handelns des Vorstands zu berücksichtigen.[44]

Der Aufsichtsrat hat seinen Beschluss damit begründet, *S* sei zum einen ein verdientes Vorstandsmitglied der Gesellschaft und es stehe zum anderen zu fürchten, selbst wegen mangelhafter Kontrolle des Vorstands in Haftung genommen zu werden. Persönliche Gründe dürfen aber keinen Einfluss auf die Geltendmachung des Schadensersatzanspruchs haben. Auch eine eventuelle haftungsrechtliche Inanspruchnahme des Aufsichtsrates rechtfertigt kein Absehen von der Geltendmachung. Bei dieser Entscheidung sind nur die Interessen der Gesellschaft selbst, nicht hingegen die des Aufsichtsrates als Organ der Gesellschaft zu berücksichtigen.

Damit kann der Aufsichtsrat auch nicht aus wichtigem Grund von der Durchsetzung des Schadensersatzanspruchs der D-AG gegen *S* absehen.

---

[40] Vgl. *Henze*, NJW 1998, 3309 (3311).

[41] BGHZ 135, 244 (254); 202, 26 Rn. 19; *BGH* NJW 2009, 2454 (2456).

[42] Dies gilt ungeachtet des Schadensersatzanspruchs der D-AG gegen *S* in Milliardenhöhe; vgl. *Schöne/Petersen*, AG 2012, 700 (700 ff.); ebenso Lutter/Schmidt K./*Drygala*, § 116 Rn. 11 f.; *Grunewald*, AG 2013, 813 (814); a. A. Hüffer/Koch/*Koch*, § 111 Rn. 7 ff.; *Koch*, AG 2012, 429 (430). Bei der Bemessung der Schadenshöhe sind sowohl die „verlorenen" Subventionen als auch die Veräußerungsverluste für die D-AG zu berücksichtigen. Zwar kann davon ausgegangen werden, dass das Privatvermögen von *S* nicht ausreicht, diese der Gesellschaft entstandenen Schäden vollständig zu ersetzen. Das darf die Gesellschaft aber nicht davon abhalten, zumindest einen Teil ihres Schadens von *S* ersetzt zu verlangen. Gegebenenfalls sollte der Aufsichtsrat der Hauptversammlung eine Verzichts- und Vergleichsvereinbarung über die Regressforderung gegen *S* zur Abstimmung vorlegen und diese begründen; vgl. hierzu eingehend *Dietz-Vollmer*, NZG 2011, 248 (248 ff.).

[43] BGHZ 135, 244 (254 ff.).

[44] BGHZ 135, 244 (254).

III. Ergebnis zu B

Der Aufsichtsrat war zur Geltendmachung des Schadensersatzanspruchs gegen *S* gem. §§ 111 Abs. 1, 112 i. V. m. § 93 Abs. 2 S. 1 AktG verpflichtet. Diese Pflicht hat er verletzt. Der Aufsichtsratsbeschluss, von der Geltendmachung des Anspruchs abzusehen, verstößt daher gegen das Gesetz und ist somit nichtig. Die Klage von *A* ist demnach begründet.

C. Ergebnis

Die Klage von A gegen die D-AG auf Feststellung der Nichtigkeit des Aufsichtsratsbeschlusses ist zulässig und begründet. Folglich hat die Klage auch Aussicht auf Erfolg.

Abwandlung

Q, *R*, und *W* können im eigenen Namen Schadensersatzansprüche der D-AG gegen *S* geltend machen, wenn ihre Klage nach § 148 AktG vom Gericht zugelassen wird und ihre Klage auf Schadensersatz zulässig ist.

A. Klagezulassungsverfahren

Die Klage wird vom Gericht zugelassen, wenn die Voraussetzungen des Klagezulassungsverfahrens i. S. v. § 148 AktG gegeben sind.

I. Zuständigkeit des Gerichts

Die Zulassung der Klage muss dafür zunächst bei dem zuständigen Gericht beantragt werden. Zuständiges Gericht im Klagezulassungsverfahren ist gem. § 148 Abs. 2 S. 1 AktG das Landgericht, in dessen Bezirk die Gesellschaft ihren Sitz hat.

II. Klagebefugnis

Q, *R* und *W* müssen weiterhin klagebefugt sein. Sie sind gem. § 148 Abs. 1 S. 1 AktG klagebefugt, wenn sie im Zeitpunkt der Antragstellung zusammen den einhundertsten Teil des Grundkapitals oder einen anteiligen Betrag von 100.000 EUR am Grundkapital der Gesellschaft halten.

Die Aktionäre *Q*, *R* und *W* halten zusammen einen anteiligen Betrag von 150.000 EUR am Grundkapital der D-AG und sind somit klagebefugt.

III. Klagegegenstand

Gem. § 148 Abs. 1 S. 1 AktG ist Klagegegenstand des Klagezulassungsverfahrens einer der in § 147 Abs. 1 S. 1 AktG bezeichneten Ersatzansprüche. Zu diesen zählen u. a. auch Ersatzansprüche der Gesellschaft aus der Geschäftsführung gegen die Mitglieder des Vorstands. *Q*, *R* und *W* beabsichtigen die Geltendmachung eines Schadensersatzanspruchs gegen das Vorstandsmitglied *S* der D-AG, der aus der Geschäftsführungstätigkeit von *S* resultiert. Klagegegenstand ist damit ein möglicher Ersatzanspruch der D-AG gegen *S*.

IV. Besondere Voraussetzungen des Klagezulassungsverfahrens, § 148 Abs. 1 S. 2 AktG

Schließlich müssen *Q*, *R* und *W* die besonderen Voraussetzungen des Klagezulassungsverfahrens gem. § 148 Abs. 1 S. 2 AktG erfüllen.

1. Aktienerwerb vor Kennenmüssen von Schaden oder Pflichtverletzung

Gem. § 148 Abs. 1 S. 2 Nr. 1 AktG ist die Klage nur zulässig, wenn die Aktionäre nachweisen können, dass sie die Aktien erworben haben, bevor sie von dem Schaden oder der Pflichtverletzung Kenntnis erlangen mussten. Damit soll ein Erwerb nur zum Zwecke der Anspruchsverfolgung und damit ein Missbrauch ausgeschlossen werden.[45]

Q, *R* und *W* haben ihre Aktien an der D-AG vor Bekanntwerden der Pflichtverletzung durch *S* erworben. Damit ist diese Voraussetzung erfüllt.

2. Frist

Ferner müssen die Aktionäre nachweisen, dass sie die Gesellschaft unter Setzung einer angemessenen Frist vergeblich aufgefordert haben, selbst Klage zu erheben (§ 148 Abs. 1 S. 2 Nr. 2 AktG), wobei eine Frist von zwei Monaten angemessen ist.[46] Damit wird zum Ausdruck gebracht, dass die Klageerhebung durch die Aktionärsminderheit subsidiär ist und grundsätzlich die Gesellschaft ihren Schadensersatz selbst durchsetzen soll.[47]

Q, *R* und *W* haben die D-AG aufgefordert, innerhalb von zwei Monaten eine Schadensersatzklage gegen *S* zu erheben und daher eine angemessene Frist zur Klageerhebung durch die Gesellschaft gesetzt. Sie haben somit i. S. v. § 148 Abs. 1 S. 1 Nr. 2 AktG die Gesellschaft unter Setzung einer angemessenen Frist vergeblich aufgefordert selbst Klage zu erheben.

3. Verdacht des Schadens für die Gesellschaft durch Handeln des Organs

§ 148 Abs. 1 S. 2 Nr. 3 AktG bestimmt des Weiteren, dass Tatsachen vorliegen müssen, die den Verdacht rechtfertigen, dass der Gesellschaft durch Unredlichkeit oder grobe Verletzung des Gesetzes oder der Satzung ein Schaden entstanden ist.

Verdachtsmaßstab ist der „einfache" Verdacht.[48] Es muss noch kein konkreter Schaden feststehen, wohl aber ein begründeter Anlass zur Annahme bestehen, dass dieser bereits eingetreten ist.[49] Unredlichkeit umfasst alle strafbaren Handlungen und auch sonstige Treuepflichtverletzungen im Vorfeld von § 266 StGB.[50]

Der Verdacht der Untreue durch *S* gem. § 266 StGB hat sich bereits durch dessen Geständnis im Ermittlungsverfahren gegen ihn bestätigt. Der Gesellschaft ist durch die strafbare Handlung von *S* gem. § 266 StGB ein Schaden i. H. v. 50 Mio. EUR

---

45 Siehe dazu RegBegr. BT-Drs. 15/5092, 21; Henssler/Strohn/*Liebscher*, § 148 AktG Rn. 4; Hüffer/Koch/*Koch*, § 148 Rn. 5; MüKoAktG/*Arnold*, § 148 Rn. 19; Spindler/Stilz/*Mock*, § 148 Rn. 59.

46 RegBegr. BT-Drs. 15/5092, 22; ebenso Henssler/Strohn/*Liebscher*, § 148 AktG Rn. 5; Hüffer/Koch/*Koch*, § 148 Rn. 6 f.; MüKoAktG/*Arnold*, § 148 Rn. 26, 29; Spindler/Stilz/*Mock*, § 148 Rn. 66, 70; *Weiss/Buchner*, WM 2005, 162 (169).

47 Hüffer/Koch/*Koch*, § 148 Rn. 6; MüKoAktG/*Arnold*, § 148 Rn. 26; Spindler/Stilz/*Mock*, § 148 Rn. 66.

48 MüKoAktG/*Arnold*, § 148 Rn. 42; *Schröer*, ZIP 2005, 2081 (2085); vgl. auch Hüffer/Koch/*Koch*, § 148 Rn. 8 – Antragsteller tragen für verdachtsbegründende Tatsachen volle Beweislast; ähnlich Henssler/Strohn/*Liebscher*, § 148 AktG Rn. 6; *Paschos/Neumann*, DB 2005, 1779 (1780) – Anforderungen wie in § 142 AktG.

49 Henssler/Strohn/*Liebscher*, § 148 AktG Rn. 6; MüKoAktG/*Arnold*, § 148 Rn. 42; *Spindler*, NZG 2005, 865 (867).

50 Henssler/Strohn/*Liebscher*, § 148 AktG Rn. 6; MüKoAktG/*Arnold*, § 148 Rn. 35; Spindler/Stilz/*Mock*, § 148 Rn. 76; *Spindler*, NZG 2005, 865 (867).

entstanden. Damit hat *S* bei der Gesellschaft durch Unredlichkeit einen Schaden verursacht. Damit ist die Voraussetzung des § 148 Abs. 1 S. 2 Nr. 3 AktG erfüllt.

4. Überwiegende Gründe des Gesellschaftswohls

Nach § 148 Abs. 1 S. 2 Nr. 4 AktG dürfen der Geltendmachung des Ersatzanspruchs keine überwiegenden Gründe des Gesellschaftswohls entgegenstehen.

Hierzu müssen überwiegende Gründe zu Gunsten des Unternehmenswohls vorliegen, wie das Ansehen der Gesellschaft[51] oder negative Auswirkungen auf die Geschäftstätigkeit; die Verfolgung von Schadensersatzansprüchen ist aber die Regel.[52] Die Existenz derartig überwiegender Gründe hat das Gericht von Amts wegen zu prüfen und die D-AG als Klagegegner darzulegen und zu beweisen.[53]

Die D-AG hat vorgetragen, das Ansehen der Gesellschaft bei den Geschäftspartnern leide, wenn klageweise gegen den Vorstandsvorsitzenden *S* vorgegangen würde. Gegen die Berücksichtigung dieses Einwands spricht jedoch, dass gegen *S* bereits ein Ermittlungsverfahren lief. Damit ist die Untreuehandlung von *S* schon über die Grenzen der D-AG hinaus bekannt geworden. Ein Schadensersatzprozess gegen *S* würde also zumindest im Hinblick auf die Untreuehandlung vermutlich nichts Neues zu Tage fördern, was nicht schon durch das strafrechtliche Ermittlungsverfahren hinlänglich bekannt ist. Damit überwiegt das Interesse der Gesellschaft an einer Verhinderung der Geltendmachung des Schadensersatzanspruchs gegen *S* das Interesse der Aktionäre an einer klageweisen Durchsetzung dieses Anspruchs bereits aus diesem Grund nicht.

Somit stehen der Geltendmachung des Ersatzanspruchs keine überwiegenden Gründe des Gesellschaftswohls entgegen.

V. Antragsgegner

Das Klagezulassungsverfahren ist schließlich gegen den richtigen Antragsgegner zu richten. Der Antragsgegner des Klagezulassungsverfahrens ist in § 148 AktG nicht bezeichnet. Aus dem Beiladungserfordernis der Gesellschaft gem. § 148 Abs. 2 S. 9 AktG ist jedoch zu folgern, dass die Gesellschaft selbst nicht Antragsgegner ist.[54] Daraus, dass § 148 AktG der Aktionärsminderheit eine eigene Rechtsverfolgung im Wege der Prozessstandschaft zugesteht, lässt sich vielmehr der Schluss ziehen, dass das handelnde Organmitglied richtiger Antragsgegner ist.[55]

Antragsgegner ist somit *S* als Mitglied des Vorstands der D-AG.

Das Landgericht wird die klageweise Durchsetzung der Ersatzansprüche durch *Q*, *R* und *W* zulassen, sofern die Kläger diese Voraussetzungen einhalten.

---

[51] Krit. hinsichtlich dieses Grundes etwa MüKoAktG/*Arnold*, § 148 Rn. 48; Spindler/Stilz/*Mock*, § 148 Rn. 87.

[52] RegBegr. BT-Drs. 15/5092, 22; ebenso *Langenbucher*, DStR 2005, 2083 (2089). So bereits vor Verabschiedung des § 148 AktG; BGHZ 135, 244 (255) – spricht allerdings von „gewichtigen" Gründen; zustimmend *Timm*, EWiR 1994, 629 (629 f.); vgl. jetzt auch *BGH* NJW 2009, 2454 (2456); Hüffer/Koch/*Koch*, § 148 Rn. 9; Spindler/Stilz/*Mock*, § 148 Rn. 83.

[53] Grigoleit/*Herrler*, § 148 Rn. 10; Hüffer/Koch/*Koch*, § 148 Rn. 9; MüKoAktG/*Arnold*, § 148 Rn. 12; a. A. nach der das Gericht die Existenz von Amts wegen zu prüfen habe Spindler/Stilz/*Mock*, § 148 Rn. 89.

[54] So Grigoleit/*Herrle*, § 148 Rn. 12; Hüffer/Koch/*Koch*, § 148 Rn. 11; Hölters/*Hirschmann*, § 148 Rn. 18.

[55] Ähnlich RegBegr. BT-Drs. 15/5092, 23; Henssler/Strohn/*Liebscher*, § 148 AktG Rn. 8; Hüffer/Koch/*Koch*, § 148 Rn. 11.

B. Zulässigkeit der Klage gegen S

Eine Klage von *Q*, *R* und *W* gegen *S* muss zudem zulässig sein.

I. Zuständiges Gericht

Das zuständige Gericht für die Schadensersatzklage ist gem. § 148 Abs. 4 S. 1 i. V. m. § 148 Abs. 2 S. 1 AktG das für das Klagezulassungsverfahren zuständige Landgericht am Sitz der Gesellschaft.

II. Klageart

Gem. § 148 Abs. 4 S. 2 AktG ist die Klage auf Leistung an die Gesellschaft zu erheben. Die statthafte Klageart ist somit die allgemeine Leistungsklage.

III. Klagebefugnis

Q, *R* und *W* müssen klagebefugt sein. Klagebefugt sind die im Klagezulassungsverfahren erfolgreichen Aktionäre. Die Aktionäre klagen im eigenen Namen, gem. § 148 Abs. 4 S. 2 AktG jedoch auf Leistung an die Gesellschaft als materiell Berechtigte. Es handelt sich somit um einen Fall der gesetzlichen Prozessstandschaft.[56]

Damit sind *Q*, *R* und *W* klagebefugt, sofern sie die Klage auf Leistung an die D-AG richten.

IV. Klagegegner

Die Klage muss ferner gegen den richtigen Klagegegner gerichtet werden. Klagegegner ist gem. § 148 Abs. 4 S. 2 AktG die in § 147 Abs. 1 S. 1 AktG genannte Person. Bei Ersatzansprüchen aus der Geschäftsführung muss die Klage also gegen das handelnde Vorstandsmitglied gerichtet sein. Richtiger Klagegegner ist damit *S* als handelndes Vorstandsmitglied.

V. Aufforderung an Gesellschaft

Die Vorschrift des § 148 Abs. 4 S. 1 Alt. 2 AktG verlangt zudem eine nochmalige Aufforderung der klagenden Aktionäre nach der Stattgabe des Antrags auf Zulassung durch das Gericht an die Gesellschaft, innerhalb einer angemessenen Frist selbst Klage zu erheben.

VI. Klagefrist

Des Weiteren müssen *Q*, *R* und *W* die vorgeschriebene Klagefrist einhalten. Diese beträgt nach § 148 Abs. 4 S. 1 AktG drei Monate nach Eintritt der Rechtskraft der Entscheidung über das Klagezulassungsverfahren.

Werden auch diese Voraussetzungen von *Q*, *R* und *W* bei der Klageerhebung eingehalten, ist die Schadensersatzklage von *Q*, *R* und *W* gegen *S* auf Leistung an die Gesellschaft zulässig.

Q, *R* und *W* können somit unter Einhaltung der Zulassungs- und Zulässigkeitsvoraussetzungen Schadensersatz gegen *S* im eigenen Namen gerichtet auf Leistung an die D-AG geltend machen.

---

[56] RegBegr. BT-Drs. 15/5092, 22; ebenso Henssler/Strohn/*Liebscher*, § 148 AktG Rn. 8; Hüffer/Koch/*Koch*, § 148 Rn. 11; *Diekmann/Leuering*, NZG 2004, 249 (250).

Fall 12. Interview mit Folgen

Schwerpunkt im Kapitalgesellschaftsrecht (AG):

„Deutscher Corporate Governance Kodex" – Rechtsfolgen fehlerhafter Entsprechenserklärungen nach § 161 AktG – Anfechtung eines Entlastungsbeschlusses – Behandlung von Interessenkonflikten in Vorstand und Aufsichtsrat

Sachverhalt

Der Medienunternehmer *Konrad Kirch (K)*, der seit den 80er Jahren des vorherigen Jahrhunderts ein gigantisches Firmenimperium aufgebaut hat, ist im Zuge der weltweiten Bankenkrise in finanzielle Bedrängnis geraten. Nur durch die ihm bisher immer großzügig gewährten Kredite diverser Banken, u. a. seiner Hausbank, der im Deutschen Aktienindex (DAX) geführten Deutschbank-AG (DB-AG), kann er – wenn auch mit zunehmenden Schwierigkeiten – die laufenden Verbindlichkeiten bedienen. Die Situation spitzt sich allerdings zu, als sich der Vorstandsvorsitzende der DB-AG, *Bernhard Brauer (B)*, am 11.12.2017 in einem Interview mit dem Fernsehsender „Doomsday TV" kritisch zur wirtschaftlichen Lage der von *K* geführten Unternehmen äußert und ein weiteres Engagement seiner Bank in Frage stellt. Diese Nachricht verbreitet sich in Windeseile und veranlasst nahezu sämtliche Geldgeber von *K*, die Aufnahme dringend benötigter weiterer Kredite zu verweigern, so dass *K* sich gezwungen sieht, Insolvenz anzumelden.

Erbost über das Verhalten von *B* erhebt *K* am 12.2.2018 Klage vor dem zuständigen Landgericht gegen die DB-AG auf Feststellung, dass diese ihm zum Ersatz des ihm aus dem Interview mit *B* entstandenen Schaden verpflichtet sei. Von dem Prozess wird in den Medien ausführlich und in allen Einzelheiten berichtet. *K* und seine Rechtsanwälte werden mehrfach interviewt und erläutern im Einzelnen die Vorwürfe, die auch in der Klageschrift gegen *B* erhoben werden. *B*, der zu Beginn des Jahres in den Aufsichtsrat der DB-AG gewechselt ist, äußert sich dazu nicht öffentlich.

Am 14.6.2018 findet die Jahreshauptversammlung der DB-AG statt, an der auch *K*, der seit langem ein stattliches Aktienpaket der DB-AG hält, teilnimmt. Nach einer mehrstündigen Generaldebatte, bei der auch die Schadensersatzklage von *K* gegen die DB-AG und die Interviewäußerungen von *B* zur Sprache kommen, beschließt die Hauptversammlung gegen die Stimmen von *K* die Entlastung des Vorstands und des Aufsichtsrats für das Geschäftsjahr 2017.

K erhebt dagegen noch in der Hauptversammlung Widerspruch zu Protokoll und kann sich auch im Nachhinein mit der Entlastung von *B* nicht abfinden. Daraufhin erhebt er am 16.7.2018 beim zuständigen Landgericht erneut Klage gegen die DB-AG. Er ist der Ansicht, *B* habe sich aufgrund der von ihm veranlassten Schadensersatzklage in seiner Rolle als Aufsichtsratsmitglied in einem Interessenkonflikt befunden und hätte sein Mandat sogleich nach der Klageerhebung niederlegen müssen. Dass dies nicht geschehen sei, stelle einen Verstoß gegen das Aktienrecht und den Deutschen Corporate Governance

Kodex (DCGK) dar. Zumindest hätte der Aufsichtsrat die Aktionäre über die Interviewäußerungen von *B* und die Klage von *K* informieren müssen. Dies ist nicht geschehen. Die DB-AG hält das aber auch nicht für nötig. Aufgrund der Medienberichterstattung seien in der Öffentlichkeit alle Details des Falles bekannt gewesen, so dass sich eine formale Erklärung von Seiten des Vorstands oder des Aufsichtsrats erübrigt hätte. Letztlich komme es aber auch gar nicht darauf an, ob ein Verstoß gegen den DCGK vorliege, da es sich hierbei um rechtlich unverbindliche Empfehlungen handele, deren Nichtbeachtung sich auf die Rechtmäßigkeit des Entlastungsbeschlusses nicht auswirken könne. Zudem sei die Klage bereits unzulässig, da sie zu spät erhoben worden sei und es letztlich nur darum gehe, dass *K* eine Auskunft über den Interessenwiderstreit verweigert worden sei, in dem sich *B* angeblich befunden habe.

Vorstand und Aufsichtsrat der DB-AG haben letztmals im Dezember 2017 auf der Homepage des Unternehmens mitgeteilt, dass den Empfehlungen des DCGK seit Abgabe der letzten jährlichen Entsprechenserklärung entsprochen worden sei und auch künftig entsprochen werde.

Wie wird das Gericht über die Klage von *K* vom 16.7.2018 entscheiden?

Auszug aus dem Deutschen Corporate Governance Kodex (DCGK) in der seit dem 7.2.2017 geltenden Fassung:

5.5 Interessenkonflikte

5.5.1 [1]Jedes Mitglied des Aufsichtsrats ist dem Unternehmensinteresse verpflichtet. [2]Es darf bei seinen Entscheidungen weder persönliche Interessen verfolgen noch Geschäftschancen, die dem Unternehmen zustehen, für sich nutzen.

5.5.2 Jedes Aufsichtsratsmitglied soll Interessenkonflikte, insbesondere solche, die aufgrund einer Beratung oder Organfunktion bei Kunden, Lieferanten, Kreditgebern oder sonstigen Geschäftspartnern entstehen können, dem Aufsichtsrat gegenüber offen legen.

5.5.3 [1]Der Aufsichtsrat soll in seinem Bericht an die Hauptversammlung über aufgetretene Interessenkonflikte und deren Behandlung informieren. [2]Wesentliche und nicht nur vorübergehende Interessenkonflikte in der Person eines Aufsichtsratsmitglieds sollen zur Beendigung des Mandats führen.

5.5.4 Berater- und sonstige Dienstleistungs- und Werkverträge eines Aufsichtsratsmitglieds mit der Gesellschaft bedürfen der Zustimmung des Aufsichtsrats.

Lösung

Das Gericht wird der Klage von *K* vom 16.7.2018 stattgeben, soweit diese zulässig und begründet ist.

A. Zulässigkeit

Die Klage muss zunächst zulässig sein.

I. Statthaftigkeit

Dazu muss die Klage statthaft sein. Nichtigkeitsgründe nach § 241 AktG in Bezug auf den Hauptversammlungsbeschluss sind nicht ersichtlich. Daher kommt nur eine Anfechtungsklage gem. §§ 243 ff. AktG in Betracht.

Über die Entlastung der Mitglieder des Vorstands und des Aufsichtsrats wird nach §§ 119 Abs. 1 Nr. 3, 120 Abs. 1 S. 1 AktG alljährlich von der Hauptversammlung Beschluss gefasst. Der Entlastungsbeschluss ist somit tauglicher Gegenstand einer Anfechtungsklage (vgl. § 243 Abs. 1, 3 AktG). Möglicherweise ist die Anfechtungsklage jedoch gem. § 243 Abs. 4 S. 1, 3. Fall AktG ausgeschlossen. Nach dieser Vorschrift darf die Anfechtung wegen verweigerter Erteilung von Informationen nur unter besonderen Voraussetzungen erhoben werden. Indessen gilt der Ausschlussgrund des § 243 Abs. 4 S. 1 AktG nur gegenüber Auskunftsbegehren einzelner Aktionäre, v. a. nach § 131 Abs. 1 S. 1 AktG.[1] Der Aufsichtsrat hat jedoch die Aktionäre insgesamt nicht über die Interviewäußerungen von *B* und die Klage von *K* informiert, so dass ein Fall der Unvollständigkeit oder Verweigerung von Informationen i. S. d. § 243 Abs. 4 S. 1 AktG nicht vorliegt.

Die Anfechtungsklage nach §§ 243 ff. AktG ist somit statthaft.

II. Rechtsschutzbedürfnis

K hat als Aktionär der DB-AG ferner ein berechtigtes Interesse an der Feststellung der Nichtigkeit des Beschlusses. Ein Rechtsschutzbedürfnis von *K* ist daher gegeben.

III. Zuständiges Gericht

K hat die Anfechtungsklage bei dem nach § 246 Abs. 3 S. 1 AktG zuständigen Gericht erhoben.

IV. Richtiger Klagegegner

Die Klage von *K* richtet sich weiterhin gegen die DB-AG und somit gegen den richtigen Klagegegner i. S. d. § 246 Abs. 2 S. 1 AktG.

V. Ergebnis zur Zulässigkeit

Die Klage von *K* ist folglich zulässig.

B. Begründetheit

Zudem muss die Anfechtungsklage begründet sein. Die Anfechtungsklage ist begründet, wenn *K* anfechtungsbefugt gem. § 245 Nr. 1 AktG ist, er die Klagefrist gem. § 246 Abs. 1 AktG gewahrt hat und der Entlastungsbeschluss vom 14.6.2018 gegen das Gesetz oder die Satzung der DB-AG verstößt (§ 243 Abs. 1 AktG).

I. Anfechtungsbefugnis

K hält Aktien der DB-AG, die er vor Bekanntmachung der Tagesordnung erworben hatte, ist zur Hauptversammlung am 14.6.2018 erschienen und hat gegen den Entlastungsbeschluss seinen Widerspruch zu Protokoll erklärt. Er ist folglich anfechtungsbefugt nach § 245 Nr. 1 AktG.

II. Anfechtungsfrist

Ferner muss die Anfechtungsfrist eingehalten worden sein. Die Anfechtungsklage muss gem. § 246 Abs. 1 AktG innerhalb eines Monats nach der Beschlussfassung

---

[1] Vgl. Grigoleit/*Ehmann*, § 243 Rn. 25; Hölters/*Englisch*, § 243 Rn. 89; MüKoAktG/*Hüffer/Schäfer*, § 243 Rn. 114 ff., MüKoAktG/*Kubis*, § 131 Rn. 168.

erhoben werden.[2] Für die Fristberechnung sind die Bestimmungen der §§ 186 ff. BGB entsprechend heranzuziehen.[3]

Die Entlastung ist in der Hauptversammlung am 14.6.2018 beschlossen worden, so dass die Monatsfrist am 15.6.2018 zu laufen begann (§ 187 Abs. 1, 1. Fall BGB) und grds. am 14.7.2018 ablief (§ 188 Abs. 2, 1. Fall BGB). *K* hat die Klage erst am 16.7.2018 erhoben. Zu berücksichtigen ist jedoch, dass der 14.7.2018 ein Samstag war. Auch im Anwendungsbereich der Anfechtungsklage nach §§ 243 ff. AktG gilt der Grundsatz, dass Fristen, deren Ende auf einen Samstag, Sonntag oder Feiertag fallen, erst mit Ablauf des nächsten Werktages enden (§ 193 BGB). Der nächste Werktag war Montag der 16.7.2018. Folglich endete die Frist erst mit Ablauf des 16.7.2018, so dass *K* fristgerecht Klage erhoben hat.[4]

III. Rechtmäßigkeit des Entlastungsbeschlusses

Für die Begründetheit der Anfechtungsklage muss gem. § 243 Abs. 1 AktG weiterhin ein Anfechtungsgrund vorliegen. Dies ist der Fall, wenn der Entlastungsbeschluss vom 14.6.2018 gegen das Gesetz oder die Satzung der DB-AG verstößt. Ein Satzungsverstoß ist nicht ersichtlich. Es verbleibt somit nur ein möglicher Gesetzesverstoß.

1. Prüfungsmaßstab

Ob der Entlastungsbeschluss der Hauptversammlung der DB-AG gegen das Gesetz verstößt, setzt zunächst die Klärung der Rechtsfrage voraus, welchen rechtlichen Anforderungen der Inhalt eines Beschlusses über die Entlastung von Vorstand und Aufsichtsrat unterliegt. Aus § 120 Abs. 2 S. 1 AktG ergibt sich, dass die Hauptversammlung durch die Entlastung auch über die Verwaltung der Gesellschaft im abgelaufenen Geschäftsjahr durch Vorstand und Aufsichtsrat urteilt. Dabei hat sie entweder nur zur Zweckmäßigkeit oder zudem auch zur Rechtmäßigkeit der Organtätigkeit Stellung zu nehmen. Davon ist abhängig, in welchem Umfang der Entlastungsbeschluss im Anfechtungsprozess richterlicher Überprüfung unterliegt.

a) Bloße Zweckmäßigkeitsprüfung

Zunächst kann argumentiert werden, die Hauptversammlung äußere sich bei der Entlastung nur über die Zweckmäßigkeit der Verwaltung, wobei ihr ein weiter, gerichtlich nicht nachprüfbarer Ermessensspielraum zustehe.[5] Dies folge aus § 120 Abs. 2 S. 2 AktG, wonach die Entlastung keine Verzichtswirkung im Hinblick auf Ersatzansprüche entfaltet, d. h. die Gesellschaft könnte Schadensersatzansprüche gem. §§ 93 Abs. 2 S. 1, 116 S. 1 AktG auch dann gegen Mitglieder des Vorstands und Aufsichtsrats geltend machen, wenn die Hauptversammlung sie entlastet hat (vgl. auch § 93 Abs. 4 S. 3 AktG). Danach sei ein Entlastungsbeschluss auch bei

---

[2] Bei der Frist des § 246 Abs. 1 AktG handelt es sich nach h. A um eine materiell-rechtliche Ausschlussfrist, die die Begründetheit der Anfechtungsklage betrifft, vgl. Hüffer/Koch/*Koch,* § 246 Rn. 20 f.; MüKoAktG/*Hüffer/Schäfer,* § 246 Rn. 36 ff.; Spindler/Stilz/*Dörr,* § 246 Rn. 12; für die Prüfung im Rahmen der Zulässigkeit hingegen Schmidt K./Lutter/*Schwab,* § 246 Rn. 8.

[3] Hüffer/Koch/*Koch,* § 246 Rn. 22; MüKoAktG/*Hüffer/Schäfer,* § 246 Rn. 39; Spindler/Stilz/*Dörr,* § 246 Rn. 14. Auf § 222 ZPO kann dagegen aufgrund der materiell-rechtlichen Frist nicht abgestellt werden, vgl. MüKoAktG/*Hüffer/Schäfer,* § 246 Rn. 36.

[4] Zur rechtzeitigen Erhebung einer Anfechtungsklage vgl. auch Bd. II Fall 18 unter B. II. 2.

[5] *OLG Düsseldorf* AG 1996, 273 (274); *OLG München* NZG 2002, 187 (188); vgl. auch MüKoAktG/*Kubis,* § 120 Rn. 15, 54; Schmidt K./Lutter/*Spindler,* § 120 Rn. 31.

erheblichen Gesetzes- oder Satzungsverletzungen durch die Organe der Gesellschaft unanfechtbar.

b) Umfassende Rechtmäßigkeitskontrolle

Gegen die mit der Entlastung verbundene bloße Zweckmäßigkeitsprüfung kann indessen sprechen, dass sie es den Mehrheitsaktionären erlauben würde, das rechtswidrige Verhalten der Organmitglieder auch bei schweren oder gar schwersten Verstößen öffentlich zu billigen.[6] Daher sei es erforderlich, dass die Hauptversammlung bei der Entscheidung über die Entlastung das Organhandeln sowohl auf Zweck- als auch auf Rechtmäßigkeit überprüfen muss, und jeder Gesetzes- oder Satzungsverstoß der Organmitglieder zur Anfechtbarkeit des Entlastungsbeschlusses führen muss.[7] Es sei also zudem eine umfassende Rechtmäßigkeitskontrolle des Organhandelns mit der Entlastung verbunden. Dies gebiete der Schutz der Minderheitsaktionäre. Die Mehrheit, die über die Entlastung beschließt, dürfe nicht zum Nachteil der Minderheit über Rechtsverstöße hinweg sehen. §§ 93 Abs. 4 S. 3, 120 Abs. 2 S. 2 AktG stünden dieser Annahme ferner nicht entgegen. Eine Inanspruchnahme der Organmitglieder komme im praktischen Regelfall erst in Betracht, nachdem der Entlastungsbeschluss vom Gericht für nichtig erklärt worden ist (§ 248 Abs. 1 S. 1 AktG).

c) Entlastungsermessen und gerichtliche Evidenzkontrolle

Gegen eine mit der Entlastung verbundene umfassende Rechtmäßigkeitskontrolle des Organhandelns spricht aber, dass der Hauptversammlung wie dem Aufsichtsrat bei der Verfolgung von Rechtsverstößen des Vorstands ein gewisses unternehmerisches Ermessen zuzubilligen ist, kraft dessen sie von der Ahndung geringfügiger Verstöße aus Gründen der Opportunität absehen kann (Rechtsgedanke der §§ 93 Abs. 1 S. 2, 116 S. 1 AktG).[8] Demnach ist der Hauptversammlung ein gewisser, gerichtlich nicht nachprüfbarer Ermessenspielraum zuzubilligen, der erst bei eindeutigen und schwerwiegenden Gesetzes- und Satzungsverstößen der Organmitglieder seine Grenze findet. Fällt einem Mitglied des Vorstands oder Aufsichtsrats ein derart gravierender Rechtsverstoß zur Last, dürfe er nicht entlastet werden.[9] Danach hat der Entlastungsbeschluss einen dreifachen Inhalt: Neben dem Ausspruch von Vertrauen für die Zukunft und der Bescheinigung, zweckmäßig gehandelt zu haben, enthält er die Erklärung der Hauptversammlung, sie billige die Verwaltung als im Großen und Ganzen gesetzes- und satzungsmäßig. Somit ist der Entlastungsbeschluss anfechtbar, wenn Gegenstand der Entlastung ein Verhalten ist, das eindeutig eine schwerwiegenden Gesetzes- oder Satzungsverstoß darstellt. Auch wenn die Entlastung bei der Aktiengesellschaft keine Bedeutung für die Geltendmachung von Schadensersatzansprüchen hat, gebietet es die Treuepflicht der Mehrheit gegen-

---

6 KK-AktG/*Lutter,* § 161 Rn. 66.

7 *OLG Hamm* ZIP 1993, 119 (121); *OLG Düsseldorf* AG 2000, 365 (366); *OLG Karlsruhe* AG 2001, 93 (93 f.).

8 HK-AktG/*Reger,* § 120 Rn. 5; MüKoAktG/*Kubis,* § 120 Rn. 17; *Kubis,* NZG 2005, 791 (792).

9 BGHZ 153, 47 (50); 160, 385 (388); Hüffer/Koch/*Koch,* § 120 Rn. 11; Spindler/Stilz/*Hoffmann,* § 120 Rn. 49; *Henze,* BB 2005, 165 (168 f.); *Weitemeyer,* ZGR 2005, 280 (292); zum subjektiven Erfordernis der Kenntnis der Teilnehmer der Hauptversammlung von dem Gesetzes- oder Satzungsverstoß vgl. *OLG Köln* NZG 2009, 1110 (1111); Spindler/Stilz/*Hoffmann,* § 120 Rn. 50, jeweils m. w. N.

über der Minderheit, dass Entlastungsbeschlüsse nach § 243 Abs. 1 AktG angefochten werden können.

Folglich kommt es für die Frage der Überschreitung des Entlastungsermessens durch die Hauptversammlung darauf an, ob dem Vorstand oder Aufsichtsrat der DB-AG oder einem seiner Mitglieder ein eindeutiger und schwerwiegender Gesetzes- oder Satzungsverstoß zur Last fällt.

2. Rechtmäßigkeit der Fortführung des Aufsichtsratsmandats

B muss also ein eindeutiger und schwerwiegender Gesetzesverstoß zur Last fallen. Er kann gegen das Gesetz verstoßen haben, indem er sein Aufsichtsratsmandat ungeachtet der von *K* gegen die DB-AG erhobenen Klage wegen angeblicher Pflichtverletzung bei dem Interview fortgesetzt hat.

Dann muss es ein gesetzliches Verbot zur Fortführung des Aufsichtsratsmandates für einen solchen Fall geben. Aus dem Aktienrecht kann sich ein Verbot der Fortführung des Aufsichtsratsmandats wegen Interessenkollision ergeben, aufgrund dessen *B* das Mandat hätte niederlegen oder zumindest die Hauptversammlung informieren müssen. Interessenkollisionen von Aufsichtsratsmitgliedern sind jedoch im AktG nur lückenhaft geregelt, etwa das Bestellungshindernis in § 100 Abs. 2 S. 1 Nr. 1 AktG, die Inkompatibilitätsregelung in § 105 Abs. 1 AktG oder Transparenzbestimmungen wie § 125 Abs. 1 S. 5 AktG. Ein generelles Tätigkeitsverbot oder ein allgemeines Gebot zur Vermeidung von Interessenkonflikten gibt es auf gesetzlicher Ebene nicht.[10]

Allerdings wird aus der Verpflichtung des Aufsichtsrats auf das Unternehmensinteresse das Verbot hergeleitet, als „Richter in eigener Sache" aufzutreten.[11] Einem Aufsichtsratsmitglied ist es danach verwehrt, an einem Beschluss über die Erhebung einer Klage der Gesellschaft gegen ihn mitzuwirken. Im AktG ist dies zwar nicht ausdrücklich geregelt, wohl aber in § 34, 2. Fall BGB für die Mitglieder eines rechtsfähigen Vereins und in § 47 Abs. 4 S. 2, 2. Fall GmbHG für die Gesellschafter einer GmbH. Diese Bestimmungen sind auf Aufsichtsratsmitglieder einer Aktiengesellschaft entsprechend anwendbar.[12] Der Verstoß gegen einen solchen Stimmrechtsausschluss kommt naturgemäß nur in Betracht, wenn über die Klageerhebung ein Beschluss gefasst wird. Im Aufsichtsrat der DB-AG ist indessen über das Vorgehen im Zivilprozess, den *K* gegen die DB-AG angestrengt hatte, gar nicht debattiert, geschweige denn über die Ergreifung prozessualer Maßnahmen im Namen der Gesellschaft abgestimmt worden. *B* ist daher gar nicht in die Lage versetzt worden, sich als „Richter in eigener Sache" gerieren zu müssen.

Dass *B* sein Mandat im Aufsichtsrat nach der Klage fortgesetzt hat, begründet also keinen Anfechtungsgrund im Hinblick auf den Entlastungsbeschluss vom 14.6.2018.

---

[10] Spindler/Stilz/*Spindler*, § 100 Rn. 65.

[11] Vgl. zum Unternehmensinteresse MüKoAktG/*Habersack*, § 116 Rn. 11; Spindler/Stilz/*Spindler*, § 116 Rn. 29; *Lutter/Krieger/Verse*, Rn. 893 m. w. N. und Ziff. 5.5.1 DCGK, der die Rechtslage abbilden soll (vgl. Ziff. 1 Abs. 8 S. 6 DCGK).

[12] Ganz h. A., vgl. GroßKomm-AktG/*Hopt/Roth*, § 108 Rn. 166; KK-AktG/*Mertens/Cahn*, § 108 Rn. 65; MüKoAktG/*Habersack*, § 108 Rn. 15, 29, 32; Soergel/*Hadding*, § 34 Rn. 7; *Lutter/Krieger/Verse*, Rn. 899; vgl. auch *Heller*, NZG 2009, 1170 (1170 ff.) zum Stimmrechtsausschluss bei der Abberufung von Aufsichtsratsmitgliedern nach § 103 Abs. 1 S. 1 AktG.

3. Reaktion des Aufsichtsrats auf die Klage des K

Der Aufsichtsrat der DB-AG kann aber durch seine Untätigkeit nach der Klageerhebung durch *K* am 12.2.2018 bis zur Hauptversammlung am 14.6.2018 gegen das Gesetz verstoßen haben.

a) Verstoß gegen § 103 Abs. 3 S. 1 AktG

Der Aufsichtsrat kann gegen § 103 Abs. 3 S. 1 AktG verstoßen haben. Danach kann der Aufsichtsrat bei Gericht einen Antrag auf Abberufung eines seiner Mitglieder stellen, wenn in dessen Person ein wichtiger Grund dafür vorliegt. Auch Interessenkonflikte können einen solchen Abberufungsgrund bilden, sofern sie so wesentlich und dauerhaft sind, dass das Aufsichtsratsmitglied für sein Amt nicht mehr tragbar erscheint.[13] Die Abberufung steht allerdings im Ermessen des Aufsichtsrats (vgl. § 103 Abs. 3 S. 1 AktG). Selbst bei Vorliegen eines wichtigen Grundes kann der Aufsichtsrat von der Abberufung absehen – etwa aus Gründen der Opportunität. Ein Verstoß gegen § 103 Abs. 3 S. 1 AktG liegt daher nicht vor.

b) Verstoß gegen Ziff. 5.5.3 DCGK

Ein Verstoß kann sich jedoch aus Ziff. 5.5.3 S. 2 DCGK ergeben, wonach wesentliche und nicht nur vorübergehende Interessenkonflikte zur Abberufung führen sollen. Darüber hinaus sieht Ziff. 5.5.3 S. 1 DCGK vor, dass der Aufsichtsrat die Hauptversammlung über aufgetretene Interessenkonflikte und deren Behandlung informieren soll, was zu keinem Zeitpunkt geschehen ist. Allerdings handelt es sich jeweils um Soll-Bestimmungen und damit lediglich um Empfehlungen, wie sich aus der Präambel des Kodexes ergibt (Ziff. 1 Abs. 8 S. 1 DCGK). Von Empfehlungen kann die Gesellschaft aus jedem beliebigen Grund abweichen und ist lediglich zur Offenlegung gem. § 161 Abs. 1 S. 1 AktG verpflichtet (Ziff. 1 Abs. 8 S. 2 DCGK). Die Nichtbeachtung einer Empfehlung stellt mithin für sich gesehen noch nicht einmal einen Verstoß gegen den Kodex dar. Selbst wenn es sich um einen solchen handeln würde, kann dies nicht zur Anfechtbarkeit des Entlastungsbeschlusses führen, da als Anfechtungsgründe nur Gesetzes- und Satzungsverletzungen in Betracht kommen (§ 243 Abs. 1 AktG). Der DCGK wird zwar bisweilen irreführend als „soft law" bezeichnet.[14] Seine Bestimmungen haben aber weder Gesetzesqualität,[15] da sie nicht in einem parlamentarischen Verfahren zustande gekommen sind, sondern von einem aus Sachverständigen zusammen gesetzten Gremium geschaffen wurden,[16] noch sind sie aus anderen Gründen rechtlich verbindlich. Der DCGK ist

---

[13] HK-AktG/*Israel,* § 103 Rn. 12; Hölters/*Simon*, § 103 Rn. 37; Hüffer/Koch/*Koch*, § 103 Rn. 11; MüKoAktG/*Habersack,* § 103 Rn. 42; Spindler/Stilz/*Spindler*, § 103 Rn. 36; *Lutter/Krieger/Verse,* Rn. 933.

[14] So z. B. *Lutter,* ZGR 2000, 1 (18); *ders.*, ZGR 2001, 224 (225); *Mutter,* ZIP 2009, 470; zu Recht krit. *Ulmer,* ZHR 166 (2002), 150 (161).

[15] *BGH* NJW 2009, 2207 (2210) – Kirch/Deutsche Bank; Grigoleit/*Grigoleit/Zellner*,§ 161 Rn. 4; Hölters/*Hölters*, § 161 Rn. 3; Hüffer/Koch/*Koch*,§ 161 Rn. 3; MüKoAktG/*Goette,* § 161 Rn. 1, 22; Schmidt K./Lutter/*Spindler,* § 161 Rn. 7; Spindler/Stilz/*Bayer/Scholz*, § 161 Rn. 16; *Lutter,* FS Druey (2002), 463 (468); *Tödtmann/Schauer,* ZIP 2009, 995 (996); *Ulmer,* ZHR 166 (2002), 150 (158 ff.).

[16] Grigoleit/*Grigoleit/Zellner*,§ 161 Rn. 4; Hölters/*Hölters*, § 161 Rn. 3; Hüffer/Koch/*Koch*, § 161 Rn. 3; MüKoAktG/*Goette,* § 161 Rn. 1; Schmidt K./Lutter/*Spindler,* § 161 Rn. 7; *Ringleb/Kremer/Lutter/v. Werder,* Rn. 81.

ebenfalls keine Kodifikation von Handelsbräuchen i. S. v. § 246 HGB. Viele seiner Empfehlungen und Anregungen werden kaum befolgt.[17] Auch kann er keine satzungsgleiche Wirkung für sich reklamieren. Die Erklärungen zur Beachtung des DCGK werden ohne Mitwirkung und Entscheidung der Hauptversammlung allein durch Vorstand und Aufsichtsrat abgegeben.[18]

Die Anfechtbarkeit des Entlastungsbeschlusses kann daher nicht unmittelbar aus einem Verstoß gegen den DCGK hergeleitet werden.

c) Verstoß gegen § 161 Abs. 1 S. 1 AktG

Vorstand und Aufsichtsrat der DB-AG können jedoch gegen ihre Pflicht aus § 161 Abs. 1 S. 1 AktG verstoßen haben, sich jährlich darüber zu erklären, ob den Empfehlungen des DCGK entsprochen wurde und wird, welche Empfehlungen nicht angewendet wurden oder werden, sowie die Abweichungen zu begründen.[19]

Der Schutzzweck der Entsprechenserklärung und der Pflicht zu ihrer dauerhaften, öffentlichen Zugänglichmachung gem. § 161 Abs. 2 AktG besteht darin, die Aktionäre und darüber hinaus den gesamten Kapitalmarkt in die Lage zu versetzen, sich jederzeit über den Stand der Compliance in dem Unternehmen zu informieren, was für die Entscheidung über den Erwerb von Anteilen, aber auch für die Entlastung von Vorstand und Aufsichtsrat von Bedeutung sein kann.[20] Bereits aus dem Wortlaut von § 161 Abs. 1 S. 1 AktG ergibt sich, dass die Entsprechenserklärung aus einem zukunftsgerichteten und einem vergangenheitsbezogenen Teil besteht („entsprochen wurde und wird oder […] nicht angewendet wurden oder werden“).[21]

---

[17] MüKoAktG/*Goette*, § 161 Rn. 24 m. w. N.; KK-AktG/*Lutter*, § 161 Rn. 11; vgl. auch die empirischen Feststellungen von *v. Werder/Tataulicar*, DB 2009, 689 (690), wonach die durchschnittliche Befolgungsquote in Bezug auf alle 84 Empfehlungen des DCGK in der Fassung vom 6.6.2008 bei 83,9 % lag und im Hinblick auf 19 Anregungen sogar nur bei 64 %.

[18] *OLG München* NZG 2009, 508 (509 f.); Grigoleit/*Grigoleit/Zellner*, § 161 Rn. 8; Henssler/Strohn/*Vetter*, § 161 AktG Rn. 8; Hölters/*Hölters*, § 161 Rn. 8; Hüffer/Koch/*Koch*, § 161 Rn. 6; *Vetter*, NZG 2008, 121 (123).

[19] In der Neufassung des Gesetzes zur Modernisierung des Bilanzrechts (BilMoG) vom 25.5.2009 (BGBl. I S. 1102) ist nunmehr ausdrücklich auch eine Pflicht zur Begründung von Abweichungen vom Kodex normiert (vgl. § 161 Abs. 1 S. 1 AktG a. E.: „und warum nicht“). Das bedeutet, dass Vorstand und Aufsichtsrat sich künftig nicht mehr darauf beschränken dürfen mitzuteilen, welche Empfehlungen nicht befolgt wurden (und künftig werden), sondern auch dazu Stellung nehmen müssen, warum diese Empfehlungen nicht angewandt werden. Zu dieser Gesetzesänderung sah sich der Gesetzgeber ausweislich der Gesetzesbegründung zur Umsetzung der EG-Bilanzrichtlinie gezwungen (BT-Drs. 16/10067, 103 f.). Zum Umfang der erforderlichen Begründung und zu Rechtsfolgen von Verstößen gegen die Begründungspflicht vgl. *v. Falkenhausen/Kocher*, ZIP 2009, 1149.

[20] *OLG München* NZG 2008, 337 (338); MüKoAktG/*Goette*, § 161 Rn. 37, 78; Hüffer/Koch/*Koch*, § 161 Rn. 1; Heidel/*Wittmann/Kirschbaum*, § 161 AktG Rn. 8; *Ringleb/Kremer/Lutter/v. Werder*, Rn. 1477; im Ergebnis auch – jedoch mit abweichender Begründung – *Arens/Petersen*, Der Konzern 2011, 197 (200 f.).

[21] Grigoleit/*Grigoleit/Zellner*, § 161 Rn. 11; Henssler/Strohn/*Vetter*, § 161 AktG Rn. 9; Hölters/*Hölters*, § 161 Rn. 21; Hüffer/Koch/*Koch*, § 161 Rn. 14, 20; MüKoAktG/*Goette W.*, § 161 Rn. 35; Schmidt K./Lutter/*Spindler*, § 161 Rn. 28 f.; Spindler/Stilz/*Bayer/Scholz*, § 161 Rn. 29; *Lutter*, ZHR 166 (2002), 523 (529); *Vetter*, NZG 2009, 561 (562).

aa) Vergangenheitsbezogener Teil

Der vergangenheitsbezogene Teil der Erklärung ist eine reine Wissenserklärung.[22] Der Schutzzweck des § 161 Abs. 1 S. 1 AktG verlangt, dass die Erklärung inhaltlich wahr ist. Erklären Vorstand und Aufsichtsrat, dass eine Empfehlung befolgt wurde, obwohl dies nicht der Realität entspricht, ist die Erklärung falsch und verstößt gegen § 161 Abs. 1 S. 1 AktG.[23] Insofern bestehen gegen die Entsprechenserklärung vom Dezember 2017 keine Bedenken. Erst durch die Reaktion des Aufsichtsrats auf die Klage vom 12.2.2018 kann gegen den DCGK verstoßen worden sein.

bb) Zukunftsgerichteter Teil

Ein Verstoß kann sich daher nur aus dem zukunftsgerichteten Teil der Erklärung ergeben. Der zukunftsgerichtete Teil der Entsprechenserklärung ist als rechtlich unverbindliche Absichtserklärung zu qualifizieren, von der die Gesellschaft jederzeit ohne Angabe von Gründen abrücken kann.[24] Allerdings gilt auch hier das Gebot der Richtigkeit, d. h. die Gesellschaft muss wirklich die Absicht haben, den Kodex so weit zu befolgen, wie die Erklärung reicht.[25] Es bestehen zwar keine Zweifel daran, dass die Gesellschaft den Kodex im Dezember 2017 noch umfassend befolgen wollte. Zweifelhaft ist allerdings, ob sie sich daran nach der ersten Klage von *K* vom 12.2.2018 noch gehalten hat. Vorstand und Aufsichtsrat müssen daher zur unterjährigen Korrektur ihrer Entsprechenserklärung verpflichtet sein, damit ein Verstoß gegen § 161 Abs. 1 S. 1 AktG vorliegen kann.

(1) Pflicht zur unterjährigen Korrektur

Für die Verpflichtung von Vorstand und Aufsichtsrat zur Mitteilung einer aktualisierten Entsprechenserklärung, wenn sie entgegen der ursprünglich geäußerten Absicht von einer Kodexempfehlung abweichen wollen bzw. abgewichen sind, kann die vom Gesetzgeber angestrebte Transparenz und Information der Aktionäre angeführt werden, denn sie kann nur durch eine wahrheitsgemäße Erklärung erreicht werden, während eine überholte Erklärung sogar geeignet ist, den Kapitalmarkt zu täuschen.[26] Etwas anderes kann nur für den Fall einer nachträglichen Änderung des Kodexes gelten. Dann müssen die Organe sich nicht dazu äußern, ob sie der geänderten Empfehlung entsprechen wollen.[27] Danach kommt ein Verstoß gegen

---

22 Hüffer/Koch/*Koch*, § 161 Rn. 14; MüKoAktG/*Goette*, § 161 Rn. 40, 125; Schmidt K./Lutter/*Spindler*, § 161 Rn. 28; *Bachmann*, WM 2002, 2137 (2139); *Borges*, ZGR 2003, 508 (528); *Gelhausen/Hönsch*, AG 2002, 529 (533); *Semler/Wagner*, NZG 2003, 553 (554).

23 Hüffer/Koch/*Koch*, § 161 Rn. 14, 20; MüKoAktG/*Goette*, § 161 Rn. 83; Schmidt K./Lutter/*Spindler*, § 161 Rn. 60; *Kiethe*, NZG 2003, 559 (563); *Lutter*, ZHR 166 (2002), 523 (529); *Ulmer*, ZHR 166 (2002), 150 (165); *Vetter*, NZG 2009, 561 (562).

24 Hüffer/Koch/*Koch*, § 161 Rn. 20; KK-AktG/*Lutter*, § 161 Rn. 96 f.; MüKoAktG/*Goette*, § 161 Rn. 42 f.; Schmidt K./Lutter/*Spindler*, § 161 Rn. 65; *Heck*, S. 44; *Kiethe*, NZG 2003, 559 (563).

25 *Lutter*, ZHR 166 (2002), 523 (532).

26 Vgl. *BGH* NJW 2009, 2207 (2208) – Kirch/Deutsche Bank und h. L.; Heidel/*Wittmann/Kirschbaum*, § 161 AktG Rn. 65; Hüffer/Koch/*Koch*, § 161 Rn. 20; KK-AktG/*Lutter*, § 96 ff. Rn. 53; MüKoAktG/Goette, § 161 Rn. 84; Schmidt K./Lutter/*Spindler*, § 161 Rn. 43 f.; *Ringleb/Kremer/Lutter/v. Werder*, Rn. 1846; *Kiethe*, NZG 2003, 559 (564); *Pfitzer/Oser/Wader*, DB 2002, 1120 (1121); *Seibert*, BB 2002, 581 (584); *Vetter*, NZG 2008, 121 (122).

27 Heidel/*Wittmann/Kirschbaum*, § 161 AktG Rn. 67; KK-AktG/*Lutter*, § 161 Rn. 94; Schmidt K./Lutter/*Spindler*, § 161 Rn. 40; *Ringleb/Kremer/Lutter/v. Werder*, Rn. 1875 ff.; *Gelhausen/Hönsch*, AG 2003, 367 (368 f.); *v. Kann/Eigler*, DStR 2007, 1730 (1734); *Rosengarten/Schneider*, ZIP 2009, 1837 (1840). Entsprechendes soll für den Fall der Änderung

§ 161 Abs. 1 S. 1 AktG im Hinblick auf Ziff. 5.5.3 DCGK in Betracht, falls der Aufsichtsrat mindestens von einer dieser Empfehlung abgewichen ist.

Dagegen kann jedoch angeführt werden, es lasse sich weder aus dem Wortlaut noch aus dem Zweck des § 161 AktG eine Pflicht zur unterjährigen Korrektur der Entsprechenserklärung herleiten.[28] Nach der Formulierung „erklären jährlich“ in § 161 Abs. 1 S. 1 AktG seien Aufsichtsrat und Vorstand nur zu einer Entsprechenserklärung pro Jahr verpflichtet, auch wenn sich die Absichten der Gesellschaft im Hinblick auf die Befolgung des Kodexes unterjährig ändere. Die Annahme einer Aktualisierungspflicht laufe darauf hinaus, dass die Mitteilung im Jahresturnus ihre Funktion verliere, da sich Aktionäre und Anleger tagesaktuell durch einen Blick auf die Website des Unternehmens ein Bild von der gegenwärtigen Governance machen könnten und wohl auch müssten.[29] Demnach musste die im Dezember abgegebene Entsprechenserklärung nicht korrigiert werden. Ein Verstoß gegen § 161 Abs. 1 S. 1 AktG lässt sich danach nicht feststellen.

Wenngleich sich aus dem Wortlaut von § 161 Abs. 1 S. 1 AktG eine Korrekturpflicht nicht herleiten lässt, kann sich etwas anderes aber aus dem Informationszweck der Erklärung ergeben. Um zuverlässig über die in einem Unternehmen herrschende Compliance informiert zu sein, müssen Aktionäre und Anleger über den jeweiligen Stand der Befolgung des Kodexes informiert werden. Auf den aus Sicht des einzelnen Anlegers zufälligen Zeitpunkt der Abgabe der Entsprechenserklärung darf es nicht ankommen, sofern dieser Schutzzweck ernst genommen wird. Dazu lässt sich auch § 161 Abs. 2 AktG anführen, wonach die Erklärung dauerhaft zugänglich zu machen ist. Dadurch erlangt sie den Charakter einer sich ständig wiederholenden „Dauererklärung“,[30] die nach dem Gebot der Richtigkeit in dem Moment falsch wird, in dem die Gesellschaft ihre Meinung zur Befolgung des Kodexes ändert.

Es besteht aufgrund des Informationszwecks der Erklärung somit für den Vorstand und Aufsichtsrat eine Pflicht zur unterjährigen Korrektur der Entsprechenserklärung.

(2) Unrichtigkeit der Entsprechenserklärung

Voraussetzung für das Eingreifen der Aktualisierungspflicht ist, dass Vorstand und Aufsichtsrat der DB-AG entgegen der im Dezember 2017 erklärten Absicht, sämtliche Empfehlungen des DCGK befolgen zu wollen, später gegen eine Empfehlung verstoßen haben. In Betracht kommt ein Verstoß gegen Ziff. 5.5.3 S. 1 und S. 2 DCGK.

(a) Verstoß gegen Ziff. 5.5.3 S. 1 DCGK

Der Aufsichtsrat kann gegen Ziff. 5.5.3 S. 1 DCGK verstoßen haben, indem er in seinem, die Hauptversammlung vorbereitenden, Bericht über den Jahresabschluss

---

von § 161 AktG gelten; vgl. *Hoffmann-Becking/Krieger,* ZIP 2009, 904; *Ihrig,* ZIP 2009, 853 (854); *Rosengarten/Schneider,* a. a. O. – für die Einführung der Begründungspflicht durch das BilMoG (s. o. Fn. 19).

28 Spindler/Stilz/*Bayer/Scholz,* § 161 Rn. 71; *Schüppen,* ZIP 2002, 1269 (1272 f.); *Seibt,* AG 2002, 249 (254); *ders.,* AG 2003, 465 (467); *Heckelmann,* WM 2008, 2146 (2148 f.); *Kocher/Bedkowski,* BB 2009, 232 (235); *Theusinger/Liese,* DB 2008, 1419 (1421).

29 *Heckelmann,* WM 2008, 2146 (2148 f.).

30 *BGH* NJW 2009, 2207 (2208) – Kirch/Deutsche Bank; *Lutter,* ZHR 166 (2002), 523 (531); *Seibert,* BB 2002, 581 (583).

gem. § 171 Abs. 2 S. 1 AktG nicht auf die gegen die DB-AG erhobene Klage von *K* hingewiesen hat. Dann muss *B* infolge der Klageerhebung in einen Interessenkonflikt geraten sein, der eine Berichtspflicht des Aufsichtsrats nach Ziff. 5.5.3 S. 1 DCGK ausgelöst hat.

(aa) Vorliegen eines Interessenkonflikts

Es muss dementsprechend ein Interessenkonflikt vorliegen. Bei einem Interessenkonflikt widerstreiten die Unternehmensinteressen den eigenen Interessen des Aufsichtsratsmitglieds (vgl. Ziff. 5.5.1 DCGK).[31] *B* kann aufgrund der von *K* gegen die DB-AG erhobenen Schadensersatzklage in eine solche Lage geraten sein. Im Aufsichtsrat wirkt er an der Überwachung der Geschäftsführung gem. § 111 Abs. 1 AktG mit. Dazu gehört auch, die Organtätigkeit ehemaliger Vorstandsmitglieder einer nachgelagerten Rechts- und Zweckmäßigkeitskontrolle zu unterziehen und das Bestehen etwaiger Schadensersatzansprüche der Gesellschaft gem. § 93 Abs. 2 S. 1 AktG zu prüfen.[32] Diese Prüfung muss positiv verlaufen. Nach den mitgeteilten Tatsachen besteht eine hinreichende Wahrscheinlichkeit dafür, dass die DB-AG auf die Klage von *K* hin zum Schadensersatz verurteilt wird. Aus dem Darlehensvertrag erwächst ihr als Kredit gebender Bank die Nebenpflicht, die Kreditwürdigkeit des Darlehensnehmers *K* weder durch Tatsachenbehauptungen noch durch Werturteile oder Meinungsäußerungen zu gefährden, und zwar auch dann, wenn die konkrete Äußerung von der Meinungsfreiheit gem. Art. 5 Abs. 1 S. 1, 1. Halbs. GG gedeckt ist.[33] Sollte das Gericht dies auch so sehen, kommt ein Regressanspruch der DB-AG gegen *B* aus § 93 Abs. 2 S. 1 AktG in Betracht, über dessen Geltendmachung der Aufsichtsrat als Kontrollorgan mit zu entscheiden hätte. Nachdem *B* zum 1.1.2018 in den Aufsichtsrat der DB-AG gewechselt ist, müsste er also über mögliche Regressansprüche gegen sich selbst entscheiden. Die Prüfung hätte daher positiv verlaufen müssen. Mithin liegt ein Interessenkonflikt in seiner Person vor, weil er als Betroffener an dieser Entscheidung kaum unbefangen wird mitwirken können.[34]

(bb) Aufgetretensein des Interessenkonflikts

Zweifelhaft ist allerdings, ob es sich dabei um einen bereits aufgetretenen Interessenkonflikt i. S. v. Ziff. 5.5.3 DCGK handelt oder um einen solchen, der erst in Zukunft einzutreten droht und daher noch nicht berichtsbedürftig ist. Dies kann deshalb anzunehmen sein, weil eine Inanspruchnahme von *B* im Wege des Regresses nach § 93 Abs. 2 S. 1 AktG erst nach rechtskräftiger Entscheidung über die Feststellungsklage von *K* gegen die DB-AG droht, zum Berichtszeitpunkt allerdings noch nicht einmal das erstinstanzliche Urteil des Landgerichts vorlag. Die Überwachungspflicht des Aufsichtsrats gem. § 111 Abs. 1 AktG beginnt indessen nicht

---

[31] *Lutter/Krieger/Verse,* Rn. 896.

[32] BGHZ 135, 244 (252); 157, 151 (153 f.); Hüffer/Koch/*Koch,* § 111 Rn. 5 f.; MüKoAktG/*Habersack,* § 111 Rn. 29; Schmidt K./Lutter/*Drygala,* § 111 Rn. 12.

[33] Mit dieser Begründung hat der BGH einen Anspruch aus §§ 280 Abs. 1, 241 Abs. 2 BGB gegen die Deutsche Bank AG aufgrund des ihr zuzurechnenden Verhaltens des damaligen Vorstandssprechers gem. § 31 BGB dem Grunde nach bejaht (BGHZ 166, 84 [93]). Das *OLG München* (ZIP 2013, 558) hat der Schadensersatzklage im Dezember 2012 stattgegeben und dabei die Ersatzhöhe offengelassen. Im März 2013 wurde von der Deutschen Bank Beschwerde beim BGH eingereicht; http://www.focus.de/finanzen/news/moegliche-milliardenzahlung-deutsche-bank-legt-geld-fuer-kirch-prozess-zurueck_aid_958188.html vom 11.4.2013. Der Rechtsstreit wurde dann im Februar 2014 durch einen Vergleich beendet; http://www.manager-magazin.de/unternehmen/banken/a-954664.html vom 20.2.2014.

[34] Ebenso *BGH* NJW 2009, 2207 (2210) – Kirch/Deutsche Bank.

erst, wenn rechtskräftig feststeht, dass der Gesellschaft durch das Handeln des Vorstands ein Schaden entstanden ist, sondern sogleich nach Klageerhebung. Denn zu diesem Zeitpunkt kann die Gesellschaft noch prozesstaktische Maßnahmen ergreifen, um ihre Regressansprüche nach § 93 Abs. 2 S. 1 AktG anschließend möglichst zügig und effektiv durchsetzen zu können.[35] Sie hätte entweder *B* gem. § 72 ZPO den Streit verkünden können, damit er im Regressprozess nicht mehr einwenden kann, für die Entstehung des Schadens nicht verantwortlich zu sein (vgl. §§ 68, 74 Abs. 3 ZPO), oder einen Freistellungsanspruch gem. § 426 Abs. 1 BGB i. V. m. § 93 Abs. 2 S. 1 AktG gegen *B* geltend machen können.

Mithin handelt es sich um einen Interessenkonflikt, der bereits aufgetreten ist und daher grds. eine Berichtspflicht nach Ziff. 5.5.3 S. 1 DCGK auslöst.

(cc) Erforderlichkeit der Berichterstattung

Über diesen Interessenkonflikt in der Person des *B* hätte der Aufsichtsrat nach Ziff. 5.5.3 S. 1 DCGK die Hauptversammlung informieren sollen, was nicht geschehen ist. Die DB-AG beruft sich jedoch darauf, dass es eines solchen Berichts wegen der umfassenden Medienberichterstattung über das von *K* angestrengte Gerichtsverfahren nicht bedurfte. Vielen Aktionären werden dadurch zwar die Vorwürfe, die *K* gegen *B* erhoben hat, bekannt gewesen sein. Ungeachtet der Frage, ob eine anderweitige Kenntniserlangung durch die Aktionäre die durch Ziff. 5.5.3 S. 1 DCGK statuierte Mitteilungspflicht überhaupt zu ersetzen vermag, ist aber zu berücksichtigen, dass die in den Medien von *K* erhobenen Vorwürfe den Interessenkonflikt, in dem sich *B* wegen der ihm drohenden Regressansprüche befand, allenfalls ansatzweise und höchstwahrscheinlich einseitig aus der Sicht von *K* wiedergegeben haben dürften. Zudem verlangt Ziff. 5.5.3 S. 1 DCGK nicht nur die Information über das Vorliegen eines Interessenkonflikts, sondern auch darüber, wie dieser von dem Aufsichtsrat behandelt worden ist („und deren Behandlung").[36] Sofern darüber überhaupt eine Debatte im Aufsichtsrat stattgefunden hat, werden ihre Inhalte und Ergebnisse kaum publik geworden sein. Der Aufsichtsratsbericht war somit trotz der Medienberichterstattung nicht entbehrlich.

Folglich hat der Aufsichtsrat gegen Ziff. 5.5.3 S. 1 DCGK verstoßen.

(b) Verstoß gegen Ziff. 5.5.3 S. 2 DCGK

Überdies kann ein Verstoß gegen Ziff. 5.5.3 S. 2 DCGK vorliegen. Wenn es sich um einen wesentlichen und nicht nur vorübergehenden Interessenkonflikt handelt, hätte der Aufsichtsrat nach dieser Empfehlung gem. § 103 Abs. 3 S. 2 AktG darüber abstimmen müssen, ob ein Antrag auf Abberufung von *B* als Aufsichtsratsmitglied gestellt werden soll. Wann ein Interessenkonflikt als wesentlich und nicht nur vorübergehend anzusehen ist, bestimmt sich nach dem Umfang und den Auswirkungen auf die Organtätigkeit. Es kommt insbesondere auf Intensität und Häufigkeit des Auftretens des Interessenwiderstreits an.[37] Die Folgen der Klage von *K* sind indessen auf eine bestimmte Rechtsfrage beschränkt, nämlich auf die des Bestehens von Regressansprüchen der Gesellschaft gegen *B* und damit nur auf einen begrenzten Ausschnitt seiner Amtsführung.[38] Es handelt sich daher nicht um einen wesentlichen und wohl auch nur um einen vorübergehenden Interessenkonflikt, der beendet ist,

---

35 *BGH* NJW 2009, 2207 (2210) – Kirch/Deutsche Bank.
36 *BGH* NJW 2009, 2207 (2210) – Kirch/Deutsche Bank.
37 *Lutter/Krieger/Verse,* Rn. 927.
38 Ebenso *BGH* NJW 2009, 2207 (2210) – Kirch/Deutsche Bank.

sobald das Verfahren von *K* gegen die Gesellschaft und ein eventuell folgender Regressprozess gegen *B* rechtskräftig abgeschlossen sind.

Folglich war der Aufsichtsrat nicht gehalten, die Abberufung von *B* als Aufsichtsratsmitglied gem. § 103 Abs. 3 S. 2 AktG zu betreiben. Er hat daher nicht gegen Ziff. 5.5.3 S. 2 DCGK verstoßen.

(3) Zwischenergebnis

Der Aufsichtsrat ist von seiner Absicht abgewichen, die Empfehlung von Ziff. 5.5.3 S. 1 DCGK zu beachten, sodass der zukunftsgerichtete Teil der Entsprechenserklärung vom Dezember 2017 nachträglich unrichtig geworden ist. Daher liegt ein Verstoß gegen § 161 Abs. 1 S. 1 AktG vor.

IV. Anfechtbarkeit des Entlastungsbeschlusses

Der Verstoß von Vorstand und Aufsichtsrat gegen § 161 Abs. 1 S. 1 AktG muss ferner zur Anfechtbarkeit des Entlastungsbeschlusses führen.

Dies hängt maßgeblich davon ab, ob die Hauptversammlung ihren Ermessenspielraum überschritten hat, indem sie die Entlastung von Vorstand und Aufsichtsrat trotz eindeutiger und schwerwiegender Verstöße gegen das Gesetz oder die Satzung beschlossen hat.[39] Die Anfechtbarkeit des Entlastungsbeschlusses ist jedenfalls für die Fallkonstellation anzunehmen, dass Vorstand und Aufsichtsrat überhaupt keine Entsprechenserklärung abgegeben haben.[40] In diesem Fall wird der mit der Informationsfunktion verbundene Schutzzweck der gem. § 161 Abs. 2 AktG dauerhaft zu publizierenden Entsprechenserklärung nicht erfüllt.[41] Die DB-AG hat aber eine Entsprechenserklärung abgegeben. Der mit der abgegebenen Entsprechenserklärung verbundene Schutzzweck kann zwar dadurch entscheidend beeinträchtigt sein, dass sie in einem nicht unwesentlichen Punkt der tatsächlichen Praxis der Gesellschaft widerspricht.[42] Das kann insbesondere für die in Ziff. 5.5.3 S. 1 DCGK niedergelegte Verpflichtung gelten, die Hauptversammlung über aufgetretene Interessenkonflikte und ihre Behandlung zu informieren, wobei allerdings unter Heranziehung der Wertung des § 243 Abs. 4 S. 1 AktG darüber hinaus für die Anfechtbarkeit der Entlastung eine Relevanz der unterbliebenen Information für die sachgerechte Wahrnehmung der Teilnahme- und Mitgliedschaftsrechte durch den Aktionär bestehen muss.[43] Daran kann es aber fehlen, wenn der Interessenkonflikt und seine Behandlung bereits aus allgemeinen Quellen bekannt oder als zu geringfügig anzusehen ist, um die Entscheidung eines objektiv urteilenden Aktionärs zu beeinflussen.[44]

---

39 Vgl. unter B. III. 1. c).

40 *OLG München* ZIP 2008, 742 (744) mit krit. Anm. *Oxe,* EWiR 2008, 547 (548); *OLG München* ZIP 2009, 719 (719 f.) mit zust. Anm. *Staake,* EWiR 2009, 461 (462); Grigoleit/*Grigoleit/Zellner,* § 161 Rn. 31; Henssler/Strohn/*Vetter,* § 161 AktG Rn. 26; Hüffer/Koch/*Koch,* § 161 Rn. 31; MüKoAktG/*Goette,* § 161 Rn. 88; *Kiethe,* NZG 2003, 559 (567); *Ulmer,* ZHR 166 (2002), 150 (165). Dem dürfte nunmehr der Fall gleichzustellen sein, dass entgegen der Neufassung von § 161 Abs. 1 S. 1 AktG Abweichungen vom Kodex überhaupt nicht begründet werden; so *v. Falkenhausen/Kocher,* ZIP 2009, 1149 (1150).

41 Vgl. die Nachweise in Fn. 20.

42 *BGH* NJW 2009, 2207 (2211) – Kirch/Deutsche Bank; bestätigt durch BGHZ 182, 272 Rn. 16, ebenfalls zu Ziff. 5.5.3 DCGK. Vgl. dazu jedoch die Kritik von *Timm,* ZIP 2010, 2125 (2128 ff.).

43 BGHZ 182, 272 Rn. 18.

44 BGHZ 182, 272 Rn. 17; Grigoleit/*Grigoleit/Zellner,* § 161 Rn. 32; diese Argumentation aus rechtsdogmatischen Gründen ablehnend *Arens/Petersen,* Der Konzern 2011, 197 (204).

Es war jedoch weder die Behandlung des Interessenkonflikts durch den Aufsichtsrat bekannt, noch kann von einem Fall der Geringfügigkeit ausgegangen werden, so dass danach eine Anfechtbarkeit des Entlastungsbeschlusses angenommen werden kann.[45]

Wird eine Pflicht zur ständigen Aktualisierung der Entsprechenserklärung befürwortet,[46] besteht aber die Gefahr, nahezu jeden Fall der Nichtbeachtung von Empfehlungen auf diesem Umweg zu einem Anfechtungsgrund herauf zu stufen, was dem Charakter der Unverbindlichkeit des Kodexes und damit auch seiner Konzeption widerspricht (vgl. Ziff. 1 Abs. 8 S. 2 DCGK).[47]

Zu berücksichtigen ist zudem die zeitliche Komponente. Bezieht sich die Entlastung – wie im Regelfall – auf einen umgrenzten Zeitraum, so wird die Hauptversammlung ihre Prüfung auf diesen konzentrieren. Die Pflicht zur unterjährigen Korrektur greift hingegen häufig erst nach Ablauf dieses Zeitraums ein und ist daher von der Hauptversammlung viel schwerer zu überwachen. So war es auch hier. Vorstand und Aufsichtsrat der DB-AG haben im Dezember 2017 fristgerecht eine Entsprechenserklärung abgegeben, die – bezogen auf den Entlastungszeitraum, nämlich das Geschäftsjahr 2017 – richtig war und erst nachträglich im Hinblick auf die Klageerhebung am 12.2.2018 unrichtig geworden ist. In Bezug auf solche außerhalb des Entlastungszeitraums liegende Pflichtverletzungen kann aber von einer Überschreitung des Entlastungsermessens nicht ausgegangen werden.[48] Daher kann ein eindeutiger und schwerwiegender Verstoß gegen § 161 Abs. 1 S. 1 AktG, der die Entlastung von *B* oder des gesamten Aufsichtsrats anfechtbar gemacht hat, nicht angenommen werden.

Es liegt somit zwar ein Verstoß gegen § 161 Abs. 1 S. 1 AktG vor. Dieser führt allerdings nicht zur Anfechtbarkeit des Entlastungsbeschlusses vom 14.6.2018. Somit liegt kein Anfechtungsgrund vor und die Klage ist nicht begründet.

C. Ergebnis

Die Anfechtungsklage von *K* vom 16.7.2018 ist zulässig, aber nicht begründet. Das Gericht wird sie daher abweisen.

---

[45] *BGH* NJW 2009, 2207 (2210) – Kirch/Deutsche Bank.

[46] Vgl. unter B. III. 3. c), bb), (1) und die Nachweise in Fn. 26.

[47] So aber *BGH* NJW 2009, 2207 (2210) – Kirch/Deutsche Bank, der allein darauf abstellt, es handele sich bei dem Verstoß gegen Ziff. 5.5.3 S. 1 DCGK um einen „nicht unwesentlichen Punkt" der Entsprechenserklärung; zust. *Vetter,* NZG 2009, 561 (566) („Anforderungen [...] streng, aber durchaus berechtigt"); krit. dagegen *v. Falkenhausen/Kocher,* ZIP 2009, 1149 (1150).

[48] Ebenso *Arens/Petersen,* Der Konzern 2011, 197 (205); *Goslar/v. d. Linden,* DB 2009, 1691 (1693).

Fall 13. Der folgenschwere Unfall

Schwerpunkt im Kapitalgesellschaftsrecht (GmbH):

Insolvenzanfechtung gem. §§ 133, 134 InsO – Haftung für Zahlungen gem. § 64 S. 3 GmbHG – Existenzvernichtungshaftung gem. § 826 BGB – Haftung wegen Beihilfe zur Existenzvernichtung gem. § 830 Abs. 2 BGB

Sachverhalt[1]

An der *Prometheus-GmbH* (P-GmbH), einem seit 1954 bestehenden größeren Stahlbauunternehmen, sind *Adam Adler (A)* mit 80 % und *Gerd Geier (G)* mit 20 % beteiligt. Außerdem sind beide Gesellschafter jeweils in gleicher Weise an der *Atlas-GmbH* (A-GmbH), einem 1980 gegründeten kleineren Stahlbauunternehmen beteiligt. *A* ist in beiden Gesellschaften alleiniger Geschäftsführer und jeweils von den Beschränkungen des § 181 BGB befreit.

Die *Energy-AG* (E-AG) ist ein europaweit tätiges Energieversorgungsunternehmen. Nach langen Vorplanungen erteilt die E-AG im Jahr 2013 an mehrere große Bauunternehmen Aufträge zur Errichtung eines großen Kohlekraftwerks in der Nähe von Magdeburg. Im Zuge der Auftragsvergabe erhält die P-GmbH zusammen mit drei anderen Unternehmen von der E-AG den Auftrag, zwei für den Bau des Kohlekraftwerks erforderliche Stahlgerüste zu errichten. Mit allen Bauunternehmern vereinbart die E-AG, dass die Bauarbeiten bis zum 31.7.2018 abgeschlossen sein müssen. Für den Fall der verzögerten Fertigstellung wird eine Konventionalstrafe i. H. v. 3 Mio. EUR pro Monat vereinbart, die mit der Geltendmachung durch die E-AG sofort fällig wird.

Im Mai 2015 geschieht auf der Baustelle ein Unglück. Ein Stahlgerüst stürzt ein, wobei drei Arbeiter tödlich und mehrere weitere Arbeiter lebensgefährlich verletzt werden. Die zuständige Staatsanwaltschaft ordnet daraufhin einen sofortigen Baustopp an, bis die Unfallursache geklärt ist. Die entsprechenden Untersuchungen, an denen mehrere Sachverständige beteiligt sind, erstrecken sich über einen Zeitraum von sechs Monaten.

Im Juni 2015 beraten *A* und *G* gemeinsam, wie die P-GmbH angesichts einer eventuell auf sie zukommenden Konventionalstrafe am besten reagieren sollte. Zwar wissen *A* und *G* zu diesem Zeitpunkt nicht, ob die Unfallursache auf einem Fehler beruht, für den die P-GmbH verantwortlich gemacht werden kann. Jedoch ist bereits zu diesem Zeitpunkt abzusehen, dass die Fertigstellung des Kohlekraftwerks nicht rechtzeitig erfolgen kann. Selbst bei einer Verzögerung von nur wenigen Monaten ist absehbar, dass die P-GmbH die zu zahlende Konventionalstrafe kaum aufbringen kann. In der Gesellschafterver-

---

[1] Bei dieser Klausur handelt es sich um keine (reine) Schwerpunktbereichsklausur zum Gesellschaftsrecht. Zu behandelnde Ansprüche zur Insolvenzanfechtung gehören nicht in diesen Bereich, werden der Vollständigkeit halber hier jedoch mitgeprüft.

sammlung der P-GmbH am 16.6.2015 wird sodann mit den Stimmen des *A* bei Enthaltung des *G* folgender Beschluss gefasst:

„Die P-GmbH überträgt ihr gesamtes Anlage- und Umlaufvermögen gegen Zahlung von 2 Mio. EUR an die A-GmbH. Neue Bauaufträge werden künftig ausschließlich von der A-GmbH ausgeführt …"

Die Übertragung des Anlage- und Umlaufvermögens von der P-GmbH an die A-GmbH wird am 19.6.2015 von den Gesellschaften, jeweils vertreten durch *A*, rechtswirksam vollzogen; der Kaufpreis von 2 Mio. EUR wird am selben Tag an die P-GmbH überwiesen.

Im November 2015 stellen die Gutachter in ihrem Abschlussbericht fest, dass der Einsturz des Baugerüsts auf einem von der P-GmbH verschuldeten Montagefehler beruhte. Das Kohlekraftwerk wird im November 2018 fertig gestellt. Die E-AG macht am 27.11.2018 eine Konventionalstrafe i. H. v. 12 Mio. EUR gegen die P-GmbH geltend. Da die P-GmbH zur Zahlung dieses Betrages außerstande ist, beantragt *A* am nächsten Tag die Eröffnung des Insolvenzverfahrens über das Vermögen der P-GmbH. Das zuständige Amtsgericht eröffnet das Insolvenzverfahren am 5.12.2018 und bestellt *Isidor Voss (V)* zum Insolvenzverwalter. Im Insolvenzverfahren melden neben der E-AG 143 weitere Gläubiger berechtigte Forderungen im Gesamtwert von 14 Mio. EUR an.

V findet ein Restvermögen der P-GmbH bestehend aus liquiden Mitteln i. H. v. 2 Mio. EUR vor. Bei Durchsicht der Geschäftsunterlagen muss er jedoch feststellen, dass das von der P-GmbH auf die A-GmbH übertragene Gesellschaftsvermögen tatsächlich einen Wert i. H. v. 5 Mio. EUR hat. Außerdem stellt er fest, dass die P-GmbH mit der A-GmbH Vereinbarungen getroffen hat, wodurch in dem Zeitraum von Februar 2016 bis Mai 2018 insgesamt vier größere Bauaufträge mit Zustimmung des jeweiligen Auftraggebers an die A-GmbH „übergeleitet" wurden. Durch die Ausführung dieser Bauaufträge konnte die A-GmbH einen Gewinn von jeweils 1,5 Mio. EUR erzielen.

V meint, die P-GmbH habe anfechtbare Rechtshandlungen vorgenommen. Außerdem hätten *A* und *G* der P-GmbH ihre Existenzgrundlage entzogen. Er bittet sie daher um eine rechtsgutachterliche Stellungnahme, ob und welche Ansprüche er

1. gegen die A-GmbH,
2. gegen *A* persönlich und
3. gegen *G* persönlich

geltend machen kann.

Bearbeiterhinweis: Ansprüche aus § 823 BGB, aus §§ 30, 31 GmbHG sowie aus § 43 GmbHG sind nicht zu prüfen.

Lösung

Frage 1: Ansprüche gegen die A-GmbH

Die P-GmbH, vertreten durch *V* als Insolvenzverwalter, kann gegen die A-GmbH einen Anspruch auf Rückübertragung des Eigentums an den früheren Gegenständen des Anlage- und Umlaufvermögens der P-GmbH sowie auf Zahlung von insgesamt 6 Mio. EUR entgangenen Gewinns aus vier „übergeleiteten" Bauaufträgen gem. § 143 Abs. 1 S. 1 InsO haben.

I. Geltendmachung der Ansprüche durch den Insolvenzverwalter

V muss zur Geltendmachung der Ansprüche befugt sein. Mit der Eröffnung des Insolvenzverfahrens über das Vermögen der P-GmbH und der Ernennung von *V* zum Insolvenzverwalter ist *V* gem. § 129 Abs. 1 InsO ausschließlich zur Ausübung des Anfechtungsrechts als ein mit seinem Amt verbundenes eigenständiges Recht befugt.[2]

II. Rechtshandlungen i. S. d. § 129 Abs. 1 InsO

Für ein Anfechtungsrecht müssen weiterhin die allgemeinen Anfechtungsvoraussetzungen des § 129 Abs. 1 InsO gegeben sein.

1. Rechtshandlung vor Verfahrenseröffnung

Die Übertragung des Eigentums an dem Anlage- und Umlaufvermögen sowie die Überleitungen der Bauaufträge von der P-GmbH auf die A-GmbH müssen zunächst Rechtshandlungen i. S. d. § 129 Abs. 1 InsO sein.

Das Tatbestandsmerkmal der „Rechtshandlung" ist weit auszulegen. Erfasst ist jedes von einem Willen getragene Verhalten, das in irgendeiner Weise Rechtswirkungen auslösen kann, ohne dass der Wille auf den konkreten Eintritt der Rechtswirkung gerichtet sein muss.[3]

Die Übertragung des Eigentums an dem Anlage- und Umlaufvermögen vom 19.6.2015 erfüllt als rechtsgeschäftliche Verfügung die Anforderungen an eine Rechtshandlung i. S. d. § 129 Abs. 1 InsO. Die „Überleitungen" der Bauaufträge sind als Vertragsübernahmen unter Zustimmung der P-GmbH, der A-GmbH und des jeweiligen Gläubigers einzuordnen.[4] Die Abschlüsse dieser Vertragsübernahmen hatten die Rechtswirkungen, dass die A-GmbH Vertragspartner der Bauverträge anstelle der P-GmbH wurde. Sie sind damit ebenfalls jeweils eine Rechtshandlung i. S. d. § 129 Abs. 1 InsO.

Die Rechtshandlungen müssen gem. § 129 Abs. 1 InsO ferner vor der Eröffnung des Insolvenzverfahrens erfolgt sein. Die Übertragung des Anlage- und Umlaufvermögens erfolgte am 19.6.2015 und die „Überleitungen" der Bauaufträge erfolgten im Zeitraum Februar 2016 bis Mai 2018. Die rechtlichen Wirkungen der Rechtshandlungen traten somit jeweils vor dem 5.12.2018 und damit vor der Eröffnung des Insolvenzverfahrens ein (vgl. § 140 Abs. 1 InsO).

Sowohl die Übertragung des Anlage- und Umlaufvermögens auf die A-GmbH als auch die „Überleitungen" der Bauaufträge sind daher Rechtshandlungen i. S. d. § 129 Abs. 1 InsO.

2. Gläubigerbenachteiligung

Die Rechtshandlungen müssen weiterhin gem. § 129 Abs. 1 InsO objektiv nachteilig für die Insolvenzgläubiger sein.

---

[2] Andres/Leithaus/*Leithaus,* § 129 Rn. 19; BeckOK InsO/*Raupach,* § 129 Rn. 4; Braun/*de Bra,* § 129 Rn. 44; FK-InsO/*Dauernheim,* § 129 Rn. 10; HK-InsO/*Thole,* § 129 Rn. 10; MüKoInsO/*Kayser,* § 129 Rn. 192.

[3] BGHZ 198, 77 Rn. 15; *BGH* NZI 2014, 321 Rn. 9; Andres/Leithaus/*Leithaus,* § 129 Rn. 4; BeckOK InsO/*Raupach,* § 129 Rn. 19 ff.; Braun/*de Bra,* § 129 Rn. 10; FK-InsO/*Dauernheim,* § 129 Rn. 21; HK-InsO/*Thole,* § 129 Rn. 12; MüKoInsO/*Kayser,* § 129 Rn. 7.

[4] Zum Rechtsinstitut der Vertragsübernahme vgl. ausführlich BeckOK BGB/*Rohe,* § 414 Rn. 26 ff.; Erman/*Röthel A.,* Vor § 414 Rn. 2 ff.; Staudinger/*Rieble,* § 414 Rn. 53 ff.

a) Beeinträchtigung der Befriedigung der Insolvenzgläubiger

Eine objektive Gläubigerbenachteiligung liegt vor, wenn sich die Rechtshandlung negativ auf die Befriedigungsmöglichkeiten der Insolvenzgläubiger in ihrer Gesamtheit auswirkt.[5] Die Benachteiligung nur eines einzelnen Gläubigers lässt die Anfechtung ausscheiden.[6] Insolvenzgläubiger i. S. v. § 38 InsO sind alle Gläubiger, die im Zeitpunkt der Eröffnung des Insolvenzverfahrens einen begründeten persönlichen Anspruch gegen den Schuldner haben. Dazu zählen die insgesamt 144 Gläubiger, die ihre berechtigten Forderungen im Insolvenzverfahren angemeldet haben.

Eine Gläubigerbenachteiligung i. S. v. § 129 Abs. 1 InsO ist daher immer dann gegeben, wenn die Rechtshandlung entweder die Schuldenmasse vermehrt oder die Aktivmasse verkürzt und dadurch den Zugriff auf das Vermögen des Schuldners vereitelt, erschwert oder verzögert hat.[7] Sie liegt also vor, wenn sich die Befriedigungsmöglichkeiten der Gläubiger ohne die in Frage stehende Handlung bei wirtschaftlicher Betrachtungsweise günstiger gestaltet hätten. Die Befriedigungsmöglichkeiten der Gläubiger können dabei unmittelbar oder mittelbar[8] beeinträchtigt worden sein. Durch die Übertragung des Anlage- und Umlaufvermögens wird der P-GmbH Vermögen entzogen. Damit wird die Insolvenzmasse unmittelbar verringert und die Befriedigungsaussichten der Gläubiger verschlechtert. Aufgrund der „Überleitungen" der Bauaufträge von der P-GmbH auf die A-GmbH werden der P-GmbH Ertragschancen entzogen. Hätte die P-GmbH den aus den Bauaufträgen erzielbaren Gewinn erwirtschaftet, so stünde dieser in der Insolvenzmasse zur Befriedigung der Gläubiger zur Verfügung. Somit ist sowohl in der Veräußerung des Anlage- und Umlaufvermögens als auch in den „Überleitungen" der Bauaufträge eine Verringerung der Insolvenzmasse zu sehen. Die Verringerung der Insolvenzmasse führt unmittelbar zu einer Verschlechterung der anteiligen Befriedigung (Insolvenzquote) aller Insolvenzgläubiger bei der Schlussverteilung (vgl. §§ 187 ff. InsO). Ohne diese Rechtshandlungen hätten sich die Befriedigungsmöglichkeiten der Gläubiger bei wirtschaftlicher Betrachtungsweise daher günstiger gestaltet. Die Verringerung der Insolvenzmasse benachteiligt ebenfalls nicht nur die E-AG als einzelne Gläubigerin, sondern auch die weiteren 143 Gläubiger der P-GmbH.

Eine objektive Benachteiligung der Insolvenzgläubiger gem. § 129 Abs. 1 InsO durch die Rechtshandlungen ist mithin grundsätzlich gegeben.

---

5 BGHZ 86, 349 (354 f.) – noch zur KO; BeckOK InsO/*Raupach*, § 129 Rn. 42; Braun/*de Bra*, § 129 Rn. 28; MüKoInsO/*Kayser*, § 129 Rn. 104.

6 BeckOK InsO/*Raupach*, § 129 Rn. 42; Braun/*de Bra,* § 129 Rn. 28; MüKoInsO/*Kayser*, § 129 Rn. 104.

7 *BGH* NZI 2012, 562 (563); 2016, 359 (359); 2017, 68 (68); Andres/Leithaus/*Leithaus*, § 129 Rn. 10; BeckOK InsO/*Raupach*, § 129 Rn. 41; Braun/*de Bra*, § 129 Rn. 25; FK-InsO/*Dauernheim*, § 129 Rn. 45; HK-InsO/*Thole*, § 129 Rn. 43; MüKoInsO/*Kayser*, § 129 Rn. 77; Gottwald/*Huber*, § 46 Rn. 51.

8 Grds. genügt, mit Ausnahme bei den besonderen Tatbeständen der §§ 132 Abs. 1, 133 Abs. 4 InsO, eine mittelbare Benachteiligung, die nicht durch das anzufechtende Rechtsgeschäft selbst, sondern durch später hinzutretende Umstände hervorgerufen wird; vgl. Andres/Leithaus/*Leithaus*, § 129 Rn. 14; BeckOK InsO/*Raupach*, § 129 Rn. 41; Braun/*de Bra*, § 129 Rn. 26; HK-InsO/*Thole,* § 129 Rn. 43, 49; MüKoInsO/*Kayser,* § 129 Rn. 121.

b) Einschränkung der Anfechtbarkeit nach § 142 InsO

Eine Benachteiligung der Gläubiger kann jedoch ausgeschlossen sein, soweit es sich bei den Rechtshandlungen um Bargeschäfte i. S. d. § 142 InsO handelt.[9]

aa) Gegenleistung in das Vermögen des Schuldners

Das setzt nach § 142 Abs. 1 InsO voraus, dass für die Leistung des Schuldners eine Gegenleistung in das Vermögen des Schuldners gelangt ist.

Für die Vertragsüberleitungen auf die A-GmbH sind keine Gegenleistungen in das Vermögen der P-GmbH geflossen. Die Vertragsüberleitungen sind daher keine Bargeschäfte i. S. d. § 142 InsO.

Für die Übertragung des Anlage- und Umlaufvermögens erhielt die P-GmbH von der A-GmbH aber eine Geldzahlung i. H. v. 2 Mio. EUR. Eine Gegenleistung liegt somit vor. Nach dem Wortlaut des § 142 Abs. 1 InsO *(„für die")* erfordert eine Gegenleistung jedoch auch eine Verknüpfung von Leistung und Gegenleistung durch eine rechtsgeschäftliche Vereinbarung.[10] Die Übertragung des Anlage- und Umlaufvermögens erfolgte aufgrund eines Kaufvertrages zwischen der P-GmbH und der A-GmbH, in dem ein Kaufpreis von 2 Mio. EUR als Gegenleistung der A-GmbH vereinbart wurde. Eine Verknüpfung von Leistung und Gegenleistung ist also gegeben. Des Weiteren muss die Gegenleistung in das Vermögen des Schuldners gelangt sein. Die Gegenleistung von 2 Mio. EUR wurde auf das Konto der P-GmbH überwiesen und gelangte somit auch in das Vermögen des Schuldners.

Eine Gegenleistung in das Vermögen des Schuldners liegt mithin vor.

bb) Unmittelbarkeit der Gegenleistung

Die Gegenleistung der A-GmbH muss gem. § 142 Abs. 1 InsO auch unmittelbar erfolgt sein. Der Austausch von Leistung und Gegenleistung ist gem. § 142 Abs. 2 S. 1 InsO unmittelbar, wenn er nach Art der ausgetauschten Leistungen und unter Berücksichtigung der Gepflogenheiten des Geschäftsverkehrs in einem engen zeitlichen Zusammenhang erfolgt. Dadurch wird das Bargeschäft von dem grundsätzlich als gläubigerschädigend angesehenen Kreditgeschäft abgegrenzt.[11] Der vereinbarte Kaufpreis wurde noch am Tag der Übertragung des Anlage- und Umlaufvermögens auf das Konto der P-GmbH überwiesen. Darin ist nach der Art der ausgetauschten Leistungen und auch unter Berücksichtigung der Gepflogenheiten des Geschäftsverkehrs ein enger zeitlicher Zusammenhang zu sehen. Wegen des engen zeitlichen Zusammenhangs ist eine Unmittelbarkeit der Gegenleistung folglich gegeben.

---

[9] Vgl. zum Normzweck zutreffend Andres/Leithaus/*Leithaus*, § 142 Rn. 2. Die von § 142 InsO regelmäßig erfassten normalen Verkehrsgeschäfte sind i. d. R. nicht nachteilig für die Gläubiger, da bei diesen Rechtshandlungen das Vermögen des Schuldners unverändert bleibt. Es findet lediglich ein Aktivtausch (z. B. Ware gegen Geldzahlung) statt; siehe auch BeckOK InsO/*Schoon*, § 142 Rn. 2; Braun/*Riggert*, § 142 Rn. 2; MüKoInsO/*Kirchhof*, § 142 Rn. 1; Nerlich/Römermann/*Nerlich*, § 142 Rn. 2; Uhlenbruck/*Ede/Hirte*, § 142 Rn. 1; Schmidt K./*Ganter/Weinland*, § 142 Rn. 3.

[10] BGHZ 123, 320 (328) – noch zur KO; BeckOK InsO/*Schoon*, § 142 Rn. 6; Braun/*Riggert*, § 142 Rn. 14; FK-InsO/*Dauernheim/Blank*, § 142 Rn. 4; HK-InsO/*Thole*, § 142 Rn. 4; MüKoInsO/*Kirchhof*, § 142 Rn. 5 ff.

[11] Vgl. BeckOK InsO/*Schoon*, § 142 Rn. 17; Braun/*Riggert*, § 142 Rn. 20; MüKoInsO/*Kirchhof*, § 142 Rn. 16.; HK-InsO/*Thole*, § 142 Rn. 6.

cc) Gleichwertigkeit von Leistung und Gegenleistung

Weitere Voraussetzung eines Bargeschäfts i. S. d. § 142 Abs. 1 InsO ist die Gleichwertigkeit von Leistung und Gegenleistung. Diese ist nach objektiven wirtschaftlichen Kriterien unter Berücksichtigung des konkreten Einzelfalls zu beurteilen.[12] Insbesondere sind Abweichungen im marktüblichen Rahmen (z. B. durch Verhandlungsgeschick des Vertragspartners) zulässig.[13] Maßgeblich für die Beurteilung ist der Zeitpunkt der Leistungserbringung.[14] Das Anlage- und Umlaufvermögens der P-GmbH hatte im Zeitpunkt der Übertragung einen objektiven Wert von 5 Mio. EUR. Als Gegenleistung erhielt die P-GmbH jedoch lediglich einen Kaufpreis von 2 Mio. EUR. Dieser Wertunterschied von 3 Mio. EUR stellt keine Abweichung im marktüblichen Rahmen dar und ist vorliegend insbesondere nicht das Ergebnis von Vertragsverhandlungen, zumal *A* als Geschäftsführer der P-GmbH und der A-GmbH auf beiden Seiten bei Abschluss des Rechtsgeschäfts tätig wurde. Eine gleichwertige Gegenleistung ist daher nicht gegeben.

dd) Zwischenergebnis

Somit sind weder in der Veräußerung des Anlage- und Umlaufvermögens noch in den „Überleitungen" der Bauaufträge Bargeschäfte i. S. d. § 142 InsO zu sehen.[15]

c) Zwischenergebnis zu 2.

Die Gläubiger werden sowohl durch die Übertragung des Anlage- und Umlaufvermögens als auch durch die „Überleitungen" der Bauaufträge objektiv benachteiligt.

3. Kausalität zwischen Rechtshandlung und Gläubigerbenachteiligung

Zwischen der Rechtshandlung der P-GmbH und der Gläubigerbenachteiligung muss zudem ein ursächlicher Zusammenhang in dem Sinne bestehen, dass die Befriedigungsmöglichkeiten der Insolvenzgläubiger bei Beachtung der realen Geschehnisse ohne die fragliche Rechtshandlung besser wären.[16]

Durch die Veräußerung des Anlage- und Umlaufvermögens wurde der P-GmbH Vermögen entzogen und die Insolvenzmasse verringert. Ohne die Veräußerung stünde dieses Vermögen für die Befriedigung der Gläubiger zur Verfügung. Die Befriedigungsmöglichkeiten der Insolvenzgläubiger wären somit ohne die Rechtshandlung besser. Auch aufgrund der „Überleitungen" der Bauaufträge von der P-GmbH auf die A-GmbH wurden die Ertragschancen der P-GmbH nachhaltig beeinträchtigt. Hätte die P-GmbH den aus den Bauaufträgen erzielbaren Gewinn

---

[12] BeckOK InsO/*Schoon*, § 142 Rn. 14; Braun/*Riggert*, § 142 Rn. 3; FK-InsO/*Dauernheim*, § 142 Rn. 6; HK-InsO/*Thole*, § 142 Rn. 8; MüKoInsO/*Kirchhof*, § 142 Rn. 9; Gottwald/*Huber*, § 46 Rn. 85.

[13] BeckOK InsO/*Schoon*, § 142 Rn. 14; Braun/*Riggert*, § 142 Rn. 3; MüKoInsO/*Kirchhof*, § 142 Rn. 9.

[14] MüKoInsO/*Kirchhof*, § 142 Rn. 10; Schmidt K./*Ganter*/*Weinland*, § 142 Rn. 13, 27 ff.

[15] Die Prüfung des ungeschriebenen Tatbestandsmerkmals der „kongruenten Leistung des Schuldners" kann vorliegend offen bleiben. Die h. M. lehnt mit der Rechtsprechung des *BGH* zur KO (vgl. BGHZ 123, 320 [328 f.]) bei inkongruenten Deckungen eine Privilegierung der Rechtshandlung nach § 142 InsO ab; vgl. hierzu BeckOK InsO/*Schoon*, § 142 Rn. 7 f.; Braun/*Riggert*, § 142 Rn. 14; HK-InsO/*Thole*, § 142 Rn. 9 ff.; MüKoInsO/*Kirchhof*, § 142 Rn. 7.

[16] *BGH* NJW-RR 1989, 1010 (1010) – zur KO; *BGH* NJW-RR 2005, 1575 (1576); BeckOK InsO/*Raupach*, § 129 Rn. 55; Braun/*de Bra*, § 129 Rn. 41 ff.; FK-InsO/*Dauernheim*, § 129 Rn. 45; HK-InsO/*Thole*, § 129 Rn. 65 ff.; MüKoInsO/*Kayser*, § 129 Rn. 169.

erwirtschaftet, stünde dieser ebenfalls zur Befriedigung der Gläubiger zur Verfügung und die Befriedigungsaussichten der Gläubiger wären besser.

Daher besteht ein unmittelbarer kausaler Zusammenhang zwischen den Rechtshandlungen der P-GmbH und der Gläubigerbenachteiligung.

4. Zwischenergebnis zu II.

Die allgemeinen Voraussetzungen des § 129 Abs. 1 InsO liegen vor.

III. Anfechtungsgrund

Die Anfechtung der Übertragung des Anlage- und Umlaufvermögens sowie der „Überleitungen" der vier Bauaufträge setzt weiter voraus, dass die Voraussetzungen eines speziellen Anfechtungsgrundes (§§ 130 ff. InsO) erfüllt sind.[17] Vorliegend kommen als Anfechtungsgrund § 133 Abs. 1 InsO und § 134 Abs. 1 InsO in Betracht.[18]

1. Anfechtungsgrund gem. § 133 Abs. 1 S. 1 InsO

a) Übertragung des Anlage- und Umlaufvermögens

Die Übertragung des Anlage- und Umlaufvermögens kann nach § 133 Abs. 1 S. 1 InsO anfechtbar sein.

aa) Rechtshandlung des Schuldners im Anfechtungszeitraum

Dann muss eine Rechtshandlung des Schuldners vorliegen. Die Übertragung des Anlage- und Umlaufvermögens wurde von *A* als Geschäftsführer der P-GmbH vollzogen. Das Handeln des organschaftlichen Vertreters ist der Gesellschaft zuzurechnen.[19] Eine Rechtshandlung der P-GmbH liegt vor.

Diese muss gem. § 133 Abs. 1 S. 1 InsO in den letzten zehn Jahren vor dem Antrag auf Eröffnung des Insolvenzverfahrens vorgenommen worden sein. Handelt es sich bei der Rechtshandlung jedoch um eine Deckungshandlung i. S. d. §§ 130, 131 InsO, so ist der Anfechtungszeitraum gem. § 133 Abs. 2 InsO auf vier Jahre vor dem Antrag auf Eröffnung des Insolvenzverfahrens beschränkt. Eine Deckungshandlung liegt vor, wenn die Rechtshandlung dem anderen Teil, also der A-GmbH, eine Sicherung oder Befriedigung auf eine bereits bestehende Forderung gewährt oder ermöglicht (vgl. § 133 Abs. 2 InsO). Die Übertragung des Anlage- und Umlaufvermögens erfolgte in Erfüllung der Leistungspflicht aus dem Kaufvertrag zwischen der P-GmbH und der A-GmbH. Die Rechtshandlung gewährt der A-GmbH daher eine Befriedigung der Leistungsschuld der P-GmbH aus dem Kaufvertrag. Es han-

---

[17] Die Anfechtungsgründe der §§ 130 ff. InsO stehen selbständig nebeneinander; vgl. statt aller BeckOK InsO/*Raupach*, § 129 Rn. 10; MüKoInsO/*Kirchhof*, Vor §§ 129–147 Rn. 94.

[18] Die übrigen Anfechtungsgründe sind hier offensichtlich nicht einschlägig. So scheiden die §§ 130, 131, 132 Abs. 1 InsO bereits deshalb aus, weil die Rechtshandlungen nicht in den vorausgesetzten Zeiträumen vorgenommen wurden. Ein Anfechtungsgrund nach § 133 Abs. 4 InsO scheidet für die „Überleitungen" der Bauaufträge mangels Entgeltlichkeit und für die Übertragung des Anlage- und Umlaufvermögens aufgrund des Anfechtungszeitraumes aus. Da die Rechtshandlungen auch kein Gesellschafterdarlehen darstellen, ist § 135 InsO ebenfalls nicht einschlägig. „Klassisch schulmäßig" – insoweit hier aber nicht unbedingt geboten – wären jedoch auch diese Anfechtungsgründe zu prüfen.

[19] Vgl. BeckOK InsO/*Raupach*, § 129 Rn. 29; MüKoInsO/*Kayser*, § 133 Rn. 7 und § 129 Rn. 39.

delt sich bei der Rechtshandlung mithin um eine Deckungshandlung. Der maßgebliche Anfechtungszeitraum beträgt folglich vier Jahre vor dem Antrag auf Eröffnung des Insolvenzverfahrens. Die Übertragung wurde am 19.6.2015 rechtswirksam vollzogen und damit in den letzten vier Jahren vor der Antragsstellung auf Eröffnung des Insolvenzverfahrens am 28.11.2018 vorgenommen (vgl. § 140 Abs. 1 InsO). Die Rechtshandlung liegt mithin im Anfechtungszeitraum von § 133 Abs. 1 S. 1, Abs. 2 InsO.

bb) Vorsätzliche Gläubigerbenachteiligung

Der Schuldner muss die Rechtshandlung mit dem Vorsatz, seine Gläubiger benachteiligen zu wollen, vorgenommen haben (§ 133 Abs. 1 S. 1 InsO). Die Übertragung des Anlage- und Umlaufvermögens war gläubigerbenachteiligend.[20] Es erscheint jedoch zweifelhaft, ob die Schuldnerin, also die P-GmbH, die Rechtshandlung entsprechend dem allgemeinen Vorsatzbegriff[21] auch mit Wissen und Wollen der Gläubigerbenachteiligung vorgenommen hat. Für eine Anfechtung nach § 133 Abs. 1 S. 1 InsO ist indes ein Eventualvorsatz (dolus eventualis) ausreichend. Der Schuldner muss somit bei Vornahme der Rechtshandlung die Benachteiligung der Gläubiger im Allgemeinen[22] zumindest als mögliche Folge seiner Rechtshandlung erkannt und billigend in Kauf genommen haben.[23] Dabei muss die Gläubigerbenachteiligung nicht das alleinige Ziel der Rechtshandlung gewesen sein. Es ist vielmehr ausreichend, wenn sie bloße Nebenfolge ist.[24] Ist die Schuldnerin, wie die P-GmbH, eine juristische Person, kommt es für den Vorsatz auf die nach außen verantwortlich handelnden Personen an.[25] Somit ist auf den Vorsatz von *A* abzustellen.

A war als Mehrheitsgesellschafter für das Zustandekommen des Beschlusses über die Übertragung des Anlage- und Umlaufvermögens vom 16.6.2015 verantwortlich. Darüber hinaus hat er als alleiniger Geschäftsführer der P-GmbH den Beschluss am 19.6.2015 durchgeführt. Die Übertragung des Anlage- und Umlaufvermögens von der P-GmbH auf die A-GmbH wurde als Reaktion auf den ungewissen Ausgang und die ungewissen Folgen durch den Einsturz des Stahlgerüsts für die P-GmbH beschlossen. Bei der Beschlussfassung vom 16.6.2015 war für die Gesellschafter, und damit für *A*, bereits abzusehen, dass das Kohlekraftwerk nicht rechtzeitig fertig gestellt werden kann. Entsprechend war aufgrund der zu erwartenden Geltendmachung der Konventionalstrafe durch die E-AG damit zu rechnen, dass das Vermögen der P-GmbH nicht ausreichen würde, um die Forderungen der E-AG erfüllen zu können. Infolge dieser Erkenntnisse übertrug die Gesellschaft ihr Anlage- und Umlaufvermögen ohne gleichwertige Gegenleistung auf die A-GmbH. Diese Ge-

---

20 Vgl. hierzu ausführlich unter 1. Frage II. 2.

21 Vgl. hierzu statt aller BeckOK BGB/*Unberath*, § 276 Rn. 10.

22 Der Benachteiligungsvorsatz muss sich nicht auf bestimmte Gläubiger beziehen. Ausreichend ist auch der bedingte Vorsatz zur Benachteiligung der zukünftigen Gläubiger; vgl. BeckOK InsO/*Raupach*, § 133 Rn. 17; Braun/*de Bra*, § 133 Rn. 21; FK-InsO/*Dauernheim*, § 133 Rn. 34, 40; HK-InsO/*Thole*, § 133 Rn. 43.

23 Ganz h. M.; *BGH* NJW 1993, 1640 (1641) – zur KO; 1997, 853 (855) – zur GesO; BGHZ 155, 75 (84); *BGH* NJW 2003, 3560 (3561); BGHZ 162, 143 (153); 167, 190 (194); 174, 314 (Rn. 29; 321); Andres/Leithaus/*Leithaus*, § 133 Rn. 5; BeckOK InsO/*Raupach*, § 133 Rn. 12; Braun/*de Bra*, § 133 Rn. 10 ff.; FK-InsO/*Dauernheim*, § 133 Rn. 34, 40; HK-InsO/*Thole*, § 133 Rn. 13; MüKoInsO/*Kayser*, § 133 Rn. 13.

24 *BGH* NJW 1995, 2846 (2847) – zum AnfG; BGHZ 162, 143 (153); 174, 314 (321); HK-InsO/*Thole*,§ 133 Rn. 13; MüKoInsO/*Kayser*, § 133 Rn. 13a.

25 BeckOK InsO/*Raupach*, § 133 Rn. 15; MüKoInsO/*Kayser*, § 133 Rn. 18; Gottwald/*Huber*, § 46 Rn. 31.

samtumstände deuten an, dass es *A* bei der Vermögensübertragung weniger um die Erfüllung der vertraglichen Pflichten gegenüber der A-GmbH ging, sondern vielmehr um das „Beiseiteschaffen" von Vermögenswerten. Daraus kann zwar grundsätzlich nicht zugleich geschlossen werden, dass *A* auch die Gläubigerbenachteiligung als Folge seiner Handlung erkannt hat. Die Weggabe von Vermögen in Kenntnis der zukünftigen Vermögensunzulänglichkeit bedingt jedoch erfahrungsgemäß auch die Kenntnis, dass eine weitere Minderung des Schuldnervermögens die Gläubiger benachteiligt.[26] Diese Benachteiligung nahm *A* billigend in Kauf. Somit liegt ein Vorsatz des *A* vor, welcher der P-GmbH zuzurechnen ist (§ 166 Abs. 1 BGB analog).

Ein Gläubigerbenachteiligungsvorsatz der Schuldnerin i. S. d. § 133 Abs. 1 S. 1 InsO liegt vor.

cc) Kenntnis des anderen Teils von dem Gläubigerbenachteiligungsvorsatz

Der andere Teil, also die Anfechtungsgegnerin A-GmbH, muss im Zeitpunkt der Vornahme der Rechtshandlung positive Kenntnis von dem Gläubigerbenachteiligungsvorsatz des Schuldners gehabt haben. Hat der Anfechtungsgegner durch einen Stellvertreter gehandelt, so muss er sich das Wissen des agierenden Stellvertreters zurechnen lassen (§ 166 Abs. 1 BGB analog).[27]

Die A-GmbH wurde bei Abschluss des Übertragungsvertrages ebenfalls von *A* als alleinigem Geschäftsführer vertreten. Werden sowohl der Schuldner als auch der Anfechtungsgegner von derselben Person vertreten, so hat der Vertreter naturgemäß auch Kenntnis von seinem eigenen dem Schuldner zuzurechnende Gläubigerbenachteiligungsvorsatz. *A* hatte somit Kenntnis von dem Gläubigerbenachteiligungsvorsatz der P-GmbH, welcher der A-GmbH zuzurechnen ist.[28]

Kenntnis von dem Gläubigerbenachteiligungsvorsatz des anderen Teils ist daher gegeben.

dd) Zwischenergebnis zu a)

Die Übertragung des Anlage- und Umlaufvermögens ist damit nach § 133 Abs. 1 S. 1 InsO anfechtbar.

---

26 So die Rechtsprechung BGHZ 155, 75 (83 f.); *BGH* NJW 2003, 3560 (3562); BGHZ 162, 143 (153), freilich „nur" im Rahmen der prozessualen freien Beweiswürdigung des Gerichts nach § 286 ZPO (Indizienbeweis); vgl. auch MüKoInsO/*Kayser*, § 133 Rn. 14; *Fischer*, NZI 2008, 588 (592). Allein eine kongruente Deckung schließt einen Vorsatz des Schuldners nicht aus; vgl. BGHZ 155, 75 (83); BeckOK InsO/*Raupach*, § 133 Rn. 34; Braun/*de Bra*, § 133 Rn. 10; MüKoInsO/*Kayser*, § 133 Rn. 33; *Fischer*, NZI 2008, 588 (588 ff.); *Koza*, DZWiR 2009, 404 (404 ff.); a. A. *Foerste*, NZI 2006, 6 ff. Zur Indizienwirkung verschiedener Einzelfälle vgl. HK-InsO/*Thole*, § 133 Rn. 16 ff.; MüKoInsO/*Kayser*, § 133 Rn. 27 ff.

27 BeckOK InsO/*Raupach*, § 133 Rn. 31; Braun/*de Bra*, § 133 Rn. 23; FK-InsO/*Dauernheim*, § 133 Rn. 38, 79; HK-InsO/*Thole*, § 133 Rn. 28; MüKoInsO/*Kayser*, § 133 Rn. 21.

28 Nach h. M. ist ein darüber hinaus gehendes unlauteres Zusammenwirken von Schuldner und Anfechtungsgegner nicht Voraussetzung des § 133 Abs. 1 InsO; vgl. *BGH* NJW 2003, 3560 (3561); Andres/Leithaus/*Leithaus*, § 133 Rn. 6; BeckOK InsO/*Raupach*, § 133 Rn. 12; Braun/*de Bra*, § 133 Rn. 9; HK-InsO/*Kreft*, § 133 Rn. 14; *Fischer*, NZI 2008, 588 (591 f.); *Koza*, DZWiR 2009, 404 (406); a. A. im Fall einer kongruenten Deckung *Foerste*, NZI 2006, 6 (8).

b) „Überleitungen“ der Bauaufträge

Für die „Überleitungen“ der Bauaufträge ergeben sich mit Ausnahme des Anfechtungszeitraums keine wesentlichen Unterschiede. Bei den „Überleitungen“ der Bauaufträge handelt es sich mangels Gegenleistung nämlich nicht um Deckungsgeschäfte i. S. d. §§ 130, 131 InsO, sodass der Anfechtungszeitraum gem. § 133 Abs. 1 S. 1 InsO zehn Jahre beträgt. Überdies wurden die Rechtshandlungen von der Schuldnerin, der P-GmbH, im Zeitraum von Februar 2016 bis Mai 2018 und damit in den letzten zehn Jahren vor der Antragsstellung auf Eröffnung des Insolvenzverfahrens am 28.11.2018 vorgenommen. Auch wenn die „Überleitungen“ der Bauaufträge erst in zeitlichem Abstand zu dem Gesellschafterbeschluss vom 16.6.2015 vorgenommen wurden, so dienten sie doch dessen Umsetzung. Aufgrund der unveränderten finanziellen Situation der P-GmbH kann unterstellt werden, dass sie von *A* im Zeitpunkt der jeweiligen Vornahme mit Gläubigerbenachteiligungsvorsatz vorgenommen wurden.[29] Die Kenntnisse des *A* sind wiederum auch der A-GmbH zuzurechnen. Die Voraussetzungen des § 133 Abs. 1 S. 1 InsO sind somit erfüllt.

2. Anfechtungsgrund gem. § 134 Abs. 1 InsO

a) Übertragung des Anlage- und Umlaufvermögens

Die Übertragung des Anlage- und Umlaufvermögens kann ferner nach § 134 Abs. 1 InsO anfechtbar sein. Das setzt jedoch eine unentgeltliche Leistung des Schuldners voraus. Die Übertragung des Anlage- und Umlaufvermögens muss also eine unentgeltliche Leistung der P-GmbH sein. Die Übertragung erfolgte gegen ein Entgelt i. H. v. 2 Mio. EUR und damit grundsätzlich nicht unentgeltlich. Allerdings kann der im Vergleich zum objektiven Wert des Anlage- und Umlaufvermögens niedrige Betrag der Gegenleistung von 2 Mio. EUR auch für eine teilweise Unentgeltlichkeit der Rechtshandlung sprechen.[30] Weichen Leistung und Gegenleistung objektiv im Wert von einander ab, so ist in der Differenz zwischen der Gegenleistung und dem objektiven Wert der Leistung eine Unentgeltlichkeit zu sehen.[31] Den Beteiligten steht aber ein angemessener Bewertungsspielraum bei der Bewertung der Leistung zu. Erst wenn dieser überschritten wird, ist in der Differenz eine Schenkung und damit eine Unentgeltlichkeit zu sehen.[32] Das von der P-GmbH auf die A-GmbH für 2 Mio. EUR übertragene Gesellschaftsvermögen hatte einen tatsächlichen Wert i. H. v. 5 Mio. EUR. Es war damit mehr als doppelt so viel wert wie die erlangte Gegenleistung. Ferner ging es *A* bei der Vermögensübertragung weniger um die Erfüllung der vertraglichen Pflichten gegenüber der A-GmbH, sondern vielmehr um das „Beiseiteschaffen“ von Vermögenswerten. Es erfolgten auch keine Vertragsverhandlungen. Der Kaufpreis wurde vielmehr von *A* schlichtweg festgesetzt. Eine Bewertung unter Berücksichtigung eines angemessenen Bewertungsspielraums fand folglich gar nicht erst statt. Die Übertragung des Anlange- und Umlaufvermögens erfolgte somit i. H. v. 3 Mio. EUR unentgeltlich.

---

[29] Vgl. hierzu BeckOK InsO/*Raupach*, § 133 Rn. 21; Braun/*de Bra*, § 133 Rn. 22; FK-InsO/*Dauernheim*, § 133 Rn. 35; HK-InsO/*Thole*, § 133 Rn. 13; MüKoInsO/*Kayser*, § 133 Rn. 17.

[30] Vgl. hierzu ausführlich Andres/Leithaus/*Leithaus*, § 134 Rn. 4 ff.; BeckOK InsO/*Raupach*, § 134 Rn. 5; Braun/*de Bra*, § 134 Rn. 8 ff.; FK-InsO/*Dauernheim*, § 134 Rn. 9 f.; HK-InsO/*Thole*, § 134 Rn. 14; MüKoInsO/*Kayser*, § 134 Rn. 41 ff.

[31] BGHZ 71, 61 (66 ff.) – zur KO; Andres/Leithaus/*Leithaus*, § 134 Rn. 4; Schmidt, K./*Ganter/Weinland*, § 134 Rn. 23 ff.

[32] BGHZ 71, 61 (66 ff.) – zur KO; Andres/Leithaus/*Leithaus*, § 134 Rn. 4; BeckOK InsO/*Raupach*, § 134 Rn. 6; Schmidt K./*Ganter/Weinland*, § 134 Rn. 23 ff.

aa) Leistung des Schuldners

Die Übertragung des Vermögens muss auch eine Leistung des Schuldners i. S. v. § 134 Abs. 1 InsO sein. Der Begriff der Leistung ist weit auszulegen.[33] Erfasst sind nicht nur Schenkungen i. S. v. § 516 BGB. Vielmehr fallen unter den Leistungsbegriff alle Rechtshandlungen des Schuldners, durch die das Vermögen des Schuldners geschmälert wird.[34] Die Übertragung erfolgt in Erfüllung der Leistungspflicht der P-GmbH gegenüber der A-GmbH aus dem Kaufvertrag und schmälert das Vermögen der P-GmbH i. H. v. 3 Mio. EUR. Eine Leistung des Schuldners liegt mithin vor.

bb) Anfechtungszeitraum

Die Übertragung des Anlage- und Umlaufvermögens muss gem. § 134 Abs. 1 InsO in den letzten vier Jahren vor der Antragstellung auf Eröffnung des Insolvenzverfahrens vorgenommen worden sein. Die Übertragung fand am 19.6.2015 statt. Damit wurde die Rechtshandlung innerhalb der letzten vier Jahre vor der Stellung des Antrags auf Insolvenzeröffnung am 28.11.2018 vorgenommen (vgl. § 140 Abs. 1 InsO).

cc) Zwischenergebnis

Damit liegen die Voraussetzungen der Schenkungsanfechtung gem. § 134 Abs. 1 InsO bei der Übertragung des Anlange- und Umlaufvermögens für einen Teil i. H. v. 3 Mio. EUR vor. Die Rechtshandlung ist daher teilweise gem. § 134 Abs. 1 InsO anfechtbar.[35]

b) „Überleitungen" der Bauaufträge

Nach § 134 Abs. 1 InsO können auch die „Überleitungen" der Bauaufträge anfechtbar sein.

aa) Leistung des Schuldners

Dann müssen die „Überleitungen" der Bauaufträge Leistungen des Schuldners i. S. v. § 134 InsO sein. Der Begriff der Leistung ist weit auszulegen.[36] Durch die Zustimmung der P-GmbH zu den den „Überleitungen" zugrunde liegenden Vertragsübernahmen „verzichtete" die P-GmbH zugunsten der A-GmbH auf die mit den Bauaufträgen verbundenen Ertragschancen. Infolge der Zustimmungserklärungen wurde das Vermögen der P-GmbH um diese Ertragschancen gemindert und insoweit das Vermögen der A-GmbH vermehrt. Leistungen der P-GmbH i. S. v. § 134 InsO liegen damit vor.

---

33 BeckOK InsO/*Raupach*, § 134 Rn. 4; Braun/*de Bra*, § 134 Rn. 2; MüKoInsO/*Kayser*, § 134 Rn. 5 ff. – der Begriff der Leistung in § 134 InsO ist nicht mit dem der Leistung in § 812 Abs. 1 S. 1, 1. Alt. BGB identisch.

34 BeckOK InsO/*Raupach*, § 134 Rn. 4; Braun/*de Bra*, § 134 Rn. 2; HK-InsO/*Thole*, § 134 Rn. 6; *Bork*, NZI 2018, 1 (3). Erfasst sind auch Unterlassungen, die bei dem anderen Teil eine Vermögensvermehrung zur Folge haben; vgl. hierzu Andres/Leithaus/*Leithaus*, § 134 Rn. 3; BeckOK InsO/*Raupach*, § 134 Rn. 4; Braun/*de Bra*, § 134 Rn. 3; MüKoInsO/*Kayser*, § 134 Rn. 10; Schmidt K./*Ganter*/*Weinland*, § 134 Rn. 9.

35 Sofern die Leistung teilbar ist, ist nur der unentgeltliche Teil anfechtbar. Bei nicht teilbaren Leistungen ist umstritten, inwieweit die Rechtshandlung anfechtbar ist; siehe dazu BeckOK InsO/*Raupach*, § 134 Rn. 6.1; Uhlenbruck/*Borries*/*Hirte*, § 134 Rn. 34 m. w. N.

36 Siehe oben 1. Frage unter III. 2. a) aa) sowie in Fn. 33.

bb) Unentgeltlichkeit der Leistung

Die Leistungen der P-GmbH müssen unentgeltlich erfolgt sein. Unentgeltlichkeit liegt vor, wenn ein Vermögenswert des Leistenden zugunsten einer anderen Person aufgegeben wird, ohne dass dem Leistenden ein angemessener Gegenwert zufließt.[37] Für die Bestimmung, ob ein Gegenwert angemessen ist, sind grundsätzlich objektive Gesichtspunkte maßgeblich.[38]

Eine Übertragung der mit einem Bauauftrag verbundenen Geschäftschancen auf einen Dritten erfolgt üblicherweise nur gegen eine Vergütung. Als eine objektiv angemessene Vergütung kann diejenige in Betracht kommen, die branchenüblich an einen Handelsvertreter gezahlt wird (vgl. § 87b HGB). Die Frage, welche Gegenleistung vorliegend als angemessen anzusehen ist, kann jedoch dahinstehen. Für eine Gegenleistung der A-GmbH sind keine Anhaltspunkte ersichtlich.

Die „Überleitungen" der Bauaufträge stellen somit unentgeltliche Leistungen dar.

cc) Anfechtungszeitraum

Die „Überleitungen" der Bauaufträge müssen innerhalb der letzten vier Jahre vor dem Antrag auf Eröffnung des Insolvenzverfahrens vorgenommen worden sein. Eine Rechtshandlung ist nach § 140 Abs. 1 InsO vorgenommen, wenn ihre rechtliche Wirkung eintritt. Die rechtliche Wirkung einer Vertragsübernahme – der Übergang der Rechte und Pflichten des Vertrages auf den Übernehmer – tritt bei einem zwischen dem Übertragenden und dem Übernehmer geschlossenen Übernahmevertrag ein, wenn der andere Vertragspartner des zu übertragenden Vertrages der Übertragung zustimmt.[39] Die Vertragsübernahmen der vier Bauaufträge zwischen der P-GmbH und der A-GmbH wurden mit der Zustimmung des jeweiligen Auftraggebers im Zeitraum von Februar 2016 bis Mai 2018 vollzogen. Die rechtliche Wirkung trat somit in diesem Zeitraum und damit jeweils weniger als vier Jahre vor der Antragstellung auf Eröffnung des Insolvenzverfahrens am 28.11.2018 ein. Die zeitliche Grenze des § 134 Abs. 1, 2. HS InsO ist somit gewahrt.

dd) Zwischenergebnis

Für die „Überleitungen" der Bauaufträge sind die Voraussetzungen des § 134 Abs. 1 InsO erfüllt. Diese Rechtshandlungen sind nach § 134 Abs. 1 InsO anfechtbar.

3. Zwischenergebnis zu III.

Die Übertragung des Anlage- und Umlaufvermögens ist insgesamt allein gem. § 133 Abs. 1 S. 1 InsO anfechtbar. Gem. § 134 Abs. 1 InsO ist die Rechtshandlung nur teilweise i. H. v. 3 Mio. EUR anfechtbar. Für die „Überleitungen" der Bauaufträge sind die Voraussetzungen von § 133 Abs. 1 S. 1 und § 134 Abs. 1 InsO erfüllt.

---

37 BGHZ 113, 98 (101 f.) – zur KO; 162, 276 (279 f.); Andres/Leithaus/*Leithaus,* § 134 Rn. 4; BeckOK InsO/*Raupach*, § 134 Rn. 5; Braun/*de Bra*, § 134 Rn. 8; FK-InsO/*Dauernheim*, § 134 Rn. 9; HK-InsO/*Thole,* § 134 Rn. 7; MüKoInsO/*Kayser*, § 134 Rn. 17.

38 BeckOK InsO/*Raupach*, § 134 Rn. 5; Braun/*de Bra*, § 134 Rn. 9; HK-InsO/*Thole,* § 134 Rn. 13; vgl. hierzu ausführlich MüKoInsO/*Kayser,* § 134 Rn. 22 ff.; *Bork*, NZI 2018, 1 (9).

39 BeckOK BGB/*Rohe,* § 415 Rn. 27. Die Vertragsübernahme ist insofern ein reines abstraktes Verfügungsgeschäft; vgl. Erman/*Röthel A.*, Vor § 414 Rn. 2; Staudinger/*Rieble,* § 414 Rn. 72.

IV. Rechtsfolgen

Rechtsfolge des § 143 Abs. 1 S. 1 InsO ist grundsätzlich ein Rückgewähranspruch der Insolvenzmasse in Natur.[40] Entsprechend hat die A-GmbH zunächst das an den Gegenständen des Anlage- und Umlaufvermögens erlangte Eigentum an die P-GmbH gem. § 143 Abs. 1 S. 1 InsO zurück zu übertragen.[41]

Im Fall der „Überleitungen" der Bauaufträge ist Rückgewähr in Natur nicht möglich, da die Bauaufträge bereits erfüllt sind. Der Rückgewähranspruch der P-GmbH erfasst jedoch die Nutzungen, soweit auch die P-GmbH sie hätte ziehen können (vgl. § 143 Abs. 1 S. 2 InsO i. V. m. §§ 819 Abs. 1, 818 Abs. 4, 292 Abs. 2, 987 BGB).[42] Der Rückgewähranspruch kann aber nach § 143 Abs. 2 S. 1 InsO ausgeschlossen sein, da die Vertragsübernahmen unentgeltlich erfolgten. Allerdings musste *A* aufgrund der Situation der P-GmbH bereits bei der Vornahme der Vertragsübernahmen erkennen, dass die unentgeltlichen Leistungen die Gläubiger benachteiligen würden.[43] Dieses Wissen ist wiederum dem Empfänger der Leistung, der A-GmbH, zuzurechnen (§ 166 Abs. 1 BGB analog). Der Rückgewähranspruch ist nach § 143 Abs. 2 S. 2 InsO somit nicht ausgeschlossen. Die A-GmbH hat den erzielten Gewinn i. H. v. jeweils 1,5 Mio. EUR als gezogene Nutzung an die P-GmbH auszukehren.

V. Ergebnis

Die P-GmbH, vertreten durch *V*, hat gegenüber der A-GmbH sowohl einen Anspruch auf Rückübertragung des Eigentums an den Gegenständen des Anlage- und Umlaufvermögens gem. § 143 Abs. 1 S. 1 InsO[44] als auch einen Anspruch auf Zahlung von insgesamt 6 Mio. EUR gem. § 143 Abs. 1 InsO i. V. m. §§ 819 Abs. 1, 818 Abs. 4, 292 Abs. 2, 987 BGB.

Frage 2: Ansprüche gegen A

A. Anspruch aus § 64 S. 3 GmbHG

Die P-GmbH, vertreten durch den Insolvenzverwalter *V*, kann gegen *A* als Geschäftsführer der P-GmbH einen Anspruch auf Zahlung von 6 Mio. EUR aus § 64 S. 3 GmbHG haben.

I. Geltendmachung des Anspruchs durch den Insolvenzverwalter

Der Insolvenzverwalter *V* muss zur Geltendmachung des Anspruchs befugt sein. Der Anspruch steht nach dem Gesetz der Gesellschaft zu (vgl. § 64 S. 3 i. V. m. S. 1 GmbHG). Mit Eröffnung des Insolvenzverfahrens obliegt die Geltendmachung der

---

40 Andres/Leithaus/*Leithaus*, § 143 Rn. 2; BeckOK InsO/*Schoon*, § 143 Rn. 19; Braun/*Riggert,* § 143 Rn. 4; FK-InsO/*Dauernheim*, § 143 Rn. 3 f.; HK-InsO/*Thole,* § 143 Rn. 4; MüKoInsO/*Kirchhof*, § 143 Rn. 1; Gottwald/*Huber*, § 52 Rn. 8.

41 Der Insolvenzverwalter wird die Übertragung des Anlage- und Umlaufvermögens gem. § 133 Abs. 1 S. 1 InsO und nicht gem. § 134 Abs. 1 InsO anfechten, da dies für die Befriedigung der Gläubiger (vgl. § 1 S. 1 InsO) vorteilhafter ist. Daher wird hier bei der Rechtsfolge nicht auf die nur teilweise Rückübertragung eingegangen.

42 Andres/Leithaus/*Leithaus*, § 143 Rn. 4; BeckOK InsO/*Schoon*, § 143 Rn. 21 ff.; Braun/*Riggert*, § 143 Rn. 11; FK-InsO/*Dauernheim*, § 143 Rn. 4; HK-InsO/*Thole,* § 143 Rn. 17; MüKoInsO/*Kirchhof*, § 143 Rn. 54a.

43 Vgl. hierzu bereits 1. Frage unter III. 1. a) bb).

44 Im Gegenzug steht der A-GmbH ein Anspruch auf Erstattung der Gegenleistung (Kaufpreis i. H. v. 2 Mio. EUR) zu, soweit sie noch unterscheidbar in der Insolvenzmasse vorhanden ist oder die Masse noch um diesen Betrag bereichert ist (§ 144 Abs. 2 S. 1 InsO).

Ansprüche der Gesellschaft als Teil der Insolvenzmasse gem. § 80 Abs. 1 InsO dem Insolvenzverwalter.[45] *V* ist daher als Insolvenzverwalter über das Vermögen der P-GmbH befugt den Anspruch für die P-GmbH gegen *A* geltend zu machen.

II. Voraussetzungen eines Anspruchs aus § 64 S. 3 GmbHG

Ein Anspruch aus § 64 S. 3 GmbHG setzt eine Zahlung des Geschäftsführers an einen Gesellschafter voraus. Der Begriff der „Zahlung" des § 64 S. 3 i. V. m. S. 1 GmbHG spricht zunächst dafür, dass nur Geldleistungen erfasst sind. Dann wären die „Überleitungen" der Bauaufträge an die A-GmbH von der Vorschrift nicht erfasst. Der Wortlaut ist jedoch nach dem Normzweck der Verhinderung von Vermögensverschiebungen und „Ausplünderungen" der Gesellschaft[46] weit auszulegen und umfasst alle Minderungen des Aktivvermögens der Gesellschaft.[47] Es erscheint allerdings zweifelhaft, ob auch die „Überleitungen" der Bauaufträge unter diesen weiten Zahlungsbegriff gefasst werden können. Im Zeitpunkt der „Überleitungen" stellten die Aufträge noch keine Vermögenswerte der Gesellschaft sondern lediglich Chancen auf mögliche Erträge dar. Somit kann argumentiert werden, dass die „Überleitungen" der Bauaufträge als potentielle Vermögenswerte das Gesellschaftsvermögen im Zeitpunkt der „Überleitungen" nicht minderten und daher keine Zahlungen i. S. d. § 64 S. 3 GmbHG darstellen.

Ob es sich um Zahlungen i. S. d. § 64 S. 3 GmbHG handelt, kann jedoch offen bleiben, wenn es bereits an der gem. § 64 S. 3 GmbHG erforderlichen Kausalität zwischen der Zahlung und dem Eintritt der Zahlungsunfähigkeit der P-GmbH fehlt. Hierfür deutet der Wortlaut des § 64 S. 3 GmbHG *(„führen mussten")* einen engen Kausalzusammenhang an.[48] Da letztendlich jede Zahlung der Gesellschaft Liquidität entzieht und damit zur Zahlungsunfähigkeit führen kann,[49] bedarf es einer wertenden Betrachtung im Sinne der Adäquanztheorie.[50] Die Zahlungsunfähigkeit muss zwar nicht unmittelbar im Zeitpunkt der Zahlung eintreten, jedoch ohne das Hinzutreten weiterer Kausalbeiträge als Folge der Zahlung unter normalen Umständen absehbar sein.[51] Andererseits dürfen unter Berücksichtigung des Normzwecks keine zu strengen Maßstäbe an die Kausalität gesetzt werden. Daher ist eine Mitursächlichkeit ausreichend.[52] Jedoch erfordert auch eine Mitursächlichkeit, dass die Zahlung

---

[45] So Scholz/*Schmidt K.,* § 64 Rn. 71 – zu § 64 S. 1 GmbHG. Im Ergebnis auch Baumbach/Hueck/*Haas,* § 64 Rn. 28; BeckOK GmbHG/*Mätzig,* § 64 Rn. 121; Lutter/Hommelhoff/*Kleindiek,* § 64 Rn. 40 ff.; Roth/Altmeppen/*Altmeppen,* § 64 Rn. 8.

[46] Vgl. Lutter/Hommelhoff/*Kleindiek,* § 64 Rn. 49 ff., 62; Scholz/*Schmidt K.,* § 64 Rn. 28 ff., 79.

[47] H. M.; BeckOK GmbHG/*Mätzig,* § 64 Rn. 44; GroßKomm-GmbHG/*Casper,* § 64 Rn. 139, 88 ff.; Lutter/Hommelhoff/*Kleindiek,* § 64 Rn. 30; Scholz/*Schmidt K.,* § 64 Rn. 28 ff.; MünchHdb.GesR III/*Marsch-Barner/Diekmann,* § 46 Rn. 56, 48; *Knof,* DStR 2007, 1536 (1537 f.).

[48] BeckOK GmbHG/*Mätzig,* § 64 Rn. 80; Lutter/Hommelhoff/*Kleindiek,* § 64 Rn. 62; Roth/Altmeppen/*Altmeppen,* § 64 Rn. 72; Scholz/*Schmidt K.,* § 64 Rn. 82, 92, 94; *Kleindiek,* FS Schmidt K. (2009), 893 (905 ff.).

[49] *Meyer,* BB 2008, 1742 (1746).

[50] Baumbach/Hueck/*Haas,* § 64 Rn. 136; BeckOK GmbHG/*Mätzig,* § 64 Rn. 81; GroßKomm-GmbHG/*Casper,* § 64 Rn. 148; *Knof,* DStR 2007, 1536 (1539); *Rodewald,* GmbHR 2009, 1301 (1306).

[51] Begr. RegE MoMiG, BT-Drs. 16/6140, 46 f.

[52] GroßKomm-GmbHG/*Casper,* § 64 Rn. 151; Lutter/Hommelhoff/*Kleindiek,* § 64 Rn. 63; Scholz/*Schmidt K.,* § 64 Rn. 98 f.; so wohl auch Baumbach/Hueck/*Haas,* § 64 Rn. 136; BeckOK GmbHG/*Mätzig,* § 64 Rn. 82.

nicht hinweggedacht werden kann, ohne dass nicht auch die konkrete Zahlungsunfähigkeit entfiele.[53]

Die in Frage stehende Zahlungsunfähigkeit der P-GmbH trat am 27.11.2018 in Folge der Geltendmachung der Konventionalstrafe durch die E-AG ein. Hierdurch bestanden Verbindlichkeiten der P-GmbH i. H. v. 14 Mio. EUR, denen liquide Mittel i. H. v. 2 Mio. EUR gegenüber standen.[54] Ohne die „Überleitungen" der Bauaufträge stünden im Vermögen der P-GmbH liquide Mittel i. H. v. 8 Mio. EUR zur Verfügung. Die P-GmbH wäre daher am 27.11.2018 auch ohne die „Zahlungen" nicht zur Erfüllung ihrer Verbindlichkeiten in der Lage und damit zahlungsunfähig gewesen.[55] Eine Kausalität für den Eintritt der Zahlungsunfähigkeit ist somit nicht gegeben.[56]

Die P-GmbH hat gegenüber *A* keinen Anspruch auf Zahlung von 6 Mio. EUR aus § 64 S. 3 GmbHG.

B. Anspruch aus § 826 BGB

Die P-GmbH, vertreten durch *V*, kann gegen *A* einen Anspruch auf Schadensersatz i. H. v. 9 Mio. EUR wegen eines existenzvernichtenden Eingriffs auf Grundlage von § 826 BGB[57] haben.

I. Geltendmachung des Anspruchs durch den Insolvenzverwalter

Die Haftung wegen eines existenzvernichtenden Eingriffs stellt einen Anspruch der Gesellschaft gegenüber den Gesellschaftern dar (Innenhaftung).[58] Als solcher ist der

---

53 BeckOK GmbHG/*Mätzig*, § 64 Rn. 82; Lutter/Hommelhoff/*Kleindiek*, § 64 Rn. 63; Scholz/*Schmidt K.*, § 64 Rn. 98.

54 Es wird vorliegend unterstellt, dass die Summe der von den Gläubigern im Insolvenzverfahren zur Insolvenztabelle angemeldeten Verbindlichkeiten (vgl. §§ 174 ff. InsO) auch den tatsächlichen, für die Feststellung der Zahlungsunfähigkeit i. S. d. § 17 InsO maßgeblichen, fälligen Verbindlichkeiten der P-GmbH entspricht.

55 Nach a. A. ist dieser Einwand unbeachtlich; vgl. GroßKomm-GmbHG/*Casper*, § 64 Rn. 151; *Böcker/Poertzgen*, WM 2008, 1203 (1208). Das kann jedoch nicht überzeugen, da dann entgegen dem Gesetzeswortlaut nicht eine Verursachung sondern bereits eine Vertiefung der Zahlungsunfähigkeit ausreichen würde.

56 Daher bedarf es vorliegend keiner näheren Erläuterung, ob auch – wie hier – eine Zahlung an einen Nichtgesellschafter ausnahmsweise eine Haftung nach § 64 S. 3 GmbHG auslösen kann; vgl. hierzu Baumbach/Hueck/*Haas*, § 64 Rn. 132; BeckOK GmbHG/*Mätzig*, § 64 Rn. 76; GroßKomm-GmbHG/*Casper*, § 64 Rn. 141; Lutter/Hommelhoff/*Kleindiek*, § 64 Rn. 47.

57 Vgl. grdl. BGHZ 173, 246 ff. – Trihotel; bestätigt durch *BGH* NJW-RR 2008, 629 f.; 2008, 918 f.; BGHZ 176, 204 ff. – Gamma; *BGH* NJW-RR 2008, 1417 f.; BGHZ 179, 344 ff. – Sanitary. Der *BGH* ordnet damit die Existenzvernichtungshaftung deliktsrechtlich als besondere Fallgruppe des § 826 BGB ein. Die Haftungsgrundlagen der früheren Rechtsprechung (Haftung gem. §§ 128, 129 HGB analog wegen Missbrauchs der Rechtsform oder Haftung im „qualifiziert faktischen Konzern") werden zwar ausdrücklich aufgegeben; vgl. hierzu noch *Timm/Schöne*, Bd. II, 6. Aufl., S. 161 ff. Wesentliche Veränderungen ergeben sich jedoch lediglich auf der Rechtsfolgenseite, insbesondere durch die Ausgestaltung als eine „reine Innenhaftung" gegenüber der Gesellschaft; vgl. BGHZ 173, 246 Rn. 33. Vor allem Letztere ist auf Kritik gestoßen; vgl. GroßKomm-GmbHG/*Casper*, Anh. § 77 Rn. 113 ff.; *Hönn*, WM 2008, 769 ff.; *Rubner*, Der Konzern 2007, 635 (643 ff.). Das Haftungskonzept gänzlich ablehnend *Wazlawik*, NZI 2009, 291 ff. Trotz der berechtigten Zweifel an der dogmatischen Begründung ist das Konzept der Binnenhaftung in der Praxis zugrunde zu legen.

58 BGHZ 173, 246 Rn. 33 – Trihotel; 176, 204 Rn. 10 – Gamma; Baumbach/Hueck/*Fastrich*, § 13 Rn. 58 f.; BeckOK GmbHG/*Wilhelmi*, § 13 Rn. 78; Henssler/Strohn/*Verse*, § 13

Anspruch Teil der Insolvenzmasse der P-GmbH und durch den Insolvenzverwalter gem. § 80 Abs. 1 InsO geltend zu machen.[59]

II. Voraussetzungen des Anspruchs aus § 826 BGB

Ein Anspruch setzt voraus, dass *A* den objektiven und subjektiven Tatbestand des § 826 BGB erfüllt hat.

1. Objektiver Tatbestand

a) Schädigendes Verhalten durch existenzvernichtenden Eingriff

Voraussetzung ist zunächst ein schädigendes Verhalten durch *A* in Form eines existenzvernichtenden Eingriffs in das Gesellschaftsvermögen. Grundsätzlich können die Gesellschafter frei über das Gesellschaftsvermögen verfügen. Wollen sie der Gesellschaft jedoch Vermögen entziehen, welches diese als ihre Existenzgrundlage benötigt, insbesondere für die Erfüllung der Gesellschaftsverbindlichkeiten, so müssen sie zuvor den Weg einer ordnungsgemäßen Liquidation i. S. d. §§ 65 ff. GmbHG oder eines Insolvenzverfahrens bestreiten.[60] Ein schädigendes Verhalten setzt somit einen Eingriff in das Gesellschaftsvermögen unter Missachtung der Zweckbindung des Gesellschaftsvermögens zur vorrangigen Befriedigung der Gläubiger voraus.[61] Für die Missachtung dieser Zweckbindung ist es ausreichend, wenn der Eingriff im Zeitpunkt der Vornahme bei objektiver Betrachtung geeignet ist, eine Existenzvernichtung bzw. Insolvenz der Gesellschaft herbeizuführen.[62] Dabei kann der Eingriff durch eine einzige Maßnahme oder durch mehrere zusammenhängende Einzelmaßnahmen über einen bestimmten Zeitraum vollzogen werden.[63]

Ein schädigendes Verhalten von *A* kann in der Beschlussfassung der Gesellschafterversammlung der P-GmbH vom 16.6.2015 zu sehen sein. In Folge des Beschlusses wurde das Anlage- und Umlaufvermögen der P-GmbH am 19.6.2015 an die A-GmbH übereignet. Im Gegenzug erhielt die P-GmbH lediglich einen Kaufpreis i. H. v. 2 Mio. EUR. Somit wurde der P-GmbH Vermögen im Wert von 3 Mio. EUR entzogen. Zugleich wurde ihr mit dem Anlage- und Umlaufvermögen die Grundlage für ihr

---

GmbHG Rn. 64; MHLS/*Lieder*, § 13 Rn. 424; MüKoGmbHG/*Merkt*, § 13 Rn. 342; Roth/Altmeppen/*Altmeppen*, § 13 Rn. 98; *Weller*, ZIP 2007, 1681 (1682 f.); kritisch zur Ausgestaltung als Innenhaftung Lutter/Hommelhoff//*Bayer*, § 13 Rn. 46; Scholz/*Bitter*, § 13 Rn. 159.

59 So ausdrücklich GroßKomm-GmbHG/*Casper*, Anh. § 77 Rn. 160; Roth/Altmeppen/*Altmeppen*, § 13 Rn. 107; *Habersack*, ZGR 2008, 533 (548); *Smid*, DZWiR 2008, 265 (267); im Ergebnis auch BGHZ 173, 246 Rn. 34 – Trihotel; 176, 204 Rn. 11 – Gamma; a. A. *Raiser/Veil*, § 39 Rn. 33 – auf Grundlage von § 92 InsO.

60 BGHZ 151, 181 (186) – KBV; GroßKomm-GmbHG/*Casper*, Anh. § 77 Rn. 96, 114.

61 BGHZ 151, 181 (186) – KBV; *BGH* NJW 2005, 145 (146) – Rheumaklinik; *BGH* NJW 2005, 335 (336) – Vertragshändler; BGHZ 173, 246 Rn. 25 ff. – Trihotel; 176, 204 Rn. 12 – Gamma; *OLG Köln* DStR 2009, 1490; Baumbach/Hueck/*Fastrich*, § 13 Rn. 65 f., 72; GroßKomm-GmbHG/*Casper*, Anh. § 77 Rn. 128 ff.; Lutter/Hommelhoff/*Bayer*, § 13 Rn. 32 ff.; *Raiser/Veil*, § 39 Rn. 35; *Osterloh-Konrad*, ZHR 173 (2008), 274, (283, 288 f.).

62 So GroßKomm-GmbHG/*Casper*, Anh. § 77 Rn. 129, der zu Recht keine hohen Anforderungen hieran stellt, da anderenfalls Kausalitäts- und subjektive Tatbestände mit dem Eingriffstatbestand vermischt würden; ähnlich Roth/Altmeppen/*Altmeppen*, § 13 Rn. 89; a. A. wohl Lutter/Hommelhoff/*Lutter/Bayer*, § 13 Rn. 38; *Lutter/Barnejea*, ZGR 2003, 402 (417 f.); tendenziell auch MüKoGmbHG/*Liebscher*, Anhang § 13 Rn. 535 ff.

63 Lutter/Hommelhoff/*Lutter/Bayer*, § 13 Rn 36; wohl auch *Osterloh-Konrad*, ZHR 173 (2008), 274 (284).

operatives Geschäft genommen. Außerdem wurde die unentgeltliche „Verlagerung des Neugeschäfts“ der P-GmbH auf die A-GmbH beschlossen. Als Vermögensentzug sind auch alle für die Gesellschaft nachteiligen Maßnahmen zu erfassen, die gezielt betriebsfremden Zwecken dienen und die nicht als einzeln ausgleichsfähige Eingriffe isoliert werden können.[64] Dies ist insbesondere bei Eingriffen in die Geschäftschancen der Gesellschaft gegeben,[65] sofern diese Chancen realisierbar waren und daher die Fähigkeit der Gesellschaft zur Erfüllung ihrer Verbindlichkeiten gesteigert hätten.[66] Aus den übergeleiteten Aufträgen konnte die A-GmbH Gewinne von insgesamt 6 Mio. EUR erwirtschaften. Durch den Beschluss wurde die P-GmbH der Möglichkeit beraubt, diese Erträge zu erzielen und damit ihre Fähigkeit zu steigern, die Forderungen ihrer Gläubiger zu befriedigen. Damit liegt in den „Überleitungen“ der Aufträge gleichsam ein Entzug von Vermögenswerten.

Als Gesamtfolge der einzelnen Maßnahmen zur Durchführung des Beschlusses vom 16.6.2015 wurde der P-GmbH objektiv erkennbar die Existenzgrundlage entzogen, ohne dass ein Liquidations- oder Insolvenzverfahren durchgeführt wurde. Der Beschluss wurde mit der Mehrheit der Stimmen des *A* gefasst und auch von *A* umgesetzt. Ein schädigendes Verhalten durch *A* in Form eines existenzvernichtenden Eingriffs liegt somit vor.

b) Keine Rechtfertigung oder Kompensation des Eingriffs

Die Haftung ist aber ausgeschlossen, wenn der Eingriff gerechtfertigt oder anderweitig kompensiert werden kann.[67]

Eine Rechtfertigung des Vermögensentzuges ist insbesondere möglich, wenn *A* ein subjektives Recht zusteht, das ihm den Vermögensentzug erlaubt.[68] Hierfür sind jedoch keine Anhaltspunkte ersichtlich. Insbesondere kann *A* den Eingriff nicht dadurch rechtfertigen, dass er der Durchführung des Gesellschafterbeschlusses vom 16.6.2015 diente.[69]

Eine Kompensation des Vermögensentzuges kann dadurch erfolgen, dass der Gesellschaft eine marktgerechte Gegenleistung zufließt.[70] Der an die P-GmbH für die Übertragung des Anlage- und Umlaufvermögens überwiesene Kaufpreis entsprach indes nicht einmal der Hälfte des eigentlichen Marktwertes und war auch nicht das

---

[64] Vgl. für einen weiten Vermögensbegriff auch Baumbach/Hueck/*Fastrich*, § 13 Rn. 64; BeckOK GmbHG/*Wilhelmi*, § 13 Rn. 90; Henssler/Strohn/*Verse*, § 13 GmbHG Rn. 53; Lutter/Hommelhoff/*Bayer*, § 13 Rn. 32; MüKoGmbHG/*Liebscher*, § 13 Rn. 552; Roth/Altmeppen/*Altmeppen*, § 13 Rn. 83; *Habersack*, ZGR 2008, 533 (544); zur Problematik der fehlenden bilanziellen Abbildung bestimmter Eingriffe vgl. auch BGHZ 173, 246 Rn. 21 – Trihotel; *Dauner-Lieb*, ZGR 2008, 34 (44 f.).

[65] *BGH* NJW 2005, 335 (336) – Vertragshändler; *BGH* NZG 2005, 214 (216) – Handelsvertreter; Baumbach/Hueck/*Fastrich*, § 13 Rn. 72; BeckOK-GmbHG/*Wilhelmi*, § 13 Rn. 91; GroßKomm-GmbHG/*Casper*, Anh. § 77 Rn. 138; MüKoGmbHG/*Liebscher*, Anhang § 13 Rn. 552 ff.; Roth/Altmeppen/*Altmeppen*, § 13 Rn. 83.

[66] *BGH* NZG 2005, 250 (252) – Handelsvertreter; MHLS/*Lieder*, § 13 Rn. 448.

[67] Vgl. BGHZ 173, 246 Rn. 28 – Trihotel; *BGH* NJW-RR 2008, 1417 (1418); Baumbach/Hueck/*Fastrich*, § 13 Rn. 66; BeckOK GmbHG/*Wilhelmi*, § 13 Rn. 95; Henssler/Strohn/*Verse*, § 13 GmbHG Rn. 55; *Weller*, ZIP 2007, 1681 (1685); im Ergebnis wohl auch MHLS/*Lieder*, § 13 Rn. 456, der aber bei einer Kompensation bereits das Vorliegen eines existenzvernichtenden Eingriffs verneint.

[68] *Weller*, ZIP 2007, 1681 (1685); *Osterloh-Konrad*, ZHR 173 (2008), 274 (284); vgl. hierzu auch BGHZ 173, 246 Rn. 49 – Trihotel.

[69] *Schanze*, NZG 2007, 681 (683).

[70] MüKoGmbHG/*Liebscher*, Anh. zu § 13 Rn. 535; *Weller*, ZIP 2007, 1681 (1685).

Ergebnis einer unternehmerischen Ermessenentscheidung z. B. im Rahmen von Verhandlungen.[71] Damit erhielt die P-GmbH keine angemessene Gegenleistung. Die Verlagerung des Neugeschäfts erfolgte ohne jegliche Gegenleistung.

Der Eingriff kann daher nicht gerechtfertigt werden und wurde auch nicht kompensiert.

c) Kausalität zwischen schädigender Handlung und Insolvenzeintritt

Der Eingriff von *A* muss weiterhin die Insolvenz der P-GmbH unmittelbar verursacht oder vertieft haben.[72] Wie sich auch aus der Systematik der Haftungstatbestände der §§ 31 Abs. 2 und 4, 43 Abs. 3 GmbHG ergibt, tritt eine Gesellschafterhaftung nur dann ein, wenn sie zur Befriedigung der Gläubiger erforderlich ist, die Gesellschaft also ihren Verbindlichkeiten nicht mehr nachkommen kann.[73] Infolge des Vermögensentzuges muss es der P-GmbH unmöglich geworden sein, ihre Verbindlichkeiten – ganz oder teilweise – zu erfüllen.[74] Nicht ausreichend ist es, wenn der Entzug der Vermögenswerte die Gesellschaft zwar wirtschaftlich schwächt, die Insolvenz aber erst infolge weiterer Ereignisse eintritt.[75]

Die P-GmbH war mit der Geltendmachung der Konventionalstrafe durch die E-AG am 27.11.2018 zahlungsunfähig sowie zugleich überschuldet und damit insolvent. Dass die Insolvenz jedoch kausal auf den Vermögensentzug durch *A* i. H. v. insgesamt 9 Mio. EUR zurückzuführen ist, mag zweifelhaft sein. Selbst bei der Annahme eines Unterlassens des Vermögensentzuges würde die P-GmbH über ein Vermögen von 11 Mio. EUR verfügen. Diesem Vermögen stünden mit der Geltendmachung der Konventionalstrafe durch die E-AG Verbindlichkeiten i. H. v. 14 Mio. EUR gegenüber. Die P-GmbH wäre somit selbst bei einem Unterlassen des Vermögensentzuges mit der Geltendmachung der sofort fälligen Konventionalstrafe zahlungsunfähig geworden und auch überschuldet gewesen. Eine unmittelbare Kausalität zwischen dem Eingriff in das Gesellschaftsvermögen und dem Eintritt der Insolvenz der P-GmbH besteht somit nicht.

Der Eingriff könnte jedoch kausal für eine Insolvenzvertiefung der P-GmbH gewesen sein. Durch den Vermögensentzug des *A* wurde die Differenz zwischen fälligen Forderungen und den zur Erfüllung dieser Forderungen verfügbaren Mitteln wesentlich vergrößert. Zugleich wurde durch den Vermögensentzug das für die Überschuldung maßgebliche Deckungsverhältnis von Vermögen und Verbindlichkeiten des Schuldners (vgl. § 19 Abs. 2 InsO) wesentlich verschlechtert. Der Eingriff von *A* war somit in einem wesentlichen Ausmaß unmittelbar kausal für eine „Vertiefung“ der Insolvenz der P-GmbH.

---

[71] Vgl. hierzu *Osterloh-Konrad,* ZHR 173 (2008), 274 (284).

[72] BGHZ 173, 246 Rn. 33 – Trihotel; *BGH* NJW 2008, 629 (630); BGHZ 179, 344 Rn. 22 – Sanitary; Baumbach/Hueck/*Fastrich,* § 13 Rn. 69; BeckOK GmbHG/*Wilhelmi,* § 13 Rn. 99; GroßKomm-GmbHG/*Casper,* Anh. § 77 Rn. 141 f.; Lutter/Hommelhoff/*Bayer,* § 13 Rn. 38; Roth/Altmeppen/*Altmeppen,* § 13 Rn. 89; *Weller,* ZIP 2007, 1681 (1685); *Gehrlein,* WM 2008, 761 (763).

[73] Vgl. zur früheren Durchgriffshaftung *Altmeppen,* ZIP 2002, 1553 (1558); *Lutter/Barnejea,* ZGR 2003, 402 (417 f.).

[74] BGHZ 151, 181 (186) – KBV.

[75] Emmerich/Habersack/*Habersack,* Anh. § 318 AktG Rn. 44; GroßKomm-GmbHG/*Casper,* Anh. § 77 Rn. 141; *Raiser/Veil,* § 39 Rn. 37; *Lutter/Banerjea,* ZGR 2003, 402 (418).

d) Sittenwidrigkeit des Gesellschafterverhaltens

Das Verhalten von *A* muss gem. § 826 BGB weiterhin gegen die guten Sitten verstoßen. Ein sittenwidriges Verhalten liegt regelmäßig in dem planmäßigen Entzug des Gesellschaftsvermögens zu gesellschaftsfremden Zwecken und zum eigenen unmittelbaren oder mittelbaren Vorteil der Gesellschafter („Selbstbedienung") mit der Folge der Insolvenz der Gesellschaft.[76] In dieser egoistisch motivierten und rücksichtslosen Missachtung der Zweckbindung des Gesellschaftsvermögens ist eine grob gegen die Verkehrserwartung verstoßende – und daher sittenwidrige – Handlungsweise zu sehen.[77] Dabei ist es ausreichend, wenn die faktische, dauerhafte Beeinträchtigung der Erfüllung der Verbindlichkeiten der Gesellschaft die voraussehbare Folge des Eingriffs ist.[78]

Die Eingriffe in das Gesellschaftsvermögen wurden in der Gesellschafterversammlung der P-GmbH als Reaktion auf die ungewissen Folgen des Unfalls auf der Baustelle und der absehbaren Geltendmachung einer Konventionalstrafe durch die E-AG mit den Stimmen des *A* beschlossen. Die zur Umsetzung des Beschlusses durchgeführte Übertragung des Anlage- und Umlaufvermögens sowie die „Überleitungen" der Bauaufträge auf die A-GmbH sind Teil eines planmäßigen Entzuges des Gesellschaftsvermögens der P-GmbH. Durch den Vermögensentzug wurde die Befriedigung der Gläubiger, insbesondere der E-AG, mit dem Gesellschaftsvermögen unmöglich. Das Gesellschaftsvermögen wurde auf die A-GmbH übertragen, an der *A* mit der gleichen Beteiligungsquote wie an der P-GmbH beteiligt ist. Die Verringerung des Gesellschaftsvermögens der P-GmbH kam *A* daher zumindest mittelbar zugute und erfolgte somit zu seinem eigenen Vorteil. Voraussehbare Folge des Eingriffs war die Insolvenzvertiefung der P-GmbH. Das Verhalten von *A* war daher sittenwidrig.

e) Kausaler Schaden

Der P-GmbH muss ein kausal auf der schädigenden Handlung des *A* beruhender Schaden entstanden sein. Schutzobjekt der Existenzvernichtungshaftung auf Grundlage des § 826 BGB ist das im Gläubigerinteresse zweckgebundene Gesellschaftsvermögen.[79] Für den Schaden der Gesellschaft ist demnach auf die Beeinträchtigung ihrer Fähigkeit abzustellen, mit ihrem Vermögen ihre Verbindlichkeiten zu befriedi-

---

[76] BGHZ 173, 246 Rn. 28 u. 30 – Trihotel; 176, 204 Rn. 13 – Gamma; Baumbach/Hueck/*Fastrich*, § 13 Rn. 67, Henssler/Strohn/*Verse*, § 13 GmbHG Rn. 57; MüKoGmbHG/*Liebscher*, § 13 Rn. 567; Roth/Altmeppen/*Altmeppen*, § 13 Rn. 90; *Dauner-Lieb*, ZGR 2008, 34 (46); *Förster*, AcP 2009, 398 (414 f.); *Hölzle*, DZWiR 2007, 397 (399 f.); *Weller*, ZIP 2007, 1681 (1685). Anders hingegen BeckOK GmbHG/*Wilhelmi*, § 13 Rn. 105; Lutter/Hommelhoff/*Bayer*, § 13 Rn. 39; MHLS/*Lieder*, § 13 Rn. 458, die die Sittenwidrigkeit bereits als durch den existenzvernichtenden Eingriff gegeben ansehen und ihre separate Feststellungsbedürftigkeit verneinen.

[77] *Schanze*, NZG 2007, 681 (683); ähnlich BGHZ 179, 344 Rn. 20 – Sanitary; Baumbach/Hueck/*Fastrich*, § 13 Rn. 67.

[78] BGHZ 173, 246 Rn. 30 – Trihotel; vgl. auch *Weller*, ZIP 2007, 1681 (1685), der jedoch zu Recht darauf hinweist, dass der BGH hier die Tatbestände Sittenwidrigkeit und Vorsatz nicht hinreichend trennt.

[79] BGHZ 173, 246 Rn. 26 – Trihotel; *Paefgen*, DB 2007, 1907 (1908); a. A. *Rubner*, Der Konzern 2007, 635 (643 f.); *Wagner*, FS Canaris, Bd. II (2007), 473 (488) – wegen mangelnden Eigeninteresses der GmbH könne nur auf einen Schaden der Gläubiger abzustellen sein. Hierin liegt ein wesentlicher dogmatischer Kritikpunkt am Innenhaftungskonzept des BGH; vgl. insofern vermittelnd *Osterloh-Konrad*, ZHR 173 (2008), 274 (289 f., 293).

gen.[80] Für die Feststellung des kausalen Schadens gelten die allgemeinen Regeln der §§ 249 ff. BGB. Gemäß § 249 Abs. 1 BGB ist dabei auf die Differenz zwischen dem tatsächlichen Vermögen der Gesellschaft und dem hypothetisch ohne den Eingriff bestehenden Vermögenszustand der GmbH abzustellen.[81] Somit sind auch auf dem Eingriff beruhende Folgeschäden zu berücksichtigen.[82]

Aufgrund des Eingriffs von *A* wurde das Gesellschaftsvermögen der P-GmbH um insgesamt 9 Mio. EUR gemindert und die Fähigkeit der Gesellschaft zur Befriedigung ihrer Gläubiger beeinträchtigt. Ohne den Eingriff stünde ein um 9 Mio. EUR höheres Gesellschaftsvermögen zur Gläubigerbefriedigung zur Verfügung. Anhaltspunkte für weitere auf den Eingriffen beruhende Folgeschäden sind nicht ersichtlich.[83] Ein kausal auf der schädigenden Handlung des *A* beruhender Schaden der P-GmbH liegt damit in Form des Vermögensentzuges i. H. v. 9 Mio. EUR vor.

2. Subjektiver Tatbestand (Vorsatz)

A muss die P-GmbH mit Vorsatz[84], also mit Wissen und Wollen, sittenwidrig geschädigt haben. In Bezug auf die Sittenwidrigkeit ist es ausreichend, dass *A* die Tatsachen bewusst sind, die den Eingriff sittenwidrig machen. Das Bewusstsein der Sittenwidrigkeit selbst ist nicht erforderlich.[85] Der Vorsatz zur Schädigung der Gesellschaft erfordert zwar nicht, dass die Schädigung das primäre Ziel des Eingriffs war. Die Schädigung muss jedoch als Folge des Eingriffs erkannt und billigend in Kauf genommen worden sein (dolus eventualis).[86]

Der Eingriff in das Gesellschaftsvermögen diente dazu, das Vermögen im Interesse des *A* vor dem Zugriff der Gläubiger zu schützen. Dabei war für ihn bereits bei der Beschlussfassung am 16.6.2015 absehbar, dass das Gesellschaftsvermögen zur Gläubigerbefriedigung, insbesondere der Forderung der E-AG, nicht ausreichen würde und somit die spätere Insolvenz der P-GmbH mit dem Vermögensentzug vertieft würde. *A* waren daher die Tatsachen bewusst, die die Sittenwidrigkeit begründen. Die sich hieraus ergebende Schädigung des Gesellschaftsvermögens war für *A* erkennbar und wurde von ihm billigend in Kauf genommen. Ein vorsätzliches Handeln des *A* liegt vor.

---

80 BGHZ 179, 344 Rn. 25 – Sanitary; Roth/Altmeppen/*Altmeppen*, § 13 Rn. 94; *Weller*, ZIP 2007, 1681 (1686).

81 Zur Differenzhypothese vgl. statt aller BeckOK BGB/*Flume J. W.*, § 249 Rn. 37; MüKoBGB/*Oetker*, § 249 Rn. 18 f.

82 BGHZ 173, 246 Rn. 39 – Trihotel; BeckOK GmbHG/*Wilhelmi*, § 13 Rn. 112; Roth/Altmeppen/*Altmeppen*, § 13 Rn. 94; *Wicke*, § 13 Rn. 9; *Weller*, ZIP 2007, 1681 (1686).

83 Hierfür fehlen entsprechende Angaben im Sachverhalt. In Betracht kämen jedoch z. B. die Gerichtskosten für die Verfolgung der Ansprüche gegen die A-GmbH oder die Gesellschafter *A* und *G*; vgl. auch BGHZ 179, 344 Rn. 25 – Sanitary; BeckOK GmbHG/*Wilhelmi*, § 13 Rn. 112; Henssler/Strohn/*Verse*, § 13 GmbHG Rn. 66; Roth/Altmeppen/*Altmeppen*, § 13 Rn. 94.

84 Vgl. kritisch zum Vorsatzerfordernis GroßKomm-GmbHG/*Casper*, Anh. § 77 Rn. 144 ff.

85 BGHZ 173, 246 Rn. 30 – Trihotel; Baumbach/Hueck/*Fastrich*, § 13 Rn. 70; Roth/Altmeppen/*Altmeppen*, § 13 Rn. 92; *Paefgen*, DB 2007, 1907 (1910); *Gehrlein*, WM 2008, 761 (764); *Förster*, AcP 2009, 398 (417 f.).

86 BGHZ 173, 246 Rn. 30 – Trihotel; 179, 344 Rn. 24 – Sanitary; Baumbach/Hueck/*Fastrich*, § 13 Rn. 70; BeckOK GmbHG/*Wilhelmi*, § 13 Rn. 114; Lutter/Hommelhoff/*Bayer*, § 13 Rn. 40; MHLS/*Lieder*, § 13 Rn. 459; Roth/Altmeppen/*Altmeppen*, § 13 Rn. 92; *Förster*, AcP 2009, 398 (417 f.); *Gehrlein*, WM 2008, 761 (764); *Paefgen*, DB 2007, 1907 (1910).

III. Rechtsfolge

Als Rechtsfolge besteht eine Schadensersatzpflicht von *A* gegenüber der P-GmbH. Der Inhalt des Anspruchs bestimmt sich grundsätzlich nach den §§ 249 ff. BGB.[87] Nach dem Grundsatz der Naturalrestitution (§ 249 Abs. 1 BGB) richtet sich der Anspruch auf die Wiederherstellung des ohne die schädigende Handlung des *A* hypothetisch bestehenden Zustandes des Vermögens der P-GmbH, also die Rückübertragung des Anlage- und Umlaufvermögens sowie der vier Bauaufträge. Dies ist für *A* jedoch nicht möglich, da sich das Anlage- und Umlaufvermögens im Eigentum der A-GmbH befindet und die Bauaufträge bereits erfüllt sind. Daher hat *A* gem. § 251 Abs. 1 BGB eine entsprechende Entschädigung in Geld für den Vermögensentzug i. H. v. 9 Mio. EUR zu leisten.

IV. Ergebnis

Die P-GmbH, vertreten durch den Insolvenzverwalter, hat gegen *A* einen Schadensersatzanspruch i. H. v. 9 Mio. EUR gemäß § 826 BGB.

Frage 3: Ansprüche gegen G

A. Anspruch aus § 826 BGB

Die P-GmbH, vertreten durch den Insolvenzverwalter, kann gegen *G* einen Anspruch auf Schadensersatz i. H. v. 9 Mio. EUR wegen eines existenzvernichtenden Eingriffs auf Grundlage von § 826 BGB haben.

Ein Anspruch wegen eines existenzvernichtenden Eingriffs scheidet jedoch mangels eines Eingriffs von *G* in das Gesellschaftsvermögen aus. Ein Eingriff setzt begriffsnotwendig ein positives Tun voraus.[88] *G* hat sich bei der Beschlussfassung jedoch lediglich der Stimme enthalten. Ob für *G* die Pflicht bestand, gegen diesen Beschluss zu stimmen oder den Beschluss anzufechten, kann hier offen bleiben. Ein Unterlassen reicht für die Begründung einer Haftung wegen eines existenzvernichtenden Eingriffs nicht aus.[89]

Die P-GmbH hat somit gegen *G* keinen Anspruch auf Schadensersatz wegen existenzvernichtenden Eingriffs auf Grundlage von § 826 BGB.

---

[87] Der Schadensersatzanspruch ist wegen des Schutzzwecks der Existenzvernichtungshaftung der Höhe nach auf den Betrag begrenzt, der zur Befriedigung der Gesellschaftsgläubiger notwendig ist; vgl. BGHZ 173, 246 Rn. 55 – Trihotel; Lutter/Hommelhoff/*Bayer,* § 13 Rn. 29; *Weller,* ZIP 2007, 1681 (1686). Im Rahmen der Schadensberechnung des § 826 BGB dürfte daher zu berücksichtigen sein, inwieweit der Insolvenzverwalter die Rechtshandlungen durch die Anfechtung gem. § 143 Abs. 1 InsO erfolgreich rückgängig machen kann und dadurch den Schaden der Gesellschaft vermindert. Das Verhältnis zwischen der Existenzvernichtungshaftung und den Ansprüchen aus § 143 Abs. 1 InsO und § 64 S. 3 GmbHG ist noch nicht vollends geklärt; vgl. hierzu *Haas,* ZIP 2006, 1373 (1375, 1382); *Hönn,* WM 2008, 769 (776); *Nassall,* ZIP 2003, 969 ff. – jeweils zur Insolvenzanfechtung; Begr. RegE MoMiG, BT-Drs. 16/6140, 46; GroßKomm-GmbHG/*Casper,* Anh. § 77 Rn. 167 f.; *Strohn,* ZHR 173 (2009), 589 ff. – jeweils zu § 64 S. 3 GmbHG.

[88] BGHZ 176, 204 Rn. 12 – Gamma.

[89] BGHZ 176, 204 Rn. 12 – Gamma; wohl auch Henssler/Strohn/*Verse,* § 13 GmbHG Rn. 54; MüKoGmbHG/*Liebscher,* § 13 Rn. 553; Roth/Altmeppen/*Altmeppen,* § 13 Rn. 85 f.; a. A. *Lutter/Banerjea,* ZGR 2003, 402 (416).

B. Anspruch aus §§ 830 Abs. 2, Abs. 1 S. 1, 826 BGB[90]

Die P-GmbH, vertreten durch den Insolvenzverwalter, kann gegen *G* einen Anspruch auf Schadensersatz i. H. v. 9 Mio. EUR wegen Beihilfe zu einem existenzvernichtenden Eingriff gemäß §§ 830 Abs. 2, Abs. 1 S. 1, 826 BGB haben, zu dessen Geltendmachung ebenfalls der Insolvenzverwalter befugt wäre.[91]

I. Voraussetzungen des Anspruchs

1. Unterstützung einer fremden Haupttat

Voraussetzung ist zunächst eine Beihilfehandlung von *G*. Hierfür kommt jede psychische oder physische Unterstützung einer vorsätzlichen fremden Haupttat, hier der existenzvernichtende Eingriff von *A* infolge des Gesellschafterbeschlusses vom 16.6.2015, in Betracht.[92] Die Unterstützung kann auch durch ein Unterlassen erfolgen, sofern für den Gehilfen eine Pflicht zur Handlung besteht.[93] Die Pflicht der Gesellschafter zur Beachtung der Zweckbindung des Gesellschaftsvermögens für die vorrangige Gläubigerbefriedigung besteht auch für *G*.[94] Diese Verpflichtung besteht im Gläubigerinteresse gegenüber der Gesellschaft und steht nicht zur Disposition der Gesellschafter. Der Beschluss verstieß mit seinem Inhalt gegen diese Zweckbindung und war somit rechtswidrig (§ 826 BGB). Für *G* bestand daher gegenüber der P-GmbH die Pflicht, gegen den Beschluss zu stimmen und gem. §§ 241 ff. AktG analog[95] Anfechtungsklage zu erheben, um die Durchführung des existenzvernichtenden Eingriffs des *A* zu verhindern.[96] Dies hat *G* jedoch unterlassen und somit die schädigende Handlung von *A* i. S. d. Beihilfebegriffs des § 830 Abs. 2 BGB ermöglicht und unterstützt.

2. Kausalität der Beihilfe für die Verletzungshandlung des *A*

Ob die Beihilfe (mit-)ursächlich für den Verletzungserfolg sein muss,[97] kann offen bleiben, wenn die Beihilfe von *G* kausal für die Verletzungshandlung von *A* war.

Hätte *G* gegen den Beschluss gestimmt und wäre er gegen diesen gerichtlich vorgegangen, so wäre der Beschluss vom 16.6.2015 für nichtig erklärt worden (vgl. § 241 Nr. 5 AktG analog). Dem Eingriff von *A* wäre dadurch die Grundlage entzogen worden. Durch die Beihilfe von *G* wurde die ungehinderte Durchführung des

---

[90] Von der Möglichkeit einer Anwendung des § 830 BGB geht auch der BGH aus; vgl. BGHZ 173, 246 Rn. 46 – Trihotel; vgl. aus der Literatur statt aller Roth/Altmeppen/*Altmeppen*, § 13 Rn. 104.

[91] Vgl. hierzu oben Frage 2 B. I.

[92] Vgl. jeweils unter Anknüpfung an § 27 StGB; BGHZ 164, 50 (51); BeckOK BGB/*Spindler*, § 830 Rn. 11; MüKoBGB/*Wagner*, § 830 Rn. 23; Staudinger/*Eberl-Borges*, § 830 Rn. 39.

[93] A. A. wohl GroßKomm-GmbHG/*Casper*, Anh. § 77 Rn. 124.

[94] Vgl. hierzu oben Frage 2 B. II. 1. a).

[95] Zur analogen Anwendung der §§ 241 ff. AktG auf die GmbH vgl. ausführlich Fall 6 unter A.

[96] So wohl auch *Paefgen*, DB 2007, 1907 (1909). Nach *Lutter/Banerjea*, ZGR 2003, 402 (437); MüKoGmbHG/*Liebscher*, Anhang § 13 Rn. 573 f.; GroßKomm-GmbHG/*Casper*, Anh. § 77 Rn. 124 besteht für den Minderheitsgesellschafter zwar eine Pflicht zur Versagung der Zustimmung, aber keine Pflicht zur Anfechtung des Beschlusses. Dies erscheint jedoch mit Blick auf den Gläubigerschutz höchst unbillig, da sich dann jeder von dem existenzvernichtenden Eingriff profitierende Minderheitsgesellschafter durch eine im Ergebnis wirkungslose Versagung der Zustimmung von der Haftung freisprechen könnte.

[97] Vgl. statt aller gegen das Kausalitätserfordernis BGHZ 164, 50 (52); MüKoBGB/*Wagner*, § 830 Rn. 17; dafür Staudinger/*Eberl-Borges*, § 830 Rn. 41 ff.

Eingriffs von *A* erst ermöglicht und war somit zumindest mitursächlich für den Verletzungserfolg der Handlung von *A*.

3. Vorsatz

G muss die vorsätzliche Verletzungshandlung vorsätzlich unterstützt haben (sog. Doppelvorsatz[98]). Hierbei ist Eventualvorsatz ausreichend.[99] *G* muss die Schädigung des Gesellschaftsvermögens somit als Folge seiner Unterstützung des Eingriffs von *A* erkannt und billigend in Kauf genommen haben. Der Beschluss vom 16.6.2015 kam als Folge der Beratung von *A* und *G* über die Reaktion auf die drohende Geltendmachung der Konventionalstrafe durch die E-AG zustande. Aus diesem Umstand kann gefolgert werden, dass *G* die Absicht von *A* nicht nur kannte und billigte, sondern auch bewusst nicht gegen den Beschluss vorging, um das Ergebnis der gemeinsamen Beratung nicht zu verhindern. Dabei war für ihn die Schädigung des Gesellschaftsvermögens als Folge seiner Unterstützung erkennbar und wurde von ihm billigend in Kauf genommen. Eine vorsätzliche Beihilfe von *G* ist gegeben.

II. Ergebnis

Somit ist *G* für den von *A* verursachten Schaden ebenfalls verantwortlich (vgl. § 830 Abs. 1 S. 1 BGB). Die P-GmbH, vertreten durch den Insolvenzverwalter, hat gegen *G* einen Schadensersatzanspruch i. H. v. 9 Mio. EUR gemäß §§ 830 Abs. 2, Abs. 1 S. 1, 826 BGB.[100]

---

[98] Vgl. statt aller BeckOK BGB/*Spindler*, § 830 Rn. 10; MüKoBGB/*Wagner*, § 830 Rn. 37 ff.

[99] BGHZ 105, 121 (124); 164, 50 (52); BeckOK BGB/*Spindler*, § 830 Rn. 13; MüKoBGB/*Wagner*, § 830 Rn. 37.

[100] Noch ungeklärt ist die Frage, ob *A* und *B* für den Schadensersatz gesamtschuldnerisch oder nur pro rata ihrer Beteiligungshöhe an der P-GmbH haften. Aufgrund der Einordnung der Existenzvernichtungshaftung als deliktsrechtliche Haftung spricht vieles für eine gesamtschuldnerische Haftung (vgl. § 840 Abs. 1 BGB); so im Ergebnis auch MüKoGmbHG/*Liebscher*, § 13 Rn. 604; *Weller*, ZIP 2007, 1681 (1687).

Fall 14. Die vorsorgende Mutter

Schwerpunkt im Konzernrecht (Personengesellschaften):

Klage gegen Feststellung des Jahresabschlusses und gegen Gewinnverwendungsbeschluss – Rücklagenbildung in Tochtergesellschaften

Sachverhalt

An der Mutter-GmbH & Co. KG (M-GmbH & Co. KG), die seit vielen Jahren mehrere Kaufhäuser betreibt, sind die Kommanditisten *Karla Kotz (K)*, *Rosa Raff (R)* und *Zina Zahn (Z)*, die zu einer Familie gehören, mit je 25 % der Kommanditanteile sowie *Gisela Gier (G)* mit den restlichen 25 % der Kommanditanteile beteiligt. Komplementärin der M-GmbH & Co. KG ist die Mutter-GmbH (M-GmbH), die am Kapital der KG nicht beteiligt ist und in den Gesellschafterversammlungen der KG auch kein Stimmrecht hat. Gesellschafter der M-GmbH und deren Geschäftsführer sind *K*, *R* und *Z*.

Der Gesellschaftsvertrag (GV) der M-GmbH & Co. KG enthält u. a. folgende Regelungen:

§ 1 Unternehmensgegenstand

[1]Unternehmensgegenstand der KG ist der Betrieb von Warenkaufhäusern in verschiedenen Städten der Bundesrepublik Deutschland. [2]Die Gesellschaft kann alle damit zusammenhängenden Geschäfte tätigen und sich an anderen Unternehmen des gleichen oder ähnlichen Geschäftszweiges in jeder geeigneten Form beteiligen oder solche Unternehmen gründen oder erwerben sowie Zweigniederlassungen errichten.

§ 5 Gesellschafterbeschlüsse

[1]Gesellschafterbeschlüsse werden mit einfacher Mehrheit gefasst, soweit in diesem Gesellschaftsvertrag nichts anderes bestimmt ist. [2]Das Stimmrecht bemisst sich nach der Höhe des Kommanditkapitals. [3]Je 1 EUR des Kommanditkapitals gewährt eine Stimme.

§ 6 Außergewöhnliche Geschäfte

Zur Vornahme außergewöhnlicher Geschäfte bedarf der Komplementär der vorherigen Zustimmung der Gesellschafter, wofür ein Gesellschafterbeschluss mit Zwei-Drittel-Mehrheit der Stimmen erforderlich ist.

§ 10 Gewinnverwendung:

(1) Die Gesellschafter können beschließen, dass von dem ausgewiesenen Jahresgewinn der Gesellschaft bis zu 20 % einer offenen Rücklage zugeführt werden sollen.

(2) Sollen mehr als 20 % des ausgewiesenen Jahresgewinns der Gesellschaft einer offenen Rücklage zugeführt werden, bedarf es hierfür eines mit Zustimmung aller Gesellschafter gefassten Gesellschafterbeschlusses.

Besondere Bestimmungen über die Feststellung des Jahresabschlusses enthält der GV nicht.

Im Jahr 2011 entscheidet die Geschäftsführung, dass die Geschäftstätigkeit der M-GmbH & Co. KG auf den Internetversandhandel ausgebaut werden soll. Eigens für diesen Zweck wird die Tochter-GmbH (T-GmbH) gegründet, an der die M-GmbH & Co. KG 75 % der Geschäftsanteile hält und deren Geschäftsführer *K*, *R* und *Z* sind. Die restlichen 25 % der Geschäftsanteile der T-GmbH werden von der B-Bank gehalten. Der GV der T-GmbH enthält keine Regelungen über die Feststellung des Jahresabschlusses oder über die Gewinnverwendung. Der GV der M-GmbH & Co. KG wird insoweit, ohne dass mögliche Auswirkungen der Gründung der T-GmbH auf die Regelungen in der M-GmbH & Co. KG von ihren Gesellschaftern diskutiert werden, ebenfalls nicht geändert.

Sowohl die Geschäfte der M-GmbH & Co. KG als auch die der T-GmbH laufen gut. Im Geschäftsjahr 2018 erwirtschaftet die M-GmbH & Co. KG einen Gewinn von 100 Mio. EUR und die T-GmbH einen Gewinn von 60 Mio. EUR. In der Gesellschafterversammlung der T-GmbH beschließen die Gesellschafter einstimmig, dass von den 60 Mio. EUR 33 % (= 20 Mio. EUR) einer offenen Rücklage zugeführt werden sollen, um die T-GmbH für die Zukunft mit ausreichend liquiden Mitteln auszustatten. Die Stimmrechte der M-GmbH & Co. KG in der T-GmbH werden von *K*, *R* und *Z* als Vertreter der M-GmbH ausgeübt, welche wiederum die M-GmbH & Co. KG vertritt. Die restlichen 40 Mio. EUR werden an die Gesellschafter der T-GmbH ausgeschüttet, also 30 Mio. EUR an die M-GmbH & Co. KG und 10 Mio. EUR an die B-Bank.

In der M-GmbH & Co. KG wird der Jahresabschluss mit 75 % der auf das Kommanditkapital entfallenden Stimmen, nämlich den Stimmen von *K*, *R* und *Z*, festgestellt, der als Jahresgewinn der M-GmbH & Co. KG einen Betrag von 130 Mio. EUR (100 Mio. EUR aus ihrem operativem Geschäft zzgl. 30 Mio. EUR Gewinnausschüttung der T-GmbH) ausweist. Durch den mit gleicher Mehrheit durch die Stimmen von *K*, *R* und *Z* gefassten Gewinnverwendungsbeschluss werden 20 % des Jahresgewinns (= 26 Mio. EUR) einer offenen Rücklage zugeführt. Der übrige Gewinn i. H. v. 104 Mio. EUR wird gleichmäßig (jeweils 26 Mio. EUR) den Privatkonten der Kommanditisten gutgeschrieben.

G stimmt in der Gesellschafterversammlung der M-GmbH & Co. KG sowohl gegen die Feststellung des Jahresabschlusses als auch gegen die Gewinnverwendung, da sie eine höhere Gewinnausschüttung an die Gesellschafter erwartet hatte. Sie hält beide Beschlüsse für nichtig. Sie begründet ihre Auffassung damit, die Feststellung des Jahresabschlusses bedürfe eines einstimmigen Gesellschafterbeschlusses. Darüber hinaus seien sowohl der Jahresabschluss als auch der Beschluss über die Gewinnverwendung inhaltlich unrichtig, da sie auf einer unzutreffenden Gewinnermittlung beruhten. Bei der Gewinnermittlung hätten die in der T-GmbH gebildeten Rücklagen i. H. v. 20 Mio. EUR berücksichtigt werden müssen. Da die Rücklagenbildung in der T-GmbH 33 % des Jahresüberschusses betragen habe, hätte sie nach § 10 Abs. 2 GV nur aufgrund eines unter ihrer Mitwirkung gefassten Gesellschafterbeschlusses der M-GmbH & Co. KG vorgenommen werden dürfen. Dies sei aber nicht geschehen, so dass der M-GmbH & Co. KG ein bei der Gewinnverteilung zu berücksichtigender Gewinn entzogen worden sei. Auf ein entsprechendes Schreiben von *G* machen *K*, *R* und *Z* geltend, § 10 Abs. 2 GV beziehe sich nur auf die Gewinnverwendung in der M-GmbH & Co. KG, nicht auch auf die in der T-GmbH. Der Gewinn i. H. v. 130 Mio. EUR der M-GmbH & Co. KG sei deshalb richtig ausgewiesen. Da auch nicht mehr als 20 % dieses Gewinns in eine offene Rücklage der M-GmbH & Co. KG eingestellt worden seien, sei deren Gewinnverwendungsbeschluss ebenfalls einwandfrei zustande gekommen.

Daraufhin erhebt der von *G* beauftragte Rechtsanwalt *Justus Judas (J)* vor dem zuständigen Landgericht Klage auf Feststellung, dass

1. die Beschlüsse der M-GmbH & Co. KG zur Feststellung des Jahresabschlusses sowie zur Gewinnverwendung nichtig sind,
2. die Bildung von Rücklagen in der T-GmbH einen vorherigen Gesellschafterbeschluss in der M-GmbH & Co. KG erforderlich macht,
3. die Beschlussfassung in der M-GmbH & Co. KG über die Bildung von Rücklagen in der T-GmbH von mehr als 20 % ihres ausgewiesenen Jahresgewinns der Zustimmung aller Kommanditisten bedarf.

Wie würde die zuständige Kammer des Landgerichts unter dem Vorsitz von Richter Dr. *Faustus (F)* entscheiden?

Lösung

Wie die Kammer des Landgerichts unter dem vorsitzenden Richter *F* entscheiden wird, lässt sich nicht vorhersehen. Richtig wäre aber Folgendes:

Frage 1: Vorgehen gegen die Beschlüsse der M-GmbH & Co. KG zur Feststellung des Jahresabschlusses sowie zur Gewinnverwendung

Die von *J* namens *G* erhobene Klage auf Feststellung, dass die Beschlüsse der M-GmbH & Co. KG zur Feststellung des Jahresabschlusses und zur Gewinnverwendung nichtig sind, hat Aussicht auf Erfolg, wenn sie zulässig und begründet ist.

A. Zulässigkeit der Feststellungsklage

Eine von *J* namens *G* vor dem zuständigen Landgericht gegen den richtigen Klagegegner erhobene Feststellungsklage muss gem. § 256 Abs. 1 ZPO zulässig sein.

I. Statthaftigkeit der Feststellungsklage

Die allgemeine Feststellungsklage, die auf die Feststellung der Nichtigkeit von Gesellschafterbeschlüssen einer Personengesellschaft gerichtet ist, muss die statthafte Klageart sein. Im Gegensatz zum Aktienrecht (§§ 241 ff. AktG) enthält das Personengesellschaftsrecht keine besonderen Verfahrensvorschriften zur Geltendmachung der Unwirksamkeit von Gesellschafterbeschlüssen. Deshalb ist in diesen Fällen die allgemeine Feststellungsklage gem. § 256 ZPO die richtige Klageart.[1] Sofern der GV nicht die Geltendmachung von Beschlussmängeln gegenüber der Gesellschaft fordert, ist die Feststellungsklage gegen die dem Feststellungsantrag widersprechenden Gesellschafter zu richten.[2]

Da der GV der M-GmbH & Co. KG keine besondere Bestimmung über die Geltendmachung von Beschlussmängeln enthält, ist eine von *G* gegen *K*, *R* und *Z* erhobene allgemeine Feststellungsklage gem. § 256 ZPO, gerichtet auf die Feststel-

---

1 *BGH* NJW 1999, 3113 (3115); Baumbach/Hopt/*Roth*, § 119 Rn. 32; BeckOK BGB/*Schöne*, § 709 Rn. 65; Erman/*Westermann H. P.*, § 709 Rn. 38; MüKoBGB/*Schäfer*, § 709 Rn. 113; Staub/*Schäfer*, § 119 Rn. 91. Vgl. näher zur Problematik der statthaften Klageart für ein Vorgehen gegen Gesellschafterbeschlüsse im Personengesellschaftsrecht oben Bd. II Fall 6.

2 *OLG Hamburg* BB 1967, 1267; Baumbach/Hopt/*Roth*, § 119 Rn. 32; BeckOK BGB/*Schöne*, § 709 Rn. 65; MüKoBGB/*Schäfer*, § 709 Rn. 113; Staub/*Schäfer*, § 119 Rn. 95; *Bauschatz*, NZG 2002, 759 (762).

lung der Nichtigkeit des Beschlusses zur Feststellung des Jahresabschlusses und des Beschlusses über die Gewinnverwendung, die statthafte Klageart.[3]

II. Feststellungsinteresse

Gem. § 256 Abs. 1 ZPO muss *G* ein rechtliches Interesse an der Feststellung der Nichtigkeit des Beschlusses zur Feststellung des Jahresabschlusses und des Beschlusses über die Gewinnverwendung haben, sog. Feststellungsinteresse. Das Feststellungsinteresse ist gegeben, wenn dem Kläger eine gegenwärtige Gefahr der Rechtsunsicherheit droht, weil der Beklagte die vom Kläger behauptete Rechtslage ernsthaft bestreitet.[4]

Zwischen *G* einerseits und *K, R* und *Z* andererseits bestehen unterschiedliche Auffassungen über die Wirksamkeit der in der M-GmbH & Co. KG gefassten Beschlüsse zur Feststellung des Jahresabschlusses und der Gewinnverteilung. Der Jahresabschluss dient als Grundlage für die Ermittlung des Gewinns. Durch den Gewinnverwendungsbeschluss wird der Gewinn an die Gesellschafter verteilt. Daher haben diese Beschlüsse unmittelbaren Einfluss auf das Gewinnrecht von *G* gem. §§ 168 f. HGB. Deshalb hat *G* auch ein rechtliches Interesse an der Feststellung der Nichtigkeit dieser Beschlüsse gem. § 256 ZPO.

Eine gegen *K, R* und *Z* gerichtete Feststellungsklage von *G* gegen den Beschluss zur Feststellung des Jahresabschlusses und den Beschluss über die Gewinnverwendung ist folglich zulässig.

B. Begründetheit

Die von *J* namens *G* erhobene Feststellungsklage muss auch begründet sein. Sie ist begründet, wenn der Beschluss zur Feststellung des Jahresabschlusses und der Beschluss über die Gewinnverwendung jeweils nichtig sind.

I. Nichtigkeit des Beschlusses zur Feststellung des Jahresabschlusses

Der Beschluss zur Feststellung des Jahresabschlusses der M-GmbH & Co. KG ist nichtig, wenn er unter Verstoß gegen gesetzliche oder gesellschaftsvertragliche Vorschriften festgestellt wurde.[5] In Betracht kommt eine Nichtigkeit sowohl aus formellen als auch aus inhaltlichen (materiellen) Gründen.

1. Nichtigkeit des Beschlusses zur Feststellung des Jahresabschlusses aus formellen Gründen

Der Gesellschafterbeschluss zur Feststellung des Jahresabschlusses der M-GmbH & Co. KG ist aus formellen Gründen wegen Verstoßes gegen wesentliche Verfahrensvorschriften nichtig, wenn er nicht mit der erforderlichen Mehrheit zustande gekommen ist.[6]

---

[3] Vgl. ausführlich zur Statthaftigkeit der Feststellungsklage gegen die Feststellung des Jahresabschlusses *Bauschatz,* NZG 2002, 759 (761 ff.).

[4] *BGH* NJW 2015, 873 Rn. 29; NJW 2010, 1877 Rn. 12; BeckOK ZPO/*Bacher,* § 256 Rn. 20 f.; MüKoZPO/*Becker-Eberhard,* § 256 Rn. 39, 42; Zöller/*Greger,* § 256 Rn. 7.

[5] Vgl. hierzu BeckOK HGB/*Klimke,* § 119 Rn. 75; Henssler/Strohn/*Finckh,* § 119 HGB Rn. 52 ff.; MüKoHGB/*Priester,* § 120 Rn. 70; Staub/*Schäfer,* § 119 Rn. 87; *Bauschatz,* NZG 2002, 759 (761 f.); *Priester,* FS Hadding (2004), 607 (617).

[6] BeckOK HGB/*Klimke,* § 119 Rn. 74 f.; EBJS/*Ehricke,* § 120 Rn. 50 f.; KKRM/*Kindler,* § 119 Rn. 11, 14; Staub/*Schäfer,* § 119 Rn. 87; vgl. auch *Bauschatz,* NZG 2002, 759 (761 f.).

a) Zuständigkeit der Gesellschafterversammlung

Die Feststellung des Jahresabschlusses der M-GmbH & Co. KG muss zunächst in die Entscheidungskompetenz der Gesellschafter fallen, also nicht lediglich eine allein der M-GmbH als Komplementärin der M-GmbH & Co. KG gem. §§ 161 Abs. 2, 114 Abs. 1 HGB obliegende Geschäftsführungsmaßnahme darstellen.

Während die Aufstellung des Jahresabschlusses ausschließlich eine Angelegenheit der durch *K, R* und *Z* nach § 35 Abs. 1 GmbHG vertretenen M-GmbH als Komplementärin ist,[7] fällt die Feststellung des Jahresabschlusses in die Zuständigkeit der Gesellschafter.[8] Bei einer KG können daher auch die Kommanditisten, und dementsprechend auch *G*, an der Feststellung des Jahresabschlusses mitwirken müssen. Gem. § 166 Abs. 1 HGB ist der Kommanditist jedoch lediglich berechtigt, die abschriftliche Mitteilung des Jahresabschlusses zu verlangen und dessen Richtigkeit unter Einsicht der Bücher und Papiere zu prüfen, während gem. § 245 S. 2 HGB nur die Komplementäre den Jahresabschluss zu unterzeichnen haben. Aus diesen Vorschriften könnte im Umkehrschluss gefolgert werden, dass die Kommanditisten nicht in die Entscheidung über die Feststellung des Jahresabschlusses einzubinden sind.[9] Bei § 245 HGB handelt es sich allerdings lediglich um eine öffentlich-rechtliche Pflicht. Die verbindliche Feststellung des Jahresabschlusses erfolgt nicht durch die Unterschriften der persönlich haftenden Gesellschafter, weshalb auch das Fehlen dieser Unterschriften nicht zur Unwirksamkeit des Jahresabschlusses führt.[10] Demgegenüber normiert § 166 HGB ein Kontrollrecht zum Schutze der Kommanditisten. Durch § 166 HGB wird die Zuständigkeit der Kommanditisten für GV-Änderungen und andere Grundlagengeschäfte hingegen nicht zu ihren Lasten eingeschränkt.[11] Mit der Feststellung des Jahresabschlusses der KG wird aber die Grundlage für die Berechnung der bereits durch den GV begründeten Gewinnansprüche (auch) der Kommanditisten festgelegt. Deshalb fällt die Feststellung des Jahresabschlusses auch in der KG in die Zuständigkeit sämtlicher Gesellschafter, d. h. auch in die der Kommanditisten.[12]

---

[7] BGHZ 132, 263 ff.; Baumbach/Hopt/*Roth*, § 164 Rn. 3 i. V. m. § 114 Rn. 2; EBJS/*Ehricke*, § 120 Rn. 9; EBJS/*Weipert*, § 164 Rn. 13; KKRM/*Kindler*, § 120 Rn. 2; MüKoHGB/*Priester*, § 120 Rn. 47; Oetker/*Lieder*, § 120 Rn. 12; Staub/*Schäfer*, § 120 Rn. 14; *Binz/Mayer*, DB 2006, 1599 (1600); *Priester*, DStR 2007, 28.

[8] H. A., vgl. BGHZ 76, 338; 132, 263; 170, 283 Rn. 6 – Otto; Baumbach/Hopt/*Roth*, § 164 Rn. 3 i. V. m. § 114 Rn. 3; MüKoHGB/*Grunewald*, § 167 Rn. 2; Oetker/*Lieder*, § 120 Rn. 27 sowie Oetker/*Oetker*, § 167 Rn. 9; Staub/*Casper*, § 167 Rn. 7; *Bauschatz*, NZG 2002, 759 (761); *Priester*, DStR 2007, 28.

[9] So die wohl früher h. M. und jetzt noch Heymann/*Horn*, § 167 Rn. 2.

[10] Baumbach/Hopt/*Merkt*, § 245 Rn. 1 f.; BeckOK HGB/*Ruppelt*, § 245 Rn. 23; EBJS/*Böcking/Gros*, § 245 Rn. 14; KKRM/*Morck*, § 245 Rn. 4; *Bauschatz*, NZG 2002, 759 (761); *Hopt*, FS Odersky (1996), 799 (800).

[11] Baumbach/Hopt/*Roth*, § 166 Rn. 11; BeckOK HGB/*Häublein*, § 166 Rn. 26 f.; EBJS/*Weipert*, § 166 Rn. 23; Heidel/Schall/*Eberl*, § 166 Rn. 13; MüKoHGB/*Grunewald*, § 166 Rn. 12; Oetker/*Oetker*, § 166 Rn. 18; Staub/*Casper*, § 166 Rn. 21 f.; *Hopt*, FS Odersky (1996), 799 (800).

[12] Grundlegend BGHZ 132, 263 (266 f.); 170, 283 Rn. 6 – Otto; Baumbach/Hopt/*Roth*, § 164 Rn. 3; MüKoHGB/*Grunewald*, § 167 Rn. 2; Staub/*Casper*, § 167 Rn. 7; *Bauschatz*, NZG 2002, 759 (761); *Binz/Mayer*, DB 2006, 1599 (1600, 1603); *Priester*, DStR 2007, 28; *ders.*, FS Hadding (2004), 607, (607 f.); *Schulze-Osterloh*, BB 1995, 2519.

b) Beschlussfassung zur Feststellung des Jahresabschluss nach allgemeinen Auslegungsgrundsätzen von einfacher Mehrheitsklausel erfasst

Damit ist aber noch nicht entschieden, welches Mehrheitserfordernis für den Gesellschafterbeschluss zur Feststellung des Jahresabschlusses gilt. Grundsätzlich bedürfen Gesellschafterbeschlüsse einer KG gem. §§ 161 Abs. 2, 119 Abs. 1 HGB der „Zustimmung aller zur Mitwirkung bei der Beschlussfassung berufenen Gesellschafter" (sog. „Einstimmigkeitsprinzip"[13]), so dass auch die Feststellung des Jahresabschlusses einer KG der Zustimmung sämtlicher Gesellschafter, d. h. auch der Kommanditisten, erfordern kann. Indes ergibt sich aus § 119 Abs. 2 HGB, dass das im Personengesellschaftsrecht geltende sog. „Einstimmigkeitsprinzip" grundsätzlich dispositiv ist und im Gesellschaftsvertrag durch das Mehrheitsprinzip[14] ersetzt werden kann, um die Flexibilität und Handlungsfähigkeit der Gesellschaft zu gewährleisten.[15]

Soweit § 5 S. 1 GV der M-GmbH & Co. KG die einfache Mehrheit für Gesellschafterbeschlüsse vorsieht, sofern nicht im GV eine andere Mehrheit bestimmt ist, haben die Gesellschafter von der durch § 119 Abs. 2 HGB eingeräumten Möglichkeit abweichender gesellschaftsvertraglicher Regelungen Gebrauch gemacht. Des Weiteren enthält der GV für die Beschlussfassung zur Feststellung des Jahresabschlusses keine besondere Bestimmung, so dass dieser Beschlussgegenstand nach dem Wortlaut des GVs von der allgemeinen Mehrheitsklausel in § 5 S. 1 GV erfasst wird. Dies wird auch gestützt durch einen Umkehrschluss aus § 10 GV, der in

---

[13] Zur Verwendung dieses Terminus als Synonym für die gesetzliche Formulierung in § 119 Abs. 1 HGB vgl. BGH ZIP 2018, 2024 Rn. 19 ff.; *Grunewald*, § 2 Rn. 30; *Koch*, § 14 Rn. 7; *Saenger*, Rn. 282; *Schmidt K.*, GesR, § 47 V. 2. a) (S. 1395 f.), *Wiedemann*, GesR I, § 4 I 3; *Windbichler*, § 13 Rn. 10. Dieses Synonym bringt die Bedeutung der vom Gesetz gebrauchten Formulierung „Zustimmung aller zur Mitwirkung bei der Beschlussfassung berufenen Gesellschafter" nur unvollkommen zum Ausdruck. Zur Mitwirkung bei der Beschlussfassung berufen sind alle Gesellschafter, die nicht entweder kraft Gesetzes oder durch den GV von der Beschlussfassung ausgeschlossen sind. So sind die Kommanditisten kraft Gesetzes bei der Beschlussfassung darüber ausgeschlossen, ob einer Person Prokura erteilt werden soll (vgl. § 116 Abs. 3 i. V. m. § 164 S. 2 HGB). Darüber hinaus sind diejenigen Gesellschafter nicht zur Beschlussfassung berufen, wenn das Gesetz die „Zustimmung der übrigen Gesellschafter" fordert (vgl. §§ 712 Abs. 1 S. 1, 1. Halbs., 715, 737 S. 1 BGB, § 113 Abs. 2 HGB). Schließlich sind diejenigen Gesellschafter nicht zur Beschlussfassung berufen, für die der GV stimmrechtslose Gesellschaftsanteile vorsieht (wie im vorliegenden Fall für die Komplementär-GmbH). Aus der Formulierung folgt weiterhin, dass es nicht ausreicht, wenn zwar alle erschienenen Gesellschafter zustimmen, nicht aber alle Gesellschafter zur Beschlussfassung erschienen sind, wie dies sehr deutlich in §§ 43 Abs. 1, 45d Abs. 1, 217 Abs. 1 S. 1 UmwG formuliert wird. Solange die nicht erschienenen Gesellschafter ihre Zustimmung zu dem Beschluss der anwesenden Gesellschafter nicht erklärt haben, ist dieser schwebend unwirksam. Der „einstimmige Beschluss" im Personengesellschaftsrecht, der sich als gesetzliche Formulierung ausschließlich in § 712 Abs. 1, 1. Halbs., 1. Var. BGB wiederfindet, hat daher eine gänzlich andere Bedeutung als im Kapitalgesellschaftsrecht, wo Einstimmigkeit schon dann vorliegt, wenn nur sämtliche in der Gesellschafterversammlung anwesenden Gesellschafter dem Beschlussantrag zustimmen.

[14] Die einfache Mehrheitsklausel in § 5 S. 1 GV beinhaltet konkludent die Abbedingung des Grundsatzes, dass alle Gesellschafter an der Beschlussfassung mitwirken müssen, soweit sie zur Beschlussfassung berufen sind (vgl. oben Fn. 13). Das Erreichen der Mehrheit wird dann lediglich anhand der Stimmen der bei der Beschlussfassung erschienenen Gesellschafter berechnet. Der GV kann aber anderes regeln und z. B. die „Mehrheit der Nennbeträge der insgesamt vorhandenen und stimmberechtigten Gesellschaftsanteile" fordern.

[15] Vgl. BGHZ 170, 283 Rn. 6 a. E. – Otto; BGHZ 179, 13 Rn. 14 – Schutzgemeinschaftsvertrag; EBJS/*Freitag*, § 119 Rn. 1; Oetker/*Lieder*, § 119 Rn. 42; Staub/*Schäfer*, § 119 Rn. 31; *Priester*, DStR 2007, 28 (29).

Abs. 2 lediglich für die Thesaurierung von mehr als 20 % des Gewinns die Zustimmung aller Gesellschafter vorsieht. Ein anderes Ergebnis kann sich allenfalls aus § 6 GV ergeben, wonach – abweichend von § 164 S. 1, 2. Halbs. HGB – für außergewöhnliche Geschäftsführungsmaßnahmen eine Mehrheit von zwei Dritteln der auf das Kommanditkapital entfallenden Stimmen erforderlich, aber auch ausreichend ist. Jedoch fällt die Feststellung des Jahresabschlusses der M-GmbH & Co. KG ohnehin nicht in den Kompetenzbereich der Geschäftsführung, sondern obliegt den Gesellschaftern.[16] Zudem ist sie als periodisch wiederkehrende Maßnahme nicht „außergewöhnlich".[17] Daher lässt sich auch aus § 6 GV im Umkehrschluss folgern, dass die Feststellung des Jahresabschlusses von der allgemeinen Mehrheitsklausel des § 5 S. 1 GV erfasst wird.[18]

Nach allgemeinen Auslegungsgrundsätzen wird damit der Beschlussgegenstand der Feststellung des Jahresabschlusses von der allgemeinen Mehrheitsklausel des § 5 S. 1 GV gedeckt.[19]

Der mit den Stimmen von *K*, *R* und *Z* gegen die Stimmen von *G* gefasste Beschluss über die Feststellung des Jahresabschlusses genügt somit dem Mehrheitserfordernis gem. § 5 S. 1 GV. Der Beschluss ist daher nicht aus formellen Gründen nichtig.

2. Nichtigkeit aus inhaltlichen (materiellen) Gründen

Der Beschluss zur Feststellung des Jahresabschlusses der M-GmbH & Co. KG ist jedoch aus inhaltlichen (materiellen) Gründen nichtig, wenn er treuwidrig ist, gegen unentziehbare Mitgliedschaftsrechte verstößt oder in ein relativ unentziehbares Recht von *G* eingreift.[20]

In Betracht kommt allenfalls ein Eingriff in das Gewinnrecht der Gesellschafter,[21] weil der Jahresabschluss aufgrund der Thesaurierung in der T-GmbH einen nicht zutreffend ermittelten Gewinn ausweist.[22] Dies hätte die Nichtigkeit des Beschlus-

---

[16] Vgl. oben unter B. I. 1. a).

[17] Vgl. BGHZ 170, 283 Rn. 12 – Otto; BeckOK HGB/*Häublein*, § 164 Rn. 6; MüKoHGB/*Grunewald*, § 167 Rn. 2 in der dazugehörigen Fußnote 4; Staub/*Casper*, § 167 Rn. 6.

[18] Vgl. auch BGHZ 170, 283 Rn. 12 – Otto; EBJS/*Ehricke*, § 120 Rn. 39; Staub/*Casper*, § 167 Rn. 8.

[19] Vgl. auch BGHZ 170, 283 Rn. 16 – Otto; Staub/*Casper*, § 167 Rn. 8. Mit der „Abtretungsentscheidung" (BGHZ 203, 77 ff.) hat sich die Rechtsprechung von der Wirksamkeitsprüfung eines Gesellschafterbeschlusses durch den sog. *Bestimmtheitsgrundsatz* distanziert. Bis zu dieser Entscheidung musste an dieser Stelle zudem geprüft werden, ob sich die Mehrheitsklausel auch auf den betreffenden Beschlussgegenstand erstreckt. Dies war nur dann der Fall, wenn sich aus dem Gesellschaftsvertrag mit hinreichender Deutlichkeit – wenn auch erst durch Auslegung – entnehmen ließ, dass der Beschlussgegenstand von der allgemeinen Mehrheitsklausel gedeckt sein soll. Vgl. zum Bestimmtheitsgrundsatz BeckOK BGB/*Schöne*, § 709 Rn. 33 f.; Staub/*Schäfer*, § 119 Rn. 33 ff.

[20] Nach der neueren Rechtsprechung seit der „Abtretungsentscheidung" (BGHZ 203, 77 ff.) unterliegen Mehrheitsbeschlüsse bei Personengesellschaften nun einer zweistufigen Prüfung. Zur ersten Stufe gehört die Prüfung, ob eine formelle Ermächtigungsgrundlage für einen Mehrheitsbeschluss im Gesellschaftsvertrag vorhanden ist (vgl. oben unter B. I. 1. b). Die zweite Stufe umfasst eine materielle Beschlusskontrolle. Dabei ist zu prüfen, ob der Beschluss in ein unentziehbares Mitgliedschaftsrecht eingreift, eine Zustimmung zu einem Eingriff in ein relativ unentziehbares Recht durch den betroffenen Gesellschafter fehlt oder der Beschluss gegen die Treuepflicht der Mehrheit verstößt und der Beschluss deshalb materiell unwirksam ist; vgl. BGHZ 203, 77 ff.; KKRM/*Kindler*, § 119 Rn. 11; krit. hierzu BeckOK BGB/*Schöne*, § 709 Rn. 36 ff.; MüKoBGB/*Schäfer*, § 709 Rn. 93c.

[21] Vgl. BGHZ 170, 283 Rn. 14 – Otto; hierzu auch Oetker/*Oetker*, § 120 Rn. 42.

[22] Vgl. zu diesem Ansatz *Priester*, DStR 2007, 28 (32).

ses allerdings nur dann zur Folge, wenn das Gewinnrecht zu den unentziehbaren oder zumindest zu den relativ unentziehbaren Mitgliedschaftsrechten von *G* gehört. Ob dies der Fall ist, kann jedoch offen bleiben, wenn entsprechende Gewinnausschüttungsansprüche der M-GmbH & Co. KG gegen die T-GmbH in der Bilanz der M-GmbH & Co. KG überhaupt nicht aktivierbar sind, sodass sie sich nicht auf den Jahresabschluss und dessen Feststellung auswirken können.[23] Damit der Gewinnausschüttungsanspruch in der Bilanz der M-GmbH & Co. KG aktivierbar ist, bedarf es eines entsprechenden Gewinnausschüttungsbeschlusses in der Tochtergesellschaft, woran es allerdings fehlt, wenn am Bilanzstichtag der Muttergesellschaft in der Tochtergesellschaft bereits eine Thesaurierung beschlossen worden ist.[24]

Die Gesellschafter der T-GmbH hatten zu diesem Zeitpunkt bereits einstimmig und wirksam[25] eine Thesaurierung von 33 % der Gewinne beschlossen. Ein aktivierbarer Ausschüttungsanspruch der M-GmbH & Co. KG gegen die T-GmbH in Höhe von 75 % der von der T-GmbH erzielten Gewinne kommt daher nicht in Betracht. Der Jahresabschluss der M-GmbH & Co. KG ist deshalb auch nicht wegen eines materiellen Fehlers, nämlich einer unrichtigen Gewinnermittlung, nichtig. Mithin kann mit einer Klage gegen die Feststellung des Jahresabschlusses der M-GmbH & Co. KG nicht eine in deren Tochtergesellschaft beschlossene Gewinnthesaurierung zur Überprüfung gestellt werden.[26]

Auch aus materiellen Gründen ist der Gesellschafterbeschluss zur Feststellung des Jahresabschlusses daher nicht nichtig.

3. Ergebnis zu B. I.

Der Gesellschafterbeschluss zur Feststellung des Jahresabschlusses der M-GmbH & Co. KG ist somit weder aus formellen noch aus materiellen Gründen nichtig.

II. Nichtigkeit des Gewinnverwendungsbeschlusses

Der Gewinnverwendungsbeschluss der M-GmbH & Co. KG kann aber nichtig sein. Die Wirksamkeit des Gewinnverwendungsbeschlusses setzt voraus, dass der zugrunde gelegte Gewinn gesetzes- und gesellschaftsvertragskonform ermittelt und festgestellt worden ist. Ist mithin die dem Gewinnverwendungsbeschluss zugrunde liegende Feststellung des Jahresabschlusses aufgrund gesetzes- oder gesellschaftsvertragswidriger Gewinnermittlung nichtig, so ist auch der Gewinnverwendungsbeschluss nichtig.[27]

Grundlage des Gewinnverwendungsbeschlusses war der Jahresabschluss der M-GmbH & Co. KG, dessen Beschlussfassung – wie geprüft[28] – weder aus formellen noch aus materiellen Gründen nichtig ist. Folglich ist auch der an diese Gewinnermittlung anknüpfende Gewinnverwendungsbeschluss insoweit nicht nichtig.

---

[23] Vgl. BGHZ 170, 283 Rn. 19 – Otto; *Priester,* DStR 2007, 28 (32).

[24] BGHZ 170, 283 Rn. 26 – Otto; *Priester,* DStR 2007, 28 (32).

[25] Selbst wenn der Gewinnverwendungsbeschluss in der T-GmbH wegen eines Verfahrensfehlers oder Inhaltsfehlers analog §§ 243 Abs. 1, 246 AktG anfechtbar gewesen sein sollte (vgl. hierzu Bd. II. Fall 6 unter A. I. – III.), ist er mit Ablauf der Anfechtungsfrist (vgl. Bd. II Fall 6 unter B. I.) endgültig bestandskräftig geworden.

[26] BGHZ 170, 283 Rn. 26 – Otto (3. Ls.).

[27] Für den Gewinnverwendungsbeschluss der AG wird dies in § 253 Abs. 1 S. 1 AktG gesetzlich klargestellt. Vgl. dazu Hüffer/Koch/*Koch,* § 253 Rn. 4; GroßKomm-AktG/*Schmidt K.,* § 253 Rn. 7; KK-AktG/*Arnold,* § 253 Rn. 1.

[28] Vgl. oben B. I.

Zudem wurden lediglich 20 % des Jahresüberschusses der M-GmbH & Co. KG (= 26 Mio. EUR) einer offenen Rücklage zugeführt, so dass der mit den Stimmen von *K*, *R* und *Z* gefasste Gewinnverwendungsbeschluss dem einfachen Mehrheitserfordernis des § 10 Nr. 1 i.V.m. § 5 S. 1 GV genügt. Wie dargelegt[29], muss die Gewinnthesaurierung in der T-GmbH insoweit außer Betracht bleiben.

Der Gewinnverwendungsbeschluss der M-GmbH & Co. KG ist somit ebenfalls nicht nichtig.

C. Ergebnis zu Frage 1

Die von *J* namens *G* erhobene Klage auf Feststellung, dass die Beschlüsse der M-GmbH & Co. KG zur Feststellung des Jahresabschlusses und zur Gewinnverwendung nichtig sind, ist zwar zulässig, aber unbegründet. Sie hat daher keine Aussicht auf Erfolg.

Frage 2: Feststellung zum Erfordernis eines Gesellschafterbeschlusses in der M-GmbH & Co. KG für die Thesaurierung von Gewinn in der T-GmbH

Die von *J* namens *G* erhobene Klage auf Feststellung, dass die Bildung von Rücklagen in der T-GmbH einen vorherigen Gesellschafterbeschluss in der M-GmbH & Co. KG erforderlich macht, hat Aussicht auf Erfolg, wenn sie zulässig und begründet ist.

A. Zulässigkeit der Feststellungsklage

Die Feststellungsklage muss zunächst gem. § 256 Abs. 1 ZPO zulässig sein.

Die allgemeine Feststellungsklage gemäß § 256 ZPO ist die statthafte Klageart, um Mitwirkungsbefugnisse eines Minderheitsgesellschafters der Muttergesellschaft bei Maßnahmen, insbesondere bei der Gewinnverwendung, in Tochtergesellschaften gerichtlich geltend zu machen.[30] *G* hat keine andere Rechtsschutzmöglichkeit, so dass das Feststellungsinteresse vorliegt.

Eine von *J* namens *G* vor dem zuständigen Landgericht gegen *K*, *R* und *Z* als die richtigen Klagegegner erhobene Feststellungsklage ist somit zulässig.

B. Begründetheit der Feststellungsklage

Die Feststellungsklage muss zudem begründet sein. Sie ist begründet, wenn die Entscheidung über die Thesaurierung von Gewinnen in der T-GmbH nicht ohne vorherigen Gesellschafterbeschluss in der M-GmbH & Co. KG getroffen werden kann.

I. Ausübung der Beteiligungsrechte als gewöhnliche Geschäftsführungsmaßnahme

Die Rücklagenbildung in der T-GmbH fällt mangels abweichender gesellschaftsvertraglicher Bestimmungen gem. § 46 Nr. 1 GmbHG in die Zuständigkeit der Gesellschafter der T-GmbH, die hierüber gem. §§ 47 Abs. 1, 48 Abs. 1 GmbHG im Rahmen der Gesellschafterversammlung durch Beschlussfassung mit einfacher Mehrheit entscheiden. Gesellschafter der T-GmbH sind die M-GmbH & Co. KG sowie die B-Bank. An der Entscheidung über die Thesaurierung von Gewinnen in der T-GmbH wirken daher die B-Bank und die M-GmbH & Co. KG, nicht aber deren Gesellschafter *K*,

---

29 Vgl. oben B. I. 2.
30 Vgl. BGHZ 170, 283 Rn. 29 – Otto.

R, *Z* und *G* unmittelbar mit. Bei der Teilnahme an der Gesellschafterversammlung der T-GmbH sowie der Ausübung des Stimmrechts im Rahmen der Beschlussfassung über die Thesaurierung von Gewinnen in der T-GmbH wird die M-GmbH & Co. KG gem. §§ 161 Abs. 2, 125 Abs. 1 HGB von ihrer Komplementärin, also der M-GmbH vertreten. Diese wiederum wird hierbei nach § 35 Abs. 1 GmbHG von ihren Geschäftsführern *K*, *R* und *Z* vertreten. Vor Ausübung der durch die Beteiligung an der T-GmbH vermittelten Rechte für die M-GmbH & Co. KG bedarf es gem. § 6 GV der Zustimmung ihrer Gesellschafter *K*, *R*, *Z* und *G* im Wege eines Gesellschafterbeschlusses, wenn es sich bei der Ausübung der Beteiligungsrechte in der T-GmbH um eine außergewöhnliche Geschäftsführungsmaßnahme der M-GmbH & Co. KG handelt.

Außergewöhnliche Geschäfte einer Gesellschaft sind solche, die nach Art oder Inhalt bzw. Umfang oder Risiko unter Beachtung der besonderen Verhältnisse der Gesellschaft und der Zeitumstände Ausnahmecharakter besitzen,[31] also über den gewöhnlichen Betrieb des jeweiligen Handelsgeschäftes hinausgehen.[32] Die Ausübung von Beteiligungsrechten per se besitzt weder nach Art und Inhalt noch nach Umfang und Risiko Ausnahmecharakter. Unter Berücksichtigung des Gesellschaftszwecks gem. § 1 GV handelt es sich vielmehr grundsätzlich um eine dem gewöhnlichen Betrieb der M-GmbH & Co. KG zugehörige Maßnahme. Bei der Ausübung der Beteiligungsrechte in der T-GmbH handelt es sich daher grundsätzlich um eine gewöhnliche Geschäftsführungsmaßnahme gem. § 116 Abs. 1 HGB.[33] Daher bedarf es vor Ausübung der Beteiligungsrechte in der T-GmbH grundsätzlich keines Beschlusses der Gesellschafter der M-GmbH & Co. KG.

II. Ausübung der Beteiligungsrechte als Konzernleitungsmaßnahme

Etwas anderes kann indes gelten, wenn es sich bei der Ausübung der Beteiligungsrechte in der T-GmbH um eine Konzernleitungsmaßnahme der M-GmbH & Co. KG als Muttergesellschaft handelt. Dies setzt zunächst voraus, dass die M-GmbH & Co. KG mit der T-GmbH einen Konzern i. S. v. § 18 AktG bildet.

1. T-GmbH als von der M-GmbH & Co. KG abhängige Tochtergesellschaft

Ein Konzern liegt nach § 18 Abs. 1 S. 1 AktG vor, wenn ein herrschendes und ein oder mehrere abhängige Unternehmen unter der einheitlichen Leitung des herrschenden Unternehmens zusammengefasst sind.[34] Gem. § 18 Abs. 1 S. 3 AktG wird von einem abhängigen Unternehmen (widerlegbar) vermutet, dass es mit dem herrschenden Unternehmen einen Konzern bildet. Die M-GmbH & Co. KG muss

---

[31] Vgl. RGZ 158, 308; BGHZ 76, 162; Baumbach/Hopt/*Roth*, § 116 Rn. 2; BeckOK HGB/*Klimke*,§ 116 Rn. 4; EBJS/*Drescher*, § 116 Rn. 4; Heidel/Schall/*Eberl*, § 164 Rn. 8; Henssler/Strohn/*Finkh*, § 116 HGB Rn. 9, 15; MüKoHGB/*Grunewald*, § 164 Rn. 9; Oetker/*Oetker*, § 164 Rn. 11; Staub/*Casper*, § 164 Rn. 10.

[32] Baumbach/Hopt/*Roth*, § 116 Rn. 2; BeckOK HGB/*Klimke*, § 116 Rn. 6; EBJS/*Weipert*, § 164 Rn. 6; Henssler/Strohn/*Finckh*, § 116 HGB Rn. 10ff.; KKRM/*Kindler*, § 116 Rn. 2; MüKoHGB/*Grunewald*, § 164 Rn. 9; Oetker/*Oetker*, § 164 Rn. 11.

[33] Auch Ausgliederungen im Wege der Einzelrechtsübertragung auf eigens gegründete Tochtergesellschaften sind grundsätzlich gewöhnliche Maßnahmen i. S. v. § 116 Abs. 1 HGB, vgl. EBJS/*Wertenbruch/Nagel*, Anh. § 105 Rn. 83; MüKoHGB/*Mülbert*, KonzernR Rn. 80. Entsprechendes muss für eine Neugründung einer Tochtergesellschaft mit eigenem Zweck gelten, sofern – wie im Fall der T-GmbH zu unterstellen – nicht eine Änderung des Gesellschaftsvertrages der Muttergesellschaft erforderlich ist.

[34] Die Vorschriften der §§ 15ff. AktG sind rechtformneutral formuliert; sie sind daher auch auf Personengesellschaften direkt anwendbar; vgl. statt aller Hüffer/Koch/*Koch*, § 15 Rn. 6.

also herrschendes Unternehmen und die T-GmbH abhängiges Unternehmen i. S. v. § 15 AktG sein. Ein einheitlicher Begriff des Unternehmens existiert nicht; der Begriff ist jeweils zweckbezogen für den jeweiligen Regelungsbereich zu bestimmen.[35]

Im Recht der verbundenen Unternehmen (§§ 15 ff. AktG) kann herrschendes Unternehmen jeder Gesellschafter ohne Rücksicht auf seine Rechtsform sein, wenn er neben der Beteiligung an dem abhängigen Unternehmen eine anderweitige wirtschaftliche Interessenbindung aufweist, die nach Art und Intensität die ernsthafte Sorge begründet, er könne wegen dieser Bindungen seinen aus der Mitgliedschaft folgenden Einfluss auf das abhängige Unternehmen zu dessen Nachteil ausüben.[36] Die M-GmbH & Co. KG ist Gesellschafterin der T-GmbH. Sie betreibt ein Handelsgewerbe (vgl. § 161 Abs. 1 HGB) und verfolgt daher neben den wirtschaftlichen Interessen in der T-GmbH auch noch eigene wirtschaftliche Interessen. Sie kann deshalb herrschendes Unternehmen i. S. v. § 15 AktG sein.

Abhängiges Unternehmen kann jede rechtlich selbstständige Gesellschaft ohne Rücksicht auf ihre Rechtsform oder einen Geschäftsbetrieb sein.[37] Die T-GmbH ist gem. § 13 Abs. 1 GmbHG rechtsfähig und damit rechtlich selbständig. Sie kann somit abhängiges Unternehmen i. S. v. § 15 AktG sein.

Nach § 17 Abs. 2 AktG wird von einem in Mehrheitsbesitz stehenden Unternehmen (widerlegbar) vermutet, dass es von dem an ihm mit Mehrheit beteiligten Unternehmen abhängig ist. Die M-GmbH & Co. KG ist mit 75 % der Geschäftsanteile an der T-GmbH beteiligt, so dass die T-GmbH gem. § 16 Abs. 1, Abs. 2 S. 1 AktG im Mehrheitsbesitz der M-GmbH & Co. KG steht. Die T-GmbH ist somit nach der Vermutung des § 17 Abs. 2 AktG abhängiges Unternehmen der M-GmbH & Co. KG. Die Vermutung kann jedoch widerlegt werden. Ihre Widerlegung setzt den Nachweis voraus, dass die M-GmbH & Co. KG trotz ihrer Mehrheitsbeteiligung in der T-GmbH keine Entscheidungen, insbesondere die Bestellung und Abberufung der Geschäftsführung („Personalhoheit"), ohne die Mitwirkung der übrigen Gesellschafter treffen kann.[38] Die M-GmbH & Co. KG kann bei der T-GmbH jedoch alle in die Kompetenz der Gesellschafterversammlung gem. § 46 GmbHG unterfallenden Entscheidungen mit der Mehrheit ihrer Stimmen allein treffen (§ 47 Abs. 1 GmbHG).[39] Eine abweichende Regelung im GV der T-GmbH ist nicht ersichtlich.[40] Weitere Anhaltspunkte für die Widerlegung der Vermutung des § 17 Abs. 2 AktG sind nicht erkennbar.

---

35 Vgl. Henssler/Strohn/*Keßler*, § 15 AktG Rn. 2; Hüffer/Koch/*Koch*, § 15 Rn. 9; MüKoAktG/*Bayer*, § 15 Rn. 10 f.; Spindler/Stilz/*Schall*, § 15 Rn. 10 ff.

36 St. Rspr., BGHZ 69, 334 (337) – VEBA/Gelsenberg; BGHZ 80, 69 (72) – Süssen; BGHZ 95, 330 (337) – Autokran; BGHZ 115, 187 (189 f.) – Video; BGHZ 122, 123 (126 ff.) – TBB; BGHZ 135, 107 (113) – Volkswagen; BGHZ 148, 123 (125) – MLP; Emmerich/Habersack/*Emmerich*, § 15 AktG Rn. 10; Heidel/*Peres/Walden*, § 15 AktG Rn. 3; Hüffer/Koch/*Koch*, § 15 Rn. 10; MüKoAktG/*Bayer*, § 15 Rn. 13; Spindler/Stilz/*Schall*, § 15 Rn. 13.

37 Ganz h. M., vgl. statt aller Emmerich/Habersack/*Emmerich*, § 15 AktG Rn. 24 f.; Hüffer/Koch/*Koch*, § 15 Rn. 19; Schmidt K./Lutter/*Vetter*, § 15 Rn. 73; KK-AktG/*Koppensteiner*, § 15 Rn. 86.

38 Vgl. hierzu Emmerich/Habersack/*Emmerich*, § 17 AktG Rn. 35 ff.; *Raiser/Veil*, § 59 Rn. 26.

39 Gleiches gilt für Änderungen des GVs der T-GmbH gem. § 53 Abs. 1, Abs. 2, 2. Halbs. GmbHG.

40 Vgl. zum ähnlichen Fall der Widerlegung bei Personengesellschaften aufgrund des sog. „Einstimmigkeitsprinzips" *Raiser/Veil*, § 59 Rn. 26.

Die T-GmbH ist somit nach der Vermutung des § 17 Abs. 2 AktG von der M-GmbH & Co. KG abhängig und bildet nach der – ebenfalls unwiderlegten – Vermutung des § 18 Abs. 1 S. 3 AktG[41] mit der M-GmbH & Co. KG als Ober- bzw. Muttergesellschaft einen Konzern.

2. Rücklagenbildung in der T-GmbH als außergewöhnliche Geschäftsführungsmaßnahme der M-GmbH & Co. KG

Bei der Ausübung der Beteiligungsrechte in der T-GmbH handelt es sich um eine Konzernleitungsmaßnahme der M-GmbH & Co. KG, die ausnahmsweise als außergewöhnliche Geschäftsführungsmaßnahme zu qualifizieren sein kann. Könnten auf Ebene der Tochtergesellschaft Maßnahmen ohne Mitwirkung der nicht geschäftsführungsbefugten Gesellschafter der Muttergesellschaft beschlossen werden, die auf Ebene der Muttergesellschaft als außergewöhnliche Geschäfte zu qualifizieren wären, stünde eine faktische Aushöhlung der gesellschafterlichen Mitwirkungsrechte durch Verlagerung von Geschäftsbereichen von der Mutter- auf die Tochtergesellschaft zu befürchten. Hiervor sind die Gesellschafter der Muttergesellschaft zu schützen.[42] Ob die Ausübung von Beteiligungsrechten für die Muttergesellschaft eine außergewöhnliche Geschäftsführungsmaßnahme ist, bestimmt sich daher danach, ob es sich bei der entsprechenden Geschäftsführungsmaßnahme in der Tochtergesellschaft aus Sicht der Muttergesellschaft um eine außergewöhnliche Geschäftsführungsmaßnahme handelt.[43]

Aus Sicht der M-GmbH & Co. KG als Muttergesellschaft kann die Bildung offener Rücklagen in der T-GmbH eine außergewöhnliche Geschäftsführungsmaßnahme darstellen. Die Rücklagenbildung in der Tochtergesellschaft verkürzt den an die Muttergesellschaft abzuführenden Gewinn und kann damit erhebliche Auswirkungen auf den Gewinnanspruch der Gesellschafter der Muttergesellschaft haben.[44] Würde die Bildung offener Rücklagen in der Tochtergesellschaft hingegen lediglich als einfache Maßnahme der Geschäftsführung angesehen, könnten die geschäftsführenden Gesellschafter der Muttergesellschaft, die die Stimmrechte in der Tochtergesellschaft ausüben, erheblichen Einfluss auf den in der Muttergesellschaft an die Gesellschafter zu verteilenden Gewinn nehmen. Durch Verlagerung von Geschäftsbereichen auf eigens gegründete Tochtergesellschaften könnten somit den von der Geschäftsführung ausgeschlossenen Gesellschaftern ihre Mitwirkungsbefugnisse bei der Gewinnverwendung entzogen werden. Der die Bildung offener Rücklagen beinhaltende Gewinnverwendungsbeschluss in der Tochtergesellschaft stellt daher gleichzeitig einen Eingriff in die Vermögensrechte der Gesellschafter der Muttergesellschaft dar. Sofern der GV der Muttergesellschaft keine anderweitige Regelung enthält, handelt es sich bei der Bildung offener Rücklagen in der Tochtergesellschaft mithin um eine außergewöhnliche Geschäftsführungsmaßnahme der Muttergesellschaft.[45]

---

[41] Zur Konzernvermutung und deren Widerlegung vgl. Emmerich/Habersack/*Emmerich*, § 18 AktG Rn. 20 ff.; Heidel/*Peres/Walden*, § 18 AktG Rn. 12 f.; Henssler/Strohn/*Keßler*, § 18 AktG Rn. 6; Hölters/*Hirschmann*, § 18 Rn. 19 ff.; Hüffer/Koch/*Koch*, § 18 Rn. 17 ff.; MüKoAktG/*Bayer*, § 18 Rn. 44 ff.; Schmidt K./Lutter/*Vetter*, § 18 Rn. 16 f.; Spindler/Stilz/*Schall*, § 18 Rn. 27.

[42] EBJS/*Wertenbruch/Nagel*, Anh. § 105 Rn. 82; Oetker/*Lieder*, § 116 Rn. 9.

[43] MüKoHGB/*Mülbert*, KonzernR Rn. 89; Oetker/*Lieder*, § 116 Rn. 10.

[44] Vgl. *Priester*, DStR 2007, 28 (31).

[45] Baumbach/Hopt/*Roth*, § 105 Rn. 106; EBJS/*Wertenbruch/Nagel*, Anh. § 105 Rn. 91; MüKoHGB/*Mülbert*, KonzernR Rn. 97; Staub/*Schäfer*, § 105 Anh. Rn. 84.

III. Konkludente Beschlussfassung

Ein Gesellschafterbeschluss in der M-GmbH & Co. KG bedarf grundsätzlich keiner bestimmten Form, sondern kann vielmehr auch stillschweigend durch übereinstimmendes schlüssiges Verhalten der Gesellschafter zustande kommen.[46] Daher kann in der Ausübung des Stimmrechts für die M-GmbH & Co. KG durch die M-GmbH, vertreten durch *K, R* und *Z*, in der Gesellschafterversammlung der T-GmbH zugleich ein konkludenter Beschluss der M-GmbH & Co. KG über die außergewöhnliche Geschäftsführungsmaßnahme „Rücklagenbildung in der T-GmbH" zu sehen sein.

Eine solche Schlussfolgerung trägt indessen aus mehreren Gründen nicht. Es ist nicht erkennbar, dass *K, R* und *Z* sich bei ihrer Abstimmung in der Gesellschafterversammlung der T-GmbH bewusst sind, dass sie damit zugleich einen Gesellschafterbeschluss in der M-GmbH & Co. KG fassen. Des Weiteren wäre mit dieser Annahme die Schlussfolgerung verbunden, *G* müsse in die Beschlussfassung nicht eingebunden werden, wenn es auf seine Stimmabgabe für das Beschlussergebnis nicht ankomme. Damit würden aber wesentliche Mitwirkungsrechte von *G* bei der Willensbildung in der M-GmbH & Co. KG durch Beschlussfassung verletzt. So ist das Teilnahmerecht eines jeden Gesellschafters an der Gesellschafterversammlung als unverzichtbares Recht allgemein anerkannt.[47] Das Teilnahmerecht setzt allerdings voraus, dass der Gesellschafter vor der Gesellschafterversammlung Kenntnis davon erhält, dass eine Gesellschafterversammlung stattfinden und zu welchem Zweck sie abgehalten werden soll. Das gilt auch und erst Recht bei Beschlüssen, die mit der einfachen oder qualifizierten Mehrheit der in der Gesellschafterversammlung anwesenden Gesellschafter gefasst werden können. Der GV der M-GmbH & Co. KG enthält zwar keine Regelungen über die Einberufung der Gesellschafterversammlung. Im Wege der ergänzenden Vertragsauslegung ist aber aus §§ 5 S. 1, 6 GV zu folgern, dass Mehrheitsbeschlüsse nur gefasst werden können, sofern zuvor zu einer Gesellschafterversammlung mit einer angemessenen Frist und unter Angabe des Versammlungszwecks eingeladen worden ist.[48]

K, R und *Z* können somit durch ihre übereinstimmende Stimmabgabe in der Gesellschafterversammlung der T-GmbH, mit der sie sich beim Gewinnverwendungsbeschluss mit der Bildung offener Rücklagen in der T-GmbH einverstanden erklären, nicht zugleich einen Beschluss in der M-GmbH & Co. KG fassen. Vielmehr müssen in der M-GmbH & Co. KG unter Beachtung von § 164 S. 1, 2. Halbs. HGB i. V. m. § 6 GV alle Gesellschafter zu einer Gesellschafterversammlung mit dem Zweck „Beschlussfassung über die Bildung von Rücklagen in der T-GmbH als außergewöhnliches Geschäft" eingeladen werden, und zwar zeitlich vor der Beschlussfassung über die Gewinnverwendung in der T-GmbH.

Vor der Beschlussfassung über die Rücklagenbildung in der T-GmbH bedarf es somit gem. § 6 GV eines Gesellschafterbeschlusses in der M-GmbH & Co. KG.[49]

---

[46] Baumbach/Hopt/*Roth*, § 119 Rn. 27; Oetker/*Lieder*, § 119 Rn. 24.

[47] Baumbach/Hueck/*Zöllner/Noack*, § 48 Rn. 6; BeckOK GmbHG/*Schindler*, § 48 Rn. 34; Henssler/Strohn/*Hillmann*, § 48 GmbHG Rn. 5; Lutter/Hommelhoff/*Bayer*, § 48 Rn. 3; MHLS/*Römermann*, § 48 Rn. 74; MüKoGmbHG/*Liebscher*, § 48 Rn. 12; Scholz/*Seibt*, § 48 Rn. 18.

[48] Als Leitbild können hierzu die Regelungen in §§ 49 Abs. 1, 51 Abs. 1 S. 2, Abs. 2 GmbHG dienen.

[49] Wirken die Geschäftsführer der GmbH & Co. KG dagegen in der Gesellschafterversammlung der T-GmbH an der Entscheidung über die Rücklagenbildung mit, ohne zunächst einen entsprechenden Gesellschafterbeschluss in der M-GmbH & Co. KG herbeigeführt zu haben, so verletzen sie ihre Geschäftsführerpflichten; vgl. *Emmerich/Habersack*, § 35

Die von *J* namens *G* erhobene Klage auf Feststellung, dass die Bildung von Rücklagen in der T-GmbH einen vorherigen Gesellschafterbeschluss in der M-GmbH & Co. KG erforderlich macht, ist begründet.

C. Ergebnis

Die von *J* namens *G* erhobene Klage auf Feststellung, dass die Bildung von Rücklagen in der T-GmbH einen vorherigen Gesellschafterbeschluss in der M-GmbH & Co. KG erforderlich macht, hat Aussicht auf Erfolg.

Frage 3: Feststellung zum Erfordernis eines Gesellschafterbeschlusses in der M-GmbH & Co. KG für die Thesaurierung von Gewinn in der T-GmbH

Die von *J* namens *G* erhobene Klage auf Feststellung, dass die Beschlussfassung in der M-GmbH & Co. KG über die Bildung von Rücklagen in der T-GmbH von mehr als 20 % ihres ausgewiesenen Jahresgewinns der Zustimmung aller Kommanditisten bedarf, hat Aussicht auf Erfolg, wenn sie zulässig und begründet ist.

A. Zulässigkeit der Feststellungsklage

Die Feststellungsklage ist gem. § 256 Abs. 1 ZPO zulässig.[50]

B. Begründetheit der Feststellungsklage

Die Feststellungsklage muss zudem begründet sein. Sie ist begründet, wenn die Beschlussfassung in der M-GmbH & Co. KG über die Bildung von Rücklagen in der T-GmbH von mehr als 20 % ihres ausgewiesenen Jahresgewinns der Zustimmung aller Kommanditisten bedarf.

I. Geltung von § 6 GV

Aus Sicht der Muttergesellschaft handelt es sich bei der Bildung von Rücklagen in der T-GmbH gleich welcher Höhe um eine außergewöhnliche Geschäftsführungsmaßnahme.[51] Als solche bedarf sie gem. §§ 116 Abs. 2, 164 S. 1 HGB – entgegen des Wortlautes von § 164 S. 1, 2. Halbs. HGB[52] – grundsätzlich der Zustimmung sämtlicher Gesellschafter.[53]

Rn. 6; *Jäger,* DStR 1997, 1170 (1776). Gleichwohl ist der Gewinnverwendungsbeschluss in der T-GmbH nicht unwirksam. Das Erfordernis der Herbeiführung eines Gesellschafterbeschlusses in der M-GmbH & Co. KG betrifft nur die Frage der Geschäftsführungsbefugnis (also das rechtliche Dürfen) der Geschäftsführer, lässt aber deren Vertretungsbefugnis (also das rechtliche Können) in der T-GmbH unberührt. Etwas anderes würde nur dann gelten, wenn es sich bei der T-GmbH um eine 100%ige Tochtergesellschaft der M-GmbH & Co. KG gehandelt hätte, da dann die Grundsätze des Missbrauchs der Vertretungsmacht Anwendung fänden, vgl. EBJS/*Wertenbruch/Nagel,* Anh. § 105 Rn. 92.

[50] Vgl. oben Frage 2 unter A.

[51] Vgl. oben Frage 2 unter B. II. 2.

[52] Es ist allg. anerkannt, dass die Kommanditisten im Rahmen von § 164 S. 1, 2. Halbs. HGB nicht bloß ein Widerspruchsrecht haben, sondern ihre Zustimmung zu der außergewöhnlichen Geschäftsführungsmaßnahme erforderlich ist, vgl. Baumbach/Hopt/*Roth,* § 164 Rn. 2; BeckOK HGB/*Häublein,* § 164 Rn. 26 ff.; EBJS/*Weipert,* § 164 Rn. 6; Heidel/Schall/*Eberl,* § 164 Rn. 7; Henssler/Strohn/*Gummert,* § 164 HGB Rn. 5; MüKoHGB/*Grunewald,* § 164 Rn. 10; Oetker/*Oetker,* § 164 Rn. 12; Staub/*Casper,* § 164 Rn. 12.

[53] BGHZ 132, 263 (274 ff.); *BGH* BB 1976, 948; Baumbach/Hopt/*Roth,* § 120 Rn. 8; MüKoHGB/*Mülbert,* KonzernR Rn. 97; Staub/*Schäfer,* Anh. § 105 Rn. 84; einschränkend für

Nach dem GV der M-GmbH & Co. KG kann jedoch abweichend von §§ 116 Abs. 2, 164 S. 1, 2. Halbs. HGB ein Mehrheitsbeschluss in der M-GmbH & Co. KG ausreichend sein. Der GV der M-GmbH & Co. KG enthält neben einer allgemeinen Mehrheitsklausel in § 5 S. 1 in § 6 eine Regelung über Mehrheitsbeschlüsse für außergewöhnliche Geschäftsführungsmaßnahmen. Bei dem Beschluss über die Bildung offener Rücklagen in der T-GmbH handelt es sich aus Sicht der M-GmbH & Co. KG um eine außergewöhnliche Geschäftsführungsmaßnahme, so dass § 6 GV der M-GmbH & Co. KG einschlägig ist. Danach setzt die Vornahme außergewöhnlicher Geschäftsführungsmaßnahmen einen mit Zwei–Drittel-Mehrheit gefassten Gesellschafterbeschluss voraus. Der vor der Beschlussfassung über die Bildung offener Rücklagen in der T-GmbH zu fassende Gesellschafterbeschluss innerhalb der M-GmbH & Co. KG bedarf daher gem. § 6 GV lediglich einer Zwei-Drittel-Mehrheit.

II. Geltung von § 10 Abs. 2 GV

Das in § 6 GV geregelte Mehrheitserfordernis kann indessen für die Bildung von Rücklagen in der T-GmbH i. H. v. mehr als 20 % ihres ausgewiesenen Jahresgewinns nach § 10 Abs. 2 GV verdrängt sein. Dann muss diese Regelung im Wege der Auslegung gem. §§ 133, 157 BGB auch entsprechend auf die Rücklagenbildung in der T-GmbH anzuwenden sein.

Ausdrücklich bezieht sich § 10 Abs. 2 GV nur auf die Bildung von Rücklagen i. H. v. mehr als 20 % des ausgewiesenen Jahresgewinns „der Gesellschaft", also der M-GmbH & Co. KG. Er erstreckt sich nicht unmittelbar auch auf die Rücklagenbildung innerhalb der T-GmbH. § 10 Abs. 2 GV kann aber auf die Bildung von Rücklagen in der T-GmbH i. H. v. mehr als 20 % des bei ihr ausgewiesenen Jahresgewinns entsprechende Anwendung finden. Dies setzt eine Regelungslücke im GV voraus, die im Wege der ergänzenden Vertragsauslegung zu schließen ist.

Der GV der M-GmbH & Co. KG muss zunächst eine Regelungslücke aufweisen. Die Gründung von Tochtergesellschaften ist nach dem GV der M-GmbH & Co. KG vom Unternehmensgegenstand gedeckt. Gleichwohl enthält der GV der M-GmbH & Co. KG keinerlei Regelungen, die sich unmittelbar auf die Wahrnehmung der Rechte der Kommanditisten in den Angelegenheiten einer Tochtergesellschaft der M-GmbH & Co. KG beziehen. Das kann zweierlei bedeuten. Es kann zum einen bedeuten, dass die Gesellschafter der M-GmbH & Co. KG bei Vereinbarung des GVs bewusst der Komplementärin die Möglichkeit der Auslagerung unternehmerischer Tätigkeiten auf Tochtergesellschaften als gewöhnliches Geschäft i. S. v. § 116 Abs. 1 HGB eröffnen wollten, ohne dass sich die Mitspracherechte der Kommanditisten auf diese Tochtergesellschaften erstrecken sollen. Es kann andererseits aber auch bedeuten, dass der Komplementärin zwar die Auslagerung unternehmerischer Tätigkeiten gestattet sein soll, der dadurch später notwendig werdende Schutz der Kommanditisten vor einer Mediatisierung ihrer Mitspracherechte hingegen nicht bedacht worden ist.

Diese Auslegung des GVs gem. §§ 133, 157 BGB erscheint naheliegend. Bei Gründung der KG waren sämtliche operativen unternehmerischen Tätigkeiten in der KG „gebündelt". Daher wurden die Mitwirkungsrechte der Kommanditisten auch nur für die unternehmerischen Tätigkeiten in der KG geregelt. Erst mit der späteren

---

eine Einzelfallbetrachtung *Emmerich/Habersack,* § 35 Rn. 5; offen gelassen von *BGH* ZIP 2007, 475 (479).

Auslagerung des Internetversandhandels in einer eigens dafür gegründeten Tochtergesellschaft entstand das Problem, wie die Mitwirkungsrechte der Kommanditisten in Bezug auf diese Tochtergesellschaft ausgestaltet sein sollen, ohne dass dies aber anlässlich der Gründung der Tochtergesellschaft unter den Gesellschaftern der M-GmbH & Co. KG diskutiert worden ist. Unter Berücksichtigung von §§ 133, 157 BGB ist daher anzunehmen, dass der GV der M-GmbH & Co. KG mit der Gründung der T-GmbH nachträglich lückenhaft geworden ist.[54]

Diese nachträglich entstandene Regelungslücke des GVs der M-GmbH & Co. KG ist im Wege der ergänzenden Vertragsauslegung gem. §§ 133, 157 BGB zu schließen. Es ist also der hypothetische Wille der Gesellschafter zu ermitteln. Danach gilt diejenige Regelung, die die Gesellschafter unter Berücksichtigung von Treu und Glauben getroffen hätten, wenn sie die Regelungslücke erkannt und bedacht hätten. Hätte die M-GmbH & Co. KG den Internethandel selbst betrieben, würden die Gesellschafter der M-GmbH & Co. KG über die Verwendung des Gewinns unter Berücksichtigung der Gewinne aus dieser unternehmerischen Tätigkeit nach § 10 GV entscheiden können. Es widerspricht jedoch erkennbar den Interessen der Gesellschafter, dass ihnen durch die Auslagerung des Internethandels von der M-GmbH & Co. KG auf die T-GmbH diese Entscheidungsbefugnis genommen werden soll. Vielmehr entspricht es ihren Interessen, dass sie im Fall der Auslagerung einer Geschäftstätigkeit auf eine eigens dafür gegründete Tochtergesellschaft ihre Mitwirkungsbefugnisse uneingeschränkt behalten. Aus diesem Grund ist der GV der Muttergesellschaft gem. §§ 133, 157 BGB im Zweifel dahingehend auszulegen, dass die Zustimmungsvorbehalte für bestimmte Maßnahmen auch für entsprechende Maßnahmen in den Tochtergesellschaften gelten.[55]

Soll von dem Jahresgewinn der M-GmbH & Co. KG ein höherer Betrag als 20 % der offenen Rücklage zugeführt werden, bedarf dies entsprechend § 10 Abs. 2 GV der Zustimmung aller Gesellschafter der M-GmbH & Co. KG.[56]

---

[54] Bei der Auslegung des GVs stellt sich die „Gretchenfrage". Mit guten Gründen kann nämlich auch das gegenteilige Ergebnis vertreten werden. Den Gesellschaftern war bei Gründung der GmbH & Co. KG bewusst, dass der Unternehmensgegenstand auch die Gründung von Tochtergesellschaften gestattet. Gleichwohl haben sie die Rechte der Kommanditisten nur in der GmbH & Co. KG geregelt. Es wäre ein Einfaches gewesen, § 10 um einen Absatz 3 zu ergänzen, wonach die Absätze 1 und 2 für die Bildung von Rücklagen in Tochtergesellschaften entsprechend gelten sollen. Das ist jedoch nicht geschehen. Damit hat insbesondere *G* nicht darauf bestanden, das zu ihren Gunsten ein Konzernleitungsschutz gesellschaftsvertraglich verankert wird, obwohl ihr wegen § 1 S. 2 GV hätte bewusst sein müssen, dass dafür später einmal ein Bedürfnis entstehen kann. Dieses Versäumnis kann sie nun nicht mehr korrigieren. Es kann daher genauso gut argumentiert werden, dass weder anfänglich noch nachträglich eine Regelungslücke bestand. Dann hat es auch anlässlich der Gründung der T-GmbH in der M-GmbH & Co. KG keinen Diskussionsbedarf um eine Anpassung ihres Gesellschaftsvertrages zum Schutz der Gesellschafter vor einer Mediatisierung ihrer Rechte gegeben. Die Beweislast für das Vorliegen der anfänglichen oder nachträglichen Regelungslücke trägt jedenfalls *G*.

[55] Vgl. allg. *Schneider U. H.*, FS Bärmann (1975), 873 (886); *ders.*, ZHR 143 (1979), 485 (499); *ders.*, BB 1980, 1057 (1059); vgl. auch MüKoHGB/*Mülbert*, KonzernR Rn. 94.

[56] Unter Beachtung dieses Kompetenzgefüges hätten ohne vorherige Zustimmung von *G* in der T-GmbH nur 12 Mio. EUR in die offenen Rücklagen eingestellt werden dürfen und ihre Gewinnausschüttung an die M-GmbH & Co. KG hätte 36 Mio. EUR betragen. Von dem Jahresgewinn der M-GmbH & Co. KG i. H. v. 136 Mio. EUR hätten dann durch einfachen Mehrheitsbeschluss 27,2 Mio. EUR in die offenen Rücklagen der M-GmbH & Co. KG eingestellt werden können, so dass 108,8 Mio. EUR zur gleichmäßigen Verteilung an die Kommanditisten zur Verfügung gestanden hätten. *G* hätte daher statt 26 Mio. EUR einen Gewinnanteil i. H. v. 27,2 Mio. EUR erhalten.

Die von *J* namens *G* erhobene Klage auf Feststellung, dass die Beschlussfassung in der M-GmbH & Co. KG über die Bildung von Rücklagen in der T-GmbH von mehr als 20 % ihres ausgewiesenen Jahresgewinns der Zustimmung aller Kommanditisten bedarf, ist begründet.

C. Ergebnis

Die von *J* namens *G* erhobene Klage auf Feststellung, dass die Beschlussfassung in der M-GmbH & Co. KG über die Bildung von Rücklagen in der T-GmbH von mehr als 20 % ihres ausgewiesenen Jahresgewinns der Zustimmung aller Kommanditisten bedarf, hat Aussicht auf Erfolg.

Fall 15. Von Töchtern und Enkeln …

Schwerpunkt im Konzernrecht (AG):

Abwehrklage von Gesellschaftern – ungeschriebene Kompetenzen der Hauptversammlung

Sachverhalt

Die Stärke-AG (S-AG) hat ein Grundkapital von 500.000 EUR, an dem *Karl Kraft (K)* mit 40 % und die Familie *Stark (S)* mit 60 % beteiligt sind. Der Unternehmensgegenstand der S-AG ist in § 2 ihrer Satzung geregelt:

§ 2 Unternehmensgegenstand

(1) Unternehmensgegenstand der S-AG ist die Herstellung und der Vertrieb von Stärke und Stärkeerzeugnissen einschließlich Sonderprodukten.

(2) [1]Die Gesellschaft ist berechtigt, alle Geschäfte einzugehen, die geeignet sind, den Geschäftszweck der Gesellschaft zu fördern. [2]Sie kann im In- und Ausland Zweigniederlassungen errichten, sich bei anderen Unternehmen des In- und Auslands beteiligen, solche Unternehmen erwerben oder gründen und solche Unternehmen ganz oder teilweise unter einheitlicher Leitung zusammenfassen.

Über die Beschlussfassung in der Hauptversammlung bestimmt § 6 der Satzung:

„Die Beschlüsse der Hauptversammlung werden mit einfacher Mehrheit der abgegebenen Stimmen und, soweit eine Kapitalmehrheit erforderlich ist, mit einfacher Mehrheit des vertretenen Kapitals gefasst, falls nicht die Satzung oder das Gesetz zwingend etwas anderes vorschreiben."

Die S-AG ist auf ihrem Gebiet hauptsächlich durch Beteiligungen an anderen Unternehmen tätig. Sie hält u. a. sämtliche Geschäftsanteile der Stärke-GmbH (S-GmbH) und der englischen Starch Ltd. (S-Ltd.), wobei letztere 80 % zum Konzernergebnis der S-AG beiträgt. Im Jahr 2017 bringt der Vorstand – ohne Mitwirkung der Hauptversammlung – die Geschäftsanteile der S-AG an der S-Ltd. im Wege einer Sachkapitalerhöhung in die S-GmbH ein. *K*, der diese Maßnahme für rechtswidrig hält, fordert in einem gerichtlichen Verfahren die Rückgängigmachung der Einbringung. Daraufhin stellt der Vorstand diese Umkonzernierungsmaßnahme in der Hauptversammlung 2018 zur Abstimmung, wo sie mit den Stimmen der Familie *S* und gegen die Stimmen von *K* bestätigt wird. *K* erhebt gegen diesen Hauptversammlungsbeschluss Widerspruch zu Protokoll mit der Begründung, der Beschluss habe der satzungsändernden Dreiviertelmehrheit des vertretenen Kapitals bedurft und sei deshalb nicht wirksam. Denn die S-Ltd. sei das Herzstück des Unternehmens gewesen, demgegenüber die der S-AG verbliebenen Vermögensreste substanz- und ertragsmäßig nicht ins Gewicht fielen. Die Einbringung der Geschäftsanteile der S-AG an der S-Ltd. in die S-GmbH sei eine Maßnahme, die als Teil eines weiter reichenden Gesamtkonzepts zu einer grundlegenden „Umwandlung" der S-AG in ein nur noch als Holdinggesellschaft tätiges Unternehmen führe. Wegen des erheblichen Gewichts für die Aktionäre der S-AG sei es zwingend erforderlich, dass diese über eine solche Maßnahme abstimmen. Zwei Wochen später erhebt *K* vor dem zuständigen Landgericht Klage gegen den Hauptversammlungsbeschluss. Mit Erfolg?

Abwandlung: Da das Stärkegeschäft wegen kostengünstigerer Anbieter aus dem fernen Osten und Südamerika nicht mehr in dem gewohnten Maße läuft, versucht die S-AG, sich an die neuen wirtschaftlichen Rahmenbedingungen anzupassen. Dazu errichtet sie am Hafen in Münster eine Umschlag- und Lagerungsanlage für Stärke, über die fast der gesamte Stärkehandel im nordwestdeutschen Raum abgewickelt wird und die mittlerweile 30 % des Konzernergebnisses der S-AG ausmacht.

Am 18.1.2018 gründen die S-AG und die S-GmbH die Starch-Capital KGaA (S-KGaA) mit der S-GmbH als persönlich haftender Gesellschafterin und der S-AG als Kommanditistin. Die S-AG bringt in die S-KGaA satzungsgemäß die Umschlag- und Lagerungsanlage ein und tauscht das Anlagevermögen an dem Lager- und Umschlagbetrieb gegen ein entsprechendes Aktienpaket an der neuen S-KGaA ein.

K hält die vom Vorstand eigenmächtig vorgenommene Ausgliederung der Umschlag- und Lagerungsanlage ohne die Zustimmung der Hauptversammlung für unwirksam. Die Ausgliederung habe allein den Zweck verfolgt, für den aufstrebenden Lager- und Umschlagbetrieb eine für den 10.5.2018 vom Vorstand bereits beschlossene Kapitalerhöhung in der S-KGaA ohne Beteiligung der Aktionäre der S-AG durchzuführen und damit die bestehenden Strukturen zu verändern. *K* erhebt am 1.2.2018 Klage gegen die S-AG vor dem zuständigen Landgericht und stellt folgenden Antrag: „Es wird beantragt festzustellen, dass für Kapitalerhöhungsmaßnahmen der S-KGaA die Zustimmung der Hauptversammlung der S-AG mit einer Mehrheit von drei Vierteln des vertretenen Grundkapitals einzuholen ist und dass anderenfalls die Maßnahme nicht durchgeführt werden darf." Mit Erfolg?

Bearbeiterhinweis: Es ist davon auszugehen, dass tatsächlich eine Kapitalerhöhung in der von *K* beschriebenen Weise in Planung ist.

Lösung

Ausgangsfall

Die von *K* gegen den Hauptversammlungsbeschluss der S-AG erhobene Klage hat Erfolg, wenn sie zulässig und begründet ist.

A. Zulässigkeit

Die vor dem zuständigen Landgericht erhobene Klage muss zunächst zulässig sein.

I. Statthafte Klageart

Das Begehren von *K* zielt darauf ab, dass der in der Hauptversammlung der S-AG gefasste Beschluss über die Einbringung der Geschäftsanteile der S-AG an der S-Ltd. in die S-GmbH gerichtlich für rechtswidrig erklärt wird. Sie ist also auf die Anfechtung dieses Hauptversammlungsbeschlusses gerichtet. Folglich ist die Anfechtungsklage gem. §§ 246 Abs. 1, 243 AktG die statthafte Klageart.

II. Richtiger Klagegegner

Richtiger Klagegegner ist gem. § 246 Abs. 2 S. 1 AktG die S-AG, die gem. § 246 Abs. 2 S. 2 AktG durch ihren Vorstand und Aufsichtsrat vertreten wird.

Die Klage von *K* ist somit als Anfechtungsklage gegen die S-AG zulässig.

B. Begründetheit

Die Klage von *K* ist begründet, wenn er als anfechtungsbefugter Kläger fristgerecht Klage erhoben hat und ein Anfechtungsgrund gegeben ist.

I. Anfechtungsbefugnis

K muss gem. § 245 AktG anfechtungsbefugt sein.[1] Er hatte seine Aktien schon vor Bekanntmachung der Tagesordnung der Hauptversammlung erworben, gegen den Beschluss gestimmt und gegen den Beschluss seinen Widerspruch zur Niederschrift erklärt. Er ist somit gem. § 245 Nr. 1 AktG anfechtungsbefugt.

II. Fristgerechte Klageerhebung

K hat seine Anfechtungsklage zwei Wochen nach der Hauptversammlung und somit innerhalb der materiell-rechtlichen[2] Monatsfrist des § 246 Abs. 1 AktG erhoben.

III. Anfechtungsgrund

Überdies muss ein Anfechtungsgrund gegeben sein. Ein Anfechtungsgrund liegt gem. § 243 Abs. 1 AktG vor, wenn der angefochtene Beschluss der Hauptversammlung das Gesetz oder die Satzung der S-AG verletzt. Hier liegt eine Gesetzesverletzung vor, wenn für die Einbringung der Geschäftsanteile der S-AG an der S-Ltd. in die S-GmbH ein Beschluss der Hauptversammlung der S-AG notwendig war und ein solcher nicht oder nicht mit der erforderlichen Mehrheit gefasst wurde.

1. Gesetzliche Zustimmungspflicht der Hauptversammlung

Zunächst muss ein Beschluss der Hauptversammlung über die Einbringung der Geschäftsanteile der S-AG an der S-Ltd. in die S-GmbH erforderlich sein. Eine derartige Zustimmungspflicht der Hauptversammlung der S-AG kann sich aus ausdrücklichen gesetzlichen Regelungen ergeben.

a) Zustimmungspflicht gem. § 179a Abs. 1 S. 1 AktG

Die Einbringung der Geschäftsanteile der S-AG an der S-Ltd. in die S-GmbH kann gem. § 179a Abs. 1 S. 1 AktG zustimmungspflichtig gewesen sein. Dann muss es sich bei der Einbringung der Geschäftsanteile der S-AG an der S-Ltd. in die S-GmbH um einen Vertrag handeln, durch den sich die S-AG zur Übertragung

---

1 Bei der Anfechtungsbefugnis handelt es sich um ein subjektives Recht, bei dessen Fehlen die Klage nicht unzulässig, sondern unbegründet ist, vgl. BGHZ 43, 261 (266); 167, 204 Rn. 15; 180, 154 Rn. 23; *BGH* NJW-RR 2008, 289 (290); Henssler/Strohn/*Drescher*, § 245 AktG Rn. 2; Hüffer/Koch/*Koch*, § 245 Rn. 2; KK-AktG/*Noack/Zetsche*, § 245 Rn. 4; MüKo-AktG/*Hüffer/Schäfer*, § 245 Rn. 3; Spindler/Stilz/*Dörr*, § 245 Rn. 4; a. A. Schmidt K./Lutter/*Schwab*, § 245 Rn. 2.

2 Vgl. Hölters/*Englisch*, § 246 Rn. 20; Hüffer/Koch/*Koch*, § 246 Rn. 20; KK-AktG/*Noack/Zetsche*, § 246 Rn. 18; MüKoAktG/*Hüffer/Schäfer*, § 246 Rn. 36; Spindler/Stilz/*Dörr*, § 246 Rn. 12; a. A. Schmidt K./Lutter/*Schwab*, § 246 Rn. 8.

ihres ganzen Gesellschaftsvermögens verpflichtet. Zwar hat sich die S-AG nicht zur Übertragung ihres vollständigen Vermögens verpflichtet. Der Begriff des „ganzen Gesellschaftsvermögens" ist aber nicht wörtlich zu verstehen. Die Vorschrift greift nach ihrem Sinn und Zweck vielmehr auch dann ein, wenn nur unwesentliches Vermögen bei der AG zurückbleibt.[3] Entscheidend ist, ob die S-AG mit dem zurückbehaltenen Vermögen ihren in der Satzung festgelegten Unternehmensgegenstand weiterverfolgen kann, wenn auch in eingeschränktem Umfang.[4] Die S-AG bringt die Geschäftsanteile der S-Ltd., die 80 % zum Konzernergebnis beiträgt, in ihre Tochtergesellschaft S-GmbH ein. Auch wenn diese Einbringung für die S-AG eine gravierende Maßnahme darstellt, so verbleibt ihr nicht zuletzt mit ihrer einhundertprozentigen Beteiligung an der S-GmbH, die nach der Sachkapitalerhöhung sämtliche Geschäftsanteile der S-AG an der S-Ltd. hält, ein nicht nur unwesentliches Vermögen, mit dem sie ihre Unternehmensziele weiterhin verfolgen kann.

Der Beschluss war deshalb nicht zustimmungspflichtig gem. § 179a Abs. 1 S. 1 AktG.

b) Zustimmungspflicht gem. § 119 Abs. 1 Nr. 5 bzw. Nr. 6 AktG

Die Einbringung der Geschäftsanteile der S-AG an der S-Ltd. in die S-GmbH war aber zustimmungspflichtig gem. §§ 119 Abs. 1 Nr. 5, 179 Abs. 1 S. 1 AktG, wenn durch sie eine Satzungsänderung vorgenommen wurde. § 2 Abs. 2 der Satzung stellt ausdrücklich klar, dass der Unternehmensgegenstand nicht allein auf dem Wege operativer Tätigkeit, sondern auch durch Beteiligung an oder durch Gründung von anderen Unternehmen verfolgt werden kann. Die Einbringung der Geschäftsanteile der S-AG an der S-Ltd. in die S-GmbH ist demnach von dem in § 2 der Satzung der S-AG festgelegten Unternehmensgegenstand umfasst, so dass sie keine Satzungsänderung darstellt.

Eine Zustimmungspflicht der Hauptversammlung zur Einbringung der Geschäftsanteile der S-AG an der S-Ltd. in die S-GmbH ergibt sich folglich nicht aus ausdrücklichen gesetzlichen Vorschriften.

2. Ungeschriebene Zustimmungspflicht der Hauptversammlung

Aufgrund der Bedeutung der Einbringung der Geschäftsanteile der S-AG an der S-Ltd. in die S-GmbH für die S-AG kann jedoch eine ungeschriebene Zustimmungspflicht der Hauptversammlung bestehen. Dazu bedarf es einer Rechtsgrundlage, deren Voraussetzungen die Einbringung der Geschäftsanteile der S-AG an der S-Ltd. in die S-GmbH erfüllt.

a) Grundsatz der Kompetenzverteilung in der AG

Gegen eine ungeschriebene Zustimmungspflicht der Hauptversammlung kann zunächst die Kompetenzverteilung in der AG sprechen. So folgt aus §§ 76, 119 AktG der Grundsatz, dass der Vorstand ausschließlich und eigenverantwortlich für sämtli-

---

[3] *RG* JW 1929, 1371 f.; RGZ 124, 279 (294 f.); BGHZ 83, 122 (128) – Holzmüller; Henssler/Strohn/*Strohn*, § 179a AktG Rn. 4; Hölters/*Haberstock/Greitemann*, § 179a Rn. 4; Hüffer/Koch/*Koch*, § 179a Rn. 4; MüKoAktG/*Schäfer*, § 179a Rn. 17; Spindler/Stilz/*Holzborn*, § 179a Rn. 19; einschränkend Schmidt K./Lutter/*Seibt*, § 179a Rn. 8.

[4] BGHZ 83, 122 (128) – Holzmüller; Henssler/Strohn/*Strohn*, § 179a AktG Rn. 4; Hölters/*Haberstock/Greitemann*, § 179a Rn. 4; Hüffer/Koch/*Koch*, § 179a Rn. 4; MüKoAktG/*Stein*, § 179a Rn. 17, 19; Schmidt K./Lutter/*Seibt*, § 179a Rn. 8; Spindler/Stilz/*Holzborn*, § 179a Rn. 19.

che Geschäftsführungsmaßnahmen der AG zuständig ist.[5] Dagegen ist der Hauptversammlung, der allein die Grundlagenkompetenz für die Verfassung der AG zukommt, – von den gesetzlich geregelten Fällen abgesehen – die Mitwirkung an und die Einflussnahme auf Geschäftsführungsmaßnahmen versagt.[6] Bei der Umkonzernierung („Umhängung“) handelt es sich um eine Maßnahme der Geschäftsführung, sodass die Beteiligung der Hauptversammlung grundsätzlich nicht erforderlich ist.

b) Dogmatische Grundlage für ungeschriebene Kompetenzen der Hauptversammlung

Allerdings können die Kompetenzen der Hauptversammlung in Ausnahmefällen auf den Bereich der Geschäftsführung auszuweiten sein.

aa) Wertung von § 119 Abs. 2 AktG

Eine Ausweitung der Kompetenzen der Hauptversammlung und eine damit verbundene Pflicht des Vorstands zur Beteiligung der Hauptversammlung an bestimmten Entscheidungen kann sich zum einen aus § 119 Abs. 2 AktG ergeben. Danach kann der Vorstand verlangen, dass die Hauptversammlung über Fragen der Geschäftsführung entscheidet. Dem Vorstand kommt also das Recht zu, nach seinem Ermessen eine Entscheidung der Hauptversammlung herbeizuführen, um auf diese Weise seine Verantwortlichkeit im Hinblick auf die ihm drohende Haftung nach § 93 Abs. 4 S. 1 AktG zu mindern. Allerdings kann angenommen werden, dass manche Maßnahmen – obwohl sie formell als Geschäftsführungsaufgabe von der Vertretungsmacht des Vorstands und von der Satzung gedeckt sind – inhaltlich so tief in die Mitgliedsrechte der Aktionäre und deren im Anteilseigentum verkörperten Vermögensinteressen eingreifen, dass der Vorstand vernünftigerweise nicht mehr annehmen könne, er dürfe sie eigenverantwortlich treffen, ohne die Hauptversammlung zu beteiligen.[7] Bei derart schwerwiegenden und grundlegenden Entscheidungen sei der Vorstand nicht nur berechtigt, sondern verpflichtet, eine Entscheidung der Hauptversammlung herbeizuführen.[8] Rechtsmethodisch ließe sich dies als Reduzierung des von § 119 Abs. 2 AktG gewährten Vorlageermessens des Vorstands auf Null erklären.

bb) Analogieschluss

Möglicherweise ergeben sich ungeschriebene Kompetenzen der Hauptversammlung auch aus einer Einzel- oder Gesamtanalogie zu den aktien- und umwandlungsrechtlichen Vorschriften über Strukturmaßnahmen.[9]

---

5 Hölters/*Weber*, § 76 Rn. 1; Hüffer/Koch/*Koch*, § 76 Rn. 2; KK-AktG/*Mertens/Cahn*, Vorb. § 76 Rn. 14; MüKoAktG/*Spindler*, § 76 Rn. 1; Spindler/Stilz/*Fleischer*, § 76 Rn. 7; *Windbichler*, § 27 Rn. 22; *Becker/Horn*, JuS 2005, 1067; *Fleischer*, NJW 2004, 2335 (2337); *Priester*, AG 2011, 654 (655 f.).

6 Hüffer/Koch/*Koch*, § 119 Rn. 11; MüKoAktG/*Kubis*, § 119 Rn. 9, 31; Schmidt K./Lutter/*Spindler*, § 119 Rn. 1; MünchHdb.GesR IV/*Bungert*, § 35 Rn. 15; *Grunewald*, § 10 Rn. 49.; *Windbichler*, § 29 Rn. 4.

7 BGHZ 83, 122 (131) – Holzmüller; *Hüffer*, FS Ulmer (2003), 279 (284 f.); *Reichert*, ZHR-Beiheft 68 (1999), 25 (45 f.).

8 BGHZ 83, 122 (131) – Holzmüller; in diesem Sinne auch *Timm*, S. 175 ff.

9 So weite Teile des Schrifttums, z. B. MüKoAktG/*Kubis*, § 119 Rn. 41 ff.; *Raiser/Veil*, § 16 Rn. 13, 9; *Fleischer*, NJW 2004, 2335 (2337); *Henze*, FS Ulmer (2003), 211 (218 ff.); *Joost*, ZHR 163 (1999), 164 (179 ff.); *Liebscher*, ZGR 2005, 1 (20 ff.); weitere Nachweise bei Emmerich/Habersack/*Habersack*, Vor § 311 AktG Rn. 40 Fn. 198.

Eine Einzelanalogie kann auf § 179 AktG gestützt werden. Aus dieser Vorschrift kann zu folgern sein, die satzungsmäßige Beschreibung des Unternehmensgegenstandes stelle die äußerste Grenze des autonomen Vorstandshandelns dar. Es sei somit der Hauptversammlung anheimgestellt, die Inhalte der Unternehmenstätigkeit und die Organisationsform präzise vorzugeben und so den gem. § 76 Abs. 1 AktG bestehenden Handlungsspielraum des Vorstands zu limitieren. Dementsprechend bestehe analog § 179 AktG eine Entscheidungsbefugnis der Hauptversammlung über mitgliedschaftsrelevante Fragen überall dort, wo der satzungsmäßige Unternehmensgegenstand diese nicht bereits präzise vorgebe.[10]

Für eine Gesamtanalogie können neben § 179 AktG weitere aktien- und umwandlungsrechtliche Kompetenzzuweisungen an die Hauptversammlung herangezogen werden, namentlich §§ 291 ff. AktG (Unternehmensverträge), §§ 13, 65 UmwG (Verschmelzung), §§ 125, 13, 65 UmwG (Spaltung) und § 179a AktG (Vermögensübertragung).[11] Aus diesen Regelungen kann der allgemeine Rechtssatz entnommen werden, die originäre Zuständigkeit für Grundlagenentscheidungen wie etwa Satzungsänderungen[12] und Strukturfragen[13] liege bei der Hauptversammlung.

cc) Offene Rechtsfortbildung

Schließlich kann eine ungeschriebene Hauptversammlungszuständigkeit dogmatisch auch mit einer Kombination von Elementen der beiden genannten Ansätze begründet werden.[14] Die besondere Zuständigkeit der Hauptversammlung kann als das Ergebnis einer offenen Rechtsfortbildung aus der nur das Innenverhältnis betreffenden Wirkung von § 119 Abs. 2 AktG einerseits und aus der Orientierung an den gesetzlich festgelegten Mitwirkungsbefugnissen der Aktionäre hinsichtlich der in Betracht kommenden Fallgestaltungen andererseits verstanden werden.[15]

dd) Ergebnis zu b)

Demzufolge sind die Kompetenzen der Hauptversammlung in Ausnahmefällen auf den Bereich der Geschäftsführung auszuweiten. In besonderen, im Einzelfall noch näher zu bestimmenden Ausnahmefällen, besteht folglich eine Pflicht des Vorstands, für eine Geschäftsführungsmaßnahme einen Beschluss der Hauptversammlung einzuholen. Eine Entscheidung für einen der genannten dogmatischen Ansätze ist nicht erforderlich.[16]

---

[10] MüKoAktG/*Kubis,* § 119 Rn. 42 f.; *Weißhaupt,* NZG 1999, 804 (807); wohl auch Schmidt K./Lutter/*Spindler,* § 119 Rn. 29.

[11] *Bungert,* BB 2004, 1345 (1346).

[12] *Hirte,* Rn. 3.222.

[13] *Priester,* ZHR 163 (1999), 187 (195).

[14] BGHZ 159, 30 (43) – Gelatine I und *BGH* ZIP 2004, 1001 – Gelatine II.

[15] BGHZ 159, 30 (43) – Gelatine I; zustimmend Emmerich/Habersack/*Habersack,* Vor § 311 Rn. 40; Hüffer/Koch/*Koch,* § 119 Rn. 18; Heidel/*Krenek/Pluta,* § 119 AktG Rn. 24; MünchHdb.GesR IV/*Bungert,* § 35 Rn. 56; *Becker/Horn,* JuS 2005, 1067 (1069); *Geßler,* FS Stimpel (1985), 771 (780); *Zimmermann/Pentz,* FS Welf Müller (2001), 151 (165 f.); vorsichtig zustimmend *Reichert,* AG 2005, 150 (153).

[16] Sollte eine Entscheidung des Streites erforderlich sein, so lässt sich gegen die Herleitung ungeschriebener Kompetenzen der Hauptversammlung aus § 119 Abs. 2 AktG dessen Normzweck anführen. § 119 Abs. 2 AktG enthält kein aktionärsbegünstigendes Moment, sondern dient nur dem Interesse des Vorstands, durch eine Abstimmung in der Hauptversammlung über Geschäftsführungsmaßnahmen in den Genuss des Haftungsausschlusses gem. § 93 Abs. 4 S. 1 AktG zu kommen. Gegen einen Analogieschluss sprechen Gründe

c) Voraussetzungen für eine Zustimmungspflicht der Hauptversammlung

Die Einbringung der Geschäftsanteile der S-AG an der S-Ltd. in die S-GmbH durch den Vorstand der S-AG muss die Voraussetzungen für eine ungeschriebene Zustimmungspflicht der Hauptversammlung erfüllen.

aa) Lediglich quantitative Kriterien

Denkbar ist zunächst, eine Zustimmungspflicht der Hauptversammlung anhand quantitativer Kriterien schon dann anzunehmen, wenn die Auswirkungen der Maßnahme eine von der Größe des Unternehmens abhängige sog. Bagatellgrenze oder Wesentlichkeitsschwelle überschreiten, die zwischen 10 % und 50 % des Grundkapitals, des Eigenkapitals oder der Bilanzsumme anzusetzen sein kann.[17]

Die S-Ltd. trägt 80 % zum Konzernergebnis der S-AG bei, sodass eine derartige Bagatellgrenze jedenfalls überschritten ist und somit eine Zustimmung der Hauptversammlung erforderlich sein kann.

bb) Quantitative und qualitative Kriterien

Darüber hinaus kann aufgrund der Kompetenzverteilung in der AG für eine ungeschriebene Hauptversammlungskompetenz weitergehend zu fordern sein, dass die Geschäftsführungsmaßnahmen des Vorstands an die Kernkompetenz der Hauptversammlung, über die Verfassung der Gesellschaft zu bestimmen, rühren und in ihren Auswirkungen einem Zustand nahezu entsprechen, der allein durch eine Satzungsänderung herbeigeführt werden kann.[18] Damit sind neben quantitativen auch qualitative Kriterien angesprochen.

---

des Vertrauensschutzes, da diese Lösung zu Folge hat, dass dem Vorstand nicht nur im Innenverhältnis die Geschäftsführungsbefugnis genommen wird, sondern die getroffene Maßnahme auch im Außenverhältnis als nichtig zu behandeln ist. Die vom BGH in den Gelatine-Fällen vertretene offene Rechtsfortbildung vermeidet diese Schwächen und ist daher trotz dogmatischer und rechtsmethodischer Angreifbarkeit vorzugswürdig. Vgl. hierzu auch mit den Argumenten gegen die einzelnen Ansätze KK-AktG/*Koppensteiner,* Vor § 291 Rn. 44 ff.; *Schwarz,* JURA 2012, 75 (77 f.).

[17] So Teile der instanzgerichtlichen Rechtsprechung und des Schrifttums, z. B. *LG Frankfurt a. M.* ZIP 1993, 830 (832) – Hornblower Fischer AG (10 % des Gesellschaftsvermögens und 50 % der Umsatzerlöse); *LG Frankfurt a. M.* ZIP 1997, 1698 (1701) – Altana/Milupa (23 % der Bilanzsumme und 30 % des Konzernumsatzes); *LG Karlsruhe* ZIP 1998, 385 (387 ff.) – Badenwerk AG (44 % des Aktivvermögens nach Buchwerten); *Ebenroth,* AG 1988, 1 (5) (50 % des Gesellschaftsvermögens); *Geßler,* FS Stimpel (1985), 771 (787) (10 % des Grundkapitals oder, wenn sachgerechter, des Eigenkapitals); *Groß,* AG 1994, 266 (272) (50 % der Aktiva); *Hirte,* Bezugsrechtsausschluss, S. 181 (25 % des Gesellschaftsvermögens); *Lutter,* FS Stimpel (1985) 825 (850 f.); *ders.,* FS Fleck (1988), 169 (179 f.) (20 bis 25 % der Aktivseite der Bilanz); weitere Nachweise bei Heidel/*Krenek/Pluta,* § 119 AktG Rn. 34; Hüffer/Koch/*Koch,* § 119 Rn. 25; *Bungert,* BB 2004, 1345 (1346 Fn. 15).

[18] BGHZ 159, 30 (44 f.) – Gelatine I; im Ergebnis bestätigt durch *BGH* ZIP 2007, 24 (Nichtannahmebeschluss zu *OLG Stuttgart* ZIP 2005, 1415 ff., vgl. hier insb. S. 1418, vgl. auch *OLG Köln* AG 2009, 416 (418); *OLG Frankfurt a. M.* ZIP 2011, 75 (76); Heidel/*Krenek/Pluta,* § 119 AktG Rn. 30; Henssler/Strohn/*Liebscher,* § 119 AktG Rn. 13 f.; Hüffer/Koch/*Koch,* § 119 Rn. 25; Schmidt K./Lutter/*Spindler,* § 119 Rn. 30; MünchHdb.GesR IV/*Bungert,* § 35 Rn. 51; *Spindler,* FS Goette (2011), 513 (516 f.).

(1) Voraussetzungen in qualitativer Hinsicht

Bei einer Beurteilung anhand qualitativer Kriterien muss die Einbringung der Geschäftsanteile der S-AG an der S-Ltd. in die S-GmbH an die Kernkompetenz der Hauptversammlung, über die Verfassung der Gesellschaft zu bestimmen, rühren.

§ 2 Abs. 2 der Satzung der S-AG lässt ausdrücklich zu, dass der in Abs. 1 dieser Bestimmung festgelegte Unternehmensgegenstand nicht allein auf dem Wege eigener operativer Tätigkeit der S-AG, sondern auch durch Beteiligung an oder durch Gründung bzw. durch Erwerb von anderen Unternehmen, die ganz oder teilweise unter einheitlicher Leitung zusammengefasst werden können, verfolgt wird. Der Satzungsgeber hat damit unter Berücksichtigung der Doppelfunktion der S-AG als operativ tätiges Unternehmen einerseits und als Holdinggesellschaft andererseits die Grenzen abgesteckt, innerhalb derer der Vorstand in Ausübung der ihm übertragenen Leitungsmacht eigenverantwortlich (§ 76 AktG) die Geschäfte zu führen hat. Ob die Beteiligungen – wie hier an der S-Ltd. – von der S-AG selbst zu halten und dementsprechend die Führung des Tochterunternehmens in größerem Maße in den Händen des Vorstands der S-AG selbst liegt oder die Geschäfte der Beteiligungsunternehmen besser auf einer tieferen hierarchischen Ebene innerhalb des Konzerns geführt werden sollen, ist damit nach der Satzung eine allein vom Vorstand verantwortungsbewusst zu treffende Entscheidung.[19] Diese Entscheidungskompetenz umfasst grundsätzlich auch eine etwaige Änderung der bisherigen Zuordnung, solange sie auf nachvollziehbaren Gründen beruht.[20]

Zu berücksichtigen ist aber, dass mit der Übertragung sämtlicher Geschäftsanteile der S-AG an der S-Ltd. auf die S-GmbH eine weitere hierarchische Ebene innerhalb der Konzernstruktur geschaffen wird. Die S-Ltd. ist nicht mehr Tochter-, sondern Enkelgesellschaft der S-AG. Nicht mehr der Vorstand der S-AG, sondern die Geschäftsführung der S-GmbH übt nunmehr die Gesellschafterrechte in der S-Ltd. aus. Die Geschäftsführung der S-GmbH ist hierbei zwar an die Weisungen der S-AG als Alleingesellschafterin gebunden (§ 37 Abs. 1 GmbHG) und das Weisungsrecht der S-AG wird durch deren Vorstand ausgeübt. Dieser unterliegt hierbei aber formal keinen Beschränkungen. Die Entscheidungskompetenz wird folglich durch das „Umhängen" der S-Ltd. – gleichsam mit deren Geschäftsvermögen – von der S-AG auf die S-GmbH übertragen. Die Aktionäre der S-AG verlieren auf diese Weise die Möglichkeit, im Rahmen der gem. § 119 Abs. 1 AktG der Hauptversammlung vorbehaltenen Befugnisse den Einsatz des abgespaltenen Betriebskapitals, das Risiko seines Verlusts und die Verwendung seiner Erträge unmittelbar zu beeinflussen (sog. Mediatisierung des Aktionärseinflusses).[21] So besteht die Gefahr, dass der Vorstand der S-AG die von ihm geschaffene Lage kraft seiner Vertretungsbefugnis dazu ausnutzt, durch grundlegende Entscheidungen in der S-Ltd. die ohnehin schon durch die Ausgliederung verkürzten Aktionärsrechte mittelbar noch weiter zu schmälern.[22] Somit ist die Kernkompetenz der Hauptversammlung, über die Verfassung der Gesellschaft zu bestimmen, berührt. Die qualitative Voraussetzung ist erfüllt.

---

[19] Vgl. *OLG Stuttgart* ZIP 2005, 1415 (1417); Hüffer/Koch/*Koch,* § 76 Rn. 10, 25; KK-AktG/*Mertens/Cahn,* § 76 Rn. 4, 9.

[20] Ähnlich KK-AktG/*Mertens/Cahn,* § 76 Rn. 64 f.

[21] BGHZ 83, 122 (136) – Holzmüller; *OLG Stuttgart* ZIP 2005, 1415 (1418); Emmerich/Habersack/*Habersack,* Vor § 311 AktG Rn. 34; Schmidt K./Lutter/*Spindler,* § 119 Rn. 28, 30, 34 f.; *Raiser/Veil,* § 16 Rn. 14; *Becker/Horn,* JuS 2005, 1067 (1069); vgl. hierzu krit. *Hoffmann-Becking,* ZHR 172 (2008), 231 (232 ff.).

[22] Vgl. dazu BGHZ 83, 122 (139 f.) – Holzmüller; *Hirte,* Rn. 8.48.

(2) Voraussetzungen in quantitativer Hinsicht

In quantitativer Hinsicht ist erforderlich, dass die Auswirkungen der Geschäftsführungsmaßnahme nahezu einem Zustand entsprechen, der allein durch Satzungsänderung herbeigeführt werden kann. Dieses Kriterium ist dann erfüllt, wenn die Geschäftsführungsmaßnahme sich auf einen Bereich erstreckt, der etwa 80 % des Gesellschaftsvermögens ausmacht.[23] Das ist im Hinblick darauf, dass die S-Ltd. etwa 80 % zum Konzernergebnis der S-AG beiträgt, anzunehmen.

cc) Ergebnis zu c)

Nach beiden Ansätzen (ausschließlich quantitative Elemente bzw. Kombination qualitativer und quantitativer Elemente) ist eine ungeschriebene Kompetenz der Hauptversammlung für die Entscheidung über die Einbringung der Geschäftsanteile der S-AG an der S-Ltd. in die S-GmbH zu bejahen. Demnach ist für die Einbringung der Geschäftsanteile der S-AG an der S-Ltd. in die S-GmbH durch den Vorstand der S-AG ein Beschluss der Hauptversammlung notwendig.

d) Mehrheitserfordernis

Ein erforderlicher Beschluss wurde von der Hauptversammlung der S-AG mit den Stimmen der Familie *S* gegen die Stimmen von *K* und damit mit einfacher Mehrheit der abgegebenen Stimmen gefasst. Ob die einfache Mehrheit ausreicht, richtet sich nach der dogmatischen Herleitung der Erweiterung der Kompetenzen der Hauptversammlung.

aa) Grundsatz

Wird die Kompetenz im Wege einer Analogie aus den bestehenden Hauptversammlungskompetenzen abgeleitet, ist folgerichtig auch die im Rahmen dieser Entscheidungen gesetzlich geforderte qualifizierte Mehrheit von drei Vierteln des bei der Beschlussfassung vertretenen Grundkapitals zu verlangen.[24]

Soweit aber der Ansatz über § 119 Abs. 2 AktG gewählt wird, ist damit die Qualifikation der zustimmungsbedürftigen Maßnahme als Geschäftsführungsmaßnahme verbunden, so dass gemäß dem allgemeinen Grundsatz von § 133 Abs. 1 AktG die einfache Stimmenmehrheit ausreichen kann.[25] Möglicherweise rechtfertigt aber eine materielle Betrachtungsweise ein anderes Ergebnis. Gegenstand der Beschlussfassung ist eine Maßnahme, die – ohne tatsächlich Satzungsänderung zu sein – trotzdem angesichts der tief in die mitgliedschaftliche Stellung der Aktionäre

---

[23] BGHZ 159, 30 (45) – Gelatine I; zustimmend *OLG Stuttgart* ZIP 2005, 1415 (1418); *OLG Hamm* AG 2008, 421 (422 f.); *OLG Köln* AG 2009, 416 (418); *OLG Frankfurt a. M.* ZIP 2011, 75 (78); Heidel/*Krenek/Pluta*, § 119 AktG Rn. 36; Henssler/Strohn/*Liebscher*, § 119 AktG Rn. 15; Schmidt K./Lutter/*Spindler*, § 119 Rn. 32; MünchHdb.GesR IV/*Bungert*, § 35 Rn. 53; *Raiser/Veil*, § 16 Rn. 16; *Spindler*, FS Goette (2011), 513 (517); jeweils unter Bezugnahme auf die Ausmaße der Ausgliederungsmaßnahme im Holzmüller-Fall. Vgl. dazu die genauen Zahlenangaben im Berufungsurteil *OLG Hamburg* ZIP 1980, 1000 (1005).

[24] MüKoAktG/*Kubis*, § 119 Rn. 59; *Windbichler*, § 29 Rn. 5; *Altmeppen*, DB 1998, 49 (50); *Lutter*, FS Fleck (1988), 169 (181 ff.); *Lutter/Leinekugel*, ZIP 1998, 805 (806); *Lüders/Wulff*, BB 2001, 1209 (1210); *Priester*, ZHR 163 (1999), 187 (199 f.); *Rehbinder*, ZGR 1983, 92 (98); *Weißhaupt*, NZG 1999, 804 (810 f.).

[25] *OLG Karlsruhe* AG 2003, 388 (389 f.); *Groß*, AG 1996, 111 (118); *Hüffer*, FS Ulmer (2003), 279 (298); *Immenga*, BB 1992, 2446 (2448); *Westermann H. P.*, ZGR 1984, 352 (362).

eingreifenden Wirkung einer Satzungsänderung so nahe kommt, dass die an sich gegebene Gestaltungsmacht des Vorstands hinter der gebotenen Mitwirkung der Hauptversammlung zurücktreten muss.[26] Für vergleichbare Konstellationen, die tiefgreifende Geschäftsführungsmaßnahmen betreffen – wie etwa den Abschluss von Unternehmensverträgen oder die Umstrukturierungen nach dem UmwG –, hat der Gesetzgeber selbst nicht nur die Zustimmungspflicht der Hauptversammlung überhaupt angeordnet, sondern darüber hinaus bestimmt, dass bei der Beschlussfassung eine qualifizierte Mehrheit erreicht werden muss.[27] Auch wenn die dogmatische Begründung für ungeschriebene Kompetenzen der Hauptversammlung in § 119 Abs. 2 AktG angesiedelt wird, ist also grundsätzlich eine Dreiviertelmehrheit zu fordern.

Es bedarf mithin grundsätzlich einer Mehrheit von drei Vierteln des bei der Beschlussfassung vertretenen Grundkapitals.

bb) Veränderung aufgrund der Satzung der S-AG

Auf Grundlage der Satzung der S-AG kann sich jedoch eine Veränderung dieses qualifizierten Mehrheitserfordernisses ergeben.

(1) § 2 Abs. 2 der Satzung

So ist in § 2 Abs. 2 der Satzung der S-AG in einer allgemeinen Konzernöffnungsklausel bereits im Vorhinein geregelt worden, dass die S-AG berechtigt ist, Teile ihres Unternehmens auszugliedern und unter Leitung von Tochtergesellschaften zusammenzufassen. Durch eine derartige Klausel erweitern die Aktionäre jedoch lediglich den Handlungsspielraum des Vorstands, der dementsprechend nicht gehalten ist, den Unternehmensgegenstand ausschließlich durch eigene operative Tätigkeit der AG zu verwirklichen, sondern dafür auch zu gründende oder zu erwerbende Gesellschaften oder Beteiligungen einsetzen darf.[28] Trotz dieser abstrakten Regelung sind die Aktionäre, wenn die Umkonzernierungsmaßnahme eine ungeschriebene Hauptversammlungszuständigkeit begründet, schutzbedürftig und verlieren diesen Schutz nicht durch eine in der Satzung verankerte allgemeine Konzernöffnungsklausel.[29]

(2) § 6 der Satzung

Eine Veränderung dieses Mehrheitserfordernisses kann sich aber aus § 6 der Satzung ergeben. Danach können Beschlüsse der Hauptversammlung mit einfacher Mehrheit der abgegebenen Stimmen und, soweit eine Kapitalmehrheit erforderlich ist, mit einfacher Mehrheit des vertretenen Kapitals gefasst werden, falls nicht die Satzung oder das Gesetz zwingend etwas anderes vorschreibt. Angesichts der Schwere der möglichen Beeinträchtigung der Mitgliedschaftsrechte der Aktionäre ist das Erfordernis einer qualifizierten Mehrheit hier aber nicht anders als etwa in den Fällen der

---

[26] BGHZ 159, 30 (45) – Gelatine I.

[27] BGHZ 159, 30 (45 f.) – Gelatine I; zustimmend Emmerich/Habersack/*Habersack*, Vor § 311 Rn. 50; Hüffer/Koch/*Koch*, § 119 Rn. 29; Schmidt K./Lutter/*Spindler,* § 119 Rn. 46; Spindler/Stilz/*Hoffmann*, § 119 Rn. 28; MünchHdb.GesR IV/*Krieger,* § 70 Rn. 14.

[28] BGHZ 159, 30 (46) – Gelatine I.

[29] Vgl. dazu BGHZ 83, 122 (143 f.) – Holzmüller; 159, 30 (46) – Gelatine I; Emmerich/Habersack/*Habersack,* Vor § 311 AktG, Rn. 50; Hölters/*Drinhausen*, § 119 Rn. 23; Hüffer/Koch/*Koch*, § 119 Rn. 20; MünchHdb.GesR IV/*Bungert,* § 35 Rn. 55; a. A. *Lutter,* FS Stimpel (1985), 825 (847).

§§ 179a Abs. 1 S. 2, 293 Abs. 1 S. 3, 319 Abs. 2 S. 3 AktG zwingend. Die Satzung kann daher nicht zu Lasten der Aktionäre das Quorum für die Zustimmung zu der beabsichtigten Maßnahme absenken.[30]

Der erforderliche Zustimmungsbeschluss der Hauptversammlung bedarf somit auch unter Berücksichtigung der Satzung der S-AG einer Dreiviertelmehrheit. Die innerhalb der Hauptversammlung erreichte einfache Mehrheit reicht demnach nicht aus.

Der mit einfacher Mehrheit gefasste Beschluss der Hauptversammlung über die Einbringung der Geschäftsanteile der S-AG an der S-Ltd. in die S-GmbH durch den Vorstand der S-AG verstößt daher gegen das Gesetz. Ein Anfechtungsgrund gem. § 243 Abs. 1 AktG ist gegeben.

Die Anfechtungsklage von *K* ist folglich begründet.

C. Ergebnis

Die Anfechtungsklage von *K* ist zulässig und begründet. Sie hat mithin Aussicht auf Erfolg.

Abwandlung

Die von *K* erhobene Klage hat Erfolg, wenn sie zulässig und begründet ist.

A. Zulässigkeit

Die vor dem zuständigen Landgericht erhobene Klage muss zunächst zulässig sein.

I. Statthafte Klageart

Die statthafte Klageart hängt von dem Klagebegehren von *K* ab. *K* begehrt die Feststellung, dass Kapitalerhöhungsmaßnahmen der S-KGaA einer Zustimmung der Hauptversammlung der S-AG mit einer Mehrheit von drei Vierteln des vertretenen Grundkapitals bedürfen und dass anderenfalls die Maßnahme nicht durchgeführt werden darf. Als statthafte Klageart kommt somit die Feststellungsklage gem. § 256 Abs. 1 ZPO in Betracht.

Zwar betrifft der Antrag von *K* kein Rechtsverhältnis zwischen ihm und der beklagten S-AG. Eine Klage nach § 256 ZPO kann aber auch darauf zielen festzustellen, dass zwischen der beklagten Partei und einem Dritten ein Rechtsverhältnis besteht oder nicht besteht, wenn dies zugleich für die Rechtsbeziehungen der Parteien untereinander von Bedeutung ist und das Aktienrecht für die Austragung eines solchen Streits keine abschließende Regelung trifft.[31] Infolge der Ausgliederung der Lager- und Umschlaganlage auf die S-KGaA befürchtet *K* eine Kapitalerhöhung der S-KGaA ohne die Beteiligung der Aktionäre der S-AG. Darin sieht er einen gesetzeswidrigen Eingriff in die Zuständigkeit der Hauptversammlung der S-AG und zugleich in die einzelnen Mitgliedschaftsrechte der Aktionäre der S-AG, da deren Bezugsrechte ausgeschaltet werden könnten. Diese von *K* aufgeworfene Frage der Beachtung der Bezugsrechte berührt die Stellung von *K* als Aktionär und damit sein Rechtsverhältnis zu der beklagten S-AG. Der Streitpunkt ist von den speziellen

---

30 BGHZ 159, 30 (46) – Gelatine I; Emmerich/Habersack/*Habersack*, Vor § 311 AktG, Rn. 50; Hölters/*Drinhausen*, § 119 Rn. 23; MünchHdb.GesR IV/*Bungert*, § 35 Rn. 55.

31 BGHZ 83, 122 (125 f.) – Holzmüller; *BGH* ZIP 2005, 2207 (2209) – Mangusta/Commerzbank II; zustimmend *OLG Stuttgart* ZIP 2005, 1415 (1417); *Raiser/Veil*, § 11 Rn. 36.

aktienrechtlichen Klagen nicht erfasst. Statthafte Klageart ist daher die Feststellungsklage gem. § 256 ZPO.[32]

II. Feststellungsinteresse

Weiterhin muss *K* gem. § 256 Abs. 1 ZPO ein Interesse an dieser Feststellung haben. Ein Feststellungsinteresse besteht dann, wenn dem Recht oder der Rechtslage des Klägers eine gegenwärtige Gefahr der Unsicherheit dadurch droht, dass der Beklagte ein Recht des Klägers ernstlich bestreitet oder er sich eines Rechts gegen den Kläger berühmt, und wenn das Feststellungsurteil infolge seiner Rechtskraft geeignet ist, diese Gefahr zu beseitigen.[33]

Würde die beklagte S-AG die Kapitalerhöhung entgegen dem von *K* beantragten Feststellungsurteil durchführen, so könnte dieses für *K* die Grundlage konkreter Abwehr- oder Schadensersatzansprüche werden oder zumindest entsprechende Anträge in der Hauptversammlung, etwa auf Versagen der Entlastung für den Vorstand, rechtfertigen.[34] *K* hat daher begründete Aussicht, der Vorstand der S-AG werde sich der Feststellung gemäß verhalten. Hieraus ergibt sich das rechtliche Interesse von *K* an der gewünschten Feststellung.

Die Feststellungsklage ist somit zulässig.

B. Begründetheit

Die Feststellungsklage von *K* ist begründet, wenn der Vorstand die Kapitalerhöhungsmaßnahmen in der S-KGaA ohne Zustimmung der Hauptversammlung der S-AG mit einer Mehrheit von drei Vierteln des vertretenen Grundkapitals nicht durchführen darf.

I. Voraussetzungen der Zustimmungspflicht der Hauptversammlung

Der Vorstand der S-AG hat für den 10.5.2018 bereits eine Kapitalerhöhung für die S-KGaA beschlossen. Hierbei handelt sich um eine Maßnahme der S-KGaA in der Zuständigkeit der Hauptversammlung (vgl. §§ 278 Abs. 3, 119 Abs. 1 Nr. 6 AktG). Die dortige Wahrnehmung der Rechte der S-AG aus der Beteiligung an ihrer Tochtergesellschaft liegt als Teil der Beteiligungsverwaltung grundsätzlich in der Zuständigkeit des Vorstands der S-AG (sog. Gruppenleitung[35]). Eine gesetzlich normierte Kompetenz der Hauptversammlung der S-AG besteht somit nicht. Es kommt nur eine ungeschriebene Zuständigkeit der Hauptversammlung für die Entscheidung über die Ausübung ihrer Beteiligungsrechte im Zuge der Kapitalerhöhung in der S-KGaA in Betracht.

Dann müssen die Voraussetzungen für eine solche ungeschriebene Kompetenz erfüllt sein.

---

[32] So im Ergebnis auch MüKoZPO/*Becker-Eberhard*, § 256 Rn. 35; Schmidt K./Lutter/*Spindler*, § 119 Rn. 48; MünchHdb.GesR IV/*Rieckers*, § 18 Rn. 9; krit. hingegen *Grunewald*, § 10 Rn. 217.

[33] BGHZ 15, 382 (390); 69, 144 (147); *BGH* NJW 1986, 2507; Zöller/*Greger*, § 256 Rn. 7.

[34] Vgl. MünchHdb.GesR IV/*Rieckers*, § 18 Rn. 9.

[35] So die Begriffsverwendung von Emmerich/Habersack/*Habersack*, Vor § 311 AktG Rn. 48; Schmidt K./Lutter/*Spindler*, § 119 Rn. 37.

1. Lediglich quantitative Kriterien

Sofern eine weite Ausdehnung ungeschriebener Kompetenzen der Hauptversammlung zu befürworten ist, ist auch eine Zustimmungspflicht zu Geschäftsführungsmaßnahmen, wie der Verwaltung von Beteiligungen an Tochtergesellschaften, schon bei der Überschreitung von Schwellenwerten anzunehmen, die unterhalb von 30 % des Grundkapitals, des Eigenkapitals oder der Bilanzsumme liegen.[36] Mit der Kapitalerhöhungsmaßnahme in der S-KGaA ist ein Bereich des Unternehmens betroffen, der 30 % des Konzernergebnisses ausmacht, so dass danach eine Entscheidungskompetenz der Hauptversammlung besteht.

2. Quantitative und qualitative Kriterien

Sofern an ungeschriebene Hauptversammlungskompetenzen aber strenge Anforderungen gestellt werden, dass nämlich sowohl quantitative als auch qualitative Kriterien erfüllt sein müssen, muss die Kapitalerhöhungsmaßnahme in der S-KGaA an die Kernkompetenz der Hauptversammlung rühren, über die Verfassung der Gesellschaft zu bestimmen, und sich zusätzlich auf einen Bereich erstrecken, der ca. 80 % des Konzernvermögens ausmacht.[37]

Schon das quantitative Element mit „lediglich" 30 % des Konzernergebnisses, das durch die S-KGaA erwirtschaftet wird, ist jedoch nicht ausreichend groß, um eine ungeschriebene Kompetenz der Hauptversammlung zu begründen. Die Frage, ob entsprechend dem qualitativen Kriterium mit einer Kapitalerhöhung in einer Tochtergesellschaft eine Mediatisierung des Aktionärseinflusses in der Muttergesellschaft einhergeht, kann somit hier offen bleiben.[38] Danach besteht keine Zustimmungspflicht.

3. Stellungnahme

Für die Annahme ungeschriebener Hauptversammlungszuständigkeiten schon bei niedrig angesetzten Bagatellgrenzen kann die Notwendigkeit eines weit reichenden Schutzes der Mitgliedsrechte der Aktionare und deren im Anteilseigentum verkörperten Vermögensinteresses sprechen. Es ist allerdings auch der Zweck der aktienrechtlichen Kompetenzverteilung zu beachten. Die grundsätzliche Zuweisung der Geschäftsführungsbefugnisse an den Vorstand beruht auf der gesetzgeberischen Erkenntnis, die Hauptversammlung sei in Anbetracht ihrer inhomogenen, dem Zufall ausgelieferten Zusammensetzung und ihrer Ferne zu den jeweils zu treffenden Geschäftsführungsmaßnahmen ihrer Struktur nach für die Leitung einer Aktiengesellschaft ungeeignet.[39] Diese Erkenntnis gilt bis heute. Gerade in einer global vernetzten Wirtschaftsordnung, die schnelle unternehmerische Entscheidungen erfordert, wäre eine zu enge Bindung an jeweils unter erheblichem Zeit- und Kosten-

---

[36] Vgl. Nachweise in Fn. 17.

[37] Vgl. oben im Ausgangsfall B. III. 2. c) bb) mit entsprechenden Nachweisen. Zum Fall einer Kapitalerhöhung in einer Tochtergesellschaft vgl. BGHZ 83, 122 (142 f.) – Holzmüller sowie Schmidt K./Lutter/*Spindler*, § 119 Rn. 37; *Raiser/Veil*, § 16 Rn. 20.

[38] Ein „Mediatisierungseffekt" wird teilweise zwar in der vorangegangenen Ausgliederung des Gesellschaftsvermögens, nicht jedoch in einer späteren Kapitalerhöhung gesehen, sofern die Muttergesellschaft ihr Bezugsrecht vollumfänglich ausübt; vgl. Emmerich/Habersack/*Habersack*, Vor § 311 AktG, Rn. 49; Hüffer/Koch/*Koch*, § 119 Rn. 20; MüKoAktG/*Kubis*, § 119 Rn. 81 f.; a. A. noch BGHZ 83, 122 (142 f.) – Holzmüller.

[39] Begr. AktG 1937, Deutscher Reichsanzeiger und Preußischer Staatsanzeiger 1937, Nr. 28 S. 3.

aufwand einzuholende Entschließungen der Hauptversammlung gänzlich undurchführbar und hätte eine Lähmung der Gesellschaft zur Folge.[40]

Um die vom Gesetzgeber gewollte und auch heute noch sachgemäße Kompetenzverteilung in der AG so weit wie möglich unangetastet zu lassen, kann eine gesetzlich nicht vorgesehene Mitwirkung der Hauptversammlung bei Geschäftsführungsmaßnahmen des Vorstands folglich nur ausnahmsweise und in engen Grenzen in Betracht kommen.[41] Daher ist ein derart schwerwiegender Eingriff, der eine ungeschriebene Zustimmungspflicht der Hauptversammlung begründet, nur dann anzunehmen, wenn die vorgenannten quantitativen und qualitativen Kriterien erfüllt sind.

II. Ergebnis zu I.

Es besteht somit keine Kompetenz der Hauptversammlung der S-AG für die Entscheidung über die Kapitalmaßnahmen in der S-KGaA. Der Vorstand darf die Kapitalerhöhungsmaßnahmen in der S-KGaA daher ohne Zustimmung der Hauptversammlung der S-AG mit einer Mehrheit von drei Vierteln des vertretenen Grundkapitals durchführen. Die Klage ist demnach unbegründet.

C. Ergebnis

Die Klage von *K* ist zulässig, aber unbegründet. Sie hat daher keine Aussicht auf Erfolg.

---

[40] BGHZ 159, 30 (44) – Gelatine I; zustimmend Schmidt K./Lutter/*Spindler*, § 119 Rn. 32.

[41] BGHZ 159, 30 – Gelatine I, *BGH* ZIP 2004, 1001 – Gelatine II; vgl. auch MünchHdb.GesR IV/*Bungert*, § 35 Rn. 51; *Raiser/Veil*, § 16 Rn. 13; *Henze*, FS Ulmer (2003), 211 (222 ff.).

Fall 16. Der verhängnisvolle Unternehmensvertrag

Schwerpunkt im Konzernrecht (GmbH):

GmbH-Vertragskonzern – Pflicht zur Aufstellung eines Konzernabschlusses – Verlustausgleichspflicht gem. § 302 AktG analog – Abschluss eines Beherrschungsvertrages – Mindestinhalt eines Beherrschungsvertrages – Zustimmungserfordernisse in der abhängigen GmbH – Bestätigung eines Unternehmensvertrages

Sachverhalt

Die T-GmbH betreibt seit 1980 in Kiel unter der Bezeichnung „Theo Trickreich Arma Instruments GmbH" (T-GmbH) ein florierendes Unternehmen, das Präzisionsmessgeräte für Blockheizkraftwerke produziert und vertreibt. Sie beschäftigt 10 Arbeitnehmer und hat einen jährlichen Umsatz von 25 Mio. EUR. Gesellschafter der T-GmbH sind *Theo Trickreich (T)* mit 75 % und *Leo Lustlos (L)* mit 25 % der Anteile. *T* ist zudem zum alleinigen Geschäftsführer der T-GmbH bestellt und von den Beschränkungen des § 181 BGB befreit.

Um sich ein weiteres Standbein im norddeutschen Raum zu schaffen, erwirbt *T* im Mai 2008 von dem Alleingesellschafter der in Schwerin ansässigen „Armaturenbau GmbH" (A-GmbH), *Nicki Notnagel (N)*, 80 % der Anteile. Das Stammkapital der A-GmbH beträgt 50.000 EUR. Die A-GmbH beschäftigt 8 Arbeitnehmer und erwirtschaftet einen jährlichen Umsatz von 12 Mio. EUR. Da *N* keinerlei unternehmerisches Interesse mehr an der A-GmbH hat, wird *T* im Juni 2013 auch als alleiniger Geschäftsführer der A-GmbH bestellt, wobei er von den Beschränkungen des § 181 BGB befreit wird.

Um eine möglichst starke Einbindung der A-GmbH in die geschäftlichen Aktivitäten zu erreichen, schließt *T* am 16.9.2013 sowohl als Vertreter der T-GmbH als auch der A-GmbH einen schriftlichen und notariell beurkundeten, auf unbestimmte Dauer gerichteten, mindestens aber 10 Jahre betragenden Gewinnabführungs- und Beherrschungsvertrag zwischen beiden Gesellschaften ab. Danach soll die T-GmbH ab dem 1.1.2014 herrschendes und die A-GmbH beherrschtes Unternehmen sein. In dem Gewinnabführungs- und Beherrschungsvertrag wird *N* ein Barabfindungsangebot von – angemessenen – 40.000 EUR angeboten.

In den jeweils ordnungsgemäß einberufenen Gesellschafterversammlungen der T-GmbH und der A-GmbH am 15.10.2013 bzw. 16.10.2013 wird dem Gewinnabführungs- und Beherrschungsvertrag jeweils mit den Stimmen von *T* zugestimmt, während *L* in der Gesellschafterversammlung der T-GmbH mit „Nein" stimmt und sich *N* in der Gesellschafterversammlung der A-GmbH seiner Stimme enthält. Eine vorherige Prüfung des Gewinnabführungs- und Beherrschungsvertrages durch unabhängige Prüfer ist unterblieben und es wurde auch kein ausführlicher schriftlicher Bericht über den Unternehmensvertrag erstellt. Der Gesellschafterbeschluss der A-GmbH wird notariell beurkundet, während der Gesellschafterbeschluss der T-GmbH lediglich schriftlich protokolliert wird. Eine Eintragung des Gewinnabführungs- und Beherrschungsvertrages in das Handelsregister der beiden Gesellschaften unterbleibt.

In den Jahren 2014 bis 2017 erwirtschaftet die A-GmbH jeweils knappe Jahresüberschüsse von bis zu 20.000 EUR, die an die T-GmbH abgeführt werden. Im Jahr 2018 muss die T-GmbH hingegen einen Jahresfehlbetrag von 250.000 EUR hinnehmen. Die jährlichen Umsatzerlöse und die Anzahl der von beiden Gesellschaften beschäftigten Arbeitnehmer haben sich bis zum Jahr 2018 nicht maßgeblich verändert.

Der von *T* namens der T-GmbH mit der Erstellung der Steuererklärung beauftragte Steuerberater teilt *T* mit, er habe große Zweifel, ob bei Abschluss des Gewinnabführungs- und Beherrschungsvertrages „alles mit rechten Dingen zugegangen sei; möglicherweise ließen sich eventuell unterlaufene Fehler aber für die Zukunft korrigieren". Aufgrund dieser Hinweise wendet sich *T* daher an Sie mit der Bitte um Rechtsauskunft, was er insoweit zur Vorbereitung der Gesellschafterversammlung der A-GmbH im Jahre 2019, in der über die Feststellung des Jahresabschlusses und die Verwendung des Ergebnisses zu beschließen ist, zu beachten habe.

Lösung

A. Aufstellung eines Konzernabschlusses

T kann zur Vorbereitung der Gesellschafterversammlung der A-GmbH im Jahre 2019 als Geschäftsführer der T-GmbH und damit als deren gesetzlicher Vertreter (§ 35 Abs. 1 GmbHG) zur Aufstellung eines Konzernabschlusses (§ 297 Abs. 1 HGB) und eines Konzernlageberichts (§ 315 HGB) in den ersten fünf Monaten des Konzerngeschäftsjahres gem. § 290 Abs. 1 S. 1 HGB verpflichtet sein.

Dann muss die T-GmbH als Mutterunternehmen mit Sitz im Inland auf die A-GmbH als Tochterunternehmen unmittelbar oder mittelbar beherrschenden Einfluss ausüben können.[1] Die T-GmbH ist eine Kapitalgesellschaft mit Sitz im Inland und kann damit Mutterunternehmen i. S. d. § 290 Abs. 1 S. 1 HGB sein. Dafür muss sie zudem unmittelbar oder mittelbar einen beherrschenden Einfluss auf die A-GmbH als Tochterunternehmen ausüben können (§ 290 Abs. 1 S. 1, 2. Halbs. HGB). Sie kann nach § 290 Abs. 2 HGB unmittelbar oder mittelbar beherrschenden Einfluss auf die A-GmbH ausüben, wenn ihr an der A-GmbH die Mehrheit der Stimmrechte (Nr. 1) oder das Recht zusteht, die Mehrheit der Mitglieder des Verwaltungs-, Leitungs- oder Aufsichtsorgans zu bestellen oder abzuberufen, wobei sie zugleich Gesellschafter der A-GmbH sein muss (Nr. 2). Die T-GmbH hält aber keine Geschäftsanteile an der A-GmbH, so dass ein beherrschender Einfluss nach § 290 Abs. 2 Nr. 1 und 2 HGB ausscheidet.

Ein unmittelbar oder mittelbar beherrschender Einfluss und damit eine Verpflichtung zur Aufstellung des Konzernabschlusses und des Konzernlageberichts kann sich aber aus § 290 Abs. 2 Nr. 3 HGB ergeben. Dann muss der T-GmbH aufgrund eines Beherrschungsvertrages das Recht zustehen, die Finanz- und Geschäftspolitik der A-GmbH zu bestimmen. Zwischen der T-GmbH und der A-GmbH wurde 2013

[1] Vgl. zu den Tatbestandsvoraussetzungen von § 290 Abs. 1 und 2 HGB Baumbach/Hopt/*Merkt*, § 290 Rn. 7 ff.; BeckOK HGB/*v. Kanitz/Hoffmann*, § 290 Rn. 5 ff.; EBJS/*Böcking/Gros/Schurbohm-Ebneth*, § 290 Rn. 7 ff.; MüKoHGB/*Busse von Colbe*, § 290 Rn. 13 ff.; Staub/*Kindler*, § 290 Rn. 20 ff.

ein Gewinnabführungs- und Beherrschungsvertrag vereinbart. Ist dieser Unternehmensvertrag wirksam zustande gekommen, steht der T-GmbH analog § 308 Abs. 1 AktG das Recht zu, dem Vertretungsorgan der A-GmbH hinsichtlich der Leitung, d. h. insbesondere auch der Finanz- und Geschäftspolitik dieser Gesellschaft Weisungen zu erteilen.[2]

Ob der im Jahr 2013 zwischen beiden Gesellschaften vereinbarte Gewinnabführungs- und Beherrschungsvertrag wirksam zustande gekommen ist oder nicht, kann an dieser Stelle jedoch offen bleiben, wenn die T-GmbH selbst bei Vorliegen eines solchen Gewinnabführungs- und Beherrschungsvertrages aufgrund einer Ausnahmevorschrift von der Aufstellung eines Konzernabschlusses und eines Konzernlageberichts befreit wäre. Eine solche Befreiung kann sich aus § 293 Abs. 1 S. 1 Nr. 1 HGB ergeben.[3] Dann darf die T-GmbH am Abschlussstichtag ihres Jahresabschlusses und am vorhergehenden Abschlussstichtag zwei der drei in § 293 Abs. 1 S. 1 Nr. 1 HGB genannten Größenordnungen nicht überschreiten. Die T-GmbH beschäftigt im Jahr 2008 zehn Arbeitnehmer und hat einen jährlichen Umsatz von 25 Mio. EUR und die A-GmbH beschäftigt acht Arbeitnehmer und erwirtschaftet einen jährlichen Umsatz von 12 Mio. EUR. Weder die Umsatzerlöse noch die Anzahl der von beiden Gesellschaften beschäftigten Arbeitnehmer haben sich bis zum Jahr 2018 drastisch erhöht, so dass die in § 293 Abs. 1 S. 1 Nr. 1b) und c) genannten Größenordnungen nicht überschritten werden. Der Ausnahmetatbestand von § 293 Abs. 1 S. 1 Nr. 1 HGB ist somit erfüllt.

Unabhängig davon, ob der Gewinnabführungs- und Beherrschungsvertrag zwischen der T-GmbH und der A-GmbH wirksam zustande gekommen ist, ist die T-GmbH daher gem. § 293 Abs. 1 S. 1 Nr. 1 HGB nicht verpflichtet, einen Konzernabschluss und einen Konzernlagebericht gem. § 291 Abs. 1 HGB aufzustellen.

B. Bilanzierung des Verlustausgleichsanspruchs analog § 302 AktG

T kann aber verpflichtet sein, in die Bilanz der A-GmbH einen Anspruch der A-GmbH gegen die T-GmbH auf Ausgleich des Jahresfehlbetrages i. H. v. 250.000 EUR aufzunehmen und die Bilanz den Gesellschaftern zum Zwecke der Feststellung vorzulegen. Dies setzt zunächst voraus, dass *T* zur Aufstellung der Bilanz der A-GmbH und zu deren Vorlage an die Gesellschafterversammlung der A-GmbH verpflichtet ist. Überdies muss die T-GmbH dazu verpflichtet sein, den Jahresfehlbetrag der A-GmbH i. H. v. 250.000 EUR auszugleichen. Zuletzt muss ein bilanzieller Ausweis dieses Verlustausgleichsanspruches der A-GmbH gegenüber der T-GmbH möglich und geboten sein.

I. Pflicht zur Erstellung und Vorlage der Bilanz

T kann nach § 41 GmbHG als wirksam bestellter Geschäftsführer der A-GmbH verpflichtet sein, die Bilanz der A-GmbH zu erstellen. Dann muss die Aufstellung

---

2 Zur analogen Anwendbarkeit von § 308 AktG auf den GmbH-Vertragskonzern vgl. BGHZ 105, 324 (331) – Supermarkt; Baumbach/Hueck/*Beurskens,* SchlAnh-KonzernR Rn. 119; BeckOK GmbHG/*Servatius*, Konzernrecht Rn. 134; Bork/Schäfer/*Weller/Discher*, Anh. § 13 Rn. 15; Emmerich/Habersack/*Emmerich*, § 308 AktG Rn. 9; Henssler/Strohn/*Verse*, Anh. § 13 GmbHG Rn. 93; MHLS/*Servatius,* Konzernrecht Rn. 121; MüKoGmbHG/*Liebscher*, Anh. § 13 Rn. 808; Roth/Altmeppen/*Altmeppen,* Anh. § 13 Rn. 49 ff.; Scholz/*Emmerich*, Anh. § 13 Rn. 170; *Emmerich/Habersack,* § 32 Rn. 32.

3 Vgl. hierzu Baumbach/Hopt/*Merkt,* § 293 Rn. 1; BeckOK HGB/*v. Kanitz/Hoffmann*, § 293 Rn. 2 ff.; EBJS/*Böcking/Gros/Schurbohm-Ebneth*, § 293 Rn. 4 ff.; MüKoHGB/*Busse von Colbe*, § 293 Rn. 10 ff.; Staub/*Kindler*, § 293 Rn. 4 ff.

der Bilanz Teil der Buchführungspflicht des Geschäftsführers nach § 41 GmbHG sein. Die Buchführungspflicht umfasst unter anderem auch die Aufstellung des Jahresabschlusses.[4] Dieser besteht gem. § 242 Abs. 3 HGB aus der Jahresbilanz und der Gewinn- und Verlustrechnung. *T* ist daher unter anderem zur Aufstellung der Jahresbilanz 2018 verpflichtet. Aus § 42a Abs. 1 S. 1 GmbHG folgt überdies die Pflicht, den aufgestellten Jahresabschluss unverzüglich den Gesellschaftern zum Zwecke der Feststellung vorzulegen.

II. Verlustausgleichsanspruch der A-GmbH

Die A-GmbH kann gegen die T-GmbH einen Anspruch aus § 302 Abs. 1 AktG analog auf Ausgleich des bei ihr im Geschäftsjahr 2018 entstandenen Jahresfehlbetrages i. H. v. 250.000 EUR haben. § 302 Abs. 1 AktG ist auf den GmbH-Vertragskonzern analog anwendbar.[5] Nach § 302 Abs. 1 AktG analog setzt das Entstehen eines Verlustausgleichsanspruches voraus, dass zwischen der T-GmbH und der A-GmbH ein Unternehmensvertrag nach § 291 Abs. 1 AktG besteht und während der Vertragsdauer ein Jahresfehlbetrag entstanden ist.

Wenngleich die §§ 291 ff. AktG in ihrem unmittelbaren Anwendungsbereich nur solche Unternehmensverträge regeln, durch die eine AG oder KGaA die Leitung ihrer Gesellschaft einem anderen Unternehmen unterstellt (Beherrschungsvertrag) oder sich verpflichtet, ihren ganzen Gewinn an ein anderes Unternehmen abzuführen (Gewinnabführungsvertrag) kann ein solcher Unternehmensvertrag auch zwischen zwei Gesellschaften mbH geschlossen werden.[6] Die T-GmbH und die A-GmbH haben einen Gewinnabführungs- und Beherrschungsvertrag geschlossen. Dieser muss jedoch wirksam sein.

III. Wirksamkeit des Gewinnabführungs- und Beherrschungsvertrages

Welche formellen und materiellen Anforderungen an das Zustandekommen von Unternehmensverträgen zwischen zwei Gesellschaften mbH zu stellen sind, ergibt sich nicht unmittelbar aus dem Gesetz. Die §§ 291 ff. AktG sind aber auf Unternehmensverträge mit einer (abhängigen) GmbH analog anzuwenden, soweit eine

---

4 Baumbach/Hueck/*Haas,* § 41 Rn. 9; Lutter/Hommelhoff/*Kleindiek*, § 41 Rn. 1; MüKoGmbHG/*Fleischer*, § 41 Rn. 5.

5 Vgl. zur analogen Anwendung von § 302 AktG BGHZ 95, 330 (345 f.) – Autokran; BGHZ 105, 324 (336) – Supermarkt; BGHZ 116, 37 (39) – Stromlieferung; Baumbach/Hueck/*Beurskens,* SchlAnh-KonzernR Rn. 121; BeckOK GmbHG/*Servatius*, Konzernrecht Rn. 192; Emmerich/Habersack/*Emmerich*, § 302 AktG Rn. 25; Henssler/Strohn/*Verse*, Anh. § 13 GmbHG Rn. 103; Lutter/Hommelhoff/*Lutter/Hommelhoff,* Anh. § 13 Rn. 44; MHLS/*Servatius*, Konzernrecht Rn. 123; MüKoGmbHG/*Liebscher*, Anh. § 13 Rn. 860; Roth/Altmeppen/*Altmeppen,* Anh. § 13 Rn. 71; Scholz/*Emmerich*, Anh. § 13, Rn. 180 f.; *Emmerich/Habersack*, § 32 Rn. 36.

6 Baumbach/Hueck/*Beurskens,* SchlAnh-KonzernR Rn. 94; BeckOK GmbHG/*Servatius*, Konzernrecht Rn. 41; Bork/Schäfer/*Weller/Discher*, Anh. § 13 Rn. 14; Henssler/Strohn/*Verse*, Anh. § 13 GmbHG Rn. 60; GroßKomm-GmbHG/*Ulmer/Casper,* § 53 Rn. 152; Lutter/Hommelhoff/*Lutter/Hommelhoff,* Anh. § 13 Rn. 42; MHLS/*Servatius*, Konzernrecht Rn. 30; zur Bedeutung eines Beherrschungsvertrages im GmbH-Konzernrecht vgl. BeckOK GmbHG/*Servatius*, Konzernrecht Rn. 43; MHLS/*ders.*, Konzernrecht Rn. 31; Roth/Altmeppen/*Altmeppen,* Anh. § 13 Rn. 17 ff.; *Emmerich/Habersack,* § 32 Rn. 7 ff.; MünchHdb.GesR III/*Decher/Kiefner,* § 70 Rn. 1 f.

vergleichbare Interessenlage zur Regelung bei der AG gegeben ist und die Wertungen des GmbH-Rechts keine andere Entscheidung gebieten.[7]

1. Zuständigkeit zum Vertragsabschluss

Die Zuständigkeit für den Abschluss eines Gewinnabführungs- und Beherrschungsvertrages liegt bei den Vertretungsorganen der beteiligten Gesellschaften.[8] *T* ist Geschäftsführer sowohl in der T-GmbH als auch in der A-GmbH und ist in beiden Gesellschaften von den Beschränkungen des § 181 BGB befreit. Er hat daher beide Gesellschaften bei Abschluss des Unternehmensvertrages gem. § 35 Abs. 1 S. 1 GmbHG wirksam vertreten.

2. Formelle Anforderungen an den Unternehmensvertrag

Allerdings muss der Unternehmensvertrag den gesetzlich vorgesehenen formellen Anforderungen genügen.

a) Formerfordernis

Der Gewinnabführungs- und Beherrschungsvertrag zwischen der T-GmbH und der A-GmbH vom 16.9.2013 ist formnichtig gem. § 125 S. 1 BGB, wenn er die gesetzlichen Formerfordernisse nicht erfüllt. Der Unternehmensvertrag zwischen der T-GmbH und der A-GmbH wurde indessen schriftlich abgefasst (§ 126 BGB) und notariell beurkundet (§ 128 BGB). Demnach kann dahinstehen, ob auch der mit einer abhängigen GmbH geschlossene Unternehmensvertrag nach § 293 Abs. 3 AktG analog der Schriftform bedarf[9] und ob aufgrund des Barabfindungsangebotes an *N* ausnahmsweise gem. § 15 Abs. 4 S. 1 GmbHG das Erfordernis der notariellen Beurkundung besteht.[10] Der Gewinnabführungs- und Beherrschungsvertrag vom 16.9.2013 zwischen der T-GmbH und der A-GmbH ist nicht wegen Formverstoßes gem. § 125 S. 1 BGB nichtig.

---

[7] Baumbach/Hueck/*Beurskens,* SchlAnh-KonzernR Rn. 94; BeckOK GmbHG/*Servatius,* Konzernrecht Rn. 49.1; Emmerich/Habersack/*Emmerich,* Vor § 291 AktG Rn. 8; Henssler/Strohn/*Verse,* Anh. § 13 GmbHG Rn. 60; Lutter/Hommelhoff/*Lutter/Hommelhoff,* Anh. § 13 Rn. 43; MHLS/*Servatius,* Konzernrecht Rn. 37; MüKoGmbHG/*Liebscher,* Anh. § 13 Rn. 638; Roth/Altmeppen/*Altmeppen,* Anh. § 13 Rn. 17; Scholz/Emmerich, Anh. § 13 Rn. 131; *Emmerich/Habersack,* § 32 Rn. 4.

[8] BeckOK GmbHG/*Servatius,* Konzernrecht Rn. 71; Bork/Schäfer/*Weller/Discher,* Anh. § 13 Rn. 25; Henssler/Strohn/*Verse,* Anh. § 13 GmbHG Rn. 67; Lutter/Hommelhoff/*Lutter/Hommelhoff,* Anh. § 13 Rn. 50; MHLS/*Servatius,* Konzernrecht Rn. 62; MüKoGmbHG/*Liebscher,* Anh. § 13 Rn. 726; Roth/Altmeppen/*Altmeppen,* Anh. § 13 Rn. 30; Scholz/*Emmerich,* Anh. § 13 Rn. 141; *Emmerich/Habersack,* § 32 Rn. 10.

[9] Die von dem Schriftformerfordernis gem. § 293 Abs. 3 AktG bezweckten Aspekte der Rechtsklarheit und Publizität gelten auch für den von einer abhängigen GmbH abgeschlossenen Unternehmensvertrag analog § 291 AktG, sodass der Unternehmensvertrag der Schriftform analog § 293 Abs. 3 AktG bedarf; h. A., vgl. Baumbach/Hueck/*Beurskens,* SchlAnh-KonzernRecht Rn. 102; BeckOK GmbHG/*Servatius,* Konzernrecht Rn. 76; Bork/Schäfer/*Weller/Discher,* Anh. § 13 Rn. 24; Henssler/Strohn/*Verse,* Anh. § 13 GmbHG Rn. 67; Lutter/Hommelhoff/*Lutter/Hommelhoff,* Anh. § 13 Rn. 50; MHLS/*Servatius,* Konzernrecht Rn. 64; MüKoGmbHG/*Liebscher,* Anh. § 13 Rn. 727; Roth/Altmeppen/*Altmeppen,* Anh. § 13 Rn. 31; *Raiser/Veil,* § 62 Rn. 17.

[10] Vgl. zur Geltung von § 15 Abs. 4 S. 1 GmbHG nur Baumbach/Hueck/*Beurskens,* SchlAnh-KonzernRecht Rn. 102; BeckOK GmbHG/*Servatius,* Konzernrecht Rn. 77; Bork/Schäfer/*Weller/Discher,* Anh. § 13 Rn. 24; Lutter/Hommelhoff/*Lutter/Hommelhoff,* Anh. § 13 Rn. 50; MHLS/*Servatius,* Konzernrecht Rn. 64; *Emmerich/Habersack,* § 32 Rn. 12; MünchHdb.GesR III/*Decher/Kiefner,* § 70 Rn. 5.

b) Zustimmungserfordernisse in der abhängigen GmbH

Ferner müssen die zur Wirksamkeit des Unternehmensvertrages gebotenen Zustimmungserfordernisse in der abhängigen GmbH erfüllt sein. Das Zustimmungserfordernis gem. § 291 AktG kann analog auf die abhängige GmbH anzuwenden sein, wenn insoweit die Analogievoraussetzungen erfüllt sind.

Gem. § 293 Abs. 1 AktG bedarf ein Unternehmensvertrag i. S. v. § 291 AktG der Zustimmung der Hauptversammlung der abhängigen AG. Dies liegt darin begründet, dass sowohl der Beherrschungsvertrag gem. § 291 Abs. 1 S. 1, 1. Alt. AktG, durch den der Vorstand der abhängigen AG von den Weisungen des beherrschenden Gesellschafters abhängig wird (vgl. § 308 Abs. 1 AktG), als auch der Gewinnabführungsvertrag gem. § 291 Abs. 1 S. 1, 2. Alt. AktG jeweils als Organisationsvertrag verstanden werden, die in der Sache eine der Satzungsänderung vergleichbare zeitweilige Satzungsüberlagerung bei der abhängigen Gesellschaft bewirken.[11] Dies rechtfertigt die Notwendigkeit des Zustimmungsbeschlusses der abhängigen AG gem. §§ 179 Abs. 1 S. 1, 293 Abs. 1 S. 1 AktG.

Auch die GmbH unterstellt sich durch Abschluss eines Beherrschungsvertrages der Leitungsmacht eines anderen Unternehmens. Ihre ursprüngliche Satzung wird von dem Unternehmensvertrag für die Dauer der Geltung des Unternehmensvertrages überlagert und erlangt erst mit Beendigung des Unternehmensvertrages automatisch wieder ihre ursprüngliche Geltung.[12] Aufgrund dieser Satzungsüberlagerung ist auch für die abhängige GmbH zu fordern, dass ihre Gesellschafterversammlung dem Unternehmensvertrag zustimmen muss. Allerdings folgt dieses Zustimmungserfordernis nicht aus einer Analogie zu § 293 Abs. 1 AktG, sondern aus der analogen Anwendung des für die GmbH spezielleren § 53 Abs. 1 GmbHG.[13]

Die Gesellschafterversammlung der A-GmbH hat dem Gewinnabführungs- und Beherrschungsvertrag mit der T-GmbH am 16.10.2013zugestimmt.

aa) Mehrheitsanforderungen

Dieser Zustimmungsbeschluss der Gesellschafterversammlung der A-GmbH muss auch mit der erforderlichen Mehrheit zustande gekommen sein.

(1) Zustimmung aller Gesellschafter

Bei der Beschlussfassung über den Unternehmensvertrag in der Gesellschafterversammlung der A-GmbH kann die Zustimmung aller Gesellschafter erforderlich sein mit der Folge, dass jedem Gesellschafter ein Vetorecht gegen den Beschluss zusteht.[14] Eine Notwendigkeit der Zustimmung aller Gesellschafter kann sich aus der

---

[11] *Emmerich/Habersack,* § 11 Rn. 20 m. w. N.

[12] Baumbach/Hueck/*Beurskens,* SchlAnh-KonzernRecht Rn. 105; GroßKomm-GmbHG/*Ulmer/Casper,* § 53 Rn. 154 f.; *Timm,* GmbHR 1992, 213 (214 f.).

[13] BGHZ 105, 324 (338) – Supermarkt; Scholz/*Emmerich,* Anh. § 13 Rn. 139 f.; ähnlich MünchHdb.GesR III/*Decher/Kiefner,* § 70 Rn. 5.

[14] H. A., vgl., Baumbach/Hueck/*Beurskens,* SchlAnh-KonzernRecht Rn. 106; Emmerich/Habersack/*Emmerich,* § 293 AktG Rn. 43a; GroßKomm-GmbHG/*Casper,* Anh. § 77 Rn. 204; Roth/Altmeppen/*Altmeppen,* Anh. § 13 Rn. 39; Scholz/*Priester,* § 53 Rn. 171; Scholz/*Emmerich,* Anh. § 13 Rn. 143 ff.; *Schmidt K.,* GesR, § 38 III 2 (S. 1188); *Raiser/Veil,* § 62 Rn. 25; *Emmerich/Habersack,* § 32 Rn. 14 ff.; aufgrund von Praktikabilitätserwägungen MünchHdb.GesR III/*Decher/Kiefner,* § 70 Rn. 7; einschränkend MüKoGmbHG/*Liebscher*, Anh. § 13 Rn. 740 f.

Parallele zu § 33 Abs. 1 S. 2 BGB und § 53 Abs. 3 GmbHG ergeben. Ergänzend können § 29 GmbHG und der Gleichbehandlungsgrundsatz für ein Einstimmigkeitserfordernis sprechen.

Nach § 33 Abs. 1 S. 2 BGB bedarf die Änderung des Vereinszwecks der Zustimmung aller Mitglieder. Es handelt sich um ein allgemeines Prinzip, sodass auch die Änderung des Gesellschaftszwecks der GmbH, also z. B. die Änderung der Gewinnerzielungsabsicht in einen gemeinnützigen Zweck, analog § 33 Abs. 1 S. 2 BGB grundsätzlich der Zustimmung aller Gesellschafter bedarf. § 33 Abs. 1 S. 2 BGB ist aber nicht zwingend, sondern dispositiv (vgl. § 40 BGB).[15] Auch für die Zweckänderung innerhalb der GmbH kann gem. § 53 Abs. 2 S. 1 GmbHG das qualifizierte Mehrheitserfordernis vorgesehen werden.[16] Aus § 33 Abs. 1 S. 2 BGB lässt sich ein zwingendes Einstimmigkeitserfordernis für die Zustimmung zum Unternehmensvertrag in der abhängigen GmbH somit nicht herleiten.[17]

§ 53 Abs. 3 GmbHG fordert die Zustimmung aller beteiligten Gesellschafter für die Vermehrung der ihnen nach dem Gesellschaftsvertrag obliegenden Leistungen.[18] Der Abschluss eines Unternehmensvertrages führt in der abhängigen GmbH indes nicht zu einer Vermehrung von Leistungen, sondern zu einer Verkürzung von Rechten. § 53 Abs. 3 GmbHG kann den Abschluss eines Unternehmensvertrages folglich nicht erfassen.[19]

Nach § 29 GmbHG hat jeder Gesellschafter einen Anspruch auf den Gewinn. Dieser Anspruch kann eine Zustimmung aller Gesellschafter zum Abschluss eines die Satzung der GmbH zeitweise überlagernden Gewinnabführungsvertrages notwendig erscheinen lassen. Allerdings ist auch § 29 GmbHG dispositives Recht.[20] Durch satzungsändernden Beschluss gem. § 53 Abs. 1 GmbHG kann daher von der gesellschaftsvertraglichen Gewinnverteilungsregelung (vgl. den Grundsatz gem. § 29 Abs. 3 S. 1 GmbHG) abgewichen werden, wobei der Gleichbehandlungsgrundsatz die Zustimmung der jeweils gegenüber der bisher geltenden Regelung zurückgesetzten Gesellschafter erforderlich macht.[21] Durch Abschluss des Gewinnabführungsvertrages mit der T-GmbH werden aber die Gesellschafter der A-GmbH, nämlich *T* und *N*, nicht ungleich behandelt, denn der Gewinn wird vollständig an die T-GmbH – und nicht an *T* unmittelbar – abgeführt.[22]

Schließlich trägt auch der Gleichbehandlungsgrundsatz nicht das Erfordernis der Einstimmigkeit aller Gesellschafter der abhängigen GmbH zur Beschlussfassung über den Unternehmensvertrag. Der Gleichbehandlungsgrundsatz untersagt nur die willkürliche Ungleichbehandlung unter den Gesellschaftern[23] und ist zudem dis-

[15] Erman/*Westermann H. P.*, § 33 Rn. 2; Soergel/*Hadding*, § 33 Rn. 6.

[16] Baumbach/Hueck/*Zöllner/Noack*, § 53 Rn. 29; Lutter/Hommelhoff/*Bayer*, § 53 Rn. 13.

[17] BeckOK GmbHG/*Servatius*, Konzernrecht Rn. 90.1; MHLS/*ders.*, Konzernrecht Rn. 78; Rowedder/Schmidt-Leithoff/*Schnorbus*, Anh. § 52 Rn. 94; *Timm*, S. 31 ff.; *Wiedemann*, GesR I, § 3 I 3a (S. 156 f.); *Heckschen*, DB 1989, 29 (30).

[18] Vgl. hierzu Baumbach/Hueck/*Zöllner/Noack*, § 53 Rn. 32; GroßKomm-GmbHG/*Ulmer/Casper*, § 53 Rn. 85 ff.

[19] BeckOK GmbHG/*Servatius*, Konzernrecht Rn. 90.1; MHLS/*ders.*, Konzernrecht Rn. 78; Rowedder/Schmidt-Leithoff/*Schnorbus*, Anh. § 52 Rn. 94; *Timm*, AG 1982, 93 (100) m. w. N.

[20] Baumbach/Hueck/*Fastrich*, § 29 Rn. 3, 52; GroßKomm-GmbHG/*Müller*, § 29 Rn. 2.

[21] Baumbach/Hueck/*Fastrich*, § 29 Rn. 53; Scholz/*Verse*, § 29 Rn. 74.

[22] Vgl. hierzu auch Rowedder/Schmidt-Leithoff/*Schnorbus*, Anh. § 52 Rn. 94.

[23] Zum Gleichbehandlungsgrundsatz vgl. *Grunewald*, § 1 Rn. 26; *Saenger*, Rn. 112; *Schmidt K.*, GesR, § 16 II 4b (S. 468 ff.); *Wiedemann*, GesR I, § 8 II 2 (S. 427 ff.).

positiv.[24] Durch den Abschluss eines Gewinnabführungsvertrages wird der Minderheitsgesellschafter indes nicht willkürlich schlechter gestellt, denn er erhält nach diesem Vertrag einen Ausgleichsanspruch für den Fall seines Verbleibens in der Gesellschaft und alternativ ein Abfindungsangebot.

Das Erfordernis der Zustimmung aller Gesellschafter der abhängigen GmbH zur Beschlussfassung über den Unternehmensvertrag analog § 291 AktG lässt sich mithin nicht überzeugend begründen. Der Umstand, dass sich *N* bei der Beschlussfassung seiner Stimme enthalten hat, steht damit der Wirksamkeit des Unternehmensvertrages der A-GmbH mit der T-GmbH nicht entgegen.

(2) Satzungsändernde Mehrheit

Der Zustimmungsbeschluss der Gesellschafterversammlung der A-GmbH zum Gewinnabführungs- und Beherrschungsvertrag mit der T-GmbH kann analog § 53 Abs. 2 S. 1 GmbHG mit $^3/_4$-Mehrheit der abgegebenen Stimmen zu fassen sein. Der Unternehmensvertrag analog § 291 Abs. 1 AktG läuft für die abhängige GmbH auf eine zeitweilige Satzungsüberlagerung hinaus. Dies spricht dafür, für den Zustimmungsbeschluss zu diesem Vertrag ebenfalls eine satzungsändernde Mehrheit zu fordern.[25] Darüber hinaus spricht die Parallele zu § 50 Abs. 1 UmwG, der für die Verschmelzung zweier Gesellschaften mbH dasselbe Mehrheitserfordernis aufstellt, obwohl der Verschmelzungsvertrag in die Mitgliedschaftsrechte der widersprechenden Anteilsinhaber der beiden Gesellschaften mindestens ebenso stark eingreift wie ein Beherrschungs- und Gewinnabführungsvertrag,[26] ebenfalls für das Erfordernis – aber auch das Ausreichen – eines Beschlusses mit satzungsändernder Mehrheit.[27]

Der dem Unternehmensvertrag mit der T-GmbH zustimmende Gesellschafterbeschluss der A-GmbH am 16.10.2013 ist mit den Stimmen von *T* mit 80 % der vorhandenen Stimmen und, weil der einzige Minderheitsgesellschafter *N* sich seiner Stimme enthalten hat, letztlich mit 100 % der abgegebenen Stimmen beschlossen worden.

Die satzungsändernde Mehrheit analog § 53 Abs. 2 S. 1 GmbHG wurde damit bei der Beschlussfassung aber nur erreicht, wenn *T* bei der Beschlussfassung über den Abschluss des Unternehmensvertrags stimmberechtigt war. *T* kann bei der Beschlussfassung in der Gesellschafterversammlung der A-GmbH über den Unternehmensvertrag gem. § 47 Abs. 4 S. 2, 1. Fall GmbHG einem Stimmverbot unterlegen haben. Dazu muss die Beschlussfassung die Vornahme eines Rechtsgeschäfts gegenüber *T* als Gesellschafter der A-GmbH betreffen. Der Gewinnabführungs- und Beherrschungsvertrag wurde indessen nicht mit *T*, sondern mit der T-GmbH vereinbart. Die T-GmbH ist nicht Gesellschafterin der A-GmbH. Folglich betrifft die Beschlussfassung in der A-GmbH nicht die Vornahme eines Rechtsgeschäfts

---

[24] Vgl. *BGH* WM 1966, 1936; MüKoBGB/*Schäfer*, § 705 Rn. 247; Soergel/*Hadding/Kießling*, § 705 Rn. 65.

[25] BeckOK GmbHG/*Servatius*, Konzernrecht Rn. 90.1; Emmerich/Habersack/*Emmerich*, § 293 AktG Rn. 44; Lutter/Hommelhoff/*Lutter/Hommelhoff*, Anh. § 13 Rn. 65; MHLS/*Servatius*, Konzernrecht Rn. 78; Rowedder/Schmidt-Leithoff/*Schnorbus*, Anh. § 52 Rn. 95; *Hirte*, Rn. 8.117; *Heckschen*, DB 1989, 29 (30); *Richter/Stengel*, DB 1993, 1861; *Timm*, AG 1982, 93 (100 f.); *ders.*, GmbHR 1987, 8 (11); *ders.*, ZGR 1987, 403 (430 f.); *Weber*, GmbHR 2003, 1347 (1348).

[26] *Wiedemann*, GesR I, § 8 IV 3b (S. 471).

[27] *Timm*, AG 1982, 93 (100); zustimmend Lutter/Hommelhoff/*Lutter/Hommelhoff*, Anh. § 13 Rn. 65 f.; MHLS/*Servatius*, Konzernrecht Rn. 78; Rowedder/Schmidt-Leithoff/*Schnorbus*, Anh. § 52 Rn. 95; *Weber*, GmbHR 2003, 1347 (1348).

gegenüber einem Gesellschafter. *T* unterlag bei der Beschlussfassung demnach keinem Stimmverbot nach § 47 Abs. 4 S. 2, 1. Fall GmbHG.[28]

Dem Gewinnabführungs- und Beherrschungsvertrag mit der T-GmbH wurde daher mit der erforderlichen satzungsändernden Mehrheit in der Gesellschafterversammlung der A-GmbH zugestimmt.

bb) Formerfordernis für den Gesellschafterbeschluss in der abhängigen GmbH

Der Gesellschafterbeschluss der A-GmbH darf ferner nicht nichtig sein (§ 125 S. 1 BGB). Gem. § 53 Abs. 2 S. 1, 1. Halbs. GmbHG bedarf ein satzungsändernder Gesellschafterbeschluss der notariellen Beurkundung nach § 128 BGB. An den Zustimmungsbeschluss in einer abhängigen GmbH zu einem Gewinnabführungs- und Beherrschungsvertrag sind aufgrund der satzungsüberlagernden Wirkung des Unternehmensvertrages dieselben Anforderungen zu stellen.[29]

Der Gesellschafterbeschluss der A-GmbH vom 16.10.2013 wurde notariell beurkundet. Das Formerfordernis gem. § 53 Abs. 2 S. 1, 1. Halbs. GmbHG wurde mithin beachtet.

Der Unternehmensvertrag ist formell wirksam zustande gekommen.

3. Materielle Wirksamkeitsvoraussetzungen

Der zwischen der T-GmbH und der A-GmbH vereinbarte Gewinnabführungs- und Beherrschungsvertrag sowie der zustimmende Gesellschafterbeschluss in der A-GmbH können aber wegen Fehlens wesentlicher zwingender Vertragsbestandteile, wegen Missachtung etwaiger Informationspflichten oder wegen fehlender sachlicher Rechtfertigung des Beschlusses und damit wegen Verstoßes gegen materielle Wirksamkeitsanforderungen nichtig sein.

a) Mindestinhalt des Vertrages

Der zwischen der T-GmbH und der A-GmbH vereinbarte Gewinnabführungs- und Beherrschungsvertrag sowie der zustimmende Gesellschafterbeschluss in der A-GmbH können zunächst wegen Fehlens wesentlicher zwingender Vertragsbestandteile nichtig sein.

aa) Regelung der Verlustübernahmepflicht für das herrschende Unternehmen

Zwingender Vertragsbestandteil des Gewinnabführungs- und Beherrschungsvertrags kann gem. § 17 S. 2 Nr. 2 KStG eine Regelung sein, wonach sich das herrschende Unternehmen (hier die T-GmbH) zur Verlustübernahme verpflichtet.[30] Die Verlust-

---

[28] Es kann damit dahinstehen, ob das herrschende Unternehmen gem. § 47 Abs. 4 S. 2 GmbHG einem Stimmverbot unterliegt und für das Zustandekommen der qualifizierten Mehrheit in der abhängigen Gesellschaft nur auf die Stimmen der Minderheit abzustellen ist, vgl. hierzu GroßKomm-GmbHG/*Ulmer/Casper*, § 53 Rn. 157; Henssler/Strohn/*Verse*, Anh. § 13 GmbHG Rn. 70; Lutter/Hommelhoff/*Lutter/Hommelhoff*, Anh. § 13 Rn. 52; MHLS/*Servatius*, Konzernrecht Rn. 79; Roth/Altmeppen/*Altmeppen*, Anh. § 13 Rn. 38 f.; Rowedder/Schmidt-Leithoff/*Schnorbus*, Anh. § 52 Rn. 93; Scholz/*Emmerich*, Anh. § 13 Rn. 147.

[29] H. A., vgl. BGHZ 105, 324 (338) – Supermarkt; BeckOK GmbHG/*Servatius*, Konzernrecht Rn. 91; Bork/Schäfer/*Weller/Discher*, Anh. § 13 Rn. 26; Lutter/Hommelhoff/*Lutter/Hommelhoff*, Anh. § 13 Rn. 52; MHLS/*Servatius*, Konzernrecht Rn. 82; Roth/Altmeppen/*Altmeppen*, Anh. § 13 Rn. 41; Rowedder/Schmidt-Leithoff/*Schnorbus*, Anh. § 52 Rn. 101; MünchHdb.GesR III/*Decher/Kiefner*, § 70 Rn. 7.

[30] Vgl. *Schilling*, FS Hefermehl (1976), 383 (391).

übernahmeverpflichtung folgt im Aktienkonzernrecht indes unmittelbar aus § 302 AktG und diese Bestimmung ist auf den GmbH-Konzern analog anwendbar.[31] Das Fehlen einer solchen Bestimmung macht den Gewinnabführungs- und Beherrschungsvertrag zwischen der A-GmbH und der T-GmbH daher nicht nichtig.[32]

bb) Ausgleichs- und Abfindungsanspruch

Der Gewinnabführungs- und Beherrschungsvertrag zwischen der T-GmbH und der A-GmbH kann aber nichtig sein, wenn er keine Regelungen über Ausgleichs- und Abfindungsansprüche zugunsten des Minderheitsgesellschafters der A-GmbH enthält.

Im Aktienkonzernrecht wird der Schutz der Minderheitsaktionäre der abhängigen Gesellschaft dadurch sichergestellt, dass den außenstehenden Aktionären im Gewinnabführungs- und Beherrschungsvertrag sowohl ein angemessener Ausgleich gem. § 304 AktG als auch eine angemessene Abfindung gem. § 305 AktG anzubieten ist. Diese Bestimmungen sind auf den Gewinnabführungs- und Beherrschungsvertrag mit einer abhängigen GmbH analog anzuwenden, wenn man – wie hier – davon ausgeht, dass für den Zustimmungsbeschluss in der abhängigen GmbH die satzungsändernde Mehrheit ausreicht.[33] Dementsprechend sind auch im Gewinnabführungs- und Beherrschungsvertrag mit einer GmbH Regelungen vorzusehen, anhand derer die außenstehenden Gesellschafter entscheiden können, ob sie entweder in der Gesellschaft verbleiben und eine jährliche Ausgleichszahlung für die Beeinträchtigung ihrer Rechtsposition erhalten (§ 304 AktG analog)[34], oder ob sie gegen Zahlung einer angemessenen Abfindung aus der Gesellschaft ausscheiden (§ 305 AktG analog)[35] wollen.

Der Unternehmensvertrag zwischen der T-GmbH und der A-GmbH enthält lediglich ein Barabfindungsangebot, nicht aber auch eine Regelung über einen Ausgleichsanspruch zugunsten von *N*. Durch die ausschließliche Regelung eines Barabfindungsangebotes in dem Gewinnabführungs- und Beherrschungsvertrag wird *N* die Möglichkeit zur Entscheidung zwischen Ausgleich und Abfindung nicht eröffnet. *N* wird daher, will er die durch den Unternehmensvertrag mit der T-GmbH für die A-GmbH entstehenden nachteiligen Folgen nicht hinnehmen, zum Ausscheiden aus der Gesellschaft gedrängt. Das im Gewinnabführungs- und Beherrschungsver-

---

31 Vgl. oben unter B II.

32 BeckOK GmbHG/*Servatius*, Konzernrecht Rn. 56; MHLS/*ders.*, Konzernrecht Rn. 44; Rowedder/Schmidt-Leithoff/*Schnorbus,* Anh. § 52 Rn. 97; i. E. Emmerich/Habersack/*Emmerich*, § 32 Rn. 16; vgl. zu den steuerrechtlichen Rechtsfolgen nur Scholz/*Emmerich*, Anh. § 13 Rn. 181 f.

33 Baumbach/Hueck/*Beurskens,* SchlAnh-KonzernR Rn. 118; Lutter/Hommelhoff/*Lutter/Hommelhoff,* Anh. § 13 Rn. 65 ff.; Rowedder/Schmidt-Leithoff/*Schnorbus,* Anh. § 52 Rn. 98 f.; *Emmerich/Habersack,* § 32 Rn. 26 f.

34 Für die Verpflichtung zur Bestimmung einer angemessenen Ausgleichszahlung an die außenstehenden GmbH-Gesellschafter vgl. BeckOK GmbHG/*Servatius*, Konzernrecht Rn. 121.1; GroßKomm-GmbHG/*Casper,* Anh. § 77 Rn. 229; Lutter/Hommelhoff/*Lutter/Hommelhoff,* Anh. § 13 Rn. 68; MHLS/*Servatius*, Konzernrecht Rn. 108; Scholz/*Emmerich,* Anh. § 13 Rn. 161; *Richter/Stengel,* DB 1993, 1861 (1862 ff.); *Timm,* ZGR 1987, 403 (431).

35 Die Erforderlichkeit zur Aufnahme einer Abfindungsregelung zugunsten der außenstehenden GmbH-Gesellschafter im Unternehmensvertrag wird befürwortet u. a. von BeckOK GmbHG/*Servatius*, Konzernrecht Rn. 130; GroßKomm-GmbHG/*Casper,* Anh. § 77 Rn. 230; Lutter/Hommelhoff/*Lutter/Hommelhoff,* Anh. § 13 Rn. 68 f.; MHLS/*Servatius*, Konzernrecht Rn. 118; Rowedder/Schmidt-Leithoff/*Schnorbus,* Anh. § 52 Rn. 98 f.; Scholz/*Emmerich,* Anh. § 13 Rn. 160.

trag geregelte Schutzkonzept zugunsten von *N* entspricht mithin nicht dem zwingenden gesetzlichen Standard.

Des Weiteren kann auch das Abfindungsangebot nicht den gesetzlichen Regelungen entsprechen. Grundsätzlich sind die außenstehenden Anteilsinhaber in Aktien des anderen Vertragsteils (§ 305 Abs. 2 Nr. 1 AktG analog), oder wenn der andere Vertragsteil seinerseits eine abhängige AG ist, in Aktien der diese beherrschenden AG (§ 305 Abs. 2 Nr. 2 AktG analog) abzufinden. Die Barabfindung ist nur in den sonstigen Fällen vorgesehen (§ 305 Abs. 2 Nr. 3 AktG analog). Die T-GmbH als anderer Vertragsteil kann dem Minderheitsgesellschafter *N* der A-GmbH aber keine Aktien als Abfindung anbieten. Infolge der fehlenden Fungibilität von GmbH-Geschäftsanteilen scheidet eine Abfindung in Geschäftsanteilen an der T-GmbH aus, sodass nur die Möglichkeit einer Barabfindung gem. § 305 Abs. 2 Nr. 3 AktG analog verbleibt.[36] Es ist somit nicht zu beanstanden, dass sich die Abfindungsregelung im Unternehmensvertrag auf eine Barabfindung beschränkt und keine alternative Abfindung in Anteilen der T-GmbH eröffnet.

Die Rechtsfolge des keine jährliche Ausgleichszahlung für *N* regelnden und damit materiell-rechtlich fehlerhaften Gewinnabführungs- und Beherrschungsvertrages zwischen der T-GmbH und der A-GmbH kann die Nichtigkeit dieses Vertrages analog § 304 Abs. 3 S. 1 AktG sein.[37] Das setzt jedoch die analoge Anwendbarkeit von § 304 Abs. 3 S. 1 AktG voraus. Der Schutz der außenstehenden Gesellschafter der abhängigen GmbH ist bereits durch die Möglichkeiten gewahrt, entweder den Zustimmungsbeschluss analog § 243 AktG anzufechten[38] oder eine gegen die herrschende Gesellschaft gerichtete Leistungsklage auf Zahlung eines angemessenen Ausgleichsbetrages erheben zu können. Mithin bedarf es keiner analogen Anwendung von § 304 Abs. 3 S. 1 AktG auf den GmbH-Vertragskonzern.

N hat den Zustimmungsbeschluss vom 16.10.2013 allerdings nicht binnen der angemessenen Anfechtungsfrist nach dem Leitbild von § 246 Abs. 1 AktG[39] angefochten, sodass der Zustimmungsbeschluss endgültig bestandskräftig geworden ist. Die Unwirksamkeit des Gewinnabführungs- und Beherrschungsvertrages wegen fehlender Ausgleichsregelung kann somit nicht mehr geltend gemacht werden.

b) Informationspflichten

Der zwischen der T-GmbH und A-GmbH vereinbarte Gewinnabführungs- und Beherrschungsvertrag sowie der zustimmende Gesellschafterbeschluss in der A-GmbH können ferner nichtig sein, wenn die A-GmbH Informationspflichten gegenüber ihren Gesellschaftern verletzt hat. Die Informationspflichten können sich – insbesondere dann, wenn man wie hier einen Zustimmungsbeschluss in der abhängigen GmbH mit

---

[36] Vgl. Emmerich/Habersack/*Emmerich,* § 305 AktG Rn. 16; Hüffer/Koch/*Koch,* § 305 Rn. 20; *Emmerich/Habersack,* § 32 Rn. 27.

[37] So – meist ohne nähere Begründung – *LG Dortmund,* GmbHR 1998, 941; BeckOK GmbHG/*Servatius*, Konzernrecht Rn. 122; Emmerich/Habersack/*Emmerich,* § 304 AktG Rn. 12; MHLS/*Servatius*, Konzernrecht Rn. 110; Scholz/*Emmerich,* Anh. § 13 Rn. 162; *Emmerich/Habersack,* § 32 Rn. 28; MünchHdb.GesR III/*Decher/Kiefner,* § 70 Rn. 7; *Weber,* GmbHR 2003, 1347 (1348).

[38] Vgl. Rowedder/Schmidt-Leithoff/*Schnorbus,* Anh. § 52 Rn. 98; *Priester,* ZGR Sonderheft 6, 151 (177); Hachenburg/*Ulmer,* Anh. § 77 Rn. 213; a. A. GroßKomm-GmbHG/*Casper,* Anh. § 77 Rn. 229.

[39] Vgl. zur Anfechtungsfrist von GmbH-Gesellschafterbeschlüssen Bd. II Fall 6 unter B. I. sowie Baumbach/Hueck/*Zöllner/Noack,* Anh. § 47 Rn. 145; Lutter/Hommelhoff/*Bayer,* Anh. § 47 Rn. 62 ff.

satzungsändernder Mehrheit für ausreichend hält – aus §§ 293a–293g AktG analog ergeben.[40]

N hat den Zustimmungsbeschluss vom 16.10.2013 nicht fristgerecht angefochten, sodass die Verletzung der Informationspflichten nicht mehr gegen die Wirksamkeit des Zustimmungsbeschlusses eingewandt werden kann. Daher kann an dieser Stelle offen bleiben, ob die Informationspflichten auf den GmbH-Vertragskonzern analoge Anwendung finden.

c) Sachliche Rechtfertigung

Über das Erfordernis der qualifizierten Beschlussmehrheit hinaus kann die Zustimmung zu einem Gewinnabführungs- und Beherrschungsvertrag in der abhängigen GmbH einer materiellen Beschlusskontrolle nach den Kriterien der Erforderlichkeit und Verhältnismäßigkeit unterliegen.[41] Der zwischen der T-GmbH und A-GmbH vereinbarte Gewinnabführungs- und Beherrschungsvertrag sowie der zustimmende Gesellschafterbeschluss in der A-GmbH wären dann nichtig, wenn der Gesellschafterbeschluss nicht sachlich gerechtfertigt wäre. Zur Begründung ließe sich anführen, die maximal 25%ige Minderheit bedürfe des materiellen Schutzes vor den Folgen einer Strukturänderung ihrer GmbH.

Seit dem Inkrafttreten des UmwG 1995 lässt sich die Notwendigkeit einer materiellen Beschlusskontrolle indes nicht mehr rechtfertigen. Nach dem UmwG ist für alle gesetzlich geregelten Fälle der Strukturänderung unter Beteiligung einer GmbH, also die Verschmelzung, Spaltung, Ausgliederung und den Formwechsel, per se eine Beschlussfassung mit satzungsändernder Mehrheit ausreichend, ohne dass dieser Beschluss einer weiteren materiellen Kontrolle unterliegt.[42] Diese gesetzliche Wertung, die den Schutz der von der Strukturänderung betroffenen Minderheit durch die Möglichkeit des Ausscheidens gegen Abfindungsgewährung gem. §§ 29, 125, 207 UmwG sicherstellt, ist als allgemeines Prinzip der Rechtsordnung zu verstehen und auf sonstige Strukturänderungen zu übertragen.[43]

Der Zustimmungsbeschluss der Gesellschafterversammlung in der abhängigen GmbH zum Gewinnabführungs- und Beherrschungsvertrag bedarf daher keiner weiteren materiellen Beschlusskontrolle.[44]

---

[40] So BeckOK GmbHG/*Servatius*, Konzernrecht Rn. 100 ff.; Emmerich/Habersack/*Emmerich*, § 293a AktG Rn. 11; Lutter/Hommelhoff/*Lutter/Hommelhoff*, Anh. § 13 Rn. 56 ff.; MHLS/*Servatius*, Konzernrecht Rn. 88 ff.; Scholz/*Emmerich*, Anh. § 13 Rn. 132 f.; *Emmerich/Habersack*, § 32 Rn. 5; *Humbeck*, BB 1995, 1893 ff.; a. A. Baumbach/Hueck/*Beurskens*, SchlAnh-KonzernR Rn. 104 ff.; Bork/Schäfer/*Weller/Discher*, Anh. § 13 Rn. 28; Henssler/Strohn/*Verse*, Anh. § 13 GmbHG Rn. 71; MüKoGmbHG/*Liebscher*, Anh. § 13 Rn. 766; Roth/Altmeppen/*Altmeppen*, Anh. § 13 Rn. 47; Rowedder/Schmidt-Leithoff/*Schnorbus*, Anh. § 52 Rn. 102; *Bungert*, DB 1995, 1455 ff.

[41] *Martens*, FS Fischer (1979), 437 (446); *Timm*, BB 1981, 1491 (1495); *Wiedemann*, GesR I, § 8 III 2a (S. 444 ff.).

[42] Vgl. statt aller Lutter/*Drygala*, § 13 Rn. 38 ff.; eingehend zur Spaltung *Schöne*, S. 226 ff.

[43] Lutter/Hommelhoff/*Lutter/Hommelhoff*, Anh. § 13 Rn. 66.

[44] Vgl. ebenso BeckOK GmbHG/*Servatius*, Konzernrecht Rn. 90.1; Emmerich/Habersack/*Emmerich*, § 293 AktG Rn. 35; Henssler/Strohn/*Verse*, Anh. § 13 GmbHG Rn. 70; Hüffer/Koch/*Koch*, § 293 Rn. 7; Lutter/Hommelhoff/*Lutter/Hommelhoff*, Anh. § 13 Rn. 66; MHLS/*Servatius*, Konzernrecht Rn. 80; Rowedder/Schmidt-Leithoff/*Schnorbus*, Anh. § 52 Rn. 96.

d) Zwischenergebnis

Der zwischen der T-GmbH und A-GmbH vereinbarte Gewinnabführungs- und Beherrschungsvertrag sowie der zustimmende Gesellschafterbeschluss in der A-GmbH sind nicht wegen Fehlens wesentlicher zwingender Vertragsbestandteile, wegen Missachtung etwaiger Informationspflichten oder fehlender sachlicher Rechtfertigung des Beschlusses nichtig. Die materiellen Wirksamkeitsanforderungen des Gewinnabführungs- und Beherrschungsvertrages sind vielmehr erfüllt.

4. Wirksamkeitsanforderungen in der herrschenden GmbH

Zur Wirksamkeit des Gewinnabführungs- und Beherrschungsvertrages müssen weiterhin auch die Anforderungen in der T-GmbH als dem herrschenden Unternehmen erfüllt sein.

a) Zustimmungserfordernis

Der Unternehmensvertrag mit der A-GmbH kann gem. § 293 Abs. 2 S. 1 AktG analog der Zustimmung der Gesellschafterversammlung der T-GmbH als herrschendem Unternehmen bedürfen.

Die Zustimmungspflicht der Hauptversammlung der herrschenden AG gem. § 293 Abs. 2 S. 1 AktG ist darauf zurückzuführen, dass die AG durch den Gewinnabführungs- und Beherrschungsvertrag zum Verlustausgleich gem. § 302 AktG verpflichtet wird. Dieses Risiko, das den jährlichen Gesellschaftergewinn schmälern, bei hohen Verlusten gefährden und bei anhaltend schlechter Ertragslage und hohen Verlusten der beherrschten Gesellschaft auch zur Existenzfrage bei der herrschenden Gesellschaft werden kann,[45] soll nicht ohne Zustimmung der Aktionäre durch Hauptversammlungsbeschluss übernommen werden.[46] Diese Interessenlage besteht auch bei der GmbH als Obergesellschaft eines Gewinnabführungs- und Beherrschungsvertrages. Daher bedarf der Unternehmensvertrag mit der A-GmbH analog § 293 Abs. 2 S. 1 AktG der Zustimmung der Gesellschafterversammlung der T-GmbH.[47] Die Gesellschafterversammlung der T GmbH hat dem Gewinnabführungs- und Beherrschungsvertrag mit der A-GmbH am 15.10.2013 zugestimmt.

Die Zustimmung muss mit der erforderlichen Mehrheit erteilt worden sein. Nach § 293 Abs. 2 S. 2 i. V. m. § 293 Abs. 1 S. 1 AktG bedarf es einer $^3/_4$-Mehrheit der abgegebenen Stimmen. Dieses Mehrheitserfordernis gilt entsprechend für den Gesellschafterbeschluss der herrschenden GmbH.[48] Der Zustimmungsbeschluss zum

---

[45] Vgl. BGHZ 105, 324 (336) – Supermarkt.

[46] BGHZ 105, 324 (335 f.) – Supermarkt; *BGH* NJW 1992, 1452 f. – Siemens; Hüffer/Koch/*Koch*, § 293 Rn. 17; *Timm*, GmbHR 1989, 11 (13); *ders.*, GmbHR 1992, 213 (214); zustimmend BeckOK GmbHG/*Servatius*, Konzernrecht Rn. 81.2; MHLS/*ders.*, Konzernrecht Rn. 69; MünchHdb.GesR III/*Decher/Kiefner*, § 70 Rn. 10.

[47] Vgl. die h. A., BGHZ 105, 324 (335 f.) – Supermarkt; Baumbach/Hueck/*Beurskens*, SchlAnh-KonzernR Rn. 110; BeckOK GmbHG/*Servatius*, Konzernrecht Rn. 81.2; Bork/Schäfer/*Weller/Discher*, Anh. § 13 Rn. 27; Emmerich/Habersack/*Emmerich*, § 293 AktG Rn. 46; Henssler/Strohn/*Verse*, Anh. § 13 GmbHG Rn. 73; MHLS/*Servatius*, Konzernrecht Rn. 69; MüKoGmbHG/*Liebscher*, Anh. § 13 Rn. 751; Lutter/Hommelhoff/*Lutter/Hommelhoff*, Anh. § 13 Rn. 53; Rowedder/Schmidt-Leithoff/*Schnorbus*, Anh. § 52 Rn. 103; Scholz/*Emmerich*, Anh. § 13 Rn. 148; *Emmerich/Habersack*, § 32 Rn. 22; *Timm*, GmbHR 1992, 213 (214); *Schmidt K.*, ZGR 1981, 455 (476); a. A. Roth/Altmeppen/*Altmeppen*, Anh. § 13 Rn. 44.

[48] BeckOK GmbHG/*Servatius*, Konzernrecht Rn. 81.2; Bork/Schäfer/*Weller/Discher*, Anh. § 13 Rn. 27; Emmerich/Habersack/*Emmerich*, § 293 AktG Rn. 36a; GroßKomm-

Unternehmensvertrag mit der A-GmbH ist in der Gesellschafterversammlung der T-GmbH mit den Stimmen von *T*, und damit mit der erforderlichen $^3/_4$-Mehrheit, gefasst worden.

b) Formerfordernis

Der Gesellschafterbeschluss der T-GmbH muss des Weiteren formwirksam sein. Der gem. § 293 Abs. 2 AktG erforderliche Zustimmungsbeschluss der Hauptversammlung einer AG bedarf gem. § 130 Abs. 1 AktG der notariellen Beurkundung. Diese Regelung kann bei Vorliegen einer planwidrigen Regelungslücke sowie einer vergleichbaren Interessenlage für die herrschende GmbH analog anwendbar sein.

In der GmbH sind nicht satzungsändernde Gesellschafterbeschlüsse vorbehaltlich einer abweichenden Regelung in der Satzung aber formfrei,[49] während satzungsändernde Gesellschafterbeschlüsse gem. § 53 Abs. 2 S. 1 GmbHG notariell beurkundet werden müssen. Aufgrund der eigenständigen Regelung im GmbH-Recht bedarf es folglich keiner analogen Anwendung des Formerfordernisses gem. § 130 Abs. 1 AktG auf den Gesellschafterbeschluss einer GmbH. Der Beschluss über einen Unternehmensvertrag stellt in der herrschenden GmbH weder eine Satzungsänderung dar, noch kommt ihm satzungsüberlagernde Wirkung zu. Er bedarf daher nicht der notariellen Beurkundung.[50] Er bedarf aber der Schriftform.[51]

Dieses Formerfordernis ist bei dem Gesellschafterbeschluss der T-GmbH vom 15.10.2013 auch erfüllt, sodass der Gesellschafterbeschluss in der T-GmbH über den Unternehmensvertrag mit der A-GmbH wirksam zustande gekommen ist.

5. Eintragung ins Handelsregister

Der Wirksamkeit des Gewinnabführungs- und Beherrschungsvertrages zwischen der T-GmbH und der A-GmbH kann allerdings seine fehlende Handelsregistereintragung entgegenstehen.

Gem. § 294 Abs. 2 AktG wird der Unternehmensvertrag erst wirksam, wenn er in das Handelsregister des Sitzes der abhängigen AG eingetragen wird. Der Eintragung des Unternehmensvertrages gem. § 294 Abs. 2 AktG kommt konstitutive Wirkung zu.[52] Diese Vorschrift ist analog auf den GmbH-Vertragskonzern anzuwenden, wenn es im GmbH-Recht keine entsprechende Regelung gibt.

GmbHG/*Casper*, Anh. § 77 Rn. 207; Henssler/Strohn/*Verse*, Anh. § 13 GmbHG Rn. 74; Lutter/Hommelhoff/*Lutter/Hommelhoff*, Anh. § 13 Rn. 53; MHLS/*Servatius*, Konzernrecht Rn. 69; MüKoGmbHG/*Liebscher*, Anh. § 13 Rn. 753.

[49] Baumbach/Hueck/*Zöllner/Noack*, § 48 Rn. 22; Lutter/Hommelhoff/*Bayer*, § 48 Rn. 18.

[50] Baumbach/Hueck/*Beurskens*, SchlAnh-KonzernR Rn. 110; BeckOK GmbHG/*Servatius*, Konzernrecht Rn. 85; Bork/Schäfer/*Weller/Discher*, Anh. § 13 Rn. 27; Emmerich/Habersack/*Emmerich*, § 293 AktG Rn. 46; Henssler/Strohn/*Verse*, Anh. § 13 GmbHG Rn. 74; Lutter/Hommelhoff/*Lutter/Hommelhoff*, Anh. § 13 Rn. 49 f.; MHLS/*Servatius*, Konzernrecht Rn. 72; MüKoGmbHG/*Liebscher*, Anh. § 13 Rn. 753; Roth/Altmeppen/*Altmeppen*, Anh. § 13 Rn. 45; Rowedder/Schmidt-Leithoff/*Schnorbus*, Anh. § 52 Rn. 103; *Emmerich/Habersack*, § 32 Rn. 23; *Altmeppen*, DB 1994, 1273.

[51] BeckOK GmbHG/*Servatius*, Konzernrecht Rn. 85; GroßKomm-GmbHG/*Casper*, Anh. § 77 Rn. 207; MHLS/*Servatius*, Konzernrecht Rn. 72; MüKoGmbHG/*Liebscher*, Anh. § 13 Rn. 753; Scholz/*Emmerich*, Anh. § 13 Rn. 149; *Emmerich/Habersack*, § 32 Rn. 23; MünchHdb.GesR III/*Decher/Kiefner*, § 70 Rn. 11; *Altmeppen*, DB 1994, 1273.

[52] Bork/Schäfer/*Weller/Discher*, Anh. § 13 Rn. 29; Emmerich/Habersack/*Emmerich*, § 294 AktG Rn. 25 f.; Hüffer/Koch/*Koch*, § 294 Rn. 17; *Emmerich/Habersack*, § 16 Rn. 62.

Eine solche Regelung für die Eintragung satzungsändernder Beschlüsse ins Handelsregister stellt aber § 54 GmbHG dar. Aufgrund seiner satzungsüberlagernden Wirkung des Unternehmensvertrages für die abhängige GmbH ist analog § 54 GmbHG dessen Eintragung in das Handelsregister der abhängigen GmbH erforderlich.[53] Die Eintragung wirkt analog § 54 Abs. 3 GmbHG konstitutiv.[54] Bei der herrschenden GmbH bewirkt weder der Unternehmensvertrag noch der Zustimmungsbeschluss eine Strukturänderung, sodass eine Eintragung des Unternehmensvertrages in das Handelsregister der herrschenden GmbH nicht erforderlich ist.[55]

Die fehlende Eintragung des Gewinnabführungs- und Beherrschungsvertrages in das Handelsregister der T-GmbH steht der Wirksamkeit des Unternehmensvertrages somit nicht entgegen. Die Nichteintragung des Unternehmensvertrages in das Handelsregister der A-GmbH bewirkt hingegen, dass er nicht wirksam zustande gekommen ist.

Allerdings kann der Unternehmensvertrag zwischen der T-GmbH und der A-GmbH nach den Grundsätzen über die fehlerhafte Gesellschaft als wirksam zu behandeln sein. Die Grundsätze über die fehlerhafte Gesellschaft können auf einen fehlerhaft zustande gekommenen Unternehmensvertrag angewendet werden, wenn die Fehlerhaftigkeit darauf beruht, dass entweder die Formerfordernisse nicht beachtet worden sind[56] oder die Eintragung des Unternehmensvertrages in das Handelsregister unterblieben ist und der Unternehmensvertrag in Vollzug gesetzt worden ist.[57] Der zwischen der T-GmbH und der A-GmbH vereinbarte Unternehmensvertrag ist wegen fehlender Eintragung im Handelsregister der A-GmbH fehlerhaft zustande gekommen. Er muss auch in Vollzug gesetzt worden sein. Ein Unternehmensvertrag ist u. a. dann in Vollzug gesetzt worden, wenn das herrschende Unternehmen zum ersten Mal

---

[53] Einzutragen sind der Unternehmensvertrag, das Datum des Vertragsabschlusses, der Zustimmungsbeschluss und dessen Datum sowie der Name bzw. die Firma des anderen Vertragsteils; vgl. Scholz/*Emmerich*, Anh. § 13 Rn. 152; *Emmerich/Habersack*, § 32 Rn. 13; *Raiser/Veil*, § 62 Rn. 29; *Timm*, GmbHR 1989, 11 (13).

[54] BGHZ 105, 324 (342) – Supermarkt; 116, 37 (39) – Stromlieferung; *BGH* NJW 1992, 1452 – Siemens; *OLG München* NZG 2009, 1031 f.; Baumbach/Hueck/*Beurskens*, SchlAnh-KonzernR Rn. 105; Lutter/Hommelhoff/*Lutter/Hommelhoff*, Anh. § 13 Rn. 61; Rowedder/Schmidt-Leithoff/*Schnorbus*, Anh. § 52 Rn. 101.

[55] Vgl. *AG Duisburg* DB 1993, 2522; Baumbach/Hueck/*Beurskens*, SchlAnh-KonzernR Rn. 110; GroßKomm-GmbHG/*Casper*, Anh. § 77 Rn. 207; Roth/Altmeppen/*Altmeppen*, Anh. § 13 Rn. 45; Rowedder/Schmidt-Leithoff/*Schnorbus*, Anh. § 52 Rn. 103; *Vetter*, AG 1994, 110 (113).

[56] Vgl. GroßKomm GmbHG/*Casper*, Anh. § 77 Rn. 209. Fehlt indes ein Beschluss der Gesellschafterversammlung der abhängigen GmbH gänzlich, wird eine ex tunc-Nichtigkeit des Unternehmensvertrages befürwortet; vgl. *Timm*, GmbHR 1989, 11 (19); ebenso Lutter/Hommelhoff/*Lutter/Hommelhoff*, Anh. § 13 Rn. 81 f. m. w. N.

[57] Vgl. st. Rspr., BGHZ 103, 1 ff. – Familienheim; 116, 37 (39) – Stromlieferung; *BGH* NJW 2002, 822 (823); ZIP 2005, 254; zustimmend Lutter/Hommelhoff/*Lutter/Hommelhoff*, Anh. § 13 Rn. 82 f.; Roth/Altmeppen/*Altmeppen*, Anh. § 13 Rn. 114 f.; *Kleindiek*, ZIP 1988, 623; *Timm*, GmbHR 1989, 11 (17); *Ulmer*, BB 1989, 15. Nach anderer im Vordringen befindlicher Ansicht sei für die Anwendbarkeit der Regeln über die fehlerhafte Gesellschaft hingegen die Eintragung des Vertrages in das Handelsregister erforderlich, denn nur dann könnten die Beteiligten davon ausgehen, den Vertrag wirksam in Vollzug gesetzt zu haben; vgl. Baumbach/Hueck/*Beurskens*, SchlAnh-KonzernR Rn. 112; BeckOK GmbHG/*Servatius*, Konzernrecht Rn. 307 f.; Bork/Schäfer/*Weller/Discher*, Anh. § 13 Rn. 43; Emmerich/Habersack/*Emmerich*, § 291 AktG Rn. 45; MüKoGmbHG/*Liebscher*, Anh. § 13 Rn. 712; Saenger/Inhester/*Kessler*, Anhang § 13 Rn. 241; Scholz/*Emmerich*, Anh. § 13 Rn. 168; *Emmerich/Habersack*, § 11 Rn. 26; *Raiser/Veil*, § 62 Rn. 33; einschränkend GroßKomm-GmbHG/*Casper*, Anh. § 77 Rn. 196.

Verluste ausgeglichen bzw. Gewinne aufgrund des Vertrages entgegengenommen hat.[58] Die in den Jahren 2014 bis 2017 erwirtschafteten Gewinne der A-GmbH sind jeweils an die T-GmbH abgeführt worden. Der Unternehmensvertrag zwischen diesen beiden Gesellschaften ist daher in Vollzug gesetzt worden.

Rechtsfolge der Anwendbarkeit der Regeln über die fehlerhafte Gesellschaft auf den fehlerhaften Unternehmensvertrag ist, dass der Unternehmensvertrag mit Wirkung für die Vergangenheit als wirksam zu behandeln ist,[59] er aber mit Wirkung für die Zukunft jederzeit gekündigt[60] werden kann. Das herrschende Unternehmen kann sich von dem Unternehmensvertrag mit Wirkung für die Zukunft also lösen, indem es den Unternehmensvertrag ordnungsgemäß kündigt.[61] Eine solche Kündigung setzt voraus, dass der Unternehmensvertrag in einer der beteiligten Gesellschaften nicht durch einen entsprechenden Beschluss mit der erforderlichen Mehrheit bestätigt wird.[62] Eine mögliche Weigerung von *T*, den Jahresfehlbetrag als Verlustausgleichsanspruch in den Jahresabschluss der A-GmbH aufzunehmen, würde mithin keine wirksame – konkludente – Kündigung des Unternehmensvertrages darstellen und könnte per se die Wirkungen des Unternehmensvertrages nicht rückwirkend für das Jahr 2018 beseitigen.

6. Zwischenergebnis

Der Gewinnabführungs- und Beherrschungsvertrag zwischen der T-GmbH und der A-GmbH ist zwar nicht wirksam zustande gekommen. Er ist jedoch aufgrund seines Vollzugs in den Jahren 2014 bis 2017 auch für das Jahr 2018 unter Anwendung der Regeln über die fehlerhafte Gesellschaft als wirksam zu behandeln. Die A-GmbH hat folglich für den im Geschäftsjahr 2018 entstandenen Jahresfehlbetrag in Höhe von 250.000 EUR einen Verlustausgleichsanspruch nach § 302 Abs. 1 AktG analog.

IV. Berücksichtigung des Unternehmensvertrages in der Bilanz

Zuletzt muss *T* verpflichtet sein diesen Verlustausgleichsanspruch der A-GmbH gegenüber der T-GmbH in der Jahresbilanz der A-GmbH auszuweisen.

Der sich aus der GuV (§ 275 HGB) der A-GmbH ergebende Jahresfehlbetrag in Höhe von 250.000 EUR kann in der Bilanz als „Forderung gegen verbundene

---

[58] Vgl. Baumbach/Hueck/*Beurskens,* SchlAnh-KonzernR Rn. 112; Bork/Schäfer/*Weller/Discher*, Anh. § 13 Rn. 43; Lutter/Hommelhoff/*Lutter/Hommelhoff,* Anh. § 13 Rn. 83; MüKoGmbHG/*Liebscher*, Anh. § 13 Rn. 711; Roth/Altmeppen/*Altmeppen,* Anh. § 13 Rn. 114 f.; Scholz/*Emmerich*, Anh. § 13 Rn. 163; MünchHdb.GesR III/*Decher/Kiefner,* § 70 Rn. 15; *Raiser/Veil,* § 62 Rn. 33; *Timm,* GmbHR 1992, 313 (315 f.).

[59] BGHZ 116, 35 (37) – Stromlieferung; BeckOK GmbHG/*Servatius*, Konzernrecht Rn. 309; Bork/Schäfer/*Weller/Discher*, Anh. § 13 Rn. 43; Lutter/Hommelhoff/*Lutter/Hommelhoff,* Anh. § 13 Rn. 84; MHLS/*Servatius*, Konzernrecht Rn. 261; MünchHdb.GesR III/*Decher/Kiefner,* § 70 Rn. 15.

[60] BeckOK GmbHG/*Servatius*, Konzernrecht Rn. 309; Bork/Schäfer/*Weller/Discher*, Anh. § 13 Rn. 43; MHLS/*Servatius*, Konzernrecht Rn. 261; MüKoGmbHG/*Liebscher*, Anh. § 13 Rn. 717; Lutter/Hommelhoff/*Lutter/Hommelhoff,* Anh. § 13 Rn. 84; *Emmerich/Habersack,* § 32 Rn. 29, § 11 Rn. 28. Zu den Voraussetzungen für die Kündigung vgl. Lutter/Hommelhoff/*Lutter/Hommelhoff,* Anh. § 13 Rn. 84.

[61] BeckOK GmbHG/*Servatius*, Konzernrecht Rn. 309; Lutter/Hommelhoff/*Lutter/Hommelhoff,* Anh. § 13 Rn. 84; MHLS/*Servatius*, Konzernrecht Rn. 261; MüKoGmbHG/*Liebscher*, Anh. § 13 Rn. 717; *Emmerich/Habersack,* § 32 Rn. 29, § 11 Rn. 28; a. A. Baumbach/Hueck/*Beurskens,* SchlAnh-KonzernR Rn. 115; Bork/Schäfer/*Weller/Discher*, Anh. § 13 Rn. 44; Scholz/*Emmerich,* Anh. § 13 Rn. 168.

[62] Lutter/Hommelhoff/*Lutter/Hommelhoff,* Anh. § 13 Rn. 84.

Unternehmen" im Sinne von § 266 Abs. 2 B. II. 2. HGB auszuweisen sein. Unter dieser Bilanzposition sind sämtliche Forderungen gegenüber verbundenen Unternehmen gleich aus welchem Rechtsgrund auszuweisen mit Ausnahme derjenigen Ausleihungen an verbundene Unternehmen im Sinne von § 271 Abs. 2 HGB.[63] Der Verlustausgleichsanspruch der A-GmbH gegen die T-GmbH analog § 302 AktG ist somit in der Bilanz der A-GmbH aufgrund des in § 246 Abs. 1 S. 1 HGB normierten Gebots der Vollständigkeit der Bilanz[64] unter § 266 Abs. 2 B. II. 2. HGB auszuweisen.

V. Ergebnis

Zur Vorbereitung der Gesellschafterversammlung der A-GmbH im Jahre 2019 ist *T* verpflichtet, den Jahresabschluss der A-GmbH aufzustellen und dabei in der Bilanz den Verlustausgleichsanspruch der A-GmbH gegen die T-GmbH als „Forderung gegenüber verbundenen Unternehmen" auszuweisen.

C. Bestätigung des Unternehmensvertrages

T kann als Geschäftsführer der A-GmbH überdies verpflichtet sein, bei der Einberufung der Gesellschafterversammlung den Tagesordnungspunkt „Bestätigung des Gewinnabführungs- und Beherrschungsvertrages mit der T-GmbH" in die Tagesordnung aufzunehmen.[65] Dann müssen ihn die Pflicht zur Einberufung der Gesellschafterversammlung und zur Mitteilung der Tagesordnung sowie die Pflicht zur Herbeiführung der Bestätigung des Unternehmensvertrages in der einberufenen Gesellschafterversammlung treffen.

Die Verpflichtung zur Einberufung der Gesellschafterversammlung trifft gem. § 49 Abs. 1 GmbHG grundsätzlich den Geschäftsführer, also *T*. Bei der Einberufung ist gem. § 51 Abs. 2 GmbHG der Zweck der Versammlung anzukündigen. Dies bedeutet insbesondere die Mitteilung der Tagesordnung, also derjenigen Gegenstände, über die in der Gesellschafterversammlung beschlossen werden soll.[66]

Die Verpflichtung von *T* als Geschäftsführer, in der Gesellschafterversammlung über die Bestätigung des fehlerhaften Unternehmensvertrages abstimmen zu lassen, kann sich aus seiner Sorgfaltspflicht gem. § 43 Abs. 1 GmbHG ergeben. Dann muss es der Sorgfalt eines ordentlichen Geschäftsmannes entsprechen, die Fehlerhaftigkeit des Beherrschungsvertrages zu beseitigen.

Die Rechtsgrundlage für das aus dem Beherrschungsvertrag folgende Weisungsrecht der T-GmbH und die aus dem Gewinnabführungsvertrag folgende Gewinnabführungspflicht der A-GmbH ist fehlerhaft. Es entspricht der Sorgfalt eines ordentlichen Geschäftsmannes, die Fehlerhaftigkeit des Unternehmensvertrages zu beseitigen, um dessen erhebliche Rechtsfolgen auf eine sichere rechtliche Grundlage zu stellen. Dies setzt die Eintragung des Unternehmensvertrages in das Handelsregister der A-GmbH voraus. Die Eintragung des Unternehmensvertrages im Handelsregister der A-GmbH darf von *T* als Geschäftsführer der A-GmbH aber erst dann angemeldet werden, wenn der Unternehmensvertrag vom 16.9.2013 durch die Ge-

---

63 Baumbach/Hopt/*Merkt,* § 266 Rn. 9; EBJS/*Böcking/Gros,* § 266 Rn. 34; KKRM/*Morck,* § 266 Rn. 6.

64 Vgl. Baumbach/Hopt/*Merkt,* § 246 Rn. 1; EBJS/*Böcking/Gros,* § 246 Rn. 2 ff.

65 Befürwortend BeckOK GmbHG/*Servatius,* Konzernrecht Rn. 309; Bork/Schäfer/*Weller/Discher,* Anh. § 13 Rn. 44; MHLS/*Servatius,* Konzernrecht Rn. 261.

66 Vgl. Baumbach/Hueck/*Zöllner/Noack,* § 51 Rn. 24; Lutter/Hommelhoff/*Bayer,* § 51 Rn. 17; MünchHdb.GesR III/*Marsch-Barner/Diekmann,* § 44 Rn. 44.

sellschafterversammlungen beider beteiligten Gesellschaften mit Wirkung für die Zukunft bestätigt worden ist.[67] Versagen die Gesellschafterversammlungen diese Bestätigung,[68] hat der Geschäftsführer den Unternehmensvertrag unverzüglich und mit sofortiger Wirkung gegenüber dem anderen Vertragspartner zu kündigen.[69]

T ist mithin verpflichtet dafür Sorge zu tragen, dass unverzüglich eine Gesellschafterversammlung der A-GmbH einberufen wird, in der über die Bestätigung des Unternehmensvertrages mit der T-GmbH beschlossen wird.

---

67 Vgl. Lutter/Hommelhoff/*Lutter/Hommelhoff*, Anh. § 13 Rn. 84.

68 Für die bei den Beschlussfassungen zu beachtenden Zustimmungserfordernisse wird auf die Ausführungen unter B. I. 2. b) aa) (2) und B. I. 4. a) verwiesen.

69 Lutter/Hommelhoff/*Lutter/Hommelhoff*, Anh. § 13 Rn. 84; Scholz/*Emmerich*, Anh. § 13 Rn. 168 f.

Fall 17. Abfindung des außenstehenden Aktionärs

Schwerpunkt im Konzernrecht (AG):

Abfindungsanspruch gem. § 305 Abs. 1 AktG – Begriff des außenstehenden Aktionärs – Auswirkungen der Verschmelzung auf die Rechte und Pflichten aus dem Beherrschungsvertrag – Abfindungsarten – vertragsüberdauerndes Spruchverfahren – Wirkungen der Spruchverfahrens-Entscheidung – Verkehrsfähigkeit des Abfindungsanspruchs?

Sachverhalt

Die Xenon-GmbH (X-GmbH) ist seit 2005 mit 85 % an der börsennotierten Ypselon-AG (Y-AG) beteiligt. Zwischen der X-GmbH als herrschendem Unternehmen und der Y-AG als abhängigem Unternehmen wurde mit Wirkung zum 1.1.2007 wirksam ein Beherrschungsvertrag für die Zeit bis zum 31.12.2017 vereinbart, in dessen § 5 ein Barabfindungsangebot in Höhe von 15 EUR je Aktie mit einem Nennbetrag von 1 EUR enthalten war. Gegen die Angemessenheit dieses Barabfindungsangebotes wurde fristgerecht beim zuständigen Landgericht ein Spruchverfahren eingeleitet.

Der Börsenkurs der Aktien der Y-AG entwickelte sich zunächst seit 2005 positiv und erreichte im Jahr 2009 seinen Höchststand von knapp 100 EUR, um dann aber infolge fortlaufender Absatzeinbußen auf einen Tiefststand in 2017 in Höhe von 20,25 EUR je Aktie abzusinken.

Seit Ende 2016 ist die X-GmbH wirtschaftlich stark angeschlagen und ihr droht die Insolvenz. Das Sanierungskonzept für die X-GmbH sieht die Verschmelzung auf die Zeppelin-AG (Z-AG) vor. Die Verschmelzung wird auch ordnungsgemäß beschlossen und am 25.7.2017 in das Handelsregister der Z-AG eingetragen.

Der seit 2008 an der Y-AG beteiligte Aktionär *Bruno Bär (B)*, der sich nicht an dem Spruchverfahren beteiligte, veräußert am 18.6.2016 seine 50 Aktien zum damaligen Börsenkurs von 27,38 EUR an *Conny Cash (C)*. Am 18.1.2019 wird der rechtskräftige Beschluss des Landgerichts im elektronischen Bundesanzeiger veröffentlicht, wonach das im Beherrschungsvertrag zwischen der X-GmbH und der Y-AG vereinbarte Barabfindungsangebot auf 40 EUR je 1 EUR-Nennbetragsaktie festzusetzen ist. Daraufhin verlangt *C* am 1.2.2019 unter Vorlage der von *B* erworbenen Aktien nebst Abtretungsurkunde von der Z-AG Zahlung von 2.000 EUR. Zu Recht?

Abwandlung: Wie ist die Rechtslage, wenn *B* seine Aktien erst am 18.6.2018 an *C* veräußert hat?

Bearbeiterhinweis: § 17 Abs. 2 S. 1 SpruchG ist bei der Lösung nicht anzuwenden.

Lösung

A. Ausgangsfall

C kann gegen die Z-AG einen Anspruch auf Zahlung einer Barabfindung i. H. v. 2.000 EUR gegen Übereignung von 50 Aktien der Y-AG gem. § 305 Abs. 1 AktG[1] haben.

I. Anspruchsberechtigung von C

Das setzt zunächst voraus, dass *C* zu dem abfindungsberechtigten Personenkreis i. S. d. § 305 Abs. 1 AktG gehört. *C* muss demnach außenstehender Aktionär der Y-AG als abhängiger Gesellschaft sein.

Zwar hat *C* die Aktionärsstellung in der Y-AG erst am 18.6.2016 erworben, sodass er bei Abschluss des Beherrschungsvertrages zwischen der X-GmbH und der Y-AG noch nicht Aktionär der Y-AG war. Nach dem Wortlaut von § 305 Abs. 1 AktG ist es jedoch für das Entstehen der Abfindungsberechtigung nicht erforderlich, dass der Aktionär im Zeitpunkt des Wirksamwerdens des Beherrschungsvertrages gem. § 294 Abs. 2 AktG seine Rechtsstellung in der abhängigen Gesellschaft innehatte. Das Abfindungsrecht steht dem Aktionär vielmehr ohne Rücksicht darauf zu, wann er seine Aktien erworben hat, sofern er nur außenstehender Aktionär geworden ist.[2] *C* hat seine Aktien zu einem Zeitpunkt erworben, als der Beherrschungsvertrag zwischen der X-GmbH und der Y-AG noch Bestand hatte. Als Aktionär kann er daher zum abfindungsberechtigten Personenkreis gehören.

Seine Anspruchsberechtigung gem. § 305 Abs. 1 AktG setzt voraus, dass er als „außenstehender" Aktionär zu qualifizieren ist. Eine gesetzliche Definition dieses Begriffs existiert nicht. Es ist daher durch Auslegung zu ermitteln, welche Aktionäre als außenstehende Aktionäre anzusehen sind.

---

[1] Grds. stellt § 305 Abs. 1 AktG keine Anspruchsgrundlage dar, sondern begründet lediglich die Verpflichtung für das herrschende Unternehmen, im Vertrag zugunsten der außenstehenden Aktionäre gem. § 328 BGB ein verbindliches Abfindungsangebot abzugeben. Mit dem „Verlangen" i. S. v. § 305 Abs. 1 AktG nimmt der außenstehende Aktionär dieses Angebot an und es entsteht ein Kauf- oder Tauschvertrag zwischen ihm und der herrschenden Gesellschaft. Anspruchsgrundlage für den Zahlungsanspruch des außenstehenden Aktionärs gegen die herrschende Gesellschaft ist dann die Angebotsregelung im Beherrschungsvertrag i. V. m. § 433 Abs. 2 BGB (bzw. § 480 BGB); vgl. Emmerich/Habersack/*Emmerich*, § 305 AktG Rn. 4 f., 25; Hüffer/Koch/*Koch*, § 305 Rn. 2; KK-AktG/*Koppensteiner*, § 305 Rn. 12; Spindler/Stilz/*Veil*, § 305 Rn. 9; a. A. *Luttermann*, NZG 2006, 816, (817 f.). § 305 Abs. 1 AktG kommt aber ausnahmsweise als Anspruchsgrundlage in Betracht, wenn die Angemessenheit der beherrschungsvertraglich angebotenen Abfindung in einem Spruchverfahren gem. § 1 Nr. 1 SpruchG gerichtlich überprüft wird und das Gericht eine höhere Abfindung durch Beschluss (vgl. § 11 Abs. 1 SpruchG) festsetzt. Durch die höhere Festsetzung des Abfindungsbetrages im Spruchverfahren wird die ursprünglich im Beherrschungsvertrag gründende Abfindungsverpflichtung ersetzt durch die Begründung eines gesetzlichen Schuldverhältnisses zwischen der herrschenden Gesellschaft und dem außenstehenden Aktionär, das seine Rechtsgrundlage dogmatisch in § 305 Abs. 1 AktG findet. Gleiches gilt, wenn der Beherrschungsvertrag entgegen § 305 Abs. 1 AktG keine vertragliche Regelung über die Abfindung enthält; vgl. Emmerich/Habersack/*Emmerich*, § 305 AktG Rn. 7; Hüffer/Koch/*Koch*, § 305 Rn. 5 f.; MüKoAktG/*Paulsen*, § 305 Rn. 12 f.; Spindler/Stilz/*Veil*, § 305 Rn. 11, 14; a. A. Schmidt K./Lutter/*Stephan*, § 305 Rn. 12, 134.

[2] Emmerich/Habersack/*Emmerich*, § 305 AktG Rn. 20 f.; Hölters/*Deilmann*, § 305 Rn. 13; MüKoAktG/*Paulsen*, § 305 Rn. 18; Spindler/Stilz/*Veil*, § 305 Rn. 15; *Altmeppen*, FS Ulmer (2003), 3 (5); *Hirte*, FS Hadding (2004), 427 (428).

1. Weite Auslegung

§ 305 Abs. 1 AktG unterscheidet in seinem Wortlaut zwischen den außenstehenden Aktionären einerseits und dem anderen Vertragsteil andererseits. Als außenstehender Aktionär kann demnach jeder Aktionär des abhängigen Unternehmens außer dem anderen Vertragsteil anzusehen sein (sog. weite Begriffsauslegung).[3] Demnach wären bei dem zwischen der Y-AG als abhängigem und der X-GmbH als herrschendem Unternehmen geschlossenen Beherrschungsvertrag alle Aktionäre der Y-AG mit Ausnahme der X-GmbH als außenstehende Aktionäre zu qualifizieren.

Danach ist *C* außenstehender Aktionär i. S. v. § 305 Abs. 1 AktG.

2. Enge Auslegung

Die sich ausschließlich am Wortlaut von § 305 Abs. 1 AktG orientierende Auslegung des Begriffs des außenstehenden Aktionärs kann durch Berücksichtigung des Schutzzwecks der Norm zu modifizieren sein. Demnach kann es geboten sein, diejenigen Aktionäre von der Qualifizierung als außenstehender Aktionär auszunehmen, die mit dem anderen Vertragsteil in so engen Beziehungen stehen, dass sie wirtschaftlich als in dessen „Lager“ befindlich anzusehen sind.[4] Das sind diejenigen Aktionäre der vertragsabhängigen AG, die aufgrund gesellschaftsrechtlicher Verknüpfungen so eng mit dem herrschenden Unternehmen verbunden sind, dass sie wirtschaftlich von dem Beherrschungsvertrag unmittelbar oder mittelbar in gleicher Weise profitieren wie der andere Vertragsteil.[5] Dem anderen Vertragsteil sind daher diejenigen Aktionäre gleichzustellen, die an dem anderen Vertragsteil zu 100 % beteiligt sind oder an denen der anderen Vertragsteil zu 100 % beteiligt ist.[6] Des Weiteren findet eine Zurechnung zum anderen Vertragsteil auch unter der Voraussetzung statt, dass zwischen dem Aktionär und dem anderen Vertragsteil ein Gewinnabführungs- oder Beherrschungsvertrag i. S. v. § 291 Abs. 1 S. 1 AktG geschlossen wurde.[7] Demgegenüber kann eine rein faktische Abhängigkeit zwischen dem Aktionär und dem anderen Vertragsteil für eine solche Zurechnung zum anderen Vertragsteil nicht als ausreichend angesehen werden, weil von einer rein

[3] Heidel/*Meilicke/Kleinertz*, § 305 AktG Rn. 12 i. V. m. § 304 AktG Rn. 9; Schmidt K./Lutter/*Stephan*, § 305 Rn. 13 i. V. m. § 304 Rn. 69; MünchHdb.GesR IV/*Krieger*, § 71 Rn. 80.

[4] H. M., vgl. BGHZ 167, 299 (302 f.); Emmerich/Habersack/*Emmerich*, § 305 Rn. 18 i. V. m. § 304 AktG Rn. 16; Grigoleit/*Servatius*, § 305 Rn. 5 i. V. m. § 304 Rn. 7; Henssler/Strohn/*Paschos*, § 305 AktG Rn. 4 i. V. m. § 304 AktG Rn. 2; Hölters/*Deilmann*, § 305 Rn. 10 i. V. m. § 304 Rn. 6; Hüffer/Koch/*Koch*, § 305 Rn. 8 i. V. m. § 304 Rn. 2; MüKoAktG/*Paulsen*, § 304 Rn. 27 ff.; Spindler/Stilz/*Veil*, § 305 Rn. 15 i. V. m. § 304 Rn. 17; *Emmerich/Habersack*, § 21 Rn. 11; *Altmeppen*, FS Ulmer (2003), 3 (5); *Bayer*, ZIP 2005, 1053 (1054).

[5] Emmerich/Habersack/*Emmerich*, § 305 AktG Rn. 18 i. V. m. § 304 AktG Rn. 16; Henssler/Strohn/*Paschos*, § 305 AktG Rn. 4 i. V. m. § 304 AktG Rn. 2; Hüffer/Koch/*Koch*, § 305 Rn. 8 i. V. m. § 304 Rn. 2; Spindler/Stilz/*Veil*, § 305 Rn. 15 i. V. m. § 304 Rn. 18; MünchHdb.GesR IV/*Krieger*, § 71 Rn. 80; *Emmerich/Habersack*, § 21 Rn. 12; *Altmeppen*, FS Ulmer (2003), 3 (5); *Bayer*, ZIP 2005, 1053 (1054).

[6] Vgl. statt aller Emmerich/Habersack/*Emmerich*, § 305 Rn. 18 i. V. m. § 304 AktG Rn. 18.

[7] Emmerich/Habersack/*Emmerich*, § 305 Rn. 18 i. V. m. § 304 AktG Rn. 18; Grigoleit/*Servatius*, § 305 Rn. 5 i. V. m. § 304 Rn. 7; Henssler/Strohn/*Paschos*, § 305 AktG Rn. 4 i. V. m. § 304 AktG Rn. 2; Hölters/*Deilmann*, § 305 Rn. 10 i. V. m. § 304 Rn. 6; Hüffer/Koch/*Koch*, § 305 Rn. 8 i. V. m. § 304 Rn. 3; MüKoAktG/*Paulsen*, § 304 Rn. 27; Spindler/Stilz/*Veil*, § 305 Rn. 15 i. V. m. § 304 Rn. 20; *Emmerich/Habersack*, § 21 Rn. 13; MünchHdb.GesR IV/*Krieger*, § 71 Rn. 80; *Raiser/Veil*, § 62 Rn. 66.

faktischen Abhängigkeit nicht auf eine wirtschaftliche Einheit beider Vermögen geschlossen werden kann.[8]

Weder besteht zwischen *C* als anderer Vertragsteil und der X-GmbH ein Unternehmensvertrag, noch ist *C* Alleingesellschafter der X-GmbH. *C* ist folglich auch nach dieser Auslegung als außenstehender Aktionär anzusehen.

3. Zwischenergebnis

C ist sowohl nach der Wortlautauslegung von § 305 Abs. 1 AktG als auch nach der Auslegung anhand des Normzwecks als außenstehender Aktionär zu qualifizieren. *C* ist folglich außenstehender Aktionär der Y-AG i. S. v. § 305 Abs. 1 AktG.

II. Z-AG als Schuldner des Abfindungsanspruchs

Des Weiteren muss die Z-AG Schuldner des Abfindungsanspruchs sein. Gem. § 305 Abs. 1 AktG besteht die Verpflichtung, den außenstehenden Aktionären ein Abfindungsangebot zu unterbreiten, für den „anderen Vertragsteil", also das vertragsherrschende Unternehmen.

Ursprünglich war die X-GmbH herrschendes Unternehmen und somit zur Abfindungsgewährung verpflichtet. Die Abfindungsverpflichtung der X-GmbH kann aber aufgrund ihrer wirksamen Verschmelzung zur Aufnahme auf die Z-AG auf diese übergegangen sein. Mit der Eintragung der Verschmelzung in das Handelsregister der Z-AG am 25.7.2017 kann die Z-AG herrschendes Unternehmen gegenüber der Y-AG geworden sein mit der Folge, dass den außenstehenden Aktionären der Y-AG nunmehr ein Abfindungsanspruch gegen die Z-AG zusteht.

Gem. § 20 Abs. 1 Nr. 1 UmwG geht das Vermögen des übertragenden Rechtsträgers mit Eintragung der Verschmelzung im Wege der Universalsukzession auf den übernehmenden Rechtsträger über. Die aus dem Beherrschungsvertrag zwischen der X-GmbH als herrschendem Unternehmen und der Y-AG als beherrschtem Unternehmen folgenden Rechte und Pflichten der Vertragsparteien müssen somit zum „Vermögen" der X-GmbH gehören. Von der Universalsukzession gem. § 20 Abs. 1 Nr. 1 UmwG wird das gesamte Vermögen des übertragenden Rechtsträgers erfasst, also sämtliche Aktiva und Passiva, und zwar auch solche, die nicht bilanziell erfasst sind.[9] Dementsprechend gehen die Rechte und Pflichten des übertragenden Rechtsträgers aus bereits bestehenden Schuldverhältnissen auf den übernehmenden Rechtsträger über, ohne dass die §§ 414, 415 BGB für diesen Fall anwendbar wären.[10] Ein Beherrschungsvertrag ist zwar zunächst von seiner Rechtsnatur her ein Organisationsvertrag, der infolge seiner Funktion, nämlich der Unterstellung der abhängigen Gesellschaft unter die Leitung der herrschenden Gesellschaft, der Sache nach auf eine (befristete) Satzungsüberlagerung der abhängigen Gesellschaft hinausläuft.[11] Der Beherrschungsvertrag ist aber auch ein schuldrechtlicher Vertrag, denn er begründet zwischen den Vertragsparteien auch beiderseitige

[8] Begr. RegE., in: *Kropff,* AktG, S. 385; Emmerich/Habersack/*Emmerich,* § 305 Rn. 18 i. V. m. § 304 AktG Rn. 18; Grigoleit/*Servatius,* § 305 Rn. 5 i. V. m. § 304 Rn. 7; Henssler/Strohn/*Paschos,* § 305 AktG Rn. 4 i. V. m. § 304 AktG Rn. 2; Hölters/*Deilmann,* § 305 Rn. 10 i. V. m. § 304 Rn. 6; Hüffer/Koch/*Koch,* § 305 Rn. 8 i. V. m. § 304 Rn. 3; MüKo-AktG/*Paulsen,* § 304 Rn. 28; Spindler/Stilz/*Veil,* § 305 Rn. 15 i. V. m. § 304 Rn. 22 ff.; *Emmerich/Habersack,* § 21 Rn. 13.

[9] Kallmeyer/*Marsch-Barner,* § 20 Rn. 4; Schmitt/Hörtnagl/Stratz/*Stratz,* § 20 Rn. 27; Semler/Stengel/*Leonard/Simon,* § 20 Rn. 8.

[10] Vgl. statt aller Schmitt/Hörtnagl/Stratz/*Stratz,* § 20 Rn. 35 ff.

[11] Vgl. *Emmerich/Habersack,* § 11 Rn. 21.

Leistungsverpflichtungen (z. B. Verlustübernahmepflicht des herrschenden Unternehmens gem. § 302 AktG einerseits und Verpflichtung zur Befolgung von Weisungen gem. § 308 Abs. 1 AktG andererseits), deren Verletzung Schadensersatzansprüche des anderen Vertragsteils begründen können.[12] Es steht somit grds. nichts entgegen, einen Beherrschungsvertrag als Bestandteil des von der Universalsukzession gem. § 20 Abs. 1 Nr. 1 UmwG erfassten Vermögens des übertragenden Rechtsträgers zu qualifizieren. Dementsprechend gehen die dem übertragenden Rechtsträger als herrschendem Unternehmen gegenüber einem Dritten zustehenden Rechte und Pflichten aus dem Beherrschungsvertrag durch die Verschmelzung auf den übernehmenden Rechtsträger über.[13]

Die Verpflichtung der X-GmbH gem. § 305 Abs. 1 AktG zur Abfindung der außenstehenden Aktionäre ist somit durch die Verschmelzung der Gesellschaft auf die Z-AG gem. § 20 Abs. 1 Nr. 1 UmwG auf die Z-AG übergegangen.

III. Kein Erlöschen des Abfindungsanspruchs

Der Abfindungsanspruch von *C* darf überdies nicht erloschen sein.

Ein Erlöschen des Abfindungsanspruchs durch Ablauf einer im Beherrschungsvertrag bestimmten Frist zur Geltendmachung dieses Anspruchs (vgl. § 305 Abs. 4 S. 1 und 2 AktG)[14] scheidet mangels einer entsprechenden vertraglichen Befristung aus. Als weitere Erlöschensgründe kommen somit nur noch die Erfüllung des Abfindungsanspruchs sowie die Beendigung des Unternehmensvertrages in Betracht.

1. Erfüllung

Grundsätzlich erlischt der Abfindungsanspruch durch Erfüllung, d. h. durch Übereignung der Aktien Zug-um-Zug gegen Erhalt der Abfindungsleistung (§ 362 BGB).[15] *C* ist jedoch noch nicht gegen Abfindung aus der Y-AG ausgeschieden, sondern macht seinen entsprechenden Anspruch erst am 1.2.2019 geltend.

Der Abfindungsanspruch von *C* ist folglich noch nicht durch Erfüllung erloschen.

2. Beendigung des Unternehmensvertrags

Der Abfindungsanspruch von *C* kann aber mit Beendigung des Beherrschungsvertrags am 31.12.2017 erloschen sein. Ausgehend von der Annahme, dass der Abfindungsanspruch grds. seine rechtliche Grundlage in der entsprechenden vertraglichen Bestimmung des Beherrschungsvertrags[16] findet,[17] kann es nahe liegend sein, dass er

---

[12] Vgl. *Emmerich/Habersack,* § 11 Rn. 22.

[13] H. A., vgl. *OLG Karlsruhe* ZIP 1991, 101 (104) – ASEA/BBC; *LG Bonn* GmbHR 1996, 774; Lutter/*Grunewald,* § 20 Rn. 40; Kallmeyer/*Marsch-Barner,* § 20 Rn. 20; KK-UmwG/*Simon,* § 20 Rn. 26; Semler/Stengel/*Kübler,* § 20 Rn. 30; Schmitt/Hörtnagl/Stratz/*Stratz,* § 20 Rn. 58; *Emmerich/Habersack,* § 19 Rn. 67; *Krieger,* ZGR 1990, 517 (540); a. A. *Bayer,* ZGR 1993, 599 (603 ff.).

[14] Durch die Fristsetzung soll das herrschende Unternehmen möglichst schnell Gewissheit erlangen können, in welchem Umfang es Abfindungsansprüchen ausgesetzt ist, vgl. KK-AktG/*Koppensteiner,* § 305 Rn. 8; MüKoAktG/*Paulsen,* § 305 Rn. 157.

[15] *Bilda,* NZG 2005, 375 (377).

[16] Vgl. Fn. 1.

[17] Dogmatisch stellt der Beherrschungsvertrag insoweit einen Vertrag zugunsten Dritter gem. § 328 BGB dar, als er das Abfindungsrecht der außenstehenden Aktionäre regelt; vgl. Henssler/Strohn/*Paschos,* § 305 AktG Rn. 3; Hüffer/Koch/*Koch,* § 305 Rn. 3; KK-AktG/*Koppensteiner,* § 305 Rn. 12; Schmidt K./Lutter/*Stephan,* § 305 Rn. 11; Spindler/Stilz/*Veil,* § 305 Rn. 9; a. A. Heidel/*Meilicke/Kleinertz,* § 305 AktG Rn. 9.

mit Wegfall dieser vertraglichen Grundlage automatisch erlischt.[18] Die Konsequenz wäre, dass ein außenstehender Aktionär, der sein Wahlrecht zwischen einem angemessenen Ausgleich gem. § 304 AktG und Barabfindung gem. § 305 AktG bis zu diesem Zeitpunkt nicht ausgeübt hat, es nach der Beendigung des Unternehmensvertrages auch nicht mehr ausüben kann.

Von dem Grundsatz, dass der Abfindungsanspruch mit Beendigung des Beherrschungsvertrages erlischt, ist jedoch eine Ausnahme zu machen, wenn ein gem. § 4 Abs. 1 Nr. 1 SpruchG fristgerecht eingeleitetes Spruchverfahren bei Beendigung des Unternehmensvertrags noch nicht durch gerichtliche Entscheidung (vgl. §§ 11 ff. SpruchG) abgeschlossen ist (sog. vertragsüberdauerndes Spruchverfahren).[19] Gem. § 305 Abs. 4 S. 3 AktG endet die Frist für die Ausübung des Rechts auf Barabfindung durch den außenstehenden Aktionär frühestens zwei Monate nach der Bekanntmachung der gerichtlichen Spruchverfahrensentscheidung im elektronischen Bundesanzeiger.

Während der Beherrschungsvertrag bereits am 31.12.2017 endete, wurde die rechtskräftige Entscheidung im Spruchverfahren über die Angemessenheit der Höhe der Barabfindung erst am 18.1.2019 im elektronischen Bundesanzeiger veröffentlicht. Es liegt somit ein Fall des vertragsüberdauernden Spruchverfahrens vor mit der Folge, dass die außenstehenden Aktionäre ihren Abfindungsanspruch bis zum 18.3.2019 geltend machen können. Der Abfindungsanspruch von *C* ist somit im Zeitpunkt seiner Geltendmachung am 1.2.2019 noch nicht erloschen.

3. Zwischenergebnis

Der Abfindungsanspruch von *C* gegen die Z-AG ist weder durch Erfüllung noch durch die Beendigung des Beherrschungsvertrags erloschen.

IV. Inhalt des Abfindungsanspruchs

1. Abfindungsart

Dem Anspruch von *C* gegen die Z-AG auf Barabfindung i. H. v. 2.000 EUR kann jedoch entgegenstehen, dass die vertraglich angebotene Barabfindung nach der Verschmelzung nicht mehr die richtige Abfindungsart i. S. d. § 305 Abs. 2 AktG ist. Vielmehr kann die Z-AG gem. § 305 Abs. 2 Nr. 1 AktG verpflichtet sein, *C* eine Abfindung in eigenen Aktien anzubieten.

Die Art der Abfindung ist gem. § 305 Abs. 2 AktG von der Eigenschaft des anderen Vertragsteils abhängig.[20] Grundsätzlich hat der andere Vertragsteil den außenstehenden Aktionären die Abfindung in eigenen Aktien (§ 305 Abs. 2 Nr. 1 AktG) anzubieten. Eine Barabfindung kommt nur in Betracht, wenn der andere Vertragsteil nicht in der Rechtsform der AG oder KGaA verfasst ist (§ 305 Abs. 2 Nr. 3 AktG)

---

[18] Vgl. Emmerich/Habersack/*Emmerich,* § 305 AktG Rn. 34; Hölters/*Deilmann,* § 305 Rn. 29; KK-AktG/*Koppensteiner,* § 305 Rn. 12; MüKoAktG/*Paulsen,* § 305 Rn. 38 i. V. m. § 304 Rn. 125; Spindler/Stilz/*Veil,* § 305 Rn. 25; Schmidt K./Lutter/*Stephan,* § 305 Rn. 132; ebenso *Altmeppen,* FS Ulmer (2003), 3 (6 f.); *Hirte,* FS Hadding (2004), 427 (430); a. A. Heidel/*Meilicke/Kleinertz*, § 305 AktG Rn. 20.

[19] Vgl. auch BGHZ 135, 374 ff. – Guano; Emmerich/Habersack/*Emmerich,* § 305 AktG Rn. 34; Henssler/Strohn/*Paschos,* § 305 AktG Rn. 34; MüKoAktG/*Paulsen,* § 305 Rn. 38; Spindler/Stilz/*Veil,* § 305 Rn. 26; Schmidt K./Lutter/*Stephan,* § 305 Rn. 133, 135; MünchHdb.GesR IV/*Krieger,* § 71 Rn. 115.

[20] MüKoAktG/*Paulsen,* § 305 Rn. 43; Schmidt K./Lutter/*Stephan,* § 305 Rn. 35; Spindler/Stilz/*Veil,* § 305 Rn. 30; MünchHdb.GesR IV/*Krieger,* § 71 Rn. 119.

oder aber ein abhängiges oder in Mehrheitsbesitz stehendes Unternehmen in der Rechtsform der AG oder KGaA ist (§ 305 Abs. 2 Nr. 2 AktG)[21].

Bei Abschluss des Beherrschungsvertrages zwischen der X-GmbH und der Y-AG war die im Beherrschungsvertrag angebotene Barabfindung die gem. § 305 Abs. 2 Nr. 3 AktG zutreffende Abfindungsart. Die Voraussetzungen von § 305 Abs. 2 Nr. 1 oder Nr. 2 AktG lagen zu diesem Zeitpunkt nicht vor. Die Barabfindungsverpflichtung der X-GmbH ist durch die Verschmelzung dieser Gesellschaft auf die Z-AG im Wege der Universalsukzession gem. § 20 Abs. 1 Nr. 1 UmwG auf die Z-AG übergegangen. Durch die Verschmelzung wird keine Änderung des Inhalts der Abfindungsverpflichtung dergestalt bewirkt, dass die Z-AG nunmehr die außenstehenden Aktionäre der Y-AG in eigenen Aktien gem. § 305 Abs. 2 Nr. 1 AktG abzufinden hätte. Für dieses Ergebnis spricht auch die ergangene rechtskräftige Entscheidung im Spruchverfahren, in der die im Beherrschungsvertrag angebotene Barabfindung auf einen höheren Betrag festgesetzt worden ist. Diese Entscheidung bindet gem. § 13 S. 2 SpruchG unter anderem auch die Z-AG als Rechtsnachfolgerin der X-GmbH.[22]

Der Anspruch von *C* gegen die Z-AG gem. § 305 Abs. 1 AktG ist auf Barabfindung gem. § 305 Abs. 2 Nr. 3 AktG gerichtet.

2. Höhe des Abfindungsanspruchs

C muss schließlich berechtigt sein, einen Abfindungsanspruch in Höhe von 2.000 EUR geltend zu machen.

Die Höhe des Abfindungsanspruchs ergibt sich aus der Anzahl der Aktien und dem Wert je Aktie. Im Beherrschungsvertrag zwischen der X-GmbH und der Y-AG war eine Barabfindung in Höhe von (nur) 15 EUR je Aktie mit einem Nennbetrag von 1 EUR angeboten, so dass sich der vertragliche Abfindungsanspruch von *C* auf nur 750 EUR belaufen kann. Dagegen spricht jedoch, dass das Landgericht im Spruchverfahren die Abfindung auf 40 EUR je 1 EUR- Nennbetragsaktie festgesetzt hat. Gem. § 13 S. 2 SpruchG wirkt diese Entscheidung für und gegen alle, einschließlich derjenigen Aktionäre, die bereits gegen die ursprüngliche, niedrigere Abfindung aus dem betroffenen Rechtsträger ausgeschieden sind.[23] Daraus folgt, dass auch diejenigen Aktionäre, die sich nicht am Spruchverfahren beteiligt haben, einen Anspruch auf die gerichtlich höher festgesetzte Abfindung haben.[24]

---

21 Das Wahlrecht gem. § 305 Abs. 2 Nr. 2 AktG, den außenstehenden Aktionären eine Abfindung in Aktien der Obergesellschaft oder eine Barabfindung anzubieten, steht nach h. A. den Vertragsparteien des Beherrschungsvertrages zu, vgl. Emmerich/Habersack/*Emmerich*, § 305 AktG Rn. 15; Grigoleit/*Servatius*, § 305 Rn. 11; Henssler/Strohn/*Paschos*, § 305 AktG Rn. 12; Hüffer/Koch/*Koch*, § 305 Rn. 19; KK-AktG/*Koppensteiner*, § 305 Rn. 46; MüKoAktG/*Paulsen*, § 305 Rn. 58; Schmidt K./Lutter/*Stephan*, § 305 Rn. 44; Spindler/Stilz/*Veil*, § 305 Rn. 42; a. A. *Mestmäcker*, FS Kronstein (1967), 129 (138 [dort Fn. 20]) – den außenstehenden Aktionären.

22 Zur Reichweite der materiellen Rechtskraft der Spruchverfahrensentscheidung vgl. KK-SpruchG/*Wilske*, § 13 Rn. 10 ff.; *Klöcker/Frowein*, § 13 Rn. 3 f.; *Simon*, § 13 Rn. 6 f.; *Fritzsche/Dreier/Verfürth*, § 13 Rn. 6.

23 Zum sog. Abfindungsergänzungsanspruch vgl. Emmerich/Habersack/*Emmerich*, § 305 AktG Rn. 86; Grigoleit/*Servatius*, § 305 Rn. 29; Heidel/*Meilicke/Kleinertz*, § 305 AktG Rn. 59; MüKoAktG/*Paulsen*, § 305 Rn. 181 ff.; *Emmerich/Habersack*, § 22 Rn. 60; *Raiser/Veil*, § 62 Rn. 90.

24 Vgl. *Fritzsche/Dreier/Verfürth*, § 13 Rn. 7; *Simon*, § 13 Rn. 7; KK-SpruchG/*Wilske*, § 13 Rn. 10 f.

Obwohl *C* sich nicht an dem Spruchverfahren beteiligt hat, kann er den gerichtlich festgesetzten Abfindungsbetrag von 40 EUR je 1 EUR-Nennbetragsaktie von der Z-AG verlangen. Sein Abfindungsanspruch beläuft sich bei 50 von ihm gehaltenen Aktien der Y-AG somit auf insgesamt 2.000 EUR.

V. Ergebnis

C hat einen Anspruch gegen die Z-AG auf Zahlung einer Barabfindung i. H. v. 2.000 EUR Zug um Zug gegen Übereignung seiner 50 Aktien an die Z-AG gem. § 305 Abs. 1 AktG.[25]

B. Abwandlung

Für den Abfindungsanspruch von *C* gegen die Z-AG gem. § 305 Abs. 1 AktG ist entscheidend, ob er die entsprechende Anspruchsberechtigung besitzt.[26]

C war zu keinem Zeitpunkt Aktionär der Y-AG, zu dem der Beherrschungsvertrag zwischen der X-GmbH bzw. der Z-AG einerseits und der Y-AG andererseits bestand. Er hat seine Aktien der Y-AG vielmehr erst nach Beendigung des Beherrschungsvertrages von *B* erworben, aber noch zu einem Zeitpunkt, als das Spruchverfahren über die Angemessenheit der Abfindung für die außenstehenden Aktionäre der Y-AG andauerte. Für die Anspruchsberechtigung von *C* kommt es somit entscheidend darauf an, ob *B* außenstehender Aktionär der Y-AG war und ob *C* zugleich mit dem Erwerb der Aktien von *B* auch dessen Abfindungsanspruch gem. § 305 Abs. 1 AktG erworben hat.

I. Qualifizierung von B als außenstehender Aktionär

B war sowohl nach der Wortlautauslegung des § 305 Abs. 1 AktG[27] als auch nach der Auslegung dieser Norm anhand ihres Normzwecks[28] außenstehender Aktionär der Y-AG.

II. Argumente pro und contra Verkehrsfähigkeit des Abfindungsanspruchs

Mit der Veräußerung der Aktien von *B* an *C* kann zugleich der Abfindungsanspruch von *B* gegen die Z-AG gem. §§ 398, 929 S. 1 BGB auf *C* übergegangen sein. Dies setzt voraus, dass der Abfindungsanspruch gem. § 305 Abs. 1 AktG ein in der Aktie verkörpertes mitgliedschaftliches Recht darstellt, welches bis zum Ablauf der Frist zur Geltendmachung des Abfindungsverlangens andauert.

---

25 Sofern die Z-AG sich weigern sollte die Abfindung zu zahlen, muss *C* gem. § 16 SpruchG Leistungsklage bei dem Landgericht erheben, das für das Spruchverfahren zuständig war, vgl. Emmerich/Habersack/*Emmerich*, § 16 SpruchG Rn. 1 f.; Hölters/*Simons*, § 16 SpruchG Rn. 1; Hüffer/Koch/*Koch*, § 16 SpruchG Rn. 2; MüKoAktG/*Kubis*, § 16 SpruchG Rn. 1; Schmidt K./Lutter/*Klöcker*, § 16 Rn. 1.

26 Der Abwandlung liegt in – stark vereinfachter – Konstellation der Sachverhalt der Entscheidung *OLG Jena* ZIP 2005, 525 und BGHZ 167, 299 – Jenoptik – zugrunde. Zur durch diese Entscheidungen ausgelösten Diskussion vgl. *Altmeppen*, FS Ulmer (2003), 3 ff.; *Bayer*, ZIP 2005, 1053 ff.; *Bilda*, NZG 2005, 375 ff.; *Habersack*, AG 2005, 709 ff.; *Hirte*, FS Hadding (2004), 427 ff.; *Koppensteiner*, DStR 2006, 1603 ff.; *Lehmann*, ZIP 2005, 1489 ff.

27 Vgl. die Parallelargumentation zu *C* oben A. I. 1.

28 Vgl. die Parallelargumentation zu *C* oben A. I. 2.

1. Pro-Argumente

Für die Einordnung des Abfindungsrechts gem. § 305 Abs. 1 AktG als ein in der Aktie verkörpertes Mitgliedschaftsrecht kann sprechen, dass die Abfindung eine Kompensation für die mit dem Beherrschungsvertrag verbundenen Eingriffe in die Mitgliedschaft im abhängigen Unternehmen gewährt.[29] Die Mitgliedschaft ist ein Dauerschuldverhältnis mit einer Vielzahl von Rechten und Pflichten, welche in der Aktie verkörpert werden und nicht von ihr abgespalten werden dürfen.[30] Für die Einordnung des Abfindungsanspruchs gem. § 305 Abs. 1 AktG als ein in der Aktie verkörpertes Mitgliedschaftsrecht kann auch die wertpapierrechtliche Sicht sprechen.[31] Für die Aktie als Inhaberpapier gilt der wertpapierrechtliche Grundsatz, dass das Recht aus dem Papier dem Recht am Papier folgt.[32] Wer also die Aktie eines außenstehenden Aktionärs erwirbt, erwirbt zugleich alle in der Aktie verkörperten Mitgliedschaftsrechte, mithin auch den Abfindungsanspruch gem. § 305 Abs. 1 AktG.[33]

Aber auch dann, wenn das Abfindungsrecht nicht als in der Aktie verkörpertes Mitgliedschaftsrecht gewertet wird, kann die Übertragbarkeit befürwortet werden. Die im Beherrschungsvertrag enthaltene Angebotserklärung des herrschenden Unternehmens richtet sich an die außenstehenden Aktionäre in ihrer Eigenschaft als Eigentümer der Aktien und hat daher keinen höchstpersönlichen Charakter. Schon daraus kann die Übertragbarkeit der Annahmebefugnis des außenstehenden Aktionärs gefolgert werden.[34]

Für die Verkehrsfähigkeit des Abfindungsanspruchs können auch verfassungsrechtliche Argumente zur Wahrung der Interessen der außenstehenden Aktionäre sprechen, die insbesondere ein Interesse an einer wirtschaftlich vollwertigen Entschädigung haben.[35] Dieses Interesse erfasse auch das Recht der außenstehenden Aktionäre, frei über ihre Aktien verfügen und somit jederzeit eine Desinvestitionsentscheidung treffen zu können.[36] Veräußere ein außenstehender Aktionär seine Aktien vor Beendigung des Spruchverfahrens an einen Dritten, greife die interomnes-Wirkung von § 13 SpruchG nicht zu seinen Gunsten ein, so dass er im Falle einer höheren Festsetzung der Abfindung keinen Abfindungsergänzungsanspruch gegen das herrschende Unternehmen geltend machen könne. Die Ablehnung der Verkehrsfähigkeit des Abfindungsanspruchs würde somit dazu führen, dass der außenstehende Aktionär seine Aktien bei vertragsüberlebendem Spruchverfahren im Zeitraum zwischen der Beendigung des Unternehmensvertrages und der Entscheidung im Spruchverfahren nur unter Verlust seines Abfindungsergänzungsanspruchs veräußern könnte.[37]

---

[29] *Emmerich/Habersack*, § 22 Rn. 3.

[30] Hüffer/Koch/*Koch*, § 12 Rn. 3; MüKoAktG/*Heider*, § 11 Rn. 4, 7, § 12 Rn. 5; *Windbichler*, § 7 Rn. 9; *Raiser/Veil*, § 11 Rn. 1, 13; *Ruoff*, BB 2005, 2201 (2202).

[31] *OLG Jena* ZIP 2005, 525 (526).

[32] *Brox/Henssler*, Rn. 523.

[33] Im Ergebnis ebenso *OLG Jena* ZIP 2005, 525 (526 f.); KK-AktG/*Koppensteiner*, § 305 Rn. 3; *Bilda*, NZG 2005, 375 (377 f.); *Hirte*, FS Hadding (2004), 427 (431 f.).

[34] *Habersack*, AG 2005, 709 (711).

[35] Emmerich/Habersack/*Emmerich*, § 304 AktG Rn. 3; *Emmerich/Habersack*, § 21 Rn. 2.

[36] *OLG Jena* ZIP 2005, 525 (526 f.).

[37] *OLG Jena* ZIP 2005, 525 (526 f.); *Hirte*, FS Hadding (2004), 427 (431).

2. Contra-Argumente

Die vorgenannten Argumente für die Verkehrsfähigkeit des Abfindungsanspruchs vermögen jedoch nicht zu überzeugen.

Der dogmatischen Einordnung des Abfindungsrechts als ein untrennbar mit der Mitgliedschaft verbundenes „Nebenrecht“ steht entgegen, dass er seine rechtliche Grundlage eben nicht in dem mitgliedschaftlichen Verhältnis zur beherrschten eigenen Gesellschaft findet. Er resultiert vielmehr primär aus der einen Vertrag zugunsten Dritter (§ 328 BGB) darstellenden entsprechenden Regelung des Beherrschungsvertrages und ist somit schuldrechtlicher Natur.[38] Die im Beherrschungsvertrag enthaltene Angebotsregelung auf Abfindung ist ihrem Sinn und Zweck nach so auszulegen, dass zwar jeder außenstehende Aktionär annahmebefugt sein soll, aber nur solange er seine Eigenschaft als außenstehender Aktionär innehat.[39] Die Rechtsstellung als außenstehender Aktionär kann jedoch nur während der Dauer eines Beherrschungsvertrages entstehen. Erwirbt ein Aktionär nach dem Zeitpunkt der Beendigung des Beherrschungsvertrages einen Anteil an der ehemals beherrschten Gesellschaft, ist er dem vermuteten schädlichen Einfluss des ehemals herrschenden Unternehmens zu keinem Zeitpunkt ausgesetzt. Der Grund für das Abfindungsangebot ist daher zu diesem Zeitpunkt bereits entfallen.[40] Veräußert ein außenstehender Aktionär während des Bestehens eines Beherrschungsvertrages seine Aktien, verliert er damit auch sein individuelles Abfindungsrecht.[41] Dies lässt sich dogmatisch damit begründen, dass der Abfindungsanspruch des außenstehenden Aktionärs auflösend bedingt ist für den Fall der Weiterveräußerung der Aktie, zumal er den Anspruch nur gegen Vorlage der Aktie bei dem herrschenden Unternehmen durchsetzen kann.[42] Der zum (potenziellen) Kreis der außenstehenden Aktionäre gehörende Aktienerwerber erlangt hingegen eine eigene, nicht abgeleitete Abfindungsbefugnis.[43]

Diese dogmatische Grundlegung des Abfindungsanspruchs ist auch verfassungsrechtlich nicht zu beanstanden.[44] Insbesondere wird die Desinvestionsfreiheit des veräußernden außenstehenden Aktionärs nicht verletzt. Veräußert der außenstehende Aktionär während des noch laufenden Spruchverfahrens, aber nach Beendigung des Beherrschungsvertrages, seine Aktien an einen Dritten, trifft er dadurch eine

---

[38] Vgl. BGHZ 135, 374 (380) – Guano; 167, 299 Rn. 18; Emmerich/Habersack/*Emmerich*, § 305 AktG Rn. 5; Grigoleit/*Servatius*, § 305 Rn. 2; Henssler/Strohn/*Paschos*, § 305 AktG Rn. 3; Hüffer/Koch/*Koch*, § 305 Rn. 3; MüKoAktG/*Paulsen*, § 305 Rn. 27; Schmidt K./Lutter/*Stephan*, § 305 Rn. 15; Spindler/Stilz/*Veil*, § 305 Rn. 11; *Bayer*, ZIP 2005, 1053 (1056); krit. zu dieser Konstruktion aber Heidel/*Meilicke/Kleinertz*, § 305 AktG Rn. 20a; *Habersack*, AG 2005, 709 (710); *Koppensteiner*, DStR 2006, 1603 (1604).

[39] BGHZ 167, 299 Rn. 18.

[40] *Bayer*, ZIP 2005, 1053 (1058); *Lehmann*, ZIP 2005, 1489 (1493); ebenso *Altmeppen*, FS Ulmer (2003), 1 (13); *Bilda*, NZG 2005, 375 (378); zustimmend auch Schmidt K./Lutter/*Stephan*,§ 305 Rn. 14 ff.; MünchHdb.GesR IV/*Krieger*, § 71 Rn. 112; *Koppensteiner*, DStR 2006, 1603 (1604 f.).

[41] BGHZ 167, 299 Rn. 18; Hüffer/Koch/*Koch*, § 305 Rn. 10; MüKoAktG/*Paulsen*, § 305 Rn. 27; Schmidt K./Lutter/*Stephan*, § 305 Rn. 14; a. A. *Lehmann*, ZIP 2005, 1489 (1494), dem zufolge der außenstehende Aktionär in der Lage sein soll, seinen Abfindungsergänzungsanspruch als selbstständiges Recht – in Parallele zum Bezugsrecht bei Kapitalerhöhungen – abzutreten.

[42] Vgl. *Braun/Krämer*, ZIP 2006, 1396 (1398 f.).

[43] BGHZ 167, 299 Rn. 18; ebenso Schmidt K./Lutter/*Stephan*, § 305 Rn. 14; *Bayer*, ZIP 2005, 1053 (1058); *Lehmann*, ZIP 2005, 1489 (1494); krit. zur These des originären Erwerbs aber *Koppensteiner*, DStR 2006, 1603 (1605).

[44] Vgl. hierzu ausführlich *Bilda*, NZG 2005, 375 (379 f.).

persönliche Entscheidung, die sich an den aktuellen Börsenkursen orientiert und nimmt eine Abwägung zu dem von ihm erwarteten Ausgang des Spruchverfahrens vor.[45] Es ist verfassungsmäßig nicht geboten, dass das entschädigungspflichtige herrschende Unternehmen ihm die bestmögliche wirtschaftliche Verwertung seiner Aktien gewährleisten muss.[46] Will sich der außenstehende Aktionär die Möglichkeit erhalten, den aus § 13 SpruchG folgenden Abfindungsergänzungsanspruch geltend zu machen, kann er das Abfindungsangebot des herrschenden Unternehmens jederzeit annehmen und erhält von diesem im Falle der späteren höheren Festsetzung der Abfindung durch das Spruchverfahrensgericht die Differenz erstattet.[47]

Danach hat *C* durch den Erwerb der Aktien von *B* nach Beendigung des Beherrschungsvertrages zu keinem Zeitpunkt die Rechtsstellung als außenstehender Aktionär erlangt, so dass er auch keinen Abfindungsanspruch gegen die Z-AG besitzt.

III. Ergebnis

C hat gegen die Z-AG keinen Anspruch auf Zahlung einer Abfindung i. H. v. 2.000 EUR.

---

[45] BGHZ 167, 299 Rn. 22; zustimmend *Braun/Krämer,* ZIP 2006, 1396 (1399).
[46] BGHZ 167, 299 Rn. 22.
[47] BGHZ 167, 299 Rn. 22.

Fall 18. Die streitige Verschmelzung

Schwerpunkt im Umwandlungs- und Kapitalgesellschaftsrecht:

Verschmelzung von Kapitalgesellschaften – Anfechtung eines Verschmelzungsbeschlusses wegen unrichtiger Ermittlung des Umtauschverhältnisses sowie wegen Informationsmängeln in der beschließenden Anteilsinhaberversammlung – Freigabebeschluss gem. § 16 Abs. 3 UmwG

Sachverhalt

Die Linus AG (L-AG) mit Sitz in Duisburg und die Erina AG (E-AG) mit Sitz in Essen sind jeweils große Stahlunternehmen. An der L-AG hält die Cash GmbH (C-GmbH) seit dem 1.9.2017 Aktien mit einem Gesamtnennwert von 5.000 EUR.

Zwecks Erzielung erheblicher Einsparpotentiale vereinbaren die L-AG und die E-AG am 30.11.2018 einen Verschmelzungsvertrag, in dem sie sich verpflichten, ihr Vermögen als Ganzes mit allen Rechten und Pflichten unter Auflösung ohne Abwicklung auf die neu von ihnen dadurch gegründete *Linus-Erina AG* (LE-AG) mit Sitz in Düsseldorf zu übertragen. In dem Verschmelzungsvertrag wird u. a. das Umtauschverhältnis für die Aktionäre der L-AG mit 2:1 festgelegt, d. h. jeder Aktionär der L-AG soll für zwei Aktien im Nennwert von 1 EUR eine Aktie der LE-AG im Nennwert von 1 EUR erhalten.

Im – von beiden Unternehmen gemeinsam erstellten – Verschmelzungsbericht werden die zur Ermittlung des Umtauschverhältnisses maßgeblichen Unternehmenswerte zutreffend rechnerisch dargelegt und die Bewertungsgrundsätze umfassend und plausibel erläutert.

Die Hauptversammlung der L-AG wird am 5.1.2019 ordnungsgemäß einberufen und findet am 12.2.2019 statt. Zum Tagesordnungspunkt 5 – Zustimmung zum Verschmelzungsvertrag zwischen der L-AG und der E-AG – verweist der Vorstand zunächst auf den ausgelegten Verschmelzungsvertrag und den auf der Internetseite der Gesellschaft publizierten Verschmelzungsbericht und eröffnet dann sogleich die Diskussion. In der Diskussion werden von den Aktionären nur einige Kontrollfragen gestellt, die jeweils vom Vorstand zutreffend und eingehend beantwortet werden. Die anschließende Abstimmung ergibt bei einer stimmberechtigten Präsenz von 288.800.000 Stimmen eine Zustimmung von 277.248.000 Stimmen (96 %) bei 11.552.000 Gegenstimmen (4 %). Die C-GmbH, vertreten durch ihren Geschäftsführer, stimmt mit ihren 5.000 Stimmen gegen den Beschluss und erklärt gegen diesen Widerspruch zur Niederschrift.

Die Hauptversammlung der E-AG stimmt am 13.2.2019 mit einer Mehrheit von 96,77 % für die Verschmelzung mit der L-AG.

Am 12.3.2019 reicht die C-GmbH beim Landgericht Duisburg Klage gegen die L-AG ein und beantragt den unter Tagesordnungspunkt 5 gefassten Verschmelzungsbeschluss der

Hauptversammlung für nichtig zu erklären. Die Klage wird der L-AG am 16.3.2019 ordnungsgemäß zugestellt.

Die C-GmbH macht mit der Anfechtungsklage folgendes geltend: Das Umtauschverhältnis sei zu niedrig bemessen. Außerdem habe der Vorstand den Verschmelzungsvertrag in der Hauptversammlung vor der Diskussion nicht wie gem. § 64 Abs. 1 S. 2 UmwG vorgeschrieben mündlich erläutert.

Die L-AG beantragt daraufhin am 25.3.2019 beim Oberlandesgericht Düsseldorf festzustellen, dass die Erhebung der Anfechtungsklage der C-GmbH gegen den Verschmelzungsbeschluss vom 12.2.2019 der Eintragung der Verschmelzung in das bei dem Amtsgericht Duisburg geführte Handelsregister nicht entgegensteht. Sie begründet ihren Antrag mit folgenden Argumenten: Erstens sei die Anfechtungsklage der C-GmbH offensichtlich unbegründet, weil sie verspätet erhoben worden sei. Die Anfechtungsklage sei zweitens auch deshalb offensichtlich unbegründet, weil der mündliche Bericht wegen der Veröffentlichung des Verschmelzungsberichts auf der Homepage der Gesellschaft entbehrlich gewesen sei. Drittens könne die Klage eines Kleinaktionärs wie der C-GmbH einer Eintragung der Verschmelzung nicht entgegenstehen. Schließlich sei viertens zu berücksichtigen, dass der Gesellschaft bei Eintragung der Verschmelzung erst nach rechtskräftiger Entscheidung über die Anfechtungsklage im Jahr 2019 steuerliche Vorteile in Höhe von 500 Mio. EUR entgehen würden. Außerdem würde die Verzögerung der Eintragung erhebliche angestrebte Rationalisierungs- und Synergieeffekte verhindern, die auf mindestens 20 Mio. EUR pro Monat zu beziffern seien. Zur Glaubhaftmachung der Höhe dieser Nachteile legt die L-AG eidesstattliche Versicherungen leitender Mitarbeiter vor.

Der Antrag der L-AG wird der C-GmbH am 29.3.2019 ordnungsgemäß zugestellt. Am 3.4.2019 legt die C-GmbH dem OLG Düsseldorf notariell beglaubigte Kopien der Depotauszüge ihrer Hausbank vor, aus denen hervorgeht, dass sie seit dem 1.9.2017 mit 5.000 Aktien zum Nennwert von je 1 EUR an der L-AG beteiligt ist, deren Wert sich zum Stichtag 31.3.2019 auf insgesamt 300.000 EUR belaufen. Außerdem bringt die C-GmbH gegen die vorzeitige Eintragung vor, sie werde die Verschmelzung unumkehrbar machen. Aufgrund des zu niedrigen Umtauschverhältnisses würde damit auch ihre Mitgliedschaft in ihrem Verkehrswert bestandskräftig um ca. 100.000 EUR entwertet. Zur Glaubhaftmachung dieser Vermögenseinbuße legt die C-GmbH ein Gutachten einer Wirtschaftsprüfungsgesellschaft vor. Ergänzend argumentiert sie, eine Kompensation für diese Vermögenseinbuße könne sie nach der Eintragung nicht mehr durch Wiedereinräumung einer gleichwertigen Mitgliedschaft, sondern nur noch in Form einer Geldzahlung erlangen, die sie im Übrigen in einem regelmäßig über mehrere Jahre andauernden gerichtlichen Verfahren erstreiten müsse, dessen Ergebnis trotz des vorliegenden Gutachtens zudem schwerlich zu prognostizieren sei. Die vorzeitige Eintragung der Verschmelzung zementiere daher für sie erhebliche wirtschaftliche Nachteile. Im Übrigen sei die Verletzung der Berichtspflicht durch den Vorstand als eine schwere Verletzung ihrer Aktionärsrechte einzustufen. Auch deshalb dürfe keine vorzeitige Eintragung erfolgen.

Hat der Antrag der L-AG vom 25.3.2019 Aussicht auf Erfolg?

Lösung

Der Antrag der L-AG auf Feststellung, die Anfechtungsklage der C-GmbH gegen den in ihrer Hauptversammlung am 12.2.2019 gefassten Verschmelzungsbeschluss stehe der Eintragung der Verschmelzung in das Handelsregister nicht entgegen (sog. Freigabebeschluss), hat Aussicht auf Erfolg, wenn er zulässig und begründet ist.

A. Zulässigkeit des Antrags nach § 16 Abs. 3 UmwG

Der Antrag der L-AG auf Erlass eines Freigabebeschlusses ist gem. § 16 Abs. 3 UmwG zulässig, wenn sie ein Rechtsschutzbedürfnis hat, antragsbefugt ist, ihr Antrag gegen den richtigen Antragsgegner gerichtet und beim zuständigen Gericht eingereicht worden ist.

I. Rechtsschutzbedürfnis

Die Zulässigkeit des Antrags der L-AG auf Erlass eines Freigabebeschlusses setzt zunächst ein Rechtsschutzbedürfnis voraus.

Ein Rechtsschutzbedürfnis besteht, wenn die Verschmelzung ohne den Freigabebeschluss nicht eingetragen werden kann. Die Verschmelzung kann gem. § 16 Abs. 2 S. 2 AktG ohne einen Freigabebeschluss gem. § 16 Abs. 3 AktG nicht eingetragen werden (sog. „Registersperre"), wenn der Vorstand der L-AG die nach § 16 Abs. 2 S. 1 AktG erforderliche „Negativerklärung" nicht abgeben kann.[1] Dies ist der Fall, wenn gegen die Wirksamkeit des Verschmelzungsbeschlusses der L-AG Klage erhoben worden ist.

Die C-GmbH hat gegen den Verschmelzungsbeschluss der L-AG am 12.3.2019 eine Anfechtungsklage gem. §§ 246, 243 AktG erhoben. Wird einer Anfechtungsklage durch Urteil stattgegeben, wird der angegriffene Hauptversammlungsbeschluss für und gegen alle (inter omnes) für nichtig erklärt (§ 248 Abs. 1 S. 1 AktG). Die Anfechtungsklage der C-GmbH gegen den die Verschmelzung beschließenden Hauptversammlungsbeschluss der L-AG stellt somit eine Klage dar, die sich gegen die Wirksamkeit dieses Verschmelzungsbeschlusses i. S. v. §§ 14 Abs. 1, 16 Abs. 2 S. 1 UmwG richtet.[2] Damit steht der Eintragung der Verschmelzung der L-AG mit der F-AG im Handelsregister der L-AG die Registersperre gem. § 16 Abs. 2 S. 2 UmwG entgegen.

Die L-AG hat somit ein Rechtsschutzbedürfnis an der Feststellung, dass die Erhebung dieser Anfechtungsklage der Eintragung ihrer Verschmelzung in das Handelsregister nicht entgegensteht.

II. Antragsbefugnis

Die L-AG muss für das Freigabeverfahren auch antragsbefugt sein. Antragsbefugt ist gemäß § 16 Abs. 3 S. 1 UmwG nur der im Hauptsacheverfahren, d. h. im Anfechtungsprozess, beklagte Rechtsträger. Die von der C-GmbH erhobene Anfechtungsklage gegen den Verschmelzungsbeschluss ist gem. § 246 Abs. 2 S. 1 AktG zutreffend gegen die L-AG gerichtet.

Die L-AG ist somit im Freigabeverfahren antragsbefugt.

---

[1] Zur Negativerklärung und der damit verbundenen Registersperre vgl. im Einzelnen Böttcher/Habighorst/Schulte/*Schulte*, § 16 Rn. 14 ff.; HK-UmwG/*Gundlach*, § 16 Rn. 16 ff.; Kallmeyer/*Zimmermann*, § 16 Rn. 22 ff.; KK-UmwG/*Simon*, § 16 Rn. 36 ff.; Lutter/*Decher*, § 16 Rn. 12 ff; Schmitt/Hörtnagl/Stratz/*Stratz*, § 16 Rn. 20 ff.; Semler/Stengel/*Schwanna*, § 16 Rn. 13 ff.; MünchHdb.GesR VIII/*Humrich*, § 14 Rn. 144.

[2] Vgl. Kallmeyer/*Marsch-Barner*, § 14 Rn. 9; KK-UmwG/*Simon*, § 14 Rn. 12; Lutter/*Decher*, § 14 Rn. 5; Schmitt/Hörtnagl/Stratz/*Stratz*, § 14 Rn. 19; Widmann/Mayer/*Heckschen*, § 14 Rn. 25 f.; MünchHdb.GesR VIII/*Humrich*, § 14 Rn. 175.

III. Antragsgegner

Der Antrag der L-AG auf Erlass eines Freigabebeschlusses muss des Weiteren gegen den richtigen Antragsgegner gerichtet sein. Antragsgegner im Freigabeverfahren ist der im Hauptsacheverfahren, d. h. im Anfechtungsprozess, klagende Anteilsinhaber. Die Anfechtungsklage wurde von der C-GmbH erhoben.

Der von der L-AG gegen die C-GmbH gerichtete Feststellungsantrag ist somit gegen den richtigen Antragsgegner gerichtet.

IV. Zuständigkeit des Gerichts

Das von der L-AG angerufene OLG Düsseldorf muss ferner für die Entscheidung über den Antrag auf Erlass eines Freigabebeschlusses gem. § 16 Abs. 3 S. 1 UmwG örtlich und sachlich zuständig sein.

Der Antrag ist gem. § 16 Abs. 3 S. 7 UmwG bei dem Oberlandesgericht zu stellen, in dessen Bezirk die Gesellschaft, also die L-AG als Antragstellerin, ihren Sitz hat. Die L-AG hat ihren Sitz in Duisburg. Zum Gerichtsbezirk des OLG Düsseldorf gehört auch der Landgerichtsbezirk Duisburg.

Das OLG Düsseldorf ist somit gem. § 16 Abs. 3 S. 7 UmwG für die Entscheidung über den Antrag auf Erlass eines Freigabebeschlusses örtlich und sachlich zuständig.

V. Zwischenergebnis

Der Antrag der L-AG auf Feststellung, dass die von der C-GmbH gegen die Wirksamkeit des Verschmelzungsbeschlusses erhobene Anfechtungsklage der Eintragung der Verschmelzung in das Handelsregister der L-AG nicht entgegensteht, ist nach § 16 Abs. 3 UmwG zulässig.

B. Begründetheit des Antrags nach § 16 Abs. 3 UmwG

Der Antrag der L-AG auf Erlass eines Freigabebeschlusses muss ferner begründet sein. Er ist begründet, wenn die Anfechtungsklage gegen den Verschmelzungsbeschluss unzulässig oder offensichtlich unbegründet ist (§ 16 Abs. 3 S. 3 Nr. 1 UmwG) oder die C-GmbH nicht nachweist, dass sie seit Bekanntmachung der Einberufung der Hauptversammlung einen anteiligen Betrag von mindestens 1.000 EUR an der Gesellschaft hält (§ 16 Abs. 3 S. 3 Nr. 2 UmwG) oder wenn das alsbaldige Wirksamwerden der Verschmelzung vorrangig erscheint, weil die von der L-AG dargelegten wesentlichen Nachteile für die an der Verschmelzung beteiligten Rechtsträger und ihre Anteilsinhaber nach freier Überzeugung des Gerichts die Nachteile für die C-GmbH überwiegen, es sei denn, es liegt eine besondere Schwere des Rechtsverstoßes vor (§ 16 Abs. 3 S. 3 Nr. 3 UmwG). Zudem müssen die von den Parteien vorgebrachten Tatsachen glaubhaft gemacht werden (§ 16 Abs. 3 S. 6 UmwG).

I. Unzulässigkeit der Klage (§ 16 Abs. 3 S. 3 Nr. 1, 1. Fall UmwG)

Der Freigabebeschluss ergeht gemäß § 16 Abs. 3 S. 3 Nr. 1, 1. Fall UmwG zunächst bei Unzulässigkeit der gegen die Wirksamkeit des Verschmelzungsbeschlusses erhobenen Klage. Das Tatbestandsmerkmal der Offensichtlichkeit bezieht sich gerade nicht auf diesen Fall des § 16 Abs. 3 S. 3 Nr. 1 UmwG, sodass das Gericht die Zulässigkeit der Klage abschließend prüfen muss.[3]

---

[3] HK-UmwG/*Gundlach*, § 16 Rn. 50; Kallmeyer/*Zimmermann*, § 16 Rn. 39; Lutter/*Decher*, § 16 Rn. 42; Schmitt/Hörtnagl/Stratz/*Stratz*, § 16 Rn. 54; Semler/Volhard/*Schöne*, § 34

Die durch die C-GmbH erhobene Klage ist unzulässig, wenn sie nicht vor dem zuständigen Gericht gegen den richtigen Klagegegner erhoben wurde oder wenn sie nicht statthaft ist.

1. Zuständigkeit des Gerichts

Das von der C-GmbH angerufene LG Duisburg muss für die gegen die Wirksamkeit des Verschmelzungsbeschlusses gerichtete Anfechtungsklage der C-GmbH, die gegen die L-AG als gem. § 246 Abs. 2 S. 1 AktG richtigen Klagegegner erhoben wurde, örtlich und sachlich zuständig sein.

Gemäß. § 246 Abs. 3 S. 1 AktG ist ausschließlich das Landgericht örtlich und sachlich zuständig, in dessen Bezirk die beklagte Gesellschaft ihren Sitz hat. Die L-AG hat ihren Sitz in Duisburg.

Das Landgericht Duisburg ist somit für die Anfechtungsklage der C-GmbH örtlich und sachlich zuständig.

2. Statthaftigkeit der Anfechtungsklage

Die von der C-GmbH erhobene Anfechtungsklage muss auch statthaft sein. Sie ist statthaft, wenn die mit ihr geltend gemachten Beschlussmängel zur Nichtigerklärung des Verschmelzungsbeschlusses führen können.

Die Anfechtungsklage kann gem. § 243 Abs. 1 AktG u. a. darauf gestützt werden, dass der Hauptversammlungsbeschluss unter Verletzung des Gesetzes zustande gekommen ist. Die C-GmbH stützt ihre Anfechtungsklage auf zwei Argumente, von denen sich eines auf einen Informationsmangel im Zusammenhang mit der Beschlussfassung und eines auf die Berechnung des Umtauschverhältnisses bezieht. Während die Verletzung von Informationspflichten die Anfechtbarkeit eines Hauptversammlungsbeschlusses wegen eines Verfahrensfehlers grundsätzlich zu rechtfertigen vermag,[4] kann die Anfechtungsklage zur Überprüfung des Umtauschverhältnisses insoweit unstatthaft sein.

So kann die gegen die Wirksamkeit des Verschmelzungsbeschlusses eines übertragenden Rechtsträgers gerichtete Anfechtungsklage gem. § 14 Abs. 2 UmwG nicht darauf gestützt werden, dass das Umtauschverhältnis der Anteile zu niedrig bemessen ist. Die Überprüfung der Angemessenheit des Umtauschverhältnisses der Anteilsinhaber des übertragenden Rechtsträgers kann nur im Spruchverfahren erfolgen (§ 15 Abs. 1 UmwG i. V. m. § 1 Nr. 4 SpruchG). Bei der am 12.2.2019 in der Hauptversammlung der L-AG beschlossenen Verschmelzung zur Neugründung der LE-AG ist die L-AG übertragender Rechtsträger. Soweit die C-GmbH mit der Anfechtungsklage die Angemessenheit des Umtauschverhältnisses überprüfen lassen will, ist die Anfechtungsklage somit nicht statthaft, also unzulässig.[5] Ob sich etwas anderes ergibt, wenn das Umtauschverhältnis unter Verstoß gegen das Willkürverbot in einer die Aktionäre vorsätzlich schädigenden Weise bestimmt worden ist,[6] kann

---

Rn. 72; Widmann/Mayer/*Fronhöfer,* § 16 Rn. 139; MünchHdb.GesR VIII/*Humrich,* § 14 Rn. 175; *Sosnitza,* NZG 1999, 965 (968).

4 Vgl. statt aller Hüffer/Koch/*Koch,* § 243 Rn. 17.

5 Vgl. Kallmeyer/*Marsch-Barner,* § 14 Rn. 13; KK-UmwG/*Simon,* § 14 Rn. 44; Lutter/*Decher,* § 14 Rn. 16; MünchHdb.GesR VIII/*Humrich,* § 14 Rn. 182; a. A. Semler/Stengel/*Gehling,* § 14 Rn. 34 – Klage ist unbegründet.

6 So *OLG Düsseldorf* ZIP 1999, 793 f. – Thyssen/Krupp; HK-UmwG/*Maulbetsch,* § 14 Rn. 26; Schmitt/Hörtnagl/Stratz/*Stratz,* § 14 Rn. 37; Widmann/Mayer/*Heckschen,* § 14

offen bleiben. Ein vorsätzliches schädigendes Verhalten der L-AG bei der Festsetzung des Umtauschverhältnisses zum Nachteil der (Minderheits-)Aktionäre ist nicht ersichtlich. Soweit die C-GmbH mit der Anfechtungsklage die zu niedrige Bemessung des Umtauschverhältnisses gerichtlich überprüfen lassen will, ist die Anfechtungsklage unstatthaft und damit unzulässig. Im Übrigen ist sie aber statthaft und damit zulässig.

3. Zwischenergebnis

Der Antrag der L-AG auf Erlass eines Freigabebeschlusses ist somit nicht wegen Unzulässigkeit der Anfechtungsklage der C-GmbH nach § 16 Abs. 3 S. 3 Nr. 1, 1. Fall UmwG begründet.

II. Offensichtliche Unbegründetheit (§ 16 Abs. 3 S. 3 Nr. 1, 2. Fall UmwG)

Der Freigabebeschluss ergeht gem. § 16 Abs. 3 S. 3 Nr. 1, 2. Fall UmwG ferner, wenn die gegen die Wirksamkeit des Verschmelzungsbeschlusses gerichtete Anfechtungsklage der C-GmbH offensichtlich unbegründet ist.

1. Offensichtlichkeit

Unter welchen Voraussetzungen die Unbegründetheit der Anfechtungsklage offensichtlich ist, ergibt sich nicht unmittelbar aus § 16 Abs. 3 S. 3 Nr. 1, 2. Fall UmwG. Der Gesetzgeber hat die Klärung dieses unbestimmten Rechtsbegriffs der Rechtsprechung überlassen.[7]

An das Tatbestandsmerkmal „offensichtlich" können einerseits sehr strenge Maßstäbe angelegt werden. So kann verlangt werden, dass der Klage „die Erfolglosigkeit sozusagen auf die Stirn geschrieben"[8] sein müsse. Die Erfolglosigkeit der Klage müsse „ohne Weiteres offen zu Tage liegen und dürfe nicht von schwierigen Rechts- oder Tatfragen abhängen"[9].

Andererseits können für das Tatbestandsmerkmal „offensichtlich" auch weniger strenge Maßstäbe angelegt werden. So kann die Klage gegen die Wirksamkeit des Verschmelzungsbeschlusses bereits dann offensichtlich unbegründet sein, wenn das erkennende Gericht ohne weitere sachliche Ermittlungen und ohne schwierige rechtliche Überlegungen zu der Überzeugung gelangt, die Klage sei zweifelsfrei unbegründet, dem Gericht erscheine also eine abweichende Würdigung im Anfechtungsverfahren auch unter Berücksichtigung des weiteren Instanzenzuges ausgeschlossen.[10] Die Klage gegen die Wirksamkeit des Verschmelzungsbeschlusses müsse

---

Rn. 54; eingehend *Schöne,* S. 137 f.; a. A. Kallmeyer/*Marsch-Barner,* § 14 Rn. 13; KK-UmwG/*Simon,* § 14 Rn. 37; Lutter/*Decher,* § 14 Rn. 16.

7 Vgl. Gesetzesbegründung, abgedruckt bei *Ganske,* S. 69.

8 *LG Hanau* ZIP 1995, 1820 – Schwab/Otto.

9 *LG Freiburg* AG 1998, 536, ähnlich *OLG Frankfurt* ZIP 2000, 1928 (1930) – Piper Generalvertretung Deutschland; *LG Wiesbaden* AG 1997, 274 – Chemische Werke Brockhues.

10 *BGH* NJW 1990, 2747 (2750); *OLG Düsseldorf* ZIP 2001, 1717 (1718); *OLG Frankfurt* ZIP 1997, 1291 – Chemische Werke Brockues; *OLG München* ZIP 2005, 616 – W.E.T. Automotive Systems AG; *OLG Frankfurt* ZIP 1996, 379 – Deutsche Centralbodenkredit AG; *LG Duisburg* NZG 1999, 564; Böttcher/Habighorst/Schulte/*Schulte,* § 16 Rn. 38; KK-UmwG/*Simon,* § 16 Rn. 72; Lutter/*Decher,* § 16 Rn. 43; Schmitt/Hörtnagl/Stratz/*Stratz,* § 16 Rn. 56; Semler/Volhard/*Schöne,* § 34 Rn. 73; vgl. auch Widmann/Mayer/*Fronhöfer,* § 16 Rn. 150 ff., der jedoch zwischen der Beurteilung der Sachlage und der Rechtslage differenziert.

zweifelsfrei erfolglos sein.[11] Die Klärung rechtlicher Zweifelsfragen müsse auch in dem an Beschleunigung orientierten Beschlussverfahren mit der gleichen Sorgfalt erfolgen wie im Hauptsacheverfahren.[12] Eine offensichtliche Unbegründetheit liege deshalb nur vor, wenn eine abweichende Beurteilung der Sach- und Rechtslage ausgeschlossen erscheine.[13] Dies sei aber nicht mehr der Fall, wenn eine Beweisaufnahme notwendig sei oder die Entscheidung von einer streitigen Rechtsfrage abhänge.[14] Müsse das Gericht schwierige und höchstrichterlich noch nicht entschiedene Rechtsfragen entscheiden, sei es ausgeschlossen, von einer offensichtlichen Unbegründetheit zu sprechen.[15]

Diese letztgenannte Argumentation überzeugt. Sie wird dem Freigabeverfahren als summarischem Beschlussverfahren[16] zur Durchbrechung der „Registersperre" gem. § 16 Abs. 2 S. 2 UmwG gerecht. Die Klage der C-GmbH ist mithin offensichtlich unbegründet, wenn sie zweifelsfrei erfolglos sein wird und das Gericht nicht über schwierige und höchstrichterlich noch nicht entschiedene Rechtsfragen zu entscheiden hat.

2. Versäumung der Klagefrist

Die Anfechtungsklage der C-GmbH gegen den Verschmelzungsbeschluss der L-AG ist offensichtlich unbegründet, wenn die materiell-rechtliche Ausschlussfrist[17] von einem Monat gem. § 14 Abs. 1 UmwG zur Erhebung der Anfechtungsklage versäumt worden ist. Für den Beginn der Monatsfrist nach § 14 Abs. 1 UmwG ist der Tag maßgeblich, an dem der Verschmelzungsbeschluss in der Hauptversammlung der L-AG gefasst wurde, also der 12.2.2019. Gemäß § 222 Abs. 1 ZPO i. V. m. § 187 Abs. 1 BGB begann die Monatsfrist an dem diesem Ereignis folgenden Tage, also dem 13.2.2019, zu laufen. Sie endete gemäß § 222 Abs. 1 ZPO i. V. m. § 188 Abs. 2 BGB am 12.3.2019. Spätestens mit Ablauf dieses Tages hätte die Klage erhoben sein müssen. Eine Klage ist gemäß § 253 Abs. 1 ZPO mit Zustellung der Klageschrift an den Klagegegner erhoben. Die Klage der C-GmbH gegen die Wirksamkeit des Verschmelzungsbeschlusses der L-AG ist letzterer aber erst am 16.3.2019 zugestellt worden, so dass die Klage nach § 253 Abs. 1 ZPO nicht vor Ablauf der Monatsfrist erhoben worden ist.

---

11 So *OLG Düsseldorf* ZIP 2001, 1717 (1718).

12 So auch *Rettmann,* S. 115; a. A. Widmann/Mayer/*Fronhöfer,* § 16 Rn. 153.

13 H. M, vgl. Kallmeyer/*Zimmermann,* § 16 Rn. 40; KK-UmwG/*Simon*, § 16 Rn. 72; Lutter/*Decher*, § 16 Rn. 43; Schmitt/Hörtnagl/Stratz/*Stratz*, § 16 Rn. 58; Semler/Stengel/*Schwanna*, § 16 Rn. 31 je m. w. N.

14 HK-UmwG/*Gundlach,* § 16 Rn. 54; Kallmeyer/*Zimmermann,* § 16 Rn. 40; Lutter/*Decher,* § 16 Rn. 44; Schmitt/Hörtnagl/Stratz/*Stratz,* § 16 Rn. 58; Semler/Volhard/*Schöne,* § 34 Rn. 73; MünchHdb.GesR VIII/*Humrich*, § 14 Rn. 186.

15 *OLG Düsseldorf* ZIP 1999, 793 – Thyssen/Krupp; *OLG Frankfurt* ZIP 2000, 1928 (1930) – Piper Generalvertretung Deutschland; *OLG Stuttgart* DB 2003, 33; *LG Hanau* ZIP 1995, 1820 (1821) – Schwab/Otto; Schmitt/Hörtnagl/Stratz/*Stratz,* § 16 Rn. 58; *Raiser/Veil,* § 67 Rn. 73; *Rettmann,* S. 114 ff.; im Ergebnis auch Lutter/*Decher*, § 16 Rn. 43 f.; Semler/Stengel/*Schwanna,* § 16 Rn. 30 f.; Widmann/Mayer/*Fronhöfer,* § 16 Rn. 153.

16 Vgl. Böttcher/Habighorst/Schulte/*Schulte*, § 16 Rn. 38; Schmitt/Hörtnagl/Stratz/*Stratz,* § 16 Rn. 36; Semler/Stengel/*Schwanna*, § 16 Rn. 30.

17 Böttcher/Habighorst/Schulte/*Böttcher*, § 14 Rn. 8; HK-UmwG/*Maulbetsch,* § 14 Rn. 10; Kallmeyer/*Marsch-Barner,* § 14 Rn. 2; KK-UmwG/*Simon,* § 14 Rn. 21 ff.; Lutter/*Decher,* § 14 Rn. 12; Semler/Stengel/*Gehling,* § 14 Rn. 26; vgl. zur Parallelvorschrift in § 246 Abs. 1 AktG nur Hüffer/Koch/*Koch,* § 246 Rn. 20; Spindler/Stilz/*Dörr,* § 246 Rn. 12; a. A. Schmidt K./Lutter/*Schwab,* § 246 Rn. 8.

Allerdings kann die Frist durch Einreichung der Klage am 12.3.2019 beim LG Duisburg gem. § 167 ZPO gewahrt sein. Dann muss die Zustellung der Klage „demnächst“ erfolgt sein. Für die Begriffsbestimmung „demnächst“ ist ein den Umständen nach angemessener Zeitraum zwischen dem Ablauf der versäumten Frist und dem Eintritt der (verspäteten) Zustellung maßgeblich.[18] Geringfügige Verzögerungen von bis zu zwei Wochen sind unschädlich.[19] Die Zustellung erfolgte hier nur vier Arbeitstage nach Ablauf der Klagefrist am 12.3.2019 und ist damit „demnächst“ i. S. v. § 167 ZPO erfolgt.

Die C-GmbH hat die Klage gegen die Wirksamkeit des Verschmelzungsbeschlusses der L-AG somit fristgemäß erhoben. Die Anfechtungsklage der C-GmbH gegen die Wirksamkeit des Verschmelzungsbeschlusses ist insoweit nicht offensichtlich unbegründet i. S. v. § 16 Abs. 3 S. 1 Nr. 1, 2. Fall UmwG.

3. Ausschluss der Anfechtungsklage

Die von der C-GmbH erhobene Anfechtungsklage ist jedoch offensichtlich unbegründet, wenn der behauptete Beschlussmangel, nämlich die fehlende mündliche Berichterstattung gem. § 64 Abs. 1 S. 2 UmwG, nicht durch Anfechtungsklage gem. §§ 246, 243 AktG geltend gemacht werden kann. Dies ist der Fall, wenn das Fehlen der mündlichen Berichterstattung keinen Anfechtungsgrund nach § 243 AktG darstellt.

a) Gesetzliche Berichterstattungspflicht gem. § 64 Abs. 1 S. 2 UmwG

Ein Anfechtungsgrund liegt nicht vor, wenn das Fehlen einer mündlichen Berichterstattung nach § 64 Abs. 1 S. 2 UmwG kein Gesetzesverstoß gem. § 243 Abs. 1 AktG ist.

Gemäß der zwingenden (vgl. § 1 Abs. 3 S. 1 UmwG) Vorschrift des § 64 Abs. 1 S. 2 UmwG ist der Vorstand zu Beginn der Verhandlung über den Tagesordnungspunkt „Zustimmung zum Verschmelzungsvertrag“[20] zu einer entsprechenden Berichterstattung verpflichtet. Diese mündliche Berichterstattung ergänzt den schriftlichen Verschmelzungsbericht gem. § 8 UmwG.[21] Der Zweck der mündlichen Berichterstattung besteht darin, den Aktionären die wirtschaftliche und rechtliche Bedeutung der Verschmelzung noch einmal vor Augen zu führen und die Überlegungen zu verdeutlichen, die den Vorstand zum Abschluss des Verschmelzungsvertrages veranlasst haben.[22] Ferner muss das Umtauschverhältnis zusammenfassend erläutert werden, indem die Vermögen der beteiligten Rechtsträger zueinander bewertet werden.[23] Eine erneute Ausbreitung des im Verschmelzungsbericht enthaltenen Zahlenmaterials zur Ermittlung des Umtauschverhältnisses ist hingegen

---

[18] Vgl. Musielak/Voit/*Wittschier*, § 167 Rn. 6; Thomas/Putzo/*Hüßtege*, § 167 Rn. 10.

[19] *BGH* NJW-RR 2006, 789; Thomas/Putzo/*Hüßtege*, § 167 Rn. 12.

[20] Vgl. zutreffend Kallmeyer/*Marsch-Barner*, § 64 Rn. 4; KK-UmwG/*Simon*, § 64 Rn. 15; Semler/Stengel/*Diekmann*, § 64 Rn. 9.

[21] Vgl. Kallmeyer/*Marsch-Barner*, § 64 Rn. 3; Lutter/*Grunewald*, § 64 Rn. 5 f.; Schmitt/Hörtnagl/Stratz/*Stratz*, § 64 Rn. 3; MünchHdb.GesR VIII/*Johannsen-Roth*, § 15 Rn. 31.

[22] HK-UmwG/*Rose*, § 64 Rn. 6; Kallmeyer/*Marsch-Barner*, § 64 Rn. 3; KK-UmwG/*Simon*, § 64 Rn. 15; Lutter/*Grunewald*, § 64 Rn. 5; Semler/Stengel/*Diekmann*, § 64 Rn. 9; Schmitt/Hörtnagl/Stratz/*Stratz*, § 64 Rn. 5; Widmann/Mayer/*Rieger*, § 64 Rn. 12; MünchHdb.GesR VIII/*Johannsen-Roth*, § 15 Rn. 31.

[23] HK-UmwG/*Rose*, § 64 Rn. 6; Kallmeyer/*Marsch-Barner*, § 64 Rn. 3; Lutter/*Grunewald*, § 64 Rn. 5; Semler/Stengel/*Diekmann*, § 64 Rn. 9; Widmann/Mayer/*Rieger*, § 64 Rn. 13; MünchHdb.GesR VIII/*Johannsen-Roth*, § 15 Rn. 31.

nicht erforderlich.[24] Ggf. hat der Vorstand in seinem mündlichen Bericht auch zu aktuellen Entwicklungen in Bezug auf die Verschmelzung und ihre Auswirkungen für die beteiligten Rechtsträger Stellung zu nehmen und damit den Verschmelzungsbericht zu ergänzen.[25] Insbesondere muss der Vorstand nach dem ausdrücklichen Wortlaut von § 64 Abs. 1 S. 2 UmwG „über jede wesentliche Veränderung des Vermögens der Gesellschaft (...) unterrichten, die seit dem Abschluss des Verschmelzungsvertrages oder der Aufstellung des Entwurfs eingetreten ist". Solche Vermögensveränderungen können sich auf die Bewertung der verschmelzungsbeteiligten Rechtsträger seit der Erstellung des Verschmelzungsberichts auswirken und damit das im Verschmelzungsbericht erläuterte Umtauschverhältnis unzutreffend werden lassen.[26]

Der vom Vorstand der L-AG zu TOP 5 erfolgte lapidare Hinweis auf den ausgelegten Verschmelzungsvertrag und den auf der Homepage der Gesellschaft publizierten Verschmelzungsbericht erfüllt die gesetzlichen Anforderungen an den zwingend erforderlichen mündlichen Bericht gem. § 64 Abs. 1 S. 2 UmwG nicht. Der gegebene mündliche Hinweis auf die Erläuterungen im Verschmelzungsbericht erfüllt weder die „Erinnerungsfunktion" noch die „Aktualisierungsfunktion" der mündlichen Berichterstattungspflicht gem. § 64 Abs. 1 S. 2 UmwG. Die Aktionäre der L-AG haben auch nicht auf die Erstattung eines mündlichen Berichts nach § 64 Abs. 1 S. 4 i. V. m. § 8 Abs. 3 S. 1 UmwG verzichtet.

Das Fehlen einer mündlichen Berichterstattung nach § 64 Abs. 1 S. 2 UmwG stellt somit einen Verfahrensfehler für das Zustandekommen des Verschmelzungsbeschlusses dar. Es handelt sich um einen Gesetzesverstoß nach § 243 Abs. 1 AktG, aufgrund dessen der Verschmelzungsbeschluss grundsätzlich anfechtbar ist, und zwar unabhängig davon, ob der Verschmelzungsbeschluss auch bei ordnungsgemäßer Berichterstattung gefasst worden wäre.[27]

b) Anwendungsbereich von § 243 Abs. 4 S. 2 AktG

Allerdings kann die Anfechtbarkeit des Verschmelzungsbeschlusses der L-AG wegen Verletzung der mündlichen Berichterstattungspflicht nach § 64 Abs. 1 S. 2 UmwG gem. § 243 Abs. 4 S. 2 AktG ausgeschlossen sein.[28] Dies ist der Fall, wenn die Anfechtungsklage der C-GmbH gegen den Verschmelzungsbeschluss auf eine

---

24 HK UmwG/*Rose,* § 64 Rn. 6; Kallmeyer/*Marsch-Barner,* § 64 Rn. 3; KK-UmwG/*Simon,* § 64 Rn. 16; Lutter/*Grunewald,* § 64 Rn. 5; Schmitt/Hörtnagl/Stratz/*Stratz,* § 64 Rn. 5; MünchHdb.GesR VIII/*Johannsen-Roth,* § 15 Rn. 31.

25 HK-UmwG/*Rose,* § 64 Rn. 7; Kallmeyer/*Marsch Barner,* § 64 Rn. 5; Lutter/*Grunewald,* § 64 Rn. 6; Semler/Stengel/*Diekmann,* § 64 Rn. 10; MünchHdb.GesR VIII/*Johannsen-Roth,* § 15 Rn. 32; nach Schmitt/Hörtnagl/Stratz/*Stratz,* § 64 Rn. 3 und Widmann/Mayer/*Rieger,* § 64 Rn. 13 besteht hierin der eigentliche Sinn der mündlichen Berichterstattung; restriktiv KK-UmwG/*Simon,* § 64 Rn. 16 – Beschränkung der Aktualisierung auf „außergewöhnliche Umstände".

26 Vgl. HK-UmwG/*Rose,* § 64 Rn. 8; Kallmeyer/*Marsch-Barner,* § 64 Rn. 6; KK-UmwG/*Simon,* § 64 Rn. 17; Lutter/*Grunewald,* § 64 Rn. 4 6; Schmitt/Hörtnagl/Stratz/*Stratz,* § 64 Rn. 3; Semler/Stengel/*Diekmann,* § 64 Rn. 10; Widmann/Mayer/*Rieger,* § 64 Rn. 13; MünchHdb.GesR VIII/*Johannsen-Roth,* § 15 Rn. 32.

27 Vgl. HK-UmwG/*Rose,* § 64 Rn. 13; Kallmeyer/*Marsch-Barner,* § 64 Rn. 4; KK-UmwG/*Simon,* § 64 Rn. 26; Lutter/*Grunewald,* § 64 Rn. 7; Schmitt/Hörtnagl/Stratz/*Stratz,* § 64 Rn. 7; Semler/Stengel/*Diekmann,* § 64 Rn. 13; MünchHdb.GesR VIII/*Johannsen-Roth,* § 15 Rn. 39.

28 KK-UmwG/*Simon,* § 64 Rn. 27; Lutter/*Grunewald,* § 64 Rn. 7; MünchHdb.GesR VIII/*Johannsen-Roth,* § 15 Rn. 39; zur Funktion von § 243 Abs. 4 S. 2 AktG als eine die Anfechtungsklage ausschließende Norm vgl. Hüffer/Koch/*Koch,* § 243 Rn. 45.

unrichtige, unvollständige oder unzureichende Information in der Hauptversammlung über die Ermittlung, Höhe oder Angemessenheit von Ausgleich, Abfindung, Zuzahlung oder sonstige Kompensation gestützt wird und das Gesetz für Bewertungsrügen ein Spruchverfahren vorsieht. Ob diese die Anfechtungsklage gegen den Verschmelzungsbeschluss ausschließenden Voraussetzungen vorliegen, kann zweifelhaft sein mit der Folge, dass die Anfechtungsklage der C-GmbH nicht offensichtlich unbegründet ist.

aa) Informationsmängel in der Hauptversammlung

§ 243 Abs. 4 S. 2 AktG bezieht sich auf Informationen in der Hauptversammlung. Die mündliche Berichterstattung erfolgt gem. § 64 Abs. 1 S. 2 UmwG in der die Verschmelzung beschließenden Hauptversammlung.

bb) Unrichtige, unvollständige oder unzureichende Informationen

Die offensichtliche Unbegründetheit der Anfechtungsklage scheidet aber aus, wenn die Rechtsfrage, ob der Vorstand der L-AG in der die Verschmelzung beschließenden Hauptversammlung unrichtige, unvollständige oder unzureichende Informationen gegeben hat, nicht eindeutig geklärt werden kann.

Unrichtig ist eine Information, wenn sie nicht den tatsächlichen Gegebenheiten entspricht. Eine nicht gegebene Information (hier: fehlender Bericht gem. § 64 Abs. 1 S. 2 UmwG) ist nicht unrichtig. Demnach lässt sich mit hinreichender Sicherheit feststellen, dass der Vorstand keine unrichtigen Informationen gegeben hat.

Auch die Unvollständigkeit einer Information setzt voraus, dass zumindest Informationen erteilt werden, diese aber die Sachlage nicht vollständig aufklären. Das gänzliche Fehlen einer mündlichen Berichterstattung stellt somit keine unvollständige Information dar. Demnach lässt sich auch mit hinreichender Sicherheit feststellen, dass der Vorstand keine unvollständigen Informationen gegeben hat.

Rechtlich zweifelhaft kann aber sein, ob der von dem Vorstand der L-AG zu Beginn des TOP 5 gegebene Hinweis auf den ausgelegten Verschmelzungsvertrag sowie den online publizierten Verschmelzungsbericht eine unzureichende Information i. S. v. § 243 Abs. 4 S. 2 AktG ist. Möglicherweise kann das Verhalten des Vorstandes der L-AG auch als gänzliche Verweigerung der mündlichen Berichterstattung gem. § 64 Abs. 1 S. 2 UmwG gewertet werden. Anders als § 243 Abs. 4 S. 1 AktG nennt § 243 Abs. 4 S. 2 AktG nicht die Verweigerung der Informationserteilung, sodass diese nicht geeignet ist, die Anfechtungsklage nach § 243 Abs. 4 S. 2 AktG wegen Informationsmängeln auszuschließen.[29]

Wann es sich um eine lediglich unzureichende und demgegenüber um eine verweigerte Informationserteilung handelt, lässt sich unterschiedlich beurteilen.

Eine unzureichende Information kann, in Abgrenzung zu einer unvollständigen Information, vorliegen, wenn die gegebene Information so lückenhaft oder unverständlich ist, dass sie aus der Sicht eines objektiv urteilenden Aktionärs nur als Nichtbeantwortung der gestellten Frage gelten kann.[30] Für eine verweigerte Information kann demgegenüber erforderlich sein, dass der Vorstand ausdrücklich und unberechtigt auf der Grundlage eines grundsätzlich einstimmigen Vorstands-

---

[29] Vgl. RegBegr. BR-Drs. 3/05, 54; MüKoAktG/*Hüffer/Schäfer*, § 243 Rn. 118; Spindler/Stilz/*Würthwein*, § 243 Rn. 259.

[30] Vgl. ähnlich Spindler/Stilz/*Würthwein*, § 243 Rn. 259.

beschlusses, der auch konkludent gefasst werden kann,[31] erklärt, die verlangte Information nicht erteilen zu wollen.[32] Der Aktionär kann dann gem. § 131 Abs. 5 AktG verlangen, dass seine Frage und der Grund, aus dem die Auskunft verweigert worden ist, in die Niederschrift über die Verhandlung aufgenommen werden. Eine verweigerte Information i. S. v. § 243 Abs. 4 S. 1 AktG läge somit nur dann vor, wenn sich aus der Niederschrift zur Hauptversammlung ergibt, dass der Vorstand eine bestimmte Auskunft verweigert hat. Bei Zugrundelegung dieser Abgrenzung hätte der Vorstand der L-AG die Berichterstattung gem. § 64 Abs. 1 S. 2 UmwG nicht verweigert, so dass der Anwendungsbereich des § 243 Abs. 4 S. 2 AktG eröffnet bliebe.

Andererseits kann auch argumentiert werden, die vorstehende Abgrenzung zwischen einer unzureichenden und verweigerten Information passe nur auf die Situation, dass ein Aktionär sein Fragerecht nach § 131 AktG ausgeübt hat. Sie passe aber nicht, wenn es um eine gesetzlich angeordnete Berichtspflicht wie der nach § 64 Abs. 1 S. 2 UmwG geht. Denn es mache aus Sicht des informationsbedürftigen Aktionärs keinen Unterschied, ob der Vorstand ausdrücklich erklärt, er weigere sich, den Bericht nach § 64 Abs. 1 S. 2 UmwG zu erstatten oder ob er von vorneherein auf andere Unterlagen verweist und damit konkludent zum Ausdruck bringt, den gesetzlich geforderten mündlichen Bericht von sich aus nicht erstatten zu wollen. Das Gesetz verlange die mündliche Berichterstattung gem. § 64 Abs. 1 S. 2 UmwG, ohne dass die Aktionäre den Vorstand dazu aufzufordern hätten. Komme der Vorstand somit der Berichterstattungspflicht nicht unaufgefordert nach, stelle dies der Sache nach ebenfalls eine „Totalverweigerung" der Information dar. Nach dieser Argumentation wäre § 243 Abs. 4 S. 2 AktG nicht einschlägig, so dass die Erhebung der Anfechtungsklage wegen dieses Informationsmangels eröffnet bliebe.

Beide Argumentationen führen zu einem unterschiedlichen rechtlichen Ergebnis. Eine höchstrichterliche Entscheidung dazu, ob die Nichterstattung eines mündlichen Berichts gem. § 64 Abs. 1 S. 2 UmwG als unzureichende Information i. S. v. § 243 Abs. 4 S. 2 AktG oder als verweigerte Information i. S. v. § 243 Abs. 4 S. 1 AktG zu qualifizieren ist, existiert bislang nicht. Eine offensichtliche Unbegründetheit der Anfechtungsklage der C-GmbH gegen den Verschmelzungsbeschluss lässt sich insoweit nicht begründen.

cc) In ein Spruchverfahren verwiesener Informationsmangel

Des Weiteren ist die Anfechtungsklage der C-GmbH gegen die Wirksamkeit des Verschmelzungsbeschlusses gem. § 243 Abs. 4 S. 2 AktG nicht offensichtlich unbegründet, wenn die Nichterstattung des mündlichen Berichts gem. § 64 Abs. 1 S. 2 UmwG nicht zweifelsfrei einen Informationsmangel darstellt, für den das Gesetz im Falle von Bewertungsrügen ein Spruchverfahren vorsieht.

Soweit der Vorstand der L-AG im Rahmen seiner Berichterstattung gem. § 64 Abs. 1 S. 2 UmwG keine zusammenfassende Erläuterung des Umtauschverhältnisses gibt, handelt es sich dabei gem. § 14 Abs. 2 UmwG um einen Informationsmangel, der die Erhebung einer Anfechtungsklage ausschließt. Allerdings ist zu berücksichtigen, dass der Vorstand der L-AG seiner Berichtspflicht nach § 64 Abs. 1 S. 2

[31] Hüffer/Koch/*Koch,* § 131 Rn. 23; MüKoAktG/*Kubis,* § 131 Rn. 105; Schmidt K./Lutter/*Spindler,* § 131 Rn. 17.

[32] Vgl. ähnlich *Noack/Zetzsche,* ZHR 170 (2006), 218 (235), die eine bewusste subjektive Entscheidung des Vorstands für die Nichterteilung der Information voraussetzen; im Ergebnis auch Schmidt K./Lutter/*Schwab,* § 243 Rn. 38.

UmwG nicht nur in Bezug auf das Umtauschverhältnis, sondern auch auf die übrigen Berichtsgegenstände (wirtschaftliche und rechtliche Bedeutung der Verschmelzung; aktuelle Entwicklungen zwischen Erstellung des Verschmelzungsberichts und dem Zeitpunkt der beschließenden Hauptversammlung) nicht nachgekommen ist. Diese Teile der mündlichen Berichterstattung betreffen nicht (ausschließlich) das Umtauschverhältnis der Anteile.

Welche Auswirkungen dies für die Anwendbarkeit von § 243 Abs. 4 S. 2 AktG hat, kann unterschiedlich beurteilt werden. So kann einerseits argumentiert werden, bei einem gänzlich fehlenden mündlichen Bericht gem. § 64 Abs. 1 S. 2 UmwG seien die fehlenden Erläuterungen zum Umtauschverhältnis als zentraler Berichtsgegenstand so gewichtig, dass die übrigen erforderlichen Informationen „infiziert" und in das Spruchverfahren „mit hinübergezogen" würden. Demgegenüber erscheint es ebenso gut vertretbar, das Unterlassen der übrigen Informationen führe dazu, den Anwendungsbereich von § 243 Abs. 4 S. 2 AktG insgesamt auszuschließen, und damit die Erhebung der Anfechtungsklage wegen dieser unterlassenen Informationsverpflichtungen zu eröffnen.

Für diese Rechtsfrage liegt bislang keine gesicherte höchstrichterliche Spruchpraxis vor, sodass eine offensichtliche Unbegründetheit der Anfechtungsklage jedenfalls ausscheidet.

4. Irrelevanter Informationsmangel

Die Anfechtungsklage der C-GmbH gegen den Verschmelzungsbeschluss kann aber offensichtlich unbegründet sein, wenn ein objektiv urteilender Aktionär die Nichterstattung des mündlichen Berichts gem. § 64 Abs. 1 S. 2 UmwG nicht als wesentliche Voraussetzung für die sachgerechte Wahrnehmung seiner Teilnahme- und Mitgliedschaftsrechte angesehen hätte.

Durch § 243 Abs. 4 S. 1 AktG soll die einschlägige Rechtsprechung[33] zur Relevanz eines Informationsmangels aufgegriffen und verdichtet werden.[34] Nach dem teilweise missglückten Wortlaut der Vorschrift[35] ist die Anfechtung eines Beschlusses wegen eines Informationsmangels möglich, wenn bei wertender Betrachtung nach dem Zweck der verletzten Norm die Vernichtbarkeit des Beschlusses die gebotene Rechtsfolge wegen des rechtswidrigen Eingriffs in die Mitgliedschaftsrechte der Aktionäre darstellt.[36] Auf das hypothetische Abstimmungsverhalten der Aktionäre kommt es somit nicht an.[37] Maßgebend ist vielmehr, ob ein objektiv denkender Aktionär ohne Detailkenntnisse die Information für seine Urteilsbildung benötigte.[38]

---

[33] Vgl. BGHZ 149, 158 (164 f.); 160, 385 (392); vgl. zur Rechtsentwicklung Schmidt K./Lutter/*Schwab*, § 243 Rn. 34.

[34] RegBegr. BR-Drs. 3/05, 53; Hüffer/Koch/*Koch*, § 243 Rn. 46a.

[35] Vgl. Hüffer/Koch/*Koch*, § 243 Rn. 46b; *Veil*, AG 2005, 567 (569).

[36] Hüffer/Koch/*Koch*, § 243 Rn. 46a; MüKoAktG/*Hüffer/Schäfer*, § 243 Rn. 121; ähnlich *Noack/Zetzsche*, ZHR 170 (2006), 218 (226 f.).

[37] Hüffer/Koch/*Koch*, § 243 Rn. 46a; Schmidt K./Lutter/*Schwab*, § 243 Rn. 35; Spindler/Stilz/*Würthwein*, § 243 Rn. 246. Anders noch die auf eine potentielle Kausalität des Fehlers für das Beschlussergebnis abstellende frühere Rechtsprechung, vgl. RGZ 167, 151 (165); BGHZ 14, 264 (267 f.); 36, 121 (139); 49, 209 (211); 59, 369 (375); 86, 1 (3).

[38] Schmidt K./Lutter/*Schwab*, § 243 Rn. 35; Spindler/Stilz/*Würthwein*,§ 243 Rn. 250; *Noack/Zetzsche*, ZHR 170 (2006), 218 (226 f.); ausführlich *Kersting*, ZGR 2007, 319 (329 ff.); vgl. auch Hüffer/Koch/*Koch*, § 243 Rn. 47.

Dem mündlichen Bericht nach § 64 Abs. 1 S. 2 UmwG kommt nicht nur eine Erinnerungsfunktion, sondern auch eine Aktualisierungsfunktion zu.[39] Ohne die im Rahmen der mündlichen Berichterstattung erfolgenden Informationen, ob seit der Erstellung des Verschmelzungsberichts nach § 8 UmwG Änderungen in den Verhältnissen der beteiligten Rechtsträger eingetreten sind, die sich auf das im Verschmelzungsbericht erläuterte Umtauschverhältnis beziehen, fehlt es den Aktionären an der Grundlage für eine sachgerechte Beurteilung der zu beschließenden Verschmelzung.[40] Die Nichterstattung des mündlichen Berichts gem. § 64 Abs. 1 S. 2 UmwG stellt somit einen wesentlichen Informationsmangel dar, der die Anfechtbarkeit des Verschmelzungsbeschlusses als gebotene Rechtsfolge erscheinen lässt.[41]

Die Nichterstattung des mündlichen Berichts gem. § 64 Abs. 1 S. 2 UmwG durch den Vorstand der L-AG stellt somit keinen irrelevanten Informationsmangel dar. Die Anfechtungsklage der C-GmbH gegen den Verschmelzungsbeschluss ist daher nicht offensichtlich unbegründet i. S. v. § 16 Abs. 3 S. 3 Nr. 1, 2. Fall UmwG.

5. Zwischenergebnis

Soweit die Anfechtungsklage der C-GmbH auf die Nichterstattung des mündlichen Berichts gem. § 64 Abs. 1 S. 2 UmwG gestützt wird, ist sie nicht offensichtlich unbegründet. Der Antrag der L-AG auf Erlass eines Freigabebeschlusses ist daher nicht nach § 16 Abs. 3 S. 3 Nr. 1, 2. Fall UmwG begründet.

III. Bagatellquorum gemäß § 16 Abs. 3 S. 3 Nr. 2 UmwG

Der Freigabebeschluss ergeht gemäß § 16 Abs. 3 S. 3 Nr. 2 UmwG überdies, wenn die C-GmbH nicht binnen einer Woche nach Zustellung des Antrags auf Erlass eines Freigabebeschlusses durch Urkunden nachweist, sie sei seit Bekanntmachung der Einberufung der Hauptversammlung mit einem anteiligen Nennbetrag von mindestens 1.000 EUR am Grundkapital der L-AG beteiligt.[42]

Die C-GmbH hat dem OLG Düsseldorf notariell beglaubigte Kopien ihrer Depotauszüge vorgelegt, aus denen die Beteiligung der C-GmbH an der L-AG mit einem anteiligen Nennbetrag von 5.000 EUR seit dem 1.9.2017 hervorgeht. Die vorgelegten Dokumente genügen den Anforderungen des § 416 ZPO an einen urkundlichen Beweis dafür, dass die C-GmbH bereits seit einem Zeitpunkt weit vor dem 5.1.2019, also dem Tag der Bekanntmachung der Einberufung, an der L-AG mit mehr als 1.000 EUR beteiligt ist. Der Nachweis erfolgte zwei Tage nach der Zustellung des Antrags an die C-GmbH und damit nach § 16 Abs. 3 S. 3 Nr. 2 UmwG auch fristgerecht.

Der Antrag der L-AG ist daher nicht nach § 16 Abs. 3 S. 3 Nr. 2 UmwG begründet.

---

39 Vgl. oben B. II. 3. a).

40 Vgl. KK-UmwG/*Simon*, § 64 Rn. 26; Schmitt/Hörtnagl/Stratz/*Stratz*, § 64 Rn. 9; Semler/Stengel/*Diekmann*, § 64 Rn. 13; Widmann/Mayer/*Rieger*, § 64 Rn. 13, 17; a. A. Lutter/*Grunewald*, § 64 Rn. 7; *Noack/Zetzsche*, ZHR 170 (2006), 218 (235), jeweils für den Fall, dass sich alle erforderlichen Informationen aus den in der Hauptversammlung ausliegenden Unterlagen entnehmen lassen.

41 Vgl. auch für die Parallelfälle der Verletzung der Berichtspflicht nach § 186 Abs. 4 S. 2 AktG (BGHZ 83, 319 [325 f.]) und bei Verstößen gegen die Informationspflichten gem. § 179a Abs. 2 AktG (BGHZ 82, 188 [196 f. und 200]).

42 Vgl. RegBegr. BR-Drs. 847/08, 64 f., 70.

IV. Vorrangiges Vollzugsinteresse gemäß § 16 Abs. 3 S. 3 Nr. 3 UmwG

Möglicherweise kommt aber der Erlass eines Freigabebeschlusses auf Grundlage von § 16 Abs. 3 S. 3 Nr. 3 UmwG in Betracht.

1. Nachteilsabwägung[43]

a) Abwägungskriterien

Voraussetzung hierfür ist zunächst, dass das alsbaldige Wirksamwerden der Verschmelzung vorrangig erscheint, weil nach freier Überzeugung des Gerichts die von der L-AG dargelegten wesentlichen Nachteile für die an der Verschmelzung beteiligten Rechtsträger und ihre Anteilsinhaber die Nachteile für den Antragsgegner, also die C-GmbH, überwiegen. Das Gericht hat in einer umfassenden Abwägung zu entscheiden, ob dem Vollzugsinteresse des Antragstellers (hier: L-AG) oder dem Aufschubinteresse des Anteilsinhabers (hier: C-GmbH) der Vorrang einzuräumen ist.[44] Dabei sind für das Vollzugsinteresse einerseits die wesentlichen Nachteile zu berücksichtigen, die eine Verzögerung der Verschmelzung für die beteiligten Rechtsträger und ihre Anteilsinhaber nach Darlegung des antragstellenden Rechtsträgers eintreten werden.[45] Für das Aufschubinteresse sind andererseits die Nachteile der vorzeitigen Eintragung für die klagenden Anteilsinhaber relevant. Bei dieser Abwägung zwischen beiden Interessen sind alle Besonderheiten des Einzelfalls zu berücksichtigen.[46]

b) Wesentliche Nachteile für die L-AG

Für das Vollzugsinteresse der L-AG kommen nur wesentliche Nachteile in Betracht, also solche, denen im Hinblick auf die durch die Verschmelzung beabsichtigten wirtschaftlichen Folgen einiges Gewicht zukommt.[47] Als wesentliche Nachteile kommen nur solche positiven Effekte in Betracht, die den beteiligten Rechtsträgern und ihren Aktionären vorenthalten würden, wenn die Verschmelzung nicht wie geplant vollzogen würde.[48] Von praktischer Relevanz sind insoweit Synergie- und Einsparpotentiale[49], steuerliche Optimierungspotentiale[50] und die Abwehr der Insol-

---

[43] Vgl. für diese Prüfungsreihenfolge *Florstedt,* AG 2009, 465 (469 ff.); *Koch/Wackerbeck,* ZIP 2009, 1603 (1606 f.); a. A. *Rubel,* DB 2009, 2027 (2029).

[44] HK-UmwG/*Gundlach,* § 16 Rn. 60; Kallmeyer/*Zimmermann,* § 16 Rn. 43; KK-UmwG/*Simon,* § 16 Rn. 84; Lutter/*Decher,* § 16 Rn. 59; Semler/Stengel/*Schwanna,* § 16 Rn. 37; Semler/Volhard/*Schöne,* § 34 Rn. 75; Widmann/Mayer/*Fronhöfer,* § 16 Rn. 159; MünchHdb.GesR VIII/*Humrich,* § 14 Rn. 205.

[45] *OLG Düsseldorf* ZIP 2001, 1717 (1720); HK-UmwG/*Gundlach,* § 16 Rn. 61; Kallmeyer/*Zimmermann,* § 16 Rn. 44 f.; KK-UmwG/*Simon,* § 16 Rn. 89; Schmitt/Hörtnagl/Stratz/*Stratz,* § 16 Rn. 79; Semler/Stengel/*Schwanna,* § 16 Rn. 33; MünchHdb.GesR VIII/*Humrich,* § 14 Rn. 209; *Sosnitza,* NZG 1999, 965 (970).

[46] Kallmeyer/*Zimmermann,* § 16 Rn. 43 Schmitt/Hörtnagl/Stratz/*Stratz,* § 16 Rn. 79 ff.; Semler/Stengel/*Schwanna,* § 16 Rn. 33.

[47] Böttcher/Habighorst/Schulte/*Schulte,* § 16 Rn. 39; HK-UmwG/*Gundlach,* § 16 Rn. 62; KK-UmwG/*Simon,* § 16 Rn. 85; Lutter/*Decher,* § 16 Rn. 62; MünchHdb.GesR VIII/*Humrich,* § 14 Rn. 213; Schmitt/Hörtnagl/*Stratz/Stratz,* § 16 Rn. 79; Semler/Stengel/*Schwanna,* § 16 Rn. 33; Widmann/Mayer/*Fronhöfer,* § 16 Rn. 165. Missverständlich und unter Verkennung des Gesetzeswortlauts aber Kallmeyer/*Zimmermann,* § 16 Rn. 45; vgl. zu § 16 Abs. 3 UmwG a. F. *OLG Frankfurt* ZIP 1997, 1291 (1292) – Chemische Werke Brockhues AG.

[48] KK-UmwG/*Simon,* § 16 Rn. 86.

[49] Die Verzögerung bzw. das Nichterreichen angestrebter Rationalisierungs- und Synergieeffekte wird allgemein als wesentlicher Nachteil anerkannt; vgl. *OLG Frankfurt* ZIP 1996,

venz eines beteiligten Rechtsträgers.[51] Diese Nachteile sind konkret darzulegen und glaubhaft zu machen (§ 16 Abs. 3 S. 6 UmwG).

Der von der L-AG durch die eidesstattlichen Versicherungen leitender Mitarbeiter gemäß § 16 Abs. 3 S. 6 UmwG i. V. m. § 294 Abs. 1 ZPO glaubhaft gemachte entstehende Verlust steuerlicher Vorteile durch die Verzögerung der Eintragung der Verschmelzung bis zur Entscheidung über die Anfechtungsklage in Höhe von 500 Mio. EUR stellt eine nachteilige wirtschaftliche Folge von einigem Gewicht dar. Gleiches gilt für die nicht durchführbaren Rationalisierungs- und Synergieeffekte in Höhe von 20 Mio. EUR pro Monat.

Diese der L-AG allein durch eine verzögerte Registereintragung entstehenden Nachteile sind relevant für die Nachteilsabwägung i. S. v. § 16 Abs. 3 S. 3 Nr. 3 UmwG.

c) Wirtschaftliche Nachteile für die C-GmbH

Auf Seiten der C-GmbH sind deren wirtschaftliche[52] Nachteile bei einer Eintragung der Verschmelzung zu berücksichtigen. In Betracht kommen insbesondere Beeinträchtigungen des Individualinteresses des Klägers. Bei der Bewertung der Schwere der behaupteten Nachteile ist anhand des Einzelfalls auch zu berücksichtigen, ob eine anderweitige Kompensation der Nachteile möglich ist.[53]

Die von der C-GmbH durch die Vorlage des Gutachtens gemäß § 16 Abs. 3 S. 6 UmwG i. V. m. § 294 Abs. 1 ZPO glaubhaft gemachte Beeinträchtigung des wirtschaftlichen Wertes ihrer Beteiligung kann bei der Nachteilsabwägung als relevanter Nachteil grundsätzlich zu berücksichtigen sein. Ist das Umtauschverhältnis zu niedrig bemessen, so kann der Aktionär dies nur im Spruchverfahren geltend machen (§ 14 Abs. 2 UmwG). Im Spruchverfahren kommt als Kompensation lediglich eine bare Zuzahlung (vgl. § 15 Abs. 1 S. 1 UmwG), nicht jedoch die Gewährung einer

---

379 (381) – Deutsche Centralbodenkredit AG; *OLG Düsseldorf* ZIP 1999, 793 (798) – Thyssen/Krupp; *OLG Düsseldorf* ZIP 2001, 1717 (1720); *OLG Düsseldorf* AG 2009, 538 (540 f.); HK-UmwG/*Gundlach*, § 16 Rn. 62; Kallmeyer/*Zimmermann*, § 16 Rn. 45; KK-UmwG/*Simon*, § 16 Rn. 86; Lutter/*Decher*, § 16 Rn. 63; Schmitt/Hörtnagl/Stratz/*Stratz*, § 16 Rn. 80; Semler/Stengel/*Schwanna*, § 16 Rn. 33; Widmann/Mayer/*Fronhöfer*, § 16 Rn. 167.

50 Zur Anerkennung steuerlicher Nachteile für das Vollzugsinteresse vgl. *OLG Düsseldorf* ZIP 1999, 793 (798) – Thyssen/Krupp; *OLG Hamm* Der Konzern 2005, 374 (379); *OLG Frankfurt* AG 2009, 203 (204); *OLG Düsseldorf* AG 2009, 538 (540 f.); Kallmeyer/*Zimmermann*, § 16 Rn. 45; KK-UmwG/*Simon*, § 16 Rn. 86; Lutter/*Decher*, § 16 Rn. 63; Schmitt/Hörtnagl/Stratz/*Stratz*, § 16 Rn. 80; Semler/Stengel/*Schwanna*, § 16 Rn. 33; Widmann/Mayer/*Fronhöfer*, § 16 Rn. 167; MünchHdb.GesR VIII/*Humrich*, § 14 Rn. 214.

51 *OLG Hamm*, Der Konzern 2005, 374 (379); *OLG Düsseldorf* ZIP 1999, 793 (798) – Thyssen/Krupp; KK-UmwG/*Simon*, § 16 Rn. 86; Widmann/Mayer/*Fronhöfer*, § 16 Rn. 167 jeweils m. w. N.

52 RegBegr. BR-Drs. 847/08, 64; KK-UmwG/*Simon*, § 16 Rn. 89; Schmitt/Hörtnagl/Stratz/*Stratz*, § 16 Rn. 79; Semler/Stengel/*Schwanna*, § 16 Rn. 35; *Florstedt*, AG 2009, 465 (470); *Bosse*, NZG 2009, 807 (811); *Koch/Wackerbeck*, ZIP 2009, 1603 (1606).

53 Lutter/*Decher*, § 16 Rn. 69; Semler/Stengel/*Schwanna*, § 16 Rn. 39; MünchHdb.GesR VIII/*Humrich*, § 14 Rn. 221 f.; a. A. *Bosse*, NZG 2009, 807 (811); *Rubel*, DB 2009, 2027 (2029 f.); die die Kompensationsmöglichkeit durch Schadensersatzansprüche im Rahmen der Prüfung der Schwere des Rechtsverstoßes berücksichtigen wollen. Darauf kann es hierbei jedoch nicht ankommen, da ein Schadensersatz, etwa aus § 16 Abs. 3 S. 10 UmwG, nur wirtschaftliche Schäden ersetzen soll, die auf der vorzeitigen Eintragung beruhen. Die Höhe eines wirtschaftlichen Schadens infolge der Verschmelzung ist aber regelmäßig unabhängig von der Schwere des im Hauptsacheverfahren geltend gemachten Rechtsverstoßes, vgl. auch die insofern missverständliche RegBegr. BR-Drs. 847/08, 64.

gleichwertigen Mitgliedschaft im übernehmenden Rechtsträger in Betracht. Diese wird auch durch einen Schadensersatzanspruch aus § 16 Abs. 3 S. 10 UmwG nicht zu erreichen sein. Die C-GmbH verliert somit dauerhaft einen Teil ihrer mitgliedschaftlichen Stellung. Damit kann sich die Verschmelzung grundsätzlich nachteilig auf die wirtschaftlichen Interessen der C-GmbH auswirken.

d) Abwägung

Die Abwägung zwischen dem Vollzugsinteresse der antragstellenden Gesellschaft und dem Aufschubinteresse des Anfechtungsklägers erfolgt nach freier Überzeugung des Gerichts. Das Gericht hat somit einen weiten Beurteilungsspielraum.[54] Zwar kommt dem Aufschubinteresse im Ausgangspunkt infolge der Registersperre gem. § 16 Abs. 2 S. 2 UmwG als dem gesetzlichen Regelfall ein Vorrang zu.[55] Dies hindert aber nicht den Erlass des Freigabebeschlusses, wenn das Gericht nach Abwägung aller Umstände des Einzelfalls das Vollzugsinteresse gleichwohl für vorrangig erachtet.

aa) Gründe gegen das Vollzugsinteresse der L-AG

Auf Seiten der C-GmbH als Anfechtungsklägerin ist zunächst zu berücksichtigen, dass die Verschmelzung gem. § 20 Abs. 1 UmwG mit ihrer Eintragung wirksam wird und die C-GmbH gem. § 16 Abs. 3 S. 10, 2. Halbs. UmwG nicht verlangen kann, dass diese Wirkung im Falle des Erfolgs ihrer Anfechtungsklage wieder beseitigt wird.[56] Zwar kann die C-GmbH möglicherweise eine vollwertige Kompensation ihrer erlittenen wirtschaftlichen Nachteile durch die Bestimmung einer baren Zuzahlung im Spruchverfahren oder ggf. durch Schadensersatzansprüche erlangen. Beides wird ihr jedoch nicht gerade geringe Schwierigkeiten bereiten. Nach § 4 Abs. 2 S. 2 Nr. 4 SpruchG muss die C-GmbH zur Begründung ihres Antrags auf bare Zuzahlung konkrete Einwendungen gegen die Angemessenheit des im Verschmelzungsvertrag festgelegten Umtauschverhältnisses vorbringen,[57] was ihr ungeachtet des bereits vorliegenden und von ihr in Auftrag gegebenen Wirtschaftsprüfungsgutachtens nicht leicht fallen wird. Für die Bezifferung des auf der Eintragung beruhenden und daher nach § 16 Abs. 3 S. 10 UmwG zu ersetzenden Schadens trägt sie ebenfalls die Darlegungs- und Beweislast.[58] Die gerichtliche Durchsetzung ihrer Ansprüche zum Ausgleich der erlittenen wirtschaftlichen Nachteile ist für die C-GmbH mithin mit nicht unerheblichen Unsicherheiten verbunden.

---

[54] BT-Drs. 12/6699, 89; HK-UmwG/*Gundlach*, § 16 Rn. 63; KK-UmwG/*Simon*, § 16 Rn. 84; Lutter/*Decher*, § 16 Rn. 67; Schmitt/Hörtnagl/Stratz/*Stratz*, § 16 Rn. 82; Semler/Stengel/*Schwanna*, § 16 Rn. 41; Widmann/Mayer/*Fronhöfer*, § 16 Rn. 169.5.

[55] Semler/Stengel/*Schwanna*, § 16 Rn. 41; *Bayer*, ZGR 1995, 613 (625); *Bork*, ZGR 1993, 343 (364); *Sosnitza*, NZG 1999, 965 (971); a. A. wohl Lutter/*Decher*, § 16 Rn. 60.

[56] *LG Darmstadt* AG 2006, 127 (132); Lutter/*Decher*, § 16 Rn. 93; Schmitt/Hörtnagl/Stratz/*Stratz*, § 16 Rn. 91; Semler/Stengel/*Schwanna*, § 16 Rn. 49 f.

[57] Vgl. zu diesem Rüge- und Begründungserfordernis ausführlicher Emmerich/Habersack/*Emmerich*, § 4 SpruchG Rn. 10b; *Fritzsche/Dreier/Verfürth*, § 4 Rn. 18 ff.; KK-SpruchG/*Wasmann*, § 4 Rn. 10 ff.; Simon/*Leuering*, § 4 Rn. 44 ff.; Spindler/Stilz/*Drescher*, § 4 SpruchG Rn. 21 ff.

[58] Böttcher/Habighorst/Schulte/*Schulte*, § 16 Rn. 49; HK-UmwG/*Gundlach*, § 64 Rn. 77; Lutter/*Decher*, § 16 Rn. 3.

bb) Gründe für das Vollzugsinteresse der L-AG

Auf der anderen Seite wiegen die durch die Verzögerung der Eintragung entstehenden wirtschaftlichen Nachteile für die L-AG schwer. Dies gilt insbesondere für den Umstand, dass die durch die Verschmelzung angestrebten Rationalisierungs- und Synergieeffekte in Höhe von monatlich 20 Mio. EUR bis zur Eintragung der Verschmelzung nicht erzielt werden können, zumal die Zeitspanne bis zum rechtskräftigen Abschluss des Anfechtungsprozesses durchaus mehrere Jahre dauern kann. Die mit der Erhebung der Anfechtungsklage einhergehende grundsätzliche Verzögerung der Eintragung der Verschmelzung kann somit letztlich zum Scheitern der Verschmelzung führen.

cc) Nachteilsabwägung

Angesichts dieser drohenden gravierenden Nachteile für die L-AG wiegen die Nachteile i. H. v. 100.000 EUR für die C-GmbH weniger schwer. § 15 Abs. 1 UmwG kann außerdem die gesetzgeberische Grundentscheidung entnommen werden, dass ein teilweiser Verlust der mitgliedschaftlichen Stellung im Zuge der Verschmelzung von dem betroffenen Aktionär hinzunehmen ist. Die durch die Verschmelzung angestrebten Rationalisierungs- und Synergieeffekte können zudem auch dazu führen, dass der Wert der Beteiligung der C-GmbH an dem übernehmenden Rechtsträger der Verschmelzung nach dem Vollzug der Verschmelzung steigt. Es bestehen somit gute Gründe zu der Annahme, dass das Gericht dem Vollzugsinteresse der L-AG gegenüber dem Aufschubinteresse der C-GmbH den Vorrang einräumen wird.

2. Besondere Schwere des Rechtsverstoßes

Ein Freigabebeschluss ist nach § 16 Abs. 3 S. 3 Nr. 3, 2. Halbs. UmwG trotz vorrangigem Vollzugsinteresse der L-AG jedoch ausgeschlossen, wenn die C-GmbH mit ihrer Anfechtungsklage einen besonders schweren Rechtsverstoß geltend macht. Die Schwere des geltend gemachten Rechtsverstoßes ist somit nicht mit dem Vollzugsinteresse in Abwägung zu bringen.[59] Dabei sind die vom Kläger behaupteten und nicht ohne weiteres zu klärenden Beschlussmängel als gegeben zu unterstellen, sofern der Kläger sie glaubhaft macht.[60] Für die besondere Schwere des Rechtsverstoßes ist der Antragsgegner (hier: die C-GmbH) darlegungs- und beweispflichtig.[61]

Der Gesetzgeber hat darauf verzichtet, einen Katalog von Normen aufzustellen, deren Verletzung generell als geringfügig oder als schwerwiegend zu werten ist. Allerdings deutet der Wortlaut von § 16 Abs. 3 S. 3 Nr. 3, 2. Halbs. UmwG („besondere Schwere") an, dass an den Rechtsverstoß hohe Anforderungen zu stellen sind. Nach der Gesetzesbegründung ist nach der Bedeutung der verletzten Norm

---

[59] Vgl. auch Schmitt/Hörtnagl/Stratz/*Stratz*, § 16 Rn. 78; Semler/Stengel/*Schwanna*, § 16 Rn. 32; MünchHdb.GesR VIII/*Humrich*, § 14 Rn. 206; *Bosse*, NZG 2009, 807 (811); *Koch/Wackerbeck*, ZIP 2009, 1603 (1607); anders noch Interessenabwägung vor der Gesetzesänderung durch das ARUG, vgl. hierzu *Timm/Schöne*, Bd. II, 6. Aufl., S. 252 ff.

[60] Kallmeyer/*Zimmermann*, § 16 Rn. 46a; Lutter/*Decher*, § 16 Rn. 71 f.; Schmitt/Hörtnagl/Stratz/*Stratz*, § 16 Rn. 83; Widmann/Mayer/*Fronhöfer*, § 16 Rn. 160; missverständlich KK-UmwG/*Simon*, § 16 Rn. 92, 94; Semler/Stengel/*Schwanna*, § 16 Rn. 32.

[61] Kallmeyer/*Zimmermann*, § 16 Rn. 46a; KK-UmwG/*Simon*, § 16 Rn. 92; Lutter/*Decher*, § 16 Rn. 72; Schmitt/Hörtnagl/Stratz/*Stratz*, § 16 Rn. 83; Semler/Stengel/*Schwanna*, § 16 Rn. 41a; MünchHdb.GesR VIII/*Humrich*, § 14 Rn. 234; *Koch/Wackerbeck*, ZIP 2009, 1603 (1607).

und dem Ausmaß der Rechtverletzung zu unterscheiden.[62] So sind vor allem Rechtsverstöße erfasst, die elementare Aktionärsrechte massiv verletzen, so dass die Bestandskraft der Verschmelzung durch den Freigabebeschluss für die Rechtsordnung unerträglich wäre.[63]

Das kann zunächst der Fall sein, wenn der Antragsgegner die Anfechtungsklage auf einen Nichtigkeitsgrund (vgl. § 241 AktG) stützt. In diesem Falle kann ein Freigabebeschluss grundsätzlich nicht in Betracht kommen.[64] Andererseits kann mit der Gesetzesbegründung argumentiert werden, dass nicht jeder Nichtigkeitsgrund nach § 241 AktG einen besonders schweren Rechtsverstoß begründen kann.[65] Auch die Verweisung des § 249 Abs. 1 S. 1 AktG auf die Vorschrift zum parallelen Freigabeverfahren nach § 246a AktG deutet an, dass grundsätzlich auch Nichtigkeitsgründe durch einen Freigabebeschluss überwunden werden können.[66] Die von der C-GmbH geltend gemachten Rechtsverstöße stellen jedenfalls keine Nichtigkeitsgründe i. S. v. § 241 AktG dar, sodass eine genaue Differenzierung unterbleiben kann.

Bei den Anfechtungsgründen ist eine Einzelfallabwägung geboten, wobei einerseits auf die Schwere des Verstoßes und andererseits auf die Schwere der Folgen abzustellen ist.[67] So kann danach zu differenzieren sein, ob es sich bei dem geltend gemachten Beschlussmangel um einen materiell-rechtlichen Verstoß (z. B. Treuepflichtverletzung, Verletzung des Gleichbehandlungsgrundsatzes, Verfolgung von Sondervorteilen i. S. v. § 243 Abs. 2 AktG) oder um einen Verfahrensverstoß wie z. B. einen Informationsmangel handelt.[68] Ein materiell-rechtlicher Verstoß wird in der Regel schwerer ins Gewicht fallen als eine Informationspflichtverletzung.[69] Insbesondere kann eine Informationspflichtverletzung dann als geringfügig gewertet werden, wenn der Anfechtungskläger die Information in befriedigender Weise durch Nachfrage in der Hauptversammlung hätte erlangen können.[70]

Bei dem von der C-GmbH geltend gemachten Rechtsverstoß, der nicht erfolgten mündlichen Berichterstattung gem. § 64 Abs. 1 S. 2 UmwG, handelt es sich um einen Verfahrensfehler und zugleich um einen Informationsmangel. Zwar sind die entsprechenden Informationen nach der erfolgten Beschlussfassung über die Verschmelzung für die Aktionäre nunmehr für die getroffene Entscheidung irrelevant geworden, sodass der mit dem unterlassenen mündlichen Bericht einhergehende

---

[62] RegBegr. BR-Drs. 847/08, 64.

[63] MünchHdb.GesR VIII/*Humrich*, § 14 Rn. 229; *Bosse*, NZG 2009, 807 (811); *Florstedt*, AG 2009, 465 (471); *Rubel*, DB 2009, 2027 (2029), jeweils unter Bezugnahme auf die Gesetzesmaterialien.

[64] So die h. M. zu § 16 Abs. 3 UmwG a. F., vgl. *Decher*, AG 1997, 388 (391); *Noack*, ZHR 164 (2000), 274 (284); *Riegger/Schockenhoff*, ZIP 1997, 2105 (2110); *Sosnitza*, NZG 1999, 965 (970 f.).

[65] Vgl. die RegBegr. BR-Drs. 847/08, 64, die insbesondere bei Formmängeln nicht von einer besonderen Schwere des Rechtsverstoßes ausgeht; zustimmend Kallmeyer/*Zimmermann*, § 16 Rn. 46b; KK-UmwG/*Simon*, § 16 Rn. 95; Lutter/*Decher*, § 16 Rn. 63; Schmitt/Hörtnagl/Stratz/*Stratz*, § 16 Rn. 85; MünchHdb.GesR VIII/*Humrich*, § 14 Rn. 231; i. E. auch Semler/Stengel/*Schwanna*, § 16 Rn. 41a ff.

[66] Vgl. *Florstedt*, AG 2009, 465 (471) zur Parallelvorschrift des § 246a AktG.

[67] Vgl. RegBegr. BR-Drs. 847/08, 64.

[68] Kallmeyer/*Zimmermann*, § 16 Rn. 46b; KK-UmwG/*Simon*, § 16 Rn. 96; Lutter/*Decher*, § 16 Rn. 72; Widmann/Mayer/*Fronhöfer*, § 16 Rn. 176.

[69] Kallmeyer/*Zimmermann*, § 16 Rn. 46b; KK-UmwG/*Simon*, § 16 Rn. 96; Lutter/*Decher*, § 16 Rn. 73.

[70] KK/*Simon*, § 16 Rn. 96; Lutter/*Decher*, § 16 Rn. 76; Semler/Stengel/*Schwanna*, § 16 Rn. 41d; ähnlich Widmann/Mayer/*Fronhöfer*, § 16 Rn. 179.

Informationsmangel nicht behebbar ist. Die Aktionäre hätten aber durch entsprechende Nachfragen in der Hauptversammlung diejenigen Informationen erlangen können, die der Vorstand in seiner mündlichen Berichterstattung unaufgefordert hätte erteilen müssen.

Die Nichterteilung des mündlichen Berichts gem. § 64 Abs. 1 S. 2 UmwG stellt daher keine besondere Schwere des Rechtsverstoßes i. S. d. § 16 Abs. 3 S. 3 Nr. 3 UmwG dar.

Der Erlass eines Freigabebeschlusses scheidet daher nicht wegen einer besonderen Schwere des Rechtsverstoßes gem. § 16 Abs. 3 S. 3 Nr. 3, 2. Halbs. UmwG aus.

C. Ergebnis

Der Antrag der L-AG auf Erlass eines Freigabebeschlusses gem. § 16 Abs. 3 S. 3 UmwG hat daher Aussicht auf Erfolg.[71]

---

[71] Infolge des unanfechtbaren Freigabebeschlusses (vgl. § 16 Abs. 3 S. 9 UmwG) würde die von den Vertretungsorganen der L-AG nach § 16 Abs. 2 S. 1 UmwG abzugebende Negativerklärung gemäß § 16 Abs. 3 S. 1 UmwG ersetzt, so dass die Registersperre nach § 16 Abs. 2 S. 2 UmwG beseitigt wäre.

Sachregister